영뇌로
읽고, 듣고, 말하는

게리오웬의

영뇌영어

Vol. 1

BEis-Os
I-Os
S-Os

Garryowen's Native Brain English

For All Learners' and Teachers' English

Garryowen J. Rhee 저

☜.. 매일매일 감주로 이해하거나 듣거나 말하여 free 감주를 간직하는 것이 영어공부다.

차세대 영어를 선도하는 영뇌영어, 영뇌란?

(한국사람으로서) 원어민 두뇌로 영어를 하는 것으로서 원어민 두뇌 그 자체[NB]를 말하며, 그래서, 원어민들처럼 이해하는 것만 촛점이 가 있는 것이 아니라, 영뇌로 듣고, 영뇌로 말하고, 영뇌로 쓴다. In concrete, 영뇌는 (영순대로 무한글 이해로서) BEis 또는 IS 영뇌다. 다시말하면 이런 것들을 바탕으로 해서 감각적 주파수로 이해하거나 듣거나 말하는 것이 영뇌다.
영뇌영어는 원어민이 하는 것과 똑 같으며, 영뇌를 쉽게 작동시키려면 읽거나 듣거나 공부하면서 생활 속에서의 뜻으로 free 영뇌를 간직하되, 특히 free (vocal) 감주를 많이 간직하라. 그러면 저절로 BEis/IS로 엮어지고 결국에는 영어도 우리말처럼 감주 일상적인 말이 된다. free 영뇌는 구속받지 않는 자유로운 영뇌로 문장내 뿐만이 아니라 문장간 free 영뇌도 가지되, 특히 아필(我必) free 감주는 반드시 가진다.

tip)이 책은 문법책이 아니다. 영뇌, 즉 원어민 두뇌로 바꾸어 주는 영뇌서적이다. 그래서 영뇌영어는 소리부터 가르친다.
↳특히 천재두뇌로 바꾸어 주고, 원애 언어습득과 똑 같은 방법으로 영어를 익힌다.
↳영어 본래모습 + 언어소통 병행 학습서

NB English History
Berkeley English Language Research Institute Established in 1999
Changed into G English Research Institute in 2004
Changed into NB English in 2013
NB English ~ Now

Garryowen J. Rhee, an M.A. or MBA from Yonsei University
Garryowen J. Rhee의 영뇌 저서들
Nuance English, 1999
영어하산 리딩, 2004
영어하산 리스닝스피킹, 2004
BAM영뇌, 2010
영뇌영어 vol 1, vol 2, 2013 개정1판 2013, 개정2판 2018, 개정3판 2019, 개정4판 2023
기본영뇌 vol 1, vol 2, 2015 개정1판 2018, 개정2판 2019, 개정3판 2023

New Domains
www.nbenglish.co.kr or www.genglish.com

Garryowen의 영뇌영어 vol. 1 : 해설[듣고 말하기] ⇒ 유튜브 〉 영뇌영어 〉 동영상

First published Jan. 2013
Second Edition, 2013 Third Edition, 2018 Fourth Edition, 2019 Fifth Edition, 2023
Printed in South Korea

There is an old Arab proverb that everything you write or speak should pass through three gates:

Is this kind?
Is this necessary?
Is this true?

Ekbe
역순해석

English
Konglish

Change Your Brain,

BEis native brain,

and finally

IS native brain!

단, BAM영뇌와 F영뇌도 이들 속에 뇌화되어 작동되고 있어, 영뇌영어는 원어민이 하는 것과 똑 같다. 뿐만이 아니라, 영뇌영어는 이론적 체계, 학문적 체계, 실용성 모두를 갖추고 있다.

.. urging extreme caution to the readers and teachers :

이 책은 interactive 학습법으로 design 되어 있기 때문에 독자들은 반드시 free 감주를 간직해야 하고 vocal 감주 F3+E2 말하기를 실천해야 한다. 그리고 선생들은 일방적으로 강의만 하는 것이 아니라, 감주 BEis/IS 영뇌가 되도록 가르치고, 영어로 주거니 받거니 말을 많이 해야 한다.

추천 teaching 순서 : F영뇌→BAM 영뇌→영뇌세포만들기→twenty four 영뇌

.. 이 책은 모든 영어의 종합 기본서이다.

영뇌 상급자는 현장영어 또는 각종 시험영어를 하면서 이 책으로 공부하든지, 영뇌 초중급자는 이 책으로 공부하면서 현장영어 또는 각종 시험영어를 하는 게 좋다. 항상 병행하라. 가르칠 때도 같다. 이제 영어의 기본틀이 바뀌어야 한다.

═ 특히 듣기, 말하기, 읽기, 쓰기, 문법의 기본틀이 이 책 속에 다 들어있다 ═

언제나 영어본래의 모습대로 공부하는

영뇌영어Table

Vol. 1

Unit Ⅰ. 영뇌세포 만들기 - 7

1 BAM 영뇌와 BNW 종류 - 63
2 E-BAM - 72
3 사전에서 BNW와 BAM을 찾아 내는 법 - 78
4 BAM 실전 - 91
5 F영뇌와 vocal 주파수 종류 - 111

Unit Ⅱ. 연결설명어 영뇌 - 129
6 Routine English - 363 Index - 409

Vol. 2

Unit Ⅲ. 비연결설명어 영뇌

Unit Ⅳ. 등맥설명어 영뇌

Unit Ⅴ. sign설명어 영뇌

7 영뇌리딩 skills
8 영뇌 summarizing sk lls과 writing
9 Math 영뇌리딩

Unit Ⅵ. 영뇌청취[일명 감주청취]
10 영뇌청취와 한글통역

Unit Ⅶ. 영뇌말하기[일명 감주말하기]
11 한국말과 영어통역 plus]영뇌쓰기

Index

To the readers

영어를 공부하는 사람이 영뇌로 하지 않고, 왜 한뇌로 공부하는 가? 영어를 가르치는 사람이 왜 영뇌로 가르치지 않고, 한뇌로 가르치는 가? 참 이상하다. 한국식 영어 배움이나 가르침은 이 질문에 답할 길이 전혀 없다. 글자는 영어이지만 배움이나 가르침은 모두 한뇌이기 때문이다. 정말로 한심하다. 아직도 그 모양 그 꼴이니 정말로 서글프다.

한글은 이해의 부산물이지 이해의 근본은 아니다. 이해의 근본은 영뇌이다. 즉 영어를 읽거나 들을 때 이해의 근본은 영뇌이지 한글이 아니다. 좀더 구체적으로 말하면 **BEis 영뇌, I영뇌, S영뇌이다. 단어는 BAM영뇌이고, 소리는 F영뇌이다.** 다시말하면 이런 것들을 바탕으로 해서 감각적 주파수로 이해하거나 듣거나 말하는 것이 영뇌이다.
그래서, 우리는 이런 것들을 가르치고, 배워야 원어민들이 배우는 것과 같이 똑 같은 과정을 밟게 된다. 한글이 전혀없는 갓난 애기 상태, 즉 진공상태로 미국에 건너가면 영뇌로 영어를 그대로 배울 수 있다. 하지만 한글이 들어 있는 만공상태인 우리들에게 과연 진공상태의 애기들처럼 배울 수 있을까?

결론은 간단하다. 가능하다.
왜냐하면 **BEis, IS, BAM, F영뇌**가 있기 때문이다. 이런 것들을 우리의 머리 속에 깔면 된다. 예컨데, 하나의 컴퓨터에 두 개의 Os, 즉 마이크로 소프트의 Windows와 애플의 Mac Os를 깔면 우리는 두 개의 Os를 즐길 수 있다. 이런 것과 같다. 실제로 애플 컴퓨터에서는 Windows를 하나 더 깔아 놓고 두 개의 Os를 즐긴다.

여러분들의 한뇌에 영뇌가 지배하도록 만드는 과정이 영어공부이지, 읽고 해석하고 — 하는 것은 영어공부가 아니다. 여전히 한뇌 지배로 영어를 하기 때문이다. **영어 공부의 최대의 적은 해석이다.** 해석 버릇이 지배하면 한글이 전혀 없는 상태에서 순서대로 바로 바로 이해할 수 없다. 뿐만아니라 소리도 들을 수 없고, 영어 생활을 할 수도 없다.

사실 따지고보면 작금의 학교나 학원에서 가르치는 것은 영어 공부의 최대의 적만 키우는 꼴이다. 매일 매일 학원이나 학교에 가서 해석 버릇만 키우고 돌아 온다. 엄밀히 말하면 나쁜 짓만 하고 돌아 온다. 어릴 때는 원어민과 잘 되었는데 학년이 올라 갈수록 영어가 안되는 이유도 바로 여기에 있다. 마찬가지로 미국에서는 영어가 잘 되었는데 한국학교에 전학하면 영어가 안되는 이유도 여기에 있다.
읽고 해석해 주는 교실영어는 따지고 보면 통역에 지나지 않는다. 영뇌를 만드는 과정이 아니다. 그래서, **해석이나 통역도 이해의 근본이 아니다. 이해의 부산물이지 이해하는 근본 방법이 아니다.** 즉, 이미 IS로 이해한 것을 한번 한글로 표현했을 뿐이다. 우리는 지금까지 부산물에 너무 얽매여 공부해 왔다. 이해의 근본은 영뇌이다. **tip)소리의 정체가 vocal 감주로 밝혀졌기 때문에 미국에 살지 않더라도 원어민과 똑 같은 말투를 구사할 수 있다.**

언어는 습관이지, 공부하는 것이 아니다. 그래서 매일 매일 영뇌로 보거나 듣거나 말해서 여러 분들의 두뇌를 영뇌세포로 습관화 시키는 것이지, 매일 매일 해석하여 공부하는 것은 아니다. 즉, 해음/상음, 해자/상자 세포로 습관화시키는 것이 바로 공부다. **"Change your brain, BEis-Os, I-Os and S-Os!"**

다시말해, 미국에서 생활하는 이상으로 영어 생활을 하면서 해음/상음, 해자/상자로 된 **free 감주**로 습관화시켜라. 그러면 한글이 전혀 없는 상태에서 습관적으로 영어가 튀어 나오고, 습관적으로 영어가 들려 오고, 습관적으로 영어가 읽혀진다.

그래서, 언어를 생활의 산물이라 한다. 생활 속에서 습득되는 것이지 사전을 뒤적거리고, 공부하면서 얻어지는 것이 아니기 때문이다. 사실 따지고 보면 우리말도 우리가 알고 있는 그 많은 단어들도 일일이 사전을 뒤적거려 공부한 적도 없고, 배운 적도 없다. 그냥 생활 속에서 습득된 것이 거의 대부분이다.

하지만 걱정하지 말라. IS 영뇌와 Free 영뇌가 있기 때문이다. IS 영뇌와 Free 영뇌는 생활 속에서의 뜻으로 작동한다. 즉 실제 생활 속에서 얻어지는 뜻과 같다.

'We had lunch.' 했을 때 we, had, lunch를 그냥 한글로 해석해서 얻은 것과 실제 생활 속에서 we, had, lunch를 습득하거나 생활 속에서의 뜻으로 IS가 작동하는 것은 엄청난 차이가 있다. 실제상황 속에서 we이고, 실제 행위로서 had이고, 실제로 먹은 것으로서 lunch이거나 이런 생활 속에서의 뜻으로 IS가 작동하기 때문이다.

이렇게 실제로 몸에 배이게 하는 영어와 교실에서 그냥 앉아서 해석으로 받아 먹는 영어는 엄청난 차이가 있다.
그래서 매일 매일 현장 방송을 듣거나 영자신문을 읽어 생활 속에서의 뜻으로 IS를 작동시키면 생활 속에서의 언어가 된다.

따라서, **언어는 생활의 산물이자, 습관의 행위물이다.**
그래서, 영어는 실제생활 속에서 체득하는 것이 가장 좋지만, 비영어권 사람들은 원어민과 함께 실제로 사는 것이 어렵기 때문에, 늘 영자신문이나 외국방송과 함께 IS 영뇌를 생활화 해야 한다. 이런 것들을 습관화 시켜라. Ipad나 스마트 폰으로 얼마든지 가능하다.

외국인들이 쓰던 것을 영뇌로 나도 따라 쓰다보면 그것이 몸에 배이고 습관화 된다. 영뇌로 영어가 몸에 많이 쌓이고 쌓이면 grammar를 공부하지 않더라도 저절로 말의 조합력이 생기고, 말문이 터진다. **이것이 바로 free 영뇌이다.** 우리가 우리 말을 배울 때 문법으로 말의 조합력을 배운 것은 아니다. 몸에 배인 우리말이 머리 속에 많이 쌓여서 저절로 생긴 것이다.

하지만 한뇌로 습득한 영어는 원어민과 같은 말의 조합력이 생길 수가 없다. 영뇌로 반드시 습득한 영어가 쌓여야 가능해진다. 우리가 우리 말을 습득할 때 한뇌로 습득하지 영뇌로 습득하는가? 그렇다면 영어는 영뇌로 습득해야지, 한뇌로 공부하면 되겠는가?

그래서, **게리오웬의 영뇌영어 목차 table**은 Vol 1, 2로 나누어 먼저 BEis-Os, I-Os, S-Os로 영뇌세포로 만들고, 다음 구체적으로 연결설명어 영뇌, 비연결설명어 영뇌, 등맥설명어 영뇌, sign설명어 영뇌와 free 영뇌를 통해서 영뇌세포를 만들면서, 영뇌청취[일명 vocal 주파수 청취], 영뇌말하기[일명 vocal 주파수 말하기]를 통해서 영뇌세포를 만들고 있다. 그리고, **삽입 목차**로서 BAM 영뇌, F영뇌 세포도 다루고 있고, Routine English, 영뇌 reading skills와 영뇌 summarizing skills, 영뇌 math reading, 영어통역, 한글통역도 함께 다루고 있다.

영뇌, 특히 free 영뇌를 모르고 맨날 공부 해봤자, 영어생활을 할 수 없다. 영어를 유치원에서 대학까지 나와도 영어생활이 안되는 것은 영뇌, 특히 free 영뇌로 언어를 습득하지 않았기 때문이다. 특히, MIT, 스탠포드, 예일, 하바드에 들어 간 학생들 가운데 생각보다 많은 학생들이 중도에서 그만둔다고 한다. 한뇌로 암기식, 답만 찍는 SAT 공부만 했기 때문이다.

'있을 것' 이라고만 생각 했던 Higgs 입자 존재도 거대강입자 가속기(LHC)로 확인되었듯이, **원어민 두뇌 시스템도 이제 BEis-Os, I-Os, S-Os**로 Garryowen J. Rhee에 의해서 그 모습이 확실히 드러났다. 영어발전의 하나의 큰 획을 긋고 있다. 휴대폰이 사라지고 스마트폰 시대로 가듯이 앞으로 영어는 한뇌영어에서 영뇌영어로 바뀔 것이다.

자, 우리도 이제 영뇌, 특히 free 영뇌로 영어를 습득할 기회가 생겼으니, 그리고, 영뇌, 특히 free 영뇌로 습득할 수 있는 구체적이고 체계적인 학습 tool이 나왔으니, 한뇌로 영어 공부하는 것에 이제 period를 찍자! 연상법이니, 이미지이니 시원이니 — 뭐니 뭐니 하면서 비체계적이고, 일부현상으로 전체가 되는 양, 장사영어에 열을 올리는, 그런 학습법에도 full stop를 찍을 때도 됐다.

One day in Summer, 2012

Garryowen J. Rhee

영뇌서적 활용 및 영뇌영어 참고사항

1.. 뉘앙스 잉글리쉬 /영어하산 리딩 /영어하산 리스닝 스피킹 /BAM 영뇌는 영뇌를 만드는 과정이고, 게리오웬의 영뇌 영어 Vol 1 Vol 2는 영뇌영어 완결편으로서 바로 영뇌를 작동시키고, 잘 안될 때 시동을 거는 것이다. 특히 게리오웬의 영뇌영어 vol 1, vol 2는 영뇌용어를 완전히 하나로 정리했다.

2.. **가정법**은 의미원성립과 의미과성립의 극히 일부분에 불과하다. 파턴으로 외우는 것이 아니다. 그래서, 원동사 영뇌, 과동사 영뇌, 과조동사 영뇌로 바로 취급하고 있다. **화법, 즉 직접화법, 간접화법**도 단어의 뜻대로 그냥 표현하기만 하면 된다. 시제일치, 징소일치, 인칭일치 하면서 외우면 오히려 표현의 자유, 이해의 자구를 구속시킨다. 그래서, 현동사 영뇌로 바로 다루고 있다.

따라서 **가정법**은 원동사 영뇌와 과동사 영뇌, 조동사 영뇌 속에 있고, **화법**은 현동사 영뇌에 들어 있다. 그리고, **수동태와 완료형**은 일반과분사 영뇌 속에 들어 있다. 과분사의 BNW는 even 이기 때문이다.

3.. 그문법과 구식 영어에서는 기능과 전환, 패턴암기[가정법인 경우]로 뜻을 가져오지만, 영뇌 영어에서는 원어민들처럼 **단어에서 바로 뜻을 가져 온다.** 과분사도, 현분사도, 과동사도, 원동사도 그 형태 그대로 각각 독립된 하나의 단어로 취급하고 있다. 뜻대로 조합하면 그것이 바로 영어이다.

4.. 영뇌만 형성되면 말하기, 듣기, 토익, 토플, SAT, 수능, 내신, 공시, GRE, GMAT, LSAT, IELTS, OPic, — 등은 쉽게 해결된다. **그야말로 영뇌영어는 모든 영어의 종합 기본서이다.**

👨‍🏫.. **마침내 영어의 4가지 미스테리가 풀렸다!!**

1. 원어민 두뇌는 어떻게 움직이는 가 ―〉 기/설, 즉 설가뇌
2. 아이들이 언어를 어떻게 습득하는 가 ―〉 Free 영뇌
3. 영어를 어떻게 읽을[들을/말할] 것인가 ―〉 감주
4. 과연 단어의 고유한 뉘앙스는 무엇이며, 단어의 뜻은 어떻게 만들어지는 가 ―〉 BNW와 BAM

✓ **먼저 영뇌 근본원리로 총괄적으로 영세를 만든 다음, 각론에서는 TF 영뇌로 구체적으로 영뇌를 만든다.**

Unit I

원어민 수준까지 가는 차세대 영어[새로운 영어생태계] :
영뇌 상급자가 되면 늘 영뇌 경지 속에서 놀아야 한다.

즉, BEis/IS 영뇌, 설가뇌, 설주뇌, 자동설가뇌, 생활 속에서의 뜻, 감주 리딩/리스닝/스피킹, free 영뇌, free 감주, major 감주, 아필(我必) 감주, BAM, Associate, 의음(依音), 의자(依字), 해음/해자, 상음/상자, twenty four 영뇌, 선인영뇌 각인, 뇌화된 D두뇌, 단감주, 장감주,

event, 하생각, vocal 감주, 단어의 최종적인 뜻=감주, 감주 일상적인 말, 감주 F3+E2 말하기, BNW=헌법재판소, bnw-BAM, im-BAM, 청취속도 조절법, 합치, 완전직독직해, 영어본래의미, 어순본래의미, 단어본래의미, 소리본래의미, 리듬언어, 지음오청, 고난도 감주, 뜻관계 뜻,

감주시동, Ekbe 시동, 삼음가, 감주+단주, 감주+감주, 소감주/빅감주/왕감주, 감주지배, 지감주, 무부감주, 무부(無不) 스텝 청취, FD=always + [=D두뇌음] 유지, D두뇌 Synapse 작동 훈련, 주파수 완전일치음, 원애청취, IS 체화 주파수 사전조절, BNW와 BAM 종류, BAM helpers, 탈리(脫離)/극저음/동화/단타 감주, 청취의 최종한계 벗어나기, 원애의 음완성 과정 강약/약강/약음/비약음/분리/음수조절 감주, 본토말, ― 등의 경지 속에서 늘 놀아야 한다.

그래서 특히 영뇌 선생들은 이런 경지 중심으로 영어를 가르쳐야 한다. 영어를 영뇌로 가르치지 않고, 한뇌로 가르치면 본인은 물론 이거니와 학생들 까지도 영어정복은 요원하다.

원어민 강사 채용, 영어마을, 해외어학연수, ― 등 각종 영어프로그램들이 실패한 근본 원인은 영뇌로 듣거나 말하거나 읽는 법을 몰랐기 때문이다. 특히 원어민 강사는 일방적으로 자기말만 하지 이런 것들을 가르쳐주지 못할 뿐더러 그럴 능력도 없다.

늘 일상적인 말로 어떠한 외국 방송이든 마음대로 듣거나, 어떠한 영자신문이든 마음대로 읽거나, 언제 어디에서나 마음대로 말을 하려면 영뇌 상급자가 되라. 뿐만이 아니라 영뇌 상급자가 되면 토익, 토플, 수능, 공시, ― 등 각종 시험영어는 저절로 해결된다. 글과 말을 원어민 애들 처럼 똑같이 깨워쳤기 때문이다.

👨‍🏫.. **선인영뇌 각인**=먼저 말에 먼저 영뇌로 각인되는 것
+ 한글[해석]로 먼저 가지않고 바로 IS 세상[세계]으로 가는 것

영뇌세포 만들기

공부는 깨우치는 것이지 하려고 하면 안된다.
영겁불망(永劫不忘), 영원히 잊지 않거나
돈오돈수(頓悟頓修), 빨리 정복하려면 깨우쳐라.

tip)1. TF 영뇌 /현장영어 /(각종) 시험영어 정복 최고의 전략 : TF 영뇌 free 감주, 현장영어 free 감주, (각종) 시험영어 free 감주를 많이 간직한다.

2. free 영뇌와 감각적 주파수로 이해하는 기술없이는 영어를 정복할 수 없다.

3. 결국 영뇌[영어]는 소리로서 완성된다. 즉 BEis/IS로 되어 있는 것을 감각적 주파수로 완성시킨다. 그러면 영뇌읽기도 영뇌듣기도 영뇌말하기도 쉽게 된다.

4. 원어민과 똑같이 듣거나 읽거나 말하거나 쓸 수 없었던 것은 영뇌를 몰랐기 때문이다.

(☞.. 해석뇌 방지의 최고의 기술=감각적 주파수 ∵ 한글 (해석) 중심의 의군이 아니기 때문)

↳next, 생활 속에서의 뜻으로 IS 작동/free 영뇌로 이해/영어 본래의미로 이해

↳단어/어순/소리 본래의미

Much Attention] 무엇이든지 똑같다. 특히 이 책을 공부로서 이해하는 **↳BAM/Ekbe/감주[본토말]** 사람과 깨우치면서 이해하는 사람의 차이는 하늘과 땅 차이다[The sky's the limit]. IS를 생활 속에서의 뜻으로 깨우치면서 이해하는 사람은 그 어려운 영자신문 사설도, 타임지도, 영문소설도, 전공서적도, 영시(英詩)도, 블론디 만화도, 무슨 영어이든 IS를 쉽게 작동시킬 수 있으며, 시동도 독력(獨力)으로 쉽게 걸 수 있다. 공부로 이해하는 사람들은 늘 남들이 번역한 것을 봐야 이해가 되는 수동적인 영어를 할 수 밖에 없다. 명심하라.

생활 속에서의 뜻으로 IS를 작동시키면 쉽게 IS가 작동하는 것은 생활이 뜻을 암시[안내]하기 때문이다. BAM도 깨우치는 것이지 그냥 공부[암기]하는 것이 아니다. 실음도 실제 자기 목소리로 깨우치는 것이고, 감주도 뒷말과 말하는 느낌 때문에 일어나는 이해 작용으로 깨우치는 것이지 그냥 공부[암기]하는 것이 아니다. **영뇌는 생활 속에서의 뜻이다.**

☞.. 생활 속에서의 뜻=외국인과 생활하면서 느껴지는 뜻이자 실제로 적용된 뜻(≠사전의 원형적인 뜻)

⇒ 영뇌 상급자는 IS로 생활 속에서의 뜻이 용해된 감주로 이해한다.

Unit I. 영뇌세포 만들기(NB Functioning)

영뇌란 영어두뇌, 즉 원어민 두뇌[NB]로 영어를 하는 것을 말하며, 한글두뇌로 영어를 하면 영뇌가 아니다. BEis, IS, 감주[본토말/소리본래의미], BAM[단어본래의미], Ekbe[어순본래의미]가 바로 영어두뇌다. 비록 한국사람이지만 우리도 원어민과 같은 두뇌를 작동시킬 수 있다.

Extreme Caution] (부분역순 포함) 역순해석으로 이해하거나 영어 본래의미를 느끼지 못하거나 특히, 본토말[감주]을 하지못하면 한글두뇌로 영어를 하는 꼴이다. 이제 하나의 두뇌로 두 가지 두뇌작동이 가능해졌다.

Terms 정리 ☞.. **무한글 이해=무한글 뜻=IS=감주**

Os=operating system으로 두뇌자체를 움직이는 두뇌 작동 시스템으로 두뇌 작동 그 자체를 말함

기=기본어(Basic Word)

설=설명어(Explanatory Words)

영뇌=Native Brain으로서 원어민 두뇌 또는 그 Os

BEis-Os=기본어를 중심으로 설명해 나가는 뇌, 즉 설가뇌

I=itself: 말[소리]자체/글자자체

S=actual situation: 실제상황 **영뇌세포**=Native Brain 세포

IIIII *He /wants /this check /in /singles.*

영뇌=기→ 설→ 설′→ 설″→ 설‴ : BEis-Os

or I + I + I + I + I : I-Os

or S + S + S + S + S : S-Os

How to Read[Speak]

=Hewants thischeckin singles.

: BEis/IS, 즉 설가뇌와 자동설가뇌로 되어 있는 것을 감각적 주파수로 이해한다.

시동=vocal 감각적 주파수로 (BEis/IS 영뇌가 될 때까지) F3+E2 강하게 말하기

IIIII *He wants /this check in /singles.*

영뇌=기→ 설→ 설′ : BEis-Os

or I + I + I : I-Os

or S + S + S : S-Os

How to Read[Speak]

=Hewants thischeckin singles.

: 먼저 감각적 주파수로 이해한다.

↘안될 경우 먼저 감주시동

시동=vocal 감각적 주파수로 (자동설가가 될 때까지) F3+E2 강하게 말하기

시동=그는 원해요, 이 수표를 내자[해서] singles로 해서 말이다 : **입작동 대상 또는 입작동** ☞ p316

/이 수표를 바꾸기를 singles로 말이다[이 수표가 되기를] : **입작동 변화(로서 교환)**

↳ 입작동 대상으로서 내자, 즉 앞으로 해야할 대상으로서 내자

영어[영순] 이해흐름을 유지하는게 Top Priority

I 영뇌=영어자체로 (무한글 이해) 느낌이 오는 것

□ **BEis-Os**=기/설 IS영뇌, 즉 IS로 설명해 나가는 뇌

(생활 속에서의 뜻인) **영뇌, 즉 IS**로 He를 중심으로 해서, 그가 좋아 하는 지 원하는지 wants로 설명해 나가고, 원한다면 그 대상이 무엇인지 this check로 설명해 나가고, 다시 이것을 어떻게 할 것인지 in으로 설명해 나가는 두뇌 ⇨ **기/설 IS 낱개영뇌**

또는 영뇌의군으로, 주동으로 먼저 요지를 말하고, 원하는 것을 연속적으로 설명해 나가는 두뇌 ⇨ **기/설 IS 영뇌의군**

···› 결국 설명해 나간다는 말=정보를 자꾸 추가해 나가는 것 /의미를 자꾸 확정해 나가는 것 /의미를 자꾸 수정해 나가는 것

∴ **원어민 두뇌, 즉 영뇌=설가뇌 :** C over A plus B $= \frac{C}{A+B}$

□ **I-Os**=말[소리]/글자 자체에 뜻과 A상황이 들어있어[용해]

IS 리딩

tip)영뇌 상급자가 되면 감주로 저절로 엮어진다 : 감주리딩

그것 자체가 바로 이해[뜻]로 작동하는 뇌, 즉 말[소리]/글자에 의해서 (무한글로 생활 속에서의 뜻으로) 이해가 되어버리거나 해가 우러나오는 뇌, 즉 (생활 속에서의 뜻으로) 말[소리]/글자 자체에서 저절로 또는 바로 이해가 터지는 뇌 ⇨ **자동기/설 I영뇌** ⇨ **자동 설가뇌**

↘해음/해자

□ **S-Os**=말[소리] 또는 글자로 실제상황을 표현하기 때문에 그것들이 바로 실제상황으로 작동하는 뇌, 즉 말[소리]/글자에 의해서 (앞방으로 생활 속에서의 뜻으로) 실제상황이 (머리 속에) 보이거나 표현한 것으로 작동하는 뇌 ⇨ **자동기/설 S영뇌** ⇨ **자동 설가뇌**

↘상음/상자

→ in short, 영뇌란?

: IS 영뇌=자동 BEis 영뇌 ⇨ 자동설가뇌

BEis 영뇌=기설 IS 영뇌 ⇨ 설가 IS 영뇌 ⇨ 설가뇌

다시말하면 이런 것들을 바탕으로 해서 감주로 이해하거나 듣거나 말하는 것이 영뇌다. **결국, 영어=감주영뇌**

↗ 이때 이해=무한글 이해

tip)의음/의자 감주=감주로 이해하거나 감주에 의해 이해되는 것

extreme caution] 실제상황[실제모습]은 이미지도 그림도 아니다.

영어는 실제상황[실제모습]을 표현한 것이지 이미지나 그림을 표현한 것이 아니다. 한글도 마찬가지이다. 그래서, 이미지를 연상하거나 그림을 그려서 이해하지 말라. 따라서, 이미지를 연상시키는 가르침과 그림을 그려서 가르치는 책에서의 이미지와 그림은 실제상황[실제모습]으로 머리 속에 보여야 한다.

감주 BEis영뇌, I영뇌, S영뇌를 작동시켜, 여러분들의 두뇌 세포를 감주 **BEis세포, I세포, S세포로 습관화 시켜라.** 이게 바로 영어 공부이다. 즉 영어공부의 목적이자 영어를 공부하는 과정이다. 영어공부는 한뇌로 한글어순으로 해석하는 것이 아니다.

BEis세포, I세포, S세포를 간단히 쉽게 말하면 **무한글 이해다.** 즉 한글없이 이해되는 머리이다. 그래서, 무한글 이해가 되어 버리면, 이 경지에 들어간 사람들에게는 영어도 한글에 어휘가 들어간 것에 불과하다. 특히 감주 IS 영뇌는 한글과 영어가 구분이 없어지는 경지이다. 자동 설가이기 때문이다. 즉 언어와 용해뜻[용해상황], 언어와 상황 관계만 존재한다. **그래서 감주 free IS 영뇌가 되면 영어와 한글이 쉽게 동등한 자격으로 보이고, 쉽게 구분의 경계도 없어지고, 모두가 하나가 된다.**

그러니 영어를 보았을 때 굳이 해석이라는 과정을 통해 이해할 필요가 없다. 한글자체로 이해가 끝나버리듯이 그냥 영어자체로 이해가 끝나면 된다. 그래서, 영뇌 소유자에게는 해석은 이해의 부산물이다. 즉 해석은 일단 무한글로 이해가 된 후에 일어나는 사후적인 현상이지 **이해의 근본은 아니다.**

IS 세포로 낱개영뇌로 두뇌를 작동시키면 좌측 box처럼, **영뇌의군**으로 두뇌를 작동시키면 우측 box처럼 된다. 이렇게 영어는 영뇌, 즉 BEis-Os, I-Os, S-Os로 이해되는 데, 특히 감주 영뇌의군으로 이해되는 것이다. 뿐만아니라, 실제로는 능력에 따라 이들 세 가지 영뇌 각각, 아니면 뇌화되어 혼합으로 작동한다.

tip)낱개 영뇌를 바탕으로 영뇌의군이 되고 감주 영뇌의군이 된다.

IS 영뇌는 설명해 나가는 관계가 자동이고, IS는 생활 속에서 느껴지는 이해값과 같아, 특히 **S 영뇌**는 실제 생활 속에 있거나 세상 속에 있는 실제상황으로 보이거나 실제상황으로 가면 된다. **I영뇌**가 잘 작동하면 **S영뇌**도 잘 작동한다. **최종적인 영뇌, 즉 감주 IS 영뇌**가 잘 작동하지 않으면 다음과 같이 시동을 걸어라.

BEis=영맥파악 하기에 유용하고, 감주=이해하기에 좋다.

시동=원애시동, vocal음, Free영뇌, F3+E2, 일상적인생활, Ekbe, 'SIUM 말하기, 무한글, G토씨, BNW, 비한글BNW, BAM, **BEis영뇌**, connotation, 영뇌기본자세, 패턴, associate ※**BEis/IS 자동작동 ⇒ 감주**

How to Read[Speak]=HEWAnts THIsCHeckin SIngles

post**점형**/slide + double slide/dot**점형** + slide **주파수**

-- in은 앞말에 붙여 말해도 여전히 앞말을 **설명해 나가는 두뇌다.** 그러면 말도 빨라지고, 자연스럽다. ※ single=noun a one dollar bill[note]

.. **F3+E2 말하기**=먼저 free vocal 감주로 3번 말하고 전체(entire)로 2번 말하는 것 ↳**일종의 vocal segments(목소리 분절음)**

Unit 1. 영뇌세포 만들기

↙

영어승차감 즐기기

BAM[밤]이란

=단어의 고유한 뉘앙스를 바탕으로 표현된 실제 뜻

BAM=BNW-expressed Actual Meaning의 acronym

BNW=Born Nuance of a Word

단어가 태어 날 때의 의미로 단어의 고유한 뉘앙스,

단어의 자기 거주지, 단어의 본래의미[원래의미]

in BAM=들어가는 것으로서 하는 것 : 입작동(入作動)

/내소 내범위/입작동] 대상으로서 내자 -- 에[으로]

[i: 안게 있는 모습 or n: 내 內 〉 안 i〉→ : 들어가는 모습 - BNW]

: ① In 3, 2, 1, lift off! ② Cheques were written in ink.

↗ 내대자(內對者) — (속) 까지

/입작동으로서 변화[실행/수단] cf]into=내방향 대상

① dollars in yen

vs in=입작동 대상

↳ 내자(內者) — 으로

/내범위 대상

↳ 내자 — (분야)에

: 35℃ into Tuesday.

Write in ink.

Interested in Music.

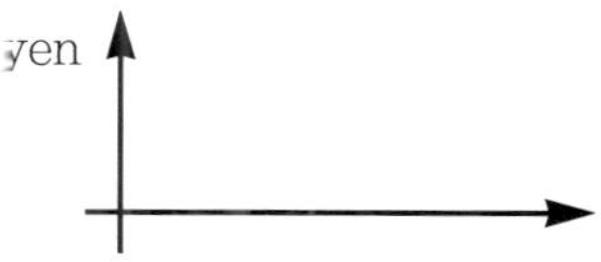

dollar가 변한 yen값

--〉 달러를 환산한 yen값이지, yen으로 환산한 달러가격이 아니다. 그래서, y축: yen값 x축: dollar값이 된다.

② in dollars

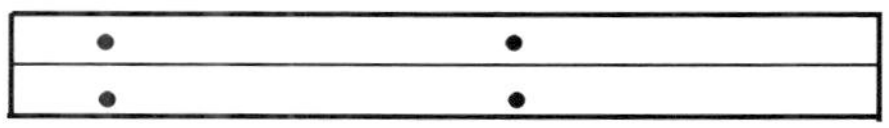

입작동 대상으로서 내자 dollars로 하는 것으로서

단위(unit)가 dollars라는 것 [이때 '입작동'=실행/수단]

영뇌의군은 감주로 이해된다.

영뇌의군= 말/소리[글자]에 의해 (무한글로) 저절로 이해가 되어버리거나 바로 해가 우러나오는 의군=**영뇌의군**

/실제상황이 보이거나 표현한 것으로 보이는 의군=**S영뇌의군**

/IS르 설명해 나가는 의군=**BEis 영뇌의군**

/낱개영뇌에 의해 형성되는 의군=**선인영뇌각인 의군**

/ **감주의군=소감주/빅감주/왕감주**

⇒ He wants /this check /in singles /wants this check /this check in /He wants this check /this check in singles

처럼 어느 부분을 보더라도 감주로 이해되면 된다. **free 감주로 습관화 시켜라.** 주의] 다같이 영뇌의군이더라도 감주와 그냥 영뇌의군은 다르다. 전자는 (한단어처럼) 뒷말과 말하는 느낌이 있고, 후자는 그런 느낌이 없다.

낱개영뇌=있는 그 위치에서 무한글 이해로 각인이 되는 낱개

tip)일련의 BEis/IS 영뇌 (현상들)는 합치로 그냥 (가볍게) 그렇게 일어나는 것이지 인식작용이 떨어져 분리되어 일어나는 것은 아니다.

↳**이게 바로 천재들의 두뇌이다.**

= 한뇌영어, 즉 역순 해석뇌로는 감주로 이해할 수 없다. 순서대로 무한글로 이해하는 머리가 아니기 때문이다 =

IIIII *No more Qadhafi /is /out[killed].*	IIIII *No more Qadhafi /is out[killed].*
영뇌=기→ 설→ 설′ : BEis-Os or I + I + I : I-Os or S + S + S : S-Os	영뇌=기→ 설 : BEis-Os or I + I : I-Os or S + S : S-Os [≠Qadhafi is no more out/killed.]
How to Read[Speak] =Nomore Qadhafi isout[killed]. : 먼저 감각적 주파수로 이해한다. 즉 (마음 속으로 또는 실제소리로) 뒷말과 말한다. ↳감주+단주+감주	How to Read[Speak] =Nomore Qadhafi isout[killed]. : 먼저 감각적 주파수로 이해한다. 즉 뒷말과 말하면 저절로 이해가 발생한다.
시동=vocal 감각적 주파수로 (BEis/IS 영뇌가 될때까지) F3+E2 강하게 말하기	**시동**=vocal 감각적 주파수로 (무한글 이해가 실리게) F3+E2 강하게 말하기

시동=더 이상 카다피는 없다. 되었기 때문에 out되었기[살해되었기] 때문에 말이다. ※때문에=문맥 associate
: 영어는 한자처럼 배열이 같고, 뜻도 일형태 다의어이다. 특히 단어의 뜻에 associate가 들어 있으나 우리말은 일형태 일의어로서 associate를 일일이 해당단어로 표현한다. 그래서 영어에서는 접속사를 써지 않아도 부사적 접속의미를 표현할 수 있다 : 이유/조건/전환/양보/반대/시간 — 등등 (is=동질이유) ⇨ **associate를 알면 말을 쉽게 할 수 있다.**

: Together we are stronger. **시동**=함께하면 우리는 되는 데, 더 강하게 된다. (are=동질변화)
Sony closes up Thursday. **시동**=Sony는 마감했는데 올라 마감했다. 목요일에 말이다. (closes=발생현재 또는 설명현재)
Sales double down on casual craze. **시동**=두배로 떨어졌는데 상에서도 일시적 열풍 상에서도 — .
/— 떨어졌어요. 있었지만 일시적 열풍이 있었지만 말이다 ➾ 한글밑줄부분 모두=문맥 associate ※on=상작동으로서 실시

IS **영뇌**는 생활 속에서의 뜻이므로 실제생활에서 느끼는 것과 같이 작동해야 한다. 그러면 쉽게 **생활 IS영뇌**가 된다. **영뇌 각인은 선인 영뇌각인, 즉 선강후약 (잔상) 이다.** 감각적 주파수로 말하면 쉽게 유지할 수 있다.

※ 해음/해자를 쉽게 느끼는 법

① **생활 속에서의 뜻**으로 IS를 작동시킨다.
② free (vocal) 감주로 말하거나 듣는다.
③ 무한글로 바로 이해한다. 아무튼 한글이 없는 상태에서 영어자체에서 어떻게 해서라도 이해가 나오게 한다.
④ 영뇌의군으로 이해한다. 특히 영뇌의군 **첫 단어**에서 바로 이해가 우러나오게 한다. ⑤ 날개영뇌로 이해한다.
⑥ **free 영뇌를 free 감주로 간직한다.**
⑦ BNW로 느낀다.

※ 실제상황[=A상황]을 쉽게 그리고 확실히 느끼는 법

실제상황을 보는 방법은 여러 가지가 있겠으나 리딩에서는 **앞방으로 보이는 게 가장 좋다.** 특히 순서대로 실제상황이 잘 보이지 않으면 Ekbe 한글에서 실제상황이 보이면 된다. 실제상황을 그림을 그리거나 이미지를 연상해서 이해하면 쉽게 실제상황이 보일 수 없다. 실제상황은 실제생활 또는 세상 속에 있는 것으로 **머리 속에** 보이는 것이다. 그래서 특히 S 영뇌는 실제생활 속에서 언어를 체득하는 것과 같다.

❶ '앞방' 으로 머리 속으로 보면 실제상황이 확실히 꽂힌다.
앞방으로 본다는 것은 자기 쪽으로 당겨서 보는 것이 아니라, 실제상황이 있는 실제생활 또는 세상 쪽으로 본다는 것이다.
tip]먼저 말에 먼저 무한글로 이해되지 않으면 영뇌가 아니다.

❷ '앞방' 으로 보면 실제상황이 머리 속에 쉽게 보인다.
실제생활과 세상 뿐만이아니라, 자기가 공부한 쪽으로 저절로 가기 때문이다. 관계사 영뇌, 전치사 영뇌, to부정사 영뇌 -- 등등 공부한 쪽으로 저절로 가게 된다. 영어자체에서 해가 우러나와도 같은 효과가 발생한다. **※앞방=앞쪽 방향**

☞.. 말[소리]자체에서 이해로 작동하거나 글자자체에서 뜻으로 보이면 I영뇌이고, 그것자체에서 머리 속에 A상황이 보이면 S영뇌다.
killed=kill+ed: 피동 event 음가 or e: 조율음 d: done 피동의미
kill=퀙하고 쓰러지게 하는 것으로서 죽이는 것[살해하는 것]
[k: 퀙하고 죽이는 것 or knife: 나이프로 찔러 죽이는 것
— 이 단어가 태어날 때는 주로 칼로 죽였음
ll: 죽어서 쓰러져 있는 모습 or lie+lie: 죽어서 누워 있는 것]

free 영뇌란=구속받지 않는 자유로운 영뇌로 StE이자 infml E
free 감주=free 영뇌의 말[소리] 값으로서 구속받지 않는 자유로운 감주, 즉 free 말

↗ 영어는 모든 표현에 감주로 경험한[이해한] 사실이 있어야 완성된다.

||||| *Japanese heavy machinery maker Komatsu Ltd. has /developed /the world's largest truck, /which is named /the 930E, /a heavy-duty truck, /with the size of 15.3 meters long and 7.3 meters high.*

영뇌=기→ 설→ 설′→ 설″→ 설‴→ 설‴′ → 설‴″ : BEis-Cs

or I + I + I + I + I + I + I : I-Os   or S + S + S + S + S + S + S : S-Os

How to Read[Speak]

=Japaneseheavy machinerymaker KomatsuLtd hasdevelopedthe world'slargest truck whichis namedthe9[nine] 30[thirty]E, aheavy-dutytruck withthe sizeof 15.3 [fifteen/pointthree] meterslong and7.3[seven/pointthree] metershigh.

: 먼저 감각적 주파수로 이해한다. 부분부분이 쉽게 감각적 주파수로 이해되면 전체는 저절로 이해된다.

시동=vocal 감각적 주파수로 (IS가 실리게) F3+E2 강하게 말하기   cf] 2.8 billion dollars 감주 =twopoint 8billion dollars

.. 我必 Free (vocal) 감주 간직하기

=Heavy machinery maker has developed world's largest truck 930E, heavy-dutyt, 15.3 meters long and 7.3 meters high.

↳표현에 따라 그야말로 감각적으로 감주가 달라진다.

Free (vocal) 감주로 이해/간직 하기=Komatsu Ltd. has developed world's largest truck. /930E, size of 15.3 meters long. /-- etc.

시동=일본 중장비 메이커 고마쯔 주식회사는 가지고 있어요. 개발한 것인데 세계에서 가장 큰 트럭을 말이다. 이 트럭의 명칭은 930E이며, 아주 튼튼한 트럭이다. 그리고 크기는 15.3미터 길이에, 7.3미터 높이나 된다 / — 이 트럭은 되어 있는데 명명되어 있는 데 그것은 930E이며, —— .

F 영뇌 : deVElopedthe 디벨럽더 =cramp F

NAmedthe 네임더=slide F   SIzeof 사이저(브)=slide F

(브)=극저음 또는 불음(不音)

↳자기가 저음으로 낼 수 있는 한 최대한 저음으로 내는 음

저음 단어, 특히 관사나 전치사는 **앞말에 붙여 말할 때가 더 많다.** 앞말에 붙여 말하든 뒷말에 붙여 말하든 여전히 둘다 앞말을 설명해 나가는 뇌로 두뇌흐름은 같다. 한뇌 중심으로 뒷말에만 붙여 말하지 말라. 특히 말하거나 청취시 유의하라.

예컨데, 감각적 주파수로

Ihave/a book으로 말하나 Ihave /abook으로 말하나 다 같이 have를 관사 영뇌의군으로 설명해 나가는 것이다. 그래서 기/설 영뇌를 I have /a book으로 표기하는 것이다.

시동=나는 가지고 있는 데 어떤 한 권을 책으로 말이다.

/나는 가지고 있는 데 어떤 한 권의 책이에요.

with=동존으로서 추가/동존추가 대상으로서 동자

[w: v+v 함께 있는 모양 i: is 존재 th: things 사물]

: Mostly cloudy with some rain.

시동=대부분 구름이 낀 날씨이고, 그리고 약간의 비도 함께 예상된다는 것/동자 약간의 비도 있다.

heavy-duty

=adj. 무겁게 다루거나 많이 다루어도 잘 견뎌 내는 것으로서 매우 튼튼하거나 아주 질기거나 내구성이 아주 좋은 것

[heavy : 무거운 것으로서 많은 것: heavy snow

c : endure t : 튼튼한 것/strong] : **BAM 영뇌**

: heavy-duty machines[clothes, tires]

vs adj. (of clothes, tires, machines, -- etc.) made to be used a lot or strong enough for rough treatment : **영영사전의 뜻**

⇒ 영영 사전보다 BAM **영뇌**가 훨씬 더 똑똑하다.

▭ 법인/주식회사 약어(abbreviation)

=(영) Ltd.(=Limited) vs (미) Inc. (=Incorporated)

법인/주식회사= corporation /stock corporation[US] /limited company[UK] **법인세**=corporation tax[duty]

Tip) free 영뇌를 많이 간직하되, 특히 소리값, 즉 free (vocal) 감주로 간직한다. 그러면 일상적인 말이 되고, 누가 어떻게 말해도 일상적인 말로 들린다. 그리고 아필(我必) free 감주는 반드시 간직한다.

↗ 영어구조[즉 원어민 두뇌]는 기/설이다. 문장 오형식이 아니다.

IIIII *Hatchback. /a car /with /a door /at the back /that opens upwards.*

영뇌=기→ 설→ 설′→ 설″→ 설‴/설‴ : BEis-Os

or I + I + I + I + I + I : I-Os or S + S + S + S + S+ S : S-Os

How to Read[Speak]=hatchback, acar witha door atthe back thatopens upwards.

: 먼저 감각적 주파수로 이해한다. 뒷말과 말하기 때문에 저절로 이해가 발생한다.

주의] 원어민들은 감각적 주파수로 말을 하기 때문에 우리는 듣기가 가장 어렵다.

시동=vocal 감각적 주파수로 vocal

(자동설가가 될 때까지) F3+E2 강하게 말하기 tip)Ekbe 시동은 마지막에 한다.

☺.. 我必 Free (vocal) 감주 간직하기

=Hatchback, also a door that opens upward on the back of a car.

Free (vocal) 감주로 이해/간직 하기=Hatchback, with a door that opens upwards.

↳ free 영뇌의 소리값 → 생활 속에서의 (뜻의) 소리값 /A door at the back. /Opens upwards. /-- etc.

시동=hatchback이란 a car인데 갖추고 있어요, a door를 말이다. 이 door의/이것의 위치는 뒤이고,
그 door는 열때 위쪽으로 여는 것이다 /그 door는 열리는 것인데 위쪽으로 열리는 것이다. ※밑줄=연결 associate

↗이렇게 목으로 실제로 만드는 음=실음 ↗즉 소리[=주파수]는 목이 만드는 것이지 입이 만드는 것은 아니다.

☺.. 소리[즉 주파수]는 배 힘을 이용해 목으로 만들면서 성대가 울리고 입천정[연구개] 쪽에서 공명이 되어야 한다.

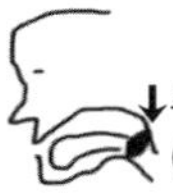

↓주파수생성 주체
(=소리의 생성 주체)

그러면 주파수, 즉 고저장단음을 마음대로 조절할 수 있다. 양순음이든 단순음이든 치경음이든 경구개음이든 -- 무슨 음이든, 모두 배[아랫 배] 힘을 이용해 목 중심으로 음이 형성되면서 성대가 울리고 입 뒷쪽에서 공명이 일어난다. 처음에는 배 힘이 저절로 이용될 때까지[숙달될 때까지] 배 힘을 많이 이용하라.

☺.. 대표적인 vocal음 예 : PGA Golfer Jason Day -- 세계 랭킹 1위자 attention)한글도 vocal음으로 내지않으면 음이 쪼그라들거나 음치현상이 나타난다.

두뇌 세포를 BEis세포, I세포, S세포로 습관화 시켜라. 즉, 무한글 이해로 순서대로 쭉 흘러가는 머리가 되게 하라. 절대로 turn back 시키지 말라. 읽어 나가면서 절대로 이미 지난 것으로 돌아가지 말라. (습관화=뇌화)

특히 s세포는 **언어와 실제상황을 습관화**시키는 것이다. 이렇게하면 생활 속에서 얻는 것과 같다.

▭ BEis 영뇌 :

연속적으로 설명해 나가다가 that에서 분설로 a door를 설명해 나가는 뇌로 작동시키면 된다. **설‴′/설‴**는 서로 아무런 설명관계에 놓여 있지 않는 독립적인 관계이다.

영뇌는 이렇게 **근설로 연속적**으로 작동하다가 **분설로 독립적**으로 작동하기도 한다. 그래서, 여러분들도 **근설 연설뇌**로 작동시키면서 **분설 독설뇌**로 작동시키면 된다.

▭ I 영뇌 : 말[소리]자체/글자자체[소리본체]가 바로 이해로 작용하거나 그것자체에서 해가 우러나오는 뇌가 되면 된다. (이해/해=무한글 이해)

▭ S 영뇌 : 소리 또는 글자[소리본체]에서 바로 실제상황이 보이거나 실제상황을 표현 것으로 보이면 된다. 그래서 **주로 앞방으로 실제상황이 보이는 뇌가 되면 된다.**

↳S + S + S=S↑+ S↑+ S↑

실제상황은 시•공간적으로 존재하는 실제생활 또는 세상 속에 있는 실제상황이다. 그래서 '앞방' 으로 보는 것이다.

시•공간적으로 존재하니 **실물도 실제상황이다.**

뿐만이 아니라, 실제상황은 세상 어느 사람에게나 다 똑같이 보이니 **만국공통 상황이다.** 이것을 언어로 표현하고, 그 언어를 다시 실제상황으로 이해하는 것이다.

tip) S영뇌는 문맹자나 애기들이 말을 이해하거나 배우는 것과 같다. 즉 글자는 몰라도 (앞방) 실제상황으로 바로 이해한다. 특히 다문화 자녀가 잠시[즉 간단한 표현] 이중언어를 구사하는 것은 S 영뇌 때문이다.

---

at=(어떤 것의) 구역이 차지하는 것으로서 위치 [a: area]

that=사람/비사람을 지정관계로 가리키면서 자기문장을 제한적으로 연결시켜 설명해 나가는 뇌로서

이 사람/이 것은 -- 하는 사람/것 referent=a door

[th: the a: all t〉d: direction 방향으로서 관계]

-- 관계대명사 영뇌로서 연결주의 기/설 영뇌

with=동존으로서 소유, 동존소유로서 갖추고 있는 것

---

big tip) 동양인들은 vocal 감각적 주파수로 말해야 원어민 말투를 낼 수 있고, 말이 자연스러워진다.

↳하나하나 말하는 것 같지만 드려다보면 원어민들은 감주로 말하고 있다. 원어민 말투를 내게하거나 영어를 말하게하는 끄나풀[연결고리]이 감주다.

IIIII *Forest fires /ravaged /two Florida counties.*

기 → 설

기′ → 설′

\+

=Σ기본어 → 설명어 ※Σ= '시그마' 라고 읽으며 수학에서 '합의 기호'

=기→ 설(기′)→ 설′

=기→ 설→ 설′=ΣBis → Eis=BEis-Os ※ `→、=설가표시

=I + I + I=ΣI =I-Os ※ `+、=자동설가 표시

=S + S + S or S↑+ S↑+ S↑=ΣS=S-Os ※ `↑、=앞방표시

.. 원어민과 똑같은 두뇌작동의 필요충분 조건 → ①어순=동일: BE ②이해=무한글: IS ③finally, 즉 감주 말로 인식,

---

Forest fires를 ravaged로 설명해 나가고, 이것을 다시 기본어로 해서 two Florida counties로 설명해 나가는 두뇌이다. 이것은 결국 기본어 Forest fires를 바탕으로해서 **연속적으로** IS세포로 설명해 나가는 두뇌 작동이다.

B-->E(B′)-->E′, In short, ΣB → E.
In other words,
ΣBis → Eis i.e., BEis-Os. or I-Os, S-Os.
(Bis=IS 세포로서 기본어 Eis=IS 세포로서 설명어)

이것이 바로 **원어민 두뇌 작동 (시스템)**이다.
어순도 사고 방식도 아니다. 두뇌, 그 자체를 말하는 것이다.

설명어
=연결 설명어 /비연결 설명어
/등맥 설명어 /sign 설명어

BEis-Os**영뇌**가 자동 기/설관계,
즉 설명해 나가는 관계가 자동으로 형성되면
ΣI **영뇌**, ΣS **영뇌**로 작동하게 된다.

▭ ΣBis → Eis=**소리 또는 단어들의 뜻 관계**
--- This is the BEis-Native Brain.

▭ ΣI=**말[소리]자체/글자자체가 바로 이해[뜻]로 작동 하거나 해가 우러나오는 뇌, 즉 해음/해자 영뇌**
--- This is the I-Native Brain.

▭ ΣS=**소리 또는 글자와 실제상황 관계, 즉 상음/상자 영뇌**
--- This is the S-Native Brain.

시동] 산불이 완전히 망쳐 놓았어요[폐허로 만들어 버렸어요]. 두 개의 플로리다 군을 말이다.

※ How to Read[Speak] :
Forestfires ravagedtwo Floridacounties.
: 먼저 감각적 주파수로 이해한다.
시동=vocal 감주로 (IS가 되게) F3+E2 강하게 말하기

ravage=망쳐버리게 하는 것으로서 폐허로 만드는 것 /황폐화시키는 것 [r: ruin 망치는 것 v: 버리게 하는 것]
: Crops ravaged by storm.

vs 영영사전 뜻=to ruin and destroy; devastate
forest fires=wild fires 숲불/야생불로서 산불

영뇌세포를 만드는 가장 좋은 방법

IS 언어생활을 통하여 생활 속에서의 뜻으로 읽거나 듣거나 공부해서 감주 free 영뇌[특히, 我必 free 감주]를 많이 간직한다. 그러면 저절로 BEis로 IS로 엮어지고 일상적인 말이 된다. 읽기, 듣기, 말하기, 쓰기의 비밀이 바로 여기에 있다.
[free 영뇌=글자 free 영뇌 + 소리 free 영뇌
⇒ 후자=free 감주=감주 free 영뇌]

tip) 영뇌로 이해하면 영뇌가 발달하고, 한뇌로 이해하면 해석뇌가 발달한다. 주의하라.
특히 두뇌는 영뇌세상이 한뇌세상을 지배해야 한다.

참고] 한글도 마찬가지이다. 우리에게 한글이 자연스럽게 읽혀지거나 들리거나 말 할 수 있거나 쓸 수 있는 것은 free 한뇌를 많이 가지고 있기 때문이다. 한글을 외워서 그렇게 되는 것은 아니다.

tip) 감각적 주파수로 IS 영뇌가 돼야 귀에 익은 소리로 들리고, 눈에 익은 글자로 보인다. 즉 감주 일상적인 말이 된다. IS 영뇌는 생활 속에서의 뜻이고 감각적 주파수는 (해석한) 한글중심의 이해가 아니기 때문이다. 한뇌, 특히 해석으로 이해하면 표현이 나올 때마다 늘 새롭게 보인다. 명심하라.

↗ 감주로 이해하면 저절로 어순이 동일해진다 : 자동 기/설

IIIII *New American-English Dictionary /for students, office and home /by Thorndike.*

영뇌=기→ 설/설 : BEis-Os

or I + I + I : I-Os or S + S + S : S-Os

How to Read[Speak]

=NewAmerican-EnglishDictionary forstudents(↗약강 감주), officeand(↗강약 〃) homeby(↗강약 〃) Thorndike.

: 먼저 감각적 주파수로 이해한다. 영어는 감각적 주파수 중심으로 말한다. 토씨 중심인 한글과 다르다.

시동=vocal 감각적 주파수로

(BEis 또는 IS 영뇌가 될 때까지) F3+E2 강하게 말하기

.. **我必 Free (vocal) 감주 간직하기**= New American-English Dictionary by Thorndike.

Free (vocal) 감주로 이해/간직 하기=New American-English Dictionary for students.

/By Thorndike. /For office. /--etc.

영어는 설가뇌이기 때문에 s동사 없는 표현도 가능하다.

시동=신 미식영어 사전은 용도가/해자 학생, 사무실, 그리고 가정용이고, 저자는 Thorndike이다.

.. **아필(我必) free 영뇌란?**

영뇌로 자유롭게 만들어 자기말로 간직하는 것, 이것을 소리값, 즉 감주로 간직하면 아필(我必) free 감주가 된다.

사전을 용도와 저자로 각각 **독립적으로 설명**해 나가는 두뇌로 작동시키면 된다. 즉 **설명해 나가면서** 다시 **분설**로 설명해 나가면 된다.

영뇌=기→ 설/설=하나의 기본어에 대한 설명어가 두 개

vs She made /him /happy.

영뇌=기→ 설→ 설′=기→ 설(기′)→ 설′

: 설명해 나가면서 또 이것을 설명해 나가는 것으로서 연속적으로 설명해 나가는 두뇌, 즉 바로 앞말을 기본어로 해서 연속적으로 설명해 나가는 관계이니 기본어도 설명어도 각각 한 개

그래서, 전자는 **독설뇌**로 작동시키고, 후자는 **연설뇌**로 작동시키면 된다. 그리고, **독설뇌**는 이동이 자유롭지만, **연설뇌**는 뒷설이 부사(적) 의미일 때 이동이 가능하고, 부사(적) 의미가 아닐 때는 다른 단어를 써서 이동시키면 된다.

즉 by 의군은 for 앞에 둘 수 있으나, him 그대로 해서 happy 뒤에 둘 수 없다. 문맥이 맞지 않기 때문이다.

=He made /happy //<u>due to</u> her.[=Due to her, he -- .]

=기-->설 ⇨ **전설** (make=vi. **자동사**)

시동=그는 되었는 데[만들어 졌는 데] 행복하게 되었는 데[만들어 졌는데] 있었기 때문에, 대자 그녀가 있었기 때문에 말이다.

due to=발생이유+방향대상 : adj.+prep.

home=안에서 본 집으로서 가정 -- 그래서

homework 하면 집에서 하는 정신적 일[작업]을 뜻한다. 따라서 숙제뿐만아니라 컴퓨터로 집에서 일하는 것 또는 집에서 하는 저작 활동 -- 등에도 쓸 수 있다. (assignment(AmE)=내준 과제물로서 숙제) 하지만 house는 밖에서 본 집으로서 housework하면 가사/ 집안수리 --- 등을 뜻한다.

office=열심히 움직여 일하는 곳으로서 사무실/사무소 /열심히 움직여 일하는 것으로서 사무

[o : 움직이는 것 ff : fly + fly 날아 다니 듯이 열심히 움직이는 것] (work room/office work)

① The company is moving to new offices in central Seoul. ② Our new head office is in Tokyo.

③ The teacher's office is teaching.

dictionary=말[단어]을 담아 둔 곳으로서 사전

[t: talks /dict 어원: words /d: 단어 y : 지게]

by=(앞의 것에 대한) 행위의 실체로서 그것을 한 사람[것] /원인행위로서 -- 함으로써

[b : behaviour y : 지게를 지는 자로서 행위의 실체 /지는 것으로서 원인행위]

: He enhanced the pride of the nation by winning the men's marathon.

Addition] More bad news /on /your poll, //dad?

=기→ 설(기′)→ 설′ ⇨ 전설

-- 연설뇌로 작동시키다가 전설뇌로 작동시키면 된다.

시동=더 많은 나쁜 뉴스가 나왔어요, 아빠 여론에 말이다. 아빠?

※ on=상에 있게 되는 것으로서 나타나는 것

영어말투, 즉 본토말에 익숙해지는 것이 영어공부다

IIIII *Talk /of Iraq war /ignited oil prices.*

Talk of Iraq war ignited oil prices.

소감주 빅감주 왕감주 빅감주

영뇌=기→ 설/설 : BEis-Os or I + I + I : I-Os

How to Read[Speak] or S + S + S : S-Os

=Talkof Iraqwar ignitedoil prices. (Talk-o-Iraq war=infml 표기)

: 영뇌상급자는 먼저 감각적 주파수로 이해한다. 감주로 말하면 저절로 소리값으로 이해[의미]가 실린다.

시동=vocal 감각적 주파수로 (자동설가가 될 때까지) F3+E2 강하게 말하기

Free (vocal) 감주로 이해/간직 하기=Talk of. /Talk of oil prices. /Ignited oil prices. /Ignited Iraq war. /Iraq war ignited. /-- etc.

시동=이야기, 즉 이락 전쟁과 관련된 이야기[이락 전쟁설]가 불을 붙였는 데 기름값에 말이다.

/ —— 가, 즉 이락 전쟁과 관련이 있어서, 불을 붙이고 말았다. ———— . → **Ekbe 시동**

tip) .. **아필(我必) free (vocal) 감주 간직하기** : Oil prices ignited. → **설가뇌 의미**

Talk에 전치사로 먼저 보충하고, s동사로 다시 독립적으로 설명해 나가는 뇌로 작동시키면 된다. 요컨데 독설뇌로서 **보설 독설뇌**이다. 일반적으로 영뇌는 보충설명을 먼저 하는데 이런 것을 **보설주의 기/설영뇌**라 한다. (s동사=문장동사 s=sentence)
↳즉 문장전체 기본동사로서 문장동사

영뇌 기본패턴, 즉 기본 BEis 영뇌(the basic BEis native brain) : 영어는 기본 BEis 영뇌, 즉 기본 기/설 영뇌를 바탕으로 해서 '설'이 늘어 나거나 '전설'이 앞뒤로 붙는다.

① **기→ 설/설=독설뇌 -- 독립적인 관계**

② **기→ 설→ 설′ =연설뇌 -- 연속적인 관계**

a.. New American-English Ditionary /for students, office and home /by Thorndike.

=기-->설/설 : 독설뇌로서 독설 독설뇌

⇨ 기본어를 각각 (완전) 독립적으로 설명해 나가는 두뇌

b.. Talk /of Iraq war /ignited oil prices.

=기-->설/설 : 독설뇌로서 보설 독설뇌 ☞p132

⇨ 기본어를 먼저 보충 설명해 나가면서 독립적으로 설명해 나가는 두뇌

보설은 s동사의 기본어[즉 주어]가 되지 못한다. 보충 설명하는 말이기 때문이다. 따라서 동사 수일치도 talk에 영향을 받지 무조건 좌에서 우로 의미를 흘러 보내면 보설을 s동사로 설명해 나가는 꼴이 되어 동사 수일치를 해결할 수 없다.

: Talk /of Iraq war /ignites oil prices.
Talks /of Iraq war /ignite oil prices.

여기서 보설은 **독설뇌**로 설명해 나가기 때문에 먼저 s동사로 결론을 짓고, 보설을 뒤로 돌려 전설 뇌로도 작동시킬 수 있다.

: Talk ignited /oil prices //of Iraq war. =기-->설 ⇨ 전설

시동= -- 불을 붙였다. 기름값에 말이다. 즉 이락전쟁과 관련이 있었기 때문이다.

같은 패턴 : West Bank attack /was blamed //on settlers.

=기-->설 ⇨ 전설 -- 가했기 때문에 -- 에게 가했기 때문이다.

vs West Bank attack /on settlers /was blamed.

=기-->설/설 : 보설 독설뇌

vs I want /this check /in singles. =기-->설-->설′

→ 연설뇌도 부사적 의미 연설은 전설뇌나 독설뇌처럼 이동가능

→ In singles //I want /this check. =전설 ⇨ 기-->설

↗ 이동도 일종의 free 영뇌

이렇게 그대로 이동이 되는 연설뇌를 **비순수 연설뇌**라 하고, 그대로 이동이 되지 않는 연설뇌를 **순수 영뇌**라 한다.

: He /met /yesterday. =기-->설-->설′

=Yesterday //he --. =He /yesterday met.

vs She made /him /happy. =기-->설-->설′

tip)Talk /ignited oil prices /(//)of Iraq war.=기-->설-->설′ (⇨ 전설) : 연설뇌/전설뇌

※**독설뇌=독설 독설뇌/보설 독설뇌/독설 보설뇌**
전설뇌=기설 전설뇌/전설 기설뇌

※ **How to Read[Speak]** ↗즉 글순대로는 떨어지고 말순대로는 붙어진다. 슬래쉬도 여전히 그대로이다.

-- talk에 of를 붙여 말해도 좋다. 여전히 of로 (IS값으로) 설명해 나가는 관계이기 때문이다. 즉 여전히 IS 설가뇌이기 때문에 Talk /of Iraq war=Talk/of Iraq war처럼 붙여 말할 수 있다.

그래서 /in singles로 끊어도 말은 in을 앞말에 붙여 말해도 좋고, 뒷말에 붙여 말해도 좋다. 하지만 말하기에 가장 좋은 리듬으로 선택해야 한다 : **감주선택**=Best 감주

: thischeck/in singles > thischeck /insingles
↳전자=Best 감주

☞.. 감주, 즉 뒷말과 말하는 것이 잘 안되면 (IS) 설가뇌로 이해한다 : 일종의 시동

||||| *The river /which flows through our city /is polluted.*

영뇌=기→ 설/설 : BEis-Os

or I + I + I : I-Os or S + S + S : S-Os

How to Read[Speak]

=Theriver whichflows throughour cityis polluted.

↳약강 감주 ↳비약음 〃 ↳약음 〃 ↳강약 〃 ↗단주

: 먼저 감각적 주파수로 이해한다. (한 단어처럼) 뒷말과 말하는 느낌이 있어야 저절로 이해가 실린다.

시동=vocal 감각적 주파수로

(BEis 또는 IS 영뇌가 될 때까지) F3+E2 강하게 말하기

☞.. **我必 Free (vocal) 감주 간직하기=** The river polluted through our city.

Free (vocal) 감주로 이해/간직 하기=The river which. /Which flows. /Which flows through. /Through our city. /-- etc.

머리 속에 감주를 많이 기억시키거나 암기하면 두뇌세포 인지는 발달한다.

시동=그 강, 즉 어떤 강이냐 하면 이 강은 흘러서 뚫고 우리의 도시를 지나는 강인데[강이어서] 되어 있어요, 오염으로 말이다[되어 있는 데 오염이 되어 있어요].

영어를 볼 때마다, BEis, I, S영뇌로 먼저 이해한다. 즉, 무한글 이해로 순서대로 쭉 흘러간다. 해석 버릇으로 절대로 turn back 시키지 말라. 읽어 나가면서 절대로 이미 지난 것으로 돌아가지 말라. 그래서, 영뇌리딩을 일명 **'CPU리딩'** 이라 한다. 순서대로 처리하기 때문이다. BEis는 기/설, 즉 설가로서 무한글 이해가 순서대로 흘러가고, IS는 그것이 자동이다. 즉 그런 느낌이 없어도 좋다.

관계사로 먼저 보충 설명하고, S동사[=is]로 마무리하는 뇌로 작동시키면 된다. 강이 오염된 것이지 흘러가는 사실이 오염된 것은 아니다. 역시 **보설 독설뇌**이다. 그래서, 동사의 수는 기본어에 영향을 받는다. 만약 rivers이면 are로 작동시키고, river이면 is로 작동시키면 된다. 보설에 영향을 받는 것은 아니다. 그리고 관계대명사도 단복대명사뇌이다. 그래서, flow도 기본어 의미에 따라 결정된다.

독립적인 설명관계이기 때문에 먼저 s동사로 말하고 나중에 보충하는 뇌로 작동시켜도 좋다.

||||| The river /is polluted /which flows through our city.

=기-->설/설

시동=그 강은 되어 있는 데 오염되어 있어요, 어떤 강이냐 하면 이 강은 흘러 뚫고 우리의 도시를 지나가는 강이기 때문이다.

일반적으로 영뇌는 **보설주의 기/설 영뇌**로서 먼저 보충하는 뇌로 많이 작동시킨다.

tip)설가뇌=독설 설가뇌 /연설 설가뇌 /전설 설가뇌 /보설 설가뇌 /근설 설가뇌 /분설 설가뇌 — 등

※ **which 관계대명사 영뇌**

=비사람을 묻는 관계로 referring back하면서 제한적/비제한적으로 연결지어 설명해 나가는 뇌

[w : 묻는관계 연결 h〉human : 비소리로서 비사람

(w=w′: 묻는모습 + v, v를 묶어놓는 것으로서 관계/연결)]

어떤 것이냐 하면 (이것은) -- 인 것 /인데

: 묻는 관계 referring back 제한적/비제한적 연결영뇌

=**본래의미**(BNW)

🔊 **뜻하는 의미**=이것은 -- 인 것 /인데

//즉 -- 인것 /인데

-- 뜻하는 의미로 that과 호환 가능

tip)단어하나를 간직해도 free 영뇌로 간직하라.

↳즉 의미전달 값으로 간직하라 ⇒ 의미전달 최소단위=단어하나

↳ 이때 의미=(생활 속에서의 뜻인) IS값

polluted

=더러운 것이 퍼져 있는 것으로서 더러워져 있는 것

/더러워져 있는 것으로서 오염되어 있는 것

[p: 퍼져 있는 것 t: taint 더러운 것 or t〉d: 더러운 것

ed: 피동 event 음가

or (e: 조율음) d: done 피동 event로서 상태 event]

the=사물을 정하는 외내적 '어' 음가로서 외부적 지정 또는 내부적 지정 의미 [th: thing(s) e: 외내적 '어' 음가]

▭ 외부적 지정뇌 : Open the book.

▭ 내부적 지정뇌 : George Washington, he is the president, the man.

⇒ 그야말로 대통령이자, 남자이다.

풀때는 지문에 필요한 것만 감주로 각인시키는 것 : 일종의 scanning

☞.. 아필 감주=자기에게 필요하거나 원하는 것만 감주로 이해하는 것, 특히 문제를 → 이때 문맥=BE문맥/associate로 처리

||||| *It /was wrong /that he betrayed me.*

기/설 문맥으로 설명해 나가는 문맥
: 설가 문맥

영뇌=기→ 설/설 : BEis-Os

or I + I + I : I-Os or S + S + S : S-Os

How to Read[Speak]=Itwas wrongthat hebetrayedme.

↳강약 감주 ↳비약음 ↳약강약

: 먼저 감각적 주파수로 이해한다. 그러면 저절로 이해가 되고 기억이 된다.

시동=vocal 감각적 주파수로 (BEis/IS 영뇌가 될 때까지) F3+E2 강하게 말하기

(요즈음은 외국계 기업에서는 신규채용 뿐만이 아니라, 근무직원도 수시로 문장을 읽는 시험도 본다. 한글처럼 영어도 보았을 때 읽혀 지는 모습이 보여야 한다.)

☞.. 我必 Free (vocal) 감주 간직하기= That he betrayed me was wrong.

Free (vocal) 감주로 이해/간직 하기=It was. /Was wrong. /Wrong that. /That he. /That he betrayed. /Betrayed me. /-- etc.

시동=그것은 이었는데 잘못 됐다는 것이었다. 즉 그가 배반했다는 것인데 나를 (배반한 것은) 말이다.

tip) ☞.. 아필(我必) free (vocal) 감주 간직하기 : Wrong he betrayed like that. : 자기말 추가 가능

▭ It=referring forward ▭ referent=that 부터

즉 it로 먼저 언급하고 s동사, 즉 was로 설명해 나가면서 it의 구체적인 내용을 that로 다시 밝혀 나가는 두뇌이다. 이렇게 설명해 나가는 관계로 해서 IS세포로 움직이면 **BEis-Os영뇌가 된다.** 영어는 설명해 나가는 두뇌이기 때문에 한 문장 내에서도 이렇게 대명사를 써서 가리키는 것도 가능하다. 한뇌에서는 이런 게 없다.

※ How to Read[Speak]

=ItWAs WRongTHat hebetRAyedme

=이ㅌ워즈 로ㅇ대ㅌ 히비츄레이드미

=post점형 F+small slide F /post점형 F+post점형 F /dot점형 F+cramp F+dot점형 F

☞ 영뇌의군은 날개영뇌처럼 의군에 의해서 무한글 이해가 각인이 되거나 스쳐가면 된다. 이때 (vocal) 감각적 주파수로 영뇌각인을 시키면 더욱 효과적이다. 영뇌는 글자 또는 소리에 의해서 바로 무한글 이해작용이 터지는 것이지 뜸을 들여 이해하면 해석뇌이다. 해석버릇을 고치지 않으면 절대로 영뇌를 심을 수 없다. 명심하라.

remember] free 영뇌는 문장 뿐만이 아니라 내용 간에도 발생한다. 내용 간 free 영뇌도 간직하라.

tip) 일반적으로 short하게 말하면 free **영뇌**[infml E]가 되고, full로 말하면 StE[formal E/WrE]가 된다. 그래서, 대개 각종 시험영어, 특히 IELTS, TOEFL의 말하기와 쓰기는 full로 표현한다.

it= '이' 하고 탁 멈추는 음로서 중음가,
중음가 지정으로서 그것/그 사람
[i : '이' 음가 t : 탁 멈추는 것]
소리: It=이ㅌ/이ㅌ = post점형 / slide 주파수

that=① 지정 접속관계로서 그것은/즉
: **종속접속사 영뇌, 즉 대명접속사 영뇌**
[th: the 지정 t: connect/tie]
② 비근 음가 사물[사람] 지정으로서
저 것[그 것] /저 사람[그 사람] : **일반대명사 영뇌**
[t: thing h: human
a: '애' =더 멀리 향하는 음 + 강한 감정음가]
: That's John. 그/저분이
③ 제한적 지정관계로 연결 설명해 나가는 뇌
: **관계대명사 영뇌**

add] that와 it의 차이:
that=비근 음가 지정(not here)으로서 그 것/그 사람
: That's right. That'll be $20.
Thank you for that.
vs it=중음가 지정으로서 그 것/그 사람

---

remember] ☞ 단어의 뜻은 BAM으로 하여 해음/상음, 해자/상자를 만들어야 한다. 특히 새로운 단어를 만나면 항상 BAM으로 그렇게 만들라. 그래야 뉘앙스 차이를 알 수 있고, 영뇌를 작동시킬 수 있다.

↗역순 이해흐름 방지=단어 본래의미(+설가뇌 의미)

☜.. 해석뇌, 즉 한글구조식 한글개입이 없어야 영뇌가 된다. ∵ 두뇌 움직임이 반대

IIIII *He is /reading /a comic book.*

영뇌=기→ 설→ 설′ : BEis-Os

or I + I + I : I-Os or S + S + S : S-Os

How to Read[Speak]

=Heis readinga comicbook.

: 먼저 감각적 주파수로 이해한다. 뒷말과 말하면 저절로 이해가 되는 것은 뒷말과 말하는 느낌 때문이다.

주의]말에 의미가 실리는 것이지 의미를 먼저 생각하고 말하는 것은 아니다.

시동=vocal 감각적 주파수로

(BEis 또는 IS 영뇌가 될 때까지) F3+E2 강하게 말하기

☜.. **我必** Free (vocal) **감주 간직하기**=He reading a daily comic strip.

Free (vocal) **감주로 이해/간직 하기**=He is. /Is reading. /Reading a. /A comic book.

/Reading a comic book. /-- etc.

시동=그는 있는 데 읽고 있어요, 만화책을 말이다. ∗comic strip[AmE], strip cartoon[BrE] 연재만화 satirical cartoon 풍자만화

주의] free 영뇌로 간직하는 것은 단어[숙어] 암기식으로 그냥 외우는 것과 다르다. 전자는 선인영뇌 각인으로 생활 속에서의 뜻으로 IS가 작동하는[보이는] 것이다.

'있는 데 reading하고 있다' 는 것이다. 영어는 설명해 나가는 두뇌이기 때문에 개략적인 말부터 먼저 작동시킨다. be동사가 현분사나 과분사보다, 전치사가 뒷말보다 덜 구체적이다. 그래서 먼저 작동시키는 것이다. **이런 영뇌를 개략주의 기/설 영뇌라 한다.** 따라서, **영뇌 세포로 만들려면** 우리도 보았을 때 개략적인 상황부터 눈에 먼저 들어와야 한다. 보니까 '무언가 하고 있더라' 는 것이다. 좀더 자세보니 'reading 하고 있다' 는 식으로 눈에 들어 와야 한다.

이때 '있다' 는 '무언가 하고 있다' 로서 발생[즉 발생존재]이며, 발생으로서 개략적인 동작이나 행위이다. 그래서, 현분사의 동개념과 의율이 되는 것이다. be동사가 현분사와 함께 쓰는 이유가 여기에 있다.

grammar식으로 '진행형' 하고 공부할 필요가 없다. 그냥 두 단어의 뜻 관계로 두뇌를 작동시키면 된다. 진행형이라는 문법 용어도 사실 알 필요가 없다.

grammar=말이 진행될 때 말과 말과의 관계를 알려주는 것으로서 문법 [g: go r: relation mm: 말과 말]

he=수줍어 하지않고 똑바른 자세를 취하는 사람으로서 그 (남자) /그 사람 [h: 똑바로 서있는 모습(straight) + human]

is= '무언가 하고 있다' 로서 '있다' -- 발생존재로서 **동개념** [i: 있다]

vs The concert was last night. : **그냥 발생**

시동= -- 있었다 : 일어난 것으로서 그냥 발생

reading=쭉 보고 있는 것으로서 읽고 있는 것 /보면서 소리내어 읽고 있는 것 [read + ing: 진행음가로서 진행의미]

read=쭉 보는 것으로서 읽는 것 → 이해쪽 /쭉 보면서 소리내어 읽는 것 → 소리쪽 [r: running 쭉하는 것 e: eyes d: do]

: I can' t read. This menu is in Chinese.

Read the poem aloud to the class.

comic=입을 자꾸 벌리게 하는 것으로서 웃기는 것 [c:입을 벌린 모습 m: mouth c: 입을 벌린 모습]

book=끈으로 묶은 종이로서 책 [b>p: paper oo: 묶는구 멍 k: 끈] → 글자를 만들 당시, 옛날에는 가죽 끈으로 묶었다.

---

big tip) 영어는 한자 배열과 같기 때문에 명심보감에 나와있는 한자를 이해하듯이 버그단어도 있는 그 위치에서 IS로 이해하면 된다. 즉 동사도 IS로 이해하면 문장 중간에 올 수 있으며, 우리는 **서술종지형['다' 두뇌]**으로 이해하기 때문에 언제나 문장 끝에 온다. ↘ **vs 영어=서술이음형['데' 두뇌]**

전치사도 한글구조로 토씨로 이해하지 않고, 직상 일반단어로 IS로 이해하면 명사/대명사 앞에 올 수 밖에 없다. 원어민 두뇌는 설가뇌이기 때문이다. 비록 Ekbe 시동이다할지라도 IS 영뇌[두뇌]로 바뀌면 한글구조 잔재는 완전히 없어져야 한다. 그래야 완전히 원어민 두뇌가 된다. 특히 IS로 의미전달이 되기 때문에 s동사를 써지 않아도 된다. tip)영뇌=생활 속에서의 뜻으로 IS가 작동하는 것이지, IS에 한글구조의 문맥토씨는 없다.

: I did nothing wrong. I ate pizza.

시동=나라는 실체가 한 상황[것]인데 (그것이) 무 잘못인 것

/나는 먹었는데 (그것은) 피자였음 ↗그는 인데 학생이라는 것

He is a student. 시동=그라는 사람과 동질인 것이 학생이라는 것

He is at home. 시동=그는 있는데 (그곳이) 구처 집인 것

Malaysia, truly Asia. cf] I don' t want.=我不要 (아불요)

I love you.=我愛汝 (아애여)

↗이것을 고치지 않고는 영어정복 불가, 특히 청취 정복불가
.. (역순) 해석뇌=이해를 끊어버리고 이해흐름을 바꾸는 뇌 -- 영어(와 같은) 이해흐름 유지필요

IIIII *Can /you have /my laundry done /by this evening?*

영뇌=기→ 설→ 설′→ 설″ : BEis-Os

or I + I + I + I : I-Os or S + S + S + S : S-Os

How to Read[Speak]=Canyou havemy laundrydone bythis evening?

: 먼저 감각적 주파수로 이해한다. 그러면 영뇌청취도 쉽게 된다.

Canyou↗ : 중간 tail F

시동=vocal 감각적 주파수로

(자동 설가가 될 때까지) F3+E2 강하게 말하기

.. **我必 Free (vocal) 감주 간직하기**=He works at[in] the laundry on a part-time basis?

Free (vocal) 감주로 이해/간직 하기=Can you? /You have? /My laundry done? /Have my laundry done? /By this evening? /My laundry done by this evening? /Can you have my laundry done? -- etc.

↳ free 영뇌가 의군일 때는 (그냥 영뇌의군으로 간직하지 말고) 늘 감주로 간직한다.

소감주 빅감주

: 감주 ⇒ Canyou? /Havemy laundrydone? /Bythis evening? -- etc. ※감주=소감주/빅감주/왕감주

시동=가능한 가? 네가 갖는 것인데[하는 것인데] 나의 세탁물 완성을 쯤에[근시/근자] 오늘 저녁 쯤에 말이야?

묻는 말로 개략적으로 먼저 묻고, 묻는 구체적인 내용으로 설명해 나가는 뇌로 두뇌를 작동시킨다. 일종의 **개략주의 기/설영뇌**이다. 이렇게 **설명해 나가는 관계**로 두뇌를 작동시키면 영어가 순서대로 보이고, 여러분들의 두뇌는 영뇌 세포가 된다. 의문문은 **물음주의 기/설영뇌**로 묻는 말을 먼저 작동시키고, 묻는 내용은 나중에 작동시켜도 좋다.

▭ **F 영뇌:** canYOUhave=cramp F

can으로 올라가면서 you로 밀어 올려놓고 have로 떨어지는 주파수이다. fantastic[=fanTAstic] 주파수와 비슷하다.

또다른 감각적 영뇌의군=Can you have /my laundry done /by this evening? =B-->E-->E′

BAiTHIsEveNIng=slide/slide/check mark F

evening할때 e로 밀어주고 ve로 떨어지면서 ning하면서 치켜 올리면 된다 → yes-no questions → **(치켜올리는) 꼬리형 주파수**

---

laundry=빨아서 쭉 널어 건조시키거나 건조시킨 것으로서의 세탁물, 그래서 세탁물하면 세탁할 물건이나 세탁한 물건 둘다 된다.

[l: 쭉 펴서 널은 모양 dry: 건조시키는 것]

dry=어떤 곳에 널어 물기가 날아가게 하는 것으로서 건조시 키는 것 /물기를 없애는 것으로서 닦는 것

[d: down 물기가 없어지는 것 r: 물기가 날아 가는 모습 y: 너는 장소]

① The clothes will soon dry (out) in the sun.

dry /out=B-->E

시동=물기가 없어지는 것[날아가는 것]

② Hang out the washing to dry. Hang /out= B-->E

시동=널어서 펴라는 것으로서 너는 것

out=수직/수평 기준으로 out방향이니 펴는 의미가 됨

한글=앞으로 뒤로/앞뒤로 vs **영어**=back and forth

영어는 앞으로 가는 것은 진행방향으로 그대로 두고

뒤로 가는 것을 시작으로 보는 것

: He paced the room nervously back and forth.

-- 왔다갔다 했는데 걱정스럽게 뒤로 갔다가 앞으로 갔다가 했다.

---

tip)영뇌가 더 민주적이고 과학적이다.

약자 먼저 생각 : bride and groom vs 신랑신부

ladies and gentlemen vs 신사숙녀 여러분

낮이 먼저 시작 : day and night vs 밤낮으로

tip) 만약 귀신이 활동할 경우 : night and day

3 days and 2 nights vs 2박 3일

먼저 공급 : supply and demand vs 수요와 공급

---

laundry=빨아 물기를 빼는 것[down]으로서 세탁물

vs washing=물로 씻어 내는 것으로서 세탁물

[wa: water sh: 씻는 것]

그래서, 셀프서비스 세탁소를 laundromat라 하고, 세탁기를 washing machine이라 한다.

BAM 영뇌로 이런 뉘앙스 차이를 알아야 모든 단어에 대해서 확실히 영뇌세포를 만들 수 있고, 각각 IS도 달리 느낄 수 있다.

③ He dries himself off with a towel.
dries /himself /off=B-->E-->E′
시동=닦아서 자기 몸에 있는 물기를 없애는 것
evening=만물이 고요해지기 시작하는 것으로서 저녁
[even: 평온한 것 /평정한 것
in: 들어가는 것으로서 시작하는 것]
morning=만물이 일어나서 움직이는 것으로서 아침
[m: move r: rise]

dawn=정지해 있던 것이 깨어나는 것으로서 새벽
[d: down w: wake up]
※의문문=묻는 말 + 묻는 구체적인 내용
↘주어앞말 ↘주어포함 뒷말
plus]묻는 말 또다른 감각적[Free] 영뇌의군 :
Do you /want a/ big house?=기→ 설→ 설′
시동=그렇지 너 /원하지, 어떤 것인데 /큰 집을 말이다?
: or Do you /want a big house? =기→ 설

IIIII *What can /I help /you with?*
영뇌=기→ 설→ 설′ : BEis-Os
or I + I + I : I-Os or S + S + S : S-Os
How to Read[Speak]=Whatcanl helpyou with?
: 먼저 감각적 주파수로 이해한다.
시동=vocal 감각적 주파수로 그러면 쉽게 선인영뇌 각인[선강후약]으로 이해가 실린다.
선인영뇌 각인이 될 때까지 F3+E2 강하게 말하기
☞.. 我必 Free (vocal) 감주 간직하기=What can I help for you?
Free (vocal) 감주로 이해/간직 하기=What can? /Can I? /I help? /Help you? /You with? /Help you with? /What can I? /-- etc.

시동=무엇이 가능한 가? 내가 돕는 것인데 네가 가지고서 처리하는 것에 말이다?
: 영어는 이렇게 설가뇌 문맥[관계]로 되어 있다. 그래서 영어는 이렇게 보여야 하고 특히 감주로 보여야 한다.
: No endorsement of this publication by Educational Testing Service <u>should be inferred</u>.
시동=어떠한 배서[승인]도 없다. 즉 이 발행물[출판물]과 관련해서 행자 ETS가 배서[승인]한 것은 없는 데
그런 것이 일어나서도 안되며, 즉 그렇게 추론되는 일이 일어나서도 안된다.
by=행위실체로서 행자(行者) — 가 하는 것 should=사발생 정생각 be=동질연결로서 즉
inferred=**event** 그런 것/그렇게=**should/inferred의 단어 associate**

↗(모두 다 간직하지 않고 free 감주 중에서) 자기에게 필요하거나 원하는 것은 반드시 간직한다. 이게 바로 자기말이다.
tip) ☞.. <u>아필(我必) free (vocal) 감주</u> 간직하기 : Can I help you with? 아필 감주가 많아야 말하기도 청취도 쉽게 된다. 특히 문제풀이는 아필 감주로 푼다.
↳in short, 아필 감주

IS 값으로 묻는 말로 먼저 개략적으로 물으면서 묻는 내용으로 다시 구체적으로 묻는 뇌로 작동시키면 된다.
wh-questions에서는 마지막 단어는 원래 단어 주파수 대로 소리를 내면 된다 : WIth=위ㄷ=slide F

※ help 의향 표현 :
'Can I help you with something?'
'What can I do to help?'
'What can I do for you?' 'How can I help you?'
--손님이 들어 왔을 때 'Hi' 하면서 이렇게 뇌를 작동시키면 된다. with=동존처리로서 가지고서 처리하는 것/다루는 것
[wi 〉 v + v + is: 동존 t: 티〉치〉처: 처리하는 것
or take: Take enemies in succession.
You take photos. /t〉d: 다루는 것]

: Off with your clothes.
시동=벗어라, 가지고서[쥐고서]
너의 옷을 가지고서[쥐고서] 말이다.
This book is helping you with real English.
시동=이 책은 하고 있다, 도와 주고 있는 데
네가 (가지고서) 하는 데 실제영어를 (가지고서) 하는 데 말이다. with=전치사 직상뇌

영뇌 기본자세 **나는 (한글이 없는) 원어민이다.**
이런 자세가 되어 있으면 (영어를 보거나 듣거나 말하거나 쓸 때 원어민과 같은 자세가 되어) 해석뇌가 작동하지 않고 원어민과 같은 뇌가 작동한다. 영어를 대할 때마다 한국인 입장에서 바라다보지 말고 <u>원어민과 대등한 입장에서 서라</u>.

IIIII *Where do /we keep /the food?*

영뇌=기→ 설→ 설′ : BEis-Os

or I + I + I : I-Os or S + S + S : S-Os

How to Read[Speak]=Wheredowe keepthe food? (단주)

(강약 〃 (약=약약) 강약 감주)

: 먼저 감각적 주파수로 이해한다. 주의]감주는 뒷말과 말할 때 한 단어처럼 말하고 단주는 약간 떨어지면서 말한다.

시동=vocal 감각적 주파수로

(자동 설가가 될 때까지) F3+E2 강하게 말하기

☞.. 我必 Free (vocal) 감주 간직하기=Where do I keep the food? Freezer or cold storage?

Free (vocal) 감주로 이해/간직 하기=Where do? /Do we? /We keep? /Keep the?

/Keep the food? /Where do we? /Do we keep? /--- etc.

주의)free 감주 간직시 감주 이해감도 같이 유지, 즉 감주 그 자체로 free 영뇌로 작동되어야 함

시동=어디에 하지[어디이지], 우리가 보관하는 곳인데 그 음식을 말이야? *fridge, also refrigerator 냉장고

☞.. 한뇌와 (이해나 어순면에서) 충돌하기 때문에 "감주"라는 게 절실히 필요하다.

IS 값으로 개략적으로 먼저 묻고, 다시 구체적으로 묻는 내용으로 물어 보는 뇌로 작동시키면 된다.

❖ **F 영뇌:**

WHEredowe=웨어더워[웨어러워]=slide 주파수 -- d 단타와 어화

--주파수가 하나이니 slide 주파수로 모든 음을 한번에 걸쳐 소리를 다 내는 뇌로 작동시키면 된다. 그러면 한국말이 되는 것이 아니라, 영어말이 된다.

KEEpthe=키-프더[키-프더]=retro-root 주파수

비록 두 단어라 할지라도 한번에 걸쳐 소리를 다 낸다.

FOOd=푸-드=retro-root 주파수

※ **How to Read[Speak] :**

감각적 주파수와 날개 주파수로 세 번에 걸쳐 모든 음을 다 내면 된다. 그러면 영어 빠르기와 영어다운 소리가 된다.

반드시 기/설로 끊어 놓은 대로 이해하거나 말할 필요는 없다. 기/설로 끊어 놓은 것은 영뇌로 뜻 관계를 단지 알리기 위함이니 이해하거나 말을 할때는 감각적 주파수와 날개 주파수로 하면 된다. 즉 이해와 소리를 반드시 그렇게 끊어서 하라는 것은 아니다. 붙여 말해도 여전히 기/설 관계가 되니 우리는 감각적 주파수로 이해하거나 말하는 것이다.

tip)vocal 음은 목으로 성대가 많이 울리고 공명이 많이 되도록 말한다. 그러면 음이 더욱 기름진다.

☞ **묻는 말 do 영뇌**=보통의미 조동사로서 하지/이지/그런가?

-- 보통의미 조동사일 경우 의문문과 부정문에서 발생하고 강조의미 조동사일 경우 보통, 긍정문에서 발생한다.

: I did love her. I do like tomatoes. 정말로 -- 하다

vs **일반동사 do 영뇌** =일반동사 의미로서 하다

⇒ **과동사/현동사/원동사 영뇌**: I did it. I do it. I will do it.

---

where **의문부사 영뇌**=장소/위치를 묻는 것으로서 어디/어디서 [w: 몰라서 묻는 모양/궁금해 하는 모양 r〉l: location or place]

we=한 울타리 안에 있는 것들로서 우리 [w: 울타리를 친 모양]

keep=(어떤 상태 그대로) 지키는 것으로서 보관해 두는 것 /계속하는 것 [k: 지키는 것 e: is]

food=목구멍[식도]으로 쭉 들어가는 것으로서 먹는 것 /먹는 것으로서 음식[식품]

[f: fly 음식이 쭉 들어가는 것 oo: 목구멍과 식도 모양]

기/설 영뇌와 Ekbe Ekbe는 기/설 영뇌, 즉 설명해 나가는 두뇌로 가져 와야지, 그냥 한글어순 바꿔치기로 가져오면 안된다. 영어는 설명해 나가는 관계로 놓여 있기 때문이다.

: I have a book. Ekbe=나는 가지고 있는데 책이에요 /나는 가지고 있는데 그것은 책이에요 /나는 가지고 있어요, 책을 말이다 : **영뇌작동**

≠나는 가지고 있어요, 책을 : **여전히 한뇌지배**

IIIII *He can /read /Arabic writing.*

영뇌=기→ 설→ 설′ : BEis-Os

or I + I + I : I-Os or S + S + S : S-Os

How to Read[Speak]=Hecan readArabic writing.

: 먼저 감각적 주파수로 이해한다. 그러면 소리값으로 먼저 이해가 실린다.

¦ 영어는 IS설가 뇌이기 때문에 감주로 말하는 것이 가능, 제한적 영뇌일 때는
¦ IS설주 뇌이기 때문에 가능 : a good writing --> agood writing

시동=vocal 감각적 주파수로 ↘즉 영어는 먼저 말에 먼저 의미가 부여되기 때문

(자동 설가가 될 때까지) F3+E2 강하게 말하기

☞.. **我必 Free (vocal) 감주 간직하기**=He can read Arabic writing on the bottle[label].

Free (vocal) 감주로 이해/간직 하기=He can. /Can read. /Read Arabic writing. /Can read Arabic writing. /He can read. /-- etc.

시동=그는 할 수 있어요, 읽는 것인데 아라비아 글씨를 말이다. ☞.. **우리말은 입소리가 많으니 ″vocal음〃이 절실히 필요하다.**

이렇게 인식되어야 영어승차감이 나온다.

IS **값으로** 생각을 먼저 밝히면서 구체적으로 원동사로 설명해 나가는 뇌로 작동시킨다. 또는 IS **값으로** 개략적으로 먼저 말하면서 구체적으로 설명해 나가는 뇌로 움직여도 좋다.

▭ 전자=생각[마음]주의 기/설 ▭ 후자=개략주의 기/설

☞.. **기/설 영뇌 종류**

=❶ 개략주의 기/설 ❷ 상황발생주의 기/설
❸ 실질주의 기/설 ❹ 생각/마음 주의 기/설
❺ 주동주의 기/설 -- 모든 동작/행위/상태/존재/소유 -- 등은 주체로부터 나옴 ❻ 강조주의 기/설 ❼ 물음주의 기/설
❽ 감정주의 기/설 ☞ **영뇌영어 vol 2 영뇌 말하기**

조동사는 생각의미이다. 생각은 주체 또는 표현자의 생각인데, 조동사는 대개 표현자의 생각이다.

read=눈으로 굴러가면서 이해하는 것으로서 읽는 것
[r: run 달리듯이 굴리는 것 e: eyes]

write=words를 만들어 내는 것으로서 쓰는 것 [w: words
r: 달리듯이 흘러 가는 것으로서 만들어 내는 것]

writing=noun 글씨(체)
[write + ing: ing형 명사 suffix - 동명사가 아님]

※ **영뇌 기본자세**란 영어를 보거나 듣거나 말하거나 쓸 때 원어민 자세로 보거나 듣거나 말하거나 쓰는 것을 말한다.

IIIII */No. 1 Nuclear Reactor.*

영뇌=(기)→ 설 : BEis-Os or I : I-Os or S : S-Os

How to Read[Speak]
=NumberOne NuclearReactor.

: 기본어를 마음 (속)에 두면서 먼저 감각적 주파수로 이해한다.

시동=It' s : 기본어를 마음 (속)에 두면서 vocal 감각적 주파수로 F3+E2 강하게 말하기

☞.. **我必 Free (vocal) 감주 간직하기**=Nuclear reactor, called also reactor.

Free (vocal) 감주로 이해/간직 하기=Number One. /Nuclear Reactor. /One Nuclear Reactor. /-- etc.

시동=1호기 원전[원자로]이다.

영어는 설가뇌이기 때문에 s동사없는 표현도 가능/동사[개략적인 것/묻는 말/감정적인 것/실질적인 것/상황발생 대로]를 먼저 인식한다.

기본어를 전제로 하여 설명해 나가는 뇌로 작동시킨다. 말에서는 기본어를 표현하지 않는 경우도 많다. 청취시 말감을 잡는 데 활용하라.

▭ **기본어**=It' s : 후꾸시마 원전을 두고 한 말이다.

: Maybe long, not easy.=(기)→ 설/설
(기)= Iraq war' s
즉 이락전쟁을 두고 Bush대통령이 한 말이다.
시동=아마도 오래 걸리고 쉽지 않을 거야.

IIIII *It' s /as easy /to remember /as your own name.*

영뇌=기→ 설→ 설′→ 설″ : BEis-Os

or I + I + I + I : I-Os or S + S + S + S : S-Os

How to Read[Speak]=It' s aseasyto rememberasyour ownname.

: 먼저 감각적 주파수로 이해한다. 그러면 저절로 이해가 되고 쭉 이어진다.

시동=vocal 감각적 주파수로

(자동 설가가 될 때까지) F3+E2 강하게 말하기

.. 我必 Free (vocal) 감주 간직하기=It' s so easy to remember your name.

Free (vocal) 감주로 이해/간직 하기=It' s. /As easy. /Is as easy. /To remember. /Easy to. /As your own name. /Remember as. /--etc.

시동=그것은 같은 정도로 쉽다. 대동 기억할 정도로 즉 당신 자신의 이름과 같이 기억할 정도로 말이다.

IS 값으로 주동으로 먼저 말하고 자꾸 설명해 나가는 뇌로 작동시킨다. 이런 것을 **주동주의 기/설 영뇌**라 한다.

(감각적으로 한 단어처럼) 뒷말과 말하는 영뇌의군 주파수로서

※ **감각적 주파수**: 강약/약강/음수조절/분리/비약음/약음 감주

: 어떤 감주로 ↘**이런 게 소감주/빅감주/왕감주로 움직이고 있다.**

말하느냐에 따라 리듬이 달라진다 ⇒ 선택=말하기에 가장 좋은 리듬, 즉 **best 감주** ⇒ 흑인 목사의 설교처럼 강하게 vocal 감주로 말한다 ⇒ 비약음 감주=가장 많음

빅감주 왕감주
소감주

- He was /born in /1956.=B—〉E—〉E′

⇒ Hewas ~ bornin ~ 1956.

HEWAs BORnin NAinteen FIftySIx.

: 음수가 비슷한 음수조절 감주 ↗ 마치 3·4조 4·4조 시조리듬과 같다.

=cramp F+retro-root F+ slide F+ double slide F

- Iam /agolf citizen.=B—〉E ↗**일반적 뜻 관계 감주**

↗ golfcitizen=비약음 감주

or Iam/a golfcitizen.=B—〉E ↗ **주의] 어떤 감주로 간직하든 감주 그 자체로 free 영뇌로 작동되어야 한다.**

: 약음을 뒤로 또는 앞으로 붙이는 감각적 주파수

=약강 또는 강약 감주 ↘이 표현에서는 후자=**best 감주** — 숨길이 끊어지지 않고 자연스럽게 이어지는 음

or Iama /golfcitizen.=B—〉E

시동=나는 어떤 사람인데 golf citizen으로 말이다,

— 기/설 의군을 달리한 감각적 주파수

⇒ AiAma GOlfCItizen.=double slide F + (basket+slide) F

소감주 빅감주

- World' s most /ethical companies.=E—〉B

⇒ World' smost ~ ethicalcompanies.

WORld' sMOst EthicalCOmpanies.=(basket+slide) F+(slide+slide) F

: 음수조절에 의한 음수조절 감주

Tip] 1. 영뇌=(약음이 앞으로 붙든 뒤로 붙든 비약음으로 두 단어를 한 단어처럼 말하든) 항상 뒷말과 말하는 것, ∵ 영어=IS 설가뇌/설주뇌

↘ 뒷말과 말하는 느낌 때문에 저절로 이해가 되고, 이어진다.

2. 감주리딩=감각적 주파수로 이해하는 것 vs 한뇌리딩[Konglish]
3. 감주=일종의 free 영뇌
4. 제한적 영뇌에서 감주가 가능한 것은 IS 설주뇌 때문이다.
   : a rich man → arich man ➾ 붙여도 여전히 설주뇌
5. 빠르기는 영뇌와 (특히 감각적) 주파수로 결정된다. vs a richman ↘한뇌리딩
6. the fastest man on the day의 best 감주
   : thefastest manonthe day 〉 thefastestman onthe day
7. 특히 강약/약강/약음/분리 감주 인지력과 speak 능력을 키워라.

□ It=referring back referent=대화에서 전제 : 프로그램, 제품, -- 등을 지칭 vs It /costs so much /to get there.

=기→ 설/설 (It=referring forward referent=to부터)

as=동급비교로서 같은 정도/즉 -- 와 같이[처럼]

[a: comparison s: same]

easy=적은 노력을 해도 되는 것으로서 쉬운 것

[e: effort s: small] you=실음 외적 음가로서 당신

[you 〉 유-: 실음 외적 음가로서 상대방을 가리키는 것]

your=어로서 소유격[possessive] [your〉유어: 어〉의 : 소유격]

own=자기 자신과 관련 짓는 것으로서 소유격 강조 [o: of oneself]

to= (본동사 의미) 연결설명으로서 '대동 -- 하는 것'

[t〉d: direction 방향연결 o: 원동사]

remember=머리 속에 다시 새기는 것으로서 기억하는 것

[re: back/again m: mind b: brain]

name=아두것도 없는 것에 경칭을 붙인 것으로서 이름

[n: none a: attached m: 명칭]

- atthe /world /travelmarket ➾ 약음 감주+단주+비약음 감주

↘ atthe=약음+약음 : ofthe, isa, withthe — etc.

영어말투

.. 영어는 감각적 주파수 중심으로 읽고
한글은 토씨[조사] 중심으로 읽는다.
영어에는 토씨[조사]가 없기 때문이다.

주의]특히 한글 해석중심으로 말하지 말라.

영어말투 가운데 가장 듣기 힘든 것이 고저/저고/저음/분리 리듬이다.

IIIII *I live /at /55. /Laguna Street. /San Francisco. /California 94102. /USA. /(Earth).*

영뇌=기→ 설→ 설′→ 설″→ 설‴→ 설‴′ → 설‴″ : BEis-Os

or I + I + I + I + I + I + I : I-Os or S + S + S + S + S + S + S : S-Os

How to Read[Speak]

=Iliveat 55, LagunaStreet, SanFrancisco, California94102 USA.

: 먼저 감각적 주파수로 이해한다. ↳주로 I영뇌로 작동

유-에세이=retro-root+slide F↲ ↳분리 감주=고난도 감주

시동=vocal 감각적 주파수로

(BEis 또는 IS 영뇌가 될 때까지) F3+E2 강하게 말하기

☜.. **我必 Free (vocal) 감주 간직하기=**I live on Laguna Street, USA.

Free (vocal) 감주로 이해/간직 하기=I live. /Live at. /At 55. /55, Laguna Street. /Laguna Street, San Francisco. /-- etc.

시동=나는 살고 있는데, 위치[주소]/직자는 55번지, Laguna가, 샌프란시스코, 캘러포니아주, 미국이다.

tip) ☜.. **아필(我必) free (vocal) 감주 간직하기 :** I live on Laguna Street[in San Francisco].

주동[연역] 주의에 의해 살고 있다고 먼저 요지를 밝히고, 다음 그 위치(또는 주소)를 at으로 개략적으로 제시하면서, comma로 **자꾸 알기 쉽게 위치를 설명해 나가는 두뇌로 작동시키면 된다.**

즉, 그냥 **영어의 대원리인 기/설 영뇌**로 작동시키면 된다. 위치가 55번지라고 표현했다가 모를 것 같아, 다시 Laguna Street라고 설명하고, 그래도 모를 것 같아 San Francisco라고 말하고 , 그래도 또 모를 것 같아 주(州)를 말하고, 이 주도 어디에 있는지 모르는 사람을 위해 USA라고 말하는 것이다. 만약 외계인에게 전달할 경우에는 다시 Earth라고 밝히면 된다.

또는 **실질주의 기/설 영뇌**를 작동시켜도 소대로 말하거나 이해해 나갈 수 있다.

실질적으로 더 접촉해 있는 것부터 설명해 나가는 두뇌로 작동시키면 된다. 번지가 거리보다 실질적으로 사는 데 더 접촉하고 있다. 시보다 거리가, 주보다 시가, 국가보다 주가 실질적으로 더 접촉하고 있다. *at=직자[직처]로서 위치[주소] /직처대상으로서 직자

하지만 영어는 반드시 소대로만 작동하는 것은 아니다.

영어의 대근본은 기/설 영뇌이기 때문이다. 즉 알기 쉽게 설명해 나가는 두뇌가 원어민들의 두뇌 흐름이기 때문이다.

그래서 <u>주소가 아닌 경우</u> 대소표현도 가능하다.

IIIII .. Big crowds and demonstrations are /expected /this afternoon /in Seoul /near Hannam Village.

=B --> E --> E′ --> E″ --> E‴

or B --> E --> E′/E′ --> E″

기/설 영뇌를 작동시키는 사람들은 이런 표현이 가능하고 이해도 가능하다. 즉 기/설 영뇌를 모르는 선생들은 틀린 표현이라고 생각할 것이다. 소대로만 가르쳤기 때문이다. 대규모 군중집회와 데모가 예상되는 곳이 in Seoul인데 다시 알기 쉽게 말[설명]하면 near Hannam Village이다는 것이다.

시간도 마찬가지이다 : --, early[earlier] this year, January.

: The restaurant is /outside /in the garden.

=B-->E-->E′ 바깥에 있는데 다시말해 내소 정원 내소에[내자 정원에] 있다.

He is /at home /in the yard. =B-->E-->E′

있는데 구처[구자] 집이라는 곳에 있는데 다시말해 내소, 뜰 내소에[내자 뜰에] 있다. ↗a: exact area

* at=구역일치와 그 대상으로서 직처/직자

//구역과 그 대상으로서 구역/구자

↳a: area

기/설 영뇌이기기 때문에 또한

You can say : -- near Hannam Village in Seoul

Caution]

in <u>Seoul Hannam Village</u> : 복합 (고유) 명사

in <u>the UK London</u> /in <u>the South Korea Seoul</u>

시동=대규모 군중 집회와 데모들이 되는 데 예상되는 데 오늘 오후 내소 서울 내소에서 다시말해 근처 한남동 근처에서 말이다. /그 음식점은 있는데 바깥 다시말해 내소(內所) 정원 내소에 있다. /그는 있는 데 구처, 집이라는 곳에, 다시말해 내소 뜰 내소에 있다.

village=사는 곳에 전경[경치]이 있는 곳으로서 마을
/전에는 마을이었으나 변한 것으로서 동(洞)
[v: view l: live a: at]

tip)표현자의 몫
: at/of/on 55=번지가/소속이/상소가 55번지이다

※94102
=zip code(US) post code(UK) 주(州)뒤에 사용

※address=house number + street name + city name
+state name(zip code) + country name

cf]아파트 주소 :
1007, Samsung Apartment (Bld) 101,
550, Daechi-dong 4, Gangnam-gu, Seoul,
South Korea
: 호수와 동 (빌딩)이 번지보다 더 밀접하다.

※St./Ave./Rd. Blvd
8, 10, 12, --(Rose St): even numbers
9, 11, 13, --(Rose St) : odd numbers
North America typically follows a numerical order.

※row house=townhouse : a house with shared walls
tenement house=a large building divided into apartments
모두 연립주택이지만, row house는 주택과 같은 지붕이 있음

※complex=a related group of large buildings 대단지
: Samsung Apartment Complex
※compound=an enclosed area containing a group of buildings 단지 : Osama bin Laden compound

#1007, Samsung Housing Compound 7,
570, Daechi-dong 5, Gangnam-gu, Seoul, S.K.

※외계인=ET/alien/extraterrestrial
--words often used in science fiction stories.
ET is a very ugly but friendly being from outer space.

tip)의음/의자=의양두뇌로서 일종의 두뇌세포 선인지

extraterrestrial=n. an extraterrestrial being
extraterrestrial=adj. (coming from) outside the planet Earth : Does extraterrestrial life exist?
vs 지구인=earthling

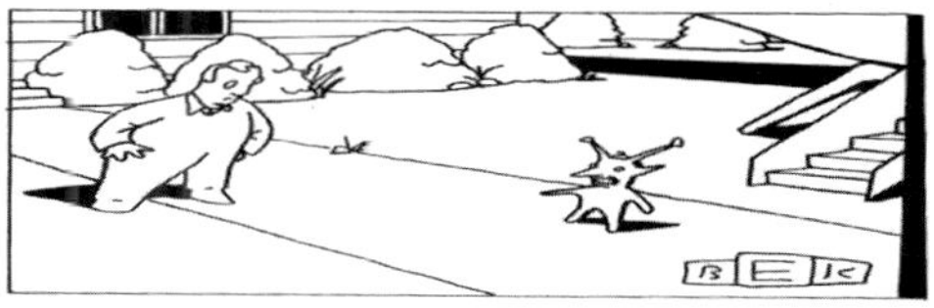

"Greetings, Earthling. How are the schools?"
(An alien addresses a human.)

caution] BAM 영뇌를 모르는 사람들은 address를 연설로만 알고 있을 것이다. 지금 외계인이 지구인에게 연설하고 있는 것은 아니다. 향해서 말하고 있는 것이다.
addresses=address + e: 조율음 s: singular 단수동사
address=어떤 곳을 향해서 [쭉] 말하는 것 /향해서 말하는 것으로서 말을 거는 것 /향해서 쭉 말하는 것으로서 연설하는 것 /무언가 관해서 말하는 것
[ad: at s: say/speak or a: about] : A man addresses a woman. Congress under pressure to address gun law.
/거주지 위치를 나타내는 것으로서 주소 [ad: at d: dwell]

Tip] 이해가 가장 빠른 것
: free l영뇌, 특히 free l영뇌의군으로 이해하는 것

- 소리 또는 글자에 의하여 저절로 이해가 되어버리는 것
=이해의 distance ' - ' : **minus 해음/해자**
∵ 소리/글자 자체 속에 (이미 익숙한) 뜻과 실제상황이 용해
- 소리 또는 글자에 의하여 바로 해가 우러나오거나 (앞방으로) 실제상황이 보이거나 실제상황을 표현한 것으로 보이는 것
=이해의 distance ' 0 ' : **equal 해음/해자//상음/상자**
∵ 소리/글자 자체 속에 (이미 익숙한) 뜻과 실제상황이 용해

그래서 말[소리]자체/글자자체가 바로 이해이자 A상황인데 다시 연상하거나 이미지로 메이킹 할 필요가 없다.
- 실제상황을 연상/생각=이해의 distance ' + '
- 실제상황을 이미지로 연상=이해의 distance ' +++ '

tip)1. 이렇게 연상은 해석뇌처럼 "Don't-Know Gap"이 발생한다.
"Don't-Know Gap"은 바로 이해 작용이 발생하지 않아 일단 멈추는 현상과 같다. 그만큼 이해가 될 때까지 시간상 틈이 생긴다.

2. 소리 또는 글자에 의한 이해≠순수한 자기이해 **천재두뇌**
전자=소리/글자가 뜻을 유도하기 때문에 그것에 의해서 이해가 되는 것
후자=해석처럼 다시 자기가 이해하는 것, 즉 암기처럼 다시 **의음/의자** 의식작용이 발생하는 것 : 보통사람 두뇌

☞.. 어느 부분을 보더라도 감주로 이해되어야 한다.

IIIII *A Chinese doctor /who infected 12 guests /flew to Singapore.*

영뇌=기→ 설/설 : BEis-Os
or I + I + I : I-Os or S + S + S : S-Os
How to Read[Speak]
=AChinese doctorwho infected12guests flewto Singapore.
: 먼저 감각적 주파수로 이해한다. 그러면 쉽게 선인영뇌각인과 선강후약 영뇌각인을 유지할 수 있다.

시동=vocal 감각적 주파수로 (자동설가가 될 때까지) F3+E2 강하게 말하기
☞.. 我必 Free (vocal) 감주 간직하기=Doctor infected 12 guests, flew to Singapore.
Free (vocal) 감주로 이해/간직 하기=A Chinese. /Chinese doctor. /A Chinese doctor.
/Chinese doctor who. /Who infected. /Doctor who infected.
/Flew to Singapore. /A Chinese doctor flew to Singapore. /--etc.

시동=한 중국인 의사, 누구냐하면 (이 사람은) 감염시킨 사람인데 12명의 손님을 감염시킨 사람인데, 날랐어요, 날라 간 곳은 싱가폴였지요/대처(對處)/대자, 싱가폴로 말이다.
— **영어는 순서대로 있는 그 위치에서 의미가 느껴지는 것이 top priority다. 이것이 바로 영뇌다.**

IS **세포로** 명사에 관계대명사 영뇌로 먼저 연결시켜 보충하고, 다시 S동사로 설명해 나가는 뇌로 작동시키면 된다.
referent of who=A Chinese doctor

명사/대명사에 연결시켜 설명해 나가는 뇌를 **연결주의 기/설 영뇌**라 한다. 연결 설명어는 연결주의 기/설 영뇌이다. 여기서는 보설주의 기/설 영뇌로 작동시켜도 좋다.

하지만, 보설주의 기/설 영뇌로 보설을 먼저 작동시키지 않고, 분설 보설뇌로도 작동시킬 수 있다. 즉 S동사로 먼저 설명해 나가는 뇌로 작동시키고, 다시 관계대명사를 써서 설명해 나가는 뇌를 작동시켜도 좋다. 요지를 먼저 밝히고, 보충을 나중에 하는 뇌이다.

: A Chinese doctor /flew to Singaproe /who infected 12 guests.=기-->설/설
시동]한 중국인 의사는 날랐어요, 날라 간 곳은 싱가폴였지요[날랐는데 대자 싱가폴로 날랐다], 단, 누구냐 하면 그 사람은 감염시킨 사람인데 12명의 손님에게 말이다[-- 을 감염시킨 사람이다].

구문법의 오류] 반드시 관계대명사를 referent 뒤에 두어야 한다고 가르치는 것은 잘못된 가르침이다.
All /is well /that ends well. =기-->설/설

시동]모든 게 인데 좋아요,
즉 그것의 끝이 좋은 것이면 말이다.

일반적으로 관계대명사는 보설주의 기/설 영뇌로 많이 작동할 뿐이이지, 반드시 그런 것은 아니다. 즉 분설 보설뇌도 있다.

☞ **who 관계대명사 영뇌**=IS두뇌로 사람을 묻는 관계로 referring back하면서 자기가 거느리는 문장을 제한적/비제한적으로 연결시켜 설명해 나가는 뇌 [w: 묻는관계 연결 h: human(s)]

누구냐 [어떤 사람이냐] 하면 (이 사람은) -- 인 사람 /인데
: 묻는 관계 referring back 제한적/비제한적 연결영뇌
=**본래의미(BNW)** ➾ **뜻하는 의미**= 이 사람은 -- 인사람 /인데 //즉 --인 사람 /인데
→ 뜻하는 의미로 that과 호환이 가능하다.

to= 방향대상으로서 간 곳/대처 [t>d: direction o: object]
infected= 감염[전염]시킨 것으로서 감염[전염]시킨 것
[infect: 감염[전염]시키는 것 ed: 과음가 or d: did 실제과거]
infect= 감염[전염]되게 하는 것으로서 감염[전염]시키는 것
[in: 들어가는 것으로서 되게 하는 것 ct: contagious no 's' 원형 자체의미] 한국에서는 자꾸 한글로 가서 이해한다.
외국에 나가면 생활 속에서의 뜻[IS]으로 바로 이해하는데 ↰
↱ 외국에 나가는 가장 큰 이유

☞.. **IS 영뇌/Free 영뇌 :** 생활 속에서의 뜻[소리]이므로
미국에서 살면서 얻어지는 뜻[소리]과 같다.
그래서, 미국에 가지 않더라도 영어 정복이 가능하다.

※미국에서 살지 않더라도 (생활 속에서의 뜻으로) 원어민과 똑같이 얻어지게 하는 뜻= IS + BNW[BAM]
미국에 살지 않더라도 (생활 속에서의 소리로) 원어민 말투를 내게[듣게] 하는 것=vocal 감주

☞.. **지금까지 우리는 언어를 다르게 습득해 왔다 :** 원어민들은 생활 속에서 뜻과 소리로 언어를 먼저 습득하고, 우리는 사전의 원형적인 뜻과 원형적인 소리로 습득한다. 그래서 실제로 많이 듣고 많이 말해야 한다.

||||| *They left /Thursday //for the evaluation match 1997.*

영뇌=기→ 설 ⇒ 전설 : BEis-Os
or I + I + I : I-Os or S + S + S : S-Os
How to Read[Speak]=Theyleft Thursdayforthe evaluationmatch 1997.
: 감각적 주파수, 즉 뒷말과 말하면 저절로 리듬이 생기고 쉽게 읽혀진다.
시동=vocal 감각적 주파수로
(BEis 또는 IS 영뇌가 될 때까지) F3+E2 강하게 말하기
☞.. 我必 Free (vocal) 감주 간직하기=They left for the evaluation match.
Free (vocal) 감주로 이해/간직 하기=They left. /Left Thursday. /Thursday for the evaluation match. /Match 1997. /For the. /-- etc. ⇒ For the=해자 그 무엇을 위해 : 밑줄='the' associate, 즉 단어 associate

시동=그들은 떠났는데, 목요일에 떠났다, 하기 위해서[해자(該者)] 평가전, 즉 1997년 평가전을 하기 위해서 말이다.

1997년에 떠난 것이 아니라, 평가전, 즉 1997년 평가전을 위해서 떠난 것이다. 1997년이 바로 앞에 있는 말을 먼저 설명해 나가는 뇌로 작동시킨다. 이런 영뇌를 **근거리[근접] 주의 기/설 영뇌**라 한다. 계약서나 법률조문을 이해시 근거리 주의 기/설 영뇌로 먼저 작동시켜라.

: ① Volume was 608 million shares, compared with 647 million Friday.
비(교)컨데, 그리고 6억 4천 7백만 주는 금요일 거래량이다.
* with=동존첨가로서 그리고

② The president will /issue /a special statement /on economic crisis today. =B-->E-->E′ -->E″
'경제위기 오늘날의 경제위기'
시동=대통령은 할 것이다. 발표하는 것인데 특별성명을 말이다, 내용은 경제위기, 오늘날의 경제위기에 관한 것이다.
↳발표시기=오늘이 아닐 수도 있다.
vs The president will /issue /a special statement /today /on economic crisis.=B-->E-->E′ -->E″/E″
'특별 성명을 오늘 하겠다' 는 표현
시동=대통령은 할 것이다. 발표하는 것인데 특별성명을 오늘로 하고, (그) 내용은 경제 위기에 관한 것이다.
↳발표시기=오늘

이럴 경우 today를 맨앞에 표현하여 **(설주) 전설 뇌**로 작동시켜도 좋다. 즉 오늘 하는 게 그 이하이라는 말이다.
Today //the president will /issue /a special statement /on economic crisis.=WE ⇨ B-->E-->E′ -->E″
시동=오늘 대통령은 할 것이다. 발표하는 것인데 특별성명을 말이다, (그) 내용은 경제 위기에 관한 것이다.
* on=상관으로서 (그) 내용은 -- 에 관한 것

③ Women in the concentration camps are executed openly. **시동**=여자들, 내소 집단 수용소 내소에 있는 여자들

근거리주의 기/설 영뇌이기 때문에 다음과 같이 보완[밀접]주의 기/설 영뇌로 표현해도 전달 결과는 같다.
=Women who are in the concentration camps are executed openly.
-- 처형대상을 집단 수용소에 있는 여자들로 국한하고 있다.

vs Women are executed in the concentration camps openly. **근거리주의 기/설 영뇌**에 의해 과분사를 설명해 나가는 뇌로 작동시킨다. 처형장소를 말하는 것이지 처형대상을 수용소 내 사람으로 국한하지 않는다.
시동= 여자들은 되는데 처형되는데 내소, 집단 수용소 내소에서 공개적으로 말이다.

※ **일반적 기/설 영뇌** : 기설은 단어의 뜻 관계로 두 단어 이상일 때 성립

❶ 기설주의 영뇌 -- 기본어를 반드시 먼저 표현한다. 만약 주어/동사를 기본어로 할 경우, 특히 이를 **연역주의 기/설 영뇌**라 한다. 개략적으로 먼저 결론을 내고 (자꾸) 설명해 나가기 때문이다. **'명(대)동형부접전'** 가운데 부사를 제외하고 모두 기본어 가능 (여기서 부사=일반부사, 접속사=종속접속사)

❷ 근거리[근접우선] 주의 영뇌 -- 바로 앞말을 먼저 설명해 나간다. 일종의 **근설 우선주의 영뇌**다.

❸ 보완[밀접]주의 영뇌
-- 보설[밀설]로 먼저 설명해 나간다. 일종의 **보설[밀설] 우선주의 영뇌**로 하나의 기본어 대해 설명어가 두개 이상일 때 많이 적용된다. 그러나 절대적인 것은 아니다.

→ 각종 시험경어 영작[writing]시 유의함

↗사전의 뜻만으로 부족+BAM(Associate)+(특히 설가뇌) 뜻관계 뜻+finally, 감주

.. 영어는 단어의 뜻만 정확히 알면된다.

||||| *The 16 inch colour television costs /$525. //if /the buyer pays /cash.*

영뇌=기→ 설 ⇨ 전설→ 설′→ 설″ : BEis-Os

or I + I + I + I + I : I-Os or S + S + S + S + S : S-Os

How to Read[Speak]

=The16 inchcolour televisioncosts $525, ifthebuyer payscash.

: 먼저 감각적 주파수로 이해한다. 감각적 주파수는 주로 I값으로 소리값으로 이해가 실린다.

시동=vocal 감각적 주파수로

(자동설가가 될 때까지) F3+E2 강하게 말하기

.. 我必 Free (vocal) 감주 간직하기=The OLED TV originally costed too expensive.

Free (vocal) 감주로 이해/간직 하기=The 16. /16 inch(es). : 복합명사가 될때 단수[비복합명사시 복수]

/The. /16 inch colour television. /Television costs. /Costs $525. /If the. /If. /--etc.

⇨ If the. 만약/약자 그 누군가가 한다면 (말이다) : 밑줄= 'the' associate, 즉 지정의미 속에 숨어 있는 것

시동=그 16인치 칼라 텔레비젼은 사려면 비용이 들어가는 데 비용이 525불이다, 단 이것의 조건은 구매자가 지불을 현금으로 할 경우이다. (the buyer=내부적 the 지정으로서 일반적 의미)

/그 16인치 칼라 텔레비젼의 값은 525불이다, 만약에/약자 구매자가 지불을 현금으로 할 경우에 말이다.

IS세포로 먼저 주동으로 개략적인 요지를 말하고, 값으로 구체적으로 설명해 나가면서, 다시 조건으로 연결시켜 종속시키는 뇌로 작동시키면 된다.

또는 전설뇌 대신 그냥 **연설뇌로 작동시켜도 좋다.**

The 16 inch colour television costs /$525, /if the buyer pays cash. =기→ 설→ 설′

시동= -- TV값은 525불인데 이 값은 만약에/약자 구매자가 지불을 현금으로 할 경우이다.

문미 전설뇌대신

→ **문두 전설뇌로 작동시키면**

If the buyer pays cash, //the 16 inch colour television costs /$525. =전설 ⇨ 기→ 설

시동=만약에/약자 구매자가 지불을 현금으로 할 경우, 16인치 칼라 텔레비젼 값은 525불이다.

→ **문중 보설뇌로 작동시키면**

or The 16 inch colour television, /if the buyer pays cash, /costs $525. =기→ 설/설

[단, s동사는 기본어에 영향을 받기 때문에 독설 뇌가 된다]

시동= -- TV는 만약에/약자 구매자가 지불을 현금으로 할 경우, 값이 525불이다.

if=조건종맥과 그 실체로서 만약에/약자(若者)

pays cash : 지불을 cash로 하는 것

=pays /in /cash : 지불을 해서/내자 cash로 해서 하는 것

buyer= buy를 일으키는 실체로서 구매자/구입자/매수자

[buy + e: 조율음 r: riser]

buy =받아서 (짐을) 싣는 것으로서 사는 것/받아 챙기는 것

[b=받는 것 y=지게모양으로서 싣는 도구]

옛날에는 시장에 물건을 사면 지게로 지고 온다. 이 모양이 y자이다. 요즈음은 shopping **카트 모양**이 되어 버렸다.

I would like to buy an 'L'. 이라고, AFN wheel of fortune 이라는 퀴즈프로에서 말하고 있다. 이 때는 돈을 주고 사는 게 아니다. 그냥 받아 챙기 겠다는 것이다.

시동=나는 하겠어요, ok하겠어요, 받아 챙기는 것에 L자 하나를 말이다.

like=좋다고 하는 것으로서 ok하는 것

vs receive=건네[통해서] 오는 것을 받는 것으로서 받는 것

[r: across or through c: come v: 받는 것]

costs=들어 가는 돈으로서 비용[원가]/값이 --인 것

[c: come 들어 가는 것 o: 요금 s: singular]

cost=들어 가는[내야 할] 돈으로서 값/비용 : lesson cost

price=비용을 커버하고 적절한 이윤이 붙어 있는 것으로서 값

[p: profit c: cover cost + cling]: lesson price

pays= 무엇에 대해서 표[表]하는 것, 즉 나타내는 것으로서 기울이는 것/지불하는 것 [p: 표하는 것 s: singular]

: I came by to pay my respects to Mrs Owens.

The dictionary pays to increase vocabulary power.
They paid no attention to him.(=ignored)
Mum paid for my driving lessons.

ııııı.. **상음/상자의 두 가지 이해 방향 :**
=① 소리[=실음]/글자 —〉 A상황 : 앞방으로 A상황이 보이는 것
② 소리[=실음]/글자 〈— A상황 : A상황을 표현한 것으로 이해하는 것, 말하기와 같고, 말을 배울 때도 많이 활용함
vs 해음/해자=말[소리]자체가 이해로 작동하거나 글자자체가 뜻으로 보이는 것

.. 기/설 영뇌 중요성 :
영어는 기/설로 움직이기 대문에 다음과 같은 표현이 가능함
: The year and make of your vehicle(s).
시동=연수인데 제조연수, 즉 여러분의 차량 제조연수
-- the year로 말하고 다시 make로 설명해 나가는 뇌
※ make of your=Makeofyour=메이커[크어]유어
-- 합성/비합성 감주

IIIII *She packed /him /a box lunch.*

영뇌=기→ 설→ 설′ : BEis-Os
or I + I + I : I-Os or S + S + S : S-Os
How to Read[Speak]=Shepacked hima boxlunch.
: 먼저 감각적 주파수로 이해한다.
부분부분이 감각적 주파수로 잘 이해되면 전체는 저절로 이해된다.

시동=vocal 감각적 주파수로
(BEis 또는 IS 영뇌가 될 때까지) F3+E2 강하게 말하기

.. 我必 Free (vocal) 감주 간직하기=She didn't bring a bag lunch to school.
Free (vocal) 감주로 이해/간직 하기=She packed. /packed him. /Him a box lunch.
/Packed a box lunch. /A. /A box. /--, etc.

시동=그 여자는 싸주었어요, 그에게 도시락 하나를 말이다.

IS 세포로 먼저 개략적으로 요지를 말하고, 구체적으로 대상자와 대상물로 연속적으로 설명해 나가는 뇌로 작동시킨다.

하지만 이 표현은 **독설 뇌**로 작동시켜도 좋다. 즉 기본어를 대상과 대상물로 각각 나누어 독립적으로 설명해 나가는 뇌로 작동시켜도 좋다. him이 도시락이 아니기 때문이다
=기→ 설/설 (him≠a box lunch)

하지만, 'She made me happy.' 는 **연설 뇌**로만 작동시켜야 한다. me가 happy한 것이니까=기→ 설→ 설′ (me=happy)

※ How to Read[Speak]
=SHePAcked Hima BOxLUnch
=쉬/패ㅋ트 힘어 박스런취=cramp/small slide/double slide F
말은 **감각적 주파수에 의한 영뇌의군 주파수로** 말해야 영어 빠르기와 영어 말투를 가질 수 있다.

she=수줍어하는 사람으로서 그 여자/그녀[s: shy h: human]
vs he=수줍어하지 않고 똑바른 자세를 취하는 사람으로서 그 /그 남자 [h: 똑바로 서 있는 모습 + h: human]
packed=포장하는 것이 일어난 것으로서 싼 것
[pack: 포장하는 것 ed 얻〉었: 과음가
cr (e: 조율음) d: did 실제과거]
pack= 포장하거나 꾸러미를 만드는 것으로서 싸는 것
[p: 포장하는 것 k: 꾸러미를 만드는 것--된소리 BNW]
lunch= 낮에 먹는 식사로서 점심
[l: light i.e., daytime n〉m: meal]

※box/bag lunch[US] -- 용기에 담은 개념
packed lunch[UK] -- 포장한 개념
cut lunch[AusE] --- 간단히 줄인 개념
: He takes a packed lunch/bag lunch to work.
takes=취해서 가는 것으로서 가지고 가는 것
[t: 취하는 것 k: 가는 것]
: "Take an umbrella with you. It might rain."

tip) **free 감주로 말하는 것과 그냥 외워서 말하는 것은 다르다.**
전자는 자기말[자기감정]로 자연스럽게 해나갈 수 있다.

☞.. 암기도 역순해석으로 암기하는 것과 영순의미가 느껴지면서 암기되는 것은 다르다.

원어민처럼 마음대로 이해할 수 있는 원천기술이 free 감주/free 영뇌다.

IIIII *The landlord has /painted /his house.*

영뇌=기→ 설→ 설′ : BEis-Os

or I + I + I : I-Os or S + S + S : S-Os

How to Read[Speak]

=Thelandlord haspainted hishouse.

: 먼저 감각적 주파수로 이해한다. 그러면 저절로 이해가 되는데 이때 이해는 소리본체에서 느껴진다. 영어는 순수한 영뇌리딩으로 리딩을 해야지 한뇌리딩[Konglish]으로 영어리딩을 하면 안된다.

시동=vocal 감각적 주파수로

(자동 설가가 될 때까지) F3+E2 강하게 말하기

☞.. **我必 Free (vocal) 감주 간직하기**= The absentee landlord painted his house.

Free (vocal) 감주로 이해/간직 하기=The landlord. /Landlord has. /Has painted. /Painted his. /Painted his house. /-- etc.

↳ 어느 부분을 보더라도 (단어 하나이든) free 영뇌, 특히 free 감주[단주]로 이해되면 된다.

시동=그 집주인은 가지고 있어요, 페인트 칠 한 것인데 자기 house를 말이다. *absentee landlord=비거주 집주인

tip)has painted=가지고 있는데 동사 event, 즉 페인트 칠한 event를 가지고 있다는 것

IS 세포로 먼저 주동으로 개략적으로 요지를 말하면서, 능동 event로 구체적으로 설명해 나가는 뇌로 작동시킨다.

has만 보아도, painted만 보아도, The landlord나 his house처럼 바로 그 자리에서 무한글 이해가 스쳐가야 한다. 이것이 바로 **BEis 세포, I 세포, S 세포**이다. 여러분들의 두뇌를 이런 세포로 습관화[뇌화] 시켜라. BEis는 기/설, 즉 설가로서 그 자리에서 이해가 스쳐가고, IS는 그것이 자동이다. 즉 그런 느낌이 없어도 좋다. 이런 BEis 세포와 IS 세포를 쉽게 형성시키려면 free 영뇌, 특히 free 영뇌의군으로 이해하면 된다.

landlord= 땅주인으로서 지주/집주인

[land: 땅 lord: 주인/지배자 : our lord the King]

painted

= 페인트 칠하는 것이 일어 난 것으로서 페인트 칠한 것

[paint: 페인트 칠하는 것 ed 이었던 것>했던 것: 능동 event 음가 or (e: 조율음) d: done 능동 event]

house

= 몸을 안전하게 숨기는 곳으로 밖에서 본것으로서의 집/주택

[h : hide ou : out s : safe]

home= 마음을 편안하게 숨길 수 있는 곳으로서 안에서 본 것으로서의 집[가정집]/가정[자택]/국내 -- C/U 의미

[h: hide o: 안 m: mind]

: new homes at home and abroad

▭ 영뇌에서는 have동사를 과분사로 설명해 나가나 명사로 설명해 나가나 have동사 값은 같다. 둘다 '가지고 있다' 이다. 전자는 event를 소유하는 것이고, 후자는 명사를 소유하는 것밖에 없다.

In just a few decades, petrodollars and modernity have whipsawed Arab states in the Gulf.

시동=지나자 단지 몇 십년이 지나자, 오일달러와 현대풍은 가지게 되었어요, 서서히 갉아 먹어[침투해] 들어 간 것인데 아랍국가들, 즉 내소에 있는 걸프만 내소에 있는 아랍 국가들에게 말이다.

⇒ 현대풍이 침투한 걸프 지역 국가들을 두고 표현한 것이다.

두바이 skyscraper가 그 좋은 예이다.

whipsaw=채찍 끈처럼 가늘고 긴 톱[즉 줄톱]으로 잘라 들어 가듯이 조금씩 조금씩 먹어 들어 가는 것[침투하는 것]

[whip: 채찍끈 s>z: 자르는 것 w: 톱날 모양]

vs She has shoulder-length, straight blonde hair.

시동=그녀는 가지고 있어요, 어깨까지 오는 긴 머리와 직모의 금발을 말이다.

---

tip)배 힘을 이용해 목으로 음을 만들면서 성대가 울리고 [진동하고] 입천정에서 공명이 잘되게 항상 강하게 말하라. 단음은 vocal음[실음]에 의해 생긴다.

big tip) IS 영뇌가 형성된 사람들에게는 글자 또는 소리에 의해서 (무한글로) 바로 이해가 되지 내가 먼저 이해하는 것은 아니다.

IIIII *His teenage daughter was /suspended.*

영뇌=기→ 설 : BEis-Os

or I + I : I-Os or S + S : S-Os

How to Read[Speak]

=Histeenage daughterwas suspended.

↳약강 감주 ↳강약 : teenage daughter를 이런 감주로 말할 때 우리는 듣기가 가장 어렵다.

: 먼저 감각적 주파수로 이해한다. ↳ThisisCNN newsnow. : **고난도 감주**

시동=vocal 감각적 주파수로

(BEis 또는 IS 영뇌가 될 때까지) F3+E2 강하게 말하기

.. **我必 Free (vocal) 감주 간직하기**=His teenager suspended on school bullying.

Free (vocal) 감주로 이해/간직 하기=Teenage daughter. /His teenage daughter. /Daughter was. /Was suspended. /-- etc.

시동=His teenage daughter에게 생겼어요[있었어요], 정학 당한 일이 말이다 : **동작 event**

/His teenage daughter는 되어 있었어요, 정학된 일로 말이다 : **상태 event**

/His teenage daughter는 되었어요, 정학으로 말이다 : **피동 동작**

IS 세포로 먼저 개략적으로 요지를 말하고, 피동 event로 구체적으로 설명해 나가는 뇌로 작동시킨다. 수동태도 결국 따지고 보면 **개략주의 기/설 영뇌**이다.

▭ 피동 event=동작 event /상태 event

▭ 동작 event 확장의미=피동동작

---

suspended=suspend의 피동event로서 정학[정직] 당한 일[것] [suspend: 정학[정직]시키는 것 ed 인 것)된 것 : 피동 event 음가 or (e: 조율음) d: done 피동 event]

suspend=지속하고 있는 것을 중지시키는 것으로서 정학[정직]시키는 것 [s>z: 지속 s: stop]

↗동동사/상동사/동질동사(로서 안내의미)

❈ **be동사**=존재/발생/상태/동질/동질연결 -- 등

❈ **수동태**=be동사를 과분사로 설명해 나가는 뇌

vs **완료형**=have동사를 과분사로 설명해 나가는 뇌

⇒ **과분사=피동/능동/자동 event**

간직한 **free 영뇌**가 한두 개 모이면 간단말이 되고, 몇 개 모이면 문장이 되고, 여러개 모이면 paragraph (작은 글)가 되고, 많이 모이면 passage (큰 글)가 된다. 아무리 긴 문장도 아무리 긴 글도 간직한 free 영뇌의 조합에 불과하다. **듣기와 말하기, 읽기, 쓰기의 비밀이 바로 여기에 있다.** 자연스럽게 들리거나 나오는 우리 말도 마찬가지이다. 그래서 모든 단어는 free 영뇌로 존재할 때 그 가치가 있다. **그래서 best 시동이 free 영뇌이다.** 이때 영뇌는 BEis 또는 IS이다.

※최소단위 free 영뇌=단어 한개 ⇒ 단어암기도 free 영뇌로 간직

tip] 간직한 free 영뇌가 서로 짝을 이루면 그것이 바로 말이다.

※ **가장 작은 free 영뇌는 낱개이고, 대부분 free 영뇌는 (낱개에 의한) 의군이다. 이들이 모여 문장이 된다.**

※ free **영뇌**는 SpE(대화, 뉴스, 드라마, 쇼), 리플, 헤드라인, 광고 알림 -- 등에서 많이 나타난다.

※ be동사 뒤 과분사 또는 현분사가 오나, 아니면, 형용사 또는 명사가 오나 be동사 값은 같다. 즉, 영뇌에서는 전자는 be동사를 과분사/현분사로 설명해 나가는 뇌이고, 후자는 형용사/명사로 설명해 나가는 뇌이다. 우리는 수동태와 진행형일 때는 be동사 의미를 잘 느끼지 못하지만, 후자일 경우에는 잘 느낀다.
그 이유는 전자일 경우 한뇌로 엎쳐서 생각하기 때문이다.

후자일 경우: a.. It's a potluck dinner.

b.. I am really nutty about that girl.

정말도 반했는데 모습에 그 젊은 여자 모습에 말이다.

potluck=adj. 참석자들이 먹을 것을 장만해 가지고 오는 것 [p: participants c: carry ck: cook]

nutty= adj. slang 너무나 좋아 탁 서버리는 것으로서 반하는 것 : 미치는 것 (mad; crazy) [nu: 너무나 좋은 것 t: 탁 서버리는 것]

about= 주변으로서 (나타나 있는) 모습

IIIII *Suffer /something unpleasant /without complaining.*

영뇌=기→ 설→ 설′　: BEis-Os

or　I + I + I　: I-Os　or　S + S + S　: S-Os

How to Read[Speak]

=Suffersomething upleasantwithout complaining.

: 먼저 감각적 주파수로 이해한다. 감각적 주파수로 말을 하면 영뇌각인도 저절로 선강후약이 된다.

시동=vocal 감각적 주파수로

(BEis 또는 IS 영뇌가 될 때까지) F3+E2 강하게 말하기

.. **我必 Free (vocal) 감주 간직하기**=Suffer anything without complaining.

Free (vocal) **감주로 이해/간직 하기**=Suffer something. /Something unpleasant. /Unpleasant without.
/Without complaining. /Unpleasant without complaining.
/Suffer without complaining. /-- etc.

시동=감수하라, 뭔가 불쾌한 것도, 하지 않고서, 불평하지 않고서 말이다.

IS **세포로** 바로 움직이도록 먼저 원동사로 명령을 하고, 다음 명령내용으로 구체적으로 설명해 나가는 뇌로 작동시키면 된다. 이렇게 바로 움직이도록 명령을 먼저 표현하는 뇌를 **명령주의 기/설 영뇌**라 한다.

suffer= 고통/어려움/손실을 겪는 것으로서 감수하는 것
[s/ff: pain을 겪는 모습
or s: loss ff: difficult e: experience]

complaining=불평하는 것을 하는 사실으로서 불평하는 것
[complain: 불평하는 것　g: gerund]

complain=무언가 성가심을 나타내는 것으로서 불평하는 것
/불평을 오게하는 것으로서 불평하는 것
[p: 표(表)하는 것 or express
a: annoyance 성가신 것
or com: come p: 불평]

영어의 Black Hole] 영뇌 상급자가 되면 (vocal) 감주로 모든 것을 처리한다. 감주가 영어의 모든 것을 집어 삼키고 있다. 영어의 Black Hole이다. **두뇌세포 선인지도, (언어에 대한) basics도,** Twenty Four 영뇌도, BAM 영뇌도, F영뇌도, BEis/IS 영뇌도, **의음/의자도**, 영뇌 읽기/청취/말하기도, 하생각도, Event도, --, 모든 것이 이 하나로 압축된다.

Addition] a. 같은 영뇌패턴

Don' t be /out /too late.
=B-->E-->E′ : BEis-Os

시동=하지마라, 있는 것인데 나가서 너무 늦게까지 말이다.
/하지마라, 즉 있지마라. 나가서 너무 늦게까지 말이다.

b. 술도수 영뇌

proof/alcohol=도수　alcoholic strength=술도수
: 40 (%) proof=40도　30% alcohol=30도

proof는 영국에서는 alcohol과 같으나
미국에서는 alcohol에 2배를 해야 한다.
: 70 (%) proof vodka
= 70% (pure) alcohol of vodka --- British English
70 proof vodka
= 35% (pure) alcohol of vodka --- American English

C. 술도수를 묻는 영뇌

"How strong is this drink?"　or "How strong is this?"
or "What is the proof of this drink?"

D. 기타 영뇌 : How much do you drink?
He is a light[social /heavy] drinker.

❖ breathalyzer 음주측정기[breath + al: alcohol + er]
a device that is used to determine the alcohol content of a breath sample

tip) 1. free 영뇌를 감각적 주파수로 말을 하면 저절로 이해[의미]가 실린다. 특히 감각적 주파수는 해석뇌로 돌아가지 않게 한다 : Don' tbe outtoo late. Heisa lightdrinker.

2. 원어민들은 그냥소리[그냥 발음기호]로 말하지 않는다. (vocal) 감주로 말한다. 하지만 우리는 그냥소리[그냥 발음기호]로 말하는 경우가 많다. 이런 것은 특히 글을 읽는 말투이다.
≠현장말투[=감주]

IIIII ***What a shameful act /he committed!.***

영뇌=기→ 설 : BEis-Os

or I + I : I-Os or S + S : S-Os

How to Read[Speak]

=Whata shamefulact hecommitted!

: 먼저 감각적 주파수로 이해한다. 뒷말과 말하는 것이 감각적 주파수이다.

시동=vocal 감각적 주파수로

(BEis 또는 IS 영뇌가 될 때까지) F3+E2 강하게 말하기

.. 我必 Free (vocal) 감주 간직하기=It's a naming and shaming act.

Free (vocal) 감주로 이해/간직 하기=What a! /A shameful! /Shameful act! /He committed!

/What a shameful act! /-- etc.

시동=얼마나 부끄러운 행위였던가, 그 사람이 저질렀는 것이 말이야!

*naming and shaming 이름을 밝혀 망신을 주는 것, 예컨데 비행폭로 같은 것

IS **영뇌로** 감탄으로 먼저 감정을 표출하고, 감탄주체와 행위를 나중에 말해 나가는 뇌로 작동시킨다.

무엇을 보았을 때 감정부터 바로 나오는 것은 자연적인 현상이다. 그래서 감탄부터 먼저 말해 놓고, 감탄 주체나 행위를 나중에 밝혀 나가는 뇌를 **감정주의 기/설 영뇌**라 한다.

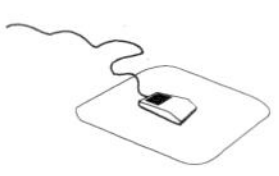

아예 감탄만 작동시키는 사람도 있다.

"What a lie!" 진짜로 거짓말이구나!

"What a bride!" 정말로 이쁜 신부이구나!

"How fast!" 정말로 빠르구나!

❖ what/how=adv. 강조부사로서 감탄사 : 정말로

committed=저지르는 것이 일어 난 것으로서 저질른 것

[commit: 저지르는 것

ed: 과음가 or (e: 조율음) d: did 실제과거]

commit=나쁜 것을 수행하는 것으로서 저지르는 것

[c: crime+ carry out]

---

remember] 해음/해자, 상음/상자는 원어민 입장에서의 느낌이다. 그래서, 우리도 듣거나 말하거나 읽을 때 현지 생활처럼 원어민과 같은 느낌[대등한 느낌]이 많아야 한다.

해음/상음=청값과 구값, 즉 청구(聽口)값으로서 해음/상음

Addition]

▭ **AmE vs BrE (vs AusE) :**

box/bag Lnch vs packed lunch (vs cut lunch)

thong 게다/슬리퍼 vs flip-flop (vs thong)

pants vs trousers roundtrip vs return

vacation (휴가) vs holiday fall vs autumn

French fries vs chips (potato chips) elevator vs lift

candy vs sweets automobile vs car

cookie vs biscuit subway vs tube cab vs taxi

restroom vs lavatory movies vs cinema

gas vs petrol sidewalk vs pavement

smolder vs smoulder check vs cheque

bill (paper money) vs note

: He took a wad of notes from his pocket.

eggplant(가지) vs aubergine

baggage (수하물/짐) vs luggage

IIIII.. **영어가 모국어처럼 느껴지는 경지 :**

— 영어도 감주 IS 영뇌가 되면 감주 일상적인 말이 된다. 새롭게 늘 공부하는 영어가 되는 것이 아니라, 우리말 처럼 늘 그냥 일상적인 말로 다가와야 한다. 특히 영뇌청취로 영어가 들리면 영어는 쉽게 일상적인 말로 쉽게 다가온다. 감주 일상적인 말은 IS영뇌의 최종적인 단계이다.

☞.. **영어본래의미, 즉 Ekbe 시동 또는 감주로 이해되어야 영어승차감이 나온다.**

주의] S시동으로 이해하면 영어승차감을 느낄 수 없다.

IIIII *The population /of the world /is rising /very fast.*

영뇌=기→ 설/설→ 설′ : BEis-Os

or I + I + I + I : I-Os or S + S + S + S : S-Os

How to Read[Speak]=Thepopulation ofthe world isrising veryfast.

↘약강 감주 ↘약음 〃 ↘단주 ↘약강 감주 ↘비약음 〃

: 뒷말과 말하면 저절로 이해가 발생한다.

시동=vocal 감각적 주파수로

(IS가 될 때까지) F3+E2 강하게 말하기

☞.. **我必** Free (vocal) **감주 간직하기**=Population rising very fast.

Free (vocal) **감주로 이해/간직 하기**=The population. /Of the. /Population of. /Of the world. /Is rising. /Rising very fast. /-- etc.

시동=인구, 즉 세계 인구는 하고 있는데, 증가하고 있어요, 매우 빠르게 말이다.

tip) ☞.. **아필(我必)** free (vocal) **감주 간직하기** : Population rising very fast.

IS **영뇌**로 The population을 중심으로 해서 전치사로 먼저 연결하여 보충 설명하고, 다시 s동사[=is]로 설명해 나가는 뇌로 작동시킨다. 이렇게 기준부터 먼저 잡아 그것을 중심으로 해서 설명해 나가는 뇌를 **기본어 중심주의 기/설 영뇌**라 한다.

예컨데, 컴퓨터가 책상 위에 있는 상황을 두고

▭ **컴퓨터를 기준으로 하면**

"A computer on the desk."가 되고,

=B-->E -->E′ **시동**=--한대가 상면, 책상 상면에 있다.

▭ **책상을 기준으로 하면**

"A desk under[beneath] the computer."가 되고,

=B-->E -->E′ **시동**=--밑에[하면], 컴퓨터 밑[하면]에 있다.

▭ **윗표면을 기준으로 하면**

"On /the desk, //a computer."가 되고,

=B-->E ⇨ WE ※WE=the whole explanatory word **전설**

시동= -- 상면, 책상 상면에 있어요, 컴퓨터 한대가 말이다.

▭ **아랫표면을 기준으로 하면**

"Under[Beneath] /the computer, //a desk."가 된다.

=B-->E ⇨ WE

시동=밑에[하면], 컴퓨터 밑에[하면에] 있어요, 책상하나가 -.

---

population=어떤 곳에 사는 집단의 사람으로서 인구/주민

[p/p: people/people o: 테두리안으로서 집단 at: 지역]

very=확실히 보이는 것으로서 매우

[v: 보이는 것이 확실히 꽂히는 모습 e: eyes]

fast=날랜 것으로 빠른 것 [f: fly or 빠른 것--된소리 BNW]

vs snappy=신속하게 퍼뜩하는 것

[s: 신속하게 하는 것 p: 퍼뜩하는 것 y: 질형용사]

'All that soot. Make it snappy.'

시동=완전히 저렇게 검댕이 투성이구나. 하게, 그것을 퍼뜩 청소하게.

※ 청소=문맥/상황 associate

vs quick=adj. 쾌속으로[짭싸게] 하는 것으로서/한번에 싹 움직이듯이 아주 빠른 것

: 일종의 se-BAM ∵ BNW는 여러 개이나 BAM은 하나

⇨ best BNW를 찾는 게 중요

[q: 쾌속 k: kick하듯이 짭싸게 하는 것

or Q: 한번에 싹 움직이는 모습: a quick drink]

vs swift=adj. 스쳐 가듯이 날랜 것으로서 신속한 것

[s: 스쳐가는 것/skim f: fly or s: 신속한 것]

그래서, 눈깜짝할 사이에 지나가는 세월을 swift years라 한다.

vs rapid=adj. 퍼뜩 달려 가는 것처럼 재빠른 것[민첩한 것]

/퍼뜩 달려 가듯이 급한 것 [r: run p: 퍼뜩]

그래서, 가파른 성장을 rapid growth라 한다.

vs prompt=adj. 퍼뜩 움직이는 것으로서 퍼뜩하는 것

/즉시 하는 것[p: 퍼뜩 om: 움직이는 것]

vs hurried=adj. 황급히 하는 것으로서 서두르는 것

[h: 황급히 하는 것 or rd: 서두르는 것]

IIIII *For instance. //4^3 is /4 /times /itself /three times.*

영뇌=전설 ⇨ 기→ 설→ 설′/설′→ 설″ : BEis-Os

or I + I + I + I + I + I : I-Os or S + S + S + S + S + S : S-Os

How to Read[Speak]

=Forinstance, fourcubedis 4times itselfthree t mes.

: 먼저 감각적 주파수로 이해한다. 그럴려면 (마음 속으로 또는 실제소리로) 뒷말과 말하라.

↘머리 속으로/눈으로

시동=vocal 감각적 주파수로

(자동 설가뇌가 될 때까지) F3+E2 강하게 말하기

.. **我必 Free (vocal) 감주 간직하기**=For instance, 4 times itself three times.

Free (vocal) 감주로 이해/간직 하기=For instance. /Four cubed. /Is 4. /4 times. /Itself three times.

/Four cubed is. /For instance, itself three times.

/For instance, four cubed is. /For instance, 4 times. /— etc.

시동=G토씨: For instance하면 4^3 is는 4를 times로 하는 데 itself를 three times하는 것이다.

(4 × 4 × 4=64)

Ekbe: 즉 예를 들면, 4의 3승은 4를 배로 하는 데 그것 자체를 3배로 하는 것이다.

IS **영뇌**로 전설 뇌로 먼저 작동시키고, 주동으로 설명해 나가는 뇌로 작동시킨다. BEis 영뇌, I 영뇌, S 영뇌가 잘 작동하지 않으면 G토씨 또는 Ekbe로 다시 시동을 걸어 봐라.

Addition]

Four fives /**are** /twenty. (4×5=20) =B-->E-->E′

G 토씨=Four를 fives하면 are되는데 twenty가 된다.

Ekbe=Four를 다섯배하면 되는데 20이 된다.

Five /times eight /**is** forty. (5×8=40) =B-->E/E

기본어가 five이니 s동사는 단수동사로 설명해 나간다.

G 토씨=Five를 times로 하되 eight배 하면 is되는데 forty가 된다.

Ekbe=Four를 배로 하되 8배하면 되는데 40이 된다.

▭ addition(+) subtraction(−)

▭ multiplication(×) division(÷)

▭ K^N means k to the nth power or the nth power of k. 여기서 n은 exponent(지수)라 하는데 nth power(제곱/승)로 읽는다. 예컨데, 4^3은 4의 3제곱/3승이라 한다.

→ 4^2 is called four to the second power. It's also called four squared. 4^3 is called four to the third power. It's also called four cubed

instance=실례/경우/사례로서 예 [s: 실례 c: case]

: several instances of terrorists

vs example=본보기로서 뽑아 낸 것으로서 예

[ex: out or extract m: model]

: For example. Children learn by example.

power=파워를 일으키는 것으로서 제곱/승

exponent=밖에 top에 있는 수로서 지수

[ex: outside or out p: top n: number]

※ S 영뇌의 S, 즉 실제상황은 만국 공통상황이다.

한국 사람의 눈에나 미국 사람의 눈에나 보이는 실제상황은 똑 같다. 표현하는 언어만 다를 뿐이다. 그래서, 한국사람도 미국 사람도 또다른 언어로 가서 이해할 필요가 없다. 바로 실제상황으르 이해하면 된다. 예컨데 물기가 많은 넓은 지역은 두 나라 사람의 눈에는 똑 같이 보인다. 미국 사람은 이것을 ″marshland‚‚라고 하고, 한국 사람은 ″늪지대‚‚라고 하는 차이밖에 없다 그래서 **영어를 이해할 때 한글로 갈 필요가 없다.**

※ 감각적 주파수와 단주 연속음은 다르다.

전자는 한 단어처럼 뒷말과 말하는 것이고, 후자는 약간 떨어지면서 뒷말과 말하는 것이다. 감주 연속음[감주+감주]도 감주 끼리 약간 떨어지면서 뒷말과 말하는 것이다.

IIIII /*Emerging place.* /*Indulged* /*in Soul.* /*Remarkable Indonesia.*

영뇌=(기)→ 설 : BEis-Os or (I) + I : I-Os or (S) + S : S-Os 비전제 : Emerging /place.=설→ 기
(기)→ 설→ 설′ or (I) + I + I or (S) + S + S 비전제 : Indulged /in /Soul.=기→ 설→ 설′
(기)→ 설 or (I) + I or (S) + S 비전제 : Remarkable /Indonesia.=설→ 기

How to Read[Speak]=Emergingplace Indulgedin Soul RemarkableIndonesia
: 먼저 감각적 주파수로 이해한다. 그럴려면 뒷말과 말하라.

시동=vocal 감각적 주파수로 (기본어를 마음에 두면서) IS가 되게 F3+E2 강하게 말하기
전제 기본어=(Indonesia is (an) /Indonesia is /We are)

.. 我必 Free (vocal) 감주 간직하기= Emerging place, Indonesia.
문장간 Free (vocal) 감주로 이해/간직 하기=Indulged in Indonesia. /Emerging place, Indonesia.
/Indulged in emerging place. /--etc.

시동=부상하고 있는 곳이다. /빨려 들어가는 곳이다. 내 세계, 정신 내 세계로 말이다.
/주목할만 한 나라 Indonesia이다.

기본어를 전제로 하고 IS **영뇌**로 설명해 나가는 뇌로 작동시킨다. 청취시 기본어 전제를 알면 말감을 쉽게 잡을 수 있다. 전제되는 기본어는 그때 그때 상황에 따라 다르다.
이 말은 Bloomberg에서 나오는 자기 나라 선전 광고이다.

---

emerging
= 부상하는 것의 진행의미로 부상하고 있는 것
[emerge + ing: 진행음가로서 진행의미]

emerge
=밖으로 움직여 일어나는 것으로서 부상하는 것
[e: ex>out m: move r: rise]

a.. Chinese astronauts are emerging from the capsule.
b.. The sun emerged from behind the clouds.
c.. The emerging market.

⇨ Free 영뇌의군 : are emerging /emerging from
emerged from behind /from behind the clouds
/from behind, -- etc.
(부터, 어딘가 뒤에서 부터 어딘가=**단어** associate)

Free 영뇌 쉽게 작동시키기

생활 속에서의 뜻으로 BEis, IS 영뇌를 작동시키면 free 영뇌는 쉽게 작동한다. 언어는 생활의 산물이다. 생활 속에서 뜻이 얻어진다. 그래서 늘 스마트폰이나 IPad에 현장방송 또는 영자신문 앱을 깔아 청취와 알림을 통해 IS 언어생활을 하라. 특히 영뇌 상급자는 free 감주로 이해하면 free 영뇌는 쉽게 작동한다.

indulged=빠지는 event로서 빨려 들어 가는 것
[indulge + ed: 피동 event 음가 or d: done 피동 event]

indulge
=놀다가 아무 생각없이 움푹한 곳에 뛰어 들어 가듯이 바로 빠지게 하는 것/제멋대로 하게 하는 것 : **본래의미[원래의미]**
[in: 들어가는 것 d: 뛰어 들어가는 것 u: 움푹들어간 모습
l: let g: 빠지는 것] **뜻하는 의미**=응석을 받아 주는 것
: They may spoil their grandchildren by indulging them too much.

시동=그들은 아마도 망치게 할 는지도 모른다. 자기 손자들을 말이다. 즉 제멋대로 하게, 그들에게 너무 지나칠 정도로 제멋대로 하게 놔 두면 그렇게 될 것 같다.
(by=원인행위으로서 즉 -- 하면
그렇게 될 것 같다=**문맥** associate)

First she says 'go out'. Now she says 'come in'.

*free 감주 간직하기:
says 'goout'
/says 'comein'
/First 'goout'
/Now 'comein'

IIIII /Back home /from work.

영뇌=(기)→ 설→ 설′ or (기)→ 설/설 : BEis-Os
or (I) + I + I : I-Os or (S) + S + S : S-Os
비전제 : Back home //from /work.=전설 ⇒ 기→ 설
How to Read[Speak]=Backhome fromwork.
: 먼저 감각적 주파수로 이해한다. 즉 (한단어처럼) 뒷말과 말하여 바로 이해하라.

시동=vocal 감각적 주파수로 기본어를 마음에 두면서 (자동설가가 될 때까지) F3+E2 강하게 말하기
전제 기본어=(I am /He is /They are, --- etc.)
☺.. 我必 Free (vocal) 감주 간직하기=Honey, I'm home from work!
Free (vocal) 감주로 이해/간직 하기=Back home. /Home from. /From work. /Back home from. /Home from work. /-- etc.

시동=돌아 왔는 데 집에 돌아 왔어요, 기처/기자 일터로부터 말이다. * honey=infml, used to address someone you love 여보, 자기

IS 영뇌로 기본어를 전제로 하여 설명해 나가는 뇌로 작동시킨다. 이 표현은 연설 뇌 또는 독설 뇌로 두뇌를 작동시켜도 좋다. 연설이든 독설이든 영뇌는 IS값으로 설명해 나가는 두뇌 작동이다. 후자에는 보설 분설과 독설 분설이 있다.

IIIII The war widowed /( ).

영뇌=기→ (설) : BEis-Os
or I + (I) : I-Os or S + (S) : S-Os
비전제 : The war /widowed.=기→ 설
How to Read[Speak]=Thewar widowed.
: 먼저 감각적 주파수로 이해한다. 뒷말과 말하면 저절로 의음/의자가 된다.

시동=vocal 감각적 주파수로 (설명어를 염두에 두고) 의음/의자가 되게 F3+E2 강하게 말하기
☺.. 我必 Free (vocal) 감주 간직하기= It was hard during the first year of widowhood.
Free (vocal) 감주로 이해/간직 하기=The war. /War widowed. /The war widowed. /The --- widowed. /The. /Widowed. /-- etc.

시동=전쟁이 과부/홀아비로 만들었지요. (누군가를 말이다.)

IS 영뇌로 기본어를 먼저 말하고, 설명어를 전제로 하여 뇌를 작동시킨다. 기→ (설)에서
(설)은 (most) wives[husbands] /her[him], -- 등등이 가능
widow=vt. 결혼한 사람을 혼자 마음대로 살게 하는 것으로서 과부/홀아비로 만드는 것
[w: wedded i: I d: do w: 마음대로 살아가는 모습]
(to cause to become a widow or widower)

widow=결혼식을 올린 여자가 혼자 지내는 사람으로서 과부
[w: woman i: I 혼자 d)지: 지내는 것 w: wedded]

widower=과부를 일으킨[만든] 실체로서 홀아비
widow + er e: 조율음 r: riser]
--- 보통 남자가 여자보다 먼저 죽는다.
widowerhood=홀아비 생활
[widower 홀아비 oo: 움직이는 것/move+move]
: a.. He wedded her, ending 6 years of widowerhood.
b.. He lives in widowerhood.

Add] being=하고 있는 것 : He is not being a father.
시동=그는 있지 않다, 즉 하고 있지 않아요,아버지 구실을 말이다. ※ 구실=a father associate

IIIII */Back soon, /gone /for lunch.*

영뇌=(기)→ 설/설→ 설′ : BEis-Os

or (I) + I + I + I : I-Os or (S) + S + S + S : S-Os

비전제 : Back /soon, gone /for lunch.=기→ 설 ⇒ 등전설 ⇒ 기→ 설

How to Read[Speak]=Backsoon gonefor lunch.

: 먼저 감각적 주파수로 이해한다. 뒷말과 말하면 저절로 의음/의자가 된다.

시동=vocal 감각적 주파수로 (기본어를 마음에 두면서) 의음/의자가 되게 F3+E2 강하게 말하기

전제기본어=(He is /She is /They're, -- etc.)

.. 我必 Free (vocal) 감주 간직하기=Back soon, from[out for] lunch.

Free (vocal) 감주로 이해/간직 하기=Back soon. /Gone for. /Gone for. /Gone. /Back for lunch. /Gone for lunch. /-- etc.

시동=돌아오는 데 곧 돌아와요, 가고 없어요, 하려고 점심 먹으려고 말이다.

---

for=해당 목적으로서 즉 하려고

[f: 해당사항 -- family 훼밀리 o: object]

plus] You know. ( ) /so funny.

=(B)--> E (B)=it's

시동=당신은 알고 있지요. (그것은) 정말로 재미있어요.

IIIII *//When /the ads are /over.*

영뇌=(기)→ 전설 ⇨ 설′→ 설″ : BEis-Os 비전제 : When /the ads are /over.=기→ 설→ 설′

or (I) + I + I + I : I-Os or (S) + S + S + S : S-Os

How to Read[Speak]=Whenthe adsare over.

: 먼저 감각적 주파수로 이해한다. 그러면 저절로 해음/상음이 된다.

⇒ 세개의 주파수로 세번에 걸쳐 모든 소리를 다 낸다. 즉 뒷말과 함께 세번에 걸쳐 말을 한다.

WHEnthe Adsare Over=웬디 애저 오우버=triple slide 주파수

시동=vocal 감각적 주파수로

(기본어를 마음에 두면서) 해음/상음이 되게 F3+E2 강하게 말하기

전제기본어 =(It's)

(해음=해가 들어간 음, 즉 말[소리]자체가 뜻인 것 상음=A상황이 보이는 음, 즉 말[소리]자체가 A상황인 것)

.. 我必 Free (vocal) 감주 간직하기=The ads are over!

Free (vocal) 감주로 이해/간직 하기=When the ads. /Ads are. /Are over. /Ads are over. /When the. /-- etc.

시동=(그것은) 언제냐 하면 그 광고가 일 때인데 끝날 때이지/-- 광고가 끝날 때이지.

▭ (기)=상대방이 물은 내용 또는 It's

▭ are=동질 또는 동질연결로서 '이다/가[는/이] --이다'

/실음 외적음가 동질 또는 동질연결로서 ---

[a: quality e: equal or ar: 실음 외적 음가+equal]

▭ over=현재 상태에서 위로 벗어나는 것으로서 끝나는 것

addition] 나이표현 영뇌

'How old is he?'

--He's in his[the] mid-teens.

in his teens.

in his[the] mid-/early/late seventies.

in=내에 있는 것으로서 내에 들어 있는 것

IIIII *He has /been a teacher.*

영뇌=기→ 설 : BEis-Os

or I + I : I-Os or S + S : S-Os

How to Read[Speak]

=Hehas beena teacher. : 먼저 감각적 주파수로 이해한다. 그러려면 저절로 이해가 된다.

시동=vocal 감각적 주파수로

(BEis 또는 IS가 될 때까지) F3+E2 강하게 말하기

.. **我必 Free (vocal) 감주 간직하기**=He has been a teacher for about 15 years.

Free (vocal) 감주로 이해/간직 하기=He has. /Has been. /Been a. /A teacher. /He has been. /Has been a. /-- etc.

시동=그는 가지고 있어요[그에게 있어요], 해왔던 것인데 선생생활을 해왔던 것을[이] 말이다. (been=계속 event)

↘Ekbe 시동은 영뇌 초급자에게는 이해수단이 되지만, 영뇌 상급자가 되면 영어자체 (무한글) 이해느낌으로부터 Ekbe가 나온다.

청취시 낱개보다 영뇌의군 (소리)으로 듣는 게 좋다. 즉 IS **세포로** 설가뇌[BEis 영뇌] 또는 자동 설가뇌[IS 영뇌]로 크게 잡는 게 좋다. 말은 빨리 흘러가기 때문이다. 그런데 이것도 들리지 않는 사람들에게 이런 것을 느낄 수 없다.

▭ He has /been a teacher=기→ 설

〉He has /been /a teacher=기→ 설 → 설′

〉He /has /been /a teacher=기→ 설 → 설′→ 설″

been=있어왔던 것으로서 해왔던 것

teacher=선생 --〉 선생생활 : **명사** associate

have=손아귀에 넣고 있는 것으로서 소유하는 것 /소유로서 (가지고) 있는 것 [h: hand a: 아귀]

: She has shoulder-length, straight blonde hair.

vs hold=손으로 쥐고 있는 것으로서 가지고 있는 것 ,소지하고 있는 것 //무언가 하는 것을 가지는 것으로서 개최하는 것

[h: hand o: 쥔모양 /h: have d: doing]

He holds a degree/cane /news[press] conference. (학위/지팡이/기자회견)

IIIII *My neighbors are /arguing very loudly.*

영뇌=기→ 설 : BEis-Os

or I + I : I-Os or S + S : S-Os

How to Read[Speak]

=Myneighborsare arguing veryloudly.

: 먼저 감각적 주파수로 이해한다. 그러면 저절로 의음/의자가 된다.

시동=vocal 감각적 주파수로

(의음/의자가 될 때까지) F3+E2 강하게 말하기

.. **我必 Free (vocal) 감주 간직하기**=Neighbors arguing loudly.

Free (vocal) 감주로 이해/간직 하기=My neighbors are. /Neighbors are. /Are arguing. /Arguing very loudly. /-- etc.

시동=My neighbors는 있다. 싸우고 있는데 아주 큰 소리로 말이다.

청취나 읽을 때 주동 영뇌의군 (소리) 으로 **기본어를 잡는 뇌가 좋다.**

▭ 기=He has /My neighbors are

neighbors=집가까이 사는 사람으로 한 사람이 아닌 것으로서 이웃사람들

[n: near h: house s: not single]

IIIII *Education is /no guarantee /against bigotry.*

영뇌=기→ 설→ 설′ : BEis-Os

or I + I + I : I-Os or S + S + S : S-Os

How to Read[Speak]= Educationis noguarantee againstbigotry.

or Educationisno guaranteeagainst bigotry.

: 먼저 감각적 주파수로 이해한다. 그러면 저절로 해음/해자가 된다.

시동=vocal 감각적 주파수로

해음 또는 해자가 되게 F3+E2 강하게 말하기

.. **我必** Free (vocal) **감주 간직하기**=No guarantee against bigotry.

Free (vocal) **감주로 이해/간직 하기**=Education is. /Is no guarantee. /Against bigotry.

/No guarantee against. /-- etc.

시동=교육은 인데 전혀 보장이 없다는 것이다. 충돌할 경우 고집불통과 충돌할 경우에는 말이다.

/— 대해서는 자꾸 고집을 부리는 것에 대해서는 말이다. /맞서는, 고집불통으로 맞서는 것에는 말이다.

/교육은 전혀 보장이 없다. 대자 고집불통에 대해서는 말이다.

즉 교육을 해도[교육을 받아도] 터무니 없는 강한 고집에는 별도리 없으니 내버려 두라는 내용이다.

*against=맞설대상으로서 대자 : 對=맞설 대

소리 또는 글자에 의해서 (특히 영뇌의군으로) 바로 해가 스쳐가거나 해가 우러나오는 것이 **I세포, 즉 해음/해자 세포이고**, 실제상황이 바로 보이는 것이 **S세포, 즉 상음/상자 세포이다.** 그래서 들을 때는 주파수 안테나 상태에서 말하는 자의 소리에 의해 바로 해음 또는 상음으로 들리면 되고, 볼 때는 글자에 의해 바로 해자로 스쳐가거나 해가 우러나오든지 상자로 보이면 된다. 특히 들을 때 초기에는 double 두뇌로 다 몰라도 **free 영뇌, 특히 free 영뇌의군으로 자꾸 각인[암기]**이 되면 된다. 그러면 저절로 BEis, IS 세포가 된다.

□ **F 영뇌:**

aGAinstBIgotry=cramp/slide F

education

=본보기가 되게 행동하도록 가르치는 것으로서 교육

[e: example d: do t: teach]

bigotry

=편견을 가지고 계속해서 하려고 하는 것으로서 고집불통인 것 [b: bias go: 계속하는 것 try: 하려고 하는 것]

bigot

=편견을 가지고 계속해서 하려고 하는 사람으로서 고집불통인 자/광신자/편협자 (someone who thinks unreasonably that their own strong opinion is correct esp. about matters of religion, race, or politics)

adj. bigoted people / bigoted opinion

against=맞서는 것으로서 대립/충돌/기대는 것/반대하는 것/반하는 것/가하는 것

[aga: a와 a가 서로 가하는 것 g: 가하는 것/go]

: Are you for or against my opinion?

EU is discussing possible sanctions against Russia.

"This question plays a prank on me! But I cannot answer this question, as it is against my religious principles."

cf] Children like to play pranks on people.

That's a schoolboy prank.

caution] on을 쓴 이유 : play와 의율 — 원래 놀고 하는 게 ground 위에서 이루어지기 때문 — BNW로 접근해야 함

: **BNW=헌법재판소** ☞ **more : 기본영뇌 vol 1 p50**

⇒ Can you run that by me again?

[=Can you repeat what you just said?]

— 보통 뛰는 것은 옆에서 뛴다. 그래서 by와 의율

run=뛰게하는 것으로서 돌리는 것

—> 돌리게 하는 것으로서 작동시키는 것

시동=가능한 가, 네가 작동시키는 것인데 그것을 측자 나에게 또다시 말이다?

cf] Mary runs a five-and-dime store.

돌리고 있다 —> 운영하고 있다

IIIII *The ninth /of April /dawned fine and clear.*

영뇌=기→ 설/설 : BEis-Os

or I + I + I : I-Os or S + S + S : S-Os

How to Read[Speak]=Theninthof Aprildawnec fineand clear.

: 먼저 감각적 주파수로 이해한다. 그러면 저절로 소리값으로 해자/상자가 된다.

시동=vocal 감각적 주파수로

해자/상자가 되게 F3+E2 강하게 말하기

(해자=해가 들어간 글자, 즉 글자자체가 뜻인 것 상자=A상황이 보이는 글자, 즉 글자자체가 A상황인 것)

.. 我必 Free (vocal) 감주 간직하기=The ninth dawned fine and clear.

Free (vocal) 감주로 이해/간직 하기=The ninth. /Ninth of. /Of April. /April dawned. /Dawned fine. /Fine and clear. /-- etc.

시동=9일, 즉 4월(의) 9일 새벽은 열리기 시작했다. fine하고[훤하고] clear한[맑은] 날씨로 말이다. ∵ 원어민과 같은 느낌

↘어떤 뜻으로 시동을 거느냐에 따라 IS영뇌도 달라진다 ⇒ bnw-BAM 시동=Best

영어가 순서대로 이해되지 않은 사람들은 선강후약 각인[선인 영뇌각인]을 하지 않았거나 감주리딩[감주청취]을 하지 않았기 때문이다.

↗ 먼저 말에 먼저 (무한글 이해) 느낌이 와 닿아야 한다.

↗ 선인 영뇌각인/의음/의자가 되지 않으면 해석되다. ↘원어민은 순서대로[먼저 말에 먼저] 의미를 던진다.

"Who do we smooch then?"

영뇌각인 : 선강 후약/선인 영뇌각인

The〉ninthof April〉dawned fine〉and clear.

선인영뇌 각인=먼저 말에 먼저 영뇌로 각인되는 것[시키는 것]

↘한글[해석]로 먼저 가지 않고 IS로 먼저 가는 것도 선인영뇌 각인이다.

dawned=새벽이 열리는 것이 일어난 것으로서 새벽이 열리기 시작한 것 [dawn+ed: 과음가 or (e: 조율음) d: did 실제과거]

dawn=noun/verb

만물이 깨어나 처음으로 움직이기 시작하는 시기로서 새벽 / ---- 시작하는 것으로서 새벽이 열리는 것

[d: do a: 알파벳 첫글자로서 처음+all w: wake up]

fine=주먹을 쥐고 팔을 들어 보이는 것으로서 좋은 것

/눈에 확 들어 올 정도로서 훤한 것

[f: 주먹을 쥐고 팔을 든 모습 /확 e: eyes]

"We are a fierce and dirty band of cutthroat pirates! We're a murderous bunch of pirates, remember?! And we want no sissy girls on our ship!"

sissy=adj infml derog also cissy, sissified

아주 여자같은 것으로서 너무나 얌전한 것

[s: she is: 같은 것 ss: she+she y; 형용사 의미]

n. infml derog also cissy

여자같이 얌전하게 행동하는 사람으로서 여자같은 사내

vs namby-pamby=adj. or n. derog childish or easily frightened ; indecisive : namby-pamby types

smooch=infml 볼을 스치는 것으로서 키스하는 것

/애무하는 것 [s: 스치는 것 + ch: cheek]

: They're smooching in the back row of the cinema.

/검댕이를 묻게 하는 것으로서 더럽히는 것/얼룩지게 하는 것

/그을리는 것 (also smudge)

[s: soot 검댕이/그을음 m: 묻게하는 것]

fine=벌로서 지불되는 돈으로서 벌금

또는 수갑을 채우는 대신 돈을 내는 것으로서 벌금

[f: fault한 댓가로서 punishment/penalty n: 내는 것

or f: 수갑을 채운 모습(handcuff) i: instead n: note 지폐]

☞.. 감주리딩의 최대 장점은 영어자체로 쉽게 (이해되면서) 기억되고 쉽게 일상적인 말이 된다.

IIIII *Bush leads /by a slim margin /of 225 votes.*

영뇌=기→ 설→ 설′ : BEis-Os or I + I + I : I-Os or S + S + S : S-Os

How to Read[Speak]=Bushleads byaslim marginof 225votes.

: 먼저 감각적 주파수로 이해한다.

시동=vocal 감각적 주파수로

: (자동설가가 될 때까지) F3+E2 강하게 말하기

☞.. **我必** Free (vocal) **감주 간직하기**=Bush leads by 225 votes.

Free (vocal) **감주로 이해/간직 하기**=Bush leads. /By a slim margin. /Of 225 votes. /By 225 votes. /Leads by 225 votes. /-- etc.

시동=부시가 앞서고 있어요, 차이는[차자] 근소한 차이이며, 그 크기는 225표이다. cf] 차등비교 대상 차자=than

---

☞ **영뇌각인 : 선강 후약[선인 영뇌각인] -- 일종의 의음**

Bush〉leads by〉aslim margin〉of 225〉votes. **/의자**

IS로 글자[소리]에 의한 영뇌각인 정도가 앞말에 더 강하거나 먼저 말에 먼저 영뇌로 각인이 되거나 감주리딩[감주청취]이 되면 순서대로 쭉 읽어내려[들어] 갈 수 있다. 특히 한글어순식 해석뇌가 발달한 사람들은 (뒷것부터 인식하기 때문에) 이런 훈련을 많이하라.

caution] 순서대로 읽어[들어] 나가지 못하거나 영맥이 순서대로 보이지 않는 사람들은 영뇌각인을 하지 않았거나 감주리딩[감주청취]을 하지 않았기 때문이다. 특히, 비영어권 사람들은 감주로 이해하면 선강후약 또는 선인 영뇌각인을 쉽게 유지할 수 있다.

tip) We're/He will/You can/He has로 먼저 표현되면 free 감주로 먼저 이해한다.

by=옆만큼 사이가 벌어진 것으로서 차이[정도] /차이 대상으로서 차자(差者) [b: between]

of=동격크기로서 (즉) 그 크기는 /의 /즉

[o: apposition]: a cup of coffee 어커피/어커버 : 유음화

slim =adj. 아주 작은 것으로서 근소한 것[가느다란 한 것] /(유연하게) 쭉 빠진 것으로서 잘 빠진 것

[s: small m: much or s〉z: 쭉 l: 빠진 모습]

vs slender =adj. 쭉 빠진 것인 데 들어갈 때는 들어가고 나올 때는 나온 것으로서 잘 빠진 것

[s〉z: 쭉 l: 빠진 모습 en: in]

Politics ELECTIONS 2000 RESULTS

Tuesday, Nov. 7, 2000 | Updated 7:34 p.m. EST **National**

Presidential Summary

44 of 538 electoral votes declared ✓declared winner

Candidates	Electoral Votes	Popular Votes	%
George W. Bush (R)	41	583,409	53
Al Gore (D)	3	486,970	44
Ralph Nader (Green)	0	16,750	2
Harry Browne (Lib.)	0	3,875	0

Key to Party Abbreviations Other Candidates Source: AP

State-by-State Electoral Votes

No Winner Declared Democrat Republican Other

▭ 선거인단 투표수=electoral (college) votes

electoral college=선거인단 : 보통집합체

▭ 일반대중/국민 투표수=popular votes

(공식적인) 확정선언=called/declared

미대통령 선거인단은 총538명으로 구성된다. 가장 많은 선거인단을 가지는 주가 California주로 54명이다. 국민들이 투표[Popular Votes]하여 이긴 사람이 해당주 선거인단을 모두 가져간다. 이들 선거인단이 다시 대통령을 뽑는 제도가 미대통령 선거 시스템이다. 엄밀히 말하면 간접선거이다.

IIIII .. 'Simply vote your conscience."

그냥 투표하라, 당신의 양심으로[에] 말이다. 즉 양심에 따라 투표하라는 뜻이다.

☞.. **원어민이 되는 과정 :**

Ekbe → BEis/IS/free 영뇌 → 감주

IIIII *Snows /Caused /Pileups. /Delays.*

영뇌=기→ 설→ 설′/설′ : BEis-Os

or I + I + I + I : I-Os or S + S + S + S : S-Os

How to Read[Speak]=Snowscaused pileups, delays. : 먼저 감각적 주파수로 이해한다.

시동=vocal 감각적 주파수로 (해음/상음, 해자/상자가 되게) F3+E2 강하게 말하기

☺.. **我必 Free (vocal) 감주 간직하기**=Delays, pileups caused by snows.

Free (vocal) 감주로 이해/간직 하기=Snows caused. /Pileups, delays. /Caused pileups, delays. /Pileups, delays. /-- etc.

transfer]Ekbe 리딩 ——〉 IS 리딩

시동=이 곳 저 곳에 내린 눈이 야기시켰어요. 서로 뒤엉키고, 지체소동이 벌어지는 현상들을 말이다.

tip) ☺.. 1. Ekbe값을 IS값으로 바꾸어주면 IS, BEis 영뇌가 된다. 2. IS가 체화되면 단어만 보아도 쉽게 분위기를 느낄 수 있다.

☺.. **I, S영뇌 쉽게 구별하는 법** : 글자자체에서 실제상황이 (앞방으로) 머리 속에 보이면 S영뇌이고, 뜻으로 보이면 I영뇌다.

S영뇌가 굳어지면 I영뇌가 생긴다

S영뇌의 S는 actual situation, **실제 생활 속에서의 실제상황**이지 절대로 이미지나 그림이 아니다. 소리나 단어는 실제로 있거나 실제로 일어나는 상황을 표현하기 위해 태어난 것이지, 이미지나 그림을 표현하기 위해 태어난 것이 아니다. 우리말도 이미지나 그림으로 이해하지 않는 것과 같다. 그래서 이미지로, 그림으로 이해시키는 학습은 잘 못된 가르침이다. 실제로 여기 저기 폭설이 일어나 생긴 실제 사고로 바로 두뇌가 작동해야 한다.

실제로 일어난 사고는 어디까지나 실제사고이지 이미지가 아니다. 그래서 아래와 같이 실제사고를 이미지나 그림으로 연상하여 이해하지 말라. 따라서 S영뇌에서는 소리나 글자에서 앞방으로[실제사고 현장으로] A상황이 보이거나 A상황을 표현한 것으로 보이기만 하면 된다. 머리 속에 **보이는 것이 바로 이해다.**

∴ **S 영뇌=언어 ⇄ 실제상황**

(즉 언어와 상황 관계로 이해)

Ekbe가 나온다.
↗영어자체 이해느낌으로부터

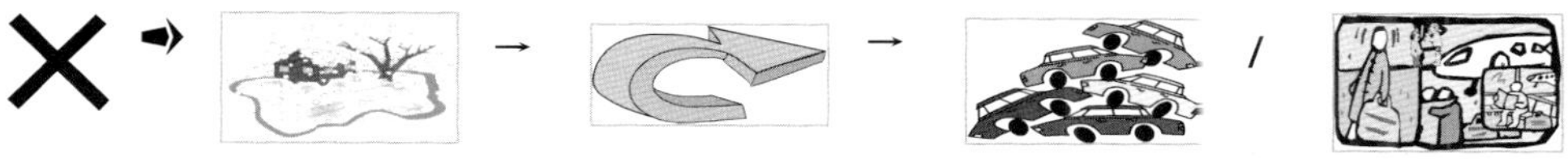

IS에 의존해서 해결된다.
IS가 나오지 않는다. 모든 게
해석이 나오지 해석으로부터
↗그래서 영뇌 상급자가 되면 IS로부터

↗즉 단어모양 자체

I영뇌는 말[소리]자체가 바로 이해[뜻]로 작용하고, 글자자체가 바로 이해[뜻]로 작용하는 뇌이다. 그렇게 되려면 비영어권 사람들에게는 실제상황이나 뜻이 소리 속에, 글자 속에 완전히 용해되어 있어야 한다. ∴ **I 영뇌=상황이나 뜻이 용해된 언어(즉 언어자체로 이해) + 용해과정 필요**

원래 단어를 처음 만들 때 뜻과 실제상황으로 만들었다. 그래서, 소리와 글자가 저절로 또는 바로 뜻[이해]으로 작용하고 실제상황으로 작용한다. 이게 바로 IS영뇌다. 다시 해석해서 이해할 필요가 없다. 최종적으로는 BEis가 아니라 IS 영뇌가 돼야 한글과 영어의 구분이 없어지고 영어도 우리말처럼 일상적인 말이 된다.

결국 단어의 뜻은 영어자체이자 실제상황이다. 즉 말[소리]자체/글자자체가 뜻이자 이해이자 A상황이다. 이때 소리는 영어주파수가 용해된 소리이다. 그래서 vocal 주파수가 용해된 소리 또는 글자자체가 바로 뜻이자 이해이자 A상황인데 왜 해석을 하는 가? 그래서 결국 영뇌가 **완성되면** 최종적으로 간직하게 되는 것은 vocal 주파수가 용해된 해음/상음 (즉 일상적인 말)이다.

실제로 우리말도 그렇듯이 영어는 I영뇌 또는 S영뇌 또는 이들 혼합으로 두뇌가 작동하는데, **I영뇌 작동이 가장 많다.** 생활 속에서 습관화 되어 용해가 되었기 때문이다. 이제는 역으로 용해된 실제상황이 앞방으로 보이거나 표현한 것으로 머리 속에 보이면 S영뇌가 된다.

▣ **해음/해자 형성과정** : 익숙된 의미가 되는 과정

❀ **실제상황 용해(dissolved)** :

❀ **뜻 용해(dissolved)** :

⇨용해된 후에는 소리[글자] 자체가 뜻/A상황을 유도함
∴ 소리/글자에 의해서 이해가 된다. 즉 의음/의자로 이해된다.

tip) ∴ IS 영뇌/free 영뇌=(소리/글자에 의해서) 생활 속에서의 뜻으로 IS가 작동
∵ IS=생활 속에서의 뜻 ↘실제로 적용된 뜻 (≠사전의 원형적인 뜻)
↘시동 외는 한글로 갈 필요가 없다.

snows=ㅁ 끄러져 너울 너울 춤추면서 city clerk 시동=시청[시] 실무직원
내려오는 하얀 물체로서 이곳 저곳의 눈 [s: slide n: 내려오는 것
o: 하얀물체 w: 너울너울 춤추는 모양 s: several]
caused=야기시킨 것으로서 발생시킨 것 [c〉키〉기: 야기시키는 것
-- 경음화 ed 얻〉었: 과음가 or d: did 실제과거]
delays=앞으로 가지 못하고 놓여 있는 것으로서 이곳 저곳 지체현상들
⇒ 단어의 뜻=BAM=IS [d〉: 뒤 la: laid s: several]
↘결국 영뇌=bnw-BAM 또는 im-BAM이 IS로 변한 것

tip)일반적으로 감주로 읽거나 들리면 저절로 IS영뇌, 의음, 의자가 된다.
↘이런 3가지 원리를 안다고 해서 영어가 되는 것은 아니다. 이런 것들이 (감주로) 잘 돌아가게 해야 한다.

| big tip)문장내 연속적인 감주로만 이해하는 것이 아니다. 비연속적인 것과 문장간 감주로도 이해하라.

IIIII *The ruling /Thursday /by the Supreme Court of Canada /that Quebec cannot unilaterally secede from Canada /is /a landmark decision /which will allow Canadians more time /to think about /the most divisive issue /facing Canada today.*

영뇌=기→ 설/설/설/설
→ 설′→ 설″→ 설′″→ 설″″→ 설″″′
: BEis-Os

tip)단주가 소감주/빅감주/왕감주로 되기 때문에 major 감주로 skim되거나 아필감주로 scan된다.

How to Read[Speak]
=Theruling Thursdaybythe SupremeCourtof Canadathat Quebeccannot unilaterally secedefrom Canada isa landmarkdecision whichwill allowCanadians moretimeto thinkaboutthe mostdivisive issue facingCanada today.
: 마음의 소리 또는 실제소리로 먼저 감각적 주파수로 이해한다. 영뇌 중급자는 부분부분 감각적 주파수로 먼저 이해하고 전체로 이해한다.
↘ 뒷말과 말하는 느낌이 머리[마음] 속으로 보이면 저절로 이해된다.

시동=vocal 감각적 주파수로 (자동 설가가 될 때까지) F3+E2 강하게 말하기

Free (vocal) 감주로 이해/간직 하기=The ruling Quebec cannot unilaterally secede.
/The ruling is a landmark decision. /Allow Canadians to think about.
/Issue facing Canada today. /-- etc.
↳ 영어는 어느 부분을 보더라도 (단어 하나이든) free 영뇌, 특히 free 감주로 이해되면 된다.

시동=그 판결, 목요일에 나온 그 판결은, 내린 곳이 대법원 즉 캐나다 대법원이며[행자 — 이 내렸으며], 그 내용은 퀘벡시는 할 수 없다는 것이다. 일방적으로 이탈하는 것인데 기처 캐나다로부터 말이다. 그런 판결은 인데 지표가 될만한 중요한 판결인데, 어떤 것이냐 하면 (이것은) 앞으로 할 것 같다는 것이다.
즉 허락할 것 같다는 것인데, 캐나다인에게 더 많은 시간을, 대동 생각하도록 관해서 생각하도록 더 많은 시간을 허락할 것 같다는 것인데, 이것은 아주 심하게 대두되고 있는 분열문제에 관한 것이고, 이 분열문제는 현재 직면하고 있는 문제이다. 캐나다에서 오늘날 말이다.
(나온/이것은=문맥 associate 대두되고 있는=상황 associate 이 분열문제는=연결설명어의 연결 associate by=행위실체로서 내린 곳/행자)

tip) ☺.. 我必 Free (vocal) 감주 간직하기 :
The ruling by the Supreme Court Quebec cannot unilaterally secede from Canada. : 문장동격

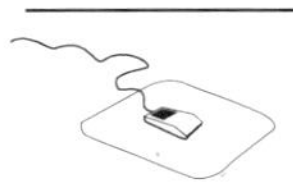

장문일 경우에는 대개 기본어를 중심으로 해서 뒤로 복잡해지거나, 앞에서 먼저 복잡해지고 다시 기본어를 중심으로 해서 전개되는 뇌로 작동 시키면 된다. 이것이 바로 **장문 영뇌패턴**이다. 영어를 잘 하려면 영어만의 영뇌패턴이 머리 속에 많이 기억되어야 한다. 그럴려면 영자 신문을 많이 읽어라.

전자일 경우에는 기본어를 먼저 말하고, 연결 설명어로 자꾸 설명해 나가는 두뇌이고, 후자일 경우에는 전설, 즉 분전설, 전전설, 부전설, 종전설, to전설로 먼저 자꾸 설명해 주고 기본어를 다시 밝혀 나가는 두뇌이다. ▭ **기본어**=The ruling

▭ **연결설명어**=by/that/which/to think/facing

▭ s동사 =is (동질연결로서 '그런 것은 인데')

▭ **문장 뼈대=기본어+연결설명어+s동사+연결설명어**
현동사/과동사/조동사 문장전체 동사

▭ **기본 뼈대=기본어+s동사 family**
=기-->설-->설′ (설″부터=부연설명이니 제외)

※ Major 감주로 skim하기 :
The ruling about the issue facing Canada by the Supreme Court that Quebec cannot secede from Canada. -- major 감주로 중요한 것만 각인시키거나 아필 감주로 빨리 각인시켜도 좋다.

tip) free 영뇌는 해석처럼 낱낱이 하나하나 엮어가면서 이해하는 것이 아니다. 보이는[들리는] 대로 부분으로 이해되는 것이다. 그렇게 이해되면 전체로 또는 부분부분끼리는 저절로 엮어진다 : **free 영뇌의 위력**

IIIII .. **In Tsunami Aftermath, 'Road to Future' Unsettles a Village**

BABANAKAYAMA, Japan : Freshly carved out of the side of a hill, /with layers of rock still exposed along some of its stretches and trees lying nearby, //the construction project /that was supposed to help this fishing village relocate and rebuild after the earthquake and tsunami in March /was optimistically named the Road to the Future. =WE/WE ⇨ B-->E/E

> ➡ **감주로 쭉 읽어 나가되 잘 안되면 free 감주로 이해한다.**
> **즉 부분부분 감주로 먼저 이해하고 전체로 이해한다** ⬅
> ※특히 free 감주로 빨리 감을 잡는다 : Best 이해
> ➡ **영뇌상급자 → 영맥=BEis로 파악하고,**
> **문장뼈대=기본어/연결설명어/S동사로 잡고,**
> **이해=감주로 한다** ⬅

▭ (앞부분) 뼈대가 되는 것
=연결설명어 : carved/with(분전설/전전설) -- 전뼈대
▭ 기본어=the construction project ▭ s동사= was
▭ (뒷부분) 뼈대가 되는 것=연결설명어 : that -- 후뼈대
▭ 문장 뼈대=전뼈대 + 기본어 + 후뼈대 + s동사
▭ 기본 뼈대=기본어 + s동사 family

시동 =속에서 쓰나미 후유증 속에서 'Road to Future' 프로젝트는 뒤흔들어 놓고 있어요, 어느 한 마을을 말이다.
(프로젝트=문맥/상황 associate)
| Free (vocal) 감주 간직하기

새롭게 깍여져 나와 있고, 즉 기슭 즉 언덕 기슭에서 깍여져 나와 있고, 아울러 여러 층, 즉 바위의 여러 층도 여전히 드러내놓고 있고, 따라, 일부 즉 쭉 뻗은 언덕의 일부를 따라 드러내놓고 있고, 그리고 나무들은 누워 가까이 누워있는 가운데, 그 건설 공사 계획, 즉 되어 있었던 예정되어 있었던 계획, 대동[즉] 돕기로 예정되어 있었던 계획인데, 이곳 어부 마을이 재배치되고, 재건설 되는 것을 돕기로 예정되어 있었던 계획인데 후에 지진과 쓰나미가 있었던 후에, 내시(內時)에 3월 내시에[내자 3월에] 발생한 지진과 쓰나미가 있었던 후에 돕기로 예정되어 있었던 계획인데 되었지요, 낙관적으로 명명되었지요, '길, 즉 미래로 향하는 길' 이라고 말이다.
(밑줄부분=문맥/상황 associate in=내시 대상으로서 내자)

--모든 게 시작은 이렇게 늘 희망을 주지요. 그러나, 현실은 그렇지 못한가 봐요. ※ 여기서 relocate/rebuild=vi. 자동사

tip) ☞.. 我必 Free (vocal) 감주 간직하기 :

The project, the Road to the Future, which relocates and rebuilds this fishing village.

---

ruling=루울에 따라 진행 시킨 것으로서 판결(을 내린 것)
[rul: rule ing: 동명사로서 사실을 한 것 -- finished action]
by=행위 실체로서 내린 곳/판결한 곳 secede=떨어져 나가는 것으로서 조직을 떠나는 것[탈당/탈퇴 하는 것]
[s: separate e↗ : 안에서 밖으로 빠져나가는 모습 or e : ex
⇒ e: is X표시 : not ··· 안에 있으면 안되는 것으로서 out]

vs **어원분석**[se: apart cede: go] 〈 **BNW 분석**
vs **사전의** definition : (from) to formally leave a group or organization, esp. because of disagreement
(의견 불일치) 〈 **BNW 분석**
: One of the states has seceded from the federation.

allow=어떤 사람[것]에게 하게 하는 것으로서 허락하는 것
[a: a certain person/thing l: let]
future=앞으로 진행되는 미지의 시간으로서 미래
[f: forward u>unknown: 미지의 것 t: time]
think=사물을 머리 속에 그리는 것으로서 생각하는 것
[th: thing(s) in: 속에 두는 것]
time=숫자에 시계 바늘이 마주치면 땡하고 소리나는 것으로서 시간 [t: 땡 m: 마주치는 것]
아날로그 시계는 땡 또는 찰각 찰각하고 소리난다.
unsettle=안정시키지 못하고 동요시키는 것으로서 뒤흔드는 것 [un: not set: 안정되게 고정시키는 것
tle: 들들 떨리는 것 -- 경음화 BNW]

caution] Ekbe + 무한글 시동=복합시동

Ekbe로 시동이 어려울 때는 무한글 이해, 즉 영어자체에서 해가 우러나오게 그냥 시동을 걸어도 좋다. 한글이 워낙 한글구조에 맞도록 짜여져 있기 때문에 장문독해시 극히 드물게 Ekbe를 가져올 수 없는 부분이 있다. 그럴 때에는 그 부분만 그냥 무한글 이해로 시동을 걸라.

※ major 감주로 skim하기 :

... **Carved out, ... rock still exposed, ... the construction project ... this fishing village ... relocate and rebuild ... named "... Road to the Future".**

☞.. 아필 감주로 scan하기= ... the construction project ... ... fishing village ... relocate ... .

tip)현장영어 뿐만이 아니라 수능, 토익, 토플, 아이엘스 독해/청취도 major 감주 또는 아필 감주로 이해하면 쉽게 감을 잡을 수 있고 특히 (지문/본문) 내용파악은 major 감주로 하고 문제 풀이는 아필 감주로 푼다.

☞.. 단계[과정]는 공부해야 하지만, 단어의 최종적인 뜻, 즉 목적경지[IS/감주 경지]가 되면 공부할 필요가 없다.

IIIII *God parted /the Red Sea //so that /Moses could /lead[bring] the Israelites out /of Egypt /where they had /been kept /as slaves.*

영뇌=기→ 설 ⇨ 전설→ 설′→ 설″→ 설′″→ 설″″→ 설′″″→ 설″″″ : BEis-Os
or I + I + I + I + I + I + I + I + I : I-Os
or S + S + S + S + S + S + S + S + S : S-Os

How to Read[Speak]
=Godpartedthe RedSea sothat Mosescould lead[bring]the Israelites outofEgypt wherethey hadbeen keptas slaves.
: 먼저 감각적 주파수로 이해한다. 영뇌 중급자는 부분부분 감각적 주파수로 먼저 이해하고 전체를 이해한다.
↳현장영어 뿐만이 아니라 각종 시험영어도 같다.

시동=vocal 감각적 주파수로
(BEis 또는 IS 영뇌가 될 때까지) F3+E2 강하게 말하기

☞.. **我必 Free (vocal) 감주 간직하기**=God parted Red Sea, so he could lead Israelites out.
Free (vocal) 감주로 이해/간직 하기=God parted Red Sea. /Kept as slaves.
/Could lead Israelites out. /So that. /-- etc.

Ekbe 시동목적=(의야두뇌 두뇌세포 선인지로/무한글 이해 느낌인) 영어자체로 느낌을 갖거나 감주로 이해느낌을 갖기 위한 것, 절대로 (역순인) 지시동은 걸지마라.

↳ 단계[과정]이지 목적이 아니다

시동=하나님이 갈라 놓았어요, 홍해를 말이다. 그리하여 그 결과로 모세는 할 수 있었어요, 인도하는 것인데[데리고 나오는 것인데], 이스라엘 백성들을 밖으로 즉 이집트 밖으로 인도하는 것을 말이다. 이 곳은 어떤 곳이냐 하면 그들이 했던 곳, 즉 생활해 왔던 곳인데, 갇혀서 노예신세로 생활해 왔던 곳이었다. ❖ where referent, 즉 where 기본어=of를 제외한 Egypt

---

so that을 '그리하여 그 결과'라는 논리적인 상황으로 보이면 되는 것이지, 이것을 이미지 연상으로 이해하지 말라. 이미지 만들려다 시간 다 간다. BEis, IS 영뇌로 쉽게 작동되지 않으면 다음 같이 시동을 걸라.

□ **시동 종류=원애시동, vocal음, Free 영뇌, F3+E2, 일상적인 생활, Ekbe, SIUM 말하기, 무한글, BNW or 비한글 BNW, BAM, BEis 영뇌, connotation, G토씨, 영뇌 기본자세, 패턴, associate** -- (영순대로) 무한글 이해[특히 마지막 경지인 감주 영뇌]로 가기 위한 시동의 종류
↳주로 1차 시동=감주시동 2차 시동=Ekbe

❖ **원애시동**=듣거나 볼때 순수한 자기이해로 돌아가면 소리 또는 글자에 의한 이해로 바꾼다. 또는 들을때 script[caption]보다 D두뇌 무부스텝으로 듣는다 : **무부음/무부감주**
-->지음/지감주로 변함[완성]

↙ 의음[의자] 시동 /무부스텝 시동

❖ **vocal음**=vocal음으로 말하면 저절로 IS영뇌가 발생한다.

❖ **Free 영뇌**=보이는 대로 들리는 대로 자유롭거나 부분부분은 **쉽게 IS 발생** ∵ 전체로 엮는 부담제거

❖ **F3+E2**=free 영뇌로 3번, 전체로 2번을 vocal 감주로 말하는 것 ❖ **일상적인 생활**=언어는 생활의 산물이다. BEis, IS영뇌는 생활 속에서의 뜻으로 작동시키면 쉽게 각인이 된다. 생활이 뜻을 암시[안내]하기 때문이다.

↗영어본래의미 ↗설가뇌 의미

❖ **Ekbe**=영뇌[영순]에 맞는 한글=기/설 관계[문맥]에 맞는 한글
(Ek=English-Korean be=기/설 **영순**=영어어순)

❖ **SIUM 말하기**=강하게 감각적 주파수로 말하면 IS가 쉽게 작동한다. 강하게 말하면 소리에만 집중하게 되어 저절로 이해[의미]가 실리고, 뒷말과 말하는 느낌 때문에 IS가 쉽게 작동하고 쉽게 이어진다 : 대표적인 예가 흑인 목사의 설교
(Strong In Understanding or Meaning)
↳이때 '이해/의미'=IS값

❖ **무한글**=한글이 없는 상태에서 해[IS]를 발생시키는 것
즉, 한글로 가지 않고 영어자체에서 해[IS]를 느끼는 것

❖ **BNW**=단어 거주지를 생각하거나 단어 철자에서 본래 뜻이 풍기면 IS영뇌가 쉽게 작동한다.

❖ **비한글 BNW**=해석[뜻] 한글으로 이해하지 않고 상위 BNW로 바로 이해를 스쳐가게 하는 것

❖ **BAM**=BAM 영뇌 참조

❖ **BEis 영뇌 : IS로 설명해 나가는 두뇌를 작동시키는 것**
=버그단어와 버그단어 사이에 살짝 설가뇌를 작동시키면 순서대로 해가 스쳐간다. 영어는 **기/설 문맥**으로 되어 있기 때문이다.

❖ **connotation**=간접상황, 즉 관련상황[관련표현]만으로도 IS가 작동하는 것, 예컨데 Africa를 생각하거나 Slaves work hard.에서 work hard만 생각해도 slaves가 이해가 되게 하는 방식이다.

tip)Ekbe=영어 이해흐름, 즉 원어민 이해흐름으로서 이것을 무한글 이해로 바꾸어 주면 BEis/IS가 되고 감주가 된다.

↙ 시동종류 —> 영뇌시동

아니면 한 예[실례]만 생각해도 된다. [≠denotation 실제/직접 상황]

↗완전 영뇌리딩에서는 G토씨를 붙이지 않는다.

❖ **G토씨**=기/설 토씨를 살짝 붙여 주면 쉽게 BEis 영뇌가 작동 한다. 예컨데 'God이 parted했어요, the Red Sea를 말이다' 처럼 설가 토씨[G토씨]를 붙여서 이해한다 ⇒ **일종의 Ekbe 문맥**

❖ **영뇌 기본자세**=영어를 보거나 듣거나 말하거나 쓸 때 원어민과 같은 자세로 보거나 듣거나 말하거나 쓰면 쉽게 영뇌가 발생 한다. 한글을 개입시키지 않고 영어자체로 처리한다.

❖ **패턴**=패턴을 앎으로써 이해가 스쳐가는 것, 예컨데 infml 패턴, twenty four 영뇌 패턴, source[출처] 패턴, s동사 패턴, 기설/연설/독설/전설 패턴, family 패턴 -- 등을 인지하는 순간 이해가 스쳐간다. 영자신문을 읽거나 영뇌청취를 하면 많은 영어만의 패턴을 익힐 수 있다. ❖ associate ☞ p145

☜ **where 관계부사 영뇌**

[w: 묻는관계 연결 r⟩l: location or place]

=장소를 묻는 관계로 referring back하면서 자기문장을 **제한적/비제한적으로** 연결지어 설명해 나가는 것으로서 어떤 곳이냐 하면 (이곳은) -- 인 곳[-- 인데]

=본래의미

·))) **뜻하는 의미**=이곳은 -- 인 곳[-- 인데]

/즉 --- 인 곳[-- 인데]

-- 뜻하는 의미가 이렇기 때문에 뜻하는 의미로 관계부사도 no 콤머일 경우 that와 호환이 가능하다.

---

had=가졌던 것으로서 했던 것

been=있어 왔던 것으로서 생활해 왔던 것

> IIIII *He has /been living /with us /rent-free /for almost a year.*
>
> **영뇌=기→ 설 → 설′/설′/설′** : BEis-Os
>
> or I + I + I + I + I : I-Os or S + S + S + S + S : S-Os
>
> **How to Read[Speak]**
>
> =Hehas beenliving withus rentfreefor almosta year.
>
> or -- rentfree foralmosta year. : 먼저 감각적 주파수로 이해한다.
>
> **시동**=vocal 감각적 주파수로
>
> (자동 설가가 될 때까지) F3+E2 강하게 말하기
>
> ☜.. **我必 Free (vocal) 감주 간직하기**=He has been living rent-free.
>
> **Free (vocal) 감주로 이해/간직 하기**=He has. /Has been. /Been living. /Living with. /With us. /Rent-free for. /For almost. /-- etc.

시동=그는 가지고 있어요, 해왔던 것[있어왔던 것], 쭉 살아 왔던 것인데[즉 쭉 살아 왔던 것인데], 동자 우리들과 함께, 공짜로 구시(기간은) 거의 일년 동안이나 말이다. ＊구시=區時 — 구간 시간

---

be동사 뒤에 living과 been뒤에 living은 달리 보여야 한다. 즉, IS 영뇌를 달리 작동시켜야 한다. 전자는 동일치 진행으로, 후자는 쭉 진행으로 작동시키면 된다. been의 계속 event 의미 영향을 받아 쭉 진행이 된 것이다. ※rent-free=adv.

▭ **쭉 진행과 동일치 진행:**

been reading=해왔던 것, 쭉 읽어 왔던 것

vs is reading=있다, 즉 읽고 있다/있는 데 읽고 있다

⇒ been=있어 왔던 것으로서 해왔던 것[계속 event]

[be: 있는 것 en: done 능동 event]

vs He will be there. 그는 앞으로 있을 것같다. 거기에 말이다.

be=눈에 보이는 것으로서 있는 것 [b: 보이는 것 e: eyes]

tip) **간직한 Free 영뇌를 조합하면 큰 말이 된다. 말이 별것 아니다.**

He has /Been living. /With us. /For almost a year. /Has been. /Living with. /Rent-free for. /Has been living with. /Been living with. /With us rent-free. /Living with us. etc.

Been living.=있어 왔던 것인데, 즉 쭉 살아 왔던 것

Living with.=쭉 살아 왔던 것인데 누군가와 함께 말이다.

Rent-free for.=임대료 없이 어느 일정기간 동안 말이다.

누군가와/어느 일정=**단어** associate

☞.. **어순을 극복하는 대표적인 방법 :** 감주, IS, BEis, Ekbe, Free 영뇌, 단어 본래의미[=원어민이 알고 있는 의미]

||||| *The two teams, /which worked independently, /estimated roughly the same number of human genes.*

영뇌=기→ 설/설 : BEis-Os or I + I + I : I-Os or S + S + S : S-Os

How to Read[Speak]=Thetwo teams, whichworked independently, estimated roughlythe samenumberof houmangenes.

: 먼저 감각적 주파수로 이해한다.

시동=vocal 감각적 주파수로 (IS 영뇌가 될 때까지) F3+E2 강하게 말하기

말은 배 힘을 이용해 목으로 음을 만들면서 성대가 울리게 강하게[크게] 말한다.

☞.. **我必 Free (vocal) 감주 간직하기**

=The two teams worked independently, estimated roughly same number.

Free (vocal) **감주로 이해/간직 하기**=The two teams. /Worked independently. /Estimated roughly.

/, Which worked. /Which worked. : **제한적 연결영뇌** /-- etc.

↳ **전자=어떤 팀이냐 하면 일을 했는데 후자=어떤 팀이냐 하면 일을 한 팀인데**

시동=그 두 팀, 어떤 팀이냐 하면은 이들은 연구[일]를 각각하여, 추측했어요, 대략 같은 수, 즉 인간 유전자와 같은 수의 유전자를 말이다. / — 연구를 했는 데 각각 따로 하면서, 추측해 냈어요, —.

☞ **감각적 주파수로 그냥 쭉 읽어 나가라[쭉 보아 나가라].**

처음부터 전체를 해석식으로 엮을려고 하지 말고 **감각적 주파수**로 **쭉 읽어 나가거나 보아 나가라.** 그러면 저절로 의음/의자, 해음/해자, 상음/상자로 이해된다. 잘 안되면 감주 시동을 걸고, 최후에 Ekbe 시동을 건다.

모르는 부분이 나오면 처음에는 그냥 넘어 가라. 감주로 이해되는 속에서 계속해서 나가다 보면 감이 오는 것이다. 읽기도 청취와 같이 무부스텝으로 완성되는 것이다.

머리가 나쁜 사람은 앞 잔상이 없을 뿐만이 아니라 해석식으로 엮는 이해를 한다. 감각적 주파수로 이해하면 저절로 영어 자체 느낌으로 이해되고, 선인영뇌각인이 되거나 선강후강 영뇌각인이 되어 쭉 읽어 나갈 수 있다. **free 영뇌, 특히 free 감주를 많이 간직하면 이런 게 가능하다.**

한글 리딩도 마찬가지이다. 남들은 만화책 한 권을 벌써 다 읽었는데 본인은 절반도 못읽는 경우가 있다. 이럴 때는 머리가 나쁜 것이 아니라. 두뇌를 쓰는 방법이 잘 못된 것이다. 지금부터 여러분들의 두뇌 성능을 감각적 주파수로 높여라.

영뇌 상급자가 되면 감주로 이해하는 것은 필수이다.

man=흉상과 몸체로 만물의 영장으로서 인간

[m>M: 흉상과 몸체 a: 최고로서 만물의 영장]

↘**일종의 철자 BNW**

한자 **사람 人**은 상체와 하체 모습으로 사람을 나타내고 있다. 그래서 영어에서는 두뇌를 가진 동물로 보고 있고, 한자에서는 그냥 직립동물로 보고 있다.

vs human=고등 동물로서 인간 [h: high]

vs human being=고등 동물 존재로서 인간 [being: 존재]

vs person=두상과 몸체로서 사람 [p: 두상과 몸체 모양]

vs people=person+person으로서 사람들

genes=전이되는 인자들로서 유전자들

[g: 전이되는 것 e: 인자 s: not single 한 개가 아닌 것으로서의 복수 - 들]

☞.. **문장뼈대**=기본어(The two teams) + 연결설명어(which) + S동사(estimated)

영뇌 상급자의 BEST 이해법

☞.. (뇌화된 D두뇌 하에서 의음 또는 의자[의양두뇌 인지]로) free 영뇌, ↗ 특히 major 감주 또는 아필 감주로 이해한다. 즉 free 감주로 감을 잡는다 : **천재들의 두뇌**

tip)뇌화된 D두뇌=Double 두뇌로 집중된 머리=명상머리

IIIII *I, April, take /you to be /a lawful, wedded husband.*

영뇌=기→ 설→ 설′ : BEis-Os

or I + I + I : I-Os or S + S + S : S-Os

How to Read[Speak]

=IApril, takeyou tobea lawful, weddedhusband.

: 먼저 감각적 주파수로 이해한다.

시동=vocal 감각적 주파수로

(자동 설가가 될 때까지) F3+E2 강하게 말하기

.. 我必 Free (vocal) 감주 간직하기=They were lawful husband and wife.

Free (vocal) 감주로 이해/간직 하기=I, April. /Take you. /You to. /To be. /Lawful, wedded. /To be a. /Wedded husband. /-- etc.

시동=나 April은 받아 들이겠어요, 당신을 대동 인 사람으로 법적으로[법적이고], 식을 올린 남편으로 말이다.

.. 영어는 기/설 두뇌, 즉 설가뇌이기 때문에 대명사 선표현도 가능 : 일종의 개구[개략]주의 기/설 영뇌

⇒ As she exits the race, Elizabeth Warren faces an endorsement dilemma.

시동=동자 그 여자가 빠져나왔기 때문에 ㅡ , 즉 Elizabeth Warren는 직면하고 있다.

신문이나 책을 읽을 때 항상 소리를 내어 읽되, 읽으면서 소리에 항상 무한글 이해[의미]가 실리게 하라. 영어를 볼때마다 늘 그렇게 하라. 그러면 IS 영뇌 세포가 쉽게 만들어진다.

---

wedding=왁자지껄한 event로서 결혼식[혼례]

[w: 왁자지껄 e: event]

Do come to our wedding.

A wedding party/reception/dress/present/cake.

We celebrate our tenth wedding anniversary.

Silver/Golden/Diamond wedding.

Siver wedding anniversary.

vs marriage=서로 관계가 맺어지는 것으로서의 결혼 /혼인

[m: 맺어지는 것 or match r/r: relationship]

marriage certificate=서로 맺은 증서로서 결혼 증서

arranged marriage=주선으로 맺어진 것으로서 중매결혼

love marriage=사랑으로 맺어진 것으로서 연애결혼

same-sex marriage=동성간 맺어지는 것으로서 동성결혼

그래서, 결혼식을 올리는 것이면 wed를 쓰고, 결혼을 하는 것이면 marry를 쓰면 된다. 즉 전자는 식을 올리는 것이다.

: The couple eventually wed[wedded] after an eighteen year engagement.

A newly-wedded couple. My lawfully wedded wife.

a. 결혼 관련 표현들 :

hen party[night]

stag party[night]

=[US, also bachelor party, AusE bucks party]

신부, 신랑이 결혼전에 친구들을 초대하여 여는 파티로 우리의 사성파티에 해당한다.

bestman 신랑측의 남자 우인대표

groomsmen 신랑측의 남자 우인들

bridesmaids 신부측의 여자 우인들

wedding planner

신종직종으로 결혼절차 전반을 짜주는 사람

wedding guests 결혼 하객들

대개 주례선생 [officiator]은 priest[성직자] 또는 minister[목사]가 담당하고, groomsmen과 bridesmaids는 childhood friends 또는 school classmates로 구성된다.

b. 결혼 절차

: wedding planner에 따라 약간 달라 질 수 있으나 일반적인 절차는 다음과 같다.

1. hen party/stag party--양가가 한꺼번에 하기도 한다.
2. wedding ceremony

① 신랑 부모/할아버지/할머니 입장

② 신부 부모/할아버지/할머니 입장

③ groomsmen 입장-정위치한다[우측].

④ **아버지와 함께 신랑입장** -- groomsmen옆에 선다

⑤ bridesmaids **입장** -- 정위치
[좌측 -- 하객석에서 보았을때]

⑥ 어린 꼬마가 aisle에 꽃을 뿌리며 입장
⑦ (결혼 행진곡) 아버지와 함께 신부입장
⑧ 주례사 -- Would you kiss a bride? 한후 퇴장

성혼선포]
'Will you have this man/woman to be your wedded husband/wife?' 'I will.'
-- I pronounce you husband and wife.

or I now declare that John and Mary are husband and wife according to the ordinance of God.
＊husband and wife=부부관계[U의미]

3. wedding reception
-- wedding cake cutting with a special meal

Free 감주를 많이 간직하라

free 영뇌 간직시 소리값, 즉 (vocal) 감각적 주파수로 간직해야 한다. 문자값으로만 간직하는 것은 별 의미가 없다. 그러면 어떻게 말해도 일상적인 말로 들을 수 있다.

IIIII *Tom is /eating /shish kebab.*

영뇌=기→ 설→ 설′ : BEis-Os or I + I + I : I-Os or S + S + S : S-Os

How to Read[Speak]=Tomis eating shishkebab.

: 먼저 감각적 주파수로 이해한다.

시동=vocal 감각적 주파수로

(BEis 또는 IS 영뇌가 될 때까지) F3+E2 강하게 말하기

.. 我必 Free (vocal) 감주 간직하기=Tom eating shish kebab.

Free (vocal) 감주로 이해/간직 하기=Tom is. /Is eating. /Eating shish kebab. /Tom eating shish kebab. /-- etc.

시동=탐은 (하고) 있어요, 즉 먹고 있는데, shish kebab을 말이다 : **Ekbe 시동**
Tom은 is하고 있어요, eating하고 있는데 shish kebab을 말이다 : **G토씨 시동**

---

is만 보아도 바로 이해가 되어버리거나 영어자체에서 해가 우러나오든지 앞방으로 실제상황이 보여야 한다. 많은 한국 사람들은 한글해석 습관 때문에, **이해의** distance**를** minus or zero**로 하지 못하고 있다.** 한글 해석 습관 때문에 영어만 보면 stop **또는** turn back **현상**이 발생한다. 이것을 막아야 한다. **영뇌, 즉 BEis, IS 영뇌, 특히 IS 영뇌로 이것을 막아라.** 먼저 말에 먼저 이해가 스쳐가지 않으면 영뇌가 아니다.

stop **두뇌**=영어만 보면 바로 이해가 스쳐가지 못하고 그냥 멈추어 지거나 해석하기 위해서 일단 멈추는 두뇌 현상
turn back **두뇌**
=해석하기 위해 멈추어서 뒤로 돌아가는 두뇌 현상

※ **무한글 이해**=해음/해자 또는 상음/상자로 이해되는 것
즉, IS 영뇌 — 영뇌=소리값과 문자값 모두 포함
vs **설가 무한글이해**
=BEis 영뇌 ⇒ 설가=설명해 나가는 것

※ **해음/해자 영뇌**
=말[소리]자체 또는 글자자체에 의해 저절로 또는 바로 이해[뜻]로 작용하거나 그것자체에서 해가 우러나오는 뇌

결국 영영사전의 뜻은 말[소리]자체/글자자체가 뜻인 것을 다시 뜻풀이를 해 놓은 것에 불과하다. 그래서, 하나의 단어가 여러가지 상황에 적용이 되고, 그 뜻풀이도 여러가지가 되며, 사전 이상으로 나올 수도 있다.
이런 여러가지 뜻을 우리는 BAM으로 처리하는 것이다.

※ **상음/상자 영뇌**=소리/글자에서 실제상황이 보이는 뇌

❖ shish kebab=a kebab cooked on a skewer
씨시카밥, 꼬챙이구이, 꼬치구이
❖ kebab(BrE) kabob(AmE) 구이
=a dish of small pieces of meat and usu. vegetables cooked on a stick
❖ skewer 꼬챙이, 구이꼬치

☞.. 영어이해 흐름대로 이해하거나 무한글로 이해하는 원천 기술은 기/설과 IS다.

IIIII *Road crews /across the area /are /spreading sand, salt and chemicals /to help melt /dangerous patches of ice.*

영뇌=기→ 설/설 → 설′→ 설″→ 설′″ : BEis-Os

or I + I + I + I + I + I + I : I-Os or S + S + S + S + S + S : S-Os

↗분리 감주=고난도 감주

How to Read[Speak]=Roadcrewsa crossthearea arespreading sand, salt andchemicalsto helpmelt cangerouspatchesof ice.

: 먼저 감각적 주파수로 이해한다.

시동=vocal 감각적 주파수로 (자동설가가 될 때까지) F3+E2 강하게 말하기

☞.. **我必 Free (vocal) 감주 간직하기**=Road crews spreading sand, salt and chemicals.

Free (vocal) 감주로 이해/간직 하기=Road crews. /Across the. /Across the area. /Are spreading. /Spreading sand, salt. /-- etc.

↘ ☞.. **Major 감주**= -- crews spreading sand, salt -- chemicals -- melt dangerous -- ice.

tip)free 영뇌/free 감주=어느 부분을 보더라도 이해되는 것

시동=여러 도로 (일꾼) 조[팀]들이 이리저리 다니면서 자기 구역을 이리저리 다니면서 하고 있어요, 즉 뿌리고 있는 데 모래, 염화컬슘, 그리고 화학물질을 뿌리고 있어요, 대동 도움이 되게 늑는 데 도움이 되게[대동 도와서 녹게하려고], 위험스럽게 군데군데 얼어 붙은 덩어리, 즉 그런 덩어리 빙판에 말이다

＊사역/지각 동사+원동사=관습적 E ↗ 단, 이때 사역동사라 해서 반드시 사역의미가 되는 것은 아니다.

: help melt /let go /let drop /make believe /hear say //(infml) come study etc. ☞**기본영뇌** vol 1 p22/23

어느 부분이든 표현만 보면 무한글 상태에서 영어자체에서 해가 우러나오거나 앞방으로 실제상황이 보이거나 실제상황을 표현한 것으로 보여야 한다. 영뇌 상급자는 이런 것을 바탕으로 해서 **감주로 이해한다**. 잘 안되면 시동을 걸라.

그래서, patches만 보아도, of만 보아도 ice처럼 영어자체에서 해가 우러나오거나 앞방으로 실제상황이 보이면 된다. patches of ice를 보아도 마찬가지이다. 아니면, are만 보아도 영어자체에서 해가 우러나오거나 앞방으로 실제상황이 보이거나 표현한 것으로 보이면 된다. 마치 sand, salt처럼 말이다. across도 road crews도 마찬가지이다. 특히 비영어권 사람들에게는 낱개보다 **영뇌의군**으로 각인이 되면 더욱 좋다.

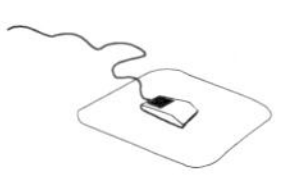

평소에 영자 신문을 읽든 영문만화를 읽든 이렇게 영뇌, 특히 free 감주로 각인시킨다.

매일 매일 free **감주**를 늘이면 그만큼 청취력도 좋아진다. 머리지배는 free 감주이지, 한글 해석이 아니다.

✕ **부정전치사 to의 일반적 인식방법**

=(본동사의미) 연결 또는 안내로서 대동[즉] -- 하는 것

tip) 일반적으로 앞말이 있을 시 → '연결영뇌'

앞말이 없을시 즉 기본어인 경우 → '안내영뇌'

☞.. **문장뼈대**=기본어(Road crews) + 연결설명어(across) + S동사(are 하고있다)

crews=(일정 공간에서) 같이 일하는 사람들의 여러 조[팀], 즉 여러 일꾼[승무원] 조[팀] [c〉s〉z: 조 + c: 공간

r: 이리저리 다니는 모습 w: workers

s: not single/several 복수]

🔊 **crew=(보통집단) 집합명사 /(보통낱개) 복수명사**

: The crew is/are waiting for instructions from the captain. ↗비행실 승무원들 : children과 같다

Two pilots and five cabin crew were on board.

있었는데 승선하고 있었는데 비행판 위에 말이다↲

patches=조각 조각 붙이는 것으로서의 여러 헝겊 조각들

[p: piece t: attach s: not single 한 개가 아닌 것으로서의 복수 /several 여러 개로서 복수]

patches of ice[=icy patches]

군데 근데 생긴[얼어붙은] 덩어리, 즉 그런 덩어리 빙판

↳ **문맥/상황** associate

of=동격 연결설명으로서 즉 그런

이 표현을 몰랐다면 **영뇌의군 또는 영뇌의군 소리**로 생활 속에서 얻는 것처럼 습관화 시켜라. **언어는 습관의 행위물이다.** 습관적으로 몸에 배인 것이 겉으로 드러나는 것이다.

☞.. 이해는 감주 또는 의음/의자, IS로 하는 것이지 해석이 아니다.

IIIII *A woman is /cleaning /with a vacuum cleaner.*

영뇌=기→ 설→ 설′ : BEis-Os or I + I + I : I-Os or S + S + S : S-Os

How to Read[Speak]

=Awomanis cleaningwitha vacuumcleaner.

: 먼저 감각적 주파수로 이해한다.

시동=vocal 감각적 주파수로

(자동 설가가 될 때까지) F3+E2 강하게 말하기

☞.. **我必 Free (vocal) 감주 간직하기**= Woman cleaning with vacuum cleaner.

Free (vocal) 감주로 이해/간직 하기=A woman. /Woman is. /Is cleaning. /Cleaning with. /With a vacuum cleaner. /-- etc.

시동=한 여자가 있어요, 즉 청소를 하고 있는 데 가지고서[동자] 진공 청소기를 가지고서 말이다.

S **영뇌를 작동시**, 단어에서 바로 (앞방으로) 실제상황이 보이면 된다. 그것이 바로 이해다. 그래서, 연상하지 말라. 연상은 이해의 속도를 떨어 뜨릴 뿐더러, 무언가 만들려는 현상을 생기게 하기 때문이다. **특히, 절대로 이미지로 연상하지 말라.** 차라리 해석보다 이해 속도가 떨어질 때가 많다.

순서대로 실제로 청소하는 실제상황이 그냥 보이면 된다. 이렇게 실제상황으로 보여야 언어생활을 할 수 있다. **언어는 생활의 산물이지, 이미지의 산물이 아니다.**

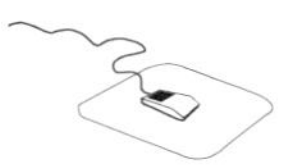

따라서 단어의미는 생활 속에서 실제상황으로 얻어지는 것이지, 이미지로 얻어지는 것이 아니다. 비록 외국인과 함께 살지 않더라도 실제상황으로 이해하면 바로 생활 속에서 경험하는 의미와 같아 진다.

vaccuum cleaner처럼 명사 실제상황은 다른 품사 실제상황보다 한글없이 쉽게 실제상황을 볼 수 있다. 명사 실제상황은 시공간적으로 존재하는 실체[실물]이기 때문이다. 동사 실제상황이나 전치사 실제상황도 그렇게 되도록 훈련하라.

s값=A상황=실제상황(실물포함): actual situation

□ **일반적으로 진행형의 be동사**

= '있다' 로서 발생, 즉 발생존재 또는 행위이지 존재만 뜻하거나 상태가 아니다. 보니까 '무언가 하고 있더라' 는 것이다. 하지만 수동태에서는 발생 또는 상태가 된다.

woman=결혼식을 올렸거나 남자와 함께 할 수 있는 사람으로서 여자 [w: wedded/with man: 남자] vs wife BAM ⇒ p75

제한적/비제한적 연결영뇌와 제한적 영뇌의 차이

a bottle /of /wine=B-->E-->E′

of=동격크기/동격구성/동격추가설명 -- **일종의 완전동격**

□ 동격크기=한 병, 즉 포도주 한병/한병의 포도주

-- **제한적 연결영뇌** : He drank a bottle of wine.

□ 동격구성=병인데 즉 포도주가 든 병-- **제한적 연결영뇌**

: He is drinking from a bottle of wine.

□ 동격추가 설명=한 잔은, (즉) 포도주이고

--**비제한적 연결영뇌**[that is /being]

: "A glass of wine, another glass of beer." "I' m beer."

Into the back of the net. (축구)

들어갔는데 뒷쪽, 즉 net로 들어갔다.

또 다른 뜻)들어갔는 데 뒷쪽 즉 그물망 뒷쪽으로 -- .

vs One of the men is writing. : **동격일부로서 부분동격**

--- 한 사람, 즉 그 남자들 중 한 사람

vs The trauma of birth. : **동격발생으로서 완전동격**

--- 그런 트로마 즉 태어날 때 (생기는)의 트로마

vs a //wine /bottle=WE ⇨ E-->B : **제한적 영뇌**

내용물이 있든 없든 간에 포도주 병을 의미

그래서, 쇼핑한 물건이 들어간 백을 표현하고 싶으면 **(전치사) 연결영뇌로 표현하면 된다.**

a bag of shopping=a bag full of shopping

⇔ a shopping bag[perhaps empty or full]

shopping=쇼핑물(물질적 집합체)

/쇼핑하는 것(동명사) /쇼핑(명사)

IIIII *What are /you squirming for?*

영뇌=기→ 설 : BEis-Os or I + I : I-Os or S + S : S-Os

How to Read[Speak]

=Whatareyou squirmingfor?

: 먼저 감각적 주파수로 이해한다.

시동=vocal 감각적 주파수로

(자동 설가가 될 때까지) F3+E2 강하게 말하기

.. **我必 Free (vocal) 감주 간직하기**=You squirming for?

Free (vocal) 감주로 이해/간직 하기=What are you? /Squirming for? /You squirming?

/You squirming for? /-- etc.

시동=무엇이지, 당신이 몸을 비틀고 있는 이유말이야?

묻는 말로 먼저 개략적으로 묻고, 묻는 내용으로 구체적으로 물어보는 뇌로 작동시킨다. 일종의 **개략주의 또는 물음주의 기/설 영뇌**이다.

what=사물을 묻는 것으로서 무엇 [w: 묻는 모습 t: thing(s)]

squirm=몸을 비틀거나 꼬거나 꿈틀대는 것

[s: 비트는 모습 q: 꼬는 것 r: 꿈틀대는 모습]

⇒ **Free 영뇌는 낱개보다 의군으로 간직하는 게 좋다 :**

What are? /Are you? /You squirming for? /Squirming for? -- etc.

⇒ 간직한 free 영뇌의군을 던지면 바로 **영뇌말하기**가 말된다.

Are you? =이지, 당신이지?

Squirming for?=몸을 비틀고 있는 이유는?

IIIII *Bella recommended /a transpontine restaurant /for our evening rendezvous.*

영뇌=기→ 설→ 설′ : BEis-Os

or I + I + I : I-Os or S + S + S : S-Os

How to Read[Speak]

=Bellarecommendeda transpontinerestaurant forour eveningrendezvous.

: 먼저 감각적 주파수로 이해한다.

시동=vocal 감각적 주파수로

(IS 영뇌가 될 때까지) F3+E2 강하게 말하기

.. **我必 Free (vocal) 감주 간직하기**=Bella recommended a restaurant for rendezvous.

Free (vocal) 감주로 이해/간직 하기=Bella recommended a

/A transpontine restaurant for our rendezvous. /-- etc.

시동=Bella는 추천했어요, 다리 저편에 있는 식당을, 용으로 우리의 저녁 만남용으로 말이다.

---

transpontine adj.

=다리 건너 저편에 있는 것으로서 다리 저 쪽인 것

[trans: across p: 편 t⟩d: 다리]

vs cispontine adj. =다리 이 쪽인 것

[i: 이쪽 p: 편 t⟩d: 다리]

⇒ **Free 낱개영뇌 간직하기 :**

recommended /a /transpontine /restaurant /for /our /evenining /rendezvous, --- etc.

a=어떤 하나(를 말입니다) for=무슨 용으로

(를 말입니다)= Ekbe **문맥** 무슨= **단어** associate

IIIII *They are /running /three-legged race.*

영뇌=기→ 설→ 설′ : BEis-Os

or I + I + I : I-Os or S + S + S : S-Os

How to Read[Speak] ↗고난도 감주

=Theyare running threeleggedrace. 〈 Theyare runningthree leggedrace.

: 먼저 감각적 주파수로 이해한다. 후자가 더 좋은 감각적 주파수이다. 한뇌리딩[Konglish]으로 판단하면 안된다.

시동=vocal 감각적 주파수로

(자동 설가가 될 때까지) F3+E2 강하게 말하기

(runningthree=붙여 말해도 여전히 IS설가뇌 유지 ☞P16)

.. **我必 Free (vocal) 감주 간직하기**=They running[playing] three-legged race.

Free (vocal) 감주로 이해/간직 하기=They are. /Are running. /Are. /Running.

/Running three-legged race. /-- etc.

시동=그들은 있다, 뛰고 있는 데 세발 경주를 말이다.

실제상황이 바로 이해이다. 그래서, 실제상황이 보이면 이해가 된 것이다. 실제상황이 보일 때 쓰인 배경[배경상황]까지 보이면 글감[말감]을 빨리 잡을 수 있다.

이런 배경처럼 관련상황을 connotation이라 하고, 해당단어의 실제상황을 denotation이라 한다. They are running 할 때 운동장도 보이면 쉽게 글감이나 말감을 잡을 수 있다. 남의 말귀를 잘 알아 듣지 못하는 사람들은 connotation이 부족하기 때문이다. 특히, connotation을 활용하면 IS**영뇌**를 쉽게 작동시킬 수도 있다.

race=누가 가장 잘 달리는 지 시합하는 것으로서 경주

[r: run a: 가장 잘하는 것 c: contest]

vs race=쭉 이어지는 선조가 있는 사람으로서 인종/민족

[run: 쭉 이어지는 것 a: ancestor]

vs race=생강 뿌리[r: root c>s: 생강]

※three legged race=두 발을 묶어 세 발로 만들어 뛰는 경주

최종적인 영뇌=감주 IS 영뇌

감각적 주파수로 이해하면 자동 설가로 저절로 이해[IS]가 발생한다. 감각적 주파수는 순전히 영어 중심으로 이해하는 것이지 한글해석 느낌으로 이해하는 것이 아니다.

따라서 부분부분 free 영뇌가 감각적 주파수로 읽혀져야 하고, 영어 말[읽기]의 원리를 감각적 주파수에서 찾아야 한다.

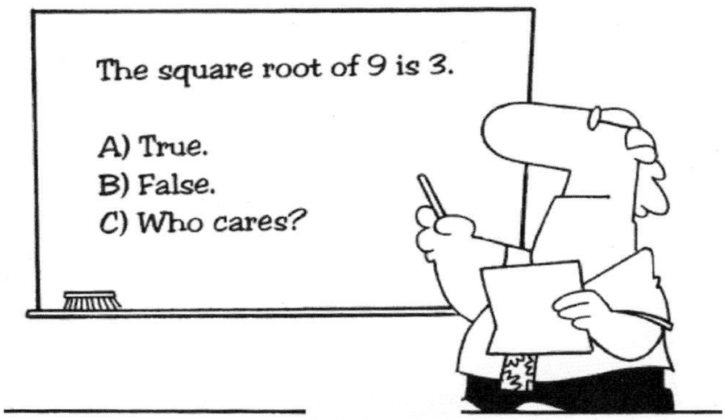

Many students actually look forward to Mr. Atwadder's math tests.

"Algebra class will be important to you later in life because there's going to be a test six weeks from now."

있어야 가능

↗ 어느 부분을 보더라도 free 감주로 이해하는 기술이

.. **속독[speed reading]**

=major 감주로 이해하거나 아필 감주로 이해한다.

↘특히 콤머영뇌로 이해하는 기술이 있으면 쉽게 된다.

IIIII *Now, //that's /what I call /a fast elevator!*

영뇌=전설 ⇨ 기→ 설→ 설′ : BEis-Os

or I + I + I + I : I-Os or S + S + S + S : S-Os

How to Read[Speak]

=Now, that's whatI calla fastelevator!

: 먼저 감각적 주파수로 이해한다.

시동=vocal 감각적 주파수로

(IS 영뇌가 될 때까지) F3+E2 강하게 말하기

.. 我必 Free (vocal) 감주 간직하기=Now, I call fast elevator!

Free (vocal) 감주로 이해/간직 하기=Now, that's. /That's what. /What I. /What I call! /Call a fast elevator. /-- etc.

시동=자, 이제, 그래야 겠구먼 (즉) 무엇인가[무언가/뭐냐하면] 내가 불러야 겠구먼, 빠른 elevator로 말이야!

「's」에서는 동질/동질연결 IS세포로 이해가 스쳐가면 된다.
be **동사**=동질/동질연결/존재/상태/발생/변화 -- 등등

감각적 주파수로 해음[상음], 해자[상자]로 이해되는 영뇌의 군 수가 하나씩 하나씩 쌓이기 시작하여 모든 영어의 70%이상 쌓이면 IS 영뇌가 형성되었다고 보아도 좋다. 나머지 새로운 표현이나 새로운 단어들은 원어민 애들이 배워 나가듯이 하나씩 하나씩 영뇌로 익혀 나가면 된다.

more] Free (vocal) 감주 간직하기:

He[She] is single[married /divorced /separated /widowed /living with the partner].

at 7 o'clock sharp sharp=p로서 정각 [p: precisely]
(ad. exactly at the stated time)

Do you like to pay cash or use a charge card?
Will that be cash or charge?
In short, cash or charge?

charge card=credit 카드로서 요금지불 카드[c: credit]
(a small, plastic card)
charge=요금지불 카드로 결제하는 것[c: credit card]

I became my uncle's charge[=legally in his care] after my father's death. She loved to play with her young charges at the day-care center.
He is in charge of his family.
charge =넘겨 받은 것으로서 떠맡은 책임자 /떠맡은 물건[수탁물] /(더) 맡겨진 사람 [ch: 책임자 + a: across]
//맡기는 것을 떠맡는 책임으로서 책임[책무]/넘겨 받는 책임으로서 떠맡는 책임[책무][c: committing or ch: 책임 + a: across]

He has an IQ of 127. IQ=intelligence quotient
She crooned a lullaby.
She received accolades from critics.
What is the crew cut? crew cut=완전한 까까 머리
They nicked me for this.
Chaos as humanitarian aid arrives. 인간[인도적] 구호물자
Clinton said we must steel ourselves.
Decapitation attack begins. I smell gas!

"Today a police officer came to my school to talk to us about juvenile crime. Tomorrow a lawyer is going to teach us how to manipulate the system."

☞.. major 감주=중요한 것만 감주로 이해하거나 각인시키는 것, 특히 본문이나 지문은 major 감주로
↘ 이때 문맥=BE문맥/associate로 처리 이해한다 : 일종의 skimming

IIIII *The principal offered /his mea culpa /[///]at the school board meeting.*

영뇌=기→ 설→ 설′ [or 기→ 설 ⇒ 전설] : BEis-Os
or I + I + I : I-Os or S + S + S : S-Os

How to Read[Speak]
=Theprincipal offeredhis meaculpa attheschool boardmeeting.
: 먼저 감각적 주파수로 이해한다.

시동=vocal 감각적 주파수로 (자동 설가가 될 때까지) F3+E2 강하게 말하기

시동=그 교장 선생님은 표명했어요, 자기 과실인정을 곳에서 학교 운영위원회라는 곳에서 말이다 : **Ekbe 시동**

↗ school=단주 또는 장감주 가능, 장감주일 경우 atthe(단감주)와 한 단어처럼 말해야 한다.

IIIII Theprincipal offeredhis meaculpa atthe school boardmeeting. -- 감각적 주파수로 자동설가가 되면 영어가 거꾸로 보이는 것이 아니라, 순서대로 보이고, 쭉 읽어 내려갈 수 있다.

IS 영뇌 실체

IS **영뇌**는 무한글 이해이기 때문에 해석 한글로 이해하는 것[느끼는 것]이 아니다. 마치 한글을 다시 다른 언어로 이해하지 않은 것과 같다. 예컨데 "golf swing"을 이해하는 것[느끼는 것]과 같다. 이것을 다시 한글로 번역하여 우리는 이해하지 않는다. golf swing은 golf swing이고, 즉 그것 자체로서 뜻으로 작용하고, 실제상황으로 보이는 것이다. 이것이 바로 IS **영뇌**이다.

'mea culpa' 도 마찬가지이다. 이 말을 이해할 때 과실인정으로 한글로 번역하여 이해하는 것이 아니다. 'mea culpa' 자체 속에 그런 뜻과 실제상황이 용해되어 있다. 즉 언어를 만들 때 그런 뜻과 그런 실제상황으로 'mea culpa' 라는 단어를 만들었다. 그래서, **영어를 보았을 이해의 근본은 한글해석이 아니라, IS다.** 글자자체/말[소리]자체가 바로 뜻이자 이해이자 A상황인데 왜 해석[이해]하려고 하는 가?

offered =내놓은 것으로서 표명한 것[offer+ed:과음가/d: did]
offer=내놓는 것으로서 제의/제안/제공/표명 하는 것-- etc.
[of: 앞으로 + f: fall + no 's' 원형]
Alliantz offers financial solutions.
We offered him a job. 군이 제공했다로 이해할 필요가 없다. 우리가 일자리 하나를 내놓은 것이다.
mea culpa =실수를 받아들이는 것으로서 과실인정
[m: mistake c/a: accept]

기/설은 자기 family대로

잡는 게 좋다 : 주어 family[=주어+s동사], 전치사 family, 관사 family, 형용사 family, 기수 family, -- etc.

a.. John Kerry calls /climate change /a 'weapon of mass destruction'. =B --> E--> E′ (calls=**발생현재**)
시동=불렸는 데 / -- 를 무기, 즉 대량 살상 무기라고 말이다.
climate change=제한적 영뇌는 하나의 의군으로 잡는다.

b.. UK floods turns /UK streets /into rivers.
=B --> E--> E′ 시동=바꾸어/돌려 놓았다. 곳곳의 영국 거리를 내대자 강으로 말이다. (turns=**발생현재**
into=내방향 변화 입작동 대상으로서 내대자 -- 으로)

c.. No comment /on rumors /about the deal.
=B --> E--> E′ 시동=어떠한 코멘트도 없었는데 상자 여러가지 루머에 관해서 없었는데, 변자 그 딜과 관련해서 말이다. on=상관 대상 about=주변관련 대상

caution] 기/설 영뇌로 TOEIC 문제 풀기

The difference _______ the pressure inside and outside the plane is what affects your ears.
-- 여기서 the pressure 까지만 잘못 생각하면 of가 되나 the pressure family는 inside and outside the plane까지 이기 때문에 between이 정답이 된다.
시동=그 차이. 즉 사이의 차이/간차(間差)는, 그런 압력 즉 안쪽 압력과 바깥쪽 압력, 즉 비행기 안쪽 압력과 바깥쪽 압력 사이의 차이/간차(間差)는 인데, 뭐냐하면 영향을 주는 것이다. 여러분의 귀에 말이다 [— , 즉 간자(間者) 그 압력 즉 안팎의 압력, 즉 비행기 안팎의 압력의 차이는 —].
vs They had a difference <u>of</u> opinion.
tip)간자=사이에 있는 대상/사이를 만들어 주는 대상

IIIII.. Major 감주로 이해하기
⇒ Pressure inside and outside plane affects ears.

Tip)토익 part 2 Response도 free 영뇌로 되어있고 대문자로 시작하면서 period를 찍고 있다.

IIIII *He /is /lifeless /that is /faultless.*

영뇌=기→ 설→ 설'/설→ 설' : BEis-Os

or I + I + I + I + I : I-Os or S + S + S + S + S : S-Os

How to Read[Speak]=Heis lifeless thatis faultless.

: 먼저 감각적 주파수로 이해한다.

그러면 저절로 순서대로 IS가 실린다.

시동=vocal 감각적 주파수로

(자동 설가가 될 때까지) F3+E2 강하게 말하기

.. 我必 Free (vocal) 감주 간직하기=He is lifeless for he is faultless.

Free (vocal) 감주로 이해/간직 하기=He is. /Is lifeless. /Lifeless that. /That is. /Is faultless.
/Is lifeless that. /Faultless. /-- etc.

시동=그런 사람에게는 있는 데 무인생이 있다. 그런 사람, 즉 있는 데 무결점이 있는 사람에게는 말이다.
=제한적 연결영뇌 /그 사람은 무결점 있기 때문이다=비제한적 연결영뇌
-- that할 때 He로 가면 설가뇌가 된다.

tip)영맥을 순서대로 보이게 하는 법 : 감각적 주파수/선강후약 각인 /선인 영뇌각인 /설가뇌/자동 설가뇌
— 무슨 표현이든 영어는 순서대로 보여야 하는데 특히 감주로 보이면 순서대로 보인다.

.. major 감주=He -- lifeless -- faultless.

영뇌에서는 무(無)도 존재로 인식한다.

지구가 움직이는 것도 눈에 보이지는 않지만 사실은 움직이고 있는 것이다. 처음에는 천동설로 있다가 나중에 지동설이 나온 것이다. 어쩌면 신도 눈에는 보이지는 않지만 존재할는지도 모른다. 그래서, 서양인들은 0에서 출발하고 우리는 1에서 출발하는 것이다.

no 영뇌 무(無)/불(不)/비(非)로 인식 : 마치 한자와 같다.

강조부정[=not — any] ☞ 영뇌영어 vol 2 p334

a.. There is no one. 시동=있는데 무사람이 있다.

b.. I have no money.

시동=나에게 있는 데 무돈이 있다.
/나는 가지고 있는데 무돈을 가지고 있다.
⇒ 그야말로 무돈 소유, 즉 무소유이다. 결국 전혀 없다는 것이다.

c.. Drones do no work. 시동=drones는 하는 데 무일을 한다. 무일을 하니 결국 아무 일도 전혀 못한다는 의미이다.

d.. I did nothing wrong.

시동=나는 했는 데 무 잘못을 한 것[했다].

vs 동사 부정뇌 : There is not anyone. I have not any money. I didn't /do not do anything wrong. Drones don't /do not do any work.

시동=하지 못한다, 수행하는 것인데 어떠한 일도 말이다.

.. 전체를 이해하는 법

❶ major 감주 or 아필 감주

❷ 개순식 이해 ↳나머지=흡수식 이해
↳개별순서대로 다 이해

he=직립실체 지정인으로서 그런 사람/그 사람(the person)
[h: 두발르 딛고 있는 직립모습 e⟩i: is 존재 he: 외적 지정음가로서 그] : He who likes travel is broad-minded.
God created man. In his own image he created him.

vs man=흉상과 몸체로 만물의 영장으로서 인간
[m⟩M: 흉상과 몸체 a: 최고로서 만물의 영장]

he=수줍어 하지않고 똑바른 자세를 취하는 사람 지정으로서 그 (남자) [h: 똑바로 서 있는 모습 (straight) + h: human he: 외적 지정음가]

vs she=수줍어 하는 사람 지정으로서 그 녀/그 여자
[s: shy h: human she: 외적 지정음가]

"Don't worry.
Do you want a ride?"

"Yes! Don't fall.
Henry, look out!"

Tip)토익 part 2 Response는 free 영뇌를 모르면 정확히 해석할 수 없다.

IIIII ***What does /he have /on?***

영뇌=기→ 설→ 설′ : BEis-Os or I + I + I : I-Os or S + S + S : S-Os

How to Read[Speak]=Whatdoeshe haveon?

: 먼저 감각적 주파수로 이해한다.

시동=vocal 감각적 주파수로

(자동 설가가 될 때까지) F3+E2 강하게 말하기

.. 我必 Free (vocal) 감주 간직하기=He has on?

Free (vocal) 감주로 이해/간직 하기=What does? /He has on? /He has on. /What does he? /What on? /-- etc.

시동=무엇이지, 그가 하고 있는 것, 즉 걸치고[입고] 있는 것 말이야?

do 영뇌 do=대동조동사/일반동사

① 대동조동사 — 보통 대동의미/강조 대동의미

[d: 대동 -- 동사를 대신하는 말] 보통 대동의미로서

'하지[이지/있지/그렇지/이라고] //있다/하다'

-- 의문문과 부정문에 사용 (강조=긍정문과 never 부정문)

: a.. When does the concert start? -- 하지/이지?

b.. What do you want? -- 이지? ↳이때 '이지'=대동의미로서 '이지' ≠ What is it?

c.. Do you have this in size 10?

그렇지, 네 가지고 있지,이런 물건, 즉 되어[만들어져] 있는 size 10으로 되어[만들어져] 있는 것말이야?

※ in=들어가는 것으로서 변화 /변화로서 되어[만들어져] 있는 것

d.. What did you say? 무엇이라고 너는 말했니?

*이라고=현재형 과거상황

e.. I don't have money. -- 없다. 가진 게 말이다.

f.. You don't need it. 없다. 즉 할 필요가 없어요. /하지 않는다, 필요로 하지 않는다.

↱ ∵ 먼저 개략적 설명

강조 대동의미로서 '(정말로) 하다' : 개략적/은근한 강조

— 여기서 '정말로'=강조 대동의미의 associate ∴ really 가능

: a.. I did love her. (정말로) 했어요. 사랑하는 것인데

vs I really did love her. 정말로 했어요.

vs I loved her. 사랑 했어요.

b.. I never did love her. 결코 (정말로) 한적이 없었다. (=never loved : 보통표현)

c.. Do help me out. (보통표현 : Help me out.)

② 일반동사 의미로서 '하다'

[d: 짓(구개음화)/deed로서 하는 것]

: You did it. 했는데 그것이었지/그것을 말이다.

You need to do more exercise. 하는 것인데

have =가지는 것으로서 하는 것

on =위에 두고 있는 것으로서 걸치고 있는 것/입고 있는 것

What on? 시동=무엇을 입고[걸치고] 있는 가?

He has a brown jacket on.

하고 있는데 브라운 재킷을 걸치고 있다.

Keep your shirt on. 계속해서 -- 입고 있거라.

vs 'I've wasted a lot of money on this car.'

on=위에 두는 것으로서 쏟아 붓는 것

시동=나는 가지고 있어요, 낭비한 것인데 많은 돈을 **쏟아 붊으로써** 이 차에 말이다.

Addition] Customer: 'Does this shirt come in medium?'

Clerk: 'Yes, it does. Here's a medium.'

시동=그런가 이런 셔-츠가 들어 와 있는가, 해서//내자 medium으로 해서 말이다? does=대동의미로서 그런가 in=입작동, 즉 실행과 그 대상으로서 해서 //내자

IS, BEis가 바로 영뇌다.

글자나 소리에 의해서 바로 무한글로 이해되지 않고 **이해하려고 하거나 해석을 하면 이미 영뇌가 아니다.**

감주 IS/BEis 영뇌 소유자는 완전 원어민이고, 한글어순으로 해석하는 자는 완전 한국인이다. 영뇌 소유자에게는 한글은 이해의 부산물이지, 이해를 하는 근본방법이 아니다. 이해의 근본방법은 감주영뇌이다. 이미 한글없이 이해가 되었기 때문이다.

※ IS 영뇌=자동설가 IS 영뇌

=(기/설로) 엮지않아도 IS가 자동으로 엮어지는 이해

BEis 영뇌=설가 IS 영뇌

Tip)토익 part 2 Response는 free 영뇌와 sentence로 도현되어 있다.

IIIII *I packed /him /a little food //that /he wouldn't get hungry.*

영뇌=기→ 설→ 설′ ⇨ 전설→ 설′ : BEis-Os

or I + I + I + I + I : I-Os or S + S + S + S + S : S-Os

How to Read[Speak]

=Ipacked hima littlefood thathe wouldn'tget hungry.

or -- thathewouldn't gethungry. : 먼저 감각적 주파수로 이해한다.

시동=vocal 감각적 주파수로

(자동 설가가 될 때까지) F3+E2 강하게 말하기

☞.. **我必 Free (vocal) 감주 간직하기**=I packed a little food, so he wouldn't get hungry.

Free (vocal) 감주로 이해/간직 하기=I packed. /Packed him. /Him a little food. /That he. /He wouldn't. /Wouldr't get. /-- etc.

시동=나는 싸 주었어요, 그에게 약간의 음식을 싸 주었어요. 그렇게 되도록, 즉 그가 하지 않도록 배고프지 않도록 말이다 [―― . 그렇게 되도록, 즉 그가 하지 않도록, 되는 것인데 배고픔이 말이다].
/――그 결과로 ―― 하지 않을 것같다. 되는 것인데 배고픔이 말이다.

☞.. **어순에서 한뇌와 충돌하니 ″기/설″이 절실히 필요하고, 이해에서 한뇌와 충돌하니 ″IS″가 절실히 필요하다.**

IIIII .. I packed /him /a little food.
=B-->E-->E′ or B-->E/E

□ **4형식 :** S+V+IO+DO에서 간목, 직목은 연설뇌 또는 독설뇌로 작동시킬 수 있다. 독설뇌가 가능한 것은 IO≠DO이기 때문이다.
즉 그 사람이 food이다는 말은 아니다.
또한 연설뇌가 가능한 것은 설가뇌이기 때문이다.

하지만, **5형식** S+V+O+OC에서는 연설뇌로만 작동한다. 이런 목적보어를 연설보어라 한다. ∵ O=OC, 즉 him이 happy한 것이고, fish가 raw한 것이기 때문이다.
: She made /him /happy. We eat /fish /raw.
=B-->E-->E′

---

that 종속접속사 영뇌
=지정 목적[결과] 관계로 연결설명하는 것으로서 그렇게 되도록 / 그 결과로
[th: the 지정관계 a: aim 목적 or t: to 결과]

Addition]

Mr Rice asked /Mike /where he lived.
=B-->E-->E′ or B-->E/E

A foreigner asked /me //(/) if I could speak English.
=B-->E ⇨ WE or B-->E/E or B-->E-->E′

His cats follow /him //(/)everywhere he goes.
=B-->E ⇨ WE or B-->E/E or B-->E-->E′

free 영뇌, 즉 free 감주 간직시 주의사항 :

1. free 영뇌 중 버그 표현도 반드시 순서대로 의미가 작동해야 한다. 즉 BEis/IS 영뇌에 의해서 선인영뇌 각인으로 free 영뇌가 작동하든지 free 감주로 작동하면 된다. 잘 안되면 Ekbe 또는 감주 시동을 걸라.
2. free 영뇌의 조합은 문장내 표현 순서대로만 이루어지는 것이 아니다. (연속적인) 순서에 관계없이 서로 의율만 되면 가능하다. 그래서 감주도 조합이 되는 단어끼리 발생하면 된다. 예컨데, 상기 기본예문에서 Packed a little food=Packeda littlefood로 발생하면 된다. 특히 major 감주로 이해하거나 아필 감주로 이해할때 많이 활용하라. ※free 영뇌=가장 작은 것이 낱개이고, 대부분 (낱개에 의한) 의군이다.
그래서 낱개일때 단주가 되고, 의군일때 감주가 된다.
※free 영뇌/free 감주의 조합=문장 간에도 발생

역순해석식 이해는 영어승차감이 아니다.

.. 역순 해석식 이해=한뇌영어 vs 영순 무한글 이해=영뇌영어

IIIII *Kodak reported /first-quarter results /slightly shy /of expectations.*

영뇌=기→ 설→ 설′→ 설″ : BEis-Os

or I + I + I + I : I-Os or S + S + S + S : S-Os

How to Read[Speak]

=Kodakreported firstquarter results slightlyshyof expectations.

: 먼저 감각적 주파수로 이해한다. ↳강약 감주(강=강강)

시동=vocal 감각적 주파수로

(BEis 또는 IS 영뇌가 될 때까지) F3+E2 강하게 말하기

.. 我必 Free (vocal) 감주 간직하기=Kodak reported first-quarter results[profits/earnings].

Free (vocal) 감주로 이해/간직 하기=Kodak reported. /Reported results. /Slightly shy. /Shy of. /Of expectations. /-- etc.

시동=코닥 회사는 발표했어요, 1/4분기 실적을 발표했어요, 좀 부끄러운 수치인데 즉 비교를 여러 예상치와 해볼 때 말이다.

영어는 기/설 문맥, 즉 설명해 나가는 문맥으로 되어 있다. 그런데 한국사람들과 일본사람들은 거꾸로 문맥을 보고 있다. 한뇌로 일뇌로 문맥을 보면 영뇌, 즉 원어민 두뇌로 이해하는 것이 아니다.

shy=수줍어 바로 서 있지 못하는 것으로서 부끄러워 하는 것 /부끄러운 수치로서 부족한 것(less than; lacking)

[s: 수줍어 하는 것 h: 바로 서는 있는 것]

of=동격비교로서, 즉 비교를 --와 하는 것

Addition] a.. Do /men /in your culture /like to cook? =B-->E-->E′ /E′

시동=그런가[하는 가], 남자들, 즉 내소 당신의 풍토 내소에 있는 남자들은 좋아하는가? 즉 요리하는 것을 말이야?

또다른 감각적 영뇌의군

=Do men /in -- /like to --? =B-->E-->E′

b.. The city /where I grew up /is now famous for a high crime rate.=B-->E/E

시동=그 도시, 어떤 곳이냐 하면 내가 자라 성장한 곳인데 입니다. 지금은 유명합니다. 즉 높은 범죄율로 말이다.

--노콤머 관계사=뒤로 설명해 나가는 제한적 연결영뇌

famous=많은 사람들에게 날리는 것으로 널리 알려 진 것 /널리 알려 진 것으로서 유명한 것[f: fly m: many people] --- 나쁜 것/좋은 것에 다 쓴다.

(known and recognized by many people)

vs notorious =나쁜 것이 높은 것으로서 악명이 높은 것

[n: 나쁜 것 t: tall] (famous for something bad)

: The company is notorious for paying its bills late.

vs infamous=불명예스러운 것 defamation=명예훼손

※ **지위 영뇌 :**

chairman
president cf)representative director 대표이사
senior vice president 수석 부사장
vice president

senior managing director 전무
managing director 상무

district manager 지역본부장
manager[branch manager] 지점장
deputy manager 부점장

assistant manager[chief] 차장
section chief 과장

deputy section chief 대리/부과장
subsection chief 계장

senior clerk 주임
clerk=실무직원 : city clerk 시청 실무직원

cf] staff=사무직원으로서 직원--보통집단체/[BrE]복수보통체

The school's staff is/are excellent. I have a staff of 15. (BrE) She's in charge of about 20 staff.

vs worker =일하는 사람/일꾼으로서 직원 staffer=종업원

단 한 명일 때 : a staff member /a staffer

Addition] IBM, International Business Machines Corp. General Motors Inc. Hitachi Ltd. Microsoft Corp. Kodak Co. Samsung Electronics Co., Ltd.

회사, 주식회사, 즉 역전앞과 같은 꼴이다. 따라서

--> Samsung Electronics Inc. /Ltd. /Corp. /Co.로 해야함

IIIII *Former Enron Corp. executive Michael Kopper will /plead guilty /to wire fraud and money laundering charges. //in /what would be the first criminal indictment at Enron .*

영뇌=기→ 설→ 설′ ⇨ 전설→ 설′ : BEis-Os
or I + I + I + I + I : I-Os or S + S + S + S − S : S-Os

How to Read[Speak]
=FormerEnron Corp.executive MichaelKopper willplead guiltyto wirefraud andmoney launderingcharges, inwhat wouldbethe firstcriminal indictment atEnron.
: 먼저 감각적 주파수로 이해한다. ↳ 관계문장 또는 목적절 ☞p200

시동=vocal 감각적 주파수로
(자동 설가가 될 때까지) F3+E2 강하게 말하기
.. 我必 Free (vocal) 감주 간직하기=Former Enron executive will plead guilty.
Free (vocal) 감주로 이해/간직 하기=Former Enron Corp. executive. /Michael Kopper will.
/Will plead. /Plead guilty. /--etc.

시동=전 엔론 중역 Michael Kopper는 할 것이다. 즉 결국 인정하는 것, 유죄를 인정하는 것인데 대동 전문을 보내면 [송신을 하게되면] 사기와 돈세탁 혐의에 대한 전문을 보내면[송신을하게 되면] 말이다. 이러한 점에서[그리하여] 될 것같은 데, /내자 뭐냐하면 무언가 될 것 같다. 즉 그야말로 최초의 형사 기소 사건으로, 즉 자기 엔론 회사에서 말이다.

▭ in=들어가는 것으로서 되는 것 /내범위 대상으로서 내자 :
즉 in 뒷말 부분의 내용범위 내에서 생각해 보는 것
wire=선을 통해 정보를 보내는 것으로서 전문을 보내는 것
/송신하는 것/전보를 치는 것/타전하는 것
[w: wire i: information]
이러한 점/그리하여=(**연결설명어의**) **연결** associate
would=(무언가) 할 것같다/될 것같다 : **정생각**
↳would associate : a-Helper

전치사를 명사/대명사/동명사외 wh-**절**로 설명해 나갈 수 있다.
: This is a list of who comes or not.
You'd better make a list of what customers need.
It will depend upon whether you'll do your best or not.
I have not the slightest knowledge of who John Travolta is.

plead=강력하게 호소하는 것으로서 간청/탄원/항변하는 것
(positive meaning) [ple: please a: ask]
: They wept and pleaded until we agreed to do as they wished.

/항변하다가 결국/끝내 (혐의사실, - 등을) 인정하는 것
(negative sense, to answer a charge in court)
[ple: please ad: admit] : "Prisoner at the bar, how do you plead?" "I plead not guilty."
"Interesting Flynn guilty plea. He pleads guilty to lying to FBI."

The officer, General Abdul-Fattah el-Sisi, all but explicitly linked his candidacy to this week's referendum on a revised constitution, <u>in</u> an apparent bid <u>to</u> exploit his personal popularity <u>to</u> boost the margin of victory for that vote.

in=들어간 것으로서 된 것, 된 것으로서 이었던 것
시동= -- 이것은 이었는데 외관상 분명한 하나의 시도였는데
즉 대동 이용해서 -- 대동 끌어올릴려는 시도였다.
이것은=**연결** associate
all but explicitly=모든 것은 아니지만 분명히

vs Five teens were arrested in Melbourne, in what police called a major counterterrorism operation.
시동=속에서/내자 뭐냐하면/소위 경찰이 -- 말했던 (것 즉)
-- 작전 속에서 ↗즉 내범위 대상으로서 〃
in= 너지정으로서 속에서 / 내지정 대상으로서 내자
↳즉 내범위로서 〃 what=뭐냐하면으로서 소위
↳ 관계문장 또는 목적절 ☞p200

▭ The Appeals System 미국의 재심(항소,상고)제도
① Federal Court 연방법원 :
District Court 지역법원 → Court of Appeals 항소[상고]법원
→ Supreme Court 대법원
② State Court 주법원 : State/County Court 주/군 법원
→ Appellate Court 항소[상고]법원 → State Supreme Court 주대법원

Ⅰ BAM 영뇌(BAM NB)

BAM을 알아야 영어승차감을 쉽게 탈 수 있다.

1 BAM 영뇌와 BNW 종류

BAM 영뇌란 BNW-expressed Actual Meaning, 즉 BNW를 바탕으로 표현된 단어의 실제 뜻으로서 그런 뜻을 알아내거나 간직하는 뇌를 말한다. 즉, BNW를 바탕으로 해서 표현된 단어의 뜻을 처리하는 뇌가 바로 BAM 영뇌이다.

원어민들은 이렇게 BNW를 바탕으로 해서 여러 가지 상황에 적용시키고 있다. 이렇게 적용시켜 나타난 뜻이 바로 사전의 뜻이다. 우리도 우리말에서 느끼듯이 각 단어가 가지고 있는 고유한 뉘앙스를 느끼고 있기 때문에 마음대로 (여러가지 뜻으로) 여러가지 상황에 적용시킬 수 있다. 우리 한글에서는 그렇게 이해하면서 유독 영어만 단어의 본래의미를 느끼지 못하고, 대부분의 한국 사람들은 단순히 뜻하는 의미 아니면 숙어로 이해하고 있다는 데 문제가 있다.

BAM을 달리 말하면, 단어의 고유한 뉘앙스로 뜻을 만드는 것

In short, **BAM=BNW+AM=고유성+실제성**

BNW=Basic[Born] Nuance of a Word

: 단어의 고유한 뉘앙스/태생적 뉘앙스 /자기 거주지 /고유한 속뜻풀이 → '밤', '비앤 더블유' 라고 읽음

세상은 자세히 들여다 보면 **모양, 움직임, 소리, 정신, 네 가지**로 되어 있다. 즉 **상[狀], 동[動], 음[音], 염[念]**으로 되어 있다. 인간은 염, 즉 인간만이 가지는 이성을 바탕으로 해서 상, 음, 동으로 영어 sign을 만들어 냈다. 이것이 바로 영어 알파벳 26자이고, 이들 조합이 바로 영어단어이다.

그래서 BNW에는 **철자 BNW, 모양 BNW(상모습+동모습), 소리 BNW, 한글 BNW** 네 가지가 있게 된다. **철자** BNW는 철자로부터 바로 (철자로 이미 만들어진) 영어단어의 뜻을 느끼는 것이고, **모양** BNW는 철자 모양에서 바로 뜻이 나오는 것이다. 철자 BNW는 만들어 놓은 단어를 가지고 다시 단어를 만들기 때문에 생기는 BNW이다.

tip)단어[영어] 본래의미=BAM=bnw-BAM, im-BAM

> ※BAM helpers=상황/문맥, 주체, 객체, associate, 사전예문, definition(영영사전), 여러가지 뜻(영한사전) + position (영영사전)
> ↳ BAM은 4가지 BNW로 만드는데 이렇게 만들도록 도움을 주는 것들 ↳단어의 줄기를 잡아주는 최상위 의미

cf] BAM 종류=e-BAM, se-BAM, pa-BAM

소리 BNW는 철자 소리에서 뜻이 나오는 것이고, **한글** BNW는 한글철자로 바로 뜻을 느끼는 것이다. 즉 한글 sign이 영어 sign과 뜻이 같은 경우를 말한다. 태초에 인간들은 같은 상황을 두고 기역니은, a, b, c로 표현 수단만 달리 했을 뿐이다. 그래서 우리는 알기 쉽게 이것을 **한글** BNW라 한다. BNW는 단어에 따라 어느 하나로 나타 나기도 하고, 이들 조합으로도 나타 나기도 한다.

↗같은 상황이니 단어의 뜻으로 한글 sign이 나 올 수 있다.

tip)사전의 뜻= 표현되지 않았을 때의 뜻으로 실제로 전달의미가 들어가지 않은 뜻, 즉 원형적인 뜻

BAM **영뇌 원리**를 알면 사전의 여러가지 뜻을 다 외울 필요가 없다. BNW **하나만 알면 된다.** 특히 원어민들 표현에서는 사전에 나오지 않는 뜻도 많다. BNW를 바탕으로하여 단어를 여러 가지 상황에 적용시켰기 때문이다. 우리도 BAM영뇌를 보유하면 원어민들처럼 여러 가지 상황에 적용이 가능해지고, 사전에 뜻을 추가 시킬 수도 있다.

여러분들은 단 한번도 **단어의 본래의미[원래의미]**를 느껴 본 적이 있는가? 한국사람들은 이 물음에 답할 길이 없다. BNW와 BAM **영뇌**가 없기 때문이다.

↗즉 원어민이 알고 있는 의미

※**본래의미[원래의미]=BNW or BNW가 많이 반영된 BAM**

Money moves.

money=지폐와 동전이 움직이는 것으로서 돈

[m/n: move/note -- **철자 BNW** o: 동전모양-- **모양 BNW**]

vs 우리말 '돈' =돌고 도는 것으로서 돈

Be vague with strangers.

vague=보이되 애매하게 보이는 것으로서 모호한 태도

[v: v=보이는 것 a: 애음가로서 애매한 것 -- **한글 BNW**]

또는 정확하지 않은 것으로서 애매한 태도

[a: 아닌 것(not: abnormal) g: 정확한 것 -- **한글 BNW**]

with=사물이 함께 있는 것으로서 동존, 동존으로서 있는 것 /가지고 있는 것 /함께하는 것 [w: v+v 함께 있는 모습 -- **모양 BNW** i: is-- **철자 BNW** th: things -- **철자 BNW**]

시동=있게 하라, 모호한 태도가 있게 하라, 낯선 사람들에게는 말이다=**기-->설-->설'-->설" : 날개** BEis - Os

Parched since autumn.

parched=b변형으로서 바싹 말라 버린 것

[p>b 변형: 바싹 말라 버리는 것 -- **한글 BNW** ed: 인 것 〉 된 것 -- **한글 BNW** or (e: 조율음) d: done -- **철자 BNW**] *ed=인 것〉된 것으로서 (피동) event 음가

tip)BAM은 BNW를 바탕으로 해서 실제로 적용된 뜻
쉽게 말하면 BNW를 바탕으로한 단어의 뜻
↘두뇌가 원어민들처럼 인식[작동]한다.

since=si로서 쭉 이래인 것
[s>z변형: 쭉 i: 이래인 것 -- **한글** BNW]

autumn=다 자라 아~하는 계절로서 가을 [a: ah하고 감탄하는 것 + t: tall 다 자란 것 -- **소리+철자** BNW]
심어 놓은 곡식이 다 자랐을 때 보는 peasant[농민/소작인]의 마음이다.
vs fall=만물이 떨어지는 계절로서 가을
[f: off all: 만물 -- **철자** BNW]

시동=바싹 말라 버렸다[버린 일이 생겼다]. 쭉이래로 가을이래로 말이다 =**기-->설-->설′** : BEis - Os

Most villagers are peasant farmers.
peasant
=쟁기로 갈아 업고 씨를 뿌리는 사람으로서 농민/소작인
[p: plow/plough s: seed/sow -- **철자** BNW]
farmer=들판에서 농사를 짓는 사람으로서 농부
[f: field m: manage or make e: 조율음
r: riser 일으키는 실체 -- **철자** BNW]
그래서 14세기 영국 농민반란을
Peasants' Revolt, the라고 표현한다.

시동=농민반란, 즉 대농민반란
the=내부적 the로서 大
revolt=r: 란 v: 반 -- **한글** BNW

George Washington, he is the man!
the=사물에 대한 실음 내적 지정음가, 즉 바로 뒷말 지정강조로서 그야 말로
[th: thing(s), e>어: 실음 내적 지정음가 -- **철자+소리** BNW]

The people clapped and cheered.
the=사물에 대한 실음 외적 지정음가로서 그 [th: thing(s), e: ex or 어(실음 외적 음가) -- **철자+소리** BNW]

Sizzling economy.
sizzle=모습으로서 부글부글 끓고 있는 것
/소리로서 지글지글 끓고 있는 것
[s: 끓는 모습 zz: 즐즐 끓는 소리 -- **모양+소리** BNW]
sizzling=sizzle + ing: 진행음가로서 진행의미
부글 부글 끓을 때 물이 튀는 모습과 김이 올라가는 모습이 s자 모양이다. zz는 즐즐 끓는 소리로 **소리** BNW이다.

마음 心자도 심장 모양과 심장이 뛰는 것을 점으로 표현 한것이다. 우리도 얼마든지 세종대왕처럼 또 다른 언어를 만들어 낼 수 있다. ※지글 지글 끓고 있는 경제

"Ok. To be a merry man, //you must /be good /with a bow." =**전설 ⇨ 기-->설-->설′**
bow=o-u하면서 당기면 볼록 나오는 것으로서 활
[ow>ou: 힘을 쓰는 소리
b: 볼록 나오는 것/볼록 나온 활 모습 -- **소리+한글/모양** BNW] 그래서, 활일 때 bou하고 소리내는 것이다.
시동= 좋아요. 되기 위해서 즐겁게 해주는 부하가 되기 위해서는 너는 해야하는 데 즉 잘 다루어야 해요. 가지고서[동자] 활을 가지고서 말이다.

vs bau하고 소리내면 절[굽히는] 인사가 된다.
bow=안녕하고 굽히면 튀어 나오는 모습으로서 절 인사
[b: 볼록 튀어 나오는 것/ ʊ : 굽힌 모습 a: 감정 sign--좋아서 내는 감정소리(hi(hai)의 a음가)--**한글/모양+소리** BNW]

선수를 뜻할 때도 bau라고 소리를 낸다.
vs bow=아름답게 볼록 튀어 나온 부분으로서 선수/함수
[b 볼록 튀어 나온 것/ Ω : 볼록 튀어나온 뱃머리 모습
a: 아름다운 것 -- **한글/모양** BNW]
vs stern=배꼬리 부분으로서 선미/함미
[s: ship t: tail -- **철자** BNW]

vs hi=좋아서 손을 들면서 하는 인사로서 안녕 (하세요)
[h : hand a : 좋은 감정소리 -- **철자+소리** BNW]
a (아~) =좋은 감정/슬픈 감정/놀라움/아쉬움 -- 등으로서 **소리감정** sign, 그래서 Ah! 하면 여러가지 감정을 나타낸다.

vs salute=서서하는 인사[존경표시]로서 거수경례/예포
[s: stand or l: 바로 서 있는 모습 t: 탁하고 오른 손을 갖다 대는 것 -- **철자[모양]+한글** BNW]
: The soldier gave a salute and the officer returned it.

tip) 같은 단어는 하나도 없다.
그래서 동의어, 유사어라 할지라도 <u>IS가 달리 작동</u>한다.
difficult=눈에 쉽게 보이지 않는 것으로서
비이(非易) 어려움 [ff: 아른 거리며 눈을 가리는 모습 i/i : eyes]
vs hard=허리를 굽혀 열심히 해야 하는 것으로서
노(努) 어려움 [h: 허리 r: 로력>노력
또는 ㅋ : 노력하는 모습]

그래서 difficult decision하면 쉽지 않는 결정을 했다는 의미이고, hard decision하면 이리저리 고심 끝에 내린 결정이

☞.. BAM도 생활 속에서의 뜻이다. 즉 생활 속에서 느끼는 뜻이다.

라는 의미이다. 뿐만이 아니다. Hurricane Irma 상처 복구를 두고 "It's hard, difficult."라고 CNN Kyung Lah 기자는 현장에서 소리치고 있다. 여기저기 손대야 할 일이 한 두가지가 아니고, 어디부터 손을 대야 할지 눈에 보이지 않는다는 말이다. '어려운' 뜻으로 사전에는 이렇게 두 단어로 나와 있지만 서로 접근하는 뉘앙스가 다르기 때문에 두 단어로 각각 표현하는 것이다. **절대로 뜻하는 의미로 서로 같게 취급하지 말고, 두 단어의 존재가치를 알라.** 특히 어려워도 hard처럼 적극적인 지혜가 필요하다.

Legal/medical/technical term.
Many legal terms have more than one meaning.
term=전문말로서 용어
[t: technical m: 말 -- **철자+한글 BNW**]

Under the terms of the agreement, the debt would be repaid over 20 years.
Your terms and conditions of employment.
Delivery is within the terms of this contract.
terms=해야 할 것에 대해서 이야기 식으로 여러 가지를 묶어 놓은 말로서 규정/약관
[t: talk m: mission+묶어 놓은 말 s: several -- **철자+한글 BNW**]

His playing improved in a very short period of time. The drug was tested over a five-week period. The conflict of the Cold War period.

Menstrual period.
I was twelve years old when I started my periods.
The period for the rotation of Earth.

There will be no more shouting, period!
period=나누어 놓은 일정 시간으로서 기간 /기期 /대代
[p: particular time d: divided -- **철자 BNW**]
/주기적으로 일어나는 것으로서 주기/월경
[p: particular time r: rise--Trouble rose between them. -- **철자 BNW**]
/글귀가[글이] 끝나는 mark로서 full stop/종지부를 찍는 것
[p: phrase d: down -- **철자 BNW**]

Long time no see.
He ran with the time of 10 seconds.
In Queen Victoria's time. How time flies!

The train arrived on[in] time. 정시에/제때에
How many times did you try to phone her?

time=대/띠 시간으로서 시간/시대/세월(a period of time)
[t: 대帶(범위) -- **유음화 한글 BNW** 띠: **된소리 한글 BNW**]
/때로서 시/시간/시점빈도(로서 횟수) (a point of time)
[t : 때 -- **된소리 한글 BNW**]
※우리말 '시간' position= 때[시점] 또는 기간 개념, 즉 point or period

그래서 Do you have time?하면 '시간이 있느냐?' 가 되어 Are you free?가 되고, Do you have the time?하면 '그렇지 너 가지고 있지 지금 (이) 시간을 말이다?' 가 되어 몇 시인지 묻는 말이 된다(=What time is it?). cf] at a point 즉 한때

원어민 두뇌는 **BAM만 있지,** (특히 collocation은 있어도) **숙어는 없다** : 숙어값으로는 단어 각각 IS 영뇌 작동 불가

give up=주어버리고 손드는[일어서는] 것/주되 완전히 내놓는 것으로서 포기하는 것 /버리는 것 /단념하는 것 /항복하는 것 /양보하는 것 -- 등등 [g: **주는 것** up: **손들거나 일어서거나 해당쪽으로 똑바로 하는 것으로서 완전히**]
: She has still not given up the search. ↳ 여기서는 give하는 것을 똑바로 하는 것
give up=(에너지를) 주되 끌어올려 주는 것으로서 열창하는 것 : "She gives up."
give in=주고 들어가는 것[숨는 것]으로서 포기[굴복]하는 것 **tip)영뇌=원어민과 같은 느낌으로 이해하는 것**

Sony Pictures : "We have not caved. We have not given in. And we have not backed down."
— 북한의 사이버 공격 위협때 한 말 **주의]** 숙어로 give up을 '포기하다', give in을 '굴복하다' 로 무조건 외우지 말고 BAM으로 접근하라. 더구나 포기하다, 굴복하다는 말은 별도로 있다 ⇨ abandon/surrender
: The defense gave up two touchdowns in the first quarter. ↗ im도 BAM, 즉 BNW로 접근하라.
↳포기한 것이 아니다. 주되 완전히 내 준 것이다 : **그냥 뜻하는 의미/숙어로 암기한 자의 위험[≠im-BAM]**

특별 주의]숙어로 외우면 숙어 값으로만 특정 지우는 잘못된 signal를 가질 수 있다.

☞.. **고난도 감주** : Shehas stillnotgiven upthe search.
↳숙어로 생각하여 givenup으로 붙여 말하기 쉽다.

The soldiers burned and robbed the houses and committed other excesses.
The rice has got burned. 밥이 탔거나 눋었다는 의미

burn=불로 검게 하는 것으로서 불로 태우는 것
/그 정도를 좀 약하게 하는 것으로서 눋게 하는 것
/불이 활활 타게 하는 것으로서 불지르는 것
[b: 불+black -- **한글+철자** BNW
or n: 눋이는 것 -- **한글** BNW
or r: 활활타는 모습 -- **모양** BNW]
vs scorch=그슬리게 하는 것으로서 눋게 하는 것
[sc<cs:그슬리는 것 c>그 -- **유음화 한글** BNW]
: The rice got scorched black.
그슬렸는 데 검게 그슬렸다는 것
The rice has got scorched.
그슬리거나 눋었다는 것

burn, scorch **둘다 눋는 의미로 쓰이지만 접근하는 뉘앙스도 다르고, IS도 달라진다.**
vs set (fire)=불을 붙이는 것으로서 (불) 지르는 것
[set : 무언가 어디에 set시키는 것으로서 장착하는 것/지르는 것 /붙이는 것, or s>z variation : 지르는 것 -- **유음화**]
: Rioters set fire to a whole row of stores.

US drones put pressure on Al Qaeda in Pakistan.
drone=무인으로 이리저리 모는 것으로서 무인조정기/원격조정항공기/무인항공기
[dr: drive n: none -- **철자** BNW]

The steady[constant] drone of traffic.
drone=앵앵 거리는 소리
[d/o > o/d: 앵앵 대는 소리 -- **한글** BNW]
Drones do no work.
drone=일하지 않고 앵앵거리며 날아다니면서 교제만 하는 동물로서 수펄
[o/d: 앵앵 대는 소리 r: 날아 다니는 것]

The new state law allows sex education teachers to instruct students about proper contraceptive use[device].

instruct=이리 저리 직접 지시하면서 가르치는 것
[in: 들어 가는 것으로서 하는 것 sr: 이리 저리하는 움직이는 모습 t>d: direct t: teach
— **철자+모양+철자** BNW]
vs teach=따르도록 가르치는 것
[t/ch: 따르도록 가르치는 것 -- **한글** BNW]
그래서, 늘 말썽을 부리는 새끼 코끼리에게 어미가 "Always teach you."라고 말한다.
학생들은 공부 내용에 따르도록 가르침을 받는 것이다.
vs educate=잘 하도록 가르치는 것-->교육하는 것
[d: do t: teach -- **철자** BNW]
그래서 'She is from a well-educated family.' 이라고 표현할 수 있다.

student=공부하거나 가르침을 받는 사람으로서 학생
[s: study t: taught -- **철자** BNW]
vs pupil=배우기 위해 줄을 똑바로 서서 다니거나 똑바로 줄 서 있는 사람으로서 생도
[p: persons up: 똑바로 l: line -- **철자** BNW]

옛날에는 아침에 등교할 때 줄을 서서 갔고, 이 교실 저 교실을 줄을 서서 들어 갔으며, 운동장에서 줄을 서서 교장선생님의 훈시도 들었다. 지금은 교실에서 줄을 지어 앉아 있다. 아직도 일본에서는 등교시 일렬로 줄을 서서 깃대를 들고 등교하는 학교들이 있다. 필자가 초등학교를 다닐 때도 그랬다. 그래서, 옛날 교과서에서는 학생으로서 student보다 pupil를 더 많이 썼다.

vs cadet=(일정한 곳에) 가두어 놓고 이리 저리 하면서 훈련[배움]을 받는 사람으로서 사관 생도/사관[간부]후보생/경찰대학생/해양대학생/학사장교--etc.
[c: fence를 쳐 놓은 모양 or 가두는 곳(경음화 한글)
d: do t: taught or trained--**모양(한글)+철자** BNW]

그래서 navy[army/air force] academy cadets, cadet corps(사관생도/학사장교 교련단)라 표현한다.

vs trainee=실무위주로 교육을 받는 피교육생으로서 훈련생/수련생/연수생[t: taught r: real e: 입는 피사체으로서 받는 사람 -- **철자+한글** BNW]
Industrial trainees. [산업연수생]
Trainees' testimony[견습생들의 증언]
add] r=일어나는 실체로서 하는 사람: employer

contraceptive
=임신을 반대하는 것, 거부하는 것으로서 피임하는 것

☜.. 한글도 영어도 단어의미 탄생 원천기술 ⇒ BAM

[contra : 반대인 것 ce>ec : 임신 or c : 배부른 모양]

device=장치하는 것으로서 장치 /장치품[즉 장치 기구/도구/용품/기계] [de: deploy -- **철자** BNW]

vs gadget=간단하게 유용하게 쓸 수 있는 것으로서 용품[간단한 도구/기구/기계]

[g: 간단한 것 d: do -- **한글+철자** BNW]

: Kitchen gadgets.

Two contrary views emerged.

They shouted contrary orders.

Counterclockwise vs clockwise

contrary=완전히 다른 것으로서 반대인 것/상반되는 것

[co: completely tr: 다른 것 -- **철자+한글** BNW]

'contrary wind' 이라고 하면 완전히 다른 방향으로서 바람이 부는 방향이 정반대가 되어도 좋다. 완전히 다르기만 하면 된다. 하지만 opposite는 정반대만 쓰이는 것이다.

vs opposite=정반대로 다른 것으로서 반대인 것

[sit: sitting, oppo: 서로 등지고 있는 모습 -- **철자+모양** BNW]

: The house is opposite to ours.

Smoking is strictly prohibited inside the factory.

prohibit=bar[빗장]를 쳐서 앞으로 떨어지게 하는 것으로서 금지시키는 것

[pro: 앞으로 떨어지게 하는 것 i: 있게 하는것 or is b: bar -- **철자+한글** BNW]

vs ban=bar를 쳐서 하지 못하게 하는 것으로서 금지시키는 것 [b: bar n: no /not -- **철자** BNW]

: Swimming is banned in this lake.

vs forbid=앞으로 하지 못하게 빗장을 치는 것으로서 금지시키는 것 [f: forward b: bar d: do]

: His father forbade him to smoke.

그래서, prohibit와 ban은 주로 규제로 쓰이고, forbid는 명령금지[복종금지]로 쓰인다.

The supermarket has installed recycling bins for old papers, bottles and cans.

bin=안에 두었다가 비우는 container로서 쓰레기통

[b: 비우는 것 in: 안에 두는 것 -- **한글+철자** BNW]

A bread bin.

bin=통안에 두는 것으로서 큰 통 /저장용 광

[b: 저장통 모양 in: 저장] (a large storage container)

The crisis was resovled by negotiations.

resolve=노력하여 해결하는 것으로서 해결하는 것

[r: 이리저리 노력하는 모습(effort) or 로력 s: solve--**모양 or (두음화) 한글+철자** BNW]

그래서,어려운 것을 해결하라 할때 resolve를 많이 쓴다.

vs settle=끝내는 것[end]으로서 해결하는 것

[s: set+solve--set시켜 해결하는 것, 즉 더 이상 일어나지 않게 해결하는 것 -- **철자**BNW]

: We met to settle the dispute over the contract.

vs solve=답을 찾는 것으로서 푸는 것

[s: seek o: o(ok), x로서 정답 -- **철자** BNW]

: Just calm down – shouting won't solve anything.

영어의미=BAM(+설가뇌 의미)

BAM의 | **뜻하는 의미와 사전의 뜻하는 의미의 차이** — 뜻하는 의미도 항상 BAM으로 가져가라 ☞ vol 2 p379

BAM은 BNW를 바탕으로 해서 드물게 뜻하는 의미로 가져 갈 수 있으나 BNW가 그대로 적용되었거나 많이 반영된 단어를 가져오는 게 Best이다. 왜냐하면 고유한 뉘앙스를 느낄 수 있고, 의율[특히 전치사 의율]을 결정하기 때문이다.

사전의 단순한 뜻하는 의미[IM]와 BAM의 뜻하는 의미[**im-BAM**]는 다르다. 후자는 BNW를 바탕으로 해서 접근한 의미이고, 전자는 그냥 하나의 독립된 뜻으로 접근한 의미이다.

: The four-month-long battle all but ended. All but three states are using the SAT-less, i.e. ACT.

She rarely goes there. **본래[원래] 의미**=모두는 아니지만 (— 는 제외하고)/띄엄띄엄— Best

[rare: run+run a: a+another 달리듯이 하나 나 있고, 또하나 나 있는 것[**BNW**]으로서 띄엄띄엄 하는 것[**BAM**] ly: 빈도]

뜻하는 의미=거의[nearly] ⇐ 모두는 아닌 것으로서 거의

아주 좀처럼 않는 것[very seldom] ⇐ 띄엄띄엄 하는 것으로서 very seldom

⇒ **단어 본래의미=BAM(bnw-BAM/im-BAM) :** 중자= BNW가 많이 반영된 BAM ☞ **more p84**

말자=BNW가 덜 반영된 BAM

After the divorce, she resolved never to marry again.
resolve=다시 각오를 단단히 하는 것[마음을 굳게 먹는 것]으로서 결심/결의하는 것
[re: again s: solid -- 철자 BNW]
vs determine=마음을 정하는 것으로서 결심[결정]하는 것
[d: decide m: mind -- 철자 BNW]
: We determined to go there.
가격은 결국 따져보면 심리에 의해서 결정되는 것이다. 그래서 'Demand and supply determine prices.' 로 표현한다.
vs decide
=어느 한 쪽으로 분명히 정하는 것으로서 결정하는 것
[d : 정하는 것(정 : d의 구개음화), cide : side(s 변형) -- 한글 + 철자 BNW]

Water is resolved into oxygen and hydrogen.
resolve=다시 분리하는 것로서 분해하는 것
/노력해서 문제를 푸는 것으로서 해결하는 것
[r (깃발) + e (일으키는 것으로서 드는 것) : 깃발을 다시 드는 모양으로서 다시 or re: again/back s: separate /r: 로력>노력 + solve -- 모양/철자/한글 BNW]
*resolved into 시동=분해되어 변하게 되는 것

vs dissolve=분리시켜 없어지게 하는 것으로서 용해시키는 것/녹이는 것/해산[해체]시키는 것
[dis: 떨어져 나가는 것 or away s: separate]

There are 60 minutes in one hour.
minute=hour보다 small한 것로서 분
[m: small t: time>hour: News at this hour -- 철자 BNW]
vs second=very short time으로서 초
[s: short time -- 철자 BNW]
vs hour=보다 큰 시간으로서 시간
[h: higher -- 철자 BNW]

Don't believe him - he's telling fibs again.
fib=작은 거짓으로서 사소한 거짓말
[f: false b: bit -- 철자 BNW]
vs I can tell he's fibbing because he's smiling.
fib=friendly한 거짓으로서 선의의 거짓말(을 하는 것)
[f: friendly 친화적인 것 /호의적인 것 + false -- 철자 BNW]

즉 fib가 negative의미로 쓰이면 사소한 거짓말이 되고, positive의미로 쓰이면 선의의 거짓말이 된다. 단어는 단어에 따라 FN의미를 가지고 있다.

vs white lie=음흉한 것이 깔려 있지 않은 것, 즉 순수한 마음으로 하는 것으로서의 (악의없는) 새하얀 거짓말
vs blatant lie=뻔뻔스러운 거짓말/속이 다 드러다 보이는 빤한 [뻔한] 거짓말
[b: 뻔뻔스러운[빤한] 것 or obvious -- 한글/철자 BNW]

vs barefaced[bald-faced] lie
=얼굴을 완전히 벗어 던진 것으로서 철면피한 거짓말
barefaced=BrE bald-faced=AmE

vs outright[complete] lie
=명백한[완전한] 것으로서 새빨간 거짓말
[out: 겉으로 드러나는 것 right: 강조말 -- 철자 BNW]

Plus]뒤두자 철자 BNW — 단어의 첫글자가 아닌 BNW
pace=일어나거나 움직이는 속도로서 속도/보조
[a: happen c > c↗ : 움직이는 모습] : Eating pace.
vs speed=가속되는 속도로서 속도/속력//빠름/신속
[sp: step up] : Wind speed. More haste, less speed.
brash=속에서 꿈틀대는 고통으로서 속쓰림/가슴앓이
[br: 불룩불룩 꿈틀대는 모습 a: pain]

A smudge of lipstick on the cup.
smudge=자기도 모르게 묻은 것으로서 자국/얼룩
[s: self m: 모르는 사이 일어남 g: 자국 -- 철자+한글 BNW]

on 시동=위에 있는 것으로서 묻어 있는 것
시동=자국 즉 립스틱 것인데 묻어 있어요, 컵에 말이다.

vs They're building a smudge.
smudge=연기를 모락 모락나게 하면서 벌레를 죽이는 불로서 모닥불, 모깃불
[s: smoke m: 모락모락 움직이는것 d: down g: 죽이는 것 -- 철자+한글 BNW]
vs bonfire=활활 타는 불로서 화톳불/큰 모닥불
[b: 벌겋게 타는 것 fire: 불 -- 한글+철자 BNW]
(Used either for burning waste or for a party)

영어 본래의미를 알면 어순이 완전히 동일해진다.

영어 본래의미=특히 단어본래의미(+설가뇌 의미=어순본래의미+감주=소리본래의미)
(단어 본래의미=BAM(bnw-BAM,im-BAM) 주의]이해흐름이 바뀌면 청취정복 불가

vs campfire=야영하면서 피우는 불로 모닥불
[camp + fire -- **철자 BNW**]

Bobby Abrew often defers to teammates.
I deferred to my boss.
I will defer to your judgement.
defer=받아 들이는 것으로서 따르는 것
[d: 들이되 받아 들이는 것 or 따르는 것 -- **된소리화**]
vs follow=지시된대로 복종[추종]하는 것으로서 따르는 것
[o: obey o: ordered -- **철자 BNW**]
: I decided to follow her advice.
Muslims follow the teachings of Koran.

전자는 accept로서 따르는 것이고, 후자는 obey로서 따르는 것이다. 그래서, 일반적으로 따르겠다고 할 때 defer를 많이 쓴다.

cf] The patrol car followed the BMW for a few miles and then lost it.
follow=뒤따라 움직이는 것으로서 뒤따르는 것
[f: 후後(as family 훼밀리)
o: 움직이는 것 -- **한글 BNW**]

The committee deferred their decision.
defer=뒤로 남겨 두는 것으로서 연기하는[미루는] 것
[d: 뒤로 하는 것 f: 후로 하는 것, r: remain
-- **한글+철자 BNW**]
vs delay
=뒤로 놓아 두고 기다리는 것으로서 연기하는[미루는] 것
[d: 뒤 lay: 놓아 두는 것 -- **한글+철자 BNW**]
: He delayed his decision.
vs put off=놓되 (지금하지 않고) 떨어뜨려 놓는 것으로서 미루는 것 [**철자 BNW**]
: The match has been put off until tomorrow because of bad weather.

vs postpone=지주를 뒤에 박아 두고두고 하듯이 뒤로 두고 두고 하는 것으로서 연기하는 것
[p: put (up) st: supporter p: put (up) 지주[지지대]를 뒤에 박아 두고두고 하는 것] -- **철자 BNW**]
: His trial has been postponed indefinitely.

post-가 **어원분석**에서는 after라고 분석하고 있다. 하지만 왜 after인지 철자에서 알 수 없다.
post=지지대를 뒤에 박아 두는 것으로서 뒤인 것
[p: put up st: supporter -- **철자 BNW**]

둑이 무너지지 말라고 말뚝을 뒤에 받쳐서 박아 둔다.
BNW는 이렇게 어원분석 이전의 것을 설명하고 있다.
tip)BNW는 언어 창조 때의 모습이고 어원분석은 영문도 모르고 그런 뜻이라고 말하고 있어, 우리는 BAM을 더 존중해야 하고 더 믿어야 한다.
vs procrastinate
=예정 시간보다 앞으로 당기거나 뒤로 미루는 것으로서 연기하는 것 [pro>opro: 앞으로 r: 래일>내일 : **두음법칙**
t/t: time + time -- **철자+한글 BNW**]
어원분석] pro: forward cras: tomorrow
cras를 다시 **BAM으로 분석**하면
c: come r: 래일>내일, 즉 내일 일어나는 것으로서 tomorrow
pro가 forward로 되는 것도 마찬가지이다. 앞으로서 앞인 것 또는 앞으로 불쑥 튀어 나온 것으로서 앞인 것이다.
[pro: 앞으로 -- **비두자 (한글)** BNW
or p: popped up 앞으로 불쑥 튀어 나온 것]

People often procrastinate when it comes to paperwork.
※it=situation 'it' paperwork 문서작성

The security camera was installed to deter people from stealing.
deter=저지하는 것[어렵게 하는 것]으로서 막는 것
[d: 저지-'ㅈ' **구개음화 한글** BNW or d: difficult]

BAM을 가져오는 법	**BNW-Sign을 모르면 그냥 BNW(단어의 고유한 뉘앙스)로 가져와도 된다.**

4가지-Sign

❶ BNW-Sign으로 가져오기 — 단어철자에서 뜻이 보이는 게[느낄 수 있는 게] **Best**
❷ 그냥 BNW로 가져오기 — 동존/동격/해당사항/차등비교/동질/방향대상 — 등 /사전에서는 보통 1번 뜻[많이 사용되는 뜻]

주의] 1. 사전에 없는 뜻은 BNW-Sign으로 가져온다.
2. 가져올 때는 가급적 BNW가 많이 반영된 단어 본래의미로 가져온다 : **bnw-BAM**
특히, 숙어는 그냥 뜻하는 의미로(만) 가져오지 않는다 : **BAM으로 접근** → **im-BAM**

(단어 본래의미와 단순히 뜻하는 의미는 IS 작동이 다르다
+ 단어 본래의미[BAM]를 알면 어순이 동일해진다)

(그냥 뜻하는 의미는 한 가지 뜻으로 고정되는 위험이 있다
+ BAM으로 접근해야 다른 상황 적용의미도 알 수 있다
+ bnw-BAM에 맞는 한글표현도 있다. 그것을 가져온다)

keep=지키는 것으로서 막는 것/유지[계속/보관/간직]하는 것/적어 두는 것 [k)키: 상태 그대로 지키는 것 -- **한글** BNW]
or 'ㄱ' 경음화 -보관[간직]하는 것/기장하는 것 -- **경음화 한글** BNW
k: 키우는 것--**한글** BNW: bee keepers]
: I couldn't keep from smiling when she told me what she'd done.

'기장하라,' '일기를 써라' 할 때 keep를 쓰는 것은 그 상태 그대로 지키는 것으로서 적어 두는 것이고, 기장해 두는[써놓아 두는 것] 것이다: Keep books(장부) or keep a diary.
keep from smiling 시동
=막는 것인데 생기는 것, 웃음이 생기는 것을 막는 것
from=흘러나오는 것으로서 생기는 것[f: flow -- **철자** BNW]

Police station or Police department.
Gas station. (A/The) TV station.
station=가다가 머무는 것으로서 역/주유소/경찰서/방송국
[st: stay at: at -- **철자** BNW]

옛날에는 경찰, 보안관들은 떼지어 늘 돌아다니면서 순찰활동을 했다. 그러다가 잠시 들어가 쉬는 곳이 경찰서이다. 방송국도 촬영한 모든 콘텐츠를 잠시 두었다가 다시 내보는 곳이다. ※police=p(patrol)로서 경찰

It is impossible to understand the complex nature of the human mind.
Mind and body are closely related.
mind=속에서 움직이는 것으로서의 마음
[m: move in: in -- **철자** BNW or m: 마음 -- **한글** BNW]

Foxes, weasels, rats, fleas, flies, parasites, insects and lice are [considered] all vermin.
vs parasite=(어딘가에 기생하면서) 빨아 먹는 생물로서 기생물/기식물/기생충 [BNW **분석**=pa: 빠는 것 -- **된소리화**
sit: sit + 식(食), 즉 어떤 곳에 앉아서 먹는 것
어원분석=para: alongside sit: food]
: Lice and tapeworms are parasites.
Mistletoe is a parasite on oak tree.

vs insect=(오목하게) 들어 가 잘라 놓은 것처럼 보이는 생물로서 곤충/곤충(같은) 벌레
[BNW**분석**=in: 오목하게 들어간 것 sect: 잘라 놓은 것
vs **어원분석**=sect: cut, segment, part]
: Such as /As spiders, centipedes, bugs, bees and suchlike. 그와 같은 예들 들면/같은 예로서

상황: 사전의 특징 설명 --
(This dictionary) Pays to increase vocabulary power in sample sentences.
pay=무엇에 대해서 표[表]하는 것, 즉 나타내는 것으로서 기울이는 것/지불하는 것 [p: 표하는 것 -- **한글** BNW]
: I came by to pay my respects to Mrs Owens.
They paid no attention to him.(=ignored)
Mum paid for my driving lessons.

일한 댓가로 회사가 표하는 것이 봉급이다. 그래서, 봉급을 pay라 하고, 봉급 날을 pay day라고 한다. pay TV하면 유료 TV가 된다. 서비스에 대한 댓가로 표하는 돈이다.

음식을 먹고 난 후 내가 계산한다 할때 이때 계산은 먹은 것에 대해서 표하는 것으로서 계산이다. 그래서, 카운터에 다가 가서 계산하겠어요라는 말을 하고 싶으면 'I pay' 라고 표현하면 된다. It's on me는 나에게 달아 놓겠다/달겠다는 뜻으로 계산이다. 음식 값을 위에 얹어 놓으니 on이 달아 놓는다/단다는 BAM은 저절로 튀어 나오게 된다. 숙어처럼 무조건 계산으로 외우지 말라. BNW를 **바탕으로** BAM을 **결정하라.**

'I've wasted a lot of money on this car.' 라고 표현했을 경우 계산보다 **상으로서 위에 쏟아 붓는** BAM**이다.**
시동=--나타내 주고 있다. 증강시키는 것[법인데]---.
/나는 가지고 있는 데 낭비한 사실을 가지고 있는 데 많은 돈을 쏟아 붐으로써 이 차에 말이다.

↗ BAM을 알면 우리도 원어민처럼 뜻을 마음대로 만들 수 있다.

미 국무장관 Rex Tillerson은 BAM으로 여러가지 상황에 적용시킨다.

UN에서 "North Korea must earn its way to talks."라고 말한다. 여기서 earn BAM을 모르면 시동을 걸 수 없다.
⇒ earn=노력해서 얻는 것으로서 버는[따는] 것/노력해서 찾는 것[e: get r: **로력** or : **노력하는 모습**]
: He earned a promotion through hard work. She needs to earn their trust. Earn a college degree.

add] pay=(표하는 것으로서) 봉급/보수: No pay. 무보수
[p: 표하는 것 or p<b: **봉급/보수**]

vs wage=work한 댓가로서 임금/노임 [w : work]
vs salary=직급에 따라 주는 것으로서 급료, 특히 월단위로 받으니 월급이라고도 함
[s<z: 직급에 따라 주는 것 or s: stratum 층]

그래서, (모내기 등) 품앗이 하고 받는 품삯[삯]도 wage이라 하고, 주로 육체노동을 한 댓가이다. 삯일도 wage labor라 한다. 이렇게 받는 돈은 이것 외에도 reward, conpensation 이라는 단어도 있다.

vs reward=잘한 댓가로 되돌려 주는 것으로서 보상(금)/사례(금) [re: back d: 주는 것 -- **구개음화**]
: A reward of $20,000 has been offered.
The school has a system of rewards and punishments.

vs compensation=손해에 대한 보상으로서 보상금
[p>b: 보충 m: 망가진 것 s: 손해]
: Compensation for injuries at work.

Phase 1, 2, 3.
We're entering a new phase in international relations.
phase=연속적인 것의 한 부분으로서 단계
[p: any part s: series -- **철자 BNW**]
/연속 단계로서 국면[E-BAM]

vs step=계단식 진행으로서의 단계
[s: stairs p: process -- **철자 BNW**]
: Step 1, 2, 3.
What's the next step in the program?
vs stage=하나의 활동으로 잘라 놓은 것으로서 단계
[s: sect<cut a: activity -- **철자 BNW**]
: They did the last stage of their journey on foot.

add] tuft=텁수룩한 것[형태]으로서 술
[t : 텁수룩한 것/더부룩한 것 f : form]
: He had a few tufts of hair on his chin, but you could hardly call it a beard.

그래서, 염소수염을 tuft라 한다. 사람도 이와 같으면 (chin) tuft라고 하면 된다.
tuft E-BAM[Extended BAM 확장 BAM]
=텁수룩한 것[술]이 hair에 적용되면 텁수룩한 털이 되고, grass에 적용되면 무더기 풀이 되고, tree에 적용되면 숲, 덤불이 되고, thread에 적용되면 장식용 실뭉치가 되는 것이다.

BNW를 바탕으로 해서 BAM은 이렇게 자꾸 만들어지는 것이다. 즉 텁수룩한 모양[술]처럼 생긴 것으로서 무더기 풀, 덤불, 실뭉치 -- 등등으로 이해하면 된다.

Nobody ever visits my blog – It's too dull.
You're duller than I thought.
dull=지루한 것/따분한 것
[d/l : 지루한 것 d : 따분한 것 d : 둔한 것
d=지 -- **구개음화** d=따 -- **된소리화**]
vs bored=d/b로서 지겨운 것
[d: 지 b: 겹다의 받침 -- **받침 한글 BNW**]
After a while I got bored and left.

그래서 권태를 boredom이라 하며, ennui는 새로운 것이 없는 것으로서 권태/지루함이다
[en: 아닌 것 /no n: new]: Middle-aged ennui.

---

remember]
단어의 뜻은 BAM으로 하여 해음/상음, 해자/상자를 만들어야 한다. 특히 새로운 단어나 새로운 표현을 만나면 항상 BAM으로 해음/상음, 해자/상자를 만들라.

associate는 (E-BAM은 아니지만) 일반표현 속 뿐만이 아니라, 사전의 뜻풀이 속에서도 있다.

feel=[T] to get knowledge of by touching with the fingers (밑줄부분=associate)
: The nurse felt the child's forehead to see if he had a fever.
단순히 '느꼈다'가 아니라, '만져서 느꼈다' 이다.
associate를 모르면 reading도 speaking도 쉽게 할 수 없다. 이때 말할 때 굳이 '만져서'라는 말을 다시 표현할 필요가 없다.

2 E-BAM

E-BAM은 Extended BAM[확장 BAM]으로서 BAM이 다시 BNW가 되어 또다른 BAM을 나타내는 것을 말한다. 즉 BNW를 바탕으로 만들어진 뜻이 다시 BNW가 되어 또 다른 뜻을 만들어 내는 것을 말한다. 단어의 뜻은 이렇게 항상 발전해 나가는 것이다. 일종의 언어의 발전현상이다. 여러분들도 사전의 뜻이 마치 바이블인양 그 뜻 범위 내에서만 생각하지 말고, BNW 또는 BAM을 바탕으로 해서 **또하나의 뜻을 만들어 내라.**

원어민들은 이렇게 BNW 또는 BAM을 바탕으로 해서 시시각각으로 상황에 적용시켜 표현하기 때문에 1대 1 대응식, 즉 영한 사전식으로 외운 사람들은 타임지나 원어민 영자 신문을 보기가 여간 힘들지 않을 것이다. 심지어는 사전에 뜻이 나오지 않은 경우도 더러 있어 어찌할바를 모르는 경우가 한 두번이 아닐 것이다. 뿐만아니라 원어민들처럼 자유자재로 단어를 표현하지 못하고 반드시 영한 사전의 뜻을 대입시켜 표현하기 때문에 표현의 자유를 누리지 못하는 것이 **한국식 영어교육의 현실**이다. 지금 까지 배운 BNW와 BAM, E-BAM을 통해서 **이해의 자유와 표현의 자유를 누려라.**

parcel BAM
=작은 포장물로서 소포 [p: package c>s: small -- BNW]
parcel E-BAM=소포와 같은 묶음으로서 한 무데기[무더기]/한 무리[떼] /한 뭉치/한 구획/한 필지(筆地) --얼마든지 적용이가능하다. **이것이 바로 표현의 자유, 이해의 자유이다.**

: A 60-acre parcel. A parcel of rubbish.

trough BAM
=나무로 움푹하게 만든 통으로서 여물통
[tr: tree u: 움푹 들어간 통 모양 or g: 구시[구유] -- BNW]
: Cows at the feeding trough. Two kids to feed and clothe. trough E-BAM
=이와 같은 여물통 모양으로서 기압골 /(빵집의) 반죽그릇 /(빗물/광석을 씻는) 홈통 -- etc..

그렇다면 약을 조제하는 그릇이 이런 모양이니 이런 곳에 우리는 적용이 가능하다. 그래서, 약국의 조제그릇이라는 뜻도 된다. 경기저점도, 해구도 이런 모양이니 trough라고 하면 된다. 의미가 이렇게 되는 것이니 **1대 1 대응식으로 사전의 뜻을 몽땅 외우고 그 범위 내에서만 단어를 사용하려는 우를 범하지 말라.**

: A trough of low pressure over hilly areas will bring heavy thunderstorms overnight.

그래서, 주식의 저점도 이 단어로 표현하면 된다.

: Investing small amounts regularly is a good way of smoothing out the peaks and troughs of the stock market.

squeeze BAM=흘러 나오게 꾸욱 눌러 짜내는 것으로서 꾸욱 눌러 짜내는 것
[s: 흘러나오는 모습 qu: 꾸욱 누르는 것 z: 짜내는 것-- BNW]

일반적으로	BAM을 찾는 표현 ── 정보가 힘이다! **Information is power!**

일반적으로 BAM은 '— 하는 것으로서 blah blah'로 표현하여 찾는다 : (품사에 관계없이) 개념적 표현

➾ BNW= — 하는 것 AM= blah blah

∴ 가능한 단어의 뜻 ⇒ BNW 부분과 AM 부분, 모두 가능 ∴ BAM=bnw-BAM or im-BAM (bnw 덜 반영 / bnw 100% 또는 많이 반영)

in BAM=안에 있는 것으로서 안에 품고 있는 것/안에 품고 있는 것으로서 임신하고 있는 것 (p77 > warn / p70 > earn its way)

➾ bnw-BAM=안에 품고 있는 것 im-BAM=임신하고 있는 것(pregnant)

[in: 안에 있는 것] : The cow is in calf. (그 암소는 있는데 안에 품고있어요, 송아지를 말이다)

sabotage BAM=철자 sign으로부터 고의로 저지시키거나 방해하거나 파괴하는 것

[s: stop b: 방해 t>d: deliberately/destroy] **※철자 sign=4가지 ── 모양/소리/철자/한글 BNW**

(하나의) **단어의 뜻은 무한대(infinity)다**. 사전의 뜻은 BNW를 바탕으로 한 AM에 불과하다. 그래서 우리도 원어민처럼 단어의미를 추가할 수 있고, 현장영어에서는 사전에 없는 뜻도 갖다. 하나의 숙어표현의 뜻도 무한대다.

단어의미 생성 원리 : BNW → AM1 AM2 AM3 ── etc.

(BNW가 두개 이상인 경우도 마찬가지다 : BNW1, BNW2, — etc.)

주의] just-IM[그냥/단순히 뜻하는 의미]의 단점 : (단어 본래의미가 아니다(BAM=단어 본래의미))

a. BNW를 느끼지 못하고 독립된 뜻으로 암기

b. 뜻이 하나로 고정 ── 하나의 상황에만 적용

squeeze E-BAM=꾸욱 짜내듯이 생이 자꾸 짤아 지는 것으로서 쪼들림 /쪼달림
: Mainland farmers feel squeeze as drought grips.

toll BAM=때려서 울리는 것
/때려서 울려 알리는 것
[t: 때리는 것 o: 울리는 것/울려 알리는 것 -- BNW]
BNW 그대로 BAM이 되거나 많이 반영된 것을 bnw-BAM이라 한다. cf] im-BAM=BNW가 덜 반영된 BAM
: At Cathedral Square, the bell of the medieval tower tolled. The church bell tolled the hour.

toll E-BAM=때려서 울려 희생자 수를 알리는 것으로서 사상자수통신 수단으로 옛날에는 종을 쳐서 급한 상황을 알렸다. 사망자수는 death toll이라 한다 : Independent sources say that the death toll from the earthquake runs into thousands.

lash BAM
=회초리 가죽끈[채찍끈]으로 때리는 듯이 후려 갈기는 것
[l: leather sh: 쇡쇡 때리는 소리 -- BNW]
: The prisoners were regularly lashed with electric cable. The sound of the rain lashing against the windows was deafening.

lash E-BAM=후려 갈기 듯이 막 퍼붓는 것
실제로 후려갈기 듯이 말(words)로서 때릴 수 있다. 즉 말에 적용시키면 퍼붓다로 된다. 하지만 이럴 경우 사전의 뜻대로 심한 비난으로 이해할 필요 는 없다. '후려 갈기고[때리고] 있다' 그대로 해석해도 좋다. 이런 해석을 **완전해석**이라 한다.

> Tiger lashes out at media.
> 이것을 사전의 뜻대로 '심하게 비난하고 있다' 로 해석하면 lash로 표현한 감정이 충분히 살아나지 않는다.

그래서, BNW가 충분히 반영되려면 BNW 그대로, BNW가 많이 반영된 BAM 또는 E-BAM으로 해석해야 한다.

각 신문에 나오는 오늘의 영어표현이나 각종 교과서, 참고서 할 것없이 BNW를 반영시키지 않고 그냥 영한 사전의 뜻대로 영어를 가르치는 게 오늘날 한국영어의 현실이다.
tip) out=후려 갈기는 것이 밖으로 향하는 것으로서 대고 있는 것
→ lash out=후려갈겨 대고 있다

밑줄친 부분에 가장 가까운 뜻이 무엇이냐고 문제가 나오면 정답순은 **'후려 갈기고 있다〉퍼붓고 있다〉심하게 비난하고 있다'** 로 되어야 한다.

↗ 각각 IS영뇌가 다름에 유의하라.
전자를 **완전번역**이라 하고, 중자를 **대체번역**이라 하고, 말자를 **준번역[이면번역]**이라 한다.
tip) **완전번역/대체번역**=bnw-BAM
이면[준] 번역=im-BAM

이제는 말자가 정답이 되어서는 안된다. 우리말도 이런 현상은 많다. 다만, 밑줄친 부분이 뜻하는 의미가 무엇이냐고 물으면, 이면번역으로 정답을 고르면 된다. **본래의미와 뜻하는 의미는 분명히 다르다. 그래서, 사전의 뜻이 본래의미인지 뜻하는 의미인지 알아야 한다.**

> 우리말도 마찬가지이다. 저 사람 '뿔이 났다' 할 때 이 말의 뜻하는 의미는 '몹시 화가 났다' 는 의미이다. 그러나 '뿔이 났다' 와 '몹시 화가 났다' 는 말은 결과는 같다할지라도 그 뉘앙스가 근본적으로 다르다.
> **그래서 IS도 다르다.**
> 어느 나라 사람이든 자국어를 이해할 때는 **표현 그대로 이해하기 때문에** bnw-BAM으로 IS는 모두 같다. 하지만 타국어를 이해할 때는 대개 im-BAM으로 이해하기 때문에 원어민이 이해하는 느낌과 다르다. 즉 IS를 다르게 느낀다. 원어민 느낌 그대로 느끼는 것이 바로 영뇌다.

exploit BAM=바깥으로 갈아 나가는 것으로서 개척하는 것/개발하는 것/잘 활용하는 것
[ex: out pl: plow it: go -- BNW]
: They exploited mineral resources.
파서 찾아냈다/개척했다
We need to make sure that we exploit our resources as fully as possible. 개발이 되는지

exploit E-BAM=개발을 빌미로 하여 이용해 먹는 것
/등쳐 먹는 것 --- negative 의미
: Microcredit's backers see some banks exploiting the needy for large profits.
(exploiting=exploit + ing: gerund
gerund의 주체는 목적격 또는 소유격으로 표현한다.)

Laws exist to stop companies exploiting their employees.

추상체의 실체 E-BAM :
추상체가 (보다 구체적인) 실체로 확장되는 의미

beauty BAM=잘 빚어져 있는 것으로서 아름다움/미
[b: 빚어져 있는 것 〉 가꾸어져 있는 것
a: a급으로서 잘 y: 질 명사]

beauty E-BAM
=아름 다움의 실체, 즉 사람인 경우 미인, 사물인 경우 아름다운 것 (someone or something beautiful)
: She was a great beauty. They' re beauties.

그래서, 사전에서는 [U], [C]로 의미를 구분하고 있다.
[U]=uncount **비개체 의미** [C]=count **개체의미**

tip) **1차적** BAM=구체적 의미의 BAM : beauty 미인
2차적 BAM=추상적 의미의 BAM : beauty 미
3차적 BAM=비유적 의미의 BAM
: She screamed her head off. 그 여자는 비명을 질렀는데 자기 머리가 떨어져 나갈 정도로 말이다.
: 실제로 머리가 떨어져 나가는 것은 아니다.

acquaintance BAM
=알고 있는 것으로서 아는 것/면식/아는 사이
[acq: acknowledge: ac〉accept + knowledge 知하고 있다고 인정하는 것, 즉 알고 있다고 하는 것]
vs know
=정보를 갖고 있는것으로서 아는 것/알고있는 것
vs learn=통해서 아는 것

acquaintance E-BAM=아는 사이로서 아는 사람/지인
: He has a lot of business acquaintances, but very few real friends.

spirit BAM
=정신이 다니는 것으로서 혼[영혼/영가/영체/신기]
[s: soul it: -·〉 → 다니는/가는 모양 + t〉d: directions 여러 방향 /go- 어원분석]

tip)신영어를 거부하는 사람에게 조언 :
영뇌로 바꾸기가 힘들거나 단어의 뜻을 BAM으로 개념적으로 정리하기를 싫어하거나 영순해석보다 한순해석을 더 좋아하는 사람들은 현재 자기영어를 update 시킨다고 생각하라.

spirit E-BAM
=혼을 가진 자로서 강한 정신력 소유자
/혼을 빼는 것으로서 화주[독주]
: She is a strong and independent spirit.
Vodka is a type of spirit.
Spirits are more expensive than beer, but they get you drunk faster.

물질체의 개체 E-BAM :
물질체가 (보다 구체적인) 개체로 확장되는 의미

glass BAM=빛이 통과하는 물질로서 유리
[g: go l: light s: substance]

glass E-BAM=유리로 만든 것으로서 유리잔/안경 -- 등으로 유리 제품은 다 해당한다.

fire BAM=활활 타오르는 것으로서 불
[f: fly r: 타오르는 모습] : Horses are afraid of fire.

fire E-BAM=불이 난 하나의 사건으로서 화재
: You can prevent fires.

paper BAM
=쓰거나 그리기 위해 조각 조각 낼 수 있는 것으로서 종이
[pap〉piece to pieces: 한 피스를 가지고 여러 피스로 만드는 것 r: writing or drawing]

초기에는 물감도 인쇄도 없었다. 그냥 아무거나 가지고 쓰거나 그리는 것밖에 없었다. BNW는 **초기 상태에서 찾아야 한다.**

paper E-BAM
=종이 위에 써서 만든 것으로서 신문/논문/서류/문서/리포트 -- 등등

☞ 기본영뇌 vol 1 〉 p72
tip) 모든 문법[문법단어들]도 단어의 뜻을 정확히 알면 쉽게 정복된다.
말로 인식
단어의 뜻= BAM + **뜻관계**의 뜻 + 감주
뜻관계 뜻 콤머불관 연결설명어의
기/설, 특히 연결설명어, 즉 콤머유무 연결설명어와

결국 영어는 BAM과 Twenty Four 영뇌를 알고, 감주로 간직해야 한다 : **원어민들이 정복하는 방법**

tear BAM
=떨어져 줄줄 내리는 것으로서 눈물
[t: 떨어지는 것 r: run 줄줄 내리는 것]
tears E-BAM
=여러 개의 눈물로서 방울방울 떨어지는 눈물 --복수로서 물질체가 보다 구체적인 개체로 변하는 의미이다. 즉 **복수확장**이다. (s=several)

보통체[실체]의 추상체 E-BAM :
보통체[실체]가 추상체로 확장되는 의미

husband BAM
=집안의 boss로서 남편 [h: home b: boss]
husband E-BAM=남편 역할로서 남편노릇
: He took to husband.
하게되었는 데 대자(對者) 남편노릇을 하게 되었다는 것이다. 결혼한 상황을 두고 이것을 표현했다면 **뜻하는 의미는** married이다.

wife BAM
=결혼식을 올려 성관계가 풀린 여자로 아내/마누라
[w: wedded f: free sex]
wife E-BAM=아내 역할로서 아내 노릇
: She took to wife.

I now declare that John and Mary are husband and wife according to the ordinance of God.
부부관계/부부노릇을 하게 되었음을 선포한 것

man BAM
=흉상과 몸체로서 인간 [C**개념**]
[m>M : 흉상과 몸체] : All men must die.
man E-BAM=인간다움으로서 인간[U**개념**]
or man BAM
=흉상과 몸체로 만물의 영장으로서 인간 [U**개념**]
-- 즉 이성을 가진 물질 덩어리 개념
[m>M: 흉상과 몸체 -- **모양** BNW
a: 최고로서 만물의 영장 -- **철자** BNW]
: Man must change in a changing world.

man BAM
=어른[다 자란] 수컷으로서 남자/사나이 [C**개념**]
[m: male 수컷/수컷으로서 남성 a: adult]
woman BAM
=결혼식을 올렸거나 남자와 함께 할 수 있는 사람으로서 여자 [w: wedded/with man: 남자]

man E-BAM=남자 다운 것으로서 남성
woman E-BAM=여자 다운 것으로서 여성
: Man is stronger than woman.
add] 애들을 두고 남자, 여자라고 말할 때는 그냥 boy(s), girl(s)로 표현하면 된다.

bus BAM
=여러 사람들을 태울 수 있는 큰 차로서 버스
[b: big s: several]
bus E-BAM=버스를 타고 가는 교통편으로서 버스편
: He goes to school by bus. 편으로 하여 버스편으로 하여

cf] house BAM
=몸을 안전하게 숨기는 곳으로 밖에서 본 것으로서의 집/주택 (C의미) [h: hide ou: out s: safe]

house E-BAM=집에 갖추고 있는 것으로서 가재도구 (U의미--물질체,즉 물질집합체)
: We are going to move house next month.
이사하는 데 가재도구를 챙겨 이사한다는 말이다.

tip)bnw-BAM[im-BAM]이
생활 속에서의 뜻으로 IS로 변한 것이 바로 영뇌다. 우리는 한글[해석]로 가지않고 바로 IS세상으로 가면된다. 그것이 바로 무한글 이해다. 모든 단어는 자기 거주지가 있다. 그 세계가 보이면 된다.
※e-BAM도 bnw-BAM 또는 im-BAM 가능

단어의 뜻은	(영한/영영) 사전의 뜻만으로 부족하다.

원어민들은 BAM으로 단어의 고유한 뉘앙스[BNW]를 바탕으로 해서 뜻을 다양하게 표현하거나 Associate로 사전의 뜻대로 표현하면서 관련된 뜻은 숨기고 있기 때문이다. 특히 영한사전에서는 전치사와 종사의 뜻을 영어이해 흐름대로 표현하지 않고 한글구조에 맞는 뜻으로 표현하기 때문이다. 그래서 BAM과 Associate, 설가뇌 의미를 알아야 한다.

add] home
=마음을 편안하게 숨길수 있는 곳으로서 안에서 본 집 [가정집] /가정집으로서 가정 [h: hide o: 안 m: mind]

고유체의 보통개체 E-BAM :
고유체가 보통개체로 되는 경우

Edison BAM=Edi+son으로서 사람명칭
Edison E-BAM
=Edison이 만든 것 : This is an Edison.

add] Edisons는 에디슨이 발명한 여러 개를 의미할 수도 있고, 같은 이름으로서 여러 명일 수도 있다.

집단의 구성체 E-BAM :
조직/단체/그룹이 구성하고 있는 구성체 의미가 되는 경우

community BAM
=일정한 곳에 많이 모여 살면서 공동의 관심사를 갖고 있는 곳으로서 지역사회/지역 공동체
[c: 일정한 지역을 둘러싼 fence로서 곳 m: many people unity: 단일성/통일성 어원분석=com: all together]
community E-BAM
=그 곳을 구성하는 members로서 지역주민들 /지역공동민들 : The community center.

CNN BAM
=방송국이라는 조직[회사]으로서의 고유명칭
: The CNN is sending him to Japan.
CNN E-BAM
=CNN 직원들/요원들 : The CNN are vacationing.

government BAM
=모든 것이 활발하게 움직이도록 다스리는 곳으로서 정부 /조정
[go: make go 가게하는 것, 즉 움직이게 하는 것 v: 활발한 것/모습 or g: 정부/조정]

그 다스 리는 곳이 country이면 중앙정부, state이면 주정부, district이면 지방정부가 된다.

government E-BAM
=그 조직을 다스리는 자로서 통치자들[국가통치자/주통치자/지방통치자들]
: The government are calling for a general election soon, and they expect to be re-elected.

ex] family 가족/가족들[가족멤버들]
group 그룹/그룹멤버들 team 팀/팀원들
class 반/반원들 jury 배심단/배심원들

구성체의 조직 E-BAM :
구성체가 오히려 조직으로 확장되는 의미이다.

personnel BAM=어떤 조직에서 일하는 사람들로서 조직원들
[personn: person + person + -- , el: 일하는 것]
: All personnel were asked to participate.
그 조직원들이 회사이면 회사직원, 군대이면 군요원이 되고, 경찰이면 경찰요원이 된다.

personnel E-BAM
=조직원들의 애로사항을 처리하는 곳으로 인사행정부/인사부 /인사과 : She works in personnel which keeps the records of employees.

BAM으로 처리하면 본래[원래] 의미를 쉽게 느낄 수 있다

① Nice to see[meet] you.
좋아요, 즉 뵙오니[만나니] 당신을 뵙옵니까[만나니까] 말이다.
즉 만나서 좋은 것으로서 '처음 뵙겠습니다' 가 된다.

② How do you do? (how=**감정어**, 즉 감탄/감정 부사로서 얼마나/어떻게)
얼마나 잘 하는 짓인가, 당신도 이렇게 하니까 말이다?
즉 얼마나 좋은 가, 당신도 이렇게 하니까로서 '처음 뵙겠습니다' 가 된다.
또 다른 뜻 : 이제 어떻 하지? : "Daddy finger, daddy finger, Where are you?" "Here I am. Here I am. How do you do?"

※ 잘=how의 **단어** associate 이제=**문맥[상황]** associate 이렇게=do의 **단어** associate
how **감정어**: Well, that's a fine how-do-you-do!
음, 그것이 좋은데 어떻게 당신이 하겠어
vs How are you? 어떠세요/어떻게 지내세요?
: **근황을 묻는 말이지 감정어가 아님**

③ So long! (so=**진정한 강조**) 정말로 오랫동안 잘 있었다![=goodbye!]
즉 정말로 오랫동안 잘 있었다로서 '잘 가/잘 있어!' 이다.

추상체의 조직 E-BAM :
추상체가 집단/조직으로 확장되는 의미
mission BAM
=꼭 확실히 해야하는 것으로서 임무/목적
[m: must ss: sure+sure]
: Their mission is to blow up the radio station.

mission E-BAM
=그런 임무/목적을 수행하는 집단으로서 단 또는 체
: The American trade mission has just reached Leningrad.

보통체[개체]의 추상체 E-BAM :
보통체[개체]가 추상적 개념으로 확장되는 의미
TV/television BAM
=전파를 멀리 보내 볼 수 있게 한 기구로서 TV 수상기 [television set]
[tele: far (t>d : distance) v: 볼 수 있는 것 or s: see]
: We are getting a color television/a color TV.

TV/television E-BAM
=TV가 받는 것으로서 TV 영상[프로] : "He is a couch potato. He spends all his time watching TV."

기타 E-BAM : 열매-->나무 : persimmon 감/감나무
동물-->고기 : chicken 닭/닭고기
일-->작품 : work 일/작품
일터-->일물 : laundry 세탁소/세탁물

BAM의 중요성

"I think I should <u>warn</u> you - I have a very eclectic bunch of symptoms."
-- 환자가 의사에게 말하는 것이니, '경고하다' 로 알고 있으면 전혀 문맥이 맞지 않는다.
warn BAM
=<u>미리 위험을 알리는 것</u>으로서 경고하는 것
[w=v+v: 위험한 신호
a: advance 미리
or ar: 알리는 것
or n: let know]
very eclectic bunch
=아주 골고루 뭉쳐져 있는 것
dash **영뇌**=이유: 왜냐하면

복수 E-BAM
: 한 개가 아닌 것 또는 여러 개로서 확장되는 복수 확장의미
-s BAM
=한 개가 아닌 것/여러 개로서 복수 [s: not single/several]
: We bought two horses. [horse: 말 s: not 'single']
We bought horses. 여러 마리 [horse: 말 s: several]
The temperature is 0 degrees.[degree: 도 s: not single]

-s E-BAM
=한 개가 아닌 것[여러 개]으로서 모두에게 해당시키는 것으로 전체[전체대표] 의미 /일반적 의미
: Horses are afraid of fire. [horse: 말 s: 일반복수]
이럴 때엔 '말이란' '말들은' 이라고 전체의미가 들어가게 번역해야 한다. 여러 마리로 변역하면 안된다.

Gene Kelly succeeded as tap dancers.
He found friends from her.
비록 Gene Kelly, her 한 사람이더라도 보통명사의 일반적 의미로 표현했기 때문에 그냥 '탭댄서', '친구' 라고 해석한다. '친구들', '탭댄서들' 로 이해하면 안된다.

-s E-BAM=여러 개로서 보다 구체적인 의미[실체/개체]
: Tears rained down her cheeks.
주룩주룩 자꾸 내리는 눈물 [tear: 눈물 s: 개체복수]
vs Tear rained down her cheeks.
그냥 덩어리로 왈칵 쏟아지는 눈물

Many happy returns (of the day)!
이 날, 즉 오늘날 같은 일이 자꾸 자꾸 반복되라는 뜻으로 장수를 비는 표현이다. [return: 다시오는 것 s: 반복복수]
: **기타 복수의 구체적 E-BAM** [s: 구체복수]
attraction 매력 /attractions 여러 명승지
sight 시력[보는 것] /sights 여러 관광지

-s E-BAM = 한 개가 아닌 것으로 둘을 가리키는 복수의미
: She shook hands with me. [s: two복수]
I am friends with him. I exchanged seats with her.
You don't have to change cars.
cf] You don't have to change your car[a car].
이럴 때는 헌 차와 새 차의 바꿈 개념이 아니라, 당신 차 하나/자동차 하나로 국한된 것이다.

☞.. 이해는 최종적으로 단어의 최종적인 뜻인 감주로 이해한다.
↘소감주/빅감주/왕감주로 돈 영뇌의군

-s E-BAM

=한 개가 아닌 것으로 한 개 이상을 하나로 묶은 의미

: Twenty years is a long time.

20년이라는 하나의 크기 의미 [s: 묶음복수/덩어리복수]

vs Twenty years have passed since we met.

일년 일년해서 20년이라는 의미[s: not single]

vs She comes to my home every two days.

이틀을 하나로 묶은 것 --매이틀마다 [s: 묶음복수/덩어리복수]

기타 -s E-BAM = 복수 취급소 [s : 취급복수]

customs : 통관할 때 마다 통관세를 붙이는 곳으로서 세관

movies : 여러 영화를 취급하는 곳으로서 영화관

BAM은 BNW에 맞게 가져오는 게 Best이다

영영사전이든 영한사전이든 사전은 뜻하는 의미로 뜻풀이를 해놓은 경우가 많다. 그때는 BNW가 풍기게 정확한 한글을 가져와야 한다. ☞ p84

만약 해당한글이 정 없으면 뜻하는 의미로 BAM으로 사용한다. 하지만 뜻하는 의미로는 전치사 또는 전부의 쓰임새를 알 수 없으며, 유머도 만들 수 없다. 이런 것들은 항상 BNW를 바탕으로 이루어지기 때문이다.

IIIII.. 영영사전 fuck의 뜻과 전부

=① to have sex with ② to cheat ③ to treat wrongly

여기서 ②번, ③번을 뜻풀이 그대로 번역하면 뜻하는 의미가 된다. ①번 의미를 살려서 번역하면 '놀아나다' 가 된다. 그래서, 우리말 '놀아나다' 에 해당하는 영어는 'fuck' 이고, 원어민들이 왜 over를 쓰는지도 쉽게 이해할 수 있다.

: They really fucked me (over) when they sold me the car. 정말로 놀아났다. 나를 가지고 (이리저리), --- .

Don't fuck with me. ↳문맥/단어 associate

하지마라, 놀아나는 것인데 가지고 나를 가지고서 말이다.

IIIII.. BAM과 유머 : I'd love to be at your beck-and-call --- but your call needs a lot of work, and frankly, your beck is terrible.

뜻하는 의미

=always ready to do anything one[someone] asks

BNW가 반영된 BAM

=위치, 즉 몸짓[손짓]을 해서 부르면 달려갈 위치에 있는 것 (your call needs : 너의 부름은 필요로 하고 있는 데 많은 일을 필요로 하고 있다. 그래서 ---- .)

❸ 사전에서 BNW와 BAM을 찾아 내는 법

사전의 뜻은 단어 본래[원래]의 뜻과 뜻하는 의미로 되어 있다. 어떤 단어는 본래[원래]의 뜻은 아예 없고, 단순히 뜻하는 의미로만 되어 있다. 그래서, 사전을 찾았을 때 단어 본래[원래] 의미가 무엇인지 우리는 다시 찾아내야 한다. 단순히 뜻하는 의미는 BNW가 근본적으로 반영되어 있지 않기 때문이다.

↗달리 말하면, BNW 100% 반영 또는 많이 반영된 BAM

단어의 본래[원래] 의미는 BNW 또는 BNW가 반영된 BAM이다. 대개 BAM은 BNW를 반영하고 있기 때문에 BNW와 더불어 단어의 본래[원래] 의미가 된다. 따라서, 단어의 본래[원래] 의미는 BNW 또는 BAM 영뇌 원리로 찾으면 된다. 찾을 때는 단어철자에서 본래[원래] 뜻이 우러나오도록 영한사전과 영영사전을 참고하여 BAM Helpers로 찾되, 특히 여러가지 뜻과 definition, 예문을 통해 찾는다. 이때 한글을 가져올 때는 BNW와 BAM에 맞게 정확한 한글을 가져 온다.

단, 버그단어는 B/E값이 반영되어야 한다. 즉 영뇌 뜻을 찾아야지 한뇌 뜻을 찾으면 안된다. 말하자면 영순에 맞는 뜻이어야지 한순에 맞는 뜻은 영어 뜻이 아니다.

---

tip)세상의 사요소 중 염[念]이 좋아야 BAM을 쉽게 그리고 잘 만들 수 있다. 염[念]으로 (먼저 삼요소를 가지고 알파벳 26자를 만들었고) 소리, 모양, 철자, 한글 BNW가 만들어 지기 때문이다.

→ **단어 본래의미=BAM(bnw-BAM/im-BAM)**

Cartoon Foot and mouth disease spreads --- .
"We just fed off the trough as usual!"

여기서 trough를 모를 경우 사전을 찾았을 때 나타나는 뜻은 다음과 같다.

▭ **영한사전의 뜻 :**

1. 구유, 여물통, 나무그릇 2. (비유,구어) 식사가 주어지는 장소, (특히) 디너테이블, 식사, (특히 간단히 얻어지는) 수입원
3. 반죽 그릇 (미국-트로우 영국-트라우라고 발음)
4. (빗물 홈통, (광산) 광석을 씻는 홈통, (인쇄) 석판석 연마용 물통
5. 물통 (조제용) 6.마루사이 골, (항해) 해구
7. (기상 기압골 8.(경제) 경기주기의 저점 9. (미, 연극) 각광기

이 많은 뜻을 외울 수 없다. 원어민들도 이 많은 뜻을 외우고 쓰는 것은 아니다. BNW 또는 BAM으로 단어 본래[원래] 의미를 찾아 내는 것이 급선무이다. 나머지들은 이것이 적용된 의미이기 때문이다.

trough BNW
=나무로 움푹 들어 가게 만든 나무통
[tr: tree u: 움푹 들어간 통 모습]

이런 BNW, 즉 이런 통이 소나 말에 적용시켰다면 여물통(manger)이 되고 이런 모양의 기압전선에 적용시켰다면 기압골이 되고, 이런 모양의 통으로 반죽하면 반죽 그릇이 되고, 약사가 이런 통모양으로 조제하면 조제 그릇이 된다.

만약 이런 통 모양을 주식 그래프에 적용시키면 이 때는 주식 저점이 된다.
뿐만아니라, 이런 통 모양에 넣어 빻으면 '빻는 그릇' 이라는 새로운 의미도 또 탄생하게 된다. 그래서, 방아 찧을 때 곡물을 넣는 움푹 들어 간 곳을 trough라고 표현할 수 있다.

이렇게 단어의 뜻은 BNW를 BAM으로 처리하여 해결할 수 있다. BNW가 적용된 실제 뜻이 바로 BAM이기 때문이다.

---

trough BAM
=나무로 움푹하게 만든 통으로서 여물통
[tr: tree u: 움푹 들어간 통 모습]
trough E-BAM
=이와 같은 여물통 모양으로서 기압골 /(빵집의) 반죽그릇 /(빗물/광석을 씻는) 홈통 -- etc..

이 단어는 BAM에서 E-BAM으로 사전의 뜻을 해결할 수도 있다. 이렇게 사전을 찾았을 때 BNW와 BAM을 찾아 단어의 뜻을 새롭게 정리하라.
단어에 따라 BNW가 여러 개 일 수도 있고, 하나일 수도 있다. 여러 개가 될 때는 **최상위** BNW가 있을 경우, 그것만 기억하면 되고, 없을 경우는 각각 기억해야 한다.

단순히 뜻하는 의미(just-im)와 BNW가 깔려 있는 BAM은 다르다. 전자는 숙어처럼 BNW 냄새가 거의 나타나지 않은 것이고, 후자는 BNW 맛을 충분히 느낄 수 있는 것이다. 그래서, 단어의 본래 뜻은 BNW 아니면 BAM으로 나타나는 것이다. 하지만, 아주 드물게 BAM 중에서도 해당하는 정확한 한글이 없기 때문에 하는 수 없이 뜻하는 의미로 나타낼 경우에는 단어 본래의미[원래의미]가 될 수가 없다. 그러나 **영어자체는 BNW가 깔려 있음을 잊지 말라. 단지 한글로 나타내지 못했을 뿐이다.**

▭ 영영사전의 뜻 :

1. (container) a long narrow open container that holds water or food for animals: a horse trough
2. (low point) a short period of low activity, low prices etc [≠peak] trough of:
   The graph showed peaks and troughs of activity.
3. (waves) the hollow area between two waves
4. (weather technical) a long area of fairly low pressure between two areas of high pressure
5. have your nose/snout in the trough

British English if people have their noses in the trough, they are involved in something which they hope will get them a lot of money or political power - used to show disapproval

영영 사전에서도 일반적으로 1번 뜻에서 예문을 통해 BNW와 BAM을 쉽게 찾아 낼 수 있다. 나머지 뜻들은 BAM 영뇌원리로 쉽게 해결되는 사항이다.

tip)단어 실력이 있는 사람은 자기가 아는 범위에서 BNW와 BAM을 찾아도 좋다.

BNW를 찾는 정도와 최상위 BNW, BAM 간직하기

1. 「다른 단어와 구별 + 사전의 모든 뜻 cover」할 정도로 찾으면 된다. 즉 단어의 뜻에 필요한 (모소철한) sign만 가져온다.
단어의 모든 철자에서 일일이 다 찾을 필요는 없다.

2. 하나의 BNW으로 바탕으로 해서 뜻이 하나 또는 그 이상 나오면 se-BAM이다 : feature BAM
그래서 BNW는 여러 개이나 best BNW 하나로 뜻이 나오면 이럴 경우에도 se-BAM이 된다 : be동사/can 최상위 BNW =있다/능력 ☞ vol 2 p146/156
※se=series se-BAM=직렬식 BAM

3. BNW가 병렬식으로 여러 개일 때
[pa-BAM]는 그것에 맞는 각각의 BAM을 찾아라.
⇒ 병렬식 BAM 예 : 관계현분사 BNW=진행의미/본동사의미
settle=① s: set l: live ⇒ 살도록 set시키는 것으로서 정착시키는 것
② s: solve t: take ⇒ 취해서 푸는 것으로서 해결하는 것
: He settled with her. ※ pa=parallel

4. BAM이 다시 BNW가 되는 E-BAM도 찾아라 : trough BAM
cf]meet=se/pa/e-BAM ☞ p302
5. 영영사전에서는 definition과 예문을 통해 또는 영한사전에서는 나와 있는 단어의 뜻과 예문을 통해 BNW와 BAM을 찾는다.
⇒ de-Helper + ex-Helper

6. 찾은 BAM은 반드시 아필(我必) free 영뇌로 간직한다.
간직시 의군으로 (vocal) 감각적 주파수로 간직한다.

tip)사전의 뜻은 BNW를 바탕으로 하지않고 무조건 병렬식으로 되어 있다. 주의하라.

Cartoon : Foot and mouth disease spreads --- .

"We just fed off the trough as usual!"

여기서 fed off를 단순히 먹어 치웠다로 이해하면 이 comic한 표현을 이해할 수 없다. **fed와 ate는 서로 그 뉘앙스가 다르다.** 그래서 번역도 다 같이 먹었다로 할 것이 아니라 서로 달리 해야 구제역에 대한 돼지의 comic한 행위를 느낄 수 있다.

▭ eat 영영 사전의 뜻 :

eat=to put or take food into the mouth, chew[=crush with the teeth] it, and swallow it

: We usually eat rice at about 7 o'clock. [=boiled rice]

➾ 이런 definition과 real example을 통해서 BNW와 BAM을 찾으면 된다.

eat BAM=이로 씹어 먹는 것으로서 먹는 것

[e: 이~로서 꼭꼭 씹는 음가 t: teeth -- BNW]

하지만, 또다시 **영한사전**에서 뜻을 살펴보면

eat=먹다, 씹어 삼키다, (국,죽 - 등을 떠내어) 마시다로 되어 있고, 예문에는 'eat soup from a plate'로 되어 있다. soup은 이로 씹어 먹는 것이 아니다. 그래서, BNW와 BAM을 다시 찾아야 한다.

eat revised BAM=입으로 먹거나 이로 씹어 먹는 것

[e: 이~로서 꼭꼭 씹는 음가 e: 입 t: teeth -- BNW]

그래서 to take food into your mouth and swallow it로 영영사전에서도 정의를 하고 있다. 이게 바로 '먹다'이다.

tip) Dow ekes out 3-day winning streaking.

다우는 힘들게 늘려 가고 있다. 연 3일 상승 연속을 하려고 말이다. 여기서 '이-크'도 늘일려고 용쓰는 음가이다.

vs feed 영영사전의 뜻 :

transitive verb to give food to : Feed the baby.

I usually feed the neighbor's cat.

Let's feed the kids first and have our dinner after.

intransitive verb to consume food : eat :

The baby only feeds once a night at the moment.

Most babies can feed themselves by the time they're a year old.

feed 영한사전의 뜻 :

feed=transitive verb

먹이를 주다, 음식을 먹이다, 젖을 주다

intransitive verb

(동물) 먹이를 먹다, (사람) 식사를 하다

영영사전이든 영한사전이든 **타동사인 경우에는** 먹이는 것/먹여주는 것으로 쉽게 감을 잡을 수 있으나, **자동사인 경우에는** eat와 뉘앙스를 달리 느낄 수 없다.

따라서, 이 단어는 타동사 의미에서 hint를 얻어 **'주는 것을 받아 먹다'**로 이해해야 할 것이다.

feed BAM=주는 음식을 받아 먹는 것으로서 주는 것을 받아 먹는 것 /그냥 받아 먹는 것 [f: food ee: '이~입' 하면서 먹여 주는 것을 받아 먹는 모습 — BNW]

그래서 fed off는 '주는 것을 받아 먹어 치웠다'로 되고, ate off는 '그냥 먹어 치웠다'르 되어, 주인이 주는 것을 받아 먹었을 뿐인데 (여물통에 있는 것을 말이다) 구제역 때문에 우리에게 죄를 덮어 씌운다는 시사만평의 한 마디 표현이다.

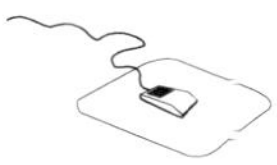

돼지 옆에 prosecutor(검사)가 서 있으니 이런 뉘앙스 차이는 알아야 똑바로 이해할 수 있다.

지금 모든 사전의 뜻은 BNW 입장에서 기록되어 있지 않고, 그냥 표현에서 뜻하는 의미로 뜻을 말하고 있기 때문에 우리는 단어의 개념을 다시 잡을 필요가 있고, **사전도 재편집되어야 한다.** 사전도 인간이 만든 것이기 때문에 휴대폰이 스마트폰으로 바뀌듯이 업데이트 되어야 한다. 우리는 우리말에 단어의 고유한 뉘앙스를 느낄 수 있다. 영어도 단어철자에서 단어의 본래의미[원래의미]를 느낄 수 있어야 한다.

따라서 교실에서 처음부터 이렇게 BNW와 BAM 영뇌를 가르쳐야 한다. 숙어나 뜻하는 의미로 가르치면 절대로 영어를 정복할 수 없다. 단어는 원어민과 같은 느낌으로 이해해야 한다.

사전으로 단어의 뜻을 알고 있더라도
BAM과 기/설을 모르면 현장영어를 극복할 수 없다

사전의 뜻대로 단어의 뜻을 알고 있어도 현장영어에서는 알 수 없는 경우가 많다. 예컨데 비밀번호 생성시 8자리 중 적어도 한자리는 "case sensitive(p82)"하게 하라고 했을 때 case도 알고 sensitive도 알고 있어도 BAM과 기/설을 모르면 눈 뜬 장님에 불과하다. 그래서 단어장으로 사전의 뜻으로 무턱대고 외우는 단어는 의미가 없다.

∵ 단어의 뜻=사전의 뜻만으로 부족

+BAM/Associate+(특히 설가뇌) 뜻관계의 뜻+감주 ↗즉 언어로서의 뜻

↳ 기/설, 특히 연결설명어, 즉 콤머유무 연결설명어와 콤머불관 연결설명어의 뜻관계 뜻

영어는 (원어민이 알고 있는) **단어의 뜻만 정확히 알면 된다.**

↘생활 속에서의 뜻으로 표현되었을 때의 뜻

: BAM/Associate/뜻관계 뜻(4가지)/감주

BNW=단어의 고유한 뉘앙스를 알려주는 것이고
BAM=단어의 뜻이 어떻게 만들어지는 가를 알려주는 것이다.

FREE Daily Features

Daily Crossword | Word Game | Learner's Word of the Day

사전의 뜻으로는 이 표현을 이해하기 힘들 것이다.
심지어 아래 표현은 더욱 어려울 것이다.
His 66 featured no bogies, 6 birdies.

사전을 찾아도
BNW, BAM 영뇌 감각이 없으면 해결이 안된다.

A – 영영사전의 뜻 :

feature

1. a part of something that you notice because it seems important, interesting, or typical:
An important feature of Van Gogh's paintings is their bright colours.
The most distinctive feature of the dinosaurs was their size.

2. a piece of writing about a subject in a newspaper or a magazine, or a special report on television or on the radio : a feature on holidaying with your dog
3. [usually plural]
a part of someone's face, such as their eyes, nose etc
: He had fine delicate features.
Her eyes were her best feature.

4. <u>a part of the land</u>, especially a part that you can see
: Hedges are an important feature of the landscape in Britain.
5. a film[movie] being shown at a cinema
: There were a couple of short cartoons before the main feature.

여기서도 BNW와 BAM을 잘 모를 것 같으면, 또 다른 사전을 들추어 보자.

B – 영영사전의 뜻 :

[C] a typical quality or an important part of something
: The town's main features are its beautiful mosque and ancient marketplace.

[C] a part of a building or <u>an area of land</u>
: This tour takes in the area's best-known natural features, including the Gullfoss waterfall.
[C usually plural] one of the parts of someone's face that you notice when you look at them
: Her eyes are her best feature.

[C] a special article in a newspaper or magazine, or a part of a television or radio broadcast, that deals with a particular subject
: a double-page feature on global warming
[C] (also feature film) a film that is usually 90 or more minutes long

C – 영한 사전의 뜻 :

1. (두드러진) 특징, 특색; 주안점
2. 얼굴 생김새, 이목구비; 얼굴의 어느 한 부분 (눈 · 코 · 입 · 귀 · 이마 · 턱 등); [pl.] 용모, 얼굴
3. (신문 · 잡지 등의) 연재 기사, 연재물, 특별 기사, 특집 기사 (= ~ story) (뉴스 이외의 기사 · 소논문 · 수필 · 연재 만화 등)
4. (영화 · 연예 등의) 인기 있는 것[프로], 특별 프로, 주요 작품; 볼거리; 장편 영화(= ~ film)
5. (산천 등의) 지세, 지형

타동사 1. 특색[주요 프로] 으로 삼다, 특집하다; (배우를) 주연시키다; (사건을) 대서특필하다
2. … 의 특색을 이루다; … 의 특징을 그리다
3. (구어 · 방언) … 와 닮다 4. (미 · 구어) 상상하다
자동사 1. 특색이 되다; 중요 임무를 다하다; 주연하다

<u>영영사전과 영한 사전을 다 들추어 보아도</u> Free Daily Features와 His 66 featured no bogies, 6 birdies는 이해하기 어렵다. Jay Leno의 The Tonight Show에서는 Featuring -- 하고 다음에 사람 이름을 표현한다. 이 역시 사전의 힘으로는 뜻을 찾아내기 힘들 것이다. 뿐만이 아니라, 영한 사전의 뜻은 틀린 경우도 많아 원어민 표현들을 이해하기 어려울 때가 한 두번이 아니다.

BNW와 BAM영뇌 원리를 활용하면 쉽게 해결된다.
BAM은 BNW를 바탕으로 한 실제 뜻이니까, 실제 예문에서 실제상황을 늘 깔고 있어야 한다. 그래야 단어 본래의미[원래 의미]를 빨리 캐취할 수 있다.

feature BAM=어떤 것에 촛점을 맞춘 것으로서 주안점을 둔 것 [f: focus at: a thing -- BNW]

이것 하나만 알고 있으면 그 복잡한 사전의 모든 뜻이 해결되고, 저렇게 새로운 표현이 나오더라도 쉽게 이해할 수있다. 뿐만아니라 'His 66 featured' 처럼 여러분들도 또다른 상황에 적용시켜 **사전의 뜻을 추가 시킬 수도 있다.**

그 사람이 친[이룩한] 66타는 모든 사람들의 촛점이 가도록 만든 것이니 **특작이었다**로 된다. (노보기, 버디 6개로 해서 말이다).
Free Daily Features도 제공회사가 특별히 주안점을 둔 것이니, 공짜로 매일 매일 제공하는 **특별선물**이 된다.

Featuring Dr. Smith라고 하면 방송국에서 주안점을 두고 출연 시킨 사람으로서 '(오늘의) **특별출연**에 닥터 스미드씨입니다' 로 된다. *오늘의=**상황** associate

영영사전을 보든 영한 사전을 보든 **특작, 특별선물, 특별출연**이라는 말은 전혀 없다. **BNW와 BAM 영뇌 원리로 해결 할 수 밖에 없다.**

사전의 단어의 뜻은 BNW를 바탕으로 해서 적용된 상황에 맞는 뜻을 BAM으로 정리해 놓은 것에 불과하다. 더구나 그 정리해 놓은 것도 뜻하는 의미가 되는 경우가 많다. **사전의 정체를 똑바로 알라.**

그래서, 원어민들은 자유롭게 영어를 표현하나 우리는 사전의 뜻대로 1 대 1 대입식으로 표현하거나 이해하기 때문에 영어가 어렵게 되는 것이다.

하지만 이제는 걱정할 필요가 없다.
BNW, BAM처럼 **속뜻이 들어 있는 개념적인 뜻**으로 이해하고 있으면 표현의 자유, 이해의 자유가 스스로 생긴다. 따라서 영영 사전과 영한 사전에서 그 어렵게 아주 많이 뜻을 제시한 것도 이렇게 간단히 처리할 수 있다.

주안점을 둔 것으로 **특징/특색**이 되고, 신체에 대해 썼다면 신체의 주안점이 되는 것이니 **얼굴 생김새/용모**가 되고, 기사에 대해 썼다면 주안점을 둔 기사이니 **특집기사/대서특필**이 되고, 영화에 대해 썼다면 주안점을 둔 영화로 **특집영화/특별장편 영화**가 되고, 지형에 썼다면 어떤 모양에 촛점을 두거나 (어느 한 부분에) 주안점이 된 것으로 **특별지형/특별지세/특별지형지물**이 된다. 단순한 지형/지세, 단순한 영화, 단순한 생김새가 아니다.

그냥 지형/지세로 뜻풀이 한 영한 사전은 오역이다.
a part of the land, an area of land를 오역한 것이다. 원어민들은 전체 중에서 특색이 있는 부분에 주안점을 두고 a part, an area로 표현 한 것이다. 즉 어떤 한 부분/한 구역이라는 의미 속에 주안점이라는 의미가 들어 있다. 일종의 associate이다. **'특별 지형지물'** 이라는 뜻도 그 밑에 있는 예문을 통해서도 충분히 판단이 된다. 그래서 **실제예문을 통한 실제상황**은 BAM을 잡는 데 아주 유용하다.

plus] 사전의 힘으로 해결불가, BAM is God.
-- 오로지 BAM의 힘으로 해결 가능!

비밀번호 성성 조건 : Minimum 8 characters, at least 1 digit - case sensitive
감주=casesensitive ↘뜻관계 뜻 =관계형용사

sensitive= '민감한/예민한/세심한' 이라는 사전의 뜻만으로 이 표현을 이해할 수 없다. 이것은 sensor가 쉽게 작동하는 것으로서 '민감한/예민한/세심한' 이라는 뜻이고 이런 BNW를 바탕으로 해서 원어민들은 윗 표현을 했기 때문에 BNW를 바탕으로 해서 해당표현의 뜻을 유추하면 된다. 즉 sensor가 쉽게 작동하는 것으로서 '쉽게 구별이[인지가] 되게 하는 것[=BAM]' 이라는 새로운 뜻으로 이해할 수 있다. 이렇지 사전에 뜻도 다시 추가 된다.
시동=그 규모가운데 적어도 한 자리수는 경우가 되게 즉 쉽게 구별이[인지가] (되는 경우가) 되게 하라. — 대문자나 @, #, % — 등으로 하면 된다. [s: sensor si: easily - 비두자(非頭字) 철자 BNW]

tip) BAM is God, Associate is Sub-God.
∵ 모든 것을 구출 해주기 때문이다.
⇒ 사전에 뜻이 없어도 BAM과 associate로 해결가능

A watershed case on pension rights.

▭ **영영사전의 뜻 :**
watershed [countable]
1. an event or time when important changes happen in history or in your life [= turning point]

The 1932 election represented a watershed in American politics.

2. the (9 o'clock) watershed British English
the time in the evening after which television programmes that are not considered suitable for children may be shown in Britain.

3. (technical) the high land separating two river systems or (specialized) an area of high ground from which water flows down to a river

영영 사전만으로 BNW, BAM을 잡기에 곤란 할 경우에는 영한 사전을 활용하라. **이제는 조기 유학이 반드시 좋은 점만 있는 게 아니다.** BNW는 한글에서도 나오기 때문이다.

▭ **영한사전의 뜻 :**
1. 분수선, 분수계(分水界) (미 water parting)
2. 분수계에 둘러싸인 지역, (강의) 유역
3. 분수령, 분기점, 중대한 시기; 위기

watershed BAM
=물로 갈라 놓은 곳[물이 갈라지는 곳]으로서 분수유역 /분수상류 /분수고지대 /분기점[전환점]
[water: 물 s: separate --- BNW]

그냥 물이 흐르는 유역이 아니다. 골프장 필드에 물을 흐르게 하여 fairway를 두 부분으로 갈라 놓는 유역이다. 물이 갈라지는 상류 또는 고지대도 watershed이다. 이때 한글은 분수상류, 분수고지대로 가져와야 할 것이다.
물로 갈라 놓으니까 진행중인 어떤 일에 적용되면, 갈라지는 중대시기로 turning point가 되는 것이다.

시동=하나의 분기점이 되는 사건인데 내용은 연금권에 관한 것이다.

언어는 계속 발전한다. 분수[分水] 의미로만 쓰이는 것이 아니다. 갈라 놓은 산맥에도 쓰일 수 있다. 마치 turn off하면 리모콘으로 off해도 turn off로 되는 것과 같다. 옛날 TV는 로타리식으로 스위치를 돌려 꼈다.

The mountain range forms the watershed of the country.

이 때는 갈라 놓은 것으로서 **분수령이 된다. 누군가가 이렇게 표현했으니 사전에 의미가 다시 추가 된 것이지,** 애초부터 함께 탄생한 것은 아니다.

▭ **영영사전의 뜻 :**
bastion [countable]
1. something that protects a way of life, principle--etc that seems likely to change or end completely:
These clubs are the last bastions of male privilege.

2. a place where a country or army has strong military defences:
Pearl Harbor was the principal American bastion in the Pacific.
3. [technical] a part of a castle wall that sticks out from the rest

이 단어는 각각 BAM을 찾든지, 아니면 3번 BAM으로 1번 2번 BAM을 만들 수도 있다. 일종의 E-BAM이다.

bastion BAM
=(축성, 성에서) 볼록 나온 것으로서 보루/능보
[b: 불룩/볼록 나온 것, s: 성/축성 -- BNW]
적이 오면 성문 입구 위에 볼록 나온 곳에 서서 적을 보는 곳을 연상하면 된다.
/보루, 능보 역할을 하는 것으로서 방어막[보호막]

or bastion BAM
=안전하게 보호/방어하는 것으로서 보호막/방어막
[b: 방어/보호 s: safe -- BNW]

BNW를 쉽게 찾지 못할 경우 Google 사이트를 이용하라. 모든 단어의 이미지가 거기에 다 실려 있다.

The rent is due at the end of the month.
The next income tax payment is due on 31 January.
When is the assignment due? 그 숙제가 다 될 것 같은 가?
The baby is due in three weeks. 인데 태어날 예정이다.

due BAM =당연히 갚아야 할것으로 예정된 것으로서 지불예정인 것/이루어지는 일이 기대되는 것으로서 발생 예정인 것
[d: debt 당연히 갚아야 할 것/done : 일반적 event로서 이루어지는 일 e: expected -- BNW]

Due to wet leaves on the line, this train will arrive an hour late. The restaurant's success was due largely to its new manager. Due north of here.

due BAM=발생이유로서 있었기 때문에
[d: done 발생한 것으로서 있었던 것 e: 이유 -- BNW]
due to=발생이유+방향대상 =adj.+prep.
: 있었기 때문에, 대자 -- 가 있었기 때문에
[d: done + to: 방향대상(t>d: direction o: object)]

due BAM=직방향으로서 곧장[d: direction+directly]

같은 단어라도 좌상위 BNW가 없이 BNW가 각각 존재하면 각각 찾아서 기억해야 한다.

BNW 또는 BAM을 바탕으로서 어떤 상황에 적용시킨 것이 사전의 뜻이라 했다. 그래서 원어민 표현에서는 사전에 뜻이 없는 단어도 많다.
우리는 사전에 있는 뜻에만 국한하여 표현하기 때문에 한국 사람들이 쓴 글은 쉽게 이해할 수 있지만, 원어민들이 쓰는 타임지나 영자신문은 어려울 때가 많다. BNW 또는 BAM으로 단어를 마음대로 표현하기 때문이다. 그래서, 사전에 아무리 찾아 봐도 **뜻이 없어도** 당황하지 말고 BNW or BAM 원리로 해결하라.
: Petrodollars and modernity have whipsawed all Arab states in the gulf.
whipsawed BAM=채찍 끈처럼 가는 가는 톱[줄톱]으로써 잘라 들어 가듯이 조금씩 조금씩 먹어 들어 간 것
[whip: 채찍끈 s>z: 자르는 것 w: 톱날 모양 ed: event 음가 or (e: 조율음) d: dɔne -- BNW]

가늘고 긴 톱으로 잘라 들어 가듯이 조금씩 조금씩 갉아 먹어 들어 갔다는 것이다. 현대풍이 침투한 걸프 지역 국가들에게 표현한 것이다. 두바이 skyscraper가 그 좋은 예이다.
사전은 보통 **뜻하는 의미**로 풀이 하고 있기 때문에 '조금씩 조금씩 영향을 미치는 것' 이라고 **나중에 다시 update될 것이다.**
잘 어울리는 사람으로서 USB porter라고 쓸 수 있다. 룸살롱 여자에게 썼다면 negativє가 되어 아무 남자에게 다 주는 여자라는 뜻이 된다. **그러면 사전의 뜻도 이렇게 추가 될것이다.**

다음은 headrest[머리 받침대]가 없는 의자에 앉아서 흔들다가 무언가 다친 것 같다. **사전에 아무리 찾아 봐도 뜻을 잘 모를 것같으면, BNW, BAM 원리로 해결하라.**

"Calvin, pay attention! Auch! "
"There's no headrest on this chair!
I should sue for whiplash!"

whiplash BAM=휘청거리는 가죽끈으로서 채찍끈/매끈
whip=휘청휘청 거리는 것으로서 채찍/매
[w: 휘청 휘청거리는 모양 h: 휘청 휘청]
lash=납작한 가죽끈
[l: leather+가늘게 긴 모습 s: 납작한 것]

/채찍끈[매끈]이 휘청거리듯이 목이 휘청거려 일어나는 현상으로서 목뼈 골절상

정치나 정책이 휘청거리는 것으로도 표현할 수 있다. 즉 정치 골절상/정책 골절상으로도 쓰일 수 있다.
: Tokyo is suffering policy whiplash from the sudden U.S. turnabout.

BNW가	**많이 반영된** BAM 찾기 — 이런 BAM이 없을 때만 im-EAM으로 시동을 건다.

사전의 뜻 : gut=verb ① to remove the internal organs from (a fish or an animal) : The salmon is already gutted and filleted.
② to destroy the inside of (a structure) : Fire gutted the building.
gut BAM=속에 있는 기관들을 들어내어는 것으로서 내장을 들어내어 제거하는 것 [g: 기관 u: 속모습 t: take 치우는 것>들어내는 것 : BNW]

➾ gut BNW와 BAM이 이렇기 때문에 ①번 뜻은 bnw-BAM과 (완전) 일치하여 단어 본래의미가 되나, ②번 뜻은 그대로 가져가면 그냥[단순한] 뜻하는 의미[just-IM]가 된다. 그래서 gutted를 BNW가 많이 반영된 BAM[bnw-BAM]으로 가져가면 '내부를 완전히 들어냈다'가 되어 단어 본래의미가 된다. 사전의 뜻이라고 해서 단어 본래의미가 되는 것은 아니다. (bnw-BAM=BNW 그대로/많이 반영된 BAM)
➾ The plan is going to gut net neutrality. 대동 파괴할 것이다 ⇒ 이 문맥에서는 ②번 뜻을 im-BAM으로 시동을 걸 수 밖에 없다.
↳ENW를 바탕으로 한 뜻하는 의미

tip)원어민이 알고있는 의미=단어 본래의미(bnw-BAM/im-BAM) ∴ 우리도 원어민과 같은 느낌으로 이해하는 것이 우선이다.

BNW 또는 BAM은 **positive한 뜻**으로 쓰였으면 **positive한 뜻**으로 접근해야 하고, **negative한 뜻**으로 쓰였으면 **negative한 뜻**으로 접근해야 한다 : **PN 단어**

우리말도 같은 현상이 있다. 우리가 '이용하다' 할 때 이 말이 positive하게 쓰이면 활용하다는 뜻이 되고, negative하게 적용되면 이용해 먹는 것으로서 악용하다가 된다.

▭ 영영사전에서 negative하게 표현하는 말 :

disapproving (좋지 않게 생각하는 말/경멸적인 말)
offensive (가학적인 말)
derogatory (깎아 내리는 말/비어) slang (속어) -- etc.

exploit BAM
=바깥으로 갈아 나가는 것으로서 개척하는 것/개발하는 것
/(잘) 활용하는 것 <-- positive **입장**
[ex: out pl: plow it: go -- BNW]
그래서, 사전에서는
to use something for advantage로 뜻풀이를 하고 있다
: We need to make sure that we exploit our resources as fully as possible.

exploit E-BAM=개발을 빌미로 하여
이용해 먹는 것/등쳐 먹는 것 <-- negative **입장**
그래서, 사전에서는
to use someone or something unfairly for your own advantage로 뜻풀이를 하고 있다
: Laws exist to stop companies exploiting their employees. [=from exploiting]

tip) 'some' informal :
① used to express approval
That was some game! : (그래도) 좀 볼만한 게임
② used to express disapproval, disappoint, etc.
Some navigator! : 내비가 좀 그렇다!
Some friend he is – he left me stranded at the train depot. : 좀 그런 친구다

exemplary BAM
=본보기로서 모범적인 것 /본보기로 삼는 것
[exemple : example y : 질/성격(형용사) -- BNW]
전자=positive의미 **후자**=negative의미

Exposing war crimes is exemplary.

본보기로서 본때를 보여야 한다는 뜻이다.
사전에서 경고가 되는 것/징계적인 것으로 나와 있는 것은 **이 말의 뜻하는 의미이지 단어 본래[원래] 의미는 아니다.**

We don't know an awful lot about art.
We had an awful weather.
다 같은 awful이더라도 전자는 **positive한 입장**에서 생각해야 하고, 후자는 **negative한 입장**에서 이해해야 한다.

awful BAM= '아/오' 감정음가 또는 억수로서
positive이면 억수로 많은[좋은] 것,
negative이면 억수로 나쁜 것

[aw: 아/오-- 아주 좋거나 나쁠 때 내는 감정말 -- BNW
or a:억 w: water -- BNW]
그래서 사전에서도 very great [질/크기 의미]
or very[extremely] bad로 풀이하고 있다.

The council had been handing out grants indiscriminately, and people were hurrying to get their snouts in the trough.

이 표현에서 **밑줄 부분**을 어떻게 이해할 것인가?
우선 사전을 찾으면 다음과 같이 되어 있다.
have[get] your nose/snout in the trough [BrE]

If people have their noses in the trough, they are involved in something which they hope will get them a lot of money or political power – used to show disapproval
or to have or get a share of a supply of money or some other advantage which people eagerly and sometimes dishonestly take

이 표현은 disapproval하게 처리하라고 나와 있다.
그렇다면 이에 적절하게 한국말을 가져와야 한다. 너무 뜻하는 의미로 가져오면 안된다. 즉, BNW가 반영되는 한글을 가져오되 **disapproval한 말**로 골라야 한다.

그래서, have[get] your nose/snout in the trough [BrE]는 '하는 것인 데, 즉 자기 코/코주둥이를 처 박아 넣는 것인데 자기 먹이통에 말이다'로 된다. 말이나 소가 여물통에서 코를 처박고 먹는 것을 연상하면 된다.

(관)청에서 지원금[지원금]을 무차별하게 나누어 주니까 사람들은 자기 코주둥이를 자기 먹이통에만 처박아 넣으려고 급히 달려 가고 있었다는 말이다.

자, 어떤가? disapproval한 **냄새**가 나는 가? 이것을 '자기 것만 챙기려고 그렇게 했다' 고 하면 **준번역 밖에 되지 못한다.**

plot가 positive한 의미로 가면 구상이 되고, negative한 의미가 되면 음모가 된다. 음모도 비밀리에 속이기 위한 것이면 scheme이다. 그래서 은밀한 사기 사건을 scheme이라 한다
: Madoff' s Ponzi scheme

setback도 뒤로 빠진 것으로 측량에 쓰이면 초과거리가 되나 negative로 **쓰이면** 역행/퇴행이 된다.

bimbo [derog slang] [bimbos]
a young woman who is physically attractive, but empty-headed

사전에 이렇게 되어 있으면 negative **입장에서** BNW와 BAM을 **찾아야 한다.**

bimbo BAM
=아름답지만 비어 있는 여자로서 든 게 없는 젊고 이쁜 여자
[b: beautiful b: 비어 있는 것 -- BNW]
He went out with a succession of blonde bimbos.
He picked up some bimbo at the club.

BAM을 찾을 때 formal, infml **단어는 그 입장에서 찾아내야 한다.** 그래야, 정확한 뉘앙스가 반영될 수 있다.

전자는 **공식적인 말**로 공문서, 의식행사 때 많이 쓰는 문구이며, 후자는 일상생활의 일반적인 문구이다. 우리말도 책머리에 쓰는 글을 권두언으로 표현하면 formal한 한글이 되고, 그냥 머릿말로 표현하면 infml한 한글이 된다.

The old servant fulfilled his master's charge to care for the children.

이 때 charge는 명령에 대한 **공식적인** 말이다.
그래서, 훈련/지령이 되는 것이다.

charge
=공식적인 말로서 훈령/지령
[c: 공식적인 말 h: 훈령 g: 지령 -- BNW]
: He was charged with taking care of the premises.

사전에 plural/the로 되어 있다고 해서 항상 그렇게 표현하지 말라. 이 때 -s /the 의미를 BNW와 BAM으로 살펴 보아야 한다.

spirit=(종종 pl.) 주정, 알코올 ; [pl.] 화주(火酒), 독한 술
spirits는 정신이 바짝 바짝 들게하는 술로서 s로 표현한 것이다. 이런 상황으로 쓰일 뿐이지 언제나 그렇게 쓰인다는 것은 아니다. 뜻이 모든 것의 판단의 기준이 된다.
: Spirits are more expensive than beer.
spirits BAM=정신이 여러번 바짝 바짝 들게하는 술로서 화주[독주] [spirit : 혼이 박혀 있는 것으로서 정신
s: several — BNW]
vs Vodka is a type of spirit. ➾ spirit=혼을 빼는 술로서 화주[독주] [spirit : 혼 + 비수 단독표현]

movie noun
[C] mainly US for a cinema film
My favourite movie is 'Casablanca'.

the movies [plural]
mainly US a cinema or group of cinemas

여기에서는 the를 붙였고, 복수로 표현하여 영화관/영화업계/영화산업라는 뜻으로 만들었다. 여러 영화를 상연하는[취급하는] 곳으로 the로 묶은 것이다. 이때 the는 내부적 지정이다. 그래서, 영화관, 영화업계, 영화산업이라는 뜻이 되는 것이다.

만약 내적 the로 묶지 않고 외부적 지정으로 the를 썼다면 그 영화들 /그 여러가지 영화가 된다.
문제는 반드시 the movies가 영화관, 영화계, 영화산업이라는 뜻이 아니다는 것이다.

What's on/showing at the movies this week?
Shall we go to the movies tonight?
A career in the movies.
vs You should have seen the movies.

the movies BAM =movies를 외내적으로 지정한 것으로서 그 영화들/영화관[영화계/영화산업]
[the: 실음 외내적 지정 movie: 영화 s: 취급복수]

tip) 만약 외내적으로 지정하지 않으면 지정느낌없이 그냥 영화들, 영화관, 영화계, 영화산업이라는 뜻이되고, 내적 지정 영화관, 영화계, 영화산업도 외적 지정의미로 가져갈 수 있다. 그러면 그 영화관, 그 영화계, 그 영화산업이라는 뜻이 된다. 취급복수만으로도 영화관, 영화계, 영화산업이라는 뜻이 충분히 될 수 있기 때문이다.

movie BAM= 움직이는 것(들)을 보는 것으로서 영화
[mo: 움직이는 것 v: 보는 것 or mo: motion pictures]

vs film=막과 같은 것이 길게 펼쳐지는 것으로서 필름 /움직이는 것이 길게 펼쳐지는 것으로서 영화 [BrE]
[f: 펼쳐지는 것 l: long m: 막 또는 움직이는 것]

custom=관습, (pl.) 관세, (pl.단수취급) 세관 -- 복수형단수
사전에 이렇게 뜻이 나와 있을 때 왜 관습일 때는 단독으로 표현하고 관세, 세관일 때는 왜 s를 붙이는지 뜻으로 이해해야 한다. 영문도 모르고 무조건 외우면 안된다.

customs BAM
=통관하는 것에 세를 부과하는 것[곳]으로서 관세[세관]
[c: 통관/come t: tax/붙이는 것 s: 일반복수/취급복수]

이 때 통관은 tax와는 달리, 오고 가는 것이 눈앞에 늘 전개되는 것이고, 또한 하나 둘이 아니다. 즉 일반적으로 오고 가는 물건에 대해 세금을 부과하는 것이 관세이고, 그런 업무를 관장하는 곳이 세관이다.
: Have you paid customs (duty) on this camera?
She was stopped at customs and questioned.

customs officials[officers]은 세관에 근무하는 직원으로서 세관원이다. 이때 customs는 세관이라는 조직체이다. 그래서, customs duty하면 세관에서 부과하는 duty, 즉 세관관세가 된다. 바로 관세의미로 표현하려면 customs로 표현하면 된다. 마치 tuition이 바로 수업료로도 쓰일 수 있고, 교수라는 가르침 의미로도 쓰일 수 있기 때문에 수업료/등록금을 tuition 또는 tuition fee로 표현하는 것과 같다. **후자는 미국인들의 두뇌 작동이다.**

사전에 찾아보면 AmE, BrE, AusE, Canadian English -- 등이 나온다. 같은 영어권 내에서도 두뇌 작동에 따라 달라진다. 그 다른 두뇌작동을 BAM **영뇌**로 해결 할 수 있다.

그런데 우리는 지금까지 미국식 영어, 영국식 영어하면서 무조건 외웠지만 그 기억은 오래가지 못하고 곧 잊어 버리는 데 문제가 있다. 뿐만아니라 혹자는 그 나라 문화를 알아야 한다고 한다. 문화뿐만이 아니라, 이런 문제를 해결해주는 것이 바로 BAM **영뇌**이다.

sidewalk AmNB
=차도 옆 걸어다니는 길로서 인도/보도
[side: 옆 walk: 걸어 다니는 것]

vs pavement BrNB
=사람이 다니도록 포장한 포장도로서 인도/보도
[pave: 포장하는 것
ment: 상태(state)를 나타내는 명사의미]

최초의 길은 비가 질퍽질퍽한 비포장도로이다. 사람들이 다니기에 좋게 사람길부터 먼저 (돌)포장을 했다. 그래서, pavement가 인도/보도가 되는 것이다.
그런데 미국인들은 포장도로서 차도로 보고 있다.
pavement AmNB=차가 다니는 포장도로로서 차도

vs roadway BrNB
=달리도록 방향을 잡아서 만든 도로로서 차도
[road: 달리거나 다니도록 만든[built] 길로서 도로
(r: run d: 다니는 것) way: 길로서 방향]

영국식 영어가 더 **원초적인 개념**이다. 반면에 미국식 영어는 개발적인 개념이다. 일반적으로 차도하면 간단히 road로 그냥 쓰면 된다.

subway AmNB
=땅밑에 있는 길로서 지하철 [sub: under way: 길]
cf] metro
=전기 열차가 다니는 지하 railway system으로서 지하철 [m: 움직이는 것 et: electric train
r: railyway system]
vs tube BrNB
=터널처럼 생긴 것으로서 지하철 [t: tunnel]

underpass AmNB
=밑으로 통과하는 길로서 지하도
[under: 밑으로 pass: 통과하는 것]
vs subway BrNB
=땅밑 길로서 지하도
[sub: under way: 길]

automobile AmNB
=자동으로 움직이는 것으로 자동차
[auto: automatic mobile: 이동할 수 있는 것]
In short, also auto.
vs car BrNB
=덮개가 달리는 것으로 차
[c: cover or c>ch: 차 r: running]

restroom AmNB
=쉬는 방으로서 화장실/변소[便所]
cf]toilet=(변기)통이 있는 곳으로서 통시(경상도 사투리)
/화장실 : Don't forget to flush the toilet.
vs lavatory BrNB
=세면대가 딸려 있는 곳으로서 화장실
[lav: lave 쭉쭉 비벼 대는 것으로서 씻는 것 (l: 쭉쭉하는 모양 v: 비벼대는 것) t>d: 대]
washroom 세면장 washstand 세면대

movies AmNB
=움직이는 것들을 보는 곳으로서 영화관
[mov: moves or mo: motion pictures
e: eyes s: several]
cf] movie=움직이는 것을 보는 것으로서 영화
theater=테마를 가지고 연기하는 곳으로서 극장
[the: theme act: 연기하는 것]
vs cinema BrNB
=어떤 장소에 가두어 놓고 움직이는 것들을 보는 곳으로서 영화관 [c: 가두어 놓은 장소 e: eyes m: moves]

gas AmNB
=정제한 기름으로서 휘발유 [g: 기름 s>z: 정제한 것]
In long, called 'gasoline'.
I'll stop and get some gas-we're running low.
For '가스' in Korean, it's also called 'gas'.
[g: 까스 or g: go a: air
공기처럼 날아 가는 것으로서 가스]

vs petrol BrNB=석유에서 얻은 기름으로서 휘발유
[petr: petroleum o: obtained]

elevator AmNB
=사람들을 태우고 쭉 오르내리는 것으로서 엘러베이터
[e/e: eyes and eyes l: 쭉 오르내리는 모습]
vs lift BrE=쭉 날라 오르 내리는 것으로서 리프트
[l: 쭉 오르내리는 모양 f: fly]

cab AmNB
=작은 덮개 같은 것이 움직이는 것으로 택시
[c: cover b: bit]
vs taxi BrNB =부르면 탁탁 서는 차로서 택시
[tax>taks: 탁탁 서는 것]

cookie AmNB
=구운 원형 모양의 소형과자로 쿠키
[c: 구운 것 oo: 원형 모양체들]
vs biscuit BrNB=구운 둥근 모양의 소형과자로서 비스킷
[b: baked s: 소형 c: 둥근 모양]

비영어권 사람들은 BAM으로 언어를 습득해야 한다

원어민과 입양아, 조기유학자는 실제생활로부터 언어를 습득한다. 말하자면 실제생활로부터 뜻을 습득한다. 생활과 뜻이 함께 움직이기 때문이다. 그리하여 단어의 고유한 뉘앙스도 함께 몸에 배이게 된다.

하지만 비영어권 사람들은 원어민들 처럼 언어를 습득하려면 BAM으로 단어를 처리해야 한다. BNW를 바탕으로 하여 **적용된 실제상황**[A상황]으로부터 뜻이 나오기 때문이다.
그러면 원어민 언어 습득과 같아진다.

tip) 1. BAM을 알면 단어 선택권이 생긴다.
BNW를 알기 때문이다.
2. 외국에서 오랜 생활을 하면서 경험으로 얻어지는 뜻도 이제 살지 않더라도 단어마다 그런 고유한 뜻을 다 느낄 수 있다. BAM이 있기 때문이다. 그래서 단어의 뜻은 항상 BAM으로 처리하여 간직하라.
3. BAM을 모르면 단어의미를 정리할 수 없다. 특히 BAM을 모르면 유사어, 동의어 구별은 물론이거니와 뜻이 같은 한국말인 경우 분간하기가 어렵다. BNW를 모르고 무턱대고 외우는 것은 죽은 단어를 외우는 것과 같다.
그래서 BAM으로 간직한 단어는 free 영뇌로 쉽게 들어오고 free 영뇌를 쉽게 만들 수 있다. 명심하라.

☜.. **완전번역과 이면번역은 IS가 서로 다르다. 완전번역은 영어본래의 모습이 보이고 이면번역은 뜻하는 의미만 보인다. 그래서 전자일 경우 IS 영뇌가 쉽게 작동한다.**

주의] 원어민들은 이면번역을 하더라도 단어 원래 뜻[BNW]을 바탕으로 하고 있다.

candy AmE
=둥근 모양의 단 것으로서 사탕
[c: 둥근 모습 d: 단 것]
vs sweets BrE
=좔좔하는 꿀처럼 단 것으로서의 사탕
[s: 좔좔 흐르는 모습 wee>v+v+ee> : bees' honey
s: 복수개체의미]
cf] artificial sweeter 인공감미료

roundtrip AmE
=밟아 돌아 오는 것으로서 왕복인 것
[round: 돌아오는 것 trip: 잠시 밟아 보는 것]
vs return BrE
=돌아오는 것으로서 왕복인 것 [re: back turn: 도는 것]

단어 본래의 뜻과 뜻하는 의미는 다르다.
사전의 대부분의 뜻은 국어사전과 같이 뜻풀이로서 뜻하는 의미이다. 단어 본래 뜻으로 느끼려면 다시 BNW 또는 BAM으로 다시 정리해야 한다.

예컨데, expert를 실무[실제] 전문가라고 하면 단어 본래의 미[원래의미]가 되고, 사전의 뜻처럼 아주 잘 알고 있는 사람이라고 하면 뜻하는 의미가 된다. **괄호 속은 그냥 뜻하는 의미로 뜻풀이를 해놓은 것이지 단어 본래[원래] 의미는 아니다.**
: My mother is an expert at dress-making (= she does it very well).

tentative adj.
1. not definite or certain, and may be changed later [= provisional; ≠ definite]:
Tentative plan. Tentative order.
I passed on my tentative conclusions to the police.

2. done without confidence [= hesitant] :
A tentative smile.

여기에서는 tentative 의미를 불명확하거나 확실하지 않거나 자신감이 없거나 주저하는 것으로 뜻풀이를 하고 있다. 이 것은 어디 까지나 단순히 뜻하는 의미이지 단어 본래의미[원래의미]는 아니다. **단어 본래의미[원래의미]는 BNW 또는 BNW가 반영된 BAM이다.**

tentative BAM
=시험적으로 취해보는 것으로서 **잠정적인 것** /시험적인 것 / 일시적인 것 /가(假)인 것
[t: try,test t: take tive: 질/상태 -- BNW]

그래서, 잠시 노크를 취해보고 들어 갈 경우 tentatively를 쓰는 것이다.
Albi knocked tentatively and entered.

A tentative smile의 뜻[번역]도 본래의미[원래의미]로 말하는 것과 뜻하는 의미로 말하는 것은 많은 차이가 있다.
완전한 뜻[완전번역] : bnw-BAM
=잠시 취해 보는 웃음/미소 -- **본래의미[원래의미]**

이 말이 뜻하는 의미로 상황에 따라 주저하는 웃음, 불명확한 웃음, 자신이 없는 웃음 --등으로 우리는 이해할 수 있다. 이렇게 번역할 경우에는 **준번역[이면번역]** 밖에 안된다.

I always buy the same brand of toothpaste just out of (= because of) habit.

사전에 이와 같다고 하니까 많은 한국 사람들은 out of를 하나의 숙어처럼 생각하여 because of로 이꼴(equal)로 놓아 외우거나 가르치기에 바쁘다.
완전한 뜻[완전번역]=나와서, 즉 --로부터 나와서
just out of habit=그냥 나와서, 즉 습관적으로 나와서
그냥 나와서, 즉 습관에서 우러나와서 그렇게 늘 한다는 표현이다.
vs **준뜻[준번역]**=때문에, 즉 습관 때문에
habit=행위가 배어 있는 것으로서 습관
[h: 행위/behavior b: 배어 있는 것]

> **※완전/대체 번역=bnw-BAM 준번역=im-BAM**
> ↳ 어떤 번역으로 시동을 거느냐에 따라 IS영뇌도 달라진다.
> ⇒ bnw-BAM 시동=Best ∵ 원어민과 같은 느낌

단어의 뜻은 BNW, BAM에 맞는 정확한 한글을 가져와라. 영어 단어 본래 뜻에 맞는 정확한 한글이 있다. 그것을 찾아야 한다. 다 같이 전문가라 할지라도 buff, authority, expert, specialist가 다 다르다.
buff noun [C] informal
a person who knows a lot about and is very interested in a particular subject : A computer/opera/film buff.

buff BAM
=많이 알고 있다고 입에 거품을 무는 사람으로서 큰 소리 (빡빡) 치는 전문가
[b: bubble ff: 거품이 자꾸 흘러나오는 모습 /flow+flow]

뭐하면 그 분야에 대해 입에 거품을 무는 사람이 바로 buff이다. 더구나 informal**한 뜻으로 가져가야 하니 그냥 전문가라고 이해하면 그 고유한 냄새가 나지 않는다.**

authority noun [C] an expert on a subject
She's a world authority on 19th-century Irish history.

authority BAM
=어느 분야에 인정받는 사람으로서 권위자
[authority: 허락/허가, 인정, 권한, 당국, 당국자]
단어에서 권위적인 냄새가 풍겨야 한다.

add] authority BAM
=당국이 서명하는 것으로서 허락/허가
[au: autograph 자필 t>d: 당국]

expert noun [C]
someone who has a special skill or special knowledge of a subject, gained as a result of training or experience

A gardening/medical expert.
My mother is an expert at dress-making.
He's a world expert on marine mammals.

expert BAM
=경험이나 트레이닝을 많이 한 사람으로서 실무전문가/실제 전문가/실질적인 전문가
[exper: experience r: 로력>노력 t: training]
그래서 외환 전문으로 Forex expertise로 표현한다.
add] experience=바깥에서 perform한 것으로서 경험
[ex: out/outside per: perform]

specialist noun [C]
someone who knows a lot about a particular subject, or is very skilled at it [= expert]
An attorney who is a specialist in banking law

specialist BAM
=어느 특별한 분야에 특별히 많이 알고 있는 사람으로서 특별 전문가 /전문의 /전공자
[special: 특별한/특수한 것 ist: 전문적인 사람]
add] special
=어느 파트에 특수한 것으로서 특별한 것
[s: 특수한 것 p: part]

사전에서 단어를 찾았을 때 단어의 뜻은 **영영사전**처럼 개념적으로 정리해 둬라. 영한 사전식으로 형용사를 --한, 부사를 --하게, 동사를 --하다, 명사를 한 개의 단어식으로 외우지 말고 BAM처럼 '-- 하는 것으로서 하는 것[명사]'으로 **개념적으로 또는 속뜻 풀이식으로 정리해 둬라.**

그러면 해석도 훨씬 자유로와지고 단어의 뜻도 명쾌해진다. 무엇보다도 순서대로 의미를 쉽게 적용시킬 수 있다. 즉 BAM을 Ekbe **또는 영뇌**로 쉽게 가져 갈 수 있다.

이렇게 **'— 하는 것으로서** blah blah'로 모두 표현해도 이것이 부사이고, 형용사이고, 명사이고, 동사이고, -- 구분이 가능한 것은 단어철자에서 그 뜻 성격을 알 수 있기 때문이다. 그러니 반드시 **영한 사전식 뜻 표기대**로 외울 필요도 없고, 뜻을 이렇게 정리해 둬도 걱정할 필요가 없다.

어차피 영어는 **설명해 나가는 두뇌**로 움직이기 때문에 영한 사전식 표기법대로 뜻을 대입시켜 해석[이해]하는 것은 아니다. **설명해 나가는 두뇌로 단어의 뜻을 해석[이해]하는 것이다.** 이것이 바로 원어민이 알고 있는 단어의 본래 의미[원래의미]이기 때문이다. 그래서 버그단어는 BAM에 항상 설가 값이 들어가야 한다. 영한 사전의 뜻은 한뇌, 즉 한글기준으로 뜻을 밝힌 것에 불과하다.

형용사는 대개 질(성격 포함), 상태를 의미하고, **부사**는 양태, 방법, 정도, 시기, 장소, 이유 -- 등을 의미하고, 명사는 질, 상태, 행위 -- 등을 의미하고, **동사**는 상[state], 아니면 동[move]으로 되어 있고, **전치사**는 정동 또는 직간상으로 되어 있다. 이런 뜻 성격을 단어철자에서 다 느낄 수 있다.

명사가 quality(질), state(상태), act(행위) -- 등으로 **영영사전**에서는 속뜻풀이식으로 뜻풀이를 하고 있고, **영한사전**은 한글구조에 맞게 그냥 하나의 단어로 표현하고 있는 데 영영 사전식으로 알고 있는 게 훨씬 낫다. 그래서 **명사도 BAM으로 '-- 하는 것으로서 명사'로**

표현해서 개념을 잡아 두는 게 좋다. 동사, 형용사, 부사, 전치사, 접속사도 BAM 표현으로 이해한다. 특히 **영한사전**에서는 동사 /형용사 /부사 /전치사 /종속접속사를 한뇌, 즉 한글구조에 맞게 표현하고 있는 데 Ekbe 또는 영뇌를 쉽게 발생시키려면 BAM으로 정리해 두는 게 좋다.

다만 단어철자에서 **품사구분**이 잘 되지 않은 단어는 사전을 찾았을 때 **제시한 품사를 염두에 두고 단어의 뜻을 BAM으로 정리해 두면 된다.**

tip)1. 단어를 개념적으로 알고 있으면 해석뇌로 가지않는다. 마치 우리말을 사전을 통해서 이해하는 것과 같다. 1 대 1 대응식 한글구조에 맞는 뜻은 쉽게 해석뇌를 작동시킨다. 2. 단어는 BAM으로 개념적으로 알고 있어야 Ekbe 시동이 쉽게 걸린다.

4 BAM 실전 ↗실제로 (BNW를 바탕으로) 어떤 뜻으로 적용되었는가를 알아내는 기술

To bolster Afghan security,
U.S. sending 850 trainers

Washington ---------

BY THOM SHANKER | Free 감주 간직하기
+ 我必 Free 감주 간직하기

bolster ↳Washington sending 850 trainers.

=(밑에서) 받치는 것으로서 강화시키는 것/받침대/긴덧베개
[b: (bottom) + 바치는 것 or s: support + st: strong]

사전이 만능이 아니다. 오로지 BAM이 만능이다.

사전에 뜻이 있어도 해당 뜻을 찾지 못하거나, 사전에 뜻이 없어 해당 뜻을 찾지 못하는 경우 **BAM 영뇌로 처리하라.**

Let the warming trend begin – Today we'll <u>top out</u> in the 40s, tomorrow in the 50s, and Saturday in the 60s.

시동=오늘 우리는 될 것같은 데 마지막이 될 것 같다. 대[내자], 즉 40도 대로서 말이다. (첫문장 시동 ☞ vol 2 > p143)

top out=마지막이 되는 것 ☞ p84 whipsawed
top=맨끝으로서 마지막인 것 out=마무리[끝내는 것]로서 되는 것 **cf]** top out=낙성식을 하는 것
in=범위내 전체로서 대(帶)와 그 대상으로서 내자
40s의 s=대범위 전체 것으로서 대복수[=40's]

Games begin today amid <u>backdrop</u> of crisis in Sochi.
시동=가운데 잠시 물러나 있는 가운데 vs 배경/배경막/배경천

Australia
turns to the sea
after a long drought

Brisbane, Australia

Parched country sees itself as 'canary in the coal mine' for desalination

----

BY NORIMITSU ONISHI | Free 감주 간직하기
+ 我必 Free 감주 간직하기

desalination
=염분을 제거하는 것으로서 탈염시키는 것/담수화 하는 것
[d : 제거 -- **구개음화 BNW** s : salt]

가뭄이 심해 담수화 사업을 하려고 해도 광산 속에서 노래하는 canary 신세가 되었는 데도 아무도 거들어 보지않고, 환경문제가 어쩌고, 저쩌고 하는 소리만 요란한 것 같다고 보도하고 있다.

※for=하려고 해도/해자 -- 하려고 해도 : **for=해당양보와 그 대상**

The Leading Hotels of the World
Presents Leading Suites
-- Advertising Phrase
| Free 감주 간직하기 + 我必 Free 감주 간직하기

present=보이게[앞에] 내놓는 것으로서 제시/제공/제출하는 것 [p: put pre: before s: see]
Last week he presented the documents.

vs provide=앞으로 주는 것으로서 제공하는 것
[pr: (누구) 앞으로 d: 주는 것 -- **구개음화 BNW**]
: The booklet provides useful information about local services.

vs supply=적절하게[충족/흡족시키기 위해] 제공하는 것으로서 공급하는 것
[s: send+s: make sufficient or p: properly p: provide]
: The factory supplied a uniform to each of its workers.
It's all a matter of supply and demand.
Electrical power is supplied by underground cables.

add] present =adj. 앞에 보이는 것으로서 참석하는 것/출석 하는 것/현재인 것(adj. or noun)
[pre: before or p: 앞-받침한글 BNW
s: see]

present noun=앞에 내놓는 것으로서 선물
[p: 앞 + put t: thing(s)]

vs gift=기쁘게 해주는 것으로서 선물
[g: 기쁘게 해주는 것 or glad t: thing(s)]

Bound by past,
sumo falters

TOKYO, JAPAN

Decline in popularity
left the insular sport vulnerable ------

Kotomitsuki, right, was banned from sumo for life for involvement in a gambling ring. ----.
BY MARIN FACKLER
| Free 감주 간직하기
+ 我必 Free 감주 간직하기

falters=넘어질 정도로 비틀대는 것으로서 힘/기력/인기 -- 등이 약해지는 것/더듬더듬 거리는 것
[f: fall t: 비틀대는 것 s: singular 현재]

insular adj=섬내 국한으로서 섬사람인 것/섬나라인 것/편협적인 것 [in: 내/안/속 s: 섬]
섬내로 국한 하니 저절로 편협적이라는 negative 의미가 나온다.
vulnerable=변하기 쉬운 것으로서 취약한 것
[v: 변하는 것 e: easy]

involvement=발을 들여 놓는 것으로서 참여/관여/개입
[in: 안에 두는 것으로서 들여 놓는 것 v: 발]

지난 일에 영향을 받고서 스모인기가 갑자기 식어버렸다는 기사이다. 선수이든 누구이든 개인관리를 잘 해야 한다.

Director's foray into dreamland

LOS ANGELES

Christopher Nolan's film
'Inception' tells of a mind heist
after Waking Hours

BY DAVE ITZKOFF | Free 감주 간직하기
+ 我必 Free 감주 간직하기

foray=빠르게 괘하는 것으로서 빠른 진출/급습[약탈]하는 것
[f: fly r: run(+raid) a: attempt]
inception=들어 가는 것으로서 시작/개시/발단
[in: (시작 뜻으로) 들어 간다는 것]
: In 3,2,1, lift-off! (들어가요, three, --!)
A CD collection covering the band from its inception in 1994.
Since its inception in 1968, the company has been at the forefront of computer development.

heist=훔치는 정도가 높은 것으로서 고가품 강도[질]
/훔치는 강도가 높은 것으로서 무장강도/무장약탈
[h: high st: steal] : A jewelry heist.

Nolan감독이 'Inception' 이라는 영화로 꿈의 나라, 할리웃으로 너무 빠르게 침투했다는 기사이다.
※a mind heist 마음의 약탈
Waking Hours=Del Amitri의 Album

"My lawyer says I can sue the school because they're violating my right to be stupid."

A personal interview,
face to humanoid face

BRISTOL, VERMONT

'Friend robot,' Bina48,
is a compelling subject, if somewhat confused

BY AMY HARMON | Free 감주 간직하기
+ 我必 Free 감주 간직하기

humanoid=인간과 같이 움직이거나 행동하는 것으로서 유인 / 인간과 가까운 생물[동물] /유인 로봇 /원인(原人)
[human: 인간 o: 움직이는 것 do: 행동하는 것]

기술의 발달로 로봇과 면접하게 되었다고[인간의 얼굴 대 유인 얼굴] 머릿기사는 시작하고 있다. 즉 개별 면접이 인간의 얼굴이 로봇 얼굴과 맞대고 하는 면접이 되었다고 말이다. 하지만 이것은 어쩔 수 없는 문제라고 말하고 있다.

compelling=강요하는 것으로서 강제적인 것
[co: 강요--경음화 BNW ing: 적인 것-- adj. suffix
or mp: make force(power]
subject=어떤 것에 종속시켜 이야기 시키는 것으로서 주제/제목/과목/주어/문제/화제/主因/주체/주관 --- 등등
[s>z: 종속시키는 것--유음화 BNW t: thing + talking]
: compelling subject 어쩔 수 없는 문제

원어민 표현은 BNW 입장에서 표현하기 때문에 어렵다. BNW와 BAM원리를 알면 뜻을 쉽게 파악할 수 있다.

"My generation will be running the world soon. If we say 4+4=9 then that's the way it's going to be!"

U.S. mired in debate
over jobs vs. deficit

Washington

Parties approach election
with sharp differences on economic priorities

BY SEWELL CHAN
| Free 감주 간직하기
+ 我必 Free 감주 간직하기

mired
=진흙에 구르는 것처럼 엉망진창이 된 것/수렁에 빠진 것
[m: mud r: 구르는 모습 d: 된 것(done)
or mire+d: 진창이 된 것]

mire=깊이 빠지는 진흙으로서 진창인 것
[m: mud i: in r: 쑥빠지는 모습]
The wheels got stuck in the mire.

debate=서로 되받아 치는 것으로서 토론
[de: 되 ba: 받아 te: 치는 것]
Presidential debate.
The subject of heated debate.

vs discuss=주거니 받거니 하는 것으로서 논의/의논하는 것
[d: 주는 것 c: receive ss: say+say]
Littman refused to discuss the case publicly.

vs dispute=피튀기는 토론으로서 논쟁
[p: 피튀기는 것 or compete t: 토론]
The firm is involved in a legal dispute with a rival company.

vs argument=소리지르며 다투는 것으로서 언쟁
[ar: 아앗하고 소리지르는 것 t: 다투는 것]
I broke the vase during an argument.
⇒ 我必 Free 감주 간직하기 :
The vase broke into pieces[bits].

Playing to the crowds,
from opposite directions

GOLF Ponte Vedra Beach, Florida

Tour' s newest cham and the world No.1 holds fans in thrall in Florida

BY KAREN CROUSE

Fans could behold every shot by Rory McIlroy or Tiger Woods, but not both, in the first round of the Players Championship. -------.

| Free 감주 간직하기
+ 我必 Free 감주 간직하기

thrall=완전히 쫙 엎드려 버리는 것으로서 어떤 것에 속박된 것/노예가 된 것 [thr: 쓰억 엎드리는 것 all: 완전히]
hold=손에 쥐고 있는 것으로서 소지하고[가지고] 있는 것
[h: hand o: 쥔 모양 or d: 쥐고 있는 것 -- 구개음화 BNW]
behold=머리 속에 있는 그대로 가지는[간직하는] 것으로서 지켜 보는 것 [be: 있는 그대로인 것 h: head+hold]

이제는 노예가 되어버린 팬들을 가질 정도로 로리 매킬로이와 타이거 우즈는 서로 멋진 shot으로 유명하다. 하지만, 기자는 팬들이 첫 라운드에서는 모두 다 한꺼번에 볼 수 없다고 안타까워하는 마음을 전하고 있다.
※could=과생각으로서 가능했던 것 같다 /정생각으로 가능한 것같다

"In an increasingly complex world, sometimes old questions require new answers."

Despite lofty goals,
China spews out more gases

HONG KONG

Pollution that contributes to global warming caused by higher power demand

BY KEITH BRADSHER

| Free 감주 간직하기
+ 我必 Free 감주 간직하기
↳ China spews out more gases, which caused pollution.

despite lofty goals
=불양자(不讓者) 거대한 목표에 영향을 받지않고

contributes to 시동
=탓이 되는데 대자 -- 의 탓이 되는 것
lofty=쭉 크게 올라간 것으로서 아주 높은 것
[l: 쭉 솟아 있는 것 tall: 큰 것 y: 질형용사]

spews=내뿜는 것으로서 분출하는 것/토하는 것
[s: send p: 뿜는 것 w: 뿜어흩어지는 모양 s: singular] spews out=내뿜어 내는 것

goal=향해서 가야 할 것으로 목표 /목적
[go: 가야하는 것 a: at]
vs objective=대상으로서 목표/목적
[object: 대상]
He vowed to achieve certain objectives.

vs aim=겨냥하는 것으로서 목표/목적
[a m: 겨냥하는 것]
The main aim of the course is to improve your writing.
vs purpose=의도하는 바로서 목적/의도
[ur: 의도]
What is the purpose of your visit?
You did it on purpose!

Residential construction spending stabilizes while nonresidential spending plunges

---

percentage change from previous year

| Free 감주 간직하기 + 我必 Free 감주 간직하기

while=사이행위 종맥과 그 실체로서 하는 사이[동안]/간자
--하는 사이[동안] : While I studied, she cleaned up.
//사이행위 전환 등맥으로서 한편[그런데]
[w: between h: behavior]

//사이로서 짧은 시간 [w: between]
It takes a while to recover from the operation.
Wait a little while before deciding.

vs as=동급으로서 **동시[同時]상황 종맥과 그 실체**로서
하자마자[하는 대로/하고 있을 때]
/동자 -- 하자마자/하는 대로/하고 있을 때
//**동시상황 등맥**으로서 동시에/뿐만이 아니라
[a: apposition 나란히 놓는 것 s: same]
: As I walked into the room, the phone started ringing.
As time passed, things seemed to get worse.
The thief was seen as he was climbing over the wall. vs Wall street declines as oil falls.

그래서, while은 **하는 사이로서 동시상황**이고,
as는 **동급시기로서 동시상황**이다.

from previous year 시동
=기점으로 해서 전년도를 기점으로 해서 말이다
/기자 전년도와 비교해서 말이다

Situation: What she was advised to exercise when she gained a few pounds.

Doctor: Watch what you eat!
Cut out sweets.
Client: My tummy feels.

| Free 감주 간직하기
+ 我必 Free 감주 간직하기

tummy=돌리며 섞는 곳으로서 위/배
[t: turn m: mix y: 담는 곳]
그래서 특히 애들이 많이 사용하고 애들에게 많이 쓰인다(used especially by or to children).

vs stomach=목구멍으로 쏙 들어가 담기는 곳으로서 위
[s: 쏙들어가는 것 o: 목구멍 모양 c: container]

vs belly=불룩 나오는 모습으로 담는 곳으로서의 배
[b: 불룩 나온 것 y: 담는 곳]

vs abdomen=바디에 움직이는 둥근 부분으로서 복부
[bd: body o: 둥근모양 m: moving]

모두 배라는 의미로 쓰이나 접근하는 뉘앙스도 다르고, IS도 달라진다. 기능으로서 배, 그릇으로서 배가 있고, 모양으로서 배, 신체구조로서 배가 있다.

add] navel
=배에 못이 꽂혀 있는 것처럼 보이는 것으로서 배꼽
[na: nail v: 오목 들어간 모양]
: navel string 탯줄

tip)단어는 문맥 속에서 익히는 것이지 단어장으로 익히는 것은 아니다 : **Free 감주 간직**
↘Learn words in context — not from a word list.

"You are my blue beach glass."

(Couple in bathing suits walks on beach. Woman holds piece of beach glass, while behind them another woman gathers beach glass.)

"Okay, now send me some politicians who are sane regarding the immigration issue."
| Free 감주 간직하기
+ 我必 Free 감주 간직하기

issue=여러 사람들의 입에 오르 내리는 것으로서의 쟁점 /문제점 /논쟁/논점 [s: several s: say]
//여러 사람들이 볼[가질] 수 있게 발행하는 인쇄물로서 발행/발행물/발행판 [s: several s: see or 소지하는 것]
The January issue of Newsweek.
There's an article on motorbikes in the latest/current/next issue. The issue of stamps.

//여러사람들이 가질 수 있게 발행하는 주식으로서 발행주식 [s: several s: share or stock]
: 2 million issues. 2백만원어치의 발행주식

//여러 사람들이 알 수 있게 내리는 것으로서 발포發布[공포]하는 것 [s: several s: see 보는 것으로서 아는 것]
: A warning was issued. He issued a statement.
He issued an order to soldiers.

//여러 사람들이 가질 수 있게 하는 것으로서 지급하는 것 [s: several s: 소지하는 것 or 지급하는 것]
: He issued amunition to the troops.

sane=adj. 자기 정신으로서 제정신인 것 [s: self + soul]
regarding =prep. 관련 된 것으로서 관한 것
[garding: 관련된 것 〈 gar: 관련 din: 된 g: 것]

Goodbye to Copenhagen

COPENHAGEN

'The Little Mermaid'
is vacationing at the World Expo in China

JOHN TACLIAUE | Free 감주 간직하기
+ 我必 Free 감주 간직하기

mermaid=멱을 잘 감는 아가씨로서 인어 아가씨 /헤엄을 잘치는 여자 [m: 멱[수영] er: 이리 저리 잘 다니는 모습]
maid=남자를 도와 주는 사람으로서 여종/여자하인/여부
[m: man aid: 돕는 것]
A kitchen maid. A hotel maid. 호텔여종업원
A home maid. 여가정부
옛날에는 주로 남자를 도왔다. 이렇게 일하다 보면 결혼하지 못한다. 그래서 negative의미로 노처녀를 old maid라 한다. 물론 늙은 여종일 경우도 old maid이다.

/아무도 만지지 않은 여자로서 처자[경상도 사투리]
[ma: 만지지 않은 것 〈 m: 단지는 것 a: 아닌 것]
cf] tit=(slang) 계집애

vs lass=날씬한 아씨로서 아가씨 cf] lad=총각
[l: 랄씬한 모습--두음법칙+모양 BNW ass: 아씨]
vs master=다음대로 부리는 사람으로서 주인
[mas: 마음대로 다스리는 것 er: 일으키는 실체]
vs servant=허리를 굽혀 일하는 사람으로서 하인/종
[ser: 허리를 '쓰억' 굽혀 열심히 일하는 모습]
: maidservant, manservant

영어는	BAM 영뇌와 associate 영뇌가 형성되어 있지 않으면 이해하기가 어렵다.

God said to Moses, "I am who I Am. So say to the Israelites, 'I Am has sent me to you.'"
I Am=내 상태존재로서 내 스스로 존재하는 자 send=이쪽에서 저쪽으로 보내는 것으로서 파견하는 것/내려주는 것/전하는 것[s>~ : 이쪽에서 저쪽으로 보내는 모습] me=단어 associate로서 내 뜻/자기 뜻[내 말/자기 말] am=동질 연결로서 '는' to=방향대상으로서 대자 — 에게

시동=하나님은 말했는데 대자 모세에게 말했는데 나는 누구냐 하면 내 스스로 존재하는 자이니라, 그래서, 가서 말하라. 대자 이스라엘 백성에게 내 스스로 존재자가 가지고 있다고, 전한 사실[내리다 준 것]을 자기 뜻을 대자 너에게[모세에게] 전한 사실[내리다 준 것]을 가지고 있다고 말이다.
주의] 1. 각종 성경책에서 me를 moses, you를 Israelites로 번역한 것은 이 표현의 뜻하는 의미[IM]이다.
2. 다른 절에서는 따옴표를 제거한 표현도 많다. 그러면 직접화법이 묘출화법[묘출표현]으로 된다.

Deep Springs, Ranch for Kids
Adoptees seek healing on a ranch

EUREKA, MONTANA

Troubled children, many Russians, try to deal with past at Montana home
----

BY KIRK JOHNSON | Free 감주 간직하기
+ 我必 Free 감주 간직하기

heal=건강하게 하거나 원래 온 모습으로 만드는 것으로서 고치는 것/치료하는 것 [heal: health or h: (make) whole]
그래서, 만병 통치약을 heal-all이라 한다.

vs treat=다루어서 고치는 것으로서 치료하는 것
[tr>dr: 다루는 것]
vs therapy=물리적인 것 또는 관계로 고치는 것으로서 치료 /요법 [t: treatment r: relation p: physical(ly)]
vs cure=일어 나도록 보살펴 고치는 것으로서 치료하는 것 /치유하는 것 [c: care+보살펴 고치는 것 r: (make) rise]

cf] care=보살핌/돌봄으로서 간호하는 것[for]
[c: (무언가 어디에) 쏟는 것(으로서 보살핌)]
그래서, 주의를 기울이는 것으로서 careful를 쓰는 것이다.

"Perfect. Not a cloud to be seen."
| Free 감주 간직하기
+ 我必 Free 감주 간직하기

a=어떤 하나(의 상황)로 지정하는[묶는] 의미
[a: '어+하나'로서 어떤 하나--어떤 것(소리로서 어떤 것) + 하나(첫번째 나오는 것으로서 하나인 것)]
'Not a cloud.'
=없는데 한 점의 구름[구름 한점]이 없다는 뜻이다.
vs 'No cloud.' =구름이 조금도 없다.
즉 구름 한점도 없다/한점의 구름도 없다는 뜻이다.
*no=not -- any : **부정 강조말**

어떤 하나로 하나를 지정하면 one이 되고, **어떤 하나**로 지정하여 묶으면 하나의 크기로 묶음이 되고, **어떤 하나**로각 각을 지정하면 each one[per]이 되고, **어떤 하나**로 한 종류를 지정하면 one kind가 되고, **어떤 하나**로 하나 하나 모두를 지정하면 전체대표의미가 되고, **어떤 하나**로 어떤 하나의 크기 정도를 지정하면 대략크기로 한 또는 some이 되고, **어떤 하나**로 하나 같은 것을 지정하면 same이 된다.
결국 BNW 하나만 알면 된다.

vs one=숫자/카운팅으로서 하나인 것
vs a[an]는 **대명사처럼 one을 지정 할 수 있다.**
이럴 경우에는 어떤 하나가 아니라
하나가 된다.
: For lunch, I ate a sandwich and an apple.
A thousand 일천

add] 불명확한 복수 크기를 어떤 하나의 크기로 추정할 수 있다. 이 때는 **'한' 으로서 대략크기**를 의미하게 된다.
: a few /friends 한 몇명 정도 되는 친구들
a great[good] many /books
한 대단히 많은 수의[한 상당한 수의] 책들
an estimated 200 /people
한번 추정해보니 대략 200명인 것

Wang Lequan adopted policies during his tenure that marginalized Uighur culture.
| Free 감주 간직하기 + 我必 Free 감주 간직하기

that=분설 관계대명사 → referent=Wang Lequan
adopted=하기로 받아 들인 것으로서 채택한 것
[a: accept d: do ed: 과음가 or (e: 조율음) d: did]
그래서 부양하기로 받아 들이는 것이면 '입양하다 /양자[양녀]로 삼다' 가 된다 [p>b : 부양하는 것]

tenure=남아 있는 계속 기간으로서 임기/재임[재직]/보유/보장/ 종신재직 또는 이런 것들에 대한 권한으로서 임기권 /재임권[재직권] /보유권 /보장권 /종신재직권
[t: time or period of time re: remain]
marginalized=가(장 자리)로 보낸 것으로서 중요하게 취급하지않았던 것 /무시[경시]한 것 /주류에서 몰아 낸 것
[margin: 가 alize: 동사화의미 ed: 과음가 or (e: 조율음) d: did]

margin=정상에서 남는 것으로서 여백 /가 /한계 /차이
[m: 남는 부분-**받침** BNW g: 정상 부분]
margin cost 한계비용

vs edge=끝자리로서 가장자리 [e: end g: 자리]
그래서 끝 날카로운 부분, 즉 blade(날)로도 쓰이며, 양면날을 가진 것[both-edged]으로도 표현이 된다.

vs fringe=경계가 되는 것으로서 언저리/주변/가장자리
[fr: 경계 부분에 무언가 나와 있는 모양 g: 경계]

vs hem=둘러져서 (속을) 숨기는 부분으로서 가장자리 /둘러치는 것으로서 가두리
[h: hide em: embrace]

China replaces leader
of Xinjiang region

BEIJING

Support for hard-liner
had faltered among Communist Party chiefs

BY EDWARD WONG
AND JONATHAN ANSFIELD
| Free 감주 간직하기
+ 我必 Free 감주 간직하기

faltered=진행하지 못하고 떨어져 갑자기 멈추는 것으로 갑자기 약해진 것 /움찔한 것 /망설인 것 /멈칫한 것
[f: fall t: 가다가 탁서버리는 것 ed: event 음가 or (e: 조율음) d: done 한 것--능동 event]

움찔하고 망설이고 멈칫하는 현상은 더 이상 진행되지 못하고 갑자기 멈추는 **현상의 한 예**이다. 즉 falter의 한 현상에 불과하기 때문에 갑자기 인기가 시들해지는 경우에도 적용이 가능하다.

그럴 때엔 갑자기 식다로 되어 BNW를 **바탕으로** BAM은 **자꾸 늘어 날 것이다.** 원어민들은 우리가 우리 한글을 쓰듯이 이렇게 쓰기 때문에 원어민 표현에서는 사전에 없는 뜻도 많다.

replaces
=위치를 다시 정하는 것으로 교체하는 것 / 대체하는 것 /제위치에 놓는 것
[re : again/back place : 위치를 잡는 것 /위치에 놓는 것
s : singular 현재]
: TVs replaced radios. 대체했다.
Replace the phone when finished.

Obama avoids calling
Armenia killings genocide

ASHEVILLE, NORTH CAROLINA

BY PETER BAKER
| Free 감주 간직하기
+ 我必 Free 감주 간직하기

genocide=조직적으로 집단으로 숨을 끊어 버리는 것으로서 집단학살/대량살육
[g: 조직적 행위+집단(or group of people)
c>s: 숨 d: down 끊어 버리는 것 or cide: killing]

vs homicide=인간의 숨을 끊어 버리는 것으로서 살인
[h: human(s) c>s: 숨 d: down 끊어 버리는 것]

vs massacre=덩어리로 많은 사람들을 비참하게 죽이는 것으로서 대학살
[mass : 덩어리로서 집단(의 사람)
acr : ac+cry--죽을 때 악악 소리내는 것]

vs mass execution=집단 처형으로서 집단학살
[mass : 집단의 사람 execution : ex(out)+cut 짤라 버리는 것, 즉 처형하는 것]

cf] execution=집행하는 것으로서 수행
[ex : out e : enforcement]

vs murder=사람을 죽이는[날려 보내는] 것으로서 살인
[m: man d: make die or 죽이는 것 -- **구개음화** BNW or r: 날려 보내는 모습 er: 일어나는 행위로서 명사행위]

Former Nazi
who led cult in Chile dies in prison

RIO DE JANEIRO

Convicted sex offender
was also wanted for U.S. man's disappearance

BY ALEXEI BARRIONUEVO
| Free 감주 간직하기
+ 我必 Free 감주 간직하기

1. cult
=가두어 놓고 숭배하도록 가르치는 것으로서 사교 /이교
[c: 가두어 놓은 것/울[우리]을 쳐 가두어 놓은 모양 t: teach]
offender=벗어난 행위를 한 사람으로서 범죄자
[off: 벗어난 것 d: did er: 일으킨 실체로서 사람]

2. 옛날에는 배우거나 감옥살이 시킬 때 일정한 형태의 장소가 없었다. 마당에서 그냥 재판하여 바로 아무곳에나 묶어 두었다. 일제시대때 이리 저리 숨어다니면서 야학을 하는 것을 연상하면 배우는 곳도 **일정한 형태가 없었다는 것을 쉽게 알 수 있다.** 필자는 어릴 때 교실이 부족해서 나무밑에서도 많이 배웠다.

그래서, 학교에서 감옥(소)에서 법정에서 할 때 in school, in prison, in court로 습관적으로 관사를 붙이지 않는다. 왜냐하면 BNW그대로 과거에는 [U]**의미**로 썼기 때문이다. at home, in hospital, in town도 같다. 오늘날은 [C]**의미**로 자리잡았다 할지라도 모두 BNW 입장에서 생각해야 영어의 수수께끼가 풀린다. 태초에 언어가 만들어질 때 의미 그대로 전해 내려오기 때문이다.
tip)그래서 오늘날 입장 : 단수 단독표현의 관습적 E

Six Good Deeds Are Staring You Right In The Face.

Help children with clefts and other problems
$250 Surgery,
$125 Half Surgery, $50 Medications

| Free 감주 간직하기 + 我必 Free 감주 간직하기

deed=눈 앞에 펼치는 짓[짓,짓하는 것]으로서 짓/행동
[d: do짓하는 것 ee: eyes or d/d: do/do짓짓하는 것]

deeds는 이런 의미에 s의미(several)가 들어 간 것이며, cleft를 가진 여섯 명의 얼굴 표정모습을 deeds로 표현했다.

이런 BNW 때문에 매일 한 가지씩 선행하라 할때 deed를 쓰는 것이다. 매일 매일 좋은 짓을 하라는 것이니까. 나쁜 짓은 evil deeds이다: Be a good deed every day.

/짓은 짓인데 (눈)빛 나는 짓으로서 빛나는 짓[행위]
(illustrious act) /위업[공적](exploit)

또는 큰 기쁨을 주는 짓으로서 빛나는 행위 /위업 /공적
[d: 짓 ee: eyes d: delight 큰기쁨 or d: do 잘하는 일]
A hero's daring deeds.

/짓할 수 있는 권리로서 증서 [d: 짓 d: 증서 -- **구개음화**]
A mortgage deed. 모기지 행위증서

add] do=짓하는 것으로서 하는 것
[do: 짓하는 것 -- **구개음화** BNW]

vs behavior
행이 갖추어져 있거나 보이는 것으로서 품행/행실/행동
[be: 있는 것 h: 행行 v: 보이는 것]
Her behaviour is often appalling.
He was notorious for his violent and threatening behaviour.

그래서, 품행이 단정한 것을 well-behaved로 표현하는 것이다.

vs act=일어나는 행으로서 행위 [ac 〉 oc 〉 occur]
an act of aggression/bravery/madness/terrorism
a kind/thoughtless/selfish act

그래서, 행을 잘 일으키는 사람을 actor라 한다.

vs action=일어나는 행이 작동하는 것으로서 행동개시
[act + on (작동)]
This problem calls for swift/prompt action from the government.

그래서, 소행은 행이 실행된 것인데 그 실행이 짓으로 관찰되었다면 deed가 되고, 행을 보여준 것으로 관찰되었다면 behavior가 되고, 행이 발생한 것에 중점을 두었다면 act가 된다. 처신도 같은 방법으로 접근하여 상황에 맞게 적절하게 표현하라.

cleft=금이 쫙 간 것처럼 된 것으로 찢진 것 /언청이[찢보]의 찢진 입술 /여성음부 -- 등 → **BNW만 알면 된다. 나머지는 적용의미이기 때문이다**

[c: crack l: 선처럼 쫙 생긴 모양 or cl: 갈라진 것 t: 틈]

Eagles often nest in a cleft in the rocks.

Bobby was born with a cleft lip.

A major player with major reserves

An artificial island at the Kashagan oil field in the north Caspian Sea near the coast of Kazakhstan. The field holds 9 billion to 11 billion barrels of recoverable crude oil.

| Free 감주 간직하기

+ 我必 Free 감주 간직하기

reserve=나중에 쓸 수 있도록 뒤로 빼놓은 것으로서 (기름, 석탄, 가스--등의) 매장지(량) /비축(량) /후보선수 /준비금(적립금) /지정보호지역 /이월하는 것 /예비 병력(군)

[re: back 뒤로 빼 놓은 것 s: 쓰는 것 r: 래일]

vs preserve=나중에 쓰기 위해 막아 놓은 것으로 금지구역/보호지역 [pre: prevent s: 쓰는 것 r: 래일]

전자는 빼 놓아 보호 /보존하는 것이고,
후자는 막아 놓아 보호 /보존하는 것이다.

vs reservoir=나중에 다시쓰기 위해 일정한 container에 담아 놓은 곳으로서 저수지/저장소/잉크통/기름통--등등

[re: back 다시 s: 쓰는 것 o: 담는 곳-**모양** BNW r: 래일]

recoverable=다시 찾을 수 있는 것으로서 가채력이 있는 것 [recover: 다시[되] 찾는 것(re: again/back c>ch: 찾는 것) able: 능력/가능성]

vs restore=다시 돌리는 것으로서 복원/재건/수복/회복/부활 [re: back t>d: 돌리는 것]

As their fleets idle,
airlines seethe

LONDON

Governments accused of overreacting to ash risk while travelers wait it out

---

BY ALAN COWELL, NICOLA CLARK

| Free 감주 간직하기

+ 我必 Free 감주 간직하기

fleet=깃발을 달고 줄서가는 운송기들의 단 /대(隊) /부대로서 함대 /(상선/어선의) 선대[선단] /비행대[단] /차량부대

[fl: flag+line t>d: 단/대/부대]--초기에는 깃발을 달았음

: The British fleet sailed early this morning.

A fleet of 20 sailing ships. A fishing fleet.

He owns a fleet of taxis.

seethe=이리 저리 들끓는 것으로서 들끓고 있는 것 /끓어 오르는 것 /비등하는 것 /북받쳐 오르는 것-- 등등

[s>z: 저리 e: 이리 t>d: 들끓고 있는 것]

: The streets were seething with tourists.

The cellar is seething with spiders.

결국 이 단어도 BNW 하나만 알고 있으면 된다. 들끓는 것으로서 모든 상황에 적용시키면 되기 때문이다. 거리에 적용시키면 몹시 붐비는 의미가 된다. 벌레, 감정에도 적용이 가능하다. "선대들은 빈둥빈둥 놀고, 항공사들은 끓고 있고[감정이 북받치고], 정부는 비난만 하고, 여행자들만 죽어라고 기다리고 --" 하는 기사이다.

※wait it out=기다리는 데[참는 데] 그것이 없어지기를 기다리는 것[참는 것] it=ash risk

Toyota returned to the black in late 2009. But its reputation for safety and quality, key elements in its success, has taken a battering.

| Free 감주 간직하기
+ 我必 Free 감주 간직하기

reputation=평이 다니는 것으로서 평판[세평]
/높은 평이 다니는 것으로서 명성[호평]
[r: run 이리 저리 다니는 것 p: 평 t: tall]
또는 review가 사람들 사이에 다니는 것으로서
평판[세평] /명성 [호평]
[r: review p: people t: 다니는 것]
※black 흑자

The hotel has a bad/good reputation.
The company has a worldwide reputation for quality.
His reputation was destroyed when he was caught stealing some money.
He earned/established/gained/acquired a reputation as an entertaining speaker.

vs fame=이름을 날리고 있는 것으로서 명성
[f: fly m: name]
She first rose to fame as a singer at the age of 16.
She moved to London in search of fame and fortune.
The town's fame rests on its beautiful 14th-century abbey.

vs honor=최고가 목에 걸어 지는 것으로서 명예[영예]
[h: highness n: neck]
A man of honour.
We fought for the honour of our country.

add] rest=뒷부분으로서 쉬는 것 /존재하는 것
[r: remain e: exist s: 쉬는 것]
그래서 쉬려면 일부터 먼저 해야 한다.

tip)결국 영뇌=bnw-BAM 또는 im-BAM이 IS로 변한 것

In Chile,
life between the tremors

BY Alberto Fuguet

Earthquake:
The real tremor rumbling beneath the rubble is the threat of social upheaval.

| Free 감주 간직하기
+ 我必 Free 감주 간직하기

tremor=움직임이 떨리는 현상으로 떨리는 것/진동하는 것
[tr: 떨리는 것 mo: move]
In a tremor of joy
떨리는 것으로서 두근두근하는 것
tremors=떨리는 것이 여러 번 일어나는 현상
[tremor + s(several)]

rumble=소리가 우르르 움직이는 것으로 우르르 울리는 것 /
우르르 거리는 것
[ru>ur: 우르르 거리는 것 m: move]
The far-off rumble of thunder.
rumbling=rumble이 진행중인 것
[rumble + ing: 하고 있는 것]

rubble
=부서져 널려 있는 것으로서 파편/부서진 조각/부스러기
[r: 널려 있는 모습 b: broken]

upheaval
=크게 밀어 올려 변화시킨 것으로서 융기 /대변화 /대변동 /
격변 [up: 밀어 올린 것 h: high v: 변화]

Ban on a mission

―――――――――――――

Mr. Ban is on a six-nation swing through the region.
| Free 감주 간직하기
+ 我必 Free 감주 간직하기

swing=한번 획 둘러보는 것으로서 짧은 여행/짧은 방문
[s: 싹/획 하는 것 g: go 가보는 것/다니는 것]
미국인들은 한 바탕 일주하는 여행을 쭉 한바탕 둘러 보는 것으로 느끼고 있다. 그래서 AmE라 한다.

vs trip=잠시 밟아 보는 것으로서 짧은 여행 [t: tread p: 잠시 서 있는 모습] -- 그래서 p를 stop에 사용한다.
vs travel=쭉 밟아 가는 것으로서 밟아 다니는 여행
[tr: 쭉 + tread -- 유음화 + 철자 BNW]
그래서, 트럭이면 쭉 달리는 것이 되고 사람이면 쭉 가는 것이 된다.
: The truck is traveling somewhere.
A business traveller. 출장자
Travel safely. 쭉 운행하되/쭉 달리되 안전하게 하세요
vs Drive safely. 운전하되 안전하게 하세요

vs tour=둘러 보는[돌아 다니는] 것으로서 관광 /돌아다니며 하는 경기/둘러보는 방문
[tur: 둘러 보는 것 r: 돌아 다니는 모습]
그래서 성묘라는 의미로 적용시킬 수 있다.
: He toured his family graveyard.
vs journey=쭉 (타고서) 돌아 다니는 것으로 긴 여행
[j: 쭈욱 r: 돌아 다니는 모습 y: 지게로서 운송수단]
vs voyage=타고서 멀리 보러 가거나 멀리 가는 것으로서 긴 여행 /긴 여정 /항해 /원정
[v: 보는것 y: 운송수단 a: away g: go]

"I don't mind emotional trauma if I can turn it into a really funny anecdote."
(Woman holding a mug of coffee speaking with two friends at a table in a cafe.)

Photo Caption:
Indian naga sadhus, or naked Hindu mystics, bathing in the Ganges River in Haridwar, India, Wednesday during the culmination of the Kumbh Mela religious festival.
| Free 감주 간직하기
+ 我必 Free 감주 간직하기

mystic =adj. noun 불가 사의한 것으로서 신비적인 것 /신기한 것/신비주의자 [myst : mysterious]

mysterious=풀지 못하는 것으로서 불가 사의한 것
[m: 못하는 것 s: solve/solution]
그래서 신기하게 생각하는 것을 mystified라 한다.
: She was mystified to find her watch gone.

bathe=벗고 들어가 씻는 것으로서 멱[미역]감는 것 /비벼 씻는 것으로서 목욕하는 것
[b: 벗고서 비비는 것 th: 씻는 것 or ba: 비벼서 떼어내는 것(rub+away), th: things]
옛날 멱감는 것은 요즈음 수영과 다르다. 벗고 들어가 씻는 게 주이다.

festival=무언가를 날려 놓고, 소리를 지르고, 다니며 발발 거리는 것으로서 축제 /제전
[f: fly s: 소리를 지르는 것 t〉d: 다니는것 v: 발발 대는 것]- made in 14th century

vs feast=음식을 함께 나누어 먹는 것으로서 잔치/피로연
[f: food s: share]
피로연의 披는 나눌 피이고, 露는 이슬 로이다.
태초에 초기의 파티는 이런 것이었다.
The Feast of St James.
A Muslim feast day.

vs party
=쌍으로 어떤 곳에 모여서 즐기는 것으로서 파티 /잔치
[p: pair y: 모이는 곳]--원래 이렇게 시작했다.
A birthday[dinner] party.
A farewell party.

cf] 모임은 gathering, get-together이라 한다.
We failed to attend a gathering.
BNW로 보면 failed는 (사정이 있어) 못했다는 것이고, 안했다는 것은 didn' t이다. 후자는 다소 의도성이 있다.
☞ 연속적인 모임 중의 하나의 모임=session : 영뇌영어 vol 2 p455
fail=떨어져 일어나지 못하거나 이루지 못하는 것으로서 하지 못하는 것/실패하는 것
[f: fall il: 일어 나는 것/이루는 것]

cf] fall=(특히 힘이 없어) 떨어지는 것
[f: 붙어있는 모습 l↓: 떨어지는 모습]
At last the ass, whose strength began to fall.
완전번역=시작했는데 대동/즉 떨어지기 시작했다.
대체번역=시작했는데 대동/즉 딸리기[달리기] 시작했다.
이면번역=시작했는데 대동/즉 쇠약해지기 시작했다.

vs reception=접견하여 베푸는 것으로서 연회
[rece: receive p: 베푸는 것]
결혼 피로연을 reception이라고 쓰면 손님을 접견하여 베푸는 개념이고, 조용히 베푼다면 banquet이다. 요즈음 잔치는 이렇지만 과거 잔치는 온 동네 사람이 모여서 음식을 나누어 먹었기 때문에 feast였다. 그래서, 단어가 만들어진 연대도 다르다. feast는 13세기에, reception과 banquet는 15세기에 만들어 졌다. 신입생 환영회, 졸업생 환영회는 신입생, 졸업생을 접견하는 것이니 reception이다 : welcoming reception, graduating reception
vs banquet=조용히 베푸는 것으로서 연회
[b: 베푸는 것 qu: quiet] : A state banquet.
그래서, banquet에는 speech가 따른다.

culmination=최고조에 다 다른 것으로서 최고조 /정점 /최고점에 이르는 것 [c: climax + come]

Searching for survivors and a place for the dead

CHINA
A family in their courtyard on Friday in Jiegu, China, where many homes were built of wood and mud. There was no running water and no electricity; thousands were living outdoors.
| Free 감주 + 我必 Free 감주 간직하기

courtyard=마당과 뜰이 함께 되는 것으로서 안마당 /안뜰
[court: 마당 yard: 뜰]
vs court=담으로 둘러 쌓인 뛰고 밟고 다닐 수 있는 곳으로서 마당 [c : (담으로) 둘러싸인 모양 or closed r : run t : 다니는 것 or tread]
vs yard=다니기도 하고, 농기계도 넣어 두기도 하고, 채소 농사도 함께 지을 수 있는 작은 마당밭으로서 뜰
[y: 농기계를 놓아 둔 모습 a: agriculture 농업, 농사 d: 다니는 것]

옛날의 마당은 동물도 기르고, 꽃도 채소도 함께 심을 수 있는 뜰로서의 마당이었다. 그래서, backyard 뒷뜰/뒷마당 : frontyard ; barnyard 헛간 안마당 ; farmyard 농가 안뜰이라는 말이 있고, **court보다 yard가 먼저 탄생한 것이다.**

vs garden=식물, 잔디를 심어 놓고 가꾸는 뜰로서 정원
[g: 기르고 가꾸는 것 d>dd: 뜰]

Mourners in Kyrgyzstan honor riot victims

BISHKEK, KYRGYZSTAN

President' s whereabouts unknown, but he insists support is widespread

----

BY MICHAEL SCHWIRTZ AND CLIFFORD J. LEVY

| Free 감주 간직하기
+ 我必 Free 감주 간직하기
↳ Mourners honor victims, but president' s whereabouts unknown.
: 처음부터 모두 다 얻으려고 욕심내지 말라. 조금씩 조금씩 쳐들어가면 결국에는 완성된다.

whereabouts=어디 주변으로서 어디쯤 /근황
[where + about + s(묶음 복수 or several)]
His whereabouts is/are still missing.
add] missing=아무리 둘러 보아도 보이지 않는 것으로서 실종인 것 [m : 못하는 것으로서 아닌 것 ss : see+see ing : 진행으로서 상태지속]

honor=h/r로서 높이 기리는 것 [h : high r : 기리는 것]

A memorial in honor of the dead.

추모제/기념제/기념식/추도회인데 하는 것, 즉 높이 기리는 것인데 죽은 자들을 말이다. 즉 죽은 사람들을 높이 기리는 추모제라는 뜻이다.

For traffickers,
Africa is beyond law' s reach

BISSAU, GUINEA-BISSAU
Drug cartels swamping
tiny economies and corrupting governments
BY JAMES TRAUB

| Free 감주 간직하기
+ 我必 Free 감주 간직하기

trafficker=나무 뒤에 숨어서 빠르게 거래하는 사람으로서 밀거래자 /밀매상 /암거래자 /불법중개인 /불법거래인
[tr: trees ff: fast+fast k: 거래자]
초기의 암거래는 이렇게 나무 뒤에서 이루어 졌다.

traffic
=tree 모양으로 빠르게 왔다갔다 움직이는 것으로서교통
[tr: trees ff: fast+fast c: come 왔다 갔다하는 것]
-- come=오다 /가까이 가다
tiny economies 작은 경제실체들 [s : 여러 실체들]

beyond=벗어나는 것으로서 저편인 것 [b : 벗어나는 것]
Few people live beyond the age of a hundred.
In the distance, beyond the river was a small town.

swamp=(어떤 곳을) 물로 숨기는 것으로서 덮어버리는 것 /가라 앉히는 것 /잠기게 하는 것
[s: 숨기는 것 or sink w: water p: place]
High tides have swamped the coast.
The boat was swamped by an enormous wave.
Foreign cars have swamped the UK market.

China rejects bid for parole

Hu Jia, Chinese dissident serving a three-and-a-half-year term who is said to be seriously ill with a liver disease, has been denied early release.

| Free 감주 간직하기 + 我必 Free 감주 간직하기

disease=아파 기력을 다운 시키는 것으로서 병 /질병 /질환
[d: down or 질병/질환 -- 구개음화 BNW s: sick]
Alzheimer's disease.
A contagious/infectious disease.
A common/rare/incurable/fatal disease
The first symptom of the disease is a very high temperature. Starvation and disease have killed thousands of refugees.

vs illness=나쁜 것이 발생한[들어 온] 것으로서 병
[ill: 나쁜 것/(나쁜 것이 발생한 것으로서) 병이 난 것]

i=일자 위에 붙어 있는 점은 나쁜 sign(기호/표시)이다.
Mental illness. He died after a long illness.
She had five days off work due to illness.

vs case
=발생했거나 발생하는 것으로서 발병(자) /병상 /사례/ 사건 /경우 [c: occurred or occur]
: New guidelines recommend technology to spot cases before dementia sets in.
before—sets in=전인데 자리 잡기전, 들어와 자리잡기 전인 것, 즉 생기기 전인 것

parole=미리 풀어 주는 것으로서 가석방 /가출옥
[p : pre r : release] ※early release 조기석방

big tip)완료형 쉽게 이해하기 : 단순동사를 써지 않고 완료형을 쓰면 더 구체적이고 분명한 메시지

"Today a police officer came to my school to talk to us about juvenile crime. Tomorrow a lawyer is going to teach us how to manipulate the system."

"I haven' t had an incantation go right all week!"
"Well, let' s see one."
| Free 감주 간직하기
+ 我必 Free 감주 간직하기

incantation=자기능력이 들어 가게 하는 말으로서 주문/주술
[in c: capability t: talk]
Around the fire, tribal elders chanted incantations to ward off evil spirits[the evil eye].

※let' s see one
해보도록 즉 보이도록 한번 보이도록 해보시지

cf] incarnation=육체화 한 것으로서 화신(化身)
/육체화 시킨 것처럼 구체화 시킨 것으로서 구현물[실현물]
[in : 변화 car : flesh]
The incarnation of God in Christ.
An incarnation of the Sun God.

Dethroning Microsoft
with a swipe of a finger

San Francisco

BY MIGUEL HELFT AND ASHLEE VANCE

Wall Street has called the end of an era and the beginning of the next one: The most important technology product no longer sits on your desk but rather fits in your hand.

| Free 감주 간직하기
+ 我必 Free 감주 간직하기

dethroning
=왕좌를 빼앗는 것으로서 왕위자리를 빼앗고 있는 것 /폐위시키고 있는 것/권좌에서 몰아내고 있는 것
[de: remove or 제거 -- **구개음화**
throne: 왕좌 /옥좌 /왕위 /왕권 ing: 하고 있는 것]

throne=모두가 슬슬 기는 자리로서 왕좌 /옥좌 /왕위 /왕권
[thr: 싹 엎드리는 모습으로서 슬슬 기는 것]

swipe=쓸듯이 터취하는 것
/스치듯이 들어 올리는 것 /슬쩍 해버리는 것
/휘둘러 때리는 것으로서 강하게 비난[맹비난]을 하는 것
[s: 쓰는 것(or sw: sweep) /스치는 것 /슬쩍 하는 것
sw: 이리저리 휘두르는 모습 or swinging]
: Re-swipe the card.
I swiped it from your house.
Edwin took a swipe at the ball and missed.
스치듯 잡아 올리다가

His comments were a sarcastic swipe at the police.
In her latest article she takes a swipe at her critics

finger=끝에 길쭉하게 나와 있는 것으로서 손가락
[fin: end g: 길쭉하게 나와 있는 것]
※rather fits in=오히려 잘 맞아 안에 있게 되었다.

Online journalism revolution falters in Japan

TOKYO

Citizen-aided Web sites struggle in landscape of old media behemoths
----
BY MARTIN FACKLER

| Free 감주 간직하기
+ 我必 Free 감주 간직하기

aid=지원하는 것으로서 돕는 것[a: 어려운 처지 d: 지원]
그래서, 원조나 구호(물자)로 aid를 쓴다.
vs help=손을 내미는[내밀어 주는] 것으로서 돕는 것
/거드는 것 [h: hand p: push]
behemoths=거대한 힘이 있거나 높이 드는 것으로서
거대한 짐승들/거인들
[be: 있는 것 h: high mo : move h: 힘 s: several]

The saga of
a 7-year-old's stroke

Experts say doctors need to be more aggressive in detecting the condition

----

BY JONATHAN DIENST
| Free 감주 간직하기
+ 我必 Free 감주 간직하기

saga=계속 돌아 다니는[계속 진행되는] 이야기로서
끊임 없는 이야기/모험담/무용담/전설/대하소설
[s: a series of story g: go]
stroke=갑자기 타격을 준 것으로서 뇌성마비
[s: surprise t/k: 타격(을 가하는 것)]

Japan offers $1.08 to
the laborers it conscripted

TOKYO, JAPAN
| Free 감주 간직하기
+ 我必 Free 감주 간직하기

conscripted=일정한 곳에 가두어 모은 것으로서 징집
[징병/징용/징발]한 것
[c: 가두는 fence모양 or 가두어 놓는 것 s: assemble 모으는 것 ed: 과음가 or (e: 조율음) d: did]
어원분석] con>com : down script : write
미리 써 놓은 통지서를 발부해서 강제로 동원하는 것으로서 징집[징병 /징용 /징발]하는 것

Improbable pair
stop a juggernaut

BEIJING

Man who used to remove property holdouts helps Beijing restaurant owner

----

BY ANDREW JACOBS
| Free 감주 간직하기
+ 我必 Free 감주 간직하기

improbable=도무지 일어 날 것 같지 않은 것
[impr: impossible to rise]
손깨나 쓰는 사람이 어떤 조직[식당주인]을 거들고 있는 가봐요. 그럼에도 불구하고 믿기지 않을 정도로 한 쌍의 부부가 거대조직을 막아냈다는 headline이다.

juggernaut=negative의미로서 거대한 힘(large powerful force)에 이유없이[맹목적으로] 따르는 것으로서 불가항력인 것/맹목적 미신[풍습]/아주 힘있는 거대조직/거대한 괴물--etc..
[g go r: reason naut: naught(not /nothing)]
/거대한 트럭 [gg: 아주 거대한 것 t: truck]

holdouts=끝까지 붙잡고 늘어지는 사람으로서 끝까지 저항하는 자들
[hold: 붙잡고 있는 것 out: out 될 때까지 계속 수행하는 것 s: several]
holdout=끝까지 붙잡고 늘어지는 것으로서 끝까지 저항하는 [버티는] 사람/완고한 저항/저항거점--etc..
[hold: 붙잡고 있는것 out: out 될 때까지 계속 수행하는 것]

이렇게 BNW만 알면 얼마든지 다른 것에도 적용이 가능하다. 계약이나 동의하지 않고 끝까지 버티는 사람이나 조직에도 적용하면 된다.

/가지고 있는 것을 내놓는 것으로 제출/제공하는 것
[hold: 가지고 있는 것 out: 내놓는 것]
These plans hold out the prospect of new jobs for the area. [=to offer]

시험지를 넘겨라할 때 pass out라 한다. 이때 out는 옆밖으로 보내거나 머리 위 밖으로 보내는 의미이다. pass하되 out해서 달라는 뜻이다. **out 상황이 확실히 머리 속에 그려져야 한다.**

holdout은 BNW가 두 개이다. 최상위 BNW가 없다. 그래서 두 개 모두를 기억해야 한다 → pa-BAM

add] check out/in에서 out/in=두 가지 의미

out=해나가는 것으로서 해내는 것 : **외작동**
in=들어가는 것으로서 시작하는 것 : **입작동** cf)on=**상작동**

그래서 check out=확인하고 나가는 것: hotel, convention -- 등에서 실제로 체크하고 나가는 것
/(무엇을) 확인 해나가는 것, 즉 확인해 내는 것
: A new album comes out! Check out!
Multiply it out. 곱하되 그것을 가지고 해나가라.
Trump tries out Spanish accent.
시도하여 해낸 것으로서 해냈다는 의미
We carried out several experiments.
실행[수행]해 나갔다[해냈다]
⇐ carry=운반하는 것으로서 실행[수행]하는 것
: Carry a tune. 뽑아라. 한 곡조를 말이다.
-- 수행으로서 뽑는 것/실시하는 것

check in
=확인하고 들어가는 것: hotel, convention -- 등에서 실제로 체크하고 들어가는 것
/확인해 들어가는 것으로서 확인을 시작하는 것

따라서 set in하면 set해 들어가는 것으로서 시작[준비]하는 것이고, set off는 set한 것을 푸는 것으로서 시작[출발]의미이다. **이렇게 out/in/off 의미가 확실히 보여야 IS 영뇌를 분명히 작동시킬 수 있다.**

New leader, a survivor,
takes helm
in Japan ------------------
TOKYO

Analysts predict premier
will govern unlike his short-lived predecessor

BY MARTIN FACKLER
| Free 감주 간직하기
+ 我必 Free 감주 간직하기
helm=물에서 방향을 잡아 주는 핸들
/운전대로서 방향키[조정키]
[h: handle e: wheel m: 물]

New hiring
lags in effect
on stubborn U.S. statistics

SCHAUMBURG, ILLINOIS

Millions not counted
on unemployment rolls are now seeking work.
| Free 감주 간직하기
+ 我必 Free 감주 간직하기

hire
=hi 하고 들어오면 로동을 쓰는 것으로서 고용[채용]하는 것
[hi : 안녕하세요 r : 로동>노동]
지금도 작은 가게에서는 이렇게 쓰지만 최초의 채용방법은 이러 했다. 그래서, 사람을 '썼다' 할 때 hire로 표현하면 된다
: Once hired 5. 한 때 썼는 데 5명이나 썼다는 것

/ hi 하고 쓰는 것으로서 빌리는 것 : Hired a car.
과거에는 옆집에 가서 농기구를 빌릴 때 인사만 하고 빌려 온다. 필자도 어릴 때 이런 짓을 많이 했다.
vs hire out=쓰도록 내주는 것으로서 빌려주는 것

hiring=gerund형 명사 : building, sightseeing, -- etc.
[hire + n: noun + g: gerund]
lag=다리를 질질 끌며 걷듯이 느릿 느릿하게 움직이는 것으로서 질질 끄는 것 /느릿느릿 걷는 것 /꾸물 꾸물 대는 것 --등

BNW를 바탕으로 얼마든지 의미를 만들어 낼 수 있다.
[l: legs g: 질질 끌며 걷는 것]
He's lagging behind a bit - I think we'd better wait for him to catch us up. Sales are lagging at the moment.

신규 고용이 통계에 빨리 잡히지 못하고 질질 끌고 있다는 headline이다.
stubborn
=우직스럽게 하나에만 달려 붙어 있는 것으로서 고집이 센 것
/완고한 것 /똥고집이 있는 것 /옹고집인 것--등등
[s: stick달라 붙는것 u: 우직스러운것 bb: 꼭붙어 있는 것]

BNW가 하나이면 그것에 맞게끔 얼마든지 한글을 가져 오면 된다. 바보 스럽게 이런 여러 가지 뜻으로 외울 필요가 없다. 이 단어도 negative**단어**이다.
통계에 반영하는 루울이 아주 까다로운 것같다. 통계가 통계로 바로 잡지못하고 자기 고집만 부리고 있으니 말이다.

seek
=보고 있는 것[구하는 것]으로 찾는 것/모색하는 것
[see : s=마음 속에서 움직이는 것/모습 + ee=eye+eye, 즉 눈으로서 마음 속으로 그리는 것으로서 보고 있는 것
k : 구하는 것]

통계에 잡히지 않았으니 결국 수백만 명이 일자리를 구하는 꼴이 되었다고 subheadline은 울분을 토하고 있다.

vs search
=곳곳을 뒤적거려 보는 것으로서 찾는 것 /검색하는 것 /수색하는 것
[s: see 보는 것 r: 뒤적거리는 모습 rc>cr: 곳곳을 뒤적거리는 것 or rch: 뒤적거려 찾는 것]

그래서, **숨바꼭질을 hide-and-seek라 한다.** 숨바꼭질은 (막대기로) 뒤적 거려 찾는 것이 아니라, 어디에 있는 지 마음의 눈으로, 즉 생각으로 가서 찾는 것[보는 것]이기 때문이다.

Headline 시동]
신규 고용이 질질 끌며, 하지 못하고 반영하지 못하고 있어요, 우직스럽게 고집만 부리고 있는 미통계에 말이다.

in에 '하지 못하고' 라고 번역하는 것은 lag에서 찾아야 한다. '하는 데 질질 끄는 것' 이니 결국 부정의미를 넣어 번역하나 결과는 같다. 마치 prevent --from에서 from을 '하지 못하도록' 번역하는 것과 같다. --을--로부터 방지하는 것이니까.

영어는 이런 표현이 의외로 많다.
단어 자체에 부정어가 없어도 의미상 들어 가는 것이다.
must를 '해야한다' 대신에 '하지 않으면 안된다' 로, or를 '혹은' 대신에 '아니면' 으로, 'but' 은 '그러나' 대신에 '하지만 --은 아니다[제외한다]' 로 표현에 따라 번역하기도 한다.

다음 표현에서 고딕 부분도 마찬가지이다.
She had **some odd change** in her pocket.
우수리로 몇푼 안되는 약간의 잔돈

만약 상황이 odd가 우수리가 아니고, 짓한 정도의 크기라면 **몇 푼 남짓한 잔돈 --> 몇푼 안되는 잔돈** 이라는 뜻이 된다.

Between Wall St. and Main St.,
a deep chasm and no bridge

NEW YORK : ---------
Few expect bank surge to last
but American anger is not appeased

BY GRAHAM BOWLEY
AND ERIC DASH
| **Free 감주 간직하기**
+ 我必 Free 감주 간직하기

chasm=협곡으로서 많은 차이/깊은 균열[틈]
[ch: hc: 협곡 or c: 곡 s>z: 좁은 것
or ch: 차이 m: 많은 것]
결국 협곡이 gap/difference에 적용되면 깊은 차이가 되고 균열이나 갈라진 틈에 적용되면 협곡처럼 갈라진 균열이나 틈이 된다. 그러서, 사전의 여러 가지 뜻은 BNW가 적용된 뜻에 불과 한 것이다. **협곡이 최상위 BNW이다.**
그래서, 협곡처럼 깊게 쭉 찢어진 모습을 보고 chasm이라고 표현할 수 있어야 한다. 그러면 사전의 뜻도 깊게 쭉 찢어진 것이라고 또다시 사전의 뜻이 생길 것이다. **이것이 바로 사전의 뜻이 나오게 된 배경이자 탄생 원리이다.** 사전의 뜻에 너무 구속되지 말라. **BNW에 구속되라.**

expect=앞부으로 보는 것으로서 기대하는 것 /예상하는 것
[ex: forward out pect: see]
vs anticipate=미리 취하는 것으로서 예상[예견/예지]하는 것 /고대[기대]하는 것
[a: 앞>미리 t: take or anti: before cipate: take]
→ **전자=BNW분석 후자=어원분석**
어원분석으로 뜻을 가져가나, **BNW분석**으로 뜻을 가져가나 결국 같은 것이다.

두 단어는 이렇게 BNW가 차이가 나기 때문에, 미리 미리 알아서 일을 처리하라 할 때 anticipate를 쓰면 된다.
Her maid anticipated her requests.

하지만 기대가 크다할 때는 보는 관점에 따라 expect 또는 anticipate를 쓸 수 있다.

Clinton raps Pyongyang over attack on warship

TOKYO

She urges 'clear message' be sent to North Korea over sinking of Cheonan

----

BY MARK LANDLER

| Free 감주 간직하기
+ 我必 Free 감주 간직하기

rap=빨리 힘 있게 툭툭 두드리는 것으로서 크게 나무라는 것 /질책하는 것 /혹평하는 것 /크게 비난 하는 것 /갑자기 힘차게 말하는 것 /갑자기 심하게 말하는 것 /갑자기 화내면서 말하는 것 ---etc..
[r: run 빨리 힘 있게 움직이는 것
p: (망치, 주먹--따위로) 두드리는 모양]
She rapped (on) the table to get everyone's attention.
The colonel rapped (out) an order to his men.

vs tap=가볍게 톡톡 두드리는 것[치는 것]
[t: 톡톡/똑똑 p: 두드리는 것]
Someone tapped me on the shoulder.
The branches tapped against the window.

Mr. Lee faces election backlash within his own party

Young turk solons head to roll in Blue House, Cabinet

| Free 감주 간직하기
+ 我必 Free 감주 간직하기

backlash=뒤로 때리는 것으로서 역회전 /강력한 반발 /강력한 저항/반동 [back : 뒤로 lash : 채찍으로 때리는 것]
선거 후유증으로 강력하게 얻어 맞고 있다는 표현이다.
turk=급진적으로 다루는 사람로서 급진파[개혁파] 인물
[t : 다루는 것 k : 급진적인 것]
보통 젊은이에게 많이 적용되고, 대문자로 잘 쓰지 않는다.
often not capitalized : a usually young dynamic person eager for change

solon=보는 게 똑똑한 사람으로서 현인
[s: see o/o: 눈이 굴러가는 모양 or s: wise]
add] wise=보는 게 넓은 것으로서 현명한 것
[w : wide s : see]

Lingering Europe worries send Asian stocks lower

Market Roundup
| Free 감주 간직하기 + 我必 Free 감주 간직하기

linger=바로 떠나지 않거나 빨리 가지[진행되지] 않거나 빨리 사라지지 않고 있는 것으로서 꾸물 꾸물 대는 것/질질 끄는 것 /망설이는 것 /좀처럼 사라지지 않는 것 -- 등등

표현 상황에 따라 BNW에 맞는 의미를 가져 오면 된다.
굳이 몽땅 외울 필요가 없다 ⇒ si-Helper
[l: leave i: is 있는 것 n: not g: go 가거나 진행되는 것
r: run 빨리 사라지는 것]
roundup=반올림한 것으로서 요약분 /요약한 것
[roundup: 반올림] : It came to $3.97, rounded up to $4.

Bush concedes setbacks, but --- .
| Free 감주 간직하기
+ 我必 Free 감주 간직하기

concedes=모두 양보하는 것으로서 시인하는 것 /승인하는 것 /인정하는 것 /허용하는 것 /용인하는 것
[con>com: altogether cede: yield s: singular 현재]
add] yield=자기가 지게를 지는 것으로서 양보하는 것 /굴복하는 것/수확하는 것 [y: 지게 i: I (나)]

vs admit=들어 가게 하는 것으로서 허락 /허가하는 것 /허락으로서 인정하는 것[E-BAM]
[a: at d: 들어 가는 것 mit: m+it > make go]

vs acknowledge=알고 있다는 것으로서 인정[자인]하는 것/ 고맙게 생각하는 것
[ac: accept knowledge: 알고 있는 것/지식]

setback=뒤로 set된 것으로서 퇴보 /후퇴 /도짐 /역류 /역행 /(측량) 초과거리 -- 깃대를 뒤로 옮겼으니까
[set + back] setbacks=setback + s(several)

"Friendly, boss to master English in an old way."

| Free 감주 간직하기 + 我必 Free 감주 간직하기

boss=산술을 바보 같이 한 것으로서 계산이 잘 못된 것
[b: 바보 ss: 산술 or os: 오산]
시동="미안하지만 계산이 잘못 되었어요, ---."
/부르면 모두 굽실 거리게 하는 사람으로서 두목[상사/부장 manager]
[b: 부르는 것 ss: 굽실 굽실 거리는 것]

friendly=기분나쁘지 않게 하려는 것으로서 미안하지만
vs sorry=잘못한 것에 대해 굽히는 것으로서 미안한 것
/애석한 것으로서 (참) 안된 것
[s>z: 잘못한 것 rr: 굽히는 모습 or so>os: 애석한 것]
vs afraid=더 팍 굽히는 것으로서 정말로 미안한 것
[fr: 팍 굽히는것/팍 엎어지는 것 or fall + r 엎어지는 모습]
: I'm afraid I can't come this evening.

상황 helper

상황이 BAM을 안내 해 준다 ⇒ si-Helper (↱ situation)
단어의 뜻은 쓰인상황을 알면 쉽게 가져 올 수 있다.
vs co-Helper(co=context)

"How do I use this vending machine?"
"Deposit one hundred won and push the button."
(or Deposit 95 cents for the first three minutes.)

vs Deposit one million won in the saving account.

(자기로부터) 떨어뜨려[분리시켜] 놓아 안에 두는 것으로서 전자는 vending machine 상황이니 집어 넣는 것이 되고, 후자는 saving account 상황이니 예치하는 것이 된다.
[de: away p: put i: in]

↱Let's go. 하자, 가는 것/힘 내는 것 말이다.
그래서, go to sleep하면 상황에 따라 잠자러 가는 경우도 되고, 잠에 빠지는 경우도 된다.
후자 : The baby went to sleep.
⇒ si-Helper로 BAM 시동
=갔는데 대자 잠[수면]으로 갔다.

Dems blast rushed tax bill with hand-scribbled notes.
(Dems=Democrats) -- 상원통과 현장을 본 사람은 쉽게 시동 가능
⇒ si-Helper로 BAM 시동
=민주당 의원들의 한바탕 소동이 급히 처리하게 했다.

tip) ex-Helper (↳ example) de-Helper (↳ definition) a-Helper (↳ associate) sm-Helper (↳ several meanings) po-Helper (↳ position)
cf]목적어를 수단물, 결과물, 간물, -- 등의 판단도 si-Helper로 BAM으로 처리가능

주체 helper와 객체 helper

BAM은 주체와 객체에 따라 뜻이 결정되기도 한다. 즉 주체 또는 객체에 어울리는 말을 선택하면 된다. 그것이 바로 BNW를 바탕으로 한 단어의 뜻, 즉 BAM이다.

Students are in Florida on summer vacation.
vs Our family are in Hawaii on summer vacation.

주체 students와 의율 : 방학 주체 family와 의율 : 휴가
즉, 어떤 장소에 비어 있게 하는 것으로서 학생이 쓰면 방학이되고, 가족이 쓰면 휴가가 된다 ⇒ su-Helper (↳ subject)
[v: vacant 빈 것 at: 어떤 장소]

Tigers eat meat. vs The acid ate away the metal.
주체 tigers와 의율: 먹는 것
(to take (food) into the mouth, chew, and swallow it)
주체 acid와 의율: 부식시키는 것
(to destroy (something) by chemical action)
즉, 이로 씹어삼키는 것으로서 동물이 쓰면 먹는 것이 되고,
/acid가 쓰면 먹는 것으로서 부식시키는 것이 된다.
[e: chew a: swallow t: teeth]
eat away=먹어 치우는 것으로서 부식시켜 버리는 것

Close the window. vs Close the umbrella.
객체 window와 의율: 닫는 것
객체 umbrella와 의율: 접는 것 ⇒ ob-Helper (↱ object)

vs What time does the bank close?
vs The firm has decided to close (down) its Paris branch.
주체 bank와 의율: 마감하는 것
주체 firm 또는 객체 branch와 의율: 폐쇄하는[시키는] 것
즉, 보이지 않게 앞을 가리는 것으로서 창문에게 쓰면 닫는 것이 되고, 우산에게 쓰면 접는 것이 되고, 은행/회사/지점에게 쓰면 마감하는 것/폐쇄하는[시키는] 것이 된다. [cl: 앞을 가리는 모습
⇒ c: 둘러서 가리는 모습 l: 내려서 가리는 모습 se: see]

tip)examine : customs officer ⇒ 검사하다
police/prosecutor ⇒ 조사/수사/심문하다
student ⇒ 시험보다 doctor ⇒ 진찰하다
[ex: out a: 눈을 부릅뜬 눈알 모습 m: 만져보는 것 in: 안]
눈을 부릅뜨고 안팎을 살펴보거나 만져보는 것으로서 사용 주체에 따라 뜻을 결정하면 된다.
↳영어=일형태 다의어 한글=일형태 일의어

2 F 영뇌(F NB)

여기서 영어말투를 익혀라.

실제말, 즉 본토말

5 F영뇌와 vocal 주파수 종류

F영뇌는 vocal 영어주파수, 특히 vocal 감주로 듣고, vocal 감주로 말하는 것, 쉽게 말해서 영어 말투[리듬]로 듣고, 영어 말투[리듬]로 말하는 뇌이다.

영어주파수는 한글주파수와 다르다. 전자는 (목에 의해 소리본체에) 음색 고저장단음이 한꺼번에 움직이는 음파이고, 후자는 (입 또는 목에 의해) 고저가 분명하지 않고 장단도 없이 고르게 움직이는 음파이다. 그래서, 영어주파수를 리듬음[사선음/곡선음]이라 하고, 한글주파수를 평음[직선음]이라 한다. 따라서 영어가 듣기가 더 어렵다. 구체적으로 말하면 영어주파수는 배 힘을 이용하여 목으로 만들면서 성대가 울리고 공명이 일어나는 음파, 즉 vocal 주파수이다.

주파수는 현장의 말[소리]이자 생활 속에서의 말[소리]이다.

※F=Frequency of English **음색[timbre]**=각자가 가지고 있는 고유한 음색깔 **고저장단음 ⇨ 고음=고단음/고장음 저음=저단음/저장음**

영어주파수는 악센트 소리와는 달리 소리를 파악하기에 아주 좋다. 소리를 한 눈에 볼 수 있고, 영어다운 소리를 쉽게 낼 수 있고, 소리를 쉽게 기억시킬 수 있다. 영어소리는 **노래와 같으니** 항상 영어주파수, 특히 vocal 감주로 뇌화되어 있어야 한다. 그러면 읽기도 가능해진다.

tip]F영뇌=의군일 때는 감각적 주파수가 된다. 즉 단어주파수가 합쳐진 것이다. 따라서 F영뇌에서는 단주 외에 감주 훈련도 함께 해야 한다. 주의]단주도 뒷말과 말하기 때문에 광의로는 감주에 속한다.

1. Slide 주파수 tip)주파수=리듬

주파수에는 단어주파수와 감주가 있다.

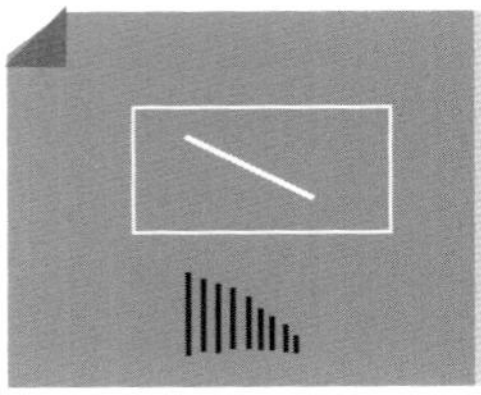

• (목/vocal로) 쳐주고 내려온다 : 고저리듬
또는 (목/vocal로) 빨리 밀어주면서 떨어진다.

motor news=MOtor NEWs : 감각적 주파수=장감주 리듬 =MOtorNEWs (↗비약음 감주)

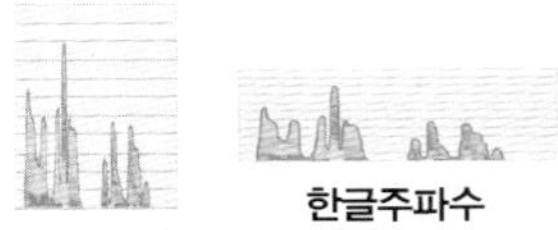

영어주파수 **한글주파수**

※vocal 주파수=현장의 말/소리로 목으로 만드는 소리파동[음파]
표현되었을 때의 말/소리로 전달의미가 들어간 것 vs 발음기호=표현되지 않았을 때의 소리로 전달 의미가 들어가지 않는 원형적인 소리

MOtor=모우러[모러 : 단모음화와 t단타 -- 단모음화와 t단타는 아주 빠르게 리듬을 주면 자연적으로 일어나는 현상] : (배 힘을 이용해) 목으로 한 번에 걸쳐, MO로 쳐주고 tor로 빠르게 떨어진다.

NEWs=뉴-스[즈] : retro-root 주파수, 즉 (배 힘을 이용해) 목으로 한 번에 걸쳐, NEW로 조금 길게 밀어주고 s로 빠르게 내려 온다. tip) **배 힘을 이용한다는 것은 배로 뱃속 공기를 뿜어내면서 목으로 음을 만들어내는 것**

∴ motor news =단어 주파수로는 두 번에 걸쳐, 감각적 주파수로는 한 번에 걸쳐 모든 음을 다 낸다.

(↗∵ 한글 미개입 ↗∵ 감주리듬과 단어리듬)

빠르기는 영뇌[즉 BEis/IS]와 (특히 감각적) 주파수로 결정된다. 주파수에는 단어주파수가 있고, 단어주파수가 감각적으로 뒷말과 말해지는 감각적 주파수가 있다. ☞ p24 tip)항상 뒷말과 말하면 말이 아주 빨라진다.

단주가 감각적으로 뒷말과 (한 단어처럼) 말해지는 것이 감주다.

• He' s a motivator, teacher. =HE' sa MOtivator, TEAcher =히-저 모러베이러 티-쳐 =(retro-root+slide+retro-root) F
-- He' s와 a 사이에 설가뇌가 작용하거나 그냥 IS 영뇌가 작동하면서 세번에 걸쳐 모든 음을 다 낸다 : **감각적 주파수=1개 + 단어주파수=2개**
↳강약/고저/단감주 리듬 ↳단주 리듬

▦ 영뇌소리의 특징

일형태 다소리이자 감각적 주파수이다. 소리의 본체는 하나이지만, 소리는 사람에 따라 삼음가로 달리 내기도 하고, 특히 미국계 소리가 있는가 하면 영국계 소리도 있다. 또한 사람에 따라 감각적으로 주파수를 달리하는 경우도 있다. 반면에 한글소리는 일형태 일소리이자 평음이다. **하지만 걱정하지 말라.** 영어단어 소리가 어떻게 해서 나오는지 그 원리만 알면 우리도 하나의 단어를 가지고 얼마든지 다소리를 구사할 수 있다.

▦ 소리본체와 영뇌소리를 내는 법

삼음가를 알면 미국 사람이 말하든 영국 사람이 말하든 호주 사람이 말하든 누가 말하든 방언까지도 다 알아 들을 수 있다. 영어소리는 vocal 감주로서 발음기호에서 나오는 것이 아니라, 영어단어 철자에서 나온다. 그래서 **소리본체는 영어단어 철자이지 발음기호가 아니다.**

사전의 발음기호는 이렇게 나오는 소리를 기호로 나타냈을 뿐이다. 사전마다 발음기호가 다른 이유도 여기에 있다. 마치 의성어와 고유명사를 표기할 때 영어단어 철자로 표기하지 발음기호로 표기하지 않는 것과 같다. 그래서 발음기호는 근원지 소리의 결과물로서 참고용으로 활용할 뿐이다.

(word=a sound or combination of sounds that has a meaning: Webster Dictionary -- 단어가 곧 뜻을 가진 소리이다. 그래서, 영어 단어가 곧 소리본체이다.)

: Honk, Honk /Beep Beep -- 자동차 경적소리
Oink, Oink -- 돼지 울음 소리

tip)**영어에서의 vocal음**= (배 힘을 이용해) 입 뒷쪽 목으로 만들면서 성대 진동과 입천정 공명이 발생하는 음 ⇨ 목으로 고저장단음으로 내 뿜어니 소리에 에너지가 생긴다. 청취시 S두뇌에서는 이런 에너지에 져야 vocal 감주를 쉽게 느낄 수 있다.

따라서 우리는 영어단어를 보고 소리를 내는 버릇을 길러야 하고, 소리값으로 이해하는 습관을 길러야 한다. hot에서 o를 **감정음**

tip)고유명사도 삼음가 원리로 만들지 발음기호로 만들지 않는다.

.. **영어의 받침**=초성과 중성을 강하게 하므로 받침음가 발생가능 : 하ㅌ/호ㅌ=slide **주파수** cf]하ㅌ/호ㅌ=post **점형 주파수**

가로 소리내면 '하ㅌ', '하ㅌ' 이 되고, **알파벳음가[철자음가]**로 소리를 내면 '호ㅌ', '호ㅌ' 이 된다. 어떤 상황을 보고 Ah!하는 사람이 있는가하면 Oh!하는 사람도 있다. 그래서 더운 날씨를 보고 사람에 따라 '하ㅌ/호ㅌ/ 하ㅌ/호ㅌ' 하는 것이다.

∴ **영어 주파수=vocal 주파수=삼음가 주파수 ※음가 종류=삼음가**

영어의 받침은 초성과 중성을 강하게 작동시키는 기능을 하고, 자신은 약간 떨어지므로 '핫/홋' 이 아니라 '하ㅌ/호ㅌ' 이 원어민 소리에 더가까운 표기가 된다.

단, 약음의 받침은 받침 그대로표기: fanTAstic=팬**태**스틱 → 팬/틱

a음가도 **알파벳으로 소리**를 내면 '에이' 가 되지만, **강한 감정음가**로 작동시키면 '애(æ)' 가 된다 ⇒ make: MEik cat: 캐트/캐ㅌ

철자대로 소리를 내면 '아' 가 된다 : water 와러

이것을 **강한 감정음가**로 내면 '어' 가 된다 : water 워러

장음 '오-' 로 나는 경우에도 **강한 감정음가**가 된다 : talk 토-크

일반적으로 특히, 영어는 고저로 소리를 내기 때문에 '어' 약한 감정음가가 생긴다('어' 화) ⇒ family=FAmily 패멀리

하지만, 어 음가가 반드시 약한 감정음가만 되는 것은 아니다. 고장음으로 내면, 즉 높은 장음으로 내면 **강한 감정음가**가 된다. 그래서, 능구렁이를 보고 serpent 써-펀트라고 한다. 뿐만아니라, 자음도 'ㅅ' 대신 'ㅆ' 로 말하면 **강한 감정음가** 된다 ⇒ song 쏘ㅇ

this의 t도 성문쪽[h:성문음]으로 가서 소리를 내면 **성문 '드(ð) 감정음가'** 가 된다 : 디스[ðis] 하지만 desk의 d는 **치경 '드 철자음가'** 로서 그냥 윗니 잇몸근처에서 나는 유성음이니 서로 음질이 다름에 유의하라.

think에서는 t를 성문쪽으로 가져 가면서 잉음가가 첨가되면 성문 쓰음가(θ)로 **무성 감정음가**가 된다 ⇒ **씨**ㅇ크 하지만 이것도 앵음가가 첨가되면 성문 '드음가' 또는 '쓰음가' 가 된다 : Thank you=**쌔**ㅇ규/**대**ㅇ규 (이때 n=ㅇ(ŋ) : 자음 감정음가) 원래 알파벳 음가로 단모음이던 것이 이중모음으로 되면 **감정음가**가 된다 : motor=모우터/모우러 하지만 단모음으로 소리내면 **철자[알파벳] 음가**가 된다 : motor=모터/모러 묵음은 앞실음을 암암리에 도와주는 감정음가 : talk 토-크

이때 t=철자음가, a=감정음가

wring도 '우' 하기위해 입을 오므리자마자 고음으로 가져가면 w음가는 저절로 낼수 없는 음가가 되어버린다 : 리잉

장음도 일종의 **감정음가**이다. 우리말도 웅변이나 연설을 할 때 강하게 쭉 끄는 음을 많이 사용한다. 그래서 past의 a음가를 철자음가로 길게 소리를 내면 **철자 감정음가**가 된다: 파-스트

tip)1. 감각적 주파수와 일형태 다소리의 삼음가 결정=Speaker's Desire
2. 고유명사도 철자에서 소리내는 것과 같이 단어도 철자에서 소리가 나온다 : 소리본체/소리근원지

철자음가는 소리본체대로 내는 것이다.

만약 '애' 로 소리내면 **더 강한 감정음가**로 된다 : 패스트

소리본체에서 나오는 음가의 종류 : 말음가 종류

이렇게 영어주파수는 일반적으로 **감정음가 /알파벳음가 /철자음가** 세 가지 소리로 되어 있다. 이들 세 가지 음가로 원어민들은 같은 단어를 가지고 여러가지 소리를 낸다 : **삼음가 주파수** 우리도 이렇게 내면 된다. 따라서, **청취시 여러 가지 소리에 걱정할 필요가 없다.** 중년 남자들이 좋아하는 Viagrɛ도 모음을 알파벳 음가와 약한 감정음가로 발음하면 바이어그러가 된다.

자음은 대개 철자음가대로 소리난다.

television의 앞 'e' 는 철자음가이고, 뒷 'e' 는 약한 감정음가 '어' 이다 : **터**러러비젼 fashion show할 때 감정이 발생하지 않을 수 없다. 그래서 a음가를 감정음가 '애(æ)' 로 낸다. 그리고, sh의 s는 성문쪽으로 가져가면 자연적으로 s가 쉬로 길게 늘어져 감정음가(ʃ)가 된다 : 패션 이때 s는 성문 s음가이고 치경 s음가와 다르다. ☞ **기본영뇌 vol 2**〉p184

h음이 없으면 윗 잇몸 근처에서 나는 치경 s음가로서 무성음이 된다 : sky 스까이 k를 까로 소리낸 것은 (된소리) **감정음가**로 낸 것이다. 자음 **감정음가**이다. 감정을 살려서 내면 저절로 '까' 로 된다. dollars를 **도**러러스로 '오' 로 소리내면 철자 또는 알파벳 음가가 되고 **다**러러스로 '아' 로 소리내면 감정음가가 된다. 알파벳 음가는 '에이, 비, 씨, 디, -- 할 때의 알파벳 소리' 이다.

이렇게 **감정음가는 대개 미국인이 많이 내는 소리이고, 철자음가는 영국인이 많이 내는 소리이다.** 그래서 영화 Avata를 미국인들은 애버타로, 영국인들은 아바타로 뇌를 작동시킨다. 어느 음가를 지배음가로 하느냐에 따라 소리가 달라지는 단어도 있다.

buoyant에서 o음가를 지배음가로 하면 보이언트가 되고, u음가를 지배음가로 하면 부-연트로 된다. 이때 o는 철자 또는 알파벳 음가(∵ 오=둘다 동일)로, u는 철자음가(∵ 유=알파벳 음가 우=철자음가)로 소리났다. 대구를 Daegu로 표기하는 것은 a를 지배음가로 하여 감정음가 '애' 로 소리나게 두뇌를 작동시킨 것이다 : Walking down the boulevard. boulevard=u 지배음가 : abbreviation Blvd : Sunset Blvd

nosegay할 때 y도 알파벳 음가 '와이' 에서 이음가를 지배음가로 하여 두뇌를 작동시킨 것이다 : 노우즈게이 이때 이음가는 a의 알파벳 음가 '이음가' 와 중복되는 소리이다.

이렇게 소리본체에서 소리[특히 감주도]가 나오기 때문에 청취를 할때 소리에 용해되어 있는 소리본체로 연결되어야 소리라는 것을 느낄 수 있고, 소리가 들리지, 발음기호로 연결되면 안된다. ※소리본체=소리가 나오는 근원지로서 영어단어 (철자)

소리본체에서 소리가 나오는 원리를 알아야 감주와 단주, 합성/비합성 감주, 단타음, 탈리감주[폐쇄음], 동화음, 일형태다소리 — 등을 알아들을 수 있고, 낼 수 있다.

❶ missile test

=MIssile TEs(t)=미설(미사일) 테스(트)
↘(비약음) 감주=missiletest

❷ fish tank

=FIsh TAnk=피시 태ㅇ크[태(앤)크]
↘감주=fishtank

❸ weight loss

=WEightLOss=웨이트로스
※체중 감소 ↘감주=weightloss

❹ next year

=NExTYEar=네ㅋ스티어 (or 네ㅋ스이어)

❺ heart attack

=HEArtaTTAck (or HEArtaTTAck)
=하러태ㅋ (or 하러태크)

❻ random sample

=RAndom SAmple=래ㄴ덤 새ㅁ플 (or 사ㅁ플)
※무작위(로 추출한) 샘플

❼ very different

=VEry DIfferen(t)=베리 디퍼런 (or 디퍼런트) t=극저음
ry음보다 di음이 확실히 더 높은 음으로 두뇌를 작동시킨다.

❽ military heritage

=MIlitary HEritage=미ㄹ러터리 헤러티쥐

❾ bongoist

=BOngoist [or BOngoIst]=바ㅇ고이스(트) [or 바ㅇ고이스(트)]
※AmS : 바ㅇ=BrS :보ㅇ t=극저음

❿ Nobody moves!

↗감주=Nobodymoves!
=noBOdy MOve(s) =노↗바디 무브(스)
: 변형주파수 -- no=상향식 음

NObody [or NOuBOdy]=노우버디 [or 노우바디]
: 원래주파수
※아무도 움직이지 마!

주파수로 말해야 리듬과 빠르기가 생긴다.

⓫ offbeat taste

=OffBEAt TAste [or OffBEAt]
=오프비트 테이스(트) [or 오-프비트 /오(오)프비트]
※기이한[별난] 취향 (오)=장음대신 내성음

⓬ sustained bombing

=SUsTAined BOmbing=서스테인드 바밍
※지속[계속]적인 폭격

⓭ work of art

단감주 리듬, 단주리듬 또는 장감주 리듬
↗장감주일 경우 단감주와 함께 한 단어처럼 말함
※사람에 따라 art를 단주 또는 장감주로 말한다.
or 감주(단감주+장감주)=workof • art

=WOrkof Art ↗감주+단주=workof art
=워-크어[워-커] 아-트 소감주 빅감주
or [워-커브] retro-root 주파수
=line 점형 F + slide F

감주(=단장감주)
↓
=workofart

cf]단주와 장감주의 차이 :
전자는 빅감주/왕감주가 되고,
후자는 하나의 감주가 된다.

but about the basics
=buta/boutthe basics
소감주 빅감주 단주 왕감주
버더/바웃더 베이식스

⓮ from Washington

=From WAshington
=프(퍼/푸)롬 와(워)싱턴(톤)

⓯ He's a motivator, teacher.

=HE' sa MOtivator, TEAcher
=히-저/즈어 모러베이러 티-쳐

retro-root+slide+retro-root F
세 번에 걸쳐 모든 음을 다 낸다.
: 감각적 주파수= 1개
+ 단어주파수=2개

빠르기는 영뇌와 주파수로 결정된다. 주파수에는 단어[기본] 주파수와 단어[기본] 주파수가 감각적으로 뭉쳐진 감각적 주파수가 있다. 단, dot점형 주파수는 앞으로 또는 뒤로 붙으면서 감각적 주파수가 된다.

⓰ Genius idea!

=GEnius Idea or GEniusIdea
=지-니어스 아이디어 or 지-니어스아이디어
단어 주파수로는 두 번에 걸쳐 소리가 나지만 감각적 주파수로는 한 번에 걸쳐 소리가 난다.
※과연 천재적인 아이디어군!

"My mom makes me wear it."
(Two football players are talking to each other. One player is wearing a helmet on top of his helmet.)

..비영어권 사람은 사전의 소리에 익숙해 있고, 원어민은 감주[즉 현장의 말/소리]에 익숙해 있다.

2. Retro-Slide 주파수

tip)주파수 (특히 삼음가 주파수)는 CNN, NBC — 등 사전의 소리보다 현장의 말[소리]로 확인하라. ∵ 다른 경우가 많기 때문

저고리듬

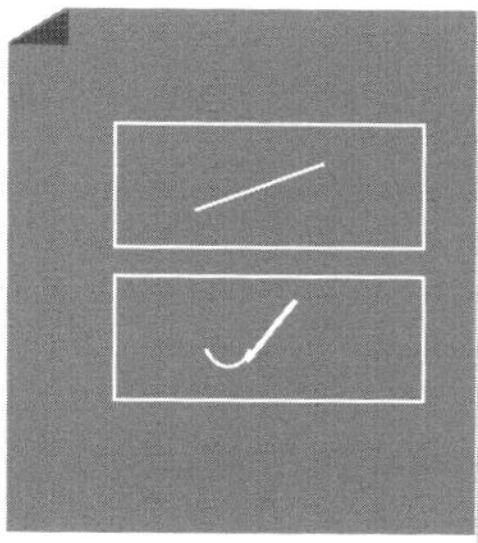

- (목/vocal로) 약하게 시작하면서 더 쳐준다.
- (목/vocal로) 앞으로 밀면서 더 쳐준다.
- (목/vocal로) 높게 시작하면서 더 쳐준다.

  ⋯▸ up-slide 주파수

↗생활 속에서의 말[소리]
↗표현되었을 때의 말[소리]
↗단어주파수

tip)단주가 소감주/빅감주/왕감주로 된다.

- (목/vocal로) 약하게 곡선으로 시작하면서 [감으면서] 더 쳐준다 ⋯▸ spiral-slide 주파수

cf]사전의 소리=표현되지 않았을 때의 소리
↘단순한 발음

stop=sTOp begin=beGin hotel=hoTEl

slam=sLAm

tip)초성과 중성이 잘 쳐지지 않으면 내성음을 살짝 넣어 준다 : 호테ㄹ ⇛ 호테에ㄹ: 테에 에를 살짝 넣어줌

tip)영어음은 모음 위주로 음이 형성되기 때문에 고음과 장음에 내성음이 발생할 수 있다.

retro-slide 주파수에는 up-slide 주파수 또는 spiral-slide 주파수가 있다.

❶ skin care

=sKIn CAre=스키ㄴ 캐어 ⋯▸「up-slide+slide」주파수
단어 주파수로는 두 번에 걸쳐 감각적 주파수로는 한 번에 걸쳐 모든 음을 다 낸다. ※피부손질

❷ Nobel season

=noBEl SEAson=노베ㄹ 씨-전 [씨(이)전]
⋯▸「up-slide+line-slide」주파수
no를 빠르게 내면서 bel을 쳐주면 up-slide 주파수로 작동한다. 이때 no음은 상향식 음이고, sea는 평행식 음이다.

❸ metro stop

=MEtro sTOp=메트로 스타프
⋯▸「slide + up-slide」주파수
만약 stop의 받침을 조금 떨어지게 내면 cramp 주파수가 된다.

stop=sTOp=스타프 프=극저음
※metro=(often cap.) an underground railway system
: Let's go by Metro.

❹ navy club

=NAvy cLUb=네이비 클러ㅂ
⋯▸「slide + up-slide」주파수

tip)주파수는 소리 또는 소리본체에 용해되어 있다. 그래서 그들 속에 주파수가 보여야 한다.

addition] • 약간 곡선으로 올라가면 spiral-slide주파수가 된다. 내성음을 살짝 넣어 주면서 쉽게 곡선음을 낼수 있다.

club=cLUb=클러ㅂ [커(얼)러ㅂ]

• club에서 cl을 곡선음으로 내지 않고 고음으로 빠르게 말하면 slide 주파수가 된다. 일종의 변형 주파수이다.

club=Club=클럽

❺ installment plan

=iNsTAllment pLAn= 인↗스토ㄹ먼트 플래ㄴ [인↗-스또ㄹ먼(트)]
⋯▸「small up-slide + cramp」+「spiral slide」

in을 상향식으로 조금 길게 말하면 small up-slide 주파수가 된다. 이럴때「이인」하면서 장음내성음을 만들 수도 있다.
※also spelled instalment in BrE
installment plan[AmE]=hire purchase[BrE]
ex]on an installment plan 바탕으로 하여 할부제를 바탕 --.

❻ Don't slurp your soup like that.

=DOn't sLUrp YOur SOUp LIke THAt
=도ㄴ운(트) 슬러ㅍ 유어 슈-프 라이크 대ㅌ
⋯▸「slide + spiral slide + slide + line slide +slide+post점형」주파수 line-slide 주파수=retro-root 주파수

⋯▸ 음수가 13개라 할지라도 단어 주파수로는 6번에 걸쳐 말하지만, 감주로 세 번에 걸쳐 모든 소리를 다 내야 한다 : Don'tslurp yoursoup likethat.

3. Cramp 주파수   tip)주파수로 말하면 현장의 소리가 되지만 발음기호[악센트]로 말하면 글을 읽는 말투가 된다.

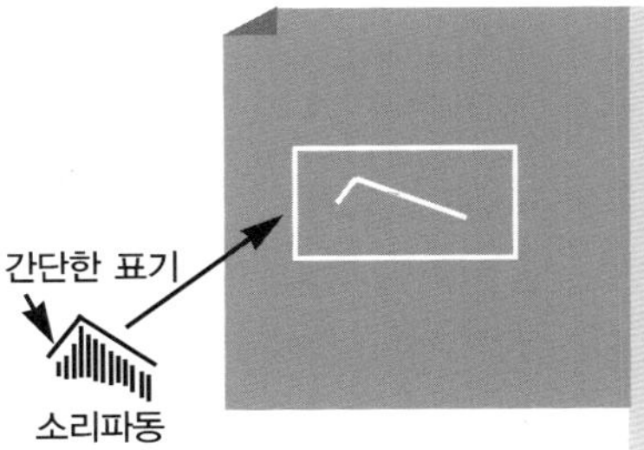

- (목/vocal로) 좀 강하게 앞으로 밀면서 쳐주고 내려온다.
- (목/vocal로) 살짝 앞으로 밀면서 쳐주고 내려온다.
- (목/vocal로) 약하게 앞으로 밀면서 쳐주고 내려온다.

fantastic=fanTAstic   pacific=paCIfic

against=aGAinst

compare]Sunday=SUnDAy=post 점형 F+small slide F

- fanTAstic=팬태스틱
  음수가 다 네 개이더라도 한 번에 걸쳐 모든 소리를 다 내는 두뇌로 작동시킨다.
- paCIfic=퍼시픽
- aGAins(t)=어게인스(트) or 어게ㄴ스   s(t)=극저음

❶ America's bravest

=aMEricas bREivest=어메리카스 브레이비스트

※미국에서 가장 용감한 사람들=America's bravest ones
Iraq War에서 죽은 병사들의 사진들을 board에 붙이면서 하는 말

❷ reconnaissance mission

=reCOnnaissance MIssion

=리카너선스 미션   ※정찰 임무

❸ open parenthesis

=Open paREnthesis   or paREntheSIs

=오(우)펀 퍼레ㄴ써서스   퍼레ㄴ써시스

※여는 괄호= (닫는 괄호=) : closed parenthesis
parenthesis=called also (British) bracket

❹ convertible sofa-bed

=conVERtible SOfa-BEd

=컨버-러블 쇼우파(퍼) 베드

ver음을 조금 길게 쳐주면 trapezoid 주파수 뇌가 된다.

=conVERtible : 더 빨리 내면 cramp 주파수 뇌가 된다.

❺ What's the date today?

=WHAtsthe DEite toDAy? = 워ㅌ스더(와ㅌ스더) 데이트 터데이
↳감주+감주=What'sthe datetoday?

Toronto=toROnto=터라ㄴ토 (토라ㄴ토)

※ What's the date today?
=What's today's date?

❻ college dropout

=COllege dROpout=카ㄹ리지 더라프아우트   ※대학 중퇴자

dropout를 cramp 주파수로 내면 한번 걸쳐 소리가 다 나오는 두뇌가 되고, up slide와 small slide로 내면 두 번에 걸쳐 소리가 나는 두뇌가 된다.

dROpOut=더라프아우트

addition] college=사람에 따라 약간 곡선으로 내면서 바로 내려오기도 한다. 그러면, basket 주파수 뇌가 된다. slide 주파수가 더 빠른 리듬이다.

COllege=카ㄹ리지

❼ recycle program   ※재활용 프로그램

=reCYcle pROgram=리싸이클 프라그램

.. 주파수 생성 주체 : 소리는 목소리이지 입소리가 아니다.

— 모든 소리를 만드는 주체는 목이다. 즉 입뒷쪽 목이다. 그래서 성대가 울리고 입천정에서 공명이 일어나 음이 기름지게 들리는 것이다. 지금까지 음이 만들어지는 위치만 제시했을 뿐, 그 음이 무엇에 의해 만들어지는 지는 알지 못했다. 게리오웬에 의해 세계 최초로 밝혀졌다. 12개의 기본입자외 4개의 매개입자와 힉스입자를 발견한 것과 같다.

소리를 목으로 만드는 기술없이는 원어민 말투를 낼 수 없다. 목소리와 입소리는 다르기 때문이다. 자꾸 연습하라. 그리하여 vocal음만의 특유한 소리를 간직하라. ※**목소리=vocal sound**

❽ my fiancee

=MAi fiAnCEe=마이 피안세이
「피」로 약하게 앞으로 밀면서 「안」으로 올려서 「세」로 빨리 치고 내려오면 된다.

addition]
사람에 따라 an음을 더 높여주기도 한다.

=fiAnCEe or fiAnCEe=피아ㄴ세이 or 피아ㄴ세이

❾ That's happening in Busan.

=THAts HAppening inBUsan=대ㅌㅅ 해퍼닝 이인부산
in은 앞으로 약간 밀면 내성음 '인'이 들어 갈 수도 있다.

addition]
That's happening /in /Busan.=기—〉설—〉설'
시동] 그것은 일어나는 현상[것]인데 내소 부산 내소에서 말이다.
: 날씨를 알려 주고 하는 말

❿ for example

=forIgZAmple=포이그재ㅁ플
small cramp + slide

청취시 ig가 마치 for단어의 일부처럼 들릴 것이다.
전체적으로는 청룡열차형 조합주파수 뇌가 된다.

⓫ two thousand

=twoTHOusand= 투싸우젼(드) /투따우젼(드)
「(드)」음=극저음 : 아주 약하게 살짝 건드려 주는 음
여기서는 내지 않아도 좋다.

⓬ You jealous of me.

=youJEAlousof me=유제ㄹ러서 미

addition]
You jealous /of /me.=기—〉설—〉설'
시동] 당신은 시기하고 있구먼, 즉 나를 말이다
: WBA Super Star전에서 상대방에게 자기를 과시하면서 공격하는 말 — You jealous=infml E : You're jealous.

extreme caution]
.. vocal음 생성 위치 : vocal음은 음에 따라 목 또는 목 앞쪽에서 난다. 즉 음에 따라 목, 입 뒷쪽 또는 입 앞쪽에서 난다. 하지만 입 앞쪽에 나더라도 목이 만드는 음, 즉 목이 주도하는[headline] 음이다.
거의 많은 사람들은 입 앞쪽에 나는 음을 입소리로 착각한다.

⓭ this season

=thiSEAson=디 씨젼(즌)
비록 두 단어라 할지라도 한 단어처럼 한번에 두뇌를 작동시킨다. 만약 고음 sea를 길게 내면 trapezoid주파수뇌가 된다.

=thiSEAson=디 씨-젼(즌)

addition]
겹치는 자음 앞s음을 탈락[폐쇄] 시키지 않고 자기 주파수대로 소리를 낼 수도 있다.

THIs SEAson=디스 씨-젼(즌)

⓮ status of forces agreement [SOFA]

=sTEitusof FOrcesa Greement[gREEment]
=스테이터서 포오시서 그리먼트 [그리먼트]

기본 주파수로는 세 번에 걸쳐, 감각적 주파수로는 두 번에 걸쳐 모든 음을 다 낸다.
: stat_usof forcesagreement

addition]
a. SOFA=SOa=쇼파 : 미군지위 협정
b. 사람에 따라 자음[g]을 더 높게 말하는 사람도 있다.

⓯ Forget about it.

=foGEta BOutit /foGEt aBOut It
=퍼게러 바우ㄹㅌ /퍼케트 어바우트 이트
↳감주+감주=Forgeta/boutit. ↳단주+단주+단주=Forget about it.
이것은 Monica Lewinsky와 Former US president Bill Clinton사이에 있었던 Sex Scandal을 두고 comedian들이 꾸민 쇼인데 한 comedian은 (분리) 감주로 소리를 내고, 대통령 역을 맡은 comedian은 단주로 소리를 내어 서로 웃기고 있었다. tone에 따라 의미가 달라지는 경우이다 : vol 2 p82

감주 뇌일 경우의 뜻 : 잊어 버려, 변자 그까지껏 말이다.
⇒ 빠른 리듬에 맞는 뜻이다.
단주 뇌일 경우의 뜻 : 잊다니, 변자 그 좋은 것을 말이다.
⇒ 한 단어씩 또박또박 리듬을 주면 이런 뜻이 된다. ※좋은 것=(상황) associate

▦ 내성형 cramp 주파수의 높은 음도 보여야 한다.
마음의 눈으로 보이면 된다.
news=누우스 우=약한 고음 New Jersy=뉴우저-지

4. Check Mark 주파수 tip)각종 시험영어 말하기, 특히 IELTS 말하기를 유창(fluency)하게 말하려면 감주로 말하면 된다.

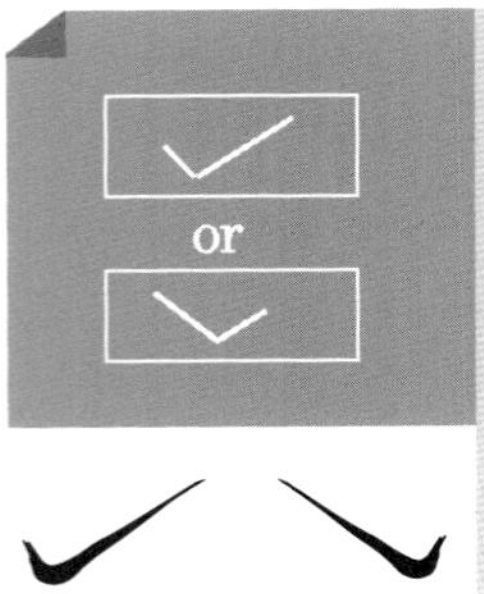

• (목/vocal로) 약간 높은 곳에서 앞으로 밀어주고 내려오면서 다시 up-slide로 쳐준다.

• (목/vocal로) 앞으로 세게 쳐주고 내려오면서 다시 up-slide로 쳐준다.

exam=EgZAm mammogram=MAmmogRAm

EgZAm=이ㄱ재ㅁ MAmmogRAm=매머그래ㅁ
음수가 세 개, 네 개이더라도 한 번에 걸쳐서 다 나오는 두뇌로 작동시킨다.

addition] a. mammogram (also mammograph)
=a photograph of the breasts made by X rays
가슴 X레이 사진 / 흉부X레이 사진
b. mammogram을「slide 주파수 + up-slide 주파수」로 두 번에 걸쳐 소리를 내는 두뇌가 되어도 좋다. 일종의 조합 주파수이다.

❶ Pick it up

↗감주, 즉 분리 감주=고난도 감주
=PIckiTUp=피키라ㅂ
합성감주 뇌를 작동시키면 it음가는 양쪽으로 갈라진다.
※남대문 시장, 길 가운데서 옷을 파는 상인들이 여러 번 'Pick it up, pick it up, ---.' 하면 '골라 골라---.' 에 해당하는 말이다.

↗감주, 즉 단감주+장감주
❷ shock and awe =SHOckandAWe=쇼컨오[샤컨아]
awe를 짧게 올려주면 check mark 주파수 뇌가 된다.
※충격과 경의

addition] a. 만약 awe음을 약간 끌면 line점형 주파수 뇌가 된다.

SHOckand AWe=쇼컨 오- [샤 컨 아 -] or 쇼컨 오오 [샤 컨 아아]

b. 이락전쟁의 미국의 작전명인데 이것을 충격과 공포로 번역한 것은 오역이다. 충격과 경외(로움)로 번역해야 그나마 awe의 뉘앙스를 살린 번역이 된다. 외과 수술하듯이 정밀한 공격은 충격이자 그저 경외로움을 줄 뿐이다. 만약 충격과 공포가 되려면 shock and fear /shock and terror로 표현되어야 한다.

awe =아주 놀라움과 두려움이 섞인 존경으로서 경외로움
[a: ah w: wonder e: esteem]
(a feeling of respect mixed with fear and wonder)
ex] He always stood in awe of his father.

feeling은 feeling인데 respect가 들어가는 feeling이고, 여기에 fear와 wonder가 다시 섞이는 feeling이니 장엄하거나 숭고함 앞에서 느끼는 감정이다. 따라서 단순히 공포로 번역하면 오역이 된다.

그래서, David Letterman은 이 작전명이 발표되자 마자 토크쇼에서 'Shock and awe to mock and guffaw.' 라고 웃기고 있다. 죽이고 파괴하는 데 무슨 놈의 경이로움이란 말인가, 웃기는 것[일]이다[웃기고 있네]라는 뜻이다. 만약 공포란 뜻이면 이런 유머가 발생할 수 없다.

tip)미방언들 : 소리 본체에서 소리가 나오기 때문에 방언도 발생
oyster → arster car → kyar wife → wuife time → tam
apple → appole(애뽈) Naples → Nappoles(네이뽈스) — 삼음가만 다를뿐 주파수는 여전히 기본주파수[영어말투]를 벗어나지 못한다.

❸ back-to-back victory
↗감주[단감주+장감주]+단주
=BAcktoBAck VIctory=빼ㅋ투빼ㅋ 비ㄱ터리
-- 앞 back을 좀 길게 밀면=retro-root F ※재승리/연속승리

addition] back-to-back=adj. /adv.
1. close together ex] They are sitting back-to-back.
2. happening one after another, without interruption

tip) 1. 배힘을 이용하여 목으로 쳐주거나 밀어주면 영어 소리는 내 뿜는 말이 된다. 이게 바로 vocal음이다. speaker에 따라 목으로 내뿜는 정도가 다르며 뉴스는 대개 크고 대화는 작다.
2. vocal음 시동 : 아음~ (lum~)/에~ 하면서 성대를 먼저 떨리게 한 후 vocal음으로 소리내기 /SIUM 말하기 : 처음에는 배 힘이 저절로 이용될 때까지[숙달될 때까지] 배 힘을 많이 이용하라.
소리를 낼때 뱃속의 기(氣)가 목구멍을 통과하는 것이 느껴져야 한다.

"Congratulations, sire -- your financial reforms have been successful!"
(A man is seen speaking with a king as people haul in buckets of gold.)

5. ER 주파수

tip)주파수로 말하면 아무리 음수가 많더라도 음이 고저/장단으로 한꺼번에 움직인다. 그래서 현장의 소리가 된다.

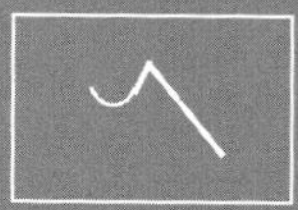

• (목/vocal로) 높은 곳에서 곡선으로 내면서[약간 감으면서] 더 쳐주고 내려온다.

electric=ELEctric cf]salute=SA_Ute -- 좀 길게 쳐줌

: 앞이 감기는 일종의 trapezoid F

ER F=Eighth Rest 주파수 : 8분 쉼표형 주파수

ELEctric=일레ㅋ트릭

음수가 네 개이더라도 한 번에 걸쳐서 다 내는 두뇌로 작동시킨다.

addition]

사람에 따라 극저음(c) 뇌로 작동시키기도 한다.

ELEctric=일레ㅋ트리크

addition]

a. l자가 있더라도 반드시 감기는 음이 되는 것은 아니다.

visa application=VIsa AppliCAtion ※비자신청

b. salute의 가장 높은 음을 약간 길게 밀어주면 line점형 고음이 되어 앞이 감기는 일종의 trapezoid 주파수 뇌가 된다.

SALUte=설루-트 [설루우트] : 우=장음 내성음

※거수경례

cf]고음 내성음

❶ Kinda, that's all right.

=KAinda THAts AllRAight

=카인더 대ㅅㅅ 올라이ㅌ[오올라이트]

같은 주파수: all day /all night /Al Qaeda[알카이다]

❷ They planted.

=THEy PLAnted=데이 프을래ㄴ티드 [플래ㄴ티드]

❸ celebrity photo ※유명인 사진

=CELEbrity PHOto =실레브러디 포토오[포우토우]

❹ human clone tip)맥밀란 사전에서도 장음보다 단음으로 표기함

=HUman [HUman] CLOne=휴-먼 [휴먼] 클로운

human에서 hu를 조금 길게 밀어 주거나 쳐줄 수도 있다. 하지만 빠르게 말하는 미국 앵커들은 그냥 밀거나 쳐주는 뇌다.

: plane[PLAne] crash /second place[PLAce]

※인간복제 /비행기 충돌사고 /2위

addition] clone=an exact copy of an animal or plant created in a laboratory from the animal's or plant's DNA

❺ no fly zone

↗감주릭딩=nofly·zone

=NOu FLAi ZOne =노우 프을라이[펄라이] 조운

no에서 우는 내성음 뇌다. 그냥 속으로 첨가되는 음이다.

내성음=고음과 장음, 곡선음에 자연적으로 붙여지는 극저음 ※비행금지구역

❻ ballet dancer

=BALLEt DAncer =밸레이 대ㄴ서[대에ㄴ서]

or 밸레이=basket F or slide F 밸=양순음 ※발레 댄서

addition] l음이더라도 반드시 곡선음이 되지 않는다.

absolutely=AbsoLUtely=애ㅂ설루-틀리

lady=LEidy=레이디

※valet=밸레이=basket F or slide F

밸=아랫입술음 윗니를 아랫 입술에 대고 낸다. 양순음은 양입술로 내는 것이다.

1. a male servant who looks after a man's clothes, serves his meals —etc.
2. (AmE) someone who parks your car for you at a hotel or restaurant.

주의] 1. **F영뇌**가 형성되지 않으면 절대로 들을 수도 없고, 영어다운 말을 할 수도 없다. 한글주파수 두뇌를 영어주파수 두뇌로 뇌화시켜라. `같이 갑시다´로 뇌화되어 있으면 안된다. vocal 주파수로 `같이 갑시다´로 뇌화되어 있어야 한다.
전자는 평음으로 한글 주파수이고, 후자는 리듬음으로 영어주파수이다 : double slide F

2. more time=모어 타임=up-slide F+ slide F — 음은 노래와 같아 가장 자연스럽게 나오면 된다.

: 약음이 고음이 되는 경우 (약음≠저음 : 반드시 약음이 저음이 되는 것은 아니다. 주의하라.)

↗겉으로 보기엔 하나하나 말하는 것같지만 실제로는 감주로 말하고 있다. 주의하라.

6. Basket 주파수

tip)토익/아이엘스/수능 원어민 녹화는 현장소리보다 감주가 덜 뚜렸하지만 여전히 감주로 말하고 있다.

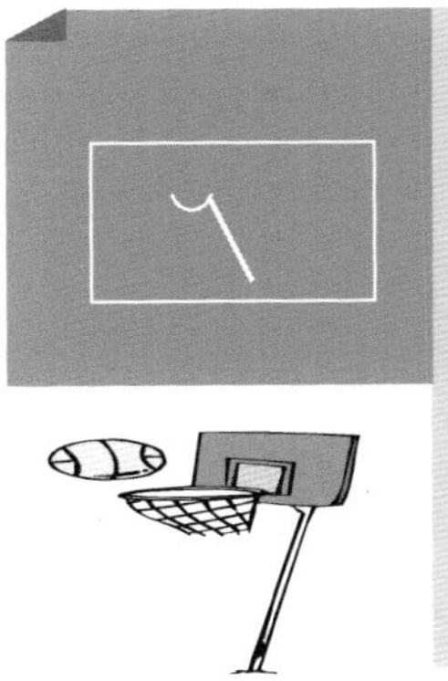

- (목/vocal로) 곡선으로 쳐주면서[감으면서 쳐주고] 내려온다.
- (목/vocal로) 곡선으로 밀어주면서[감으면서 밀어주고] 떨어진다.

technology=TEchNOlogy

metropolitan=MEtroPOlitan

TEchNOlogy=테크**나**ㄹ러쥐

MEtroPOlitan=메트[츄]러**파**ㄹ러턴

하나의 단어에서 두 번에 걸쳐 소리가 나오는 두뇌이다.

addition]
곡선으로 감지 않고 빠르게 두뇌를 작동시키는 사람도 있다.

TEchNOlogy=테크**나**ㄹ러쥐

❶ anthropology class

=AnthroPOlogy CLAss=에ㄴ쓰러**파**ㄹ러쥐 클**래**스
※인류학 수업

❷ college student

=COllege sTUDent [COllege]
=**카**ㄹ리쥐 스**투**던트

addition]
감지 않으면 slide 주파수 뇌가 되어 음은 더 빨라진다.

❸ Good morning, all of you.

↗분리 감주=allo/fyou
=GOOdMOrning Allo FYOU=굳 **모**닝 **오**ㄹ러[**오**올러] 뷰-

good으로 앞으로 밀어주고 morning과 감주로 빨리 말하면 cramp 주파수 뇌가 되고, of를 앞뒤로 감주로 말하면 basket 주파수 뇌와 line 점형 주파수 뇌가 된다. (모=짧게 쳐줌/밀어줌)

tip] 주파수 사요소=고저장단음이 한꺼번에 움직이는 것
+ 배힘 (작용) + 소리 생성주체[즉 입뒷쪽목] + 감주
여기에 소리본체와 음색이 들어가면 주파수 6요소가 된다.
☺.. 목으로 음의 생성 위치를 바꿀 수 있다.
목쪽에서 내면 진동이 잘 일어나고, 목 앞쪽으로 내면 공명이 잘 일어난다.

addition] ⓐ r은 앞음을 길게 소리나게 하는 경우가 많다. 그러면, cramp형 대신 trapezoid 주파수 뇌가 된다.

=GOOdMOrning=굳 **모**-닝

ⓑ all of you를 비분리 감주뇌로 소리내어도 좋다.

All Of YOU [you] [오올 어브 유우/유- or 유/여]
you는 강하고 길게 말하면 line점형 주파수 뇌가 되고, 약하고 짧게 말하면 dot점형 주파수 뇌가 된다.

❹ We accelerate your life.

=we acCEleRAte YOur LAife [acCEleRAte]
=위 액(익)**세**ㄹ러레이트 유어 라이프
↳감주+감주=Weaccelerate yourlife.

addition] a. 곡선으로 감지 않으면 cramp 주파수 뇌가 발생한다.
b. We accelerate your life.=기-->설-->설'
시동] 우리는 촉진시켜 준다. 여러분의 인생(살이)을 말이다.

"And this is my cousin Dave, who handles the conventional wisdom."
(A man is seen clutching the side of a cliff, on which a bearded man is speaking and gesturing towards another man sitting next to him and wearing a suit.)

vs 발음기호[악센트음가]로 그냥 하나하나 말하면 글을 읽는 소리가 된다.

7. Point 주파수 tip)약음단어이든 강음단어이든 두 단어 이상이면 감주로 말해야 현장의 말[소리]이 된다.

-	• 고저없이 (목/vocal로) 약하게 밀어준다.
|	• (목/vocal로) 초성과 중성을 그냥 쳐준다.
—	• (목/vocal로) 초성과 중성을 약간 길게 앞으로 밀어준다.
◡	• (목/vocal로) 초성과 중성을 조금 밀면서 곡선으로 낸다.

빅감주 빅감주 소감주

tip)state-of-the-art light and sound system

스테트어/터 디아-트 라이트언 사운시스텀

cf]보통 dot 점형은 단감주[즉 합성/비합성 감주] 형성

사이 time : 합성감주=minus

비합성감주=zero

단어와 단어 사이의 장단길이

단, 장감주=+ 단주=++ : 장장감주

to=to man=MAn farm=FArm girl=GIrl

point 주파수에는 dot점형 주파수, post 점형 주파수, line점형 주파수, spiral점형 주파수가 있다. **주의할 것은** 점형 주파수의 속음은 내성음으로 소리나는 것이지, 실제 저음으로 소리나는 것은 아니다.

to=투/터/더/어 ---dot점형 주파수

MAn=매ㄴ/머앤---post점형 주파수

FArm=파-암 ---line점형 주파수

GIrl=거-ㄹ/거얼---spiral점형 주파수

① Dot 점형 주파수 —	순수점형 주파수로 고저가 전혀 없는 주파수이다. (목/vocal로) 약하게 앞으로 밀어준다. 대개 앞 단어 또는 뒷 단어와 함께 감각적 주파수가 된다. a=a an=an the=the

고저가 없는 dot점형은 대개 감주 뇌로 작동시킨다. 감주 뇌일 때는 극저음으로 작동하는 경우가 많다.

a=어 an=언(애ㄴ) the=더/디(디-/디이)

「언」=dot 점형 주파수 : weak sound

「애ㄴ」=post 점형 주파수 : strong sound

「더」/「디」=dot 점형 주파수 : weak sound

「디-/디이」=post 점형/내성음 slide 주파수 : strong sound

addition]

• a는 자음소리 앞에, an은 모음소리 앞에 작동하는 뇌이다.

ex] a useful idea ⟵ useful=ju:sfəl

an hour ⟵ hour=auər an idea ⟵ idea=aidiə

• the의 「더」=자음철자 앞[before consonants], 「디」= 모음철자 앞[before vowels]에 나는 약음으로서 철자기준 vs a/an=소리기준 하지만 이게 절대 원칙이 아니다.

자모에 상관없이 강조할 경우 [for emphasis before titles and names or to suggest uniqueness] =「**디-/디이**」로 강음(이=내성음).

하지만 빠르게 감주로 말할 경우 자모에 상관없이 어화(化)=infml 소리

이때 th 폐쇄=「어」, th 비폐쇄=「더」로 작동 : in the AFN=이너

over the uncertain fate=오우버더

❶ Have a good time.

=HAvea GOOd[GOOd] TAime =해브어 구ㄷ[구-ㄷ] 타임

a음가를 느끼려면 바로 합성시키지 않고 내성음처럼 내면 된다.

❷ Mary was an only child.

=MAry WAsan OnlyCHIld=매리(뤼) 워잰(전) 오운리챠일드

❸ I am an American. [Amercan=noun]

=Ai Am AnaMErican=아이 애ㅁ 어너메리칸[애너메리칸]

↳감주+감주=Iam anAmerican.

addition]

I am American. : American= adj.

❹ across the country

↗감주+단주=acrossthe country

=acROssthe COUntry =어커로서 카ㄴ처리[츄리]

the는 「어」음가로 변해 버린 것이니 말하는 사람이 the를 소리내지 않았던 것은 아니다. 모음사이 자음이 폐쇄된 것이다.

↗감주(단감주+장감주)+감주(비약음)=inthe • AFN WeatherCenter

❺ in the AFN Weather Center

=Inthe EiEfN WEAther CEnter

=인디 에이에프에ㄴ 웨더 세ㄴ터 하지만 빠르게 감주로 소리내면 th는 폐쇄되어 '이너'로 작동된다. 모음에 상관없는 '어화'이다. 청취시 주의하라.

❻ tug of war

=TUgof WAr [TUga WAr]

=터그어 워어(워-) [터거워] ※줄다리기

addition]

I kinda like this one better.

↳ kind of = 'somewhat/rather(좀/다소)"의 뜻

a lotta money

↳ lot of

It's on the tipa my tongue.

↳ tip of

=I can almost remember something, but not quite.
완전히 기억나지 않고, 혀끝에서만 맴돈다는 뜻이다.

❼ Nice to meet you.

↗감주(단감주)+감주(단감주)

=NIceto MEEtyou.

=나이서[스어] (전자=합성감주 후자=비합성감주) 미츄[쮸]

② Post 점형 주파수 [I]	받침에 의해 일어나는 것으로서 (목/vocal로) 초성과 중성을 그냥 세우듯이 쳐준다. 이 때는 초성과 중성은 단음으로서 고음이다. 영어소리는 리듬이기 때문에 음이 하나라도 고음이 있다[≠악센트 음가] pan=PAn not=NOt look=LOOk

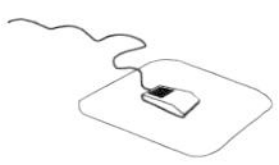

PAn=패ㄴ/패앤

앤하고 내성음을 내면 slide 주파수 뇌가 된다.

NOt=나ㅌ/나앗

영어의 받침은 초성과 중성으로 된 음을 강하게 하는 두뇌이다. 우리말 받침과 다름에 유의하라. 한글 받침은 그야말로 받치는 음이다.

addition]

a. 초성과 중성을 쳐주면서 받침 자신이 겉으로 나타나면, 더 이상 받침이 되지 못하고 하나의 음으로 작동되어, 저음이 되어 slide 주파수 뇌가 된다.

not=NOt=나ㅌ

b. 영어의 받침은 초성과 중성를 강하게 하기 위해서 약간 떨어져 받쳐 주기 때문에 「낫」대신에 「나ㅌ」으로 표기하는 것이 영어다운 소리표기가 된다. 그래서 자연스럽게 사람에 따라 받침을 하나의 음으로도 형성시키기도 한다. 이럴 때 보통 극저음 뇌로 작동한다.

: book=부ㅋ/부크

c. 영어의 받침은 초성과 중성을 강하게 해주는 것이 중심 역할이기 때문에 자신은 겉으로 나타나지 않는 뇌이다. 그래서, badly는 「배ㄹ리」로 두뇌가 작동한다. 물론 사람에 따라 d음을 극저음으로 작동시키기도 한다. 이럴 때에는 「배들리」로 소리난다.

ex] London was badly blitzed in 1940.

※blitz also blitzkrieg =a sudden heavy attack esp. from the air
대대적인 공격/전격공격, 특히 공중공격을 말함

I recommend contacting the Wildflower Society.

→ "컨태ㅋ팅더" 로 소리내면 쉽게 음을 이어갈 수 있다.
vs 한글 받침소리=컨택팅더

▦ 영어 소리는 리듬이기 때문에 음이 하나 또는 일음절이더라도[음이 두개 이상이면 무조건] 고음이 있다. 악센트 음가와 다르다.

: man=MAn this=THIs : 매/디가 고음이다 — 매ㄴ/디스: 매가 고음[초성과 중성]이기 때문에 내성음이 들어가기도 한다=매앤

tip)삼음가 선택도 좋은 리듬이다.

: Saying nothing is not right. ⇨ Sayingnothing isnotright.

·))▸ not=노ㅌ 〉 나ㅌ : 전자=best 리듬 — 철자음가[알파벳음가]가 오히려 숨길이 끊이지않고 자연스럽게 이어지기 때문이다.
즉 right 음가 때문에 나ㅌ 감정음가는 무언가 거북하다.

❶ **Back! [strong: Back up!]**

=BAck=빼ㅋ[빠ㅋ/바ㅋ]

BAck=빼크[빠크/바크] ch=크=극저음

addition] 이라크 주둔 미군에게 애들이 몰려들면 「빼ㅋ/빼크」이라하고, 영국군에게 몰려들면 「빠ㅋ/바ㅋ/빠크/바크」라고 한다[AmS/BrS].
※물러 서라/물러 있거라.
Back /up!=기-->설=물러서라, 똑바로[완전히] 말이다!

❷ **ceiling fan**

=CEIling FAn=씨일링 패ㄴ ※천장 선풍기

❸ **Air Force One**

감주(비약음)=AirForceOne
=Air FOrce One=에어 포-스[포오스] 와ㄴ
장음은 hyphen 또는 내성음으로 작동된다.
※공군 1호기, 즉 미대통령 전용기

❹ **Jack Nicholson**

=JAck NIcholson= 째ㅋ 니컬선

❺ **nonprofit organization**

=NOnpROfit OrganiZAtion
=노ㄴ프라피트 오-거너제이션
※비영리 단체/기관

addition]
고음을 post점형으로 내면 slide가 되나 내성음을 고음으로 내면 **내성형 cramp 주파수 뇌**가 된다.

pancreas=PAncreas=패 앤크리어스 [패 앵크리어스]

or =PAncreas=패ㄴ크리어스 [패ㅇ크리어스]
-nc가 되는 단어일때 ŋ 으로 소리내기도 한다.

감주+감주+단주=Youbreathe usingyour lungs.
❻ **You breathe using your lungs.**

=YOU bREAthe USing YOur LUngs
=유- 브리-드 유-징 유어 러ㅇ스
slide 주파수의 높은 음도 따지고 보면 post점형 음이다.

addition]
You breathe /using /your lungs.==기-->설-->설′
시동] 여러분들은 호흡을 하는데 사용해서 한다, 본인들의 폐로 말이다.

단감주 장감주
감주(강약)+감주(비약음)=It' sa potluckdinner.
❼ **It' s a potluck dinner.**

=Itsa POtLUck[POtLUck] DInner
=이ㅌ서 파트러ㅋ[파트러크] 디너
check mark주파수의 끝에 치켜올리는 음은 post점형 음이다.

※potluck=있는 것만 장만하여 먹는 식사
또는 자기들이 먹을 것을 가져와서 나누어 먹는 공동식사

③ Line 점형 주파수 –	(목/vocal로) 받침에 의해 초성과 중성을 약간 길게 쳐준다. cf]강음의 받침은 분리표기하고(pan=패ㄴ) 약음의 받침은 받쳐표기 한다. 즉, 초성과 중성이 그러면 원어민 말투가 된다. 고음이면서 장음이면 line점형 주파수가 된다. teen=TEEn teem=TEEm

TEEn=티-ㄴ[티인] TEEm=티-ㅁ[티임]
장음은 사람에 따라 하이펀 장음으로 내거나 내성음 장음으로 두뇌를 작동시킨다.

addition]
a. teen (infml)=[C] teenager
teem=(infml) (down, with) (of liquid) to flow or pour very heavily :

It' s teeming with rain.
It' s been teeming down all day.
The river teems with all kinds of fish in summer.

b. on=오-ㄴ/온 or 아-ㄴ/안 : line 점형 F /dot 점형 F
영어에서는 아/오 음가는 대부분 장음이나 빠르게 리듬을 주어 단음으로 내는 경우도 있다.

❶ visa form

=VIsa FOrm=비-자(저) 포-옴
line-slide 주파수의 높은 음도 일종의 line 점형이다.

❷ so far, so good.

=SOu FAr SOu GOOd=소우 파-[파아] 소우 구ㄷ

❸ I have to learn English.

↗감주+감주=Ihaveto learnEnglish.
=Ai HAveto LEArn English
=아이 해프터 러-ㄴ[러언] 이ㅇ글리시[이ㅇ글이시] 프=극저음

❹ vertex

=VErTEks =버-테ㅋㅅ ※정점/꼭지점 (pl)vertices

❺ adverb

=AdVErb=애드버-ㅂ [버어ㅂ]

❻ Conserve water.

=conSErve WAter=컨서-ㅂ 워러 [서어ㅂ]
addition] Conserve /water.=기—>설
시동= 잘 보존하라, 물을 말이다.

④ Spiral
점형
주파수

◡

(목/vocal로) 받침에 의해
초성과 중성을 곡선으로[감으면서] 밀어준다.

초성과 중성이 고음이면서
단음이면 짧게 감기고, 장음이면 길게 감긴다.

gal=GAl fall=FAll

cf]홍콩판 롱맨 어린이용 사전에서는
음이 하나이더라도 강음의 받침일 경우와
일음절 단어이더라도 음이 두 개이상이면
모두 고저리듬을 표시하고 있다.
: 현장의 소리 적절한 반영
주의]보통 사전에서는 2음절 이상
단어에만 accent를 찍고 있음

GAl=개ㄹ/개앨 앨=단음내성음
addition]
gal=[C] n. (AmE. infml) a girl or woman ex] Grandma's a colorful old gal.

FAll=포-ㄹ/포올 올=장음 내성음
내성음 뇌는 고음/곡선음/장음에서 많이 나타나는 데
노래에서는 박자를 맞추기 위해서 들어가고, 영어에서는 리듬을 맞추기 위해서 들어간다.

❶ winter solstice

=WIn(t)er SOlsTIce=위ㄴ너[터] 싸알[쏘올]스티ㅅ
※동지 /summer solstice 하지

❷ all of us

↗감주(비분리)=allofus
=All Of Us =오올 어ㅂ 어ㅅ
addition]
만약 합성 감주뇌가 되면 주파수가 변한다 : 일종의 변형주파수

all of us=Allo FUs=오ㄹ-러 버ㅅ
↘감주(분리)=allo/fus

❸ Salt Lake City

↗감주(비약음)=SaltLakeCity
=SAl(t) LAke CIty=쏘올 레이크 씨디
Salt에서 t음은 현장의 소리에서는 내지 않는 것이 일반적이다.

addition]
만약 Salt Lake를 한 단어처럼 감주 뇌로 말하면 ER주파수가 된다.

=SAlL Ake=쏘올레이크

↗감주+감주=Anydumbbell candoit.

❹ Any dumbbell can do it.

=Any DUmBEll CAn DOit=에니 더ㅁ베엘 캐ㄴ 두이ㅌ[두이트]

addition] a. Any dumbbell can /do /it.=기—>설—>설'
시동= 어떤 바보라도 가능해요, 하는 것인데 그것을 말이다.

b. rock and roll [also spelled rock 'n' roll]
↗감주+단주
=ROckand ROull=라컨 로울 vs 단감주+장감주=rockand • roll
roll은 원래 곡선으로 감기는 음이 아니다. ↘즉 단장 감주

attention] 1. vocal음 생성 위치에 따라 주파수도 달라진다 : fantastic을 만약 목에 의해 fan을 입뒷쪽에서 내고 tastic을 입앞쪽에서 내면 "post 점형 F + slide F" 가 된다. cramp F가 되려면 목에 의해 fan이 앞쪽에서 나고 tastic이 뒷쪽에서 나야 한다. **2. 단어[사람]에 따라 vocal음 생성 위치가 다르다** : CIgaREtte=만약 뒤가 낮은 double slide F로 내면 목에 의해 CIga가 앞쪽에서 나고 REtte는 뒷쪽에서 난다. 하지만 모든 음을 목으로 목에서 내면 음은 아주 빨라지고 진동도 달라진다. the answers to no one : 모두 목에 의해 목 앞쪽에서 나나 to는 약한 vocal음으로 난다. happy를 목으로 목에서 낼 수도 있고 목 앞쪽에서 낼 수도 있다. 목에서 내면 h음은 거의 사라지고 "애피"에 가깝다.
tip)목으로 음의 생성 위치를 바꿀 수 있다.
초기에는 목소리를 발달시키기 위해 목에서 만드는 게 좋다.

저고리듬

8. Root 주파수

tip)모든 단어의 발음을 정확(accuracy)하게 내려면 주파수로 말해야 한다.

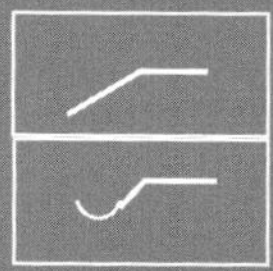

• (목/vocal로) 앞으로 약하게 밀어주고 길게 쳐준다.

• (목/vocal로) 앞으로 곡선으로 밀어주면서[감아주면서] 길게 쳐준다.

taboo=taBOO balloon=balLOOn

□ taBOO=터부-/터부우
고음이 line점으로 형성되는 일종의 up-slide-line 주파수이다. □ balLOOn=벌루-ㄴ/벌루운
저음이 spiral점이 되는 일종의 spiral-slide-line주파수이다.

❶ Navy and Marine Corps News

=NAvy And maRIne COr(ps) NEWs
=네이비 애ㄴ 머리-ㄴ 코-[코오] 뉴-스[즈]
↳감주+감주=Navyand MarineCorpsNews

corps가 복수의미일때는「코-즈」가 되어 retro-root 주파수 뇌가 된다. 단복명사로 형태는 같으나 소리도 다르고, 주파수도 다르다.

(pl) COrps=코-즈[코오즈] ※해군과 해병대 뉴스
cf] corpse(코-프스) : 역시 retro-root 주파수 뇌다.
=a dead body esp. of a person

❷ flu virus

=fLU VIrus=퍼얼루- 바이러스
※독감바이러스 flu=[formal] influenza

addition]
a. 현장의 소리에서는 사람에 따라 높은 음을 길게 쳐주지 않고, 짧게 쳐주기도 한다. 그러면 말은 빨라져 spiral slide 주파수가 된다.

flu=fLU=퍼얼루[프ㄹ루]

b. sleep=sLEEp=쓰을리-프
시작음이 곡선으로 감기는 **trapezoid 주파수 뇌**다.

만약 높은 음을 짧게 쳐주고 내려오면 **ER 주파수 뇌**가 된다.

sleep=SLEEp=쓰을리프

이렇게 사람의 성격에 따라 다양한 주파수로 작동시킨다.

caution)무성음 단독=배의 기를 이용해 목으로 만드는 성대 비울림음 하지만 모음과 결합하면 성대 울림음, 즉 진동과 공명이 일어난다 : taboo
☞ 기본영뇌 vol 2 p184

9. Retro-Root 주파수 : 고저리듬

• (목/vocal로) 길게 앞으로 밀어주고[쳐주고] 내려온다.

SARS=SArs EpiDEmic

SArs=샤/싸-스/샤아스 : 일종의 line-slide 주파수
※샤스 유행성 전염[유행성 전염병]

❶ Anarchy and looting continue.
↳감주+감주=Anarchyand lootingcontinue.

=Anarchy And LOOting conTInue
=애너키 애ㄴ 루-팅[루우팅] 컨티뉴
※무정부 상태와 약탈행위가 계속되고 있다.

addition]하지만, looting을 slide 주파수로 내는 사람도 있다. 그러면 말은 더 빨라진다.

LOOting=루팅

❷ monsoon season

=monSOOn SEAson=모온수-운 씨-즌[씨이즌]
root와 retro-root 주파수 뇌다 ※장마철

❸ suicide seat

SUICIde SEAt=슈-사이드] 씨-트 [씨이트]
※조수석 /운전자 옆좌석
meanwhile과 suicide는 같은 주파수 뇌다.

10. Tail 주파수

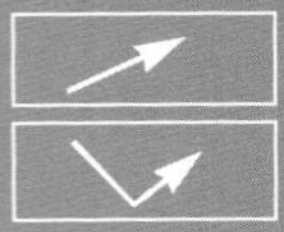

- (목/vocal로) 바로 치켜든다.
- (목/vocal로) 내려오면서 치켜든다.

Have you got a car?=HAve YOU⤴ GOta CAR?

Have you got 20 dollars?

=HAve YOU⤴ GOt tWEnty DOllarS?

□ 의문문=묻는 말 + 묻는 구체적인 내용

└→ 주어앞말

묻는 말이 의문사가 아닐 경우 구체적이지 않아 구체적인 묻는 내용으로 확인하기 때문에 tail 주파수 뇌가 된다. 반면에 의문사로 물을 경우 의문사 자체가 무엇인지, 언제인지, -- 등으로 분명하기 때문에 마지막 단어는 원래 단어가 가지고 있는 주파수 대로 작동시키면 된다.

↗감주+감주=HAveYOU GOtaCAR?

HAve YOU GOta CAR?

=해브 유-⤴ 가러 카↗ [카아⤴]

아=내성음--- **약음으로서 높은 음이다.**

HAve YOU GOt tWEnty DOllarS?

=해브 유-⤴ 가트 투웨ㄴ티 [투웨ㄴㄴ] 다을러스⤴

치켜드는 것과 그냥 올라 가는 것은 다르다.

즉 tail 주파수 뇌와 retro-slide 주파수, check mark 주파수, root 주파수, spiral slide 주파수는 다르다.

전자는 확인하기 위해 약음으로 rising 주파수를 취하는 것이고, 후자는 원래 주파수 음가대로 말하는 것이다.

attention] you/are/it 중간 tail 주파수 :

'Did you get a ticket?' 'I tried to, but I didn't.'

디ㄷ유⤴/디듀⤴/디쥬⤴=slide/post/post F+중간 tail F

― you 중간 tail 주파수는 의문사가 있든 없든 같다. tail 주파수는 약음으로 해서 올라가야 한다.

TIcket⤴=문미 tail 주파수

게러=slide F : t단타와 감주, 즉 단타 감주

'What do you⤴ think⤵?' (워러유⤴=중간 tail F)

'How are⤴ you⤵?' (하우아⤴=중간 tail F)

vs 'Do you⤴ think?⤴' (두유⤴=중간 tail F)

'What are you⤴ doing⤵?' (워러유⤴=중간 tail F)

'Can't it⤴ wait /a week, Sara?'

vs 'Are you⤴ doing?⤴' (아-유⤴=중간 tail F)

cf] wh-questions : 끝이 무조건 내려 가는 것은 아니다.

- What happened?=WHAt HAppened.
  happened 단어 원래 주파수대로 작동시키면 된다.
- When did it begin?=WHEn DId It beGIn?
  원래 단어 주파수, up-slide 주파수로 작동시키면 된다.
- Where is your navy club?

  =WHEre Is YOur NAvy CLUb?
  club의 원래 주파수는 spiral slide 주파수이다.
  ↘감주+감주=Whereisyour navyclub?

addition]

하지만, 의문사로 물었는데 상대방이 잘 못알아 듣거나 말을 하지 않을때, 즉 다시 물어봐야 할 처지가 되었을 경우 tail 주파수 뇌로 다시 확인한다.

반응이 없으니 묻는 구체적인 내용으로 다시 다그칠 수밖에 없다. wh-questions는 무조건 끝이 내려온다고 외워 말하는 사람들은 이런 말을 할 수가 없다.

처음 물어 보았을 경우

: What's your first name?

=WHAts YOur FIrst NAme.

↘감주+감주=What'syour firstname.

다시 확인 할 경우

: What's your first name?

=WHAts YOur FIrst NAme?

↘감주+감주=What'syour firstname?

Scary, isnt' it?

cf] I'm late, aren't I.

tag questions도 마찬가지이다. 외워서 tone을 결정하는 것은 아니다. 확인 내용이면 tail 주파수 뇌로 작동시키면 되고, 인정내용이면 원래 단어 주파수대로 작동시키면 된다.
전자를 confirmation tag라하고, 후자를 agreement tag라 한다.

confirmation tag:
Scary,isn' t it? =sCAry, Isn' t IT?=스캐어리 이즌 이이트
↳단주+감주=Scary isn' tit?
agreement tag :
I' m late, aren' t I.

=I' m LAte, Aren' t Ai.=아임 레이트 아-ㄴ트 아이.
↳감주+감주=I' mlate, aren' tI.
addition]
• Scary, isn' t it?=기→ 설 무섭지, 안그런가?
• I' m /late, //aren' t I.=기→ 설+전설
나는 늦었지요, 아니다고 할 수 없지요
[아니다고 우겨댈수 없지요 /안그렇다고 할수 없지].
↘tone에 따라 의미가 달라지는 경우 : vol 1 p116/vol 2 p82
자기가 9시에 출근해야 하는데 10시쯤 도착했다면 다른 직원도 그렇고, 본인 자신도 늦었다는 사실은 다 아는 사실이다. 이럴때 이렇게 tag 표현을 쓰는 것은 자신의 지각을 스스로 인정[동의]하는 표현이지 듣는 상대방에게 늦었는지 다시 확인하는 것은 아니다. 그래서, 확인태그는 rising tone을 취하지만, 인정/동감/동의 태그에서는 falling tone을 취한다고 배웠을 것이다. 이제는 falling tone이 아니라, 그냥 자기 주파수대로 소리내면 된다. agreement tag일 때 본서에서는 원서[Side by Side]와 마찬가지로 question mark[?]를 찍지 않고, period[full stop]를 찍었다.
amn' t라는 단어가 없기 때문에 구어체에서는 informal한 표현으로 그냥 aren' t로 많이 쓴다. 이 점도 눈여겨 봐야 한다.

"This phone has a special voice filter. It makes you sound honest when you discuss business, sincere when you apologize, and terminal when you call in sick."

11. 조합 주파수 tip)특히 노래나 slogan(구호)은 감주로 말해야 리듬을 탈 수 있다.

아무리 음수가 많아도, 즉 아무리 긴 단어라도,
기본 주파수의 조합으로 나타난다. 따라서, 듣거나 말할 때 기본 주파수만 잘 익히면 된다.

application=AppliCAtion

appreciation=appREciAtion

playboy magazine=PLAyBOy MAgaZIne

television=TEleVIsion

application [애플리케이션]=slide F+slide F=double slide F
appreciation [어프리쉬에이션]=cramp F+slide F

playboy magazine [플레이보이 매거지-ㄴ]
=(ER F+slide F) + (slide F+ line point F)

television[테ㄹ러비젼]=basket F + slide F
이상에서 가장 높은 음은 **케/에/레/테ㄹ 음가**이다.
주의]아무리 주파수가 많아도 한 단어 또는 감각적 의군 내에서는 최고음은 하나 밖에 없다. 이것이 바로 리듬이다.

❶ reflexology=reFLEkSOlogy[리플레ㅋ싸을러쥐]
=dot-point F + spiral slide F + basket F
(F=frequency 주파수)

※reflexology =noun [U]
a treatment in which your feet are rubbed and pressed in a special way in order to improve blood flow and help you relax

❷ including=inCLUding [인클루딩]
=dot-point F + ER F

ex] including North Korea
employ도 including과 같은 주파수 뇌다.

cf] ancestral=anCEstral=앤세스터럴
ancestrally=anCEstrally=앤세스터럴리
-trally는 극저음으로 내면 음은 아주 자연스러워진다.
↳자기가 저음으로 낼 수 있는 한 최대한 저음으로 내는 음

❸ electricity=ELEctRIcity=일레ㅋ트리시티[일레ㅋ츄리시티]
=spiral slide F + cramp F ex] electricity and water

❹ diploma=diPLOma=디플로우머
=dot point F + ER F ex] a high school diploma

❺ metropolis=metROPOLIs=미츠[츄]라펄리스
=dot point F + up-slide F + ER F
ex] a modern metropolis

❻ submarine=SUbmaRIne=서브머리-ㄴ
=small slide F + root F [up-slide-line F]

or SUbmaRIne=써브머리-ㄴ
=large slide F + root F [up-slide-line F]
ex] nuclear submarine

❼ substitution=SUbstiTUtion=써업스티튜션 [써ㅂ스티튜션]
=slide F + slide F 스티=극저음: 살짝 건드려 주는 음이다.
ex] substitution program

❽ hypotenuse=HyPOteNUse=하이파러뉴-스[즈]
=small slide F + large slide F + retro-root F
: t단타 ※직각 삼각형의 빗변

"I stuffed it with things found around the house."
(A man presents a stuffed turkey to a woman in the kitchen.)

12. 변형 주파수

소리는
감주가 되거나 본인의 감정에 따라 단어의 고유한 주파수가 변하기도 한다.

하지만, 아무리 변해도 기본주파수 범위를 벗어나지 못한다. 여전히 영어말투를 가지고 있으니 말자체가 이상해지는 경우는 없다. 변형 주파수도 즐겨라.
tip)변형 주파수도 일종의 감각적 주파수이다.

gas station=GAsTAtion

everybody=EveRYBOdy

결국 말, 즉 소리는 사전상의 발음기호가 절대적인 기준이 아니다. 사람이 소리를 내는 것이다. 사람마다 자기 감정을 소리에 실어 전달하는 것이 언어다. 따라서, 변형 주파수로 말하는 데 용감하라.

• gas station 원래 주파수=GAs sTAtion[갸스(깨스) 스테이션]

변형 주파수 ···› GAsTAtion [갸스**테**이션]
=post point F + cramp F
감주 뇌가 작동되어 겹자음 s음중 앞음은 소리나지 않는다.

• everybody 원래 주파수=EveryBOdy[**에**버뤼바디]

변형 주파수 ···›EveRYBOdy[에버**뤼**바디]
=check mark주파수 + slide주파수

저음 ry음을 높은 음 bo음을 따라 올라가면서 높은 음으로 소리를 내면 또다른 **소리감정**을 낼 수 있다. 이렇게 주파수를 변형시켜도 여전히 check mark주파수로 영어말투[영어리듬]를 유지하고 있어 영어말자체가 이상하게 들릴까 걱정할 필요는 없다.
특히 이런 변형주파수를 **응용주파수**라 한다.

"Good morning, everybody."
인사를 변형주파수로 말해 보아라. 많은 한국 사람들은 사전식으로 발음하지 않으면 틀린 발음으로 생각하고 있다. 정말로 한심한 노릇이다. 진짜로 영어를 모르는 사람들이다.

❶ Is it really worth the risk?
↳감주+감주+단주=Isit reallyworththe risk?
=WOrth the ···› WOrthe
=워-쓰 더 ···› **워**-써 :
이렇게 감각적 주파수로 이해한다 : th **비폐쇄/폐쇄**
그러면 저절로 이해가 발생한다 : 감주=WOrththe or WOrthe addition]
Is /it really worth /the risk?=기--〉설--〉설′
인가, 즉 그런 짓이 정말로 가치있는 가, 그렇게 위험을 무릅쓸만할 정도로 말이야? 이 말은 술을 먹고 운전하는 사람에게 하는 말이다. 그렇게 음주하는 게 과연 목숨과 바꿀만한가라는 뜻이다.

❷ Shut up

=SHUtup ···› shuTUp =셔랍 ···› 셔**라**ㅂ ※(입)닥쳐!
합성감주로 감정을 변형시켰다. 상당히 흥분된 말투이다.

❸ Coming up. =COming Up or COmingup ···› COmingUp
=**커**밍 어ㅂ 커밍업 ···› 커밍**어**ㅍ
일반적인 말투는 up이 co보다 낮다. 방송 안내자들은 조금 변형시켜 up을 높게 내기도 한다. 즉 check mark 주파수 뇌로 작동시키기도 한다. 그러면 무언가 전달력도 달라질 것이다. ※나오는데 바로 나옵니다.

plus] up=바로 나타나는 것으로서 바로[곧]/위로 올리는 것으로서 보이도록 하는 것[나타내는 것]/바로 가까이 가는 것으로서 바짝
: We have come up with a novel solution. (with=동존소유)
가지고 있어요, 나와 보인 것[나타낸 것]인데 가지고서 -- 을 가지고서 말이다 -- **뜻하는 의미**=제출[제공]했다는 것 ↗**동존방향 대상**
cf] We came up with a traveler on foot. 가까이 갔는데 바짝 동자 -- 에게 상자 도보로 해서 갔다.

❹ Navy Marine Corps News ↘**상수단 대상** [o: 위 n: **지탱모습**]
=NAvy ···› NEiVY =네이비 ···› 네이**비**
통상적인 navy의 주파수대로 말하지 않고, 뒤가 높은 check mark 주파수 뇌로 말을 했다. ※해군-해병대 뉴스
감주 리딩=NavyMarine CorpsNews
-- 음수조절 감주

tip) 빠른 리듬을 주기위해 장음을 단음으로 말하는 것도 일종의 변형 주파수이다.

1. 관계대명사 영뇌(RP NB)

twenty four 영뇌

생활 속에서의 단어, 즉 생활 속에서의 표현 : TF로 무장하기

cf]사전의 단어/단어장 단어=죽은 단어

해야할 일 -- 원래 언어는 생활 속에서 뜻이 얻어진 것이다. 원어민들처럼 **관계대명사 말**을 배우려면 여러분들의 두뇌를 생활 속에서의 뜻으로 관계대명사 영뇌를 습관화시켜라. 특히 BEis 또는 IS영뇌로 습관화시키되, (생활 속에서의 뜻이 용해된) free 감주로 습관화시킨다.

twenty four 영뇌

.. 생활 속에서의 뜻=외국인과 생활하면서 느껴지는 뜻이자 실제로 적용된 뜻(≠사전의 원형적인 뜻)

※ 관계대명사 영뇌란 :

IS 두뇌로 사람, 비사람을 묻는 관계 /지정관계 /동급관계 /반대관계 /차등관계로 referring back 하면서 자기문장을 제한적/비제한적으로 연결[연관]지어 설명해 나가는 뇌

in short, 연결설명어 in concrete, 콤머유무 연결설명어

tip)단어의 뜻=사전의 뜻만으로 부족 + BAM/Associate + (특히 설가뇌) 뜻 관계 뜻 + 감주
↗ 말로 인식, 즉 언어로서의 뜻=본토말
↘ 기/설 관계 뜻, 특히 콤머 유무/불관 연결설명어의 뜻관계 뜻

∴ 영어는 (원어민이 알고 있는) 단어의 뜻만 정확히 알면 된다.
↘ 생활 속에서의 뜻으로 표현되었을 때의 뜻
: BAM/Associate/뜻관계 뜻(4가지)/감주

vs 한뇌

=비사용 (앞에서) 설명해 주는 뇌: 근본적 버그단어

영뇌[NB] 특징

한 문장[한 피어리어드] 내에서 대명사를 써서 가리킴, 영뇌는 설명해 나가는 뇌이기 때문에 가능함

: I love it when I see old couples together.

그것, 즉 언제냐 하면 내가 볼때 인데 오울드 커플이 함께 하는 것을 말이다 : referring forward

▭ **영어가 전개되는 원리[NB 원리]**=사람/비사람, 명(대)/동/형/문의 연결설명어도 알고보면 한 문장 내에서 대명사를 써서 가리키는 것과 같다 : 선 it 또는 후 인칭대명사(즉 tag questions의 대명사),— etc.

▭ **관계대명사 BNW**

tip)관계문장=문장관계

=묻는[지정/동급/반대/차등] 관계 referring back 제한적/비제한적 연결의미

단, as/than=referring forward도 가능

(referent=주로 명사/대명사로서 사람/비사람 드물게 표현으로서 비사람)

tip)**일반대명사 BNW**=그냥 referring back/forward

▭ **관계대명사**

: who /whose /whom /which /that /as /but /than —— 제한적/비제한적 연결영뇌

노콤머/콤머 연결설명어

: who[whose/whom] /which /as

노콤머 연결설명어 : that /but /than

※콤머유무 연결설명어=콤머영뇌 작동/비작동 연결설명어

tip) twenty four 영뇌를 공부하고, 감각적 주파수 free 영뇌, 즉 free 감주를 갖는 것은 영뇌 읽기, 듣기, 말하기, 쓰기를 위한 IS 사전 체화이며, 특히 영뇌 청취의 주파수 사전조절이다.

▭ **노콤머 관계대명사**=성격/실체 규정

vs 콤머 관계대명사=추가정보

caution] what/whatever/whoever/whichever

: 선대 대명사 /의대 접속사

— 관계대명사도 복합관계 대명사도 아니다.

▭ **관계대명사 연결영뇌**

① **제한적 연결영뇌** : 누구냐 하면 — 인[하는] 사람

② **비제한적 연결영뇌**

: 누구냐 하면 — 인데[하는데]

— 콤머유무 연결설명어에 콤머영뇌가 함께 작동하면 비제한적 연결영뇌가 된다.

▭ **한국 사람들의 가장 큰 취약점 :**

영어 읽는 법을 모르고 있음 ⇒ 감각적 주파수
+ free 영뇌, 특히 free 감주에 약하다.
+ 한뇌로 이해, 즉 있는 그 위치에서 바로 (무한글로) 이해하지 못함
+ 말[소리]자체/글자자체가 뜻이자 실제상황인데 자꾸 해석하거나 이미지를 그려서 이해하려고 함
+ BNW, 즉 단어 본래의미를 느끼지 못하고, 두 문장을 한 문장으로 고치는 식으로 이해함
+ 문자값으로만 이해하지 들어서 말하는 해음/상음 세포로 되어 있지 않음
+ 설가뇌가 발달되어 있지 않음 + story뇌에 약함
+ 영어주파수, 즉 vocal 감각적 주파수에 약함
+ 감각적 주파수로 이해하는데 약함
+ 생활 속에서의 뜻[소리]에 약함

tip) **관계대명사=관계를 짓는 대명사** **일반대명사=그냥 대명사** **※무한글로 이해하니까 IS로 이해할 수 밖에 없다.**

☺.. 선생들은 일방적으로 가르치기만 하지말고, 영어로 (특히 5W1H로) 주거니 받거니 말을 많이하라.

1) who 영뇌(who NB)

IS 두뇌로 사람을 묻는 관계로 referring back하면서 자기문장을 제한적/비제한적으로 연결[연관]지어 설명해 나가는 뇌 in short 연결설명어, in concrete 노콤머/콤머 연결설명어
[w: 묻는관계 h: human — BNW (w=~ : 묻는 모습 + v, v를 묶어 놓는 것으로서 관계)]

결국 영어는 영어본래의미와 본토말 뿐이다.

> **말**=(w)HO /(w)HO- =post/line 점형 주파수 w=o음가를 감정음가 u로 변형시키는 역할음가
> **who BAM**=사람 묻는관계 언급으로서 누구냐[어떤 사람이냐] 하면 — 인 사람[하는 사람]
> /인데 [하는 데] =**본래의미[bnw-BAM]**
> **vs 단순히 뜻하는 의미[just-IM]**=이 사람은 — 인 사람[하는 사람] /인데 [하는 데]
> //즉 — 인 사람[하는 사람] /인데 [하는 데] tip)**본래의미와 뜻하는 의미 ⇒ IS영뇌가 다름에 유의**
> : 묻는 관계가 아니기 때문에 뜻하는 의미가 되고, 뜻하는 의미로 that으로 달리표현 가능

↗who할때 제한적 연결상황이 (머리 속에) 보이면 된다 : S영뇌

↙**제한적 연결영뇌** ↙**서술적 영뇌** ↗George Washington, he is the man.
↗[= -- , they don't : infml E /SpE]

A.. Sailors /who are superstitious /don't want to embark on Friday.

영뇌=기-->설/설 : BEis-Os 소감주 빅감주
or I + I + I : I-Os or S + S + S : S-Os | Free 감주 간직하기
빅감주 ↗embarkon=단감주 Friday=단주

How to Read[Speak]=Sailorswhoare superstitious don twantto embarkon Friday.
: BEis/IS, 즉 설가뇌와 자동설가뇌로 되어 있는 것을 감각적 주파수로 이해한다.
즉 한 단어처럼 뒷말과 말하면 저절로 이해가 실린다.
시동= vocal 감각적 주파수로 Sailorswhoare 감주=Sailors • whoare=장감주+단감주 don'twantto 감주=don't • wantto=장감주+단감주
(BEis/IS 영뇌가 될 때까지) F3+E2 강하게 말하기 who referent=Sailors

영어는 마음의 소리[귀에 익은 소리/자기 소리/sp의 소리] 또는 글자에 의해서 (무한글로) 이해된다.
이들 자체가 IS이기 때문이다. **전자=의음(依音) 후자=의자(依字)**

☺.. **我必 Free 감주 간직하기**=Sailors superstitious don't embark on Friday.

시동=선원들, 누구냐 하면 인 사람, 즉 미신을 **믿는 사람들은[인데]** 하지 않는다. 원하기를 대동 출항을 원하기를 날짜는 금요일에 말이다. or 선원들, 어떤 사람이냐 하면 인 사람이어서 즉 미신을 믿는 사람들이어서 하지 않는다

↘**who할때 묻는관계 언급이 보이면 된다 : S영뇌**

Ekbe값을 IS값[무한글 이해/뜻]으로 바꾸어주면 IS, BEis 영뇌가 된다 : **transfer]Ekbe 리딩—>IS 리딩**

뒤로 복잡해지는 영뇌패턴이다. 뼈대는 기본어, 연결설명어와 s동사[=don't] 중심으로 잡아라.
먼저 who로 제한적으로 보설[보충]하고 다시 s동사로 그냥 (득립적으로) 설명해 나가는 뇌로 작동시킨다.
=기-->설/설: **독설뇌로서 보설 독설뇌 -- 믿는 사실이 하지않는 것이 아니라 선원이 하지 않는 것**
↘∴ **연설뇌 불가**

뜻하는 의미로 시동=선원들인데 이들은 -- 믿는 사람인데. [=Sailors that are]
말=SAilors WHOare SUpersTItious DOn(t)WAn(tt)c emBARkon fRIday
=slide F /retro-root F /retro-root+slide F /slide+slide F /trapezoid+dot점형 F /cramp F

주의]원어민들은 이면 뜻으로 가더라도 단어 원래 뜻[BNW]을 바탕으로 하고 있다.

☺.. **5W1H Short Talk Drill** → **Teacher : Who does not embark on Friday?**
Student : Sailors who are superstitious. Teacher : Why?
Student : Because they are superstitious. — IELTS는 이렇게 follow-up question (후속 질문)을 던진다.

☞.. 시동으로 (영어) 글자/말 자체에서 뜻이 보이거나 상황이 (머리 속에서) 보이면 된다 : IS 영뇌

분설 보설뇌[즉 독설 보설뇌]로 작동시키면 :

A- E.. Sailors /don't want to embark on Friday /who are superstitious.

영뇌=기-->설/설 : BEis-Os

How to Read[Speak]
=Sailorsdon't wantto embarkon Friday whoare superstitious.
: 먼저 감각적 주파수로 이해한다.

→ 기/설로 먼저 결론을 짓고, who로 조건을 다는 뇌 : BEis-Os who referent=Sailors

시동=선원들은 하지 않아요, 즉 원치 않아요, 대동 출항하기를 날짜는 금요일에 말이다.
단, 그들은 어떤 사람들이냐 하면 미신을 믿는 사람들이에요[이어서 그래요].

…› 전치사 분설과 같은 패턴
: Deadline /approaches /for Iran Nuclear Deal.
=기-->설/설 [=Dealdline /for -- /-- .]

관계절=분설로서 보설 -- 영뇌는 설명해 나가는 뇌이기 때문에 한 문장 내에서 대명사 표현이 가능함
일반적 기/설 영뇌=일반적으로 보완 또는 밀접한 것부터 먼저 작동시킨다.
이게 바로 보설[밀접]주의 기/설 영뇌이다.

콤머영뇌를 작동시켜 근설 보설뇌[즉 보설 독설뇌]로 작동시키면 :

↗who할때 비제한적 연결상황이 (머리 속에) 보이면 된다 : S영뇌
↙**비제한적 연결영뇌[Non-DL NB] ⇒ 분리 관계대명사 cf]미분리 관계대명사**

A- E.. Sailors, /who are superstitious, /don't want to embark on Friday.

영뇌=기-->설/설 : BEis-Os

How to Read[Speak]
: 먼저 감각적 주파수로 이해한다. 감각적 주파수는 제한적 연결영뇌와 같으나 뜻이 다르다.
기/설로 끊어 놓은 것은 영뇌로 뜻 관계를 단지 알리기 위함이니
이해하거나 듣거나 말을 할때는 감각적 주파수로 하면 된다. ∵ **그렇게 해도 여전히 IS 설가뇌 유지**
↳absolutely more) ☞ 기본영뇌 vol 1 p211

시동=선원들인데 누구냐 하면 이 사람들은 미신을 믿기 때문에 하지 않는다. ---- .
/ -- 이들은 어떤 사람이냐 하면 이기 때문에 즉 미신을 믿기 때문에 하지 않는다.

tip)**종사 접속사는 (동격을 제외하고) 언제나 연결대상과 비제한적 연결영뇌이기 때문에 콤머 관계사와 호환이 가능**

뜻하는 의미로 달리표현= --, because they are superstitious, don't ---.
who=묻는 관계로서 referring back 이유 vs because=원인을 밝히는 종맥이유
-- 다 같이 이유이지만 서로 접근하는 뉘앙스와 문체도 다르고, IS도 달라진다.

sailors들은 몇 명인지 모르나 이들은 미신을 믿었고, 이들 모두는 원치 않는다는 것
즉, referent를 국한하는 의미는 아니다.

먼저 who로 비제한적으로 보설하고 다시 s동사로 설명해 나가는 뇌이다.

tip) 콤머 영뇌를 작동시키는 것은 비제한적 연결영뇌를 작동시키 위해서이다.

vs New American-English Dictionary /for office, home and school /[//]by Thorndike.
=기-->설/설 : **독설뇌로서 독설 독설뇌** or 기-->설 ⇨ 전설 -- **문미 전설뇌**

기본어에 보설이 작용해서 by가 나온 것이 아니다.
그래서, 용도와 저자로 각각 독립시켜서 설명해 나가는 뇌로 작동시킨다 ◀ 앞설=근설 독설 뒷설=분설 독설
아니면 전설 뇌로 설명해 나가는 두뇌를 작동시켜도 좋다.

tip)감주로 이해하면 저절로 자동 설가뇌가 된다. 안되면 감주시동을 걸고 감주리딩은 영뇌상급자에게 가능하다.

시동=독설뇌 : New American-Dictionary인데 용도가 사무실, 가정, 그리고 학교용이고, 저자가 Thorndike이다.
전설뇌 : American Dictionary, 즉 사무실, 가정, 그리고 학고용 사전인데 저자가 Thorndike이다.

콤머영뇌를 작동시켜 분설 보설뇌[즉 독설 보설뇌]로 작동시키면 :

A- E.. Sailors /don't want to embark on Friday, /who are superstitious.

영뇌=기-->설/설 : BEis-Os
or I + I + I : I-Os or S + S + S : S-Os

who referent=Sailors | Free 감주+我必 Free 감주 간직하기

시동=선원들은 하지 않는다. 원치 않은데 대동 출항하기를 날짜는 금요일에 말이다.
어떤 사람들이냐 하면 그들은 (이기 때문에, 즉) 미신을 믿기 때문이다.

vs I count him braver who overcomes his desires than him who conquers his enemies; the hardest victory is the victory over self. -- **노콤머 분설뇌와 근설뇌** | Free 감주+我必 Free 감주 간직하기

→ IS값으로 S동사로 먼저 결론 짓고, 다시 그 이유를 추가하는 뇌 : BEis-Os
뜻하는 의미로 달리표현= --, for they are --. for=해당이유로서 등맥이유 : 그 이유는 --때문이다.
※묻는 관계/동급관계 -- who[which] /as
=보통 관계이므로 콤머로 분리 가능, 즉 비제한적 연결영뇌로 작동시킬 수 있음
--- 콤머유무 연결설명어: 콤머 유무에 따라 뜻이 달라지는 연결설명어

일종의 제한적/비제한적 연결의미

※연결설명어의 비제한적 연결영뇌는 비제한적 **부사적 연결의미**가 된다.
부사적 연결의미=이유/양보/조건/추가(그리고) /전환(인데) /결과[계속](그리하여) -- 등등
└→ 제한적 부사적 연결의미/비제한적 부사적 연결의미
전자= -- 한 것이기 때문에/인 것이기 때문에 --- **즉, 제한적 이유 연결의미**
후자= -- 하기 때문에/이기 때문에 --- **즉, 비제한적 이유 연결의미**

제한적 부사적 연결의미= — 한 것인데/사람인데[전환]=**제한적 연결영뇌**
비제한적 부사적 연결의미= — 하는 데[전환]=**비제한적 연결영뇌**
cf]순수 제한적 연결의미= — 한 것/사람은=**제한적 연결영뇌**

↗ 제한적/비제한적 연결의미
tip)연결설명어=연결의미
vs 비연결설명어=비연결의미
↘ 서술적/제한적 의미

plus -1

말은 감각적 주파수로 말해야 원어민들처럼 자연스럽게 빨리 붙여 말할 수 있고, 영어 말투를 가질 수 있다. 비록 붙여 말해도 여전히 설가뇌이기 때문에 의미도 같이 순서대로 유지할 수 있다. 뿐만이 아니라, 특히 감주로 이해하면 영어가 순서대로 놓여 있다는 것을 알게 되고, 순서대로 보이게 된다. **지금까지** 한국 사람들은 영어 읽는 법을 모르고 무조건 빨리만 말하거나 그냥 연음으로 말하고 있다. 그냥 연음으로 말하면 이해가 동반되지 않는다. 그래서 영어는 감주 중심으로 말하고 한글은 토씨 중심으로 말한다. 이제 감주로 최초로 **영어 읽는 비밀**이 풀렸다.

plus -2 Charles Manson and his fiancée, who already considers herself his wife, have gotten a marriage license, a source close to the couple told CNN on Monday.

-- who의 referent, **즉 기본어**=his fiancée: **한 사람** s동사의 **기본어, 즉 주어=두 사람** | Free 감주+我必 Free 감주 간직하기

시동=누구냐 하면 이 여자는 --- , 이들은 갖고 있어요, 받은 것인데 --- . *이들은=have의 **단어/문맥** associate

문제 **무한글로 이해되는 영뇌는 무엇이며, 관계대명사 영뇌의군과 referent는 무엇인가?**

P-1.. **He is not a wise man who cannot play the fool on occasion.**

Answer : **He is not /a wise man /who cannot play the fool on occasion.**

영뇌=기-->설/설 : BEis-Os or I + I + I : I-Os

or S + S + S : S-Os | Free 감주+我必 Free 감주 간직하기

영뇌의군= who cannot play the fool on occasion who referent=He (who=분설)

분설 시동=그런 사람은 되지 못하는 데 현명한 사람이 되지 못한다. 즉 어떤 사람이냐 하면 할 수 없는 사람, 짓을 할 수 없는 사람인 데 그런 바보 짓을 일어날 경우, 어떤 일이 일어날 경우에 말이다.

• He /who cannot play the fool on occasion /is not a wise man. =기-->설/설 : who=근설

근설 시동=그런 사람, 즉 할 수 없는 사람인데, 짓을 그런 바보 같은 짓을, 일어날 경우, 어떤 일이 일어날 경우에 할 수 없는 사람은 되지 못한다, 현명한 사람이 말이다.

he=직립실체 지정인으로서 그런 사람 vs man=흉상과 몸체로서 인간

on=작동으로서 발생 occasion=특별히 어떤 상황에 일어나는 경우로서 때/행사 [o: occur c: case s: specially] : On occasion[occasionally] we' ll drive out to the beach and watch the sunset. 시동=생길 경우, 어떤 때가 생길 경우 [occasionally 생길 때]

뜻하는 의미=때때로 will=주체성발생으로 현재습관 : (종종) 하곤 한다

P-2.. **"No one knows me," Albert Schwitzer has said, "who has not known me in Africa."**

Answer : **"No one /knows /me," Albert Schwitzer has said, "/who has not /known /me /in Africa."**

영뇌=기-->설-->설′ ⇨ 전설 ⇨ 설-->설′-->설″-->설″′ : BEis-Os

or I + I + I + I + I + I + I + I + I : I-Os

or S + S + S + S + S + S + S + S + S : S-Os

영뇌의군=who has not known me in Africa

who referent=No one : 무사람 -- 모르는 사람 (who=분설)

·))) vocal 감각적 주파수로 F3+E2 강하게 말하기

| Free 감주+我必 Free 감주 간직하기

시동= '무(無)사람이 알고 있어요[아무도 알지 못해요], 나를 말이다.' 라고 알버트 쉬바이쩌는 가지고 있는 데 이렇게 말한 사실을 가지고 있는데, '어떤 사람들이냐 하면은 이들은 가진 적이 없기 때문이다, 즉 안 사실을, 나를 내소에서 아프리카 내소에서 말이다' 라고 또 말했다.

뜻하는 의미로 달리표현=, because he has /because they have : **복수표현**=infml E

.. **我必 Free 감주 간직하기**="No one knows me, for they have not known me," Schwitzer has said.

no 영뇌=무(無)/불(不)/비(非)로 인식하면 된다.

영뇌는 무도 존재로 인식. 그래서 출발은 0에서 출발하거나 하나님 존재, 지동설을 믿는다. 지구가 도는 것은 눈에 보이지 않으나 실제로 돌고 있는 것이다. 신의 존재도 마찬가지이다. 하지만, 한뇌는 눈에 보이는 것만 인식. 그래서 1에서 출발하거나 동사를 부정한다.

ex] There is no one. I have no money.

시동=있는데 무사람이 있다(결국 아무도 없다는 말이다). 나는 가지고 있는 데 무돈을 말이다.

-- 무소유도 소유개념이다. 사람은 있는 것만 소유할 것이 아니라, 없는 것도 소유할 줄 알아야 한다. 이렇게 영뇌를 가지면 **무한 상상력**이 생긴다.

P-3.. We think the man who is appropriate for the job.

Answer :

We think /the man /who is appropriate for the job. =기-->설-->설′ : BEis-Os

or I + I + I : I-Os or S + S + S : S-Os

영뇌의군=who is appropriate for the job who referent=the man (who=근설) vocal 감각적 주파수로 F3+E2 강하게 말하기	시동=우리는 생각한다. 그 남자 즉 어떤 사람이냐 하면 이 사람이 적합한 사람이라고, 즉 그 일자리에 말이다. I Free 감주+我必 Free 감주 간직하기

P-4.. An elderly Canadian woman who infected three generations of her family.

Answer : An elderly Canadian woman /who infected /three generations of her family.

영뇌=기-->설-->설′ : BEis-Os

or I + I + I : I-Os or S + S + S : S-Os

영뇌의군=who infected three generations of her family who referent=An elderly Canadian woman (who=근설) vocal 감각적 주파수로 F3+E2 강하게 말하기 I Free 감주 간직하기 시동=한 캐나다인 노파, 이 사람은 누구냐 하면 감염	시킨 사람인데 삼 세대 즉 자기 가족의 삼세대까지 감염시킨 사람(이다) : **S동사 없이 표현한 것** -- 신문 photo caption이나 영영사전에서 명사단어 뜻풀이로 많이 표현되는 방식이다. ※ 영어는 어느 부분을 보더라도 (단어 하나이든) free 영뇌, 특히 free 감주로 이해되면 된다.

.. **我必 Free 감주 간직하기**=Elderly Canadian woman infected her family.

말을 늘이는 연습도 하라 :

--- who --- of her family who[that] live(s) in Toronto looks 70.

관계대명사는 referring back하기 때문에 뒤로 자꾸 늘이는 표현을 할 수 있다.

관계대명사와 S동사로 말을 늘이었다. ❖ family=집단개념 : 단수취급 구성원 개념 : 복수취급

분설로 말을 만들려면 s동사를 먼저 말하면 된다.

An elderly Canadian woman looks 70 who --- of her family that live(s) in Toronto.

하지만 일반적으로 영뇌는 **보완[밀접] 주의 기/설 영뇌**로 많이 말한다.

즉 보설[밀설]로 먼저 보충하고 s동사로 전개해 나간다. ❖ **s동사 영뇌의군**=looks 70

live 실전 | 관계대명사 영뇌 who — 줍는 사람이 임자다! **Finders keepers, losers weepers!**

L-1.. brigand noun [C] Literary ※brigand position=someone

someone who attacks people and steals their property, especially in mountainous areas or forests

-- 먼저 감각적 주파수로 이해한다. 그러면 저절로 이해된다 → 문장 뼈대=기본어(someone) + 연결설명어(who/in) : S동사 없는 표현

who=(제한적) 관계대명사 영뇌 referent=someone who 영뇌의군=who --- forests who의 직계 영뇌의군=especially in --- forests	in 영뇌의군= in --- forests in= 내소와 그 대상으로서 내소/내자 I Free 감주+我必 Free 감주 간직하기

시동=brigand란 어떤 사람인데 누구냐 하면 (이 사람은) 공격하는 사람, 사람을 공격을 하는 사람이고, 그리고 훔치는 사람, 그들의 재산을 훔치는 사람으로 특히 내소, 산악지역 또는 숲 내소[[내자 — 숲]에서 지내면서 말이다 : 강도/특히 산적

L-2.. A clothbound edition of Siddhartha by Hermann Hesse, who was a German writer and poet, translated by Hilda Rosner, in which the spirituality of the East and the West meets, written in a prose of almost biblical simplicity and beauty, and furthermore, suitable for a gift or the permanent library shelf, is available at $100, boxed. -- 먼저 감각적 주파수로 이해한다. 잘 안되면 부분부분 감주로 먼저 이해하고, 전체로 이해한다.

who /translated[written] /suitable
=(비제한적) 관계 대명사[과분사/형용사] 영뇌
in which=(비제한적) 전치사 영뇌+ 관계대명사 영뇌
is= s동사 -- 동질 연결로서 이것은 --이다
boxed=분설 관계과분사[=, which is boxed] → 연결대상

[즉 기본어] =(a clothbound edition of) Siddhartha
또는 s동사 보어=일반 과분사
in=입작동으로서 표현방식[표현수단] of=동격구성
at=바로 규모크기 또는 그 대상으로서 직자
문장 뼈대=기본어와 연결설명어, s동사로 잡아라.

시동=일종의 천 양장판인 싣달타라는 책은 지은이가 헤르만 헤세인데, 누구냐하면 그는 독일 작가이자 시인이었고, 번역되었는 데 번역자는 힐다 로즈너였으며, 속에[내자] 이 책 속에는 그런 깊은 정신세계[정신적 기풍], 즉 동서양의(이 가지고 있는) 깊은 정신세계[정신적 기풍]가 만나고 있으며, 쓰여진 표현 방식은 산문체, 즉 거의 성서적인 간결함과 아름다움을 지닌 산문체로 되어 있으며, 뿐만아니라 적합한데 즉[해자] 선물이나 영구적인 도서 서가용으로 적합하며, 이것은 구입이 가능하다. 가격규모는[직자] 100불이고, (케이스는) 박스로 되어 있다. ※케이스는=**문맥** associate

| Free 감주+我必 Free 감주 간직하기 ⇒ 어느 부분을 보더라도 (단어 하나이든) free 영뇌, 특히 free 감주로 이해되면 된다.

.. 문장 뼈대=기본어(Siddhartha) + 연결설명어(by/who/translated/in/written/suitable) + s동사(is)

plus 1 ✠ 이중 제한적 연결영뇌

A.. Those who have never visited foreign countries, especially those countries in which law and order are not strictly maintained, and who have spent their lives peacefully at home in their own countries have little idea of how dear the country can be to them.

Those who/and who로 이중으로 제한하고 있다. 특히 이때는 and 앞에 콤머가 있다하더라도 제한적 연결영뇌가 된다.
또 하나의 who **영뇌의군**으로 연결시키기 위해 콤머와 and를 사용했을 뿐이다.
how dear the country can be to them
=(잘 모른다. 즉) 얼마나 소중한[간절한] 것으로 자기 나라가 될 수 있는지를 자기들에게 말이다.
in their own countries=in the countries of their own : He had two shops and a house of his own.

B.. "stepmother," a woman <u>one's father has married</u> who is not one's natural mother.

C.. Think of an unusual experience <u>you've had</u> that you'll never forget.
-- 관계문장과 관계대명사[who/that]의 이중 제한적 연결영뇌

D.. Children <u>who</u> leave school <u>unable</u> to read and write properly are being tragically short-changed.
▭ who=관계대명사 영뇌 unable=관계형용사 영뇌 -- 관계대명사와 관계형용사의 이중 제한적 연결영뇌
short-change=1. 잔돈이 부족한 것으로서 거스름 돈을 덜 주는 것 2. 거스름 돈을 덜 주듯이 부당하게 취급하는 것

plus 2 ✠ 콤머 제한적 연결영뇌 -- comma가 있어도 제한적 연결영뇌가 되는 경우

① easy adj. (쉽게 몸을 주는 것)
sex infml, someone, especially a woman, <u>who</u> is easy has a lot of sexual partners : She is easy.
-- easy라는 단어의 뜻풀이로서 referent를 달리 표현하기 위해 comma를 찍은 것이지 여전히 제한적 연결영뇌이다.

② Graphic designers, for instance, <u>who</u> require large screens will find it hard to part with traditional computers.

☞.. 관계대명사를 두 문장을 한 문장으로 고치는 학문적인 접근보다 그냥 단어의 뜻으로 바로 처리하라.

2) whom 영뇌(whom NB)

IS 두뇌로 사람을 묻는 관계로 (목적격으로) referring back하면서 자기문장을 제한적/비제한적으로 연결[연관]지어 설명해 나가는 뇌 in short 연결설명어, in concrete 노콤머/콤머 연결설명어
[w: 묻는관계 h: human m: 목적격 in short, who+m:목적격 — BNW]

> 말=(w)HOm/(w)HO-m=post/line 점형 주파수 o : u=감정음가
> whom BAM=사람 묻는관계 언급으로서 누구냐 [어떤 사람이냐] 하면 —– 하는 사람
> //하는 데=본래의미 -- bnw-BAM ➡ 묻는관계 referring back 제한적/비제한적 연결영뇌

↗whom할때 제한적 연결상황이 (머리 속에) 보이면 된다 : S영뇌
↙제한적 연결영뇌

A.. The woman /whom I saw /was walking her dog. [=who]

영뇌=기-->설/설 : BEis-Os
or I + I + I : I-Os or S + S + S : S-Os | Free 감주 간직하기
→ 항상 vocal로 F3로 말하여 간직
↳ free 영뇌의 소리값 → 생활 속에서의 (뜻의) 소리값 ≠사전의 원형적 소리인식

How to Read[Speak] : ↗whom할때 묻는관계 언급이 보이면 된다 : S영뇌
Thewoman whomIsaw waswalkingher dog.
: 먼저 감각적 주파수로 이해한다. 그러면 저절로 이해된다. 이때 이해는 소리본체에서 느껴진다.
시동= vocal 감각적 주파수로 (자동 설가가 될 때까지) F3+E2 강하게 말하기
whom referent=The woman 주의]was할 때 기본어 the woman으로 머리가 가야 한다.

☞.. **我必 Free 감주 간직하기**= The woman I saw loves walking her dog.
시동=그 여자, 누구냐 하면은 내가 본 여자인데 하고 있었어요, 즉 걷고 있었어요.
자기 dog을 데리고 말이다. [=walking dog : (전제) infml E]

☞..단주가 소감주/빅감주/왕감주로 되기 때문에 major 감주로 skim되거나 아필감주로 scan된다.

↘ ☞.. **major 감주**= The woman --- saw --- walking her dog.

IS값으로 기본어를 중심으로 whom으로 먼저 보충하고, 다시 s동사[=was]로 독립적으로 설명해 나가는 뇌, 즉 보설 독설뇌 : BEis-Os 그래서 S동사는 단수 동사가 된다.

그리고, who 영뇌로 설명해 나가도 뜻은 같기 때문에 목적격일 경우 infml E 또는 SpE에서는 who로 말하기도 한다. 하지만 who대신에 whom으로는 다 체할 수 없다. who가 먼저 태어났기 때문이다. 즉 whom은 who에 의해 만들어 졌기 때문이다. BNW가 헌법재판소이자 판단의 잣대이다.

▭ 이제는「who I love」하면 세 가지 영뇌의군으로 스쳐가야 한다.

1.. **의문대명사, 즉 일반대명사 영뇌로 서술적 영뇌일 경우**
= 누구를 내가 사랑하는 지[w>~: **부지 모습**] : I don't know who I love.
(vs w=묻는 모습 : Who is he? 누구이지 그래서, 의문대명사=w: **묻는/부지 모습**)

2.. **관계대명사 영뇌로 제한적 연결영뇌일 경우** =누구냐 하면 이 사람은 내가 사랑하는 사람(인데)

3.. **관계대명사 영뇌로 비제한적 연결영뇌일 경우**=누구냐 하면 이 사람은 내가 사랑하는 데

↗whom할때 비제한적 연결상황이 (머리 속에) 보이면 된다 : S영뇌
↙비제한적 연결영뇌

B.. I don't know /so distant relatives, /whom I have never seen. [=, who]

영뇌=기-->설-->설' : BEis-Os or I + I + I : I-Os
or S + S + S : S-Os

How to Read[Speak]=Idon' tknow sodistant relatives, whomIhave neverseen.
: 먼저 감각적 주파수로 이해한다.

시동= vocal 감각적 주파수로 (BEis/IS 영뇌가 될 때까지) F3+E2 강하게 말하기 whom referent=so distant relatives

→ IS값으로 기본어를 중심으로 해서 연속적으로 설명해 나가는 뇌, 즉 연설뇌 : BEis-Os

시동=나는 몰라요, 그렇게 먼 친척들을 말이다. 누구냐 하면[어떤 사람들이냐 하면] 이 사람들은 내가 가진 적이 결코 없기 때문인데 본 사실로 말이다. | Free 감주+我必 Free 감주 간직하기

C.. Altogether 987 people /were prosecuted, /650 of whom were /convicted.

영뇌=기-->설/설 : BEis-Os or I + I + I : I-Os or S + S + S : S-Os

How to Read[Speak]=Altogetherninehundred 87people wereprosecuted, 650 ofwhom wereconvicted.
: 먼저 감각적 주파수로 이해한다.

시동= vocal 감각적 주파수로 (자동 설가가 될 때까지) F3+E2 강하게 말하기 whom referent=987 people

시동=모두 합해서 987명은 되었어요, 기소되었어요, 그런데 650명, 즉 어떤 사람들이냐 하면 그들중 650명에게 생겼어요, 유죄판결을 받은 일이 말이다. /-- 650명, 즉 그들중 650명은 되었어요, 즉 유죄판결을 받았어요.

→ IS값으로 먼저 기/설로 요지를 말하고 분설로 보충 설명해 나가는 뇌 : BEis-Os
이 표현은 기소된 후 판결을 받았기 때문에 근설로 표현하면 논리에 맞지 않다.
= ----, of whom 650 ------ . **시동**=즉 누구냐 하면은 그들중 650은 ---- .

↓ 일반대명사=접속능력 없음 ∴ (StE에서는) 접속사 필요

달리 말하기[paraphrasing]= ---, and 650 of them were convicted. : StE

vs ----, 650 (of them) convicted. : (comma) infml E (접속사를 안 쓸 경우) *convicted=(be동사) 전제 infml E

vs The wood-nymph of <u>whom</u> you prated in your preamble? [=<u>the persons whom</u> you prated] ☞p198

⇒ whom=선대대명사 you prated=관계문장 시동=바로 그 숲속의 요정인가, 즉 누구냐 하면 -- 한 사람들 중에서

live 실전	관계대명사 영뇌 whom —— 세월이 약이다! **Time heals all wounds!**

L- IIIII .. DEAR ABBY: I am a girl whom my parents hold dear in the fourth grade, and there are some mean people in my class. They're always making fun of this girl from China.

When I see them teasing her, I want <u>to be</u> nice to her -- but I'm afraid if I am nice to her, they will make fun of me. I am one of the cool kids. Abby, please tell me if I should be her friend.

— TRYING TO BE NICE IN PENNSYLVANIA — **-- 먼저 감주로 이해한다.**

그러면 저절로 선인영뇌각인이 되거나 선강후약 영뇌각인이 되어, <u>영어도 한글처럼 쭉 읽어내려 갈 수 있다</u>.

whom=(제한적) 관계대명사 영뇌	whom 영뇌의군=whom my parents --- in the fourth grade
referent=a girl (즉, 기본어)	whom의 직계 영뇌의군= in영뇌의군 in=내 소속과 그 대상으로서 소속/내자

시동=나는 (어린) 소녀인데 누구냐 하면 내 부모가 여기는 아주 귀중히 여기는 애로서 소속은[내자] 4학년이다. —— . 언제냐 하면/때에/시자 —, 나는 하고 싶은데, 즉 좋은 사람이 되고 싶은데 대자 그 여자에게는 말이다. 하지만 — 만약에/약자 내가 좋은 사람이 대자 그 여자에게 되면 , — . — 제발 말을 나에게 해주세요, 인지/인자 나로 하여금 발생할 수 있는지 즉 그 여자의 친구가 되는 게 말이다. | Free 감주 +我必 Free 감주 간직하기 ❈ from China=기자 — 에서 온

❈ to be='연결설명+동질연결'로서 즉 should=사발생 dear=adv. 귀중히 여기는 것/소중하게 여기는 것
: She lost her family, her home – everything that she held dear. (소지했던/여겼던 귀중히 소지했던/여겼던)

.. 첫문장 뼈대=기본어(I) + s동사(am) + 연결설명어(whom/in) + 기본어/s동사(are) + 연결설명어(in)

☞.. 어느 부분을 보더라도 영뇌[무한글 뜻]로 이해되는 게 ree 영뇌/free 감주다.

3) whose 영뇌(whose NB)

IS 두뇌로 사람, 비사람을 묻는 관계로 소유격으로 refer-ing back하면서 자기문장을 제한적/비제한적으로 연결[연관]시켜 설명해 나가는 뇌

in short, 연결설명어, in concrete, 노콤머/콤머 연결설명어

[w: 묻는관계 who + s: 소유격 or wh: which + s: 소유격 — BNW

(w=~↗ : 묻는모습 + v, v를 묶어 놓는 것으로서 관계, 그래서 w=묻는관계)]

> **말**=(w)HO-se=retro-root 주파수
>
> **whose BAM**=사람/비사람 묻는관계 언급으로서 누구냐 [어떤 것이냐] 하면 이 사람의/이것의 — 는
>
> — 하는 사람[것] //하는 데=**본래의미** -- bnw-BAM

↗whose할때 제한적 연결상황이 (머리 속에) 보이면 된다 : S영뇌

↗제한적 연결영뇌

A.. That's /the man /whose house was burned down.

영뇌=기-->설-->설' : BEis-Os or I + I + I : I-Os or S + S + S : S-Os

How to Read[Speak]=That'sthe man whosehouse wasburneddown.

: 먼저 감각적 주파수로 이해한다. 영뇌 상급자에게는 감각적 주파수는 주로 I영뇌로 작동한다.

시동= vocal 감각적 주파수로 **↗그러면 영어말투가 형성되고 영어말투에 익숙해진다.**

(BEis/IS 영뇌가 될 때까지) F3+E2 강하게 말하기 whose referent=the man

⇒ IS값으로 먼저 요지를 말하고, 근설[즉 연설]로 설명해 나가는 뇌 : BEis-Os

☞.. **我必 Free 감주 간직하기**= The man's house was burned down.

or The man's house burned down.

↗whose할때 묻는관계 언급이 보이면 된다 : S영뇌 ↘headline은 오히려 후자 표현이 더 많다.

시동=저분이 바로 그 사람[남자]인데 즉 어떤 사람이냐 하면은 자기 집이 되어버린, 즉 타서 내려 앉아 버린 사람이다.

↗whose할때 비제한적 연결상황이 (머리 속에) 보이면 된다 : S영뇌

↗비제한적 연결영뇌

B.. Her house, /whose windows are all broken, /is a depressing sight.

영뇌= 기-->설/설 : BEis-Os

or I + I + I : I-Os or S + S + S : S-Os

How to Read[Speak] =Herhouse, whosewindowsare allbroken, isa depressingsight.

: 먼저 감각적 주파수로 이해한다.

시동= vocal 감각적 주파수로

(자동 설가가 될 때까지) F3+E2 강하게 말하기 whose referent=Her house: 비사람

▭ IS값으로 먼저 기본어를 던져 놓고, 보설로 설명해 나가면서, s동사로 마무리 짓는 뇌 : **BEis-Os**

☞.. **我必 Free 감주 간직하기**=The windows all broken, looks depressing sight.

시동=그 녀의 집은, 어떻게 된 것이냐 하면 이 집의 창문들이 있어서 모두 깨어져 있어서, 있어요. 침울한 모습으로 말이다.

▭ are=상태 ↘whose할때 묻는관계 언급이 보이면 된다 : S영뇌

▭ 뜻하는 의미= --, the windows of which --, --. /--, of which the windows --, --.

➾ of 소유격 전치사와 목적격 which사용

시동= 그 창문들, 즉 어떤 것이냐 하면은 이 집의 창문들은 --. /즉 어떤 것이냐 하면은 이집의 그 창문들은 --.

문제 **무한글로 이해되는 영뇌는 무엇이며, 관계대명사 영뇌의군과 referent는 무엇인가?**

P-1.. According to David, whose book was published on Monday, most disasters are avoidable.

Answer :

According to /David, /whose book was published on Monday, //most disasters are /avoidable.

영뇌=전설-->설′-->설″ ⇨ 기-->설 : BEis-Os or I + I + I + I + I : I-Os

or S + S + S + S + S : S-Os

영뇌의군=whose book is published on Monday whose referent=David

·))) vocal 감각적 주파수로 (IS가 되게) F3+E2 강하게 말하기 I Free 감주+我必 Free 감주 간직하기 시동=따르면 즉 David에 따르면, 누구냐 하면 이 사람의 책은 되었는 데, 즉 발행되었는 데 날짜는 월요일이었고, 대부분의 재난들은 피할 수 있다는 것이다.	뜻하는 의미로 달리 말하기[paraphrasing] = --, and his book ---, ----. 전달결과는 같다할지라도 and his로 말한 것과 whose로 말한 것은 뉘앙스도 다르고 IS도 다르다.

다음에서 틀린 부분을 바로 잡고, 무한글로 이해되는 영뇌는 무엇이며, 기본어와 s동사는 무엇인가?

P-2.. Cohen, his contract expires next week, is likely to move to another shop.

Answer :

Cohen, /whose contract [and his contract] expires next week, /is likely to move to another shop.

-- 일반 대명사는 비연결 설명어이기 때문에 한 문장내에서는 문장연결[접속] 능력이 없다.

그래서, 관계대명사 또는 접속사를 써야 한다. I Free 감주+我必 Free 감주 간직하기

영뇌=기-->설/설 : BEis-Os or I + I + I : I-Os or S + S + S : S-Os

기본어=Cohen **s동사**=is (referent=Cohen) ·))) vocal 감각적 주파수로 (IS가 되게) F3+E2 강하게 말하기

→ IS값으로 기본어를 whose로 먼저 보충 설명해 나가면서 다시 s동사로 설명해 나가는 뇌 : BEis-Os

시동=Cohen, (어떤 사람이냐 하면) 이 사람의 계약서는 만기가 다음주 이어서 이 사람은 해야 할 것같다. 이사를 하는 것인데[옮기는 것인데] 곳으로 또 다른 shop이라는 곳으로 말이다.

❖ is=**단어** associate+**동질[동질연결]**로서 '이 사람 + 은' (is=누군가는 인데 무언가이다는 것 ∴ 누군가/무언가=**단어** associate)

live 실전 관계대명사 영뇌 whose — 이심전심! **We have the right chemistry!**

L- IIIII .. It may also be said that rational, industrious, useful human beings are divided into two classes: first, those whose work is work and whose pleasure is pleasure; and secondly, those whose work and pleasure are one. — **먼저 감각적 주파수로 이해한다. 영뇌 상급자는 free 감주로 감을 잡는다.**

⇨ 시동=vocal 감주 F3+E2 강하게 말하기 I Free 감주+我必 Free 감주 간직하기

whose=(제한적) 관계대명사 영뇌 → referent=those (즉, 기본어)	whose 영뇌의군=whose --work /whose -- pleasure /whose -- are one into=내방향 (분류) 대상/내방향 (분류) 입작동 대상으로서 내대자 -- 로

시동=그것은 아마도 인 것 같은데, 또한 즉 알려져 있는 것 같다. 즉 합리적이고, 근면하고, 쓸모 있는 인간들은 나누어지는데 내대자 두 가지 부류로 나누어진다고 말이다. 다시말해 첫번째는 그런 사람들, 즉 누구냐하면 자기 일은 일이고, 자기 즐거움은 줄거움이고 구별 해서 생각하는 사람들이고, 그리고, 두번째는 그런 사람들, 즉 누구냐하면 자기 일과 즐거움은 하나라고 생각하는 사람들이다. ❖구별해서 생각하는/생각하는=**문맥** associate : =colon 영뇌: 다시 말해

☺.. **첫문장 뼈대**=기본어(It)+s동사(may)+연결설명어(that) **콜론뼈대**=기본어(those)+연결설명어(whose): s동사 없음

☞.. 단어 본래의미를 알면 어순이 동일해진다. 영어가 어려운 것은 어순을 다르게 생각[이해} 하기 때문이다.

4) which 영뇌(which NB)

IS 두뇌로 비사람을 묻는 관계로 referring back하면서 자기문장을 제한적/비제한적으로 연결[연관]지어 설명해 나가는 뇌

in short 연결설명어, in concrete 노콤머/콤머 연결설명어 [w: 묻는관계 h: 비소리로서 비사람 — BNW]

말=W(H)Ich=slide 주파수 i=이: 철자음가 which BAM=비사람 묻는관계 언급으로서 어떤 것[어느 것]이냐 하면 — 인 것[하는 것]/인데[하는데]=본래의미 -- bnw-BAM

vs just-IM=이것은 — 인 것[하는 것] /인데[하는데] tip) bnw-BAM과 just-IM=IS영뇌가 다름에 유의

//즉 — 인 것[하는 것] /인데[하는데] ∴ no comma로 that으로 달리표현 가능

↗which할때 제한적 연결상황이 (머리 속에) 보이면 된다 : S영뇌

↙제한적 연결영뇌[DL NB] ↙서술적 영뇌[PR NB]

A.. The river /which flows through our city /is polluted.

영뇌= 기-->설/설 : BEis-Os or I + I + I : I-Os or S + S + S : S-Os

↗고난도 감주

How to Read[Speak]=Theriver whichflows throughour cityispolluted. ↗ 뒷말과 말하는 느낌이 머리[마음] 속으로/눈으로 보이면 저절로 이해된다.

or — throughourcity ispolluted. : 먼저 감각적 주파수로 이해한다 ⇨ 이떄 감주=마음의 소리 or 실제소리

시동= vocal 감각적 주파수로 (BEis/IS 영뇌가 될 때까지) F3+E2 강하게 말하기

which referent=The river 감각적 주파수=생활 속에서의 뜻이 용해된 대부분 I값이다.

☞.. 我必 Free 감주 간직하기= The river polluted through our city.

시동=그 강, 어떤 강이냐 하면은 흘러 뚫고서 우리의 도시를 지나는 강인데 되어 있어요, 오염되어 있어요.

/-- 지나는 강이어서 -- . ↘which할때 묻는관계 언급이 보이면 된다 : S영뇌

[=The river that flows -- .] : 보설 독설뇌 뜻하는 의미로 시동=이 강은 흘러 -- 지나는 강인데 -- .

↘ ☞.. major 감주= The river -- through our city -- polluted.

분설 보설뇌[즉 독설 보설뇌]로 작동시키면 :

A- E .. The river /is polluted /which flows through our city.=기-->설/설 (관계절=분설)

시동=그 강은 오염되어 있는 데 어떤 강이냐 하면 (이 강은) 흘러 뚫고서 우리의 도시를 지나는 강이기 때문이다[강이다]. /그 강은 있는데 오염되어 있는데 ---.

* is=동질 또는 동질연결로서 '은'/상태로서 '있는 데'

: Wang Lequan adopted policies during his tenure that marginalized Uighur culture.

↳(독설뇌로서) 분설

영어는	한자 배열과 같다 : I don't want=我不要(아불요) I love you=我愛汝(아애여)

嚴父는 出孝子하고 嚴母는 出孝女니라.

엄한 아버지는 길러내는 데 효자를 길러내고, 엄한 어머니는 길러내는 데 효녀를 길러내느리라. 그래서, IS영뇌, 즉 무한글 이해는 한자 배열처럼 보이면 된다. 즉, 동사가 문중에 있어도 우리말처럼 **서술 종지형**으로 끊어지게 보이는 것이 아니라, **그냥 끊어지지 않는 동사 서술상황[묘사상황], 즉 서술 연속형**으로 보이면 된다. 그래야 동사가 중간에 있어도 의미가 끊어지지 않고 원어민들처럼 완벽하게 순서대로 이어지게 된다.

⇒嚴母 出孝女 (嚴母=주어 出=동사 孝女=목적어)

我愛子孫賢 (我=주어 愛=동사 子孫=목적어 賢=보어(목적보어))

嚴父는 出孝子하고 嚴母는 出孝女니라. 人皆愛珠玉이나 我愛子孫賢이니라 : **한자 G토씨 리딩**

콤머영뇌를 작동시켜 근설 보설뇌[즉 보설 독설뇌]로 작동시키면 :

↗the non-defining linking native brain

↗which할때 비제한적 연결상황이 (머리 속에) 보이면 된다 : S영뇌

↙**비제한적 연결영뇌[non-DL NB]** ↙**서술적 영뇌[PR NB]**

↳the predicative native brain

A- E.. The river, /which flows through our city, / is polluted.

cf]제한적 영뇌[AT NB] ☞ p183

=the attributive Native Brain

영뇌=기-->설/설 : BEis-Os

or I + I + I : I-Os or S + S + S : S-Os

How to Read[Speak] =Theriver whichflows throughourcity ispolluted.

: 먼저 감각적 주파수로 이해한다.

시동= vocal 감각적 주파수로

(자동 설가가 될 때까지) F3+E2 강하게 말하기 (이즈펄**루-**티드=small slide F + trapezoid F)

which referent=The river | Free 감주+我必 Free 감주 간직하기

시동=그 강, 어떤 강이냐 하면은 (이 강은) 흘러 뚫고 우리의 도시를 지나므로 되어 있어요, 오염되어 있어요.

/--- 우리의 도시를 지나는 데 --- . : **이유/전환 비제한적 연결영뇌**

콤머영뇌를 작동시켜 분설 보설뇌[즉 독설 보설뇌]로 작동시키면 :

A- E.. The river /is polluted, /which flows through our city.

영뇌=기-->설/설 : BEis-Os (관계절=분설)

시동=그 강은 되어 있어요, 즉 오염되어 있어요, 어떤 강이냐 하면은 (이강은) 흘러 뚫고 우리의 도시를 지나기 때문이다. [=The river polluted, --- through city : infml E]

뜻하는 의미(로 달리 표현) = --- , because it flows through our city.

관계사는 (이유) 접속사를 쓰지 않아도 이유를 나타낼 수 있다. 연결 설명어이기 때문이다. 일반 대명사와 다르다. 일반대명사는 비연결 설명어이기 때문에 접속 능력이 없다. 그래서, StE에서는 접속사가 필요하다. **tip)관계사=관계대명사/관계부사/관계분사/관계형용사/관계문장**

Plus] Which child would you support? : 어떤 아이를/어느 아이를

That was the decision Saturday by the Cairo Court of Appeals, which (the) state media reported upheld a three-year sentence against the 87-year-old Mubarak. : **삽입절**

*by=행위실체로서 행자 -- 가 내린 (판결/결정) upheld=쥐고서 올린 것으로서 손들어 준 것

against=맞서는 것으로서 항자(抗者)/대자(對者) -- 에게 **삽입절**=국영언론 (기관) 보도에 의하면

B.. Susan drinks /so much beer, //which /made /her /fat. [=that= , as]

영뇌=기-->설 ⇨ 전설 [-->설′-->설″-->설″′] : BEis-Os or I + I + I : I-Os

or S + S + S : S-Os | Free 감주+我必 Free 감주 간직하기

How to Read[Speak]= Susandrinks somuch beer, whichmadeher fat.

: 먼저 감각적 주파수로 이해한다.

시동= vocal 감각적 주파수로

(BEis/IS 영뇌가 될 때까지) F3+E2 강하게 말하기

which referent=앞문장 전체 (드리ㅇ크스=cramp F : 단수동사 s 무성음 매치 : 일종의 순행동화)

tip) All options are on the table that I can say.

: 콤머없이 비제한적 연결영뇌로서 표현이 기본어가 되는 경우 : -- 그렇게 나는 할 수 있는데 말을 말이다.[= , which]

말은 배 힘을 이용해 목으로 음을 만들면서 성대가 울리도록 (강하게) 말한다.
입소리로 말하면 성대가 울리지 않는다. 음치들은 대개 후자에 속한다.

시동=감주 시동을 먼저 걸고, 그래도 안되면 Ekbe 시동을 걸라.
Ekbe 시동=Susan은 마셔요, 정말로 많은 beer를 말이다.
이러한 것이 어떻게 했는가 하면은 만들고 말았어요. 그 여자를 뚱뚱하게 말이다.
뜻하는 의미= --, and this made -----.

: She told me that she didn't want to marry him, which in my opinion was very silly of her.
That she is unpopular, which is obvious, doesn't bother John.
I understand the tax laws better than almost anyone, which is why I am one who can truly fix them.

▭ referent of which=**밑줄부분** ※ of her=즉 그 여자에게는 말이다.
/이러한 것이 (바로) 그런 이유인데
즉 내가 되는 그런 사람이 되는 이유이다. 어떤 사람이냐 하면 할 수 있는 사람 정말로 고칠 수 있는 사람으로 그것들을 말이다 -- 즉 Trump가 자기가 세법을 고칠 수 있는 적임자라고 말하는 것
(I am one=관계문장)

C.. She is /rich, /which /I am not. [= -- rich that I am not. : 콤머없이 비제한적 연결영뇌 가능]
영뇌=기--> 설--> 설′--> 설″ : BEis-Os
or I + I + I + I : I-Os or S + S + S + S : S-Os

How to Read[Speak]=Sheis rich, whichIam not. : 먼저 감각적 주다수로 이해한다.
시동= vocal 감각적 주파수로
(자동 설가가 될 때까지) F3-E2 강하게 말하기

which referent=rich ▭which=보격: 보어 which=주격/보격/목적격으로 사용
(아이애ㅁ=check mark F [=slide F + post점형 F] 나ㅌ/나트//노ㅌ/노트=post 점형 F + slide F)

| Free 감주+我必 Free 감주 간직하기
시동=그 여자는 있어요. 부자로 말이다. 어떻게 된 것이냐 하면은 이런 것은 나에게는 없어요.
뜻하는 의미로 시동= ---. 이런 것은 나에게는 없어요.

caution] She is rich, which most people want.
➾ which가 가리키는 부분이 rich이나 which는 대명사이므로 want의 목적어 가능

D.. He beckoned /her /to approach, /which /she didn't. [=that= , as]
영뇌=기--> 설--> 설′--> 설″--> 설′″ : BEis-Os
or I + I + I + I + I : I-Os or S + S + S + S + S : S-Os

How to Read[Speak]= Hebeckonedher toapproach, whichshe didn't.
: 먼저 감각적 주파수로 이해한다.
시동= vocal 감각적 주파수로 (BEis/IS 영뇌가 될 때까지) F3+E2 강하게 말하기
which referent=to approach (투어프로우취=little slide F + cramp F : 앞 p 폐쇄 ∵ 겹자음)

시동=그는 손 짓을 했어요, 그 여자에게 가까이 오라고 말이다. 하지만 어떻게 했는가 하면은
이러한 것을 그 여자는 하지 않았어요. | Free 감주+我必 Free 감주 간직하기
※ beckon=보고 그리는 것으로서 손짓하는 것[b: 보는 것 e: eyes ck 〉 크 〉 그 : 그리는 것]

which의 비사람=†명사[대명사] /표현, 즉 형용사[to부정사/문장 -- 등등]
vs which의 의인화 표현 : They have three dogs, who always give us a big welcome.
The Friends of Syria, an alliance of mainly Western and Gulf Arab countries who support the Syrian opposition, said on Sunday that the only way for political solution in Syria is for peace talks in Geneva to take place. -- 의인화 infml E
시동=어떤 놈이냐 하면은 이 놈들은 -- /어떤 나라이냐 -- 하는 나라

E.. This is /a mistake /for which /I am responsible.
영뇌=기--〉 설--〉 설′--〉 설″ : BEis-Os
or I + I + I + I : I-Os or S + S + S + S : S-Os

How to Read[Speak]= Thisisa mistake forwhich Iam responsible.
: 먼저 감각적 주파수로 이해한다.
시동= vocal 감각적 주파수로 (자동 설가가 될 때까지) F3+E2 강하게 말하기
which referent=a mistake | Free 감주+我必 Free 감주 간직하기

시동=이것은 인데 실수인데 해자[대해서] (어떤 것이냐 하면은) 이것에 대해서 내가 책임이 있는 것이다.

IS값으로 전치사로 먼저 문맥 기본어[a mistake]에 연결시키고, 관계사로 연결시키는 뇌로 작동시킨다 : BEis-Os
하지만 관계사로 먼저 연결시키고 전치사를 **실질 기본어, 즉** 형용사에 연결시키는 뇌로 작동시켜도 좋다.
원래 관계사 연결은 a mistake이고, 전치사 연결은 responsible이기 때문이다.
⇨ This is /a mistake /which /I am responsible for. =기--〉 설--〉 설′--〉 설″
시동= --, (어떤 것이냐 하면은) 이것은 내가 책임져야 할 것이다.
/ ---, 이것은 내가 책임져야 할 것인데 해자에 대해서 말이다.
for=해당대상으로서 것 또는 해자 -- 전치사 결정은 형용사 의율로 판단한다. 기본어가 형용사이기 때문이다.

□ associate 영뇌 : associate는 표현 속에 숨어 있는 뜻으로 읽거나 듣거나 말할 때 그것이 작동하는 뇌 ⇛ a-Helper
단어 associate=단어 뜻의 일부로서 단어 속에 (추가로) 숨어 있는 뜻 ↗ 일종의 co/si-Helper

연결 associate=연결설명어 속에 숨어 있는 뜻 문맥/상황 associate=문맥/상황 속에 숨어 있는 뜻
일종의 단어 associate tip)특히 노래나 시는 associate를 모르면 해결할 수 없다 ⇛ BAM is God. Associate is Sub-God.
cf] 'like' 의 단어 associate=무언가 : 무언가를 좋아하다 ⇒ 동사 associate ☞ more) 기본영뇌 vol 1 p32

plus **노콤머 비제한적 연결영뇌** : 자기 문장 주기능이 아닌 전치사 주기능인 경우
— 전치사는 콤머불관 연결설명어이기 때문에 비제한적 연결영뇌도 가능

IIIII .. His age, his heritage, his potential, and the aplomb with which he handled a dicey situation.
시동=그의 나이, 그가 물려받은 자질, 그의 잠재력, -- 그리고 침착함인데, 동자/가지고서 이런 것들을 가지고서 그는 처리했어요, 아슬 아슬한 상황을 말이다. 주의]and=명사 등맥이지 관계대명사와 관계없다 : 명사등설
: Guan[a native Chinese]이 14살 나이로 메이저 대회인 Masters에 참가하여 플레이한 상황
aplomb=어떤 것에 평정한 마음의 상태로서 침착함 [a: at p: 평정한 것 m: mind]
dicey=위험이 올 것같은 것으로서 위태로운 것/아슬아슬 한 것 [d: danger i: likely c: come]

IIIII .. Out of his mouth comes a sharp sword with which to strike down the nations.[=Coming out of -- is]
-- to strike=속문장 s동사 대용, 즉 문장대용 : with which he strikes ---.
↗ ☞ p190/191
시동=밖으로 즉 -- 나왔는데 그것은 -- 이며 동자/가지고서 이것을 가지고서 대동 때려 눕혀노라. ↗문장 접속능력이 없음
tip) StE : 한 문장 내에서 접속사없이 문장을 거느리면서 referent와 함께 쓰려면 관계대명사를 써야지 일반대명사를 쓰면 안된다.
cf] John lay on the floor, his hands crossed behind his head. : 문장을 거느리지 않음

↗사전의 뜻만으로 부족+BAM(Associate)+(특히 설가뇌) 뜻관계 뜻+finally, 감주

☺.. 영어는 단어의 뜻만 정확히 알면된다.

Addition] To whom can I write this check?

or Who[Whom] can I write this check to?

관계대명사/관계부사는 referring back 의미이기 때문에 근설이든 분설이든 referent 뒤에 위치하나, 전치사는 문맥에 따라 연결대상 앞에 위치해도 좋다.

⇒ to **연결대상**=this check : **실질 기본어**

F.. A flat, /to which, /not a square inch of soil is /attached.

영뇌=기--〉 설--〉 설′--〉 설″ : BEis-Os

or I + I + I + I : I-Os or S + S + S + S : S-Os

How to Read[Speak]= Aflat, towhich, notasquare inchof soilisa/ttached.

: 먼저 감각적 주파수로 이해한다. 그러면 저절로 이해되고 기억된다.

시동= vocal 감각적 주파수로 (자동 설가가 될 때까지) F3+E2 강하게 말하기

which referent=A flat | Free 감주 간직하기

↗고난도 감주

(나러/노러=slide F : t단타와 합성감주 이즈어태쉬트=small slide F + slide F : 앜 t폐쇄와 무성음 마치 ⇒ a분리 감주)

→ IS값으로 to로 먼저 연결하고, 관계 대명사로 연결시키는 뇌 : BEis-Os

☺.. 我必 Free 감주 간직하기=Not a square inch of soil attached to a flat.

시동=아파트란 대자 (어떤 것이냐 하면) 이것에 붙어 있는 게 없는데 일평방 인치의 흙도 붙어 있는 게 없다.

is=동질연결로서 '도' of=동격크기로서 '의' : a cup of coffee

↘ **☺.. major 감주=** -- flat, --- not a square inch of soil -- attached.

A flat는 to의 문맥 기본어이지만, to를 원래 기본어 뒤에 드는 뇌로도 작동시킬 수 있다.

즉, 관계대명사로 먼저 연결시켜 설명하고, to를 과분사를 설명해 나가는 뇌로도 작동시킬 수 있다.

⇨ A flat, /which, /not a square inch of soil is /attached to.

시동=아파트란, (어떤 것이냐 하면은) 이것에는 없는데 일평방 인치의 흙도 있는 게 없다.

붙어 있는 게 대자 쪽으로 말이다.

to=방향 대상으로서 대자 쪽 또는 대자 -- 에 붙어 있는 것

responsible/attached와 전치사가 **기/설 두뇌**가 될 때는 뒤로 돌릴 수 있다.

전치사는 무조건 뒤로 돌릴 수 있다고 외우지 말라. **구문법의 한계를 벗어나라.**

① You know the new grammar, in regard to which he published an English book.

vs You know the new grammar, in regard which he published an English book to.

: Incorrect

-- to는 regard를 설명해 나가는 뇌이지 an English book을 설명해 나가는 뇌는 아니다.

그래서 뒤로 못 돌린다. 그리고, in의 실질 기본어는 the new grammar이다.

시동=여러분들은 알고 있지요, 신 문법을 말이다. 해서 관련해서 즉 (어떤 것이냐 하면은) 이것과 관련해서 그는 출간했지요. 영어책을 말이다: **본래의미 또는 뜻하는 의미로 시동**

which referent=the new grammar

▭ in=들어가는 것으로서 하는 것 | Free 감주+我必 Free 감주 간직하기

② For the first two days of a tournament in which the game's most recognizable figure, Tiger Woods, shot to the lead, Guan may have become the most compelling story.
-- 여기서도, in의 실질 기본어는 the first two days of a tournament이기 때문에 뒤로 못 돌린다.

시동=즉 전반부 이틀 간의 경기, 하면서 전반부 이틀간의 경기를 하면서 그 시합에서 가장 널리 알려져 있는 인물, 타이거 우즈가 잘 쳐서 들어갔기 때문에, 대자 선두로 들어갔기 때문에 Guan에게는 아마도 즉 되었을 지도 모른다. 가장 억압적인 이야기[기사] 거리가 되었을 지도 모른다.

: **비제한적 연결영뇌=사유** 잘=**문맥/상황** associate

-- 14살로서 메이저 대회 Masters에서 우즈와 함께 경기를 했으니 가장 많은 억압을 받은 선수이다.

문제 **영뇌는 무엇이며, 관계대명사 referent는 무엇인가? (단, 기/설은 가급적 크게 잡아라)**

P-1.. This is one of the few things in regard to which a good resolution would be absurd.

Answer :

This is /one /of the few things /in regard to which /a good resolution would be absurd.

영뇌=기--> 설--> 설′--> 설″--> 설‴ : BEis-Os

or I + I + I + I + I : I-Os or S + S + S + S + S : S-Os

·))) vocal 감각적 주파수로 (자동 설가가 될 때까지) F3+E2 강하게 말하기

which **referent=one** (of the few things)

시동=이것은 인데 한 가지, 즉 몇 가지 사실 중에 한 가지이다. 해서 관련해서 즉 (어떤 것이냐 하면은) 이런 것과 관련해서 좋은 결심도 하곤 한다는 것, 즉 모순이 되곤 한다는 것이다.

| Free 감주+我必 Free 감주 간직하기

P-2.. The car, the handbrake of which was too old, began to slide backwards.

Answer : The car, /the handbrake of which was too old, /began to slide backwards.

영뇌=기-->설/설 : BEis-Os

or I + I + I : I-Os or S + S + S : S-Os

·))) vocal 감각적 주파수로 (자동 설가가 될 때까지) F3+E2 강하게 말하기

which **referent=the car**

시동=그 차는, 이 차의 핸브레이크, 즉 어떤 것이냐 하면은 이 차의 핸브레이크가 있었기 때문에 너무 낡아 있었기 때문에 시작했어요. 미끄러지기를 뒤로 말이다.

IM 시동= --- , 핸브레이크, 즉 이 차의 핸브 레이크가 --- .

| Free 감주+我必 Free 감주 간직하기

전치사와 관계사로 먼저 연관지어 표현하고, the지정은 뒤로 돌리는 뇌로도 작동시킬 수 있다.

=The car, /of which the handbrake was too old, /began ---. **영뇌=기-->설/설** : BEis-Os

시동=그 차, 즉 (어떤 것이냐 하면은) 이 차의 그 핸브레이크가 ---

=The car, whose handbrake was too old, began ---. [wh: which + s: 소유격]

P-3.. **Marriage is a book of which the first chapter is written in poetry and the remaining chapters in prose.**

Answer :

Marriage is /a book /of which the first chapter is written in poetry and the remaining chapters in prose. =기--〉 설/설 : BEis-Os or I + I + I : I-Os or S + S + S : S-Os

vocal 감각적 주파수로 (자동 설가가 될 때까지) F3+E2 강하게 말하기

which referent=Marriage

시동=결혼이란 인데 일종의 책인데 즉 (어떤 것이냐 하면은) 이 책의 첫장은 쓰여져 있는데 시로 쓰여져 있고, 그리고 나머지 장들은 산문으로 쓰여져 있다.

▭ of의 실질 기본어는 the first chapter이기 때문에, 이것 뒤에 바로 두어 설명해 나가는 뇌로도 작동시킬 수 있다.

= --- the first chapter of which --- .

| Free 감주+我必 Free 감주 간직하기

P-4.. **These are leaflets on the slush fund scandal, each of which congressmen are distributing to the crowd[public].**

Answer :

These are /leaflets /on the slush fund scandal, /each of which congressmen are distributing to the crowd[public].

영뇌=기--〉 설--〉 설′/설 : BEis-Os (관계절=분설)

or I + I + I + I : I-Os or S + S + S + S : S-Os

vocal 감각적 주파수로 (자동 설가가 될 때까지) F3+E2 강하게 말하기

which referent=leaflets -- which의 referent가 leaflets이기 때문에 on과 분리시켜 잡았다.

시동=이것들은 인데 leaflets인데 관한 것, 비자금 scandal에 관한 것으로 각각 즉 (어떻게 하는 것이냐 하면은) 이것들의 각각을 의원들이 하고 있어요, 즉 나누어 주고 있어요 ⇒ 본래의미와 뜻하는 의미로 시동

✠ whose로 대체할 수 없다. each가 대명사 이기 때문이다.

of which에서는 which는 목적격이고, of가 소유격 의미이다. whose는 which/who의 소유격이다.

| Free 감주+我必 Free 감주 간직하기

live 실전	관계대명사 영뇌 which —— 비온 뒤에 땅이 굳어진다! **After the storm comes the calm!**

L-1.. hazel noun [C]

a small tree which produces[bears] nuts that you can eat

-- 먼저 감각적 주파수로 이해한다 ⇒ 어느 부분을 보더라도 (단어 하나이든) free 영뇌, 특히 free 감주로 이해되면 된다.

which/that=(제한적) 관계대명사 영뇌 referents=a small tree /nuts which 영뇌의군=which -- nuts -- eat

which 직계 영뇌의군=that 영뇌의군 that 영뇌의군=that you can eat

시동=hazel이란 일종의 조그마한 나무인데 어떤 나무냐 하면 이 나무는 열리는[맺는] 나무, 즉 나무열매[건과 乾果]가[를] 열리는[맺는] 나무인데 즉 여러분들이 할 수 있는 것, 즉 먹을 수 있는 열대를 말이다=개암나무

⇒ vocal 감주 F3+E2 강하게 말하기 | Free 감주+我必 Free 감주 간직하기

.. **문장 뼈대**=기본어(a small tree) + 연결설명어(which/that) : s동사 없음

L-2.. The wake-up call on Laszlo Cseh' s phone will not let him snooze. When he is tired from travel, fatigued from training, or drained from his Sisyphean pursuit of Michael Phelps, //he cues /a video of the 200-meter butterfly final at the 2008 Olympics, /which he downloaded upon returning home from Beijing.

-- 어느 부분을 보더라도 감각적 주파수로 이해되어야 한다. 영뇌 상급자는 free 감주로 감을 잡는다.

↳그러면 감주 패턴이 눈에 보인다. ↘특히 감주 영뇌가 돼야 major 감주로 이해거나 아필 감주로 이해하는 것도 쉽게 된다.

영뇌=전설 ⇨ 기--〉 설--〉 설′ : BEis-Os

or I + I + I + I : I-Os or S + S + S + S : S-Os

이렇게 BEis/IS로 되어 있는 것을 우리는 감각적 주파수로 이해하는 것이다.

which=(비제한적) 관계대명사 영뇌 which referent=a video of the 200-meter butterfly final

| Free 감주+我必 Free 감주 간직하기 ☞.. **첫문장 뼈대**=기본어(The wake-up call) + 연결설명어(on) + s동사(will)

시동= —— 그는 힌트를 얻는다. —— . 그런데 이것은 어떤 것이냐 하면 자기가 다운로드 해서 받은 것이에요.

하자마자[상동], 돌아오자 마자 집에 돌아오자 마자, 기자[기처(基處)] 베이징으로부터 말이다.

⇒ **뜻에 차이가 없으면 콤머가 있어도 제한적 연결영뇌로 시동을 걸어도 좋다.**

❖ upon/on=즉시 상작동으로서 하자마자/즉시 상작동 대상이 동사인 것으로서 상동 — 하자마자

기본어를 중심으로 먼저 앞에서 복잡하게 해놓고, 또다시 뒤로 복잡해지는 영뇌 패턴이다.

즉 종속접속사 영뇌로 먼저 복잡하게 설명해 주면서, 주동으로 말하고, 다시 관계대명사 영뇌로 설명해 나가는 뇌로 작동시키고 있다.

IIIII Sisyphean pursuit=끝없이 따라가도 헛수고가 되어 버린 것 when=언제냐 하면/시자 — 할 때에도

Sisyphean labor=아무리 되풀이해도 헛수고가 되는 일 from=출처대상으로서 기자(基者) — 로부터

tired=피로에 지치는 것 fatigued=피곤해지는 것 drained=쭉 맥이 빠져 버리는 것

The wake-up call on Laszlo Cseh' s phone=기상전화, 상자 — 폰 상에 있는 기상전화

will not let him snooze=가만히 두지않을 것이다. 그가 잠시 자는 것까지도 말이다. cf] snore 코를 골면서 자는 것

L-3.. **BASRA, Iraq**: At least 68 people were killed and 200 were wounded, many of them policemen and schoolchildren, in a series of car bomb attacks Wednesday in southern Iraq, police and officials said. Most of the dead were from the almost simultaneous car bombings outside three police stations in Basra as people headed to work. Two car bombs also went off in an attack on a police academy in nearby Zubair a couple of hours later which left two people dead and at least 10 others hurt.

-- 먼저 감각적 주파수로 이해한다. 영뇌 중급자는 부분부분 먼저 감주로 이해하고, 전체로 이해한다.

↳현장영어 뿐만이 아니라 각종 시험영어도 같다.

many of them : **infml E** -- 한 문장 내에서는 자기문장을 연결시키려면 관계대명사를 써야 한다. 일반대명사는 referring back만 하지 문장 연결[접속] 능력이 없다.

StE /TOEIC /TOEFL ⇒ , many of whom were policemen and schoolchildren, ---- .

which=(제한적) 관계대명사 영뇌 : 분설 which referent=표현 : Two car bombs also went off

-- 두 개의 차량 폭탄의 또 폭발

were from=은 기인(基因)이/기자가 -- 때문이었다 ⇒ were=과동질 (연결)로서 '은' from=출처원인과 그 대상

시동= —— 두 시간 후 어떻게 된 것이냐 하면 그런 폭발사건은 남긴 사건이 되는데 두 사람을 죽게하고, 그리고 직자 적어도 열명을 다치게 하는 사건으로 되었다. | Free 감주+我必 Free 감주 간직하기

☞.. **마지막 문장 뼈대**=기본어(Two car bombs) + s동사(went) + 연결설명어(in/on/in/which)

addition-1

관계대명사의 관계형용사 영뇌 :

IS 두뇌로 형용사로서 비사람을 묻는 관계로 referring back하면서 자기 문장을 연결[연관] 짓는 뇌

↙**비제한적 연결 영뇌**

The letter was /written /in /French, /which language /I did not /understand.

영뇌=기--〉 설--〉 설′--〉 설″--〉 설″′--〉 설″″--〉 설″′″ : BEis-Os

or I + I + I + I + I + I + I + I : I-Os or S + S + S + S + S + S + S : S-Os

How to Read[Speak]= Theletterwas writtenin French, whichlanguage Ididnot understand.

: 먼저 감각적 주파수로 이해한다.

> **시동**= vocal 감각적 주파수로
> (자동 설가가 될 때까지) F3+E2 강하게 말하기
> which referent=French

시동=그 letter는 (되어) 있었는 데 쓰여져 있었는데 해서 불어로 해서 말이다. 그래서[그런데] (어떻게 된 것이냐 하면은) 이 언어를 나는 하지 못했어요. 이해를 말이다. | Free 감주+我必 Free 감주 간직하기

vs 지시형용사

=접속능력이 없다. 그냥 가리키기만 할 뿐이다.

지시대명사, 인칭대명사처럼 **비연결 설명어**이기 때문이다.

The letter was written in French, this language I did not understand.

: Incorrect in the StE, but correct in the infml E : 목적어 도치

= -------, I did not understand this language. : Correct as infml E

문장이 끝나면 period를 찍어야 되나 comma로 한 문장 내에 표현했기 때문에 infml E가 된다.

: Art is long, life is short.

접속능력이 없기때문에 Standard English에서는 접속사가 필요하다.

= ---, and[but] this language I did not understand. : Correct

or ---, and[but] I did not understand this language. : Correct

caution] 토익이나 토플 문제를 풀 때는 Standard E입장에서 골라야 한다.

Standard E=Standard WrE

infml English

=정상적인 표현을 벗어나거나 본래의미 대신 대화체의미로 많이 쓰이는 English

또한 period로 완전 분리해도 Standard English가 된다.

The letter was written in French. This language I did not understand.

=The letter was written in French. I did not understand this language.

한 피어리어드 내에서는 가리키면서 문장을 접속하려면 관계대명사 또는 관계부사를 써야 한다. 관계사는 한 피어리어드 내에서만 쓰인다. **연결 설명어이기 때문이다.**

The letter was written in French. Which language I did not understand. : **Incorrect**

The letter was written in French, and which language I did not understand.

: Incorrect

--- 관계사는 스스로 접속능력이 있음: 연결설명어로서 자기 문장을 거느리기 때문이다.

소유격 관계대명사도 일종의 관계형용사이다.

관계형용사=관계대명사의 관계형용사

/형용사의 관계형용사 : Diet <u>high</u> in sugar or artificial sweetener

addition-2 일반대명사[즉 의문대명사] /관계대명사 관계없이 뜻(BNW)으로 바로 작동시키기

who=누구 /누구냐[어떤 사람이냐] 하면 --- which=어느 것 /어느 것[어떤 것]이냐 하면 ---

Roundup

▭ **관계사**

=관계대명사 /관계부사 /관계분사 /관계형용사 /관계문장

↘관계 과분사/관계 현분사

-- **콤머유무 연결설명어**(단, 관계문장=콤머유무중 노콤머로서 제한적 연결영뇌--노콤머 연결설명어)

↳콤머 유무에 따라 제한적/비제한적 연결영뇌가 작동하는 뇌

▭ **가장 기본적인 관계대명사**=who /whom /whose /which

-- 사람과 비사람으로 구분. 단, whose=사람/비사람 모두 가능

-- 노콤머/콤머 연결설명어

나머지, that/as/but/than

-- 사람, 비사람 모두 사용 가능

-- 노콤머 연결설명어 단, as=노콤머/콤머 연결설명어

▭ **관계대명사 BNW와 콤머 관계 :**

who/which=묻는 관계 as=동급 관계 -- 보통 관계 ∴ 콤머영뇌 작동[콤머분리] 가능

that=지정관계 -- 분명한 관계 + 지시대명사와 구별 ∴ 콤머영뇌 작동[콤머분리] 불가

but=반대관계 than=차등관계 -- 분명한 관계 ∴ 콤머영뇌 작동[콤머분리] 불가

주의]that=연결설명어일 경우 관계대명사이든 관계부사이든 종속접속사이든

콤머영뇌를 함께 작동시키지 않는다.

Ekbe 쉽게 시동걸기 :

상황을 깔고서 그냥 설명해 나가는 관계로 걸면 된다. 그래서 영어단어는 BAM으로 '-- **하는 것으로서** Blah Blah' 로 기억하고 있어야 한다.

한글 구조에 맞게 '--하다/하게/한 -- 등' 으로 외우는 것은 정말로 부질없는 짓이다.

원어민이 되는 과정 : ❶ 감각적 주파수 → BEis/IS/free 영뇌 → Ekbe=Top-Down 방식

❷ Ekbe → BEis/IS/free 영뇌 → 감각적 주파수=Bottom-Up 방식

5) that 영뇌(that NB)

IS 두뇌로 사람, 비사람을 지정관계로 referring back하면서 자기문장을 제한적/비제한적으로 연결[연관] 지으면서 설명해 나가는 뇌, in short 연결설명어, in concrete 노콤머 연결설명어

[th: the/thing h(합성소리): human a: animal t: plant or th: the a: all t)d: direction 방향 관계 — BNW]

주의] 1. that=콤머없이 제한적/비제한적 연결영뇌 ∵ 지정관계 뜻 (단, 콤머를 찍으려면 one that 사용 ⇒ **infml E /SpE**)
vs who/which=콤머유무로서 제한적/비제한적 연결영뇌 ∵ 묻는관계=보통관계
2. 지정관계=분명한 관계 + 지시대명사와 구별 — 콤머영뇌 작동불가 3. 만약, 콤머영뇌가 바로 작동 ⇒ 지시대명사 : **infml E**

> **말**=THAt=대ㅌ/대ㅌ[더ㅌ]=post점형/slide 주파수[dot 점형 주파수] (a=애: 강한 감정음가 어: 약한 감정음가)
> **that BAM**=사람/비사람 지정관계 언급으로서 이/그 사람[것]은 — 한 사람[것] /— 하는데
> =**본래의미[bnw-BAM] : 보통 뉘앙스** //바로 이 사람[것], 이 사람[것]이야 말로 — 한 사람[것] /— 하는데=**본라 의미[bnw-BAM] : 강조 뉘앙스**
> vs **단순히 뜻하는 의미[just-IM]**= 즉/즉 — 한 사람[것] /— 하는데 : **보통/강조 뉘앙스**
> : 지정 관계 뜻이 아니기 때문에 뜻하는 의미가 된다.

↗The books, ones that I bought, — . : 그 책들, 즉 그러한 것들, 즉 이러한 것들을 내가 샀는데 — .

보통 뉘앙스 : ↗that할때 제한적/비제한적 연결상황이 (머리 속에) 노이면 된다 : S영뇌
↙제한적 또는 비제한적 연결영뇌

The books /that I bought /were expensive.=기—〉 설/설 : BEis-Os
or I + I + I : I-Os or S + S + S : S-Os

↗drone strike, one that — . : 그러한 것, 즉 이것이 죽였죠, — .
↙제한적 또는 비제한적 연결영뇌

Two year manhunt led to /drone strike /that killed Awlaki.=기—〉 설—〉 설′ : BEis-Os
or I + I + I : I-Os or S + S + S : S-Os

How to Read[Speak] : Thebooksthat Ibought wereexpensive. 〈 Thebooks thatIbought — .]
Twoyear manhunt ledto dronestrike thatkilled Awlaki.
: 먼저 감각적 주파수로 이해한다.
시동= vocal 감주로 (BEis/IS 영뇌가 될 때까지) F3+E2 강하게 말하기 that referent=the books/drone strike
(레ㄷ투/레ㄷ어/레ㄷ=모두 slide F : '어' =극저음) | Free 감주+我必 Free 감주 간직하기

.. 我必 Free 감주 간직하기=Drone strike killed Awlaki in two year manhunt.

시동=그 책들, 이것들은 내가 <u>산 것인데/샀는데</u> 이었어요, 즉 비쌌어요. /2년간의 범인[수배자] 수색[추적]이 결국 이끌어 내고 말았어요, 원격무인 조정기 공격을 말이다. 그리하여 결국 이 공격은 <u>죽인 것</u>, Awlaki를 <u>죽인 것</u>이 되었다 /그리하여 이것이 결국 <u>죽이고 말았는데</u>, Awlaki를 <u>죽이고</u> 말았어요. ▭ 그리하여 결국=문맥 associate to=방향결과로서 되고 마는 것 /방향대상으로서 대자 : -- 이끌어 냈어요, 대자 드론 공격을 말이다.

↘that할때 지정관계 언급이 보이면 된다 : S영뇌

caution] 1. that=지정관계로서 성격[실체] 규정 또는 추가정보(further/extra information)
vs who/which=묻는 관계로서 성격[실체] 규정 또는 추가정보(further/extra information)
2. that이 비제한적 연결영뇌일 때는 콤머영뇌를 작동시켜 who/which로 대체할 수 있다.
[= , which I bought, /, which killed] 하지만 순서대로 일어나거나 결과일 때는 that을 더 선호한다.

- I found a purse that I took to a police-box. 찾은 것은 지갑이고 그것을 나는 가져갔다.
=I found a purse, which I took to a police-box. (그리고) 그것을 나는 가져갔다. 대처 파출소로 말이다.
- I bought a book yesterday that I found dull.
샀는데 책을 어제 샀는데 이런 것이 있었음을 나는 발견했다. 즉 지루함이 말이다.
=I bought a book yesterday, which I found dull. (그리고) 이것에서 나는 발견했는 데 지루함을 말이다.

강조 뉘앙스 : ↙**제한적 또는 비제한적 연결영뇌**

It was /beer /that I drank last night. (it 시동=emphasis 'it')

영뇌=기--> 설--> 설' : BEis-Os or I + I + I : S-Os or S + S + S : S-Os

> **How to Read[Speak] :** Itwas beerthat Idrank lastnight. | Free 감주+我必 Free 감주 간직하기
> : 먼저 감주로 이해한다. ·))) **시동=** vocal **감주로 (자동 설가가 될 때까지) F3+E2 강하게 말하기**
> that referent=beer (이ㅌ=post 점형 F 워즈=slide F 드래ㅇㅋ/쥬래ㅇㅋ=cramp F 라-스(트)=retro-root F : t폐쇄와 비폐쇄)

시동=바로 그것은 beer이었는데, 바로 이것은 내가 **마신 것**, 즉 지난 밤에 **마신 것**이었다.

[바로 이것을 내가 **마셨지요**. 지난밤에 말이다]

-- it=referring back : **대화상황 지칭** -- 무엇을 마셨지' 할 때 그것이라고 referring back한다.

that=근설 연설뇌 (=It was beer, not wine, that I drank last night. : referent를 달리하기 위해 콤머사용)

Super Bowl 2016 : folks, it's the game on with the Broncos and the Panthers!

it=Super Bowl 지칭 folks=세상 사람들이여 Broncos=Denver팀 Panthers=Carolina팀

it's=강조와 현재동질로서 '바로 그것 즉' : 바로 그것, 즉 그 게임이 시작했도다[=in]

- It /was beer /that I drank last night. (it 시동=emphasis 'it')

  영뇌=기--> 설/설 : BEis-Os

  시동=바로 그것은 beer이었다. 즉 내가 **마신 것**, 지난 밤에 **마신 것**은 말이다.

  -- it=referring forward : it referent=that that=독설 보설뇌 -- **먼저 요지를 말하고 다시 보설로 보충**

  -- it=referring back and forward : it referents=**대화상황**+that

  : 하지만 '무엇을 마셨지' 할 때 그것이라고 referring back하면서 다시 구체적으로 that이하로 말하면 referring back and forward가 된다. ***was**=과거동질로서 은 -- (이었다)

[=It is beer that I drank last night. 과거상황 그대로 표현하지 않고 (과거 상황에 대한) 설명현재로 표현 가능 : 바로 그것은 beer인데 즉 -- .]

☞ p288

① 보통 뉘앙스로 연결

A.. **--- an insomniac that (who) has trouble sleeping.**

--- the cat that (which) caught the mouse.

--- roses that (which) are thought of as a typical English flower.

--- the oxygen that (which) human beings need.

--- the people and animals that she saw in the animal park. **시동**= -- 이 사람들과 이 동물들은

--- the students and the things that he saw. **시동**= -- 이 학생들과 그것들은 --.

보통 뉘앙스일 경우=who/which로 대체 가능 하지만 referent가 사람과 비사람일 때는 대체할 수 없다. who/which는 어느 한 쪽을 뜻하기 때문이다. ▭ that=**지정관계 뉘앙스** vs who/which=**묻는 관계 뉘앙스**

B.. **He /is lifeless /that is faultless.**

영뇌=기-->설/설 : BEis-Os **(관계절=분설)**

or I + I + I : I-Os or S + S + S : S-Os

> **How to Read[Speak]=** Heis lifeless thatis faultless. : 먼저 감각적 주파수로 이해한다.
> ·))) **시동=** vocal **감각적 주파수로 (자동 설가가 될 때까지) F3+E2 강하게 말하기** that referent=He
> | Free 감주+我必 Free 감주 간직하기

시동=그런 사람에게는 있는 데 무인생이 있다. 즉 이런 사람, 무결점이 있는 사람에게는 말이다.

: **제한적 연결영뇌** -- 제한적으로 말을 해서 어떤 성격[실체]의 사람인지 말하고 있다.

.. (free) 4감주, 즉 들은 감주, 말한 감주, 읽은 감주, 쓴 감주가 많아야 영어가 저절로 된다.

C.. wool noun /a fabric /that comes from sheep

영뇌=기--〉 설--〉 설′ : BEis-Os or I + I + I : I-Os or S + S + S : S-Os

How to Read[Speak] : wool afabric thatcomes fromsheep 〈 — afabricthat comesfrom sheep
: 먼저 감주로 이해한다. **시동**= vocal 감주로 (자동 설가가 될 때까지) F3+E2 강하게 말하기 that referent=a fabric

시동=wool(양모)이란 일종의 원단으로 이것은 나오는 것이다. 기처 양으로부터 말이다[나오는 데 나오는 곳이 양이다].
/ --- 이것은 나오는 데 기처 양으로부터 나온다. | Free 감주+我必 Free 감주 간직하기

D.. The Great Britain /that I grew up in /needs your austerity. -- British Prime Minister가 한 말

영뇌=기--〉설/설 : BEis-Os (관계절=근설 강조)
or I + I + I : I-Os or S + S + S : S-Os

How to Read[Speak]=TheGreat Britainthat Igrewupin needsyour austerity.
: 먼저 감주로 이해한다. **시동**= vocal 감주로 (자동 설가가 될 때까지) F3+E2 강하게 말하기 that referent=The Great Britain

시동=대영제국, **바로 이 나라는** 내가 성장시켜 키워 냈으면 하는 나라인데/냈으면 하는 데 (지금) 필요로 하고 있다.
여러분들의 긴축을 말이다/여러분들이 허리띠를 졸라메는 것을 말이다. | Free 감주+我必 Free 감주 간직하기
*grew=(현재 또는 미래 속에서의) 의미과성립 in=들어가는 것으로서 변화, 변화로서 내는 것

live 실전 관계대명사 영뇌 that — 칠전팔기! **If you, at first, don't succeed, try, try again!**

L-1.. ballpoint pen, also ballpoint, ballpen noun [C]
=a pen with /a ball /at the end /that rolls thick ink onto the paper

(마음의 소리 또는 실제 소리로) 먼저 감각적 주파수로 이해한다. 잘 안되면 감주 시동을 걸고 그래도 안되면 Ekbe 시동을 건다.

영뇌=기--〉 설--〉 설′/설′ : BEis-Os [관계절=분설]
or I + I + I + I : I-Os or S + S + S + S : S-Os

that=관계대명사 영뇌 -- 제한적 또는 비제한적 연결 영뇌 that referent=a ball
that 영뇌의군=that rolls -- onto the paper 기본어=a pen with
감주 시동=vocal 감각적 주파수로 (BEis/IS 영뇌가 될 때까지) F3+E2 강하게 말하기

시동=일종의 펜으로 박혀 있는데 그것은 보올이고, 위치는 직처 끝이며, 이것이 굴러 진한 잉크를 위에 묻혀 나가는 것이다/나간다. 종이에서 말이다. // — 동자 보올이 박혀 있는데, 직자 끝에 박혀 있는데 이것이 — 상자 종이에 묻혀 나가는 것이다/나간다. | Free 감주+我必 Free 감주 간직하기

a pen with까지 기본어를 잡는 게 문맥을 잡기가 좋다. 즉 with는 일반단어로서 동사처럼 동존뇌를 작동시키면 된다. 한뇌는 전치사를 토씨로 생각하기 때문에 뒷말과 이해의군을 형성시키는 버릇이 많은 데, 영뇌는 하나의 일반단어로 **기/설 두뇌**로 앞말을 설명해 나가는 뇌이기 때문에, 앞말과의 관계로 먼저 작동시키는 뇌가 많다.

전치사/종속접속사 ⇨ 영뇌=(직상) 일반단어로 작동 vs 한뇌=토씨[조사]로 작동
보통 뉘앙스 : 묻는 관계 「which」로 대체 가능=어떤 것이냐 하면 그것이 -- 하는 것
with=동존과 그 대상으로서 박혀 있는 것[구비하고 있는 것] /동자 -- 이 박혀 있는 것[구비하고 있는 것]
onto=상면동, 즉 상면 움직임과 그 대상으로서 위에 묻혀 나가는 것/상자 -- 에 묻혀 나가는 것 [on + to : 방향움직임]

.. **문장 뼈대**=기본어(a pen) + 연결설명어(with/at/that/onto) : s동사 없음

L-2.. The catastrophic floods /that are sweeping away Chinese farms and factories and threatening major cities /may also wash away some of the country's much-needed economic growth, //financial experts say.

-- 먼저 감각적 주파수로 이해한다. 감주는 영어자체 느낌이지 한글느낌이 아니다.

영뇌=기--〉 설/설 ⇨ 전설 : BEis-Os or I + I + I + I : I-Os

or S + S + S + S : S-Os | Free 감주+我必 Free 감주 간직하기

.. **속문장 뼈대**=기본어(The catastrophic floods) + 연결설명어(that) : 속문장 s동사(may)

↳전설 기본어=financial experts 전설 s동사=say

that=제한적 또는 비제한적 관계대명사 영뇌

that 영뇌의군=that are --- major cities

속문장 s동사=may may (조동사) 영뇌의군=may also wash away (전체) 문장 s동사=say

tip) s동사=현동사/과동사/조동사=본동사 ∵ 조동사=기본어 원동사=설명어

↳조동사를 원동사로 설명해 나감

감주시동 ·◗ vocal 감각적 주파수로 (자동 설가가 될 때까지) F3+E2 강하게 말하기

that referent=The catastrophic floods ＊앞설=보설로서 먼저 보충하는 뇌로 작동

시동=대홍수 이것은 쓸어 가면서 중국의 농가와 공장을 쓸어 가면서, 위협하고 있는 것이어서 /위협하고 있어서, 즉 주요도시를 위협하고 있는 것이어서 /위협하고 있어서, 아마도 또한 씻어낼 것[버릴 것] 같아요. 즉 일부 즉 그 국가에게 아주 필요한 경제 성장 일부를 씻어낼 것[버릴 것] 같다고 금융 실무전문가들은 말하고 있어요.

How to Read[Speak] :

Thecatastrophic floodsthatare sweepingaway Chinesefarmsand factories andthreatening majorcities mayalso washaway someofthe country'smuch-needed economicgrowth, financialexpertssay.

L-2- E.. Financial experts say /(that) the catastrophic floods /that are sweeping away Chinese farms and factories and threatening major cities /may also wash away some of the country's much-needed economic growth.

-- 먼저 감각적 주파수로 이해한다. 그러면 저절로 이해되고 저절로 이어진다.

잘 안되면 먼저 감주 시동부터 걸라 ⇒ 어느 부분을 보더라도 (단어 하나이든) free 영뇌, 특히 free 감주로 이해되면 된다.

영뇌=기--〉 설--〉설′/설′ : BEis-Os or I + I + I + I : I-Os

or S + S + S + S : S-Os | Free 감주+我必 Free 감주 간직하기

(that)=(비제한적) 종족접속사 영뇌 (that) 영뇌의군=(that) the catastrophic --- growth

that=(제한적/비제한적) 관계대명사 영뇌 → referent=the catastrophic floods

financial experts say=전달내용을 먼저 표현하고, 뒤로 가면 that을 쓸 수 없고, 전설이 되지만

앞으로 가면 기본어가 된다 → s동사 say 영뇌의군=(that) 영뇌의군

글자에서 바로 무한글 이해가 스쳐가면 된다. 그러면 I-Os[즉 I영뇌]가 된다. 글자에서 (앞방으로) A상황이 보이면 S-Os[즉 S영뇌]가 된다. 하지만 I값으로 설명해 나가는 두뇌로 이해가 스쳐가면 BEi-Os[즉 BEi영뇌]가 되고, S값으로 설명해 나가는 두뇌로 이해가 스쳐가면 BEs-Os [즉 BEs영뇌]가 된다. 이런 것들을 바탕으로 해서 다시 감각적 주파수로 이해하면 된다.

L-3.. Rep. Chris Lee resigned /from the House Wednesday evening effective immediately, //an announcement /that came /just hours after /a Web site reported /that the married congressman had sent /a shirtless image of himself to /a woman /he met on Craigslist.

-- 먼저 감각적 주파수로 이해한다. 그러면 저절로 선인영뇌각인 또는 선강후약 영뇌각인이 된다.

영뇌 상급자는 free 감주로 감을 잡는다. | Free 감주+我必 Free 감주 간직하기

문장 뼈대=기본어(Rep. Chris Lee) + s동사(resigned) + 연결설명어(from) + 전설(an announcement) + 연결설명어(that/after/that/to/he met)

s동사=resigned effective=일반형용사 영뇌로서 s동사를 그냥 서술적으로 설명해 나가는 뇌 → 보어

감주 시동 ···▸ vocal 감각적 주파수로 (자동 설가가 되게) F3+E2 강하게 말하기

that referent=an announcement

, = (sign 설명어로서) comma 영뇌 -- 추가정보 제공

tip]관계대명사 that에 comma를 찍은 것은 아님 had=소유로서 있었다/가지고 있었다

앞 that=제한적 또는 비제한적 관계대명사 영뇌

that 영뇌의군=that came --- on Craigslist to=방향대상으로서 대자 -- 에게

뒷 that=(비제한적) 종속접속사 영뇌 ∵ 동사연결 설명

└→ that 영뇌의군=that the married --- on Craigslist

관계문장 영뇌의군=he met on Craigslist

시동=공화당의원 Chris Lee는 사임했어요. 기처[기자] 하원으로부터 수요일 저녁에 사임했는데, 효력은 즉시라고 했고, 하나의 발표문으로서 (바로) 이 보도문은 나온 것이었다/나왔다. 바르 몇 시간후, 즉/전자 어느 한 Web site가 보도하고나서 몇 시간후에 나온 것이었다/나왔다. 즉 결혼한 그 의원에게 있었다고, 즉 보낸 사실이 있었다고, 우통을 벗은 자신의 이미지를 대자 어떤 한 여자에게, 즉 그가 만난 여자, 상에서[상자] Craigslist 웹사이트 상에서 만난 여자에게 보낸 사실이 있었다고 보도하고 나서 즉시 나온 것이었다/나왔다.

※라고 했고=문맥 associate 으로서=Ekbe 문맥 -- 간목, 직목을 '에게, 을/를' 로 해석하는 것도 일종의 Ekbe 문맥이다. 그래서 영어자체 느낌으로 이해하려면 Ekbe 문맥 토씨 없이 이해해야 한다.

↳ free 영뇌리딩=감주 reading

기본어를 중심으로 해서 뒤로 복잡해지는 영뇌 (패턴)이다.

어떤 부분을 보더라도 바로 바로 이해가 스쳐가야 한다. **이것이 바로 free영뇌이다.**

예컨데, effective immediately, came just hours after, had sent, he met --- etc.

특히 he met에서는 **관계문장 영뇌**로 서술적 영뇌가 아니라 제한적 연결영뇌가 스쳐가야 한다.

즉 '그가 만났다' 가 아니라 '그가 만난 사람, 즉 그가 만난 여자' 로 스쳐가야 한다.

→ he met=관계문장 [=whom/who(infml) he met], 즉 서술문장이 아님

Craigslist=광고전문 사이트

영뇌=기--〉설

⇨ 전설--〉설′--〉설″--〉설‴--〉설″″--〉설″‴--〉설‴‴--〉설‴″′ : BEis-Os

or I + I + I + I + I + I + I + I + I + I : I-Os

or S + S + S + S + S + S + S + S + S + S : S-Os

L-4.. The Washington region struggled /to regain its footing /Thursday morning /after a winter storm /that caused at least one death and left the area icy and snowed-under.

— BEis/IS로 이해되는 것[되어 있는 것]을 다시 감각적 주파수로 이해한다.

그러면 저절로 이해가 되는데 이때 이해는 소리본체에서 느껴진다.

그래도 잘 안되면 먼저 감주 시동을 걸고 최후에 Ekbe 시동을 건다.

.. **문장 뼈대**=기본어(The Washington region) + s동사(struggled) + 연결설명어(to/after/that)

영뇌=기—〉 설 —〉 설′ —〉 설″ —〉 설″′ : BEis−Os or I + I + I + I + I : I−Os

or S + S + S + S + S : S−Os | Free 감주+我必 Free 감주 간직하기

How to Read[Speak] :

TheWashington regionstruggledto regainitsfooting Thursdaymorning aftera winterstorm thatcaused atleast onedeath andleft thearea icyand snowed−under.

s동사=struggled to=연결설명 대상이 동사인 것으로서 대동(代動)

that=관계대명사 영뇌 -- 제한적/비제한적 연결영뇌

여기서 전자=성격규정 후자=결과

that 영뇌의군=that caused --- snowed−under

that referent=a winter storm (단, 설″′의 기본어=after 제외) at=바로 (크기) 대상으로서 직자

감주시동=vocal 감각적 주파수로 (BEis/IS 영뇌가 될 때까지) F3+E2 강하게 말하기

시동 =Washington 지역은 고군분투 했어요. 대동 회복시키려고 자기 지역의 보행을 회복시키려고 목요일 아침, 후에 /전자 겨울철 난폭한 날씨가 있은 후에 말이다. 이 날씨는 결국 야기시키고, 직자 적어도 한명의 죽음을 야기시키고, 남겨둔 것이 되었어요 /남겨 두었요, 그 지역을 빙판과 눈속으로 말이다.

tip)항상 강하게 vocal 감각적 주파수로 F3+E2로 말하라. 그러면 작은 소리도 쉽게 낼 수 있다.

뜻하는 의미[즉 달리 말하기 paraphrasing]= ---, which caused --. : **비제한적 연결영뇌**

= --, and this caused --. : **서술적 영뇌**

= -- which caused --. : **제한적 연결영뇌**

: 어떻게 된 것이냐 하면은 이 날씨는 -- 남겨둔 것이 되었어요.

-- 보통 뉘앙스에 노콤머라고 해서 무조건 **노콤머** which만 호환시키지 말라.

뜻을 따져 봐야 한다 ⇒ that=제한적/비제한적 연결영뇌 모두 가능 ⇒ **후자=콤머** which

* **노콤머** that=제한적 연결영뇌이냐 비제한적 연결영뇌이냐 하는 것은 **상황 또는 문맥**에 따라 판단한다.

콤머불관 연결설명어 to부정사, 전치사도 마찬가지이다.

L-5.. After a drizzly, dreary start Wednesday, //the storm struck /with fury /beginning at mid-afternoon, //causing /whiteout conditions /across the region |and| //casting /a wintry glaze /on roads and sidewalks /that sent /cars spinning and people tumbling. --- BEis, IS 영뇌가 형성된 사람들, 즉 영뇌 상급자들은 먼저 감각적 주파수로 쭉 보아 나간다. 잘 안되면 부분부분 감주로 이해하고, 전체로 이해한다.

영뇌=전설 ⇨ 기--)설/설 ⇨ 대전설--〉 설′--〉 설″--〉 등전설--〉 대전설--〉 설′--〉 설″/설″--〉 설″′

: BEis-Os or I + I + I + I + I + I + I + I + I + I + I + I + I : I-Os

or S + S + S + S + S + S + S + S + S + S + S + S + S : S-Os

s동사=struck that=(제한적/비제한적) 관계대명사 영뇌 | Free 감주+我必 Free 감주 간직하기

that referent=a wintry glaze that 영뇌의군=that sent --- people tumbling

tip)관계대명사[관계부사]일 경우 referent → preceding word/antecedent 선행사라 함

감주시동=vocal 감각적 주파수로 (BEis/IS 영뇌가 될 때까지) F3+E2 강하게 말하기

beginning=일반현분사 영뇌 -- s동사를 그냥 설명해 나가는 뇌 → 보어 : He rode away whistling.

시동=있은 후에/전자 이슬비가 뿌리는 음산한 날씨 출발이 수요일에 있은 후에, 난폭한 날씨가 갑자기 때렸지요. 동자 격노를 동반하면서 때렸는데 시작은 직자 한낮 오후였어요. 그리하여 결국 야기시키고 말았어요. 백야상태를 곳곳에 그 지역 곳곳에 말이다. 그리고, 또한 (갑자기) 만들어 버렸어요. 겨울철 빙판으로 상에[상자] 곳곳의 차도와 인도 상에 말이다. 그리하여 이 빙판은 결국 보낸 것이 되었다/보내 버렸어요. 차를 spinning하게 사람들을 tumbling하게 말이다.

그리하여/그리하여=causing/that 연결설명어의 연결 associate → 관계현분사/관계대명사

보통 뉘앙스로 성격규정 또는 결과 관계이니 「which /, which」로 대체가능 (= , and this sent)

=어떻게 되었는 가[했는가] 하면은 이 빙판은 결국 보낸 것이 되었다[보내 버렸다].

: 제한적/비제한적 연결영뇌

How to Read[Speak] : Aftera drizzly, drearystart Wednescay, thestorm struckwithfury beginningat mid-afternoon, causingwhiteout·conditions acrossthe region andcastinga wintryglaze onroadsand sidewalks thatsent carsspinningand peopletumbling.

cast=틀에 넣어 만드는 것으로서 주조하는 것/만드는 것 [C 〉U : 일정한 틀]

/어떤 곳에 보내버리는 것으로서 던지는 것 [C : 어느 일정한 곳 s: send]

send=보내는 것으로서 어떤 상태로 보내버리는 것

glaze=유약/광태물질 같은 것으로서 빙판 (a smooth slippery coating of thin ice)

start=noun: After a rocky start, the show is now very popular.

whiteout condition=백야 상태 across=각각의 방향을 가로지르는 것으로서 곳곳에서

on=상소와 그 대상으로서 상에[위에]/상자(上者) -- 에

영어문맥] 영어는 기/설 또는 감주 문맥이다. 기/설은 영맥을 파악하기 에 좋고 감주는 이해하기에 좋다. 특히 기/설 두뇌는 Ekbe를 쉽게 가져 올 수 있게 한다. 즉 설가로 말을 가져오면 그것이 바로 Ekbe다.

: Who do /you talk to? (who=의율 infml E)

시동=누구지, 네가 이야기 할 대자가 말이다? (do=대동의미로서 이지 to=방향대상으로서 대자(對者))

.. 문장 뼈대=전설 연결설명어(after) + 기본어(the storm) + s동사(struck) + 연결설명어(with/causing/casting/that)

② **강조 뉘앙스로 연결**

선행사[기본어]가 강하게 표현되면 강조 뉘앙스 관계대명사로 의율[意律]을 시킨다. 이럴 경우 일반 뉘앙스인 who/which로 대체시킬 수 없다. 강조는 강조끼리 보통은 보통끼리 의율이 되어 두뇌가 작동하기 때문이다. that이 강조일 경우 「더ㅌ」이 아니라, 「**대ㅌ/대트**」로 강하게 말한다.

A.. This is /the very ring /that she carries[carried].

영뇌=기--> 설--> 설′ : BEis-Os | Free 감주+我必 Free 감주 간직하기

the=(외부적) 강조 very=강조어

시동= --- 바로 그 반지인데, **이것이야 말로** (그 여자가 갖고 다니는/다녔던 것이다.)

B.. Every student /that visited Japan /was deeply impressed.

Everything /that can be done /has been done.

영뇌=기-->설/설 : BEis-Os | Free 감주+我必 Free 감주 간직하기

every=강조 뉘앙스 단어

시동= -- 모든 학생, **이 모두 다** 찾은 사람인데 일본을 말이다. (그런 사람들이 하게 되었어요. 깊은 감동을 받게 되었어요.)

/모든 것, **즉** 가능한 모든 것, 즉 이루어지는 게 가능한 모든 것은 다 (가지게 되었다. 된 것인데 이루어진 것을 말이다.) -- 결국 가능한 모든 것은 다 이루어 졌다는 얘기이다.

C.. Who /that saw the accident /will not feel sorry?

영뇌=기-->설/설 : BEis-Os | Free 감주+我必 Free 감주 간직하기

who=수사적 강조

뜻하는 의미로 시동=(누가) **즉** (본 사람이면 그 사건을 본 사람이면 하지 않겠는가?) ----.

--**'즉'** 하고 강하게 느낀다

: 지정관계를 뺀 제한적 연결영뇌

cf] Who is here but hopes for love?

-- 강조 뉘앙스 관계대명사 but 사용

D.. It was /the World Cup /that England won in 1966.

영뇌=기--> 설--> 설′ : BEis-Os | Free 감주+我必 Free 감주 간직하기

시동=(바로 그것은 이었지요, 월드컵이었는데) 바로 이 경기에서 (잉글랜드가 <u>승리했지요</u>. 년도는 1966년이었고요.)[-- 바로 이 경기를 (잉글랜드가 <u>승리로 따 냈어요</u>, --- .] in=내시기로서 년도/햇수 /(바로 그것은 월드컵이었다.) **즉** 영글랜드가 승리한 것인데 년도에 1966년도에 말이다.

vs It was in 1966 that England won the World Cup.

(=It was in 1966, not 1970, that England---.)

---- that=관계부사로서 강조 뉘앙스 --- 바로 이때[이 시기에]

▸ 바로 그 시기는 년도 1966년도 이었어지요. -- . was=과거동질로서 '는'

that가 관계부사일 경우에도 강조 뉘앙스/보통 뉘앙스 vs where/when/how/why: 보통 뉘앙스

IIIII.. It is Tom that[who] wants to see you. : that/who=연설뇌 또는 독설뇌 가능 (it=emphasis 'it' or general 'it')

⇒ it=강조/보통 ⇒ 바로 그 사람 /그 사람 that=강조/보통 ⇒ 바로 이 사람이 /이 사람이 who=보통 ⇒ 누구냐 하면

it이 강조일 때 Tom도 강조가 되어 that을 쓴다 : **일종의 강조 분열강조**

it이 보통일 때는 Tom도 보통이 되어 that 또는 who를 쓰면 된다.

이렇게 보통일 때는 관계문장으로도 표현할 수 있다 : L is Tom wants to see you. : infml **관계문장**

이렇게 보통이더라도 it으로 표현하면 더 호소력이 있다. 개략적으로 먼저 말해놓고(it) 다시 구체적으로 말하기(Tom) 때문이다 : **일종의 보통 분열강조** cf] Tom wants to see you. : **보통표현**

-- 일반적으로 주격 관계대명사일 때 강조 또는 보통 분열강조

목적격이나 부사격[관계부사]일 때는 강조 분열강조 ⇒ that을 **많이 사용**, 하지단 that 미사용도 가능

Well, it's a day golf fans have been looking forward to all year.↲

: 음, 바로 이 날인데 -- 가져왔던 날인데 쭉 기대해 왔던 것을, 앞으로 대자 이 날을 일년 내내 말이다.

-- the Masters open을 두고 한 말

tip)It is the little things that we remember. : **광고문구** -- 바로 그것은 그야말로 작은 것들인데 즉 우리가 기억해야 할 것으로 말이다 : it is **뒤에 복수단어도 가능** ∵ it의 referent=that부터

※little=small in size 작은 것 /small in amount 적은 것

⇒ 크기와 양 모두 가능 : 전자=She has little feet.

③ 강조 또는 보통 뉘앙스로 연결

A.. This is /the same ring /that she carries.

영뇌=기--> 설--> 설′ : BEis-Os | Free 감주+我必 Free 감주 간직하기

the=(외부적) 강조 또는 보통

시동=이것은 정말로 그것과 같은 반지인데 //(그냥) 그것과 같은 반지인데 ----.

바로 이것은 //이것은 (그 여자가 갖고 다니는 것과 똑 같은 것 //같은 것이다.)

보통 뉘앙스 뇌일 경우= -- which --. tip)that의 강조/보통 의미=the/형용사/it 의미에 따라 결정

cf] This is the ring as she carries.

: 그 링, 즉 그 여자가 갖고 다니는 것과 같은[유사한] 것

as=동질[동급] 비교로서 **동일물**(usually with 'same')

/유사질[유사급]로서 **유사물** (usually with 'similar')

vs that=**동일물**(usually with 'same') /**해당물**(without 'same') ☞ p168 ↗묻는/문장 관계 해당물

후자=This is the ring that she carries.[=This is her ring./which she/she carries]

-- 그 링인데 이것은/즉 그 여자가 갖고 다니는 것, 즉 그 여자 것이라는 것

➾ as=동질[동급] 비교로서 비교 동일물 -- 해당물에는 못 씀

vs that=지시적 동일물 -- 유사물에는 못 씀

B.. He is /the only student in our class /that is able to play the violin.

영뇌=기--> 설--> 설′ : BEis-Os | Free 감주+我必 Free 감주 간직하기

the=(내부적) 강조 또는 보통 **only=강조/보통 뉘앙스 단어**

시동=그야말로 오로지 유일한[오로지/정말로 하나 밖에 없는] -- 이 사람만이 -- 할 수 있는 사람이다.

//(그냥) 유일한[(그냥) 하나 밖에 없는] -- 이 사람은 -- 할 수 있는 사람이다. ----.

그래서 that도 이렇게 only 표현에서는 양쪽 뉘앙스 뇌로 작동하니,

Longman Grammar에서는 who도 많이 쓰고 있고, 한국책은 that만 표현하고 있다. **정말로 한심하다.**

C.. Both the comics /that I read /were very funny.

영뇌=기--〉설/설 : BEis-Os | Free 감주+我必 Free 감주 간직하기

the=**강조 또는 보통**

시동=두권의 바로 그 만화책, 바로 이것들은 내가 읽은 것인데 --- /두권의 그 만화책, 이것들은 --- .

보통 뉘앙스 뇌일 경우= --- which --- . ※comics=comic books

both/same=일반[보통] 뉘앙스 단어, 그래서 the 뜻에 따라 선행사 의미가 결정되어 that 또는 which 뇌가 작동하는 것이지 both때문에 그렇게 작동하는 것은 아니다.

강조 뉘앙스일 경우 뒷말 철자가 자음/모음 관계없이 「**디이/디-**」로 강하게 소리를 낸다. that도 「더ㅌ」이 아니라, 「**대ㅌ/대트**」로 강하게 소리낸다. 영어받침과 한글받침은 다르다. 전자는 초성과 중성을 강하게 하는 역할이고, 후자는 그야말로 받침역할을 하는 것이다. 그래서 **'댓'** 으로 표기하면 한글발음식 표기가 된다.

D.. Each of my children /that goes to a different school /studies very well.

영뇌=기--〉설/설 : BEis-Os | Free 감주+我必 Free 감주 간직하기

each/that=**강조/보통 뉘앙스 단어**

시동=각각 따로 [(그냥) 각각/각자], 즉 내 자식들이 각각 따로 [각각/각자]로 해서 바로 이들은[이들은] 다니는 애들인데, 대처 다른 학교에 다니는 애들인데 공부를 아주 잘 해요.

보통표현:

① She has a bottle in each hand which is little.

--- which로 보아 보통표현으로 판단. 물론 that도 가능 : 보통 뉘앙스가 있기 때문이다.

② Each angle of a triangle that is equal is called an equilateral triangle.

시동=이것들이 같은 각이면 -- **제한적 연결영뇌**

/같다면 -- **비제한적 연결영뇌**[=if it is equal]

구문법의 한계] '같은 각이면' =**제한적 부사적 접속의미**

관계사절을 콤머유무로 형용사절, 부사절로 구분한다. 하지만, comma가 없더라도 **국한하는 부사적 접속 의미관계**가 나올 수 있기 때문이다. 즉 **제한적인** 이유, 조건, 양보,--- 등을 나타 낼 수 있다.

E.. There is /not much /that the military men can do.

영뇌=기--〉설--〉설′ : BEis-Os [단, that의 기본어=not 제외]

not much=**강조 표현** -- much는 원래 보통 뉘앙스 단어이나 not와 함께 쓰여 강조로 표현 된 것

시동=있는데 정말로 많지는 않다. **즉** 군인이 할 수 있는 것, 수행할 수 있는 것은 말이다.

that「대ㅌ/대트」: **즉**=강하게 말함 | Free 감주+我必 Free 감주 간직하기

보통 표현:

There is much of the city which[that] was destroyed in the attack.

시동=있는 데 많은 구역, 도시의 많은 구역이 있는 데, 즉 된, 파괴된 많은 구역이 있는 데 해서 공격을 해서 말이다/속에서 공격 속에서 말이다.

F.. His writings contain /very little /that is new or startling.

영뇌=기--〉 설--〉 설′ : BEis-Os | Free 감주+我必 Free 감주 간직하기

very little=강조 표현

시동= --- 포함되어 있는 데 정말로 조금만 있다[정말로 거의 없다]. **즉,** -----.

보통표현 :

His writings contain little that is new or startling. [=which]

G.. Anyone /that comes first /will get the coupon.

영뇌=기--〉 설/--〉 설′ : BEis-Os | Free 감주+我必 Free 감주 간직하기

anyone=강조/보통 뉘앙스 단어: 어느 누구든지 //누군가가

시동=어느 누구이든[어느 누구든지], **즉** 오데 먼저 오는 사람은/오데 먼저 오기만 하면 ---.

//누군가가, 즉 오데 먼저 오는 사람은/오데 먼저 오면 ----. **보통 뉘앙스 뇌일 때 -- who 사용 가능**

➾ 즉 오데 먼저 오기만 하면/오데 먼저 오면=**비제한적 연결영뇌**

H.. All /that glitters /is not gold. =기--〉 설/설 : BEis-Os

He ate /all the food /that I gave. =기--〉 설--〉 설′ : BEis-Os

all=강조/보통 뉘앙스 단어 : 모두 다[모두 깡그리] // 그냥 모두

--여기서는 문맥상 all이 강조로 표현된 말 | Free 감주+我必 Free 감주 간직하기

시동=모두 다, **즉** 이것들이 반짝거리는 것들이라고 해서/반짝거린다고 해서 ----.

/그는 먹었어요, 모두 깡그리 그 음식을 깡그리를 먹었는 데, **즉** 이것들은 내가 준 것들이었다.

➾ **즉** 반짝거린다고 해서=**비제한적 연결영뇌**

강조 뉘앙스 뇌일 경우 that을 강하게 말하면 된다.

that=대ㅌ/대트 =post/slide F : 강음 or 보통음 덧/더ㅌ=dct점형 F : 약음

Plus] Is that all you know?

: 관계문장으로 바로 강하게 연결시킬 때는 관계문장[=you know]을 강하게 말하면 된다.

시동=전부 다

보통 표현:

All /is well /that ends well.

영뇌=기--〉 설/설 : BEis-Os [that=분설] | Free 감주+我必 Free 감주 간직하기

시동=모두 좋다. 즉 그것의 끝이 좋은 것이면[좋으면] 말이다. /잘 되는 것이면[잘 되면] --.

= ---- if it ends well.

or All /that ends well /is well. =기--〉설/설

시동=모든 것, 그것의 끝이 좋은 것이면/좋다면 ----. [that=보설로서 근설]

tip) (역순) 해석뇌 발동의 근본원인은 바로 IS 영뇌가 작동하지 않거나 영어 본래의미를 모르기 때문이다.

↘영어 본래의미=특히 단어본래의미(+설가뇌 의미=어순본래의미+감주=소리본래의미)

※단어/어순/소리 본래의미=BAM/Ekbə/감주

연결설명어 영뇌

I.. I will do /anything /that I can. 영뇌=기--〉 설--〉 설′ : BEis-Os

anything=강조/보통 뉘앙스 단어 : 어느 것이든지[어떠한 것도] //어느 것

보통 뉘앙스 뇌일 때 -- which 뇌 가능 | Free 감주+我必 Free 감주 간직하기

> cf] vendor, someone that/who sells from a small stall or cart.
> someone=보통 뉘앙스 단어 -- 어떤 사람 some=보통 뉘앙스 단어 : some book=어떤 책
> vs any book=어떠한 책도 : 강조
> any=강조/보통 뉘앙스 단어 : anyone=any one
> no=강조 뉘앙스 단어 -- 어떠한 것도 없다/조금도 (전혀) 없다
> **단,** no=강조 뉘앙스이지만 who/which로 쓰는 것은 **관습적** E
> : Any/No student whom Bill teaches and who learns the subjects easily.

J.. Try /to figure out /the main idea /that the writer put into the paragraph.

영뇌=기--〉 설--〉 설′--〉 설″ : BEis-Os

the main idea=**강조 또는 보통 뉘앙스 : 정말로 그 주제 //그 주제**

the 표현에 따라 강조 또는 보통 의미가 된다. main idea는 주제로서 보통표현이다.

보통 표현 뇌일 경우 : -- which ---. | Free 감주+我必 Free 감주 간직하기

K.. Bach is /the greatest composer /that' s ever lived.

영뇌=기--〉 설--〉 설′ or 기--〉 설/설 : BEis-Os

the=**강조 또는 보통 최상급=보통 뉘앙스 단어** -- 비교급이나 최상급은 많고[크고] 적은[작은] 정도의 문제이지 강조(의 문제)가 아니다. 그래서 the의미에 따라 that을 선택하는 것이지 최상급 때문이 아니다.

강조 뇌인 경우 : ↗the가 강조일때는 자모에 상관없이 "디-„로 소리내는 것이 일반적이다 : 청취시 유의

시동=정말로[그야 말로] 가장 최고의 작곡가인데 **즉 이 사람이** (지금까지 살아 온 것 중에서 말이다.)

※ 중에서 말이다=**문맥** associate | Free 감주+我必 Free 감주 간직하기

> 사람에 따라 the도 that도 보통 뉘앙스 뇌(who/which)로 그냥 연결시키는 사람도 있다.
> : Bach is the greatest composer who' s ever lived.
> 시동=그런 최고의 작곡가인데, (누구냐 하면은) 즉 이 사람이/자기가 (지금까지 살아 온 것 중에서 말이다)
> ↳그냥 그런 최고의 작곡가

L.. She was /the first woman /that I met.

영뇌=기--〉 설--〉 설′ : BEis-Os | Free 감주+我必 Free 감주 간직하기

the=**강조 또는 보통 서수=보통 뉘앙스 단어**

⇒ 정말로[그야 말로] 최초 /그런[그냥] 첫 번째

강조 뇌인 경우:

시동=정말로 최초의 여자인데 **즉 (강하게 말함)** 내가 만난 사람들 중에서[만난 사람으로서] 말이다.

> vs The first woman who saw me was Mary.
> The last man who left the ship.
> **the 의미에 따라 that, who[which]를 선택하는 것이지 서수 때문이 아니다.**
> 시동=(그냥) 첫 번째[마지막 번째] -- 누구냐 하면 (이 사람은) -- 한 사람[한 사람이었다]
> vs The last man that left the ship. **강조 뇌일 경우:** 정말로[그야 말로] 최후의

구문법의 한계]

much, all, every, both, each, the only, the very, the same, the main, the chief, **최상급, 서수** -- 등과 함께 선행사가 표현되면 관계대명사 that을 써야 한다고 주장하는 책이 있는 가 하면 어떤 책은 뚜렷한 구분이 없다고 한다.

정말로 한심하다. tip)that의 강조/보통 의미=he/형용사/it 의미에 따라 결정
단어의 뜻을 정확히 모르고서 그냥 남의 책을 베껴 쓴 결과이다.

that 제약

--콤머로 분리 불가능/전치사 사용불가

tip)that의 두 가지 제약과 두 가지 특혜
❶전자=콤머와 전치사 사용불가
❷후자[즉 밑줄]=제한적/비제한적 연결의미와 보통/강조 의미

만약 comma를 찍거나 전치사를 쓰면 지시대명사가 되기 때문이다. 뿐만아니라, that은 BNW가 지정관계로 분명한 관계이기 때문에 콤머로 분리할 수 없다. 관계부사 that도 마찬가지이다.

그리고 전치사를 써지 못하기 때문에 관계대명사 소유격 표현으로 of which는 있으나 of that은 없다. 만약 of that으로 쓰려면 일반대명사[즉 지시대명사]로 써야 한다.

A.. **Susan works for Samsung that makes washing machines as well.**

-- **관계대명사 의미로는 comma로 분리할 수 없다.**

그래서 노콤머로서 제한적 연결 영뇌뿐만이 아니라 비제한적 연결영뇌도 가능하다.

vs Susan works for Samsung, that makes washing machines as well.

독립된 문장은 period로 표현해야 하나 콤머를 써서 표현했으니 **(comma) infml E**가 된다.

이럴 경우 **일반대명사 영뇌**가 된다.

하지만 토익/토플에서는 틀린 표현이 된다. StE[Written StE]를 묻기 때문이다.

vs Susan works for Samsung, and that makes washing machines as well.

일반대명사는 비연결설명어로 **문장 연결[접속]능력이 없기 때문에** 접속사를 앞에 붙여 줘야 Standard English가 된다.

일반대명사는 referring back or forward 의미만 있고, 여기에 제한적/비제한적 연결영뇌가 첨가되면 관계대명사가 된다. 그래서 일반대명사는 비연결 설명어이고, 관계대명사는 연결 설명어가 된다.

일반대명사=referring back or forward

⋯› **관계대명사**=referring back or forward + **제한적/비제한적 연결영뇌**

vs Susan works for Samsung. That makes washing machines as well.

: Standard English /TOEIC /TOEFL

vs ----. Which makes ---. : Incorrect ∵ **관계대명사**=한 피어리어드 내에서 작동하는 대명사

B.. **This is the best hotel that I know.**

comma 분리 : This is the best hotel, that I know.

⇨ 목적어 도치 일반대명사 -- (comma) infml E (or -- , I know that.)

∵ **일반대명사**=연결[접속] 능력이 없음

Standard E : This is the best hotel, and that I know/I know that.

↳**일반대명사**=그냥 명사를 대신하지 접속능력이 없어 접속사 필요

Q .. 다음 infml E를 StE로 바꿔라.

George Washington, he is the man. : infml E[SpE]

의미는 통하나 좋은 글은 아니다. 일반대명사는 문장접속 능력이 없기 때문이다.

시동= 죠지 와싱톤, 그는 인데 정말로[그야말로] 남자이다.

Best Answer:

George Washington, who is the man.

시동= 죠지 와싱톤, 누구냐 하면 이 사람은 정말로[그야말로] 남자이다.

〉 George Washington is the man.

주어를 하나로 쓰면 묻는 관계로 연결하는 맛이 없다. 전자가 Best다.

시동= 죠지 와싱톤은 정말로[그야말로] 남자이다. ※ is=**동질로서 '은 -- 이다'**

Warning]**토익** RC에서 Best Answer를 찾는 문제는 답이 두 개이상 나오는 경우가 많다.

그래서 출제자 의도를 파악하지 않고는 절대로 토익 고득점을 획득할 수 없다.

아래 표현에서는 StE **기준**으로 판단하여 틀린 부분을 that/he로 고르면 된다.

• Susan works for Samsung, that makes washing machines as well.

• George Washington, he is the man.

C.. The chair on that I am sitting is very hard. : Incorrect

-- 관계대명사 의미, 즉 **관계대명사 영뇌**로 해서 전치사와 함께 쓸 수 없다.

하지만 지시대명사 의미, 즉 **일반대명사 영뇌**로는 전치사와 함께 쓸 수 있다.

The chair is very hard. On that I am sitting.

: Correct **시동**=위에 그 위에 내가 있는 데 앉아 있다. **caution]** on만 쓰는 것이 아니다. in[**내소**]도 가능하다.

vs The chair that I am sitting on is very hard. : Correct

-- 관계대명사 의미로 두뇌를 작동시키려면 전치사를 뒤로 돌려야 한다. 일반대명사 오해를 방지할 수 있기 때문이다.

시동=그 의자, 이것은 내가 있는 곳, 즉 앉아 있는 곳, 그 상면에 앉아 있는 곳인데, 입니다.

매우 딱딱합니다. on=윗 표면로서 (그) 상면 /윗 장소로서 (그) 상소

=The chair on which I am sitting is very hard. : Correct

or The chair which I am sitting on is very hard. : Correct

-- which는 지정관계가 아니고, 묻는 관계 연결이기 때문에 전치사와 함께 쓸 수 있다.

즉 일반대명사로 오해를 일으킬 이유가 없기 때문에 함께 써도 좋다.

on의 문맥 기본어=The chair **on의 실질 기본어**=sitting 그래서, on을 뒤로 돌릴 수 있다.

시동=그 의자, 상면[상소], 이 의자의 상면[상소]에 내가 있는 데, 앉아 있는 데, 입니다. ---- .

/그 의자, 이것은 내가 있는 곳, 앉아 있는 곳, 그 상면[상소]에 앉아 있는 곳인데 입니다. ---- .

영뇌=Σ기-->설 i.e ΣBis-->Eis

설명어=연결설명어 /비연결설명어 /등맥설명어 /sign설명어

연결설명어=콤머유무 연결설명어 / 콤머불관 연결설명어

Plus] 대명접속사일 경우 앞에 전치사가 올 수 있다.

All is ok except that he is dishonest.

The conclusion is wrong in that it is based on false premises.

대명접속사 : (일반) 대명사로서 전치사의 목적어가 되면서 최종적으로 자기문장을 접속시키는 접속사: **대명, 즉 대명사**=referring forward

vs All is ok except that. **지시대명사**

vs She said that he is rich.

대명접속사 : 동사의 목적어 역할을 하면서 최종적으로 자기문장을 주절에 접속시키는 접속사

의문 대명사로서 who 영뇌:

사람을 그냥 묻는 말/부지 말로서 기본어 또는 (비연결) 설명어가 되는 뇌

[w´: 묻는 모습 w~ : 부지(不知) 모습 h: human(s)] tip)**관계대명사=관계를 짓는 대명사**

시동=누구(이지)/누가 vs **엘반대명사=그냥 대명사**

Who /told /you /that? =B-->E-->E′ -->E″

Who' s /that woman?=B-->E

I don' t know /who stole /the money. =B-->E-->E′

시동=누구였지, 말한 자가 네에게 그것을 말이다? /누구이지 저 여자는 말이야?

/나는 몰라요, 누가 훔쳤는지 그 돈을 말이다.

의문 대명사로서 which 영뇌:

사람/비사람을 그냥 묻는 말/부지 말로서 기본어 또는 (비연결) 설명어가 되는 뇌

[w´: 묻는 모습 w~ : 부지(不知) 모습 (h): 비소리로서 비사람 또는 합성소리로서 사람]

시동=어느 것[사람/분]

Which came /first, //the chicken or the egg? =B-->E ⇨ WE

The twins look /so alike //that I can' t tell /which is which.=B-->E ⇨ WE-->E′

시동=어느 것이 왔지, 먼저 말이다. 닭인가 계란인가?

/그 두 쌍둥이는 모습이 정말로 똑 같아서 그 결과로 나는 할 수 없어요, 말을 할 수 없는데 어느 사람이 어느 사람인지 말이다.

영어는	**단어의 뜻만 정확히 알면 된다** — 관계사절 만들기/화법전환/가정법 패턴 — 등은 알 필요가 없다.

as=동급관계 언급대상으로서 동자 but=반대관계 언급대상으로서 반자 than=차등관계 언급대상으로서 차자

: More people who/as/but/than were expected came here.

1. 더 많은 사람들 누구냐 하면 되었던 예상되었던 사람들인데 왔어요. 여기에 말이다.
2. 더 많은 사람들 동자[이와 같은 사람들은] 되었던 예상되었던 사람들인데 왔어요. 여기에 말이다.
3. 더 많은 사람들 반자[하지만 이들은] 되었던 예상되었던 사람들인데 왔어요. 여기에 말이다.
4. 더 많은 사람들이 차자[이런 사람들보다] 되었던 예상되었던 사람들보다 더 많이 왔어요. 여기에 말이다.

↘이와 같은 사람들=referring back 이런 사람들=referring forward

6) as 영뇌(as NB)

IS 두뇌로 사람, 비사람을 동급관계[드물게 유사관계] 언급으로 referring back하면서 자기문장을 제한적/비제한적으로 연결[연관] 지으면서 설명해 나가는 뇌

in short 연결설명어, in concrete 노콤머/콤머 연결설명어
[a: all s: same/(rarely) similar — BNW] (단, as=referring back/forward로서 referent 앞뒤 가능)

> **말**=As=slide 주파수 (a=애 : 강한 감정음가=애ㅈ 어 : 약한 감정음가=어ㅈ s=z : 유성음매치)
> **as BAM**=사람/비사람 동급관계 언급으로서 이와[그와] 같은 사람[것]은 /동자
> — 한 사람[것]인데/하는 데 //같은 것인데/유사한 것인데 =**본래의미[bnw-BAM]**
> ➡ 1. as, such와 같은 상관어가 없으면 문맥에 따라 that과 호환이 가능 2. 동급관계=보통 관계이므로 콤머영뇌 가능
> 3. 대명사 BNW= referring back/forward → 관계대명사=주로 referring back

↗as할때 제한적 연결상황이 (머리 속에) 보이면 된다 : S영뇌
↙ **제한적 연결영뇌[DL NB]**

A.. As many people /as came first /were given the tickets.
영뇌=기-->설/설 : BEis-Os or I + I + I : I-Os or S + S + S : S-Os

> **How to Read[Speak]=** Asmany peopleas camefirst weregiventhe tickets.
> : 먼저 감각적 주파수로 이해한다. 감주는 남들보다 머리를 빨리 쓰는 것이다.
> **시동**= vocal 감각적 주파수로 (BEis/IS 영뇌가 될 때까지) F3+E2 강하게 말하기
> as referent(선행사)=As many people as=**주기능: 주어** | Free 감주 간직하기
> (케임퍼-스[트]=slide F + retro-root F (t폐쇄 또는 t발음, 특히 t탈리시 탈리감주라 함)
> → IS값으로 제한적 동급관계로 먼저 보설하고[선행사 성격을 말하고], 다시 s동사로 마무리하는 뇌 : BEis-Os
> ↘즉 자기문장을 동급관계로 제한적으로 연관시키고 있다.

☜.. **我必 Free 감주 간직하기**= As many people came first, they were given tickets.
시동=같은 많은 사람들, 그와 같은 사람들은/동자, 즉 도착을 먼저 한 사람들인데 받았지요, tickets을 말이다.
↘were의 '인데' 동질
↘동자[as]할때 동급관계 언급이 보이면 된다 : S영뇌

↘ ☜.. **major 감주=** --- people as came first --- given -- tickets.
↘사람들, 그와 같은 사람들은/동자 오기를 먼저 한 사람인데 받았어요, 티켓을 말이다.

B.. Beware of /such persons /as flatter you.
영뇌=기-->설-->설' : BEis-Os
or I + I + I : I-Os or S + S + S : S-Os

> **How to Read[Speak]=** Bewareof suchpersons asflatter you.
> : 먼저 감각적 주파수로 이해한다.
> **시동**= vocal 감각적 주파수로 (자동 설가가 될 때까지) F3+E2 강하게 말하기
> as referent(선행사)=such persons | Free 감주+我必 Free 감주 간직하기
> (비웨어=cramp F : f폐쇄와 어화와 합성감주 비웨어어브=cramp F : f 비폐쇄와 비합성 감주 주의] f가 v음가로 되는 것도 일종의 유성음 매치이다. 플래더=ER F : t단타)

→ 먼저 s동사와 전치사로 요지를 말하면서 제한적 동급관계로 선행사 성격을 말하는 뇌 : BEis-Os

시동=조심하라. 즉 그런 사람들을 조심하라. 이와 같은 사람들은 아첨하는 사람들인데 당신에게 아첨하는 .
사람들 이다 . ※ of=동격목적으로서 즉

: Shun the people as are dishonest.

피 하라. 그 사람들을 피하라. 이와 같은 사람은 부정직한 사람들이다

→ '은' 동질

C.. She has /the same pain /as you have. [=that=which]

영뇌=기-->설-->설' : BEis-Os

or I + I + I : I-Os or S + S + S : S-Os

How to Read[Speak]= Shehasthe samepain asyou have.

: 먼저 감각적 주파수로 이해한다.

시동= vocal 감각적 주파수로 (자동 설가가 될 때까지) F3+E2 강하게 말하기

as referent=the same pain | Free 감주 간직하기

(해즈어/해저=slide F : th폐쇄와 비합성 감주와 합성 감주)

→ IS값으로 먼저 주동으로 요지를 말하면서 제한적 동급관계로 선행사 성격을 말하는 뇌 : BEis-Os

☞.. **我必 Free 감주 간직하기**= Same pain as you have. or The same pain as you have.
or The same pain as yours. or Same pain like[to] yours.

시동=그 여자는 가지고 있는데, 같은 고통을 가지고 있는데 같은 것/동자 당신이 가지고 있는 것과 같은 것이다.

↘동자[as]할때 동급관계 언급이 보이면 된다 : S영뇌

vs She has the pain as you have. 시동=(그런 고통)

같은 것인데/동자 네가 가진 것과 같은 것 : (비교) **동일물** [a: quality/apposition s: same]

유사한 것인데/동자 네가 가진 것과 유사한 것 : **유사물** [a: quality/apposition s: similar]

-- **동일물** → usually with 'same' /**유사물** → usually with 'similar'

구문법의 오류] 동일물에는 that, 유사물에는 as를 쓴다는 것은 wrong이다.

as도 동질[동급] 비교로서 동일물이 가능하다. 하지만 해당물에는 쓸 수 없다.

→ as=동질비교 /동급비교 /is 동질 ☞ **영뇌영어** vol 2 p341

vs a.. This is the very watch that I have lost. [=This is my own watch.]

시동=바로 그 시계, 즉 이것이야 말로 -- (강조) **해당물**

b.. She has the pain that you have. ↗(묻는 관계) **동일물**

시동=그런 고통, 즉 네가 겪고 있는 고통을 말이다. -- (지시적) **동일물[=which 가능]**

하지만, which를 쓸 때와 that을 쓸 때 단어 맛은 각각 다름에 유의하라.

전자는 묻는 관계로 연결[연관]짓는 뇌이고, 후자는 지정관계로 연결[연관]짓는 뇌이다.

tip)머리가 좋다는 것=의양두뇌 인지를 잘한는 것

↙영어자체로 (무한글 이해) 느낌이 오는 것

영뇌 상급자의 BEST 이해법

천재들은 모든 것에 대해 의양두뇌 인지로 두뇌세포가 (나보다) 먼저 인지한다. 우리가 공부하는 것도 의양두뇌 인지를 위한 것이다. ↗특히 major 감주 또는 아필 감주로 이해한다.

☞.. (뇌화된 D두뇌 하에서 의음 또는 의자[의양두뇌 인지]로) free 영뇌, 즉 free 감주로 감을 잡는다 : **천재들의 두뇌**

↳Double 두뇌로 집중된 머리=명상머리 tip)free 영뇌는 생활 속에서의 뜻이지 사전 속에서의 뜻이 아니다.

즉 사전의 원형적인 뜻이 아니라 실제로 적용된 뜻이다. 사전의 뜻은 free 영뇌의 뜻을 원형적으로 적어 놓았을 뿐이다.
단어의 뜻은 생활 속에서의 뜻이 반영되어야 한다. free 영뇌는 보이는 대로 들리는 대로 생활 속에서의 뜻으로 IS가 작동하는 것이다.

as할때 비제한적 연결상황이 (머리 속에) 보이면 된다 : S영뇌↖

↙비제한적 연결영뇌[Non-DL NB]

D.. Tom too much likes /the liquor, //as is /usual with /sailors. [=that= , which]

영뇌=기-->설 ⇨ 전설-->설′-->설″ : BEis-Os

or I + I + I + I + I : I-Os or S + S + S + S + S : S-Os

고난도 감주

How to Read[Speak]= Tomtoo muchlikesthe liquor, asis usualwith sailors.

: 먼저 감각적 주파수로 이해한다.

시동= vocal 감각적 주파수로 (자동 설가가 될 때까지) F3+E2 강하게 말하기

as referent=Tom too much likes the liquor : 비사람=앞표현 -- referring back

(라이크스어/라이크서//라익스어/라익서=slide F: th폐쇄와 비합성 감주과 합성 감주)

→ IS값으로 먼저 주동으로 요지를 말하면서 명사로 설명해 나가고

다시 전설로 비제한적 동급관계로 말하는 뇌 : BEis-Os

시동=이와 같은 일은 보통 있어요[있는 일이에요],(동자) 선원들에게는 말이다.

vs --- , which ---. **시동**=어떤 것이냐 하면은 이런 일은 | Free 감주+我必 Free 감주 간직하기

caution] 영뇌는 설가뇌이기 때문에 의미가 앞말과 먼저 작용하는 것이 일반적이다.

한뇌로 전치사를 무조건 뒷말과 의군 형성을 시키는 버릇을 벗어나라.

with=동존으로서 있는 것/동존대상으로서 동자 -- 에게

: usual /with=보통[흔히] 있는 일이다/보통[흔히] 있는데 어떤 동자에게 말이다=**기-->설**

usual /with /sailors=보통 있는 일인데 (동자) 선원들에게는 말이다

영뇌=기-->설-->설′ : BEis-Os

: I' m angry with him. **시동**=(나는 있는 데) 화가 나 있다. (동자) 그에게 말이다.

E.. He was /from New York, //as /I knew /from /his accent. [=that= , which]

영뇌=기-->설 ⇨ 전설-->설′-->설″-->설‴ : BEis-Os ↳주의]노콤머

or I + I + I + I + I + I : I-Os or S + S + S + S + S + S : S-Os

How to Read[Speak]= Hewasfrom NewYork, asI knewfrom hisaccent.

: 먼저 감각적 주파수로 이해한다.

시동= vocal 감각적 주파수로 (자동 설가가 될 때까지) F3+E2 강하게 말하기

as referent=He was from New York as=주기능 : 목적어

시동= --- , 이와 같은 것을 ---. | Free 감주+我必 Free 감주 간직하기

뜻하는 의미= ----, which----. **시동**=(어떤 것이냐 하면은) 이것을

F.. The earth is /round, //as we all know. [=that= , which]

영뇌=기-->설 ⇨ 전설 : BEis-Os

or I + I + I : I-Os or S + S + S : S-Os

How to Read[Speak]= Theearth isround, aswe allknow. : 먼저 감각적 주파수로 이해한다.

시동= vocal 감각적 주파수로 (자동 설가가 될 때까지) F3+E2 강하게 말하기

as referent=The earth is round | Free 감주+我必 Free 감주 간직하기

(디어-쓰 이즈=trapezoid F + little slide F 애즈위=small slide F)

시동= ---, 이와 같은 것을[은] ---. **뜻하는 의미**= ----, which----. **시동**=어떤 것이냐 하면은 이런 것을

as의 위치와	referring forward --- 표현의 자유! 영뇌는 말을 자유자재로 만들어 준다.

일반적으로 관계대명사와 관계부사는 referring back으로 연결[연관] 짓기 때문에 referent 앞으로 이동할 수 없지만 as **관계대명사**는 '그와[이와] 같은 의미' 가 들어 있기 때문에 referring forward로 해서 referent 앞으로 나갈 수 있다 ⇒ **전설 설주뇌**

As is often the case with her, //she is /a little late.

영뇌=전설 ⇨ 기-->설 : BEis-Os

as=referring forward as referent=**뒷 문장**

시동=그와[이와] 같은 것은 흔히 있는 케이스인데 동자 그 여자에게는 말이다, 즉, 그 여자가 조금 늦게 온다는 사실말이다. ※ is=동질연결로서 은/가 온다는 사실말이다=**문맥** associate

cf]She bought the clock at an auction as is. : **분설** -- 즉 그것이 있는 그대로=주격 관계대명사 ↗referent=the clock

Mistakes on the

There are nine spelling mistakes in the words on the signpost. Can you correct them?

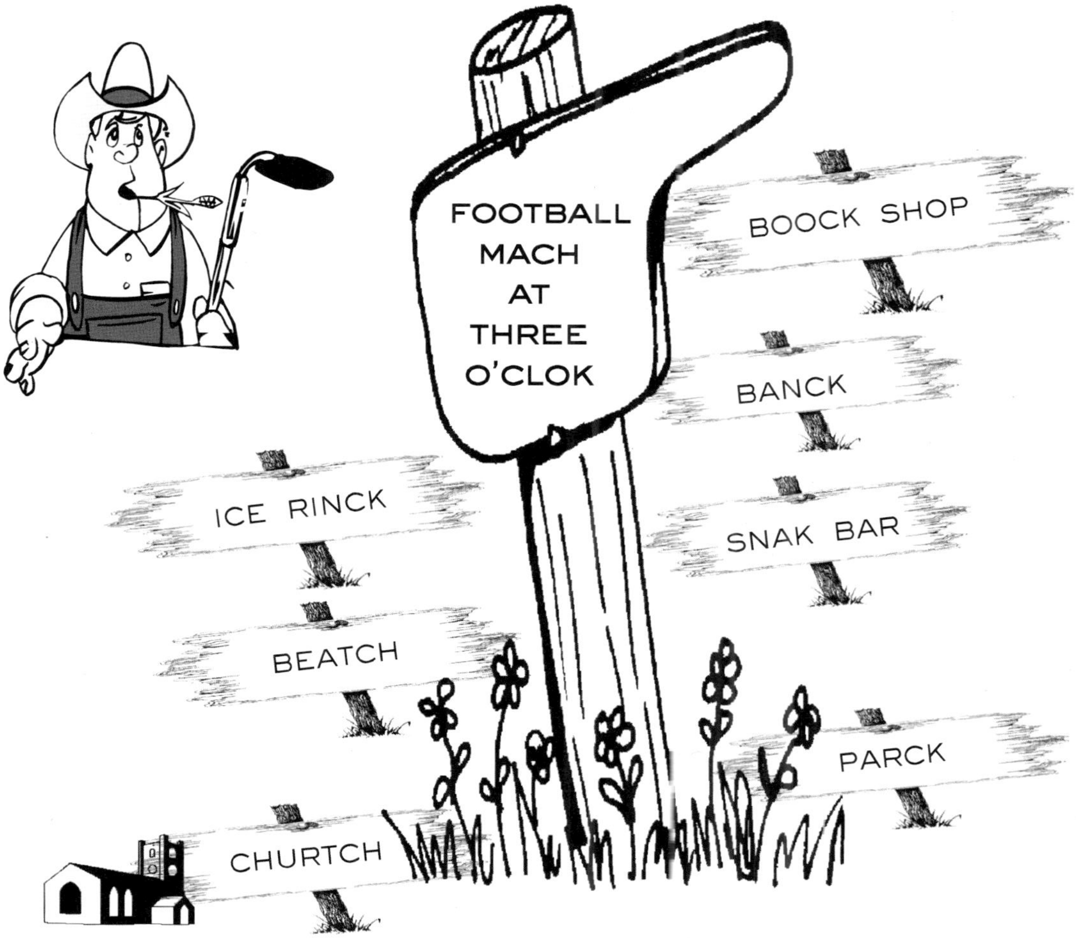

7) but 영뇌(but NB)

IS 두뇌로 사람, 비사람을 반대관계 언급으로 referring back 하면서 자기문장을 제한적으로 연결[연관] 지으면서 설명해 나가는 뇌

in short 연결설명어, in concrete 노콤머 연결설명어

[b: 반대사실 u: human(s) t〉d: direction 방향관계 + thing(s) — BNW]

말=BUt=버ㅌ/버ㅌ=post점형 /slide 주파수 ↗자기가 저음으로 낼 수 있는 한 최대한 저음으로 내는 음

u=아/어 중간음가, 즉 중간 감정음가 ㅌ=극저음 — 살짝 건드리는 음

but BAM=사람/비사람 반대관계 언급으로서 그렇지만[하지만]/반자 — 하지않는/하는 사람[것]

=**본래의미** -- bnw-BAM vs just-IM=즉 (그런 사람/것) — 하지않는/하는 사람[것]

주의)반대관계=분명한 관계 — 콤머영뇌 작동불가 ＊하지않는=**but (문맥) associate**

/ '하지만' 도 '그러하지만' 의 준말로서 referring back이다. 보통 수사적 표현/부정 선행사

↙**제한적 연결영뇌** ↗but할때 제한적 연결상황이 (머리 속에) 보이면 된다 : S영뇌

A.. There is /no person /but hopes for happiness. [=Is no person/No person : infml E]

영뇌=기--〉 설--〉 설′ : BEis-Os

or I + I + I : I-Os or S + S + S : S-Os

How to Read[Speak]= Thereis noperson buthopesfor happiness.

: 먼저 감각적 주파수로 이해한다.

시동= vocal 감각적 주파수로 (BEis/IS 영뇌가 될 때까지) F3+E2 강하게 말하기

but referent=no person but=주기능: hopes의 주어

(buthopesfor 버ㅌ호우프스포=post 점형 F + check mark F | Free 감주 간직하기

주의]영어의 받침 고음은 초성과 중성만 강하게 내면 된다. 그래서 강하게 내면서 종성을 내면 버ㅌ가 되어 slide 주파수가 된다)

⇒ IS값으로 먼저 결론을 내리고, 반대사실 관계로 선행사 성격을 규정짓는 뇌 : BEis-Os

☞.. **我必 Free 감주 간직하기**=Any person hopes for[pursues] happiness.

시동=그런 사람은 없어요, 그렇지만[하지만]//반자 바라지 않는 사람, 즉[해자] 행복을 바라지 않는 사람은 없어요.

(않는=but의 문맥 associate but=주기능: hopes 주어) ↘**반자[but]할때 반대관계 언급이 보이면 된다 : S영뇌**

뜻하는 의미=있으나[있는데] 그런 사람은 없다는 것이다, 즉 바라지 않는 사람은 없다는 것인데, 즉 행복을 말이다.

[=that does not hope]

그런=문맥 associate

=There is /no person /that does not hope /for happiness.=기--〉 설--〉 설′--〉 설″

※but의 associate가 들어가는 경우와 들어가지 않는 경우 :

Nobody but has his fault. -- William Shakespeare [=who/that -- not]

vs Anybody but has his fault. [=who/that]

B.. There is /no rule /but has /exceptions.

영뇌=기--〉설--〉설′--〉설″ : BEis-Os

or I + I + I + I : I-Os or S + S + S + S : S-Os | Free 감주 간직하기

↘ ☞.. **major 감주=** --- no rule but --- exceptions.

How to Read[Speak]= Thereis norule buthas exceptions.
: 먼저 감각적 주파수로 이해한다.
시동= vocal 감각적 주파수로 (자동 설가가 될 때까지) F3+E2 강하게 말하기
but referent=no rule but=주기능: has의 주어
(노우루-ㄹ[루울]=slide F + line 점형 F[내성음 slide F] : 장음 내성음 cf]그음 내성음 노=ou의 단모음화, 즉 o지배음가)
→ IS값으로 먼저 결론을 내리고, 반대사실 관계로 선행사 성격을 규정짓는 뇌 : BEis-Os

我必 Free 감주 간직하기=Any rule has exceptions.
시동= -- 하지만/반자 가지지 않는, 예외를 가지지 않는 것은 말이다 [=that has no /has not]

C.. Who /is here /but hopes for love? (=that does not hope)
영뇌=기-->설/설 : BEis-Os -- **분설 독립적인 관계**
or I + I + I : I-Os or S + S + S : S-Os

How to Read[Speak]= Whois here but hopesfor love? 〈 Whois herebut — ?
: 먼저 감각적 주파수로 이해한다. ↳**후자=Best 감주**
시동= vocal 감각적 주파수로 (자동 설가가 될 때까지) F3+E2 강하게 말하기
but referent=Who (후-이즈=line 점형 F + small slide F)

我必 Free 감주 간직하기=Anyone here hopes for love.
시동=누가 있겠는가, 여기에, 하지만/반자, 바라지 않는 사람, 해자 사랑을 바라지 않는 사람이 말이다?
: 반대관계 제한적 연결영뇌 -- 본래의미
(--- , 여기에 그런 사람, 즉 바라지 않는 사람, 해자 사랑을 바라지 않는 사람이 말이다?
↘ **'하지만/반자' 로서 반대관계가 아니므로 뜻하는 의미** | Free 감주 간직하기

D.. Who /but hopes for love /is here?
영뇌=기-->설/설 : BEis-Os -- **근설 독립적인 관계**
or I + I + I : I-Os or S + S + S : S-Os

↗**고난도 감주, 즉 이 문장에서 Key 감주**
How to Read[Speak]= Whobut hopesfor loveis here?
: 먼저 감각적 주파수로 이해한다.
시동= vocal 감각적 주파수로 (자동 설가가 될 때까지) F3-E2 강하게 말하기
but referent=Who | Free 감주 간직하기

我必 Free 감주 간직하기=Who that does not hope for love is here?
시동 =누가, 하지만/반자 바라지 않는 사람, 즉/해자 사랑을 바 라지 않는 사람이 있겠는 가, 여기에서 말이다?

but=반대사실로서 부정/제외 (conj. except that) -- **일증의 문맥** associate
: But for my father's pension, we would starve.
시동=하지만 없다면[제외한다면], 즉 나의 아버지의 연금이 없다면[을 제외한다면], 우리는 할 것같아요. 굶어 죽을 것 같아요 : People but are rich came here. 사람들 하지만 인 사람 즉 부자인 사람들이 왔어요.[=that/who]

8) than 영뇌(than NB)

IS 두뇌로 사람, 비사람을 차등관계 언급으로 referring back and forward 하면서 자기 문장을 제한적으로 연결[연관] 지으면서 설명해 나가는 뇌

in short 연결설명어, in concrete 노콤머 연결설명어

[t〉d: difference + direction a: all — BNW] ※back and forward=선행사와 관계하면서 먼저 언급하는 말

> **말**=THAn=대ㄴ/더ㄴ=post점형/dot점형 주파수 a=애: 강한 감정음가 어: 약한 감정음가
>
> **than BAM**=사람/비사람 차등관계 언급으로서 이런 사람[이런 것]은 이런 것보다 —— 하는 것보다
> //즉 이런 사람[것]보다/차자 —— 하는 사람[것]보다=**본래의미 -- bnw-BAM**
> : 이런 사람/이런 것은=referring back 이런 것/이런 사람보다=referring forward
> 주의)차등관계=분명한 관계 — 콤머영뇌 작동불가

↗than할때 제한적 연결상황이 (머리 속에) 보이면 된다 : S영뇌

↙**제한적 연결영뇌**

A.. More people /than were expected /came here. [=than expected : infml E]

영뇌=기-->설/설 : BEis-Os

or I + I + I : I-Os or S + S + S : S-Os

↗**고난도 감주**

How to Read[Speak]= Morepeople thanwere expectedcamehere.

: 먼저 감각적 주파수로 이해한다.

시동= vocal 감각적 주파수로 (BEis/IS 영뇌가 될 때까지) F3+E2 강하게 말하기

than referent(선행사)=More people than=주기능: were의 주어

→ IS값으로 차등관계로 먼저 보설하면서 [선행사 성격을 규정하면서], S동사로 본론을 말하는 뇌 : **근설 보설독설뇌**

.. **我必 Free 감주 간직하기**= More people than expected came here.

시동=더 많은 사람들, 이 사람들은 즉 이런 것 보다 즉 예상되었던 것보다 더 많은 사람들인데 왔어요, 이곳에 말이다. /더 많은 사람들, 차자/즉 이런 사람들보다 예상되었던 사람들보다 더 많은 사람들이 왔다. ------ .

: were=(과거) 동질연결로서 '즉' ↘**차자[than]할때 차등관계 언급이 보이면 된다 : S영뇌**

or More people /came here /than were expected.

영뇌=기-->설/설 : BEis-Os -- **분설보설 독설뇌**, 즉 주동으로 먼저 요지를 말하고, 분설로 보충하는 두뇌로 작동시킨다. **시동**=더 많은 사람들이 왔는데 여기에 왔어요. 그 사람들은 이런 것보다, 즉 예상되었던 것보다 더 많은 사람들이었다/왔는데 여기에 -- . 즉 이런 사람들보다/차자, 예상되었던 사람들보다 말이다.

vs Mitt Romney delivered a sweeping broadside against Donald Trump on Thursday, laying into the Republican presidential front-runner with a sharper attack than any of the party's 2016 contenders have made against the billionaire business mogul.

*than=종속접속사 lay into=두고서 가두어 두고서 계속 가하는 것으로서 세게 때리는 것/몹시 비난하는 것

against=맞설 대상으로서 대자 (associate=계속 가하는 것)

any=**대명사일 때 복수** : She asked if there were any present who needed assistance.

vs any/no/some+**단수/복수/비수 명사** vs anyone=**단수** : There wasn't anyone on the information desk.

B.. Students shouldn't /have /more money /than is needed.

영뇌=기-->설-->설'-->설" : BEis-Os

or I + I + I + I : I-Os or S + S + S + S : S-Os

How to Read[Speak]= Studentsshouldn't havemore moneythan isneeded.

: 먼저 감각적 주파수로 이해한다.

시동= vocal 감각적 주파수로 (자동 설가가 될 때까지) F3+E2 강하게 말하기

than referent(선행사)=more money | Free 감주+我必 Free 감주 간직하기

(스튜던 : ts폐쇄=cramp F 슈-든 : t폐쇄==retro-root F) more]should't have 감주 ⇒ 슈든트해브=double slide F

슈든해브 : t폐쇄=double slide F /슈든어브 : t, h폐쇄와 어화=slide F /슈드너 : t, ㅏ 폐쇄와 어화[또는 약한 감정음가]와 합성감주과 ve 폐쇄=slide F

만약 u지배음가를 아/어 중간 감정음가[ʌ]로 하면 셔든트해브 /셔든해브 /셔든어브 /셔드너가 된다. ☞ 영뇌영어 vol 2 > p201 : 조동사와 have동사주파수)

시동=학생들로 하여금 일어나게 해서는 안된다. 가지는 것인데 더 많은 돈을 말이다, <u>이것은 이런 것보다</u>, 즉 필요한 것보다 말이다. /학생들로 하여금 일어나게 해서는 안된다. 가지는 것인데 더 많은 돈을, <u>즉 이런 것보다/차자</u> 즉 필요한 것보다 말이다.

*이것은=referring back 이런 것보다=referring forward is=동질연결로서 '즉'

should=사발생으로서 정생각 vs will=즉체발생

C.. The work /proved harder /than had been expected.

영뇌=기-->설/설 : BEis-Os (분설 보설독설뇌)

or I + I + I : I-Os or S + S + S : S-Os

How to Read[Speak]= Thework provedharder thanhadbeen expected.

: 먼저 감각적 주파수로 이해한다.

시동= vocal 감각적 주파수로 (자동 설가가 될 때까지) F3+E2 강하게 말하기

than referent(선행사)=The work | Free 감주 간직하기

.. 我必 Free 감주 간직하기= The work proved harder than expected.

시동=그 일은 입증되었는 데, 더 어려운 것으로 입증 되었어요. 그것은 이런 것 보다, 즉 되었던, 예상되었던 것보다도 말이다. // --- . 즉 이런 것보다/차자 즉 되었던 예상되었던 것보다도 말이다.

[=<u>than</u> it had : 종속접속사로서 전설뇌 =기-->설 ⇒ 전설]

↘ **.. major 감주=** The work --- harder than --- expected.

or The work /than had been expected /proved harder.

영뇌=기-->설/설 : BEis-Os (근설 보설독설뇌)

-- 근설로 먼저 보충하고, s동사로 설명해 나가는 뇌로 작동시킨다.

시동=그 일, 이것은 이런 것 보다도/차자, 즉 되었던 예상되었던 것보다도 판명되었는 데, 더 어려운 것으로 판명되었다[말이다]. ※ had=과분사 안너로서 '즉'

▭ that/but/than=제한적 관계가 분명해서 콤머로 분리할 수 없음 : no-comma 연결설명어

그래서 제한적 연결영뇌로 작동한다.

하지만, that=콤머가 없더라도 비제한적 연결영뇌도 가능 ∵ 지정관계로 연결설명

9) 관계문장 영뇌(RS NB)

IS 두뇌로 사람, 비사람을 (특히 관계대명사 또는 관계부사를 거치지 않고) 바로 문장관계로 제한적으로 연결[연관]시켜 설명해 나가는 뇌, in short (문장) 연결설명어, in concrete 노콤머 연결설명어

tip)관계문장=제한적 연결영뇌 종속문장=비제한적 연결영뇌 → 둘다 문장관계 연결설명어

서술문장(대개 기본문장)=서술적 영뇌, 그래서 관계문장, 종속문장, 서술문장의 BNW는 각각 이들 영뇌가 된다.

연결대상=사람/비사람 (preceding word/antecedent 선행사) ↗콤머를 찍으면 일반적으로 비문맥이 되기 때문

— 주로 명사/대명사이나 종속접속사도 가능함 ☞ p334 ※관계문장=콤머영뇌 작동불가

관계문장=주기능 소유 관계문장/주기능 비소유 관계문장 : **관습적 E /(일부) infml E**

모든 문장은 관계문장이 되나 ↘ **단, 종속접속사의 속품사 관계문장=StE**

특히, **전자**=관계대명사를 써지 않는 경우 **후자**=관계부사를 써지 않는 경우와 같다.

주기능=주어 /목적어 /보어 **목적어**=동사/전치사의 목적어 **cf]종속문장=관습적 E**

Ⅰ 주기능 소유 관계문장

↗관계문장으로 말할때 제한적 연결상황이 작동하면 된다 : S영뇌

↙**제한적 연결영뇌**

A.. The cough medicine /a doctor recommended /was good. : 관습적 E

영뇌=기-->설/설 : BEis-Os 관계대명사를 안 써도 되는 것으로 굳어짐.

or I + I + I : I-Os or S + S + S : S-Os

How to Read[Speak]= Thecough medicine adoctorrecommended wasgood.

: 먼저 감각적 주파수로 이해한다.

시동= vocal 감각적 주파수로 (BEis/IS 영뇌가 될 때까지) F3+E2 강하게 말하기

관계문장 연결대상=The cough medicine 주기능 소유=(동사의) 목적어

→ IS값으로 연결대상에 바로 문장을 제한적으로 연결시켜 먼저 보충 설명해 나가는 뇌 : BEis-Os

그래서, 관계문장을 특히, 문장연결설명어라 하며, **목적어 도치 서술적 영뇌와 다르다.**

.. **我必 Free 감주 간직하기**=Cough[Cold] medicine doctor recommended was good.

↗문장으로 말할때 문장관계 언급이 보이면 된다 : S영뇌

시동= -- 닥터가 추천한 것인데---- .

관계대명사 영뇌로 작동 시키면= -- which a doctor recommended ---. [=doctor : infml E]

vs The medicine a doctor recommended.

이제 이렇게 표현되면 두 가지 뇌가 스쳐가야 한다.

a. 관계문장인 경우 : 그 약, 즉 -- 추천한 약 : **제한적 연결영뇌**

b. 서술문장인 경우 : 그 약을 -- 추천했다: **서술적 영뇌**

-- 목적어 도치로서 강조표현

보통표현 : A doctor recommended the medicine. : **서술적 영뇌**

: **Tell us /more /the judge said =기-->설-->설′** : BEis-Os

관계문장 연결대상=more the judge said=관계문장

시동=말해 주세요, 우리들에게 더 많은 것을 그 판사가 말한 것으로 해서 말이다.

↙제한적 연결영뇌

B.. The rapidity /infants acquire habits with /is amazing. : 관습적 E

영뇌=기-->설/설 : BEis-Os

or I + I + I : I-Os or S + S + S : S-Os

How to Read[Speak]=Therapidity infantsacquire habitswith isamazing.
: 먼저 감각적 주파수로 이해한다.

시동= vocal 감각적 주파수로 (자동 설가가 될 때까지) F3+E2 강하게 말하기

관계문장 연결대상=The rapidity 주기능 소유=(전치사의) 목적어

(더러피더디/더러피더티=little slide F + slide F : 합성감주과 t단타와 비단타, i으 약한 감정음가 또는 어화 인펀스어콰이어 /인펀서콰이어=double slide F : 자음과 자음 사이 t폐쇄와 비합성 감주과 합성감주 이즈어메이즈/이저메이징 =small slide F + slide F : 비합성 감주과 합성감주 *t단타=보통 r 또는 d로 단타)

.. 我必 Free 감주 간직하기=Infants acquire habits with rapidity.

시동=그런 빠른 속도, 즉 어린애들이 습득하는 그런 빠른 속도, 습관을, 동자 그런 빠른 속도로서 습관을 습득하는 그런 빠른 속도는 놀랄만하다. | Free 감주 간직하기

↘ **.. major 감주=** -- rapidity infants acquire habits --- amazing.

전치사 관계문장에서는 전치사가 (자기 기본어) 뒤에 위치한다.
왜냐하면 전치사의 목적어가 (선행사이지) 관계문장이 아니기 때문이다.

=The rapidity which infants acquire habits with is amazing.

시동=그 빠른 속도, 어떤 것이냐 하면은 애들이 습득하는 속도로서, 습관을, 가지고서 그런 속도를 가지고서 습관을 습득하는 속도는 --- 하다.

▸ 전치사의 목적어는 관계문장에서는 선행사가 되고, 관계대명사에서는 관계대명사가 된다.
그래서 후자일 경우 전치사와 함께 앞에 표현해도 좋고 뒤에 표현해도 좋다.

=The rapidity with which infants acquire habits is amazing.

시동=그 빠른 속도, 즉 가지고서 이런 속도를 가지고서 애들이 습득하는 속도는 즉 습관을 습득하는 속도는 --- 하다. ※ is=동질/동질연결로서 '는'

전치사를 무조건 앞에, 뒤로 위치할 수 있다고 외우지 말라. **기/설 두뇌, 즉 뜻 관계로 해결하라.**

Plus] 문장이 전치사의 목적어가 되려면 **대명접속사 아니면 의문대명사**를 거쳐야 한다.
만약 이런 것들을 표현하지 않고 콤머 또는 따옴표로 묶어 표현하면 infml E **영뇌**가 된다.

All is ok except that he has speculated.
I've been lucky in that I have never had to worry about money.
This is a list of who comes or not.

대명접속사=대명사로서 전치사 목적어 역할을 하면서 최종적으로 (자기) 문장을 주절에 접속시키는 접속사, 즉 복합 품사

vs All is ok except he has speculated. : incorrect
I've been lucky in I have never had to worry about money. : incorrect

tip)주기능 소유는 기능을 소유한 것이지 실제로 주어/목적어/보어를 가진 것은 아니다.

(comma) Infml E :

"Most of the remaining $22 billion was drawn down by the state governments without any particular projects to spend it on, just on the basis of, there's money sitting in the accounts, let's draw it down," said he.

--- basis of 뒤에 comma를 써서 대명접속사를 대신했다. | Free 감주+我必 Free 감주 간직하기

or Most of ---, just on the basis of, "there's money sitting in the accounts, let's draw it down."

--- 출처없이 comma와 따옴표를 써서 대명접속사를 대신했다.

tip) of 문장동격[infml]으로 콤머 또는 따옴표를 없애도 좋다 : p305

대명접속사 뇌를 작동시키면 다음과 같다.

or " ----- just on the basis of that there's money sitting in the accounts, let's draw it down," said he. : Standard E

vs 대명접속사 -- 동사/전치사의 목적어 역할을 하면서 최종적으로 (자기) 문장을 주절에 접속시키는 접속사

: He said that he was a teacher. ※ 접속사, 즉 종속접속사=주기능/보조기능 가능

동사의 목적어는 대명접속사 뇌를 거치지 않아도 된다. 종속문장 영뇌로 바로 작동시켜도 좋다. 그러면 문장이 바로 목적어가 된다.

He said he was a teacher. : 관습적 E

↘ 주기능 종속문장

이런 문장을 일종의 문장 연결설명어로서 **종속문장 영뇌**라 한다.

종속문장은 종속접속사 대신에 쓰는 문장이다. 선행사가 없다. 관계문장 영뇌와 다르다.

↗ 보조기능 종속문장

vs He's so poor he cannot come.

종속접속사 뇌를 거치면 : ---- that he --- .

recapping

↗제한적 연결영뇌

문장 연결설명어=관계문장 /종속문장

↘비제한적 연결영뇌

관계문장=관습적 E / infml E / StE　**종속문장**=관습적 E

big tip) 모든 문장은 관계문장이 가능하다. 주어가 있든 없든, 보어가 있든 없든, 목적어가 있든 없든 (기/설로 의율이 될 경우) 가능하다. 즉 주기능 소유, 비소유로 가능하다. 이것이 바로 표현의 자유이다.

: What they destroyed is his house. What is destroyed is his house.

I have to be who I am a teacher.[=who is a teacher=who that is] I have to be who I am.

This is the reason I love her. This is the reason I love.

: You have to be who you are.
=You have to be you. : Donald Trump

There was a farmer had a dog.[=who had a dog]

단, There was a farmer he had a dog. : incorrect ∵ no 의율 -- 일반대명사로 바로 앞말을 가리키기 때문

vs The fact he had a dog is right. : correct ∵ 의율=문장동격　↘자기문장 접속능력이 없음 ⇒ who

another tip) He said that we must disarm Iraq. -- (종속) 접속사로 보지 않고 관계문장으로 바로 이해할 수 있다 ⇒ that=대명사로서 s동사의 목적어+선행사

: 그는 말했어요. 그것은 우리가 해야한다는 것인데 무장해제를 이락에게 말이다 .

↙제한적 연결영뇌↘

C.. Not that /you would |but| /you could. : 관습적 E

영뇌=기--〉 설--〉 등설--〉 설 : BEis-Os

or I + I + I + I : I-Os or S + S + S + S : S-Os

How to Read[Speak]= Notthat youwould butyoucould.

: 먼저 감각적 주파수로 이해한다.

시동= vocal 감각적 주파수로

(BEis/IS 영뇌가 될 때까지) F3+E2 강하게 말하기

관계문장 연결대상=that : 대명사 주기능 소유=(원동사 do 전제) 목적어

(우드/워드/어드=slide F 쿠드/커드=slide F)

기본어=Not that -- 대명사가 부사(not)의 설명글 받아 생긴 기본어

.. 我必 Free 감주 간직하기=That you could. or It is that you could.

시동=아니다. 그것은 네가 하고자 하는 것은 아니지만, 네가 할 수만 있다면 할 수 있는 것이다.

| Free 감주 간직하기

: I got /what /you said. 영뇌=기--〉설--〉설′ : EEis-Os

관계문장=you said

연결대상=what : 대명사, 즉 선대대명사로서 선행사 -- 상기 that와 같은 원리이다.

시동=나는 이해했어요, 무엇이냐 하면은 네가 말한 것을 말이다.

=I got the thing which[that which] you said.

↙제한적 연결영뇌

D.. He is not /the person /he once was. : 관습적 E

영뇌=기--〉 설--〉 설′ : BEis-Os

or I + I + I : I-Os or S + S + S : S-Os

How to Read[Speak]= Heis notthe person heoncewas.

: 먼저 감각적 주파수로 이해한다.

시동= vocal 감각적 주파수로

(BEis/IS 영뇌가 될 때까지) F3+E2 강하게 말하기

관계문장 연결대상=the person 주기능 소유=보어

(히즈/히-즈=slide/retro-root F 나ㅌ더=slide F)

.. 我必 Free 감주 간직하기=Not the person he was. or Not the person that he was.

시동=그는 아니다. 그런 사람, (즉) 그가 한때 과거에 이었던 그런 사람이 말이다. | Free 감주 간직하기

=He is not the person that[who] he once was.

: I love having the face you feel me.

: 주기능 소유[=목적보어] 관계문장 ← She felt herself (to be) unwanted.

시동=나는 아주 좋아한다. 갖는 것인데, 그런 얼굴, 즉 네가 느끼는 나에게 느끼는 그런 얼굴을 말이다.

↙제한적 연결영뇌

E.. Her son, Pappu, /who is half /the weight /<u>he should be</u>. : 관습적 E

영뇌=기-->설-->설′-->설″ : BEis-Os

or I + I + I + I : I-Os or S + S + S + S : S-Os

↱고난도 감주

> **How to Read[Speak]=** Herson, Pappu, whois halfthe weighthe shouldbe.
> : 먼저 감각적 주파수로 이해한다.
> **시동=** vocal 감각적 주파수로 (자동 설가가 될 때까지) F3+E2 강하게 말하기
> 관계문장 연결대상=the weight 주기능 소유=보어
> (하-프더/해프더=retro-root/slide F)

⇒ IS값으로 기본어를 who로 먼저 보충 설명해 나가면서 다시 관계문장으로 설명해 나가는 뇌 : BEis-Os

.. 我必 Free 감주 간직하기=Pappu is half the weight he should be.

시동=그녀의 아들 Pappu는 누구냐 하면 절반정도 무게가 나가는데[아들인데] 그로 하여금 발생돼야 할 무게의 절반이다. -- 영양실조에 걸린 자식을 두고 한 표현이다. | Free 감주 간직하기

=that he should be ❖ '하면' **=묻는 관계+동질연결**

↙제한적 연결영뇌

F.. This is /the most beautiful car /<u>there is in the world</u>. : 관습적 E

영뇌=기-->설-->설′ : BEis-Os

or I + I + I : I-Os or S + S + S : S-Os

> **How to Read[Speak]=** Thisisthe mostbeautiful car thereis inthe world.
> : 먼저 감각적 주파수로 이해한다.
> **시동=** vocal 감각적 주파수로 (자동 설가가 될 때까지) F3+E2 강하게 말하기
> 관계문장 연결대상=the most beautiful car 주기능 소유=주어 ∵ there=유도부사
> (디스어/더스어//디서/더서=slide F 디스이즈더/디스이즈어/디스이저=slide F + small slide F)

시동=이것은 인데 그야말로 가장 아름다운 차이다. 있는 것 중에서 내소, 세상 내소에 있는 것 중에서 말이다.

✠ there is 관계문장=관습적 E로서 StE | Free 감주+我必 Free 감주 간직하기

= --- car that there is ----. : **Very Formal E** : 주기능 소유한 것이 that로 나타났다.
오히려 that을 써는 것이 더 formal한 것이 된다.

vs 관계문장절=선행사+관계문장

cf] • Whoever <u>robbed the bank</u>, probably Mr President, should be punished. ↱주어절=의문사+서술문장

선대대명사+관계문장 또는 주어절 -- 누구든지 <u>턴 사람은</u> : **제한적 연결영뇌** /누구든지 <u>털었다면</u> : **서술적 영뇌**

• Who <u>hate me</u> without reason outnumber the hairs of my head. [=Those who=They that]

선대대명사+관계문장 -- 누구냐 하면 <u>미워하는 자, 즉 나를 미워하는 자가</u> : **제한적 연결영뇌**

↳who=단복대명사 ⇒ hate/outnumber : 주어절이 아니기 때문에 복수동사 가능 → **관계문장으로만 이해가능**

↱동격 관계문장 ↱infml E vs that 동격접속사=StE

tip) There is still a point past <u>which</u> <u>some people will not go</u>. : which 동격접속사[=<u>that</u> some people]

시동=있는데 여전히 지적사항, 즉 과거 지적사항이 있다. 어떤 것이냐 하면 일부 사람들은 하지 않는 습성이 있는데 즉 가지않는 습성이 있다는 지적사항이다 : **투표장에 나가지 않는 것을 두고 한 표현**

관계문장과 관습적 E, infml E, StE

주기능 소유가 | 목적어/보어인 경우 : **관습적 E** → 단, 주어인 경우 : **infml E** (아직 덜 굳어졌기 때문이다)
| /(=there is 관계문장) 주어인 경우와 (의문사를 선행사로 하는 관계문장의) 주어인 경우 : **관습적 E**
/주기능 비소유 관계문장 : **관습적 E** /종속접속사의 속품사 관계문장 : **StE**

There' s /somebody /wants you on the phone. : Infml E
↘ wants 관계문장=주어 주기능 소유 → 연결대상[즉 선행사]=somebody
: there is 관계문장이 아니다. 그래서 infml E가 된다.
시동=있는 데 어떤 사람이 있는 데 원하는 사람이 있다. 너와 하기를 전화하기를 말이다.
= ---- somebody who wants you on the phone. ※ on=작동으로서 '하는 것'

ex] Infml 관계문장 : There was a farmer had a dog. -- Bingo --
There is a boy wants to see you. Here is a lady wants to see you.
It is Tom wants to see you. He is a police officer wants to see you.
Government forces routed rebels briefly held the town.[=who --.]
주의]청취시 관계문장으로 말할 때 주의

관습적 관계문장 : This is the most beautiful car there is in the world.[=that there]
What is it happened to her?[=What is it that happened --.]
Whoever gains the most points wins the competition.
시동=누구든지 얻는 사람 [=Anyone who/Whoever that]
(주어절인 경우=누구든지 얻으면)
This is the place it all begins. : 주기능 비소유[=where it all]
Where is it you were born? : 주기능 비소유[=Where is it that you were --.]
StE 관계문장 : Sit down where you like. : 속품사=대명사/명사 -- 어디냐 하면/곳에 -- 하는 곳에

주의]토플, 토익 문제를 풀때는 Standard Written English기준으로 답을 내라.
좋은 글 입장에서 판단하기 때문이다. 관습적 E도 일종의 StE이다. 즉 관습적 StE이다.

↙제한적 연결영뇌

G.. Who is /it /was angry with you? : 관습적 E ∵ 연결대상[즉 선행사]=의문대명사
영뇌=기-->설/설 : BEis-Os [단, 뒷설의 기본어=is 제외 관계문장=분설 → 독설로서 보설]
or I + I + I : I-Os or S + S + S : S-Os

How to Read[Speak]= Whoisit wasangry withyou? : 먼저 감각적 주파수로 이해한다.
시동= vocal 감각적 주파수로 (자동 설가가 될 때까지) F3+E2 강하게 말하기
관계문장 연결대상=Who 주기능 소유=주어 (후-이즈이ㅌ=retro-root F) | Free 감주 간직하기

.. 我必 Free 감주 간직하기=Who was angry with you?
시동=누구지이지, 그 사람이 말이야[그 사람 즉], 했던, 즉 화를 냈던 사람인데 동자 너에게 말이다?
/---- , 있었던 사람인데 화가 나 있었던 사람인데 동자 너에게 말이다?
=Who is it that was angry -- ? : Formal E ↘ **.. major 감주=** Who ---- angry with you?

tip)관계문장 필요성 : 관계대명사와 같은 대명사로 하여 선행사로 표현할 수 없다. 그래서 관계문장이 필요하다.
Who is it who was angry -- ? : not ok
※ was=발생/행위로서 '했던' with=동존방향으로서 '즉 -- 에게' / '있었던' -- 즉 -- 에게

연결설명어 영뇌

↙제한적 연결영뇌

H.. What is /it /happened to him? : 관습적 E

영뇌=기-->설/설 : BEis-Os [단, 뒷설의 기본어=is제외 관계문장=분설 → 독설로서 보설]

or I + I + I : I-Os or S + S + S : S-Os | Free 감주 간직하기

↳What is it happened? -- etc.

↳What is it tells?

↳What is it tells us?

How to Read[Speak]= Whatisit happenedto him?

: 먼저 감각적 주파수로 이해한다.

시동= vocal 감각적 주파수로 (자동 설가가 될 때까지) F3+E2 강하게 말하기

관계문장 연결대상=What 주기능 소유=주어

(워ㅌ이즈이ㅌ=slide F 와-ㅌ이즈이ㅌ=retro-root F 해펀드투/해펀드어/해펀더=slide F : 유성음 매치와 t폐쇄와 어화와 비합성 감주, 합성감주)

.. 我必 Free 감주 간직하기=What happened to him? ⇒ 분열강조=**H..**

시동=무엇이지 (그것이 말이야/그것), 즉 일어났던 것인데 대자(對者) 그에게 일어났던 것이 말이야?

[=What is it that happened to him? : Formal E]

이 문장에서는 that which/the thing which로 표현할 수 없다. 문맥이 통하지 않기 때문이다. 그래서 이때는 의문대명사로서 관계문장의 선행사이지, 선대대명사로서 관계문장의 선행사는 아니다. 그리고, 관계대명사, 관계부사, 관계분사, 관계형용사만이 선행사에 연결시킬 수 있는 것은 아니다. 관계문장으로도 연결시킬 수 있다. 그래서, 관계문장을 **문장 연결설명어**라 한다.

구문법의 한계]목적격/(드물게) 주격 관계대명사를 무조건 생략으로 이해 -- 이해보다 암기식 가르침

↗bid/offered=자동 event -- 주기능 소유=보어

cf]The auctioneer said, "What am I bid[=offered] for this lamp?

시동=얼마이지, 내가 부친 입찰[내놓은 것]인데 해자 이 램프에 대해서 말이다?

↳cf] I am given $100. What am I given?

What am I supposed to do? -- 주기능 소유=목적어

↙제한적 연결영뇌

I.. What /you say /is always right. : 관습적 E → 관계대명사 that을 안 써도 되는 것으로 굳어짐

영뇌=기-->설/설 : BEis-Os or I + I + I : I-Os or S + S + S : S-Os

↗고난도 감주

How to Read[Speak]= Whatyou sayis alwaysright. : 먼저 감각적 주파수로 이해한다.

시동= vocal 감각적 주파수로 (자동 설가가 될 때까지) F3+E2 강하게 말하기

관계문장 연결대상=What 주기능 소유=목적어

(**워**츄 : t가 y음가를 만나 츄화=slide F 오올웨이스[즈]라이트=basket F+slide F : '올'을 내성음으로 하여 '오올'을 곡선음[감는음]으로 소리내면 된다. 오-ㄹ웨이스/오-ㄹ웨이즈=retro-root F : 스=infml 소리 즈=유성음 매치 — 내성음 대신 장음 가능)

.. 我必 Free 감주 간직하기=Whatever is right.

시동=무엇이냐 하면 당신이 말하는 것은 --- .

뜻하는 의미로 선대 표현이 가능 -- 대명사의 뜻하는 의미로 선대의미가 들어 있으면 특히 선대대명사라 함

=The thing[That] which --- . | Free 감주 간직하기

선행사를 관계문장 영뇌로 바로 설명해 나가는 뇌로 작동시키고 있다.

tip) what that이나 that which는 같은 표현방식이다. 더구나 What is it that happened to him?에서 that의 선행사는 what이다. 그래서 다음 표현은 맞는 표현이다.

: What that you say is always right. : Correct -- Formal E

tip)What is it tells? 무엇이지, (그것) 즉 말해 주는 바가 말이다? : 의문사+(관계문장의) 선행사 → 일종의 What tells?의 분열강조

vs What does that mean? 무엇이지, 그것이 의미하는 바는? : 의문사 → 그냥 의문문

2 주기능 비소유 관계문장

↙제한적 연결영뇌

A.. This is /the place /I was born. : 관습적 E → 관계부사를 안 써도 되는 것으로 굳어짐

영뇌=기-->설-->설′ : BEis-Os or I + I + I : I-Os or S + S + S : S-Os

↗고난도 감주

How to Read[Speak]=Thisisthe place Iwas born or placeI wasborn.

: 먼저 감각적 주파수로 이해한다. **시동=** vocal 감각적 주파수르 (자동 설가가 될 때까지)

F3+E2 강하게 말하기 관계문장 연결대상=the place

(디스어 : 뒷 is, th 폐쇄와 비합성감주 /디서: 폐쇄와 합성감주 /디스이즈더=후저(後低) doub e slide F)

.. **我必 Free 감주 간직하기**=The place I was born.

시동=이곳은 인데 바로 그 곳인데 내가 했던 곳, 즉 태어 났던 곳 말이다. | Free 감주 간직하기

=This is the place where I was born.

시동= --, 어떤 곳이냐 하면은 내가 태어났던 곳 --. ✠ was=과거발생로서 '했던' /과거동질로서 '가'

vs This is /the house /I grew up in. -- 주기능 소유=전치사의 목적어 ☞ p 218

영뇌=기-->설-->설′ : BEis-Os

시동=이곳은 인데 바로 그 집인데 즉 내가 자라 성장했던 곳인데 그 내소에서 말이다.

↙제한적 연결영뇌

B.. This is /where /I was born. : 관습적 E → 관계부사 that을 안 써도 되는 것으로 굳어짐

영뇌=기-->설-->설′ : BEis-Os or I + I + I : I-Os or S + S + S : S-Os

How to Read[Speak]= Thisis whereI wasborn.

: 먼저 감각적 주파수로 이해한다.

시동= vocal 감각적 주파수로 (자동 설가가 될 때까지) F3+E2 강하게 말하기

관계문장 연결대상=where : 선부 명사/대명사 (웨어라이=slide F : r음가가 살짝 살아나 합성감주가 됨)

.. **我必 Free 감주 간직하기**=Where I was born. | Free 감주 간직하기

시동=이 곳은 인데 장소, 즉 내가 태어 났던 장소이다. /이곳은 인데 어디냐 하면 내가 태어 났던 곳이다.

뜻하는 의미=This is the place where/where that I was born. : 여기서 where=관계부사/명사[대명사]

Big Tip **관계문장의 선행사가 5W1H가 되는 경우**

: who/what/where/when/why/how //이들 단어 + ever

live 실전	관계문장 영뇌 —— 팔방미인! **A man of many talents!** (of=동격구성 man=사람)

L- IIIII .. There is an old Arab proverb that everything you write or speak should pass through three gates : Is this kind? Is this necessary? Is this true?

-- BEis/IS로 되어 있는 것을 감각적 주파수로 이해한다. 잘 안되면 1차 시동으로 감주시동을 건다.

that=(제한적) 종속접속사 영뇌 -- 동격 that 영뇌의군=that everything ---- three gates

you write or speak=(제한적) 관계문장 영뇌 관계문장 연결대상=everything should=사발생 권고

everything 영뇌의군=you --- or speak through=통과대상으로서 통자(通者)

시동=(이런 게) 있는데, 어떤 옛날 아랍 금언 하나가 있다. 즉, 모든 것, 여러분들이 쓰거나 말하는 모든 것에는 일어나야 한다는 것, 통과 시키는 것인데 통자 세 가지 관문을 통과시키는 것으로 말이다. | Free 감주+我必 Free 감주 간직하기

.. **문장 뼈대**=기본어/s동사(is) + 연결설명어(that/you write or speak) + 속문장 s동사(should) : there=유도부사

연결설명어 영뇌

10) 제한적[비제한적] 연결영뇌와 서술적[제한적] 영뇌

BEis 영뇌는 다음과 같이 네 가지 뇌로만 작동한다. 대화에서는 말하고자 하는 것이 주로 서술적 상황으로 되어 있기 때문에 서술적 영뇌가 가장 많이 작동한다. 그 다음이 비제한적 연결영뇌이다.

□ **서술적 영뇌[PR NB]**=(연결시키지 않고) 그냥 서술적으로 설명해 나가는 뇌 : 문장부분 또는 문장전체에서 일어남

□ **제한적 영뇌[AT NB]**=(연결하지 않고) 그냥 제한적으로 설명해 주는 뇌 : 한뇌와 같고 문장부분에서 일어나고 보통 하나의 영뇌의군으로 잡는다 : **둘다 비연결설명어-- 연결의미가 없다.**

↘**서술적 의미/제한적 의미**

□ **제한적 연결영뇌[DL NB]**=제한적으로 연결시켜 설명해 나가는 뇌 -- **제한적 연결의미**

□ **비제한적 연결영뇌[non-DL NB]**=비제한적으로 연결시켜 설명해 나가거나 설명해 주는 뇌 -- **비제한적 연결의미**

: 둘다 연결설명어 -- 연결의미가 있다 : 일반적으로 둘다 연결의미로서 문장부분에서 일어남

tip)영어의 4가지 뜻관계 뜻 :
서술적/제한적 의미
\+ 제한적/비제한적 연결의미

You /know /the new grammar. =기-->설-->설´

---**전체적으로 서술적 영뇌**

'You는 know하고 있는 데 the new grammar이지' 라고,
(어느 일정한 부분에 연결시켜 설명해 나가지 않고) 그냥 서술적으로 설명해 나가는 뇌이다.

부분=the //new /grammar=전설 ⇨ 설-->기

---(앞에서) 설명해 주는 **제한적 영뇌**=그 새로운 문법

※**서술적 영뇌**
≠비제한적 연결영뇌의 차이
: 전자=그냥 좌에서 우로 의미가 흘러가는 것
후자=연결대상에 연결시켜 그것이 무엇이라고 설명해 나가는 것

제한적 연결영뇌로 작동시키면

⇨ The new grammar /that /you know. =기-->설-->설´

that**부터**=(---인데) 이것은 네가 알고 있는 것(이다) --- (뒤로) 설명해 나가는 **제한적 연결영뇌**

서술적 영뇌와 제한적 영뇌(부분), 제한적 연결영뇌로 작동시키면

⇨ This is /the new grammar /that you know. =기-->설-->설´

the new grammar**까지**는 **서술적 영뇌**로 작동하다가 that**부터**는 **제한적 연결영뇌**로 바뀐다. 이때 서술적 영뇌와 제한적 연결영뇌는 모두 **설명해 나가는** 두뇌 작동이기 때문에 이해의 흐름은 좌에서 우로 같은 방향이다. 그래서 영어가 모두 순서대로 보이고 순서대로 흘러가는 것이다.

또한, the new grammar도 **설명해 주는 제한적 영뇌**이기 때문에 의식의 방향, 역시 좌에서 우로 같은 방향이다. 즉 설주뇌나 설가뇌나 의식의 흐름이 같다.

tip)제한적 영뇌도 감각적 주파수로 읽어라. 즉 뒷말과 말하라. 그러면 해석한 한글 느낌이 아니라, 영어 느낌으로 이해할 수 있다 : the new grammar → thenew grammar

This is the new grammar. ↳주의]the newgrammar : 해석한 한글느낌 리딩

→ Thisisthe newgrammar : 디스이스에[이서] ↳한뇌리딩 [Konglish]

This is → (the → new → grammar) → that → you know.

이해흐름=This는 is인데, 즉 the new grammar인데[This is는, the한 것인데, 즉 new grammar 한 것인데] that은 you가 know하고 있는 것이다.

영어는 이렇게 **기/설 영뇌, 즉 설가뇌**로 놓여 있다. 우리는 이것을 보는 것이다.

서술적 영뇌와 제한적 영뇌(부분), 비제한적 연결영뇌로 작동시키면

⇨ This is the new grammar English or the Native Brain English, which all of us already know.

Tip ⇨ She died young.

① s동사를 설주뇌로 만들기 : Dying her/she was young. A dying she was young.

-- 죽은 그 여자는 이었는데 젊었었다. /한[어떤] 죽은 여자는 이었는데 젊었었다.

: dying=동명사 ※능동 event[died]는 설주뇌로 못 쓴다 ⇒ p242

② 형용사를 설주뇌로 만들기 : Young her/she died. A young she died.

-- 젊은 그 여자는 죽었다. /한[어떤] 젊은 여자가 죽었다. cf]someone poor : 부정대명사 ⇒ 설가뇌

※she= 대명사 -- 그 여자 : It' s her[infml]/she[formal].

/명사 -- 여자/암컷 : she-cousin she-cat

cf] "I can' t remember who. Was it a he or a she?"

③ s동사를 (제한적/비제한적 연결) 설가뇌로 만들기 : She dead/dying was young. [=who was dead]

She, dead/dying, was young. 그 여자는 죽었는데 그 때가 젊었었다. ※dying=관계현분사 그 때가=과동질

cf]She dead/dying at 16 was young. 그 여자는 죽은 여잔데 나이가 16살 이었고 그 때가 젊었었다.

④ 형용사를 (제한적/비제한적 연결) 설가뇌로 만들기 : She young died.[=who was young] She, young, died.

cf]She young at 16 died. -- 그 여자는 젊은[젊었었던] 여잔데//젊었었는데 죽었다.

She, young at 16, died. 그 여자는 젊었었는데 나이가 16살 이었다할지라도 죽었다. ※at=규모크기로서 '나이'

Q-1] 다음 서술적 영뇌를 관계대명사를 써서 제한적 또는 비제한적 연결영뇌로 만들라. 다른 말을 추가해도 좋다.

Tip ⇨ 명사/대명사/표현을 중심으로 만들면 된다.

A company makes washing machines.

서술적 영뇌=A company가 makes하고 있어요, washing machines를 말이다.

⇒ **제한적 연결영뇌:** A company that makes washing machines.

Washing machines which a company makes.

⇒ **Susan works** for a company that makes washing machines. -- 서술적 영뇌 추가

⇒ Susan works for a company that makes washing machines **which are popular.**

--(실체성격으로서) 제한적 연결영뇌 추가

⇒ Susan works for a company that makes washing machines**, which are very popular.**

--(추가정보로서) 비제한적 연결영뇌 추가

⇒ Susan **who lives in Seoul** works for a company that makes washing machines which are popular. -- Susan에 제한적 연결영뇌 추가

⇒ Susan who lives in Seoul works for a company that makes washing machines **which are among its major products which are popular.** --연속적으로 제한적 연결영뇌 추가

⇒ Susan **living** in Seoul works for a company that makes washing machines **among** its major products **popular.**

--관계현분사 /전치사 /관계형용사 영뇌로 제한적 연결영뇌 표현 -- text크기를 더 줄일 수 있다.

⇒ Susan living in Seoul works for a company that makes washing machines among its major products popular, **which makes our whole family happy**.

--앞표현 전체를 전설로 설명해 나가는 비제한적 연결영뇌 추가

시동=--그래서, 어떻게 하는 것이냐 하면은 이러한 것이 만들어 줘요, 우리 전가족을 행복하게 말이다.

Q-2] 다음 밑줄 부분을 관계대명사 영뇌로 바꾸어라.

① **I** like **apples.**

Answers:

Apples that I like. **시동**=사과인데 이것들은 내가 좋아하는 것(이다): **제한적 연결영뇌**

I who like apples. **시동**=나, 즉 누구냐하면은 좋아하는 사람인데 사과를 말이다: **제한적 연결영뇌**

These are apples that I like. People like me who like apples.

-- 서술적 영뇌 + 제한적 연결영뇌 ---- and suchlike.

② I am **a student**.

Answers:

A student who I am. **시동**=학생 즉 누구냐 하면은 나는 현재 학생 신분인[身分人](이다)

People like a student who I am.

시동=사람들은 좋아해요, 학생, 즉 누구냐하면은 현재의 나의 학생모습[학생신분]을 말이다.

----and suchlike

③ **Although the woman is beautiful**, all of us don't like her.

Answer: All of us don't like the woman, who is beautiful.

시동=모두 우리는 하지 않아요, 좋아하지 않아요, 그 여자를 말이다.

비록 (누구냐 하면) 이 여자가 아름답다할지라도 그렇다.

관계대명사는 비록 접속사는 아니지만 연결설명어이기 때문에 연결[연관] 짓는 의미로서 **제한적 또는 비제한적 부사적 연결의미**가 들어 있다. 부사적 연결의미는 주로 **문맥** associate이다. 그래서 문맥에 따라 판단하면 된다.

부사적 연결의미=조건/양보/이유/추가 /나열(vol 2 p305) /구체적 설명(vol 2 p305) -- 등등

Q-3]아래 밑줄 부분과 문장 전체에 각각 관계대명사 영뇌를 추가하라.

She has a bottle in **each hand**.

Answers:

She has a bottle in each hand that is little.

She has a bottle in each hand, which made us funny.

fun=n. adj. 배꼽을 잡고 좋아 하게 해주는 것으로서

즐겁게 해주는 것/즐겁게 해주는 것으로서 재미있게 해주는 것 (enjoyable and amusing)

[f: fond 좋아하는 것 or f: 좋아하는 모습, 즉 좋아서 펄쩍 펄쩍 뛰는 모습 n: navel]

: Have a fun at the party tonight. He's a fun person to be with.

vs funny=adj. 배꼽을 잡고, 또 잡도록 좋아 하게 해주는 것으로서 웃게 해주는 것

/웃게 해주는 것으로서 재미있는 것 (making you laugh; amusing)

[f: fond 좋아하는 것 or f: 좋아하는 모습 , 즉 좋아서 펄쩍 펄쩍 뛰는 모습

nn: navel+navel] : It's really funny.

terms 정리와	연결설명어를 쉽게 사용하는 법 —— 알면 약이 되고 모르면 병이 되는 것 Knowledge is bliss.

연결의미 유무에 따라 연결설명어와 비연결설명어로 나누어진다. 문장 속에서 연결의미를 넣고 싶으면 연결설명어를 선택하면 되고, 연결의미없이 그냥 서술하고 싶으면 비연결 설명어를 택하면 된다. 자, 영어가 얼마나 쉬운가? 연결의미는 다음과 같이 두 가지로 나누어 진다. 이때 연결의미는 '한 것인데, 하는 데, 하니까, 한 후, 할 때, 할 것, 즉 하는 것, 즉 -- 등등' 이다. ↗4가지 영뇌에 따라 뜻 관계의 뜻이 달라진다.

⇒ **연결의미 : 제한적 연결영뇌=제한적 연결의미 비제한적 연결영뇌=비제한적 연결의미** → DL NB/non-DL NB

vs 제한적 영뇌/서술적 영뇌=비연결 의미, 즉 제한적 의미/서술적 의미 → AT NB/PR NB

여러 연결설명어를 쓰서 하나의 장문 문장을 만들 수 있다.

일반적으로 연결은 연결대상이 있다. 연결대상에 연결의미로 연결시켜 설명해 나가거나 설명해주는 것이다.

연결대상 : 콤머유무 연결설명어=사람/비사람 -- 콤머유무에 따라 결정되는 제한적/비제한적 연결영뇌
콤머불관 연결설명어=명(대), 동, 형, 문 -- 콤머와 상관없는 제한적/비제한적 연결영뇌

연결의미 : 제한적 연결의미, 즉 제한적 연결영뇌
=한 것인데 /한 사람인데 /한 것이라면 /한 것이라서 /하고 있는 것인데 /된 것인데 /할 것 /즉 하는 것 /즉 -- 한 사람 /누구냐 하면 -- 한 사람 -- 등등
비제한적 연결의미, 즉 비제한적 연결영뇌
=하는 데 /해서 /하고서 /하므로 /하려고 /하기 위해서 /하면 /한 후 /하기 전에 /되었기 때문에 /즉 -- 하는 데/그리고 -- 하다/누구냐하면 -- 인데/언제냐 하면 -- 하게 되면 /한다고 -- 등등

이런 연결의미를 표현하고 싶으면 **연결설명어 영뇌** (즉 관계대명사 영뇌, 관계부사 영뇌, 관계과분사 영뇌, 관계현분사 영뇌, 관계형용사 영뇌, 관계문장 영뇌, to부정사 영뇌, 전치사 영뇌, 종속접속사 영뇌, 종속문장 영뇌)를 작동시키면 된다. 그리고, 이런 연결의미는 콤머 또는 문맥으로 판단한다.

remember] 특히 '하는 데 /해서 /하고서 /하므로 /하려고 /하기 위해서 /하면' 이라는 연결의미를 간단체로 쉽게 통역하려면 관계현분사 영뇌 또는 to부정사 영뇌를 작동시키면 된다.

아무튼 문장 속에서 연결의미를 표현하면서 전달하려면 연결설명어를 택하면 된다. 연결의미는 연결설명어가 거느리는 family[자기 식구]를 연결대상에 연결시켜 주는 의미로, 특히 영어 통역이나 영뇌말하기 시동용으로 활용하면 편리하다.

||||| .. 연결설명어

1 **콤머유무[콤머영뇌 작동/비작동] 연결설명어** : 관계대명사 관계부사, 관계분사, 관계형용사, 관계문장
— 콤머가 있고 없음에 따라 제한적 또는 비제한적 연결영뇌로 분명히 갈리는 것

2 **콤머불관 연결설명어** : to부정사, 전치사, 종속접속사, 종속문장
— 콤머가 있든 없든 (상관없이) 문맥에 따라 제한적 또는 비제한적 연결영뇌가 되는 것
즉, 콤머가 없어도 비제한적 연결영뇌가 가능한 것
: He decided <u>to buy</u> this. He said <u>that</u> we must buy this.

연결설명어 영뇌

IN THE **SHORT** TERM, IT WOULD MAKE ME HAPPY TO GO PLAY OUTSIDE.

IN THE **LONG** TERM, IT WOULD MAKE ME HAPPIER TO DO WELL AT SCHOOL AND BECOME SUCCESSFUL.

BUT IN THE **VERY LONG** TERM, I KNOW WHICH WILL MAKE BETTER MEMORIES.

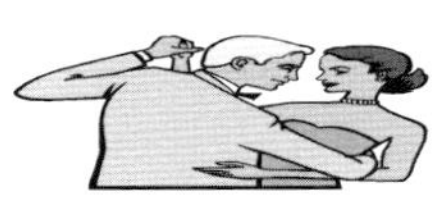

11) 제한적 연결영뇌와 비제한적 연결영뇌의 차이

① 뜻의 차이가 없는 경우

-- 뜻의 차이가 없으면 **뜻하는 의미**로
제한적 연결영뇌를 비제한적 연결영뇌로, 비제한적 연결영뇌를 제한적 연결영뇌로 시동을 걸어도 좋다.

A.. The elderly man who is poor is quite contented.
시동=그 어른, 누구냐 하면 이 분은 가난한 사람인데/가난한 사람이라 할지라도=**본래의미**
or -- 가난한데/가난하다 할지라도=**뜻하는 의미**

vs The elderly man, who is poor, is quite contented.
시동=그 어른, 누구냐 하면 이 분은 가난한데/가난하다 할지라도=**본래의미**
or 가난한 사람인데/가난한 사람이라 할지라도=**뜻하는 의미**

B.. An angle that is exactly 90° is called a right angle.
시동=어떤 각, 그것은 인 각, 즉 정확히 90도인 각이면 (인데 불려지는 데 직각이라고 말이다)
-- **제한적 연결영뇌=제한적 부사적 연결의미 : 본래의미**
=An angle with exactly 90° is ----.

or 그것이 정확히 90도이면 -- **비제한적 연결영뇌=비제한적 부사적 연결의미 : 뜻하는 의미**
즉, 뜻하는 의미로 시동을 걸어도 뜻의 차이가 없으므로, 다음과 같이 말해도 좋다.
= An angle if it is exactly 90° is ----.[=An angle, which is --,]

② 뜻의 차이가 있는 경우

-- 일반적으로 콤머 유무[콤머영뇌 작동/비작동]에 따라 뜻의 차이가 심한 경우, who/which를 선택하면 되고, 만약 **실체규정**으로서 제한적 관계를 더 강조하거나 콤머없이 비제한적 연결영뇌를 작동시키려면 that을 선택하면 된다. ☞p152/159/160 계약서 또는 법률조문을 작성하거나 통상교섭시 **주의하라.**
(The inclusion or omission of commas may seriously affect the meaning of a sentence.
제한적 연결영뇌의 영어표현=identify, restrict, and define the preceding word or words /defining clauses)

A.. I said nothing which made him angry.
시동=나는 말을 아무 것도 하지 않았는데, 즉 하게 한, 그를 화나게 한 것으로 말이다.
즉 화나게 했던 말은 일체 하지 않았다는 **제한적 연결영뇌**이다.
: He was not angry.
*who/which의 **제한적 연결영뇌**=성격 또는 실체 규정　**비제한적 연결영뇌**=주로 추가정보

vs I said nothing, which made him angry.
시동=나는 말, 그 어떠한 말도 하지 않았는데, 이것이 어떻게 했는가 하면은 결국 만들고 말았어요, 그를 화나게 말이다.
즉 아무 말도 하지 않아 결국 이것이 화를 내게 했다는 국한하지 않는 **비제한적 연결영뇌**이다.
: He was angry.

B.. The travellers who knew about the floods took another road.

시동=즉 누구냐 하면 (이들은) 알고 있었던 사람들로 국한한 것

그래서 모르고 있었던 사람들은 이 길을 선택했을 지도 모른다는 의미가 암시되어 있다. 만약 that으로 국한하면 지정관계 만큼, 즉 지정하는 만큼 더 국한되니 제한적 성격이 더 강해진다. 이런 것은 주로 **강조 표현**에서 많이 나타난다. (☞ p159/160)

vs The travellers, who knew about the floods, took another road.

시동=그 여행자들, 누구냐 하면 이들은 알고 있었는데로 비제한하면서 추가정보 제공 역할

-- 이들은 알고 있었던 사람들로 국한하지 않고 그냥 알고 있었다고 그냥 비제한적으로 설명해 나가고 있다. 즉, 그냥 추가정보만 제공하지 암시하는 의미가 들어 있지 않다. 몰랐던 사람들이 있었는 지 암시하는 내용이 전혀 없다. 그래서, 그 여행자들, 이들은 모두 몇 명인지 모르나 아무튼 이들(모두는) 은 알고 있었고, 그래서, 또 다른 길을 택했다는 의미이다.

C.. Sailors who are superstitious don't want to embark on Friday.

시동=누구냐 하면은 (이들은) 미신을 믿는 사람들로 국한하여 성격규정을 하니 안 믿는 사람들도 있었고, 이들은 다르게 한다는 의미를 암시하고 있다.

=Superstitious sailors will not embark ----.

vs Sailors, who are superstitious, don't want to embark on Friday.

시동=선원들, 누구냐 하면은 이들은 미신을 믿기 때문에

--- Sailors를 국한하여 성격규정을 하지 않고(비제한적 의미), 그냥 이유로 보충 설명으로 엮어 나가기 때문에 암시하는 내용이 없다.

sailors는 복수크기로서 그 범위가 어디 까지 인지는 모르나 sailors를 나타내는 인원 모두가 미신을 믿었고, 이들은 이것 때문에 원치 않는다는 말이다. [= ---, as they are --, will not embark --- .]

만약 sailors의 s가 **전체복수라면** 모든 선원들이 원치않는다고 봐야한다. 복수 일반적 대표의미이기 때문이다. 그래서 해석도 '선원이란' 으로 된다.
즉, 선원이란 즉 누구냐하면은 본래 미신을 믿기 때문에 그렇게 한다는 의미가 된다.
이렇게 복수 표현만이 아니라, 표현에 따라 제한적 연결영뇌로 표현하느냐 비제한적 연결영뇌로 표현하느냐에 따라 뜻의 차이가 있으니 **계약서 작성, 법률조문 해석, FTA 작성 --- 등에 유의해야 한다.**

A Quick Note

Plus] 1. 관계대명사의 비제한적 연결영뇌를 표현하는 법
-- commas, dashes, or brackets(parentheses)를 사용
The government, which promises to cut taxes, will be popular.
=The government – which promises to cut taxes – will be popular.
=The government (which promises to cut taxes) will be popular.

2. 관계대명사 /관계부사 that=콤머없이 제한적/비제한적 연결영뇌 모두 가능
특히 보통관계외(外) 강조관계도 됨

3. 콤머 유무는 WrE에서 나타나고, SpE에서는 상황에 따라 알아서 판단해야 한다.

12) 관계대명사 영뇌와 일반대명사 영뇌의 차이

관계대명사 영뇌

사람, 비사람를 묻는 관계/동급 관계/지정관계/반대관계/차등관계로 referring back하면서 자기문장을 제한적/비제한적으로 연결[연관]지어 설명해 나가는 뇌

요컨데, 가리켜서 자기문장을 제한적/비제한적으로 연결시켜 설명해 나가는 **연결설명어**
즉 자신뿐만이 아니라, 자기문장까지 제한적/비제한적으로 연결시키는 대접의미, 즉 복합품사로서 **접속대명사**
그래서, 지시대명사/인칭대명사를 써지 않아도 가리켜지고, 접속사를 써지 않아도 문장 접속이 가능해지는 단어이다.

vs 일반대명사 영뇌

그냥 자신만 뜻[서술]하는 **비연결 설명어**이다. 즉 그냥 명사를 가리키거나 대신 할 뿐이다. 자기문장 연결[접속] 능력은 없다. 그래서, 단일품사로서 **일반 대명사**이다.
예컨데, he/this는 가리키기만 하지, 문장도 함께하지만 자기문장을 어떤 것에 접속시키는 능력은 없다. 접속사가 그것을 대신한다.

↙comma=**분리역할**

A.. **I have a dog, and this is black.**
지시대명사는 그냥 가리키기만[대신만] 하지 문장 접속능력이 없음, 그래서, 접속사를 써야 StE가 된다. 만약 쓰지 않으면, infml E가 된다.

vs I have a dog, this is black. : Infml E
독립된 문장은 period로 찍어 표현해야 StE가 되나 comma를 사용했기 때문에 infml E가 된다.

cf] I have a dog. This is black. : StE
I have a dog ; this is black. : StE
-- 두개 이상 문장을 한 문장으로 만들 때는 끊으면서 잇는 세미콜른 사용
단, 한 피어리드 내에서는 소문자 사용

↙comma=**분리역할-->비제한적 역할**

B.. **I have a dog, which is black.**
관계대명사는 가리키기도 하고, 연결[접속]시키기도 한다. '어떤 것이냐 하면' 으로 referring back하면서 연결[접속]시킨다 : BNW 시동=나에게 있는 데 개 한 마리 있는 데 어떤 개냐 하면 그 개는 검은 색이다.

↙comma=**분리역할-->비제한적 역할**

C.. **George Washinton, who is the man. : StE**
George Washington is the man. : StE
vs George Washington, he is the man. : Infml E
인칭대명사는 그냥 가리키만[대신만] 하지 문장 접속능력이 없음
-- 자기문장을 접속시키려면 문장 접속능력이 있는 관계사를 써야 StE가 된다.

tip) StE : 한 피어리어드 내에서 접속사없이 문장을 거느리면서 referent와 함께하는 쓸 수 있는 단어는 관계대명사와 관계부사이고, 중음가 대명사는 한 피어리어드 내에서 (콤머없이) 표현 referent와 함께하는 쓸 수 있다.
후자=What is it that I bid for this lamp? It was beer that I drank last night.
It is possible to master English. I love it when I see old couples together.
단, The Empire State Building, it was built in 1933. : infml E/SpE ∵ 콤머 존재와 주어 두개
He has been resetting it, the time. : infml E/SpE ∵ 콤머 존재와 목적어 두개

TOEIC, TOEFL

토익/토플 문제는 Standard (Written) E로 묻기 때문에 infml E는 틀린 것으로 생각하면 된다.
그래서, he부분이 틀린 것으로 고르면 된다.

↙제한적 연결영뇌

D.. I have a dog which is black.
I have a dog, which is black.

↖ 비제한적 연결영뇌

vs I have a dog, and this is black.

↘ 서술적 영뇌

일반 대명사는 referring back만 있고, 문장 접속[연결] 능력이 없어 StE에서는 접속사가 필요하다.

plus]

1.. I came, I saw, I conquered. : infml E
문장이 완성되었으면 full stop을 찍어라. 그러면 Standard WrE가 된다.
vs You think too much, which is your problem. : StE
연결설명어 사용은 독립된 문장이 아니다.

2.. You think too much – which is your problem. You think too much – that's your problem.
: Standard E ∵ dash 영뇌 : 발전적 추가 설명

vs You think too much, that's your problem. : Infml E
콤머=분리 풀스탑=완전분리 세미콜른=끊어서 잇는 것

vs You think too much, and that's your problem. : StE
일반대명사는 접속능력이 없기 때문에 문장을 접속시키기 위해 접속사를 썼다.

vs You think too much. That's your problem. : Standard E
독립된 문장으로 full stop을 찍었으니 StE가 된다.

vs You think too much. Which is your problem. : Incorrect
연결설명어는 한 period 내에서 쓰는 영뇌이다.

3.. American education system is different from which of Korea. : Incorrect
— referent를 가리키기는 하나 자기문장을 거느리지 않다 틀린 표현이다.

vs American education system is different from that of Korea. : Correct
틀린 표현이 없다. 문장을 거느리지 않고 가리키기만 하는 지시대명사이기 때문이다.
일반대명사는 접속능력이 없기 때문에 접속시킬 접속 문장을 거느리지 않아도 좋다.

연결설명어 영뇌

vs He published an English book in regard to which. : Incorrect
관계대명사는 문장 접속능력이 있기 때문에 접속시킬 자기문장이 있어야 한다.

vs You know the new grammar, in regard to which he published an English book. : Correct
referring back하기도 하고, referent에 자기문장을 연관[연결]시키고 있다.
vs You know the new grammar, in regard to it he published an English book. : Incorrect
가리키는 것까지는 맞지만, 일반대명사는 문장 접속능력이 없다. 비연결설명어이기 때문이다.

4.. There have been housing and other projects in the Niger Delta, some completed but many not.
: infml E comma대신 period를 찍거나 앞에 접속사를 쓰거나 아니면 관계대명사를 사용하면 StE가 된다.

vs -----, some of which were completed but many of which not. : StE → 관계대명사 뇌로 표현
vs ---, and some were completed but many not. : StE → and로 표현

vs ----- . Some were completed but many not. : StE → period로 표현
vs ----- . And some were completed but many not. : StE → period와 And로 표현

5.. Adam did not want the apple for the apple's sake, he wanted it only because it was forbidden.
: infml E --Mark Twain-- ※ for the apple's sake=즉 사과를 목적으로 해서 for=해당상황으로서 즉

StE ⇨
vs Adam----. He wanted ----.
or Adam ---, who wanted ----.
or Adam, who wanted ---, did not ------. (비록 그가 원했다할지라도)

※sake=목적[purpose] /이익[benefit]으로서 목적으로 해서 /위해서
: Forgive me for mercy's sake /goodness' sake /heaven's sake /God's sake /the sake of goodness.
즉 자비를 위해서라도 --> **뜻하는 의미**=즉 제발
goodness=God의 완곡한 표현(euphemistic)
for appearance' sake=즉 외관상 모양을 위해서 --> **뜻하는 의미**=즉, 체면상

terms 정리와	영어전체 입장 --- 알면 약이 되고 모르면 병이 되는 것 Knowledge is bliss, ignorance is illness.

영어전체 입장
=SpE + WrE + infml E + formal E **(단, 이들 중 범위가 가장 큰 것은 SpE이다)**
-- 영어전체 입장에서 보면 infml E도 맞다. Standard Written English 입장에서 보면 infml E는 틀린 표현으로 간주하지만, Spoken English(뉴스, 대화, 쇼) 또는 알림, 광고, headline, -- 등에서 많이 표현한다.

plus

① 문장을 거느릴 수 있는 단어, 즉 속문장을 거느릴 수 있는 단어
=관계대명사 /관계부사 /종속접속사 /관계문장의 선행사 /일부동사

A.. I met someone who said he knew me.
관계대명사 /동사(said) — 문장을 거느림
시동=누구냐하면은 (이 사람은) 말한 사람인데 자기가 알고 있다고 나를 말이다.

B.. This is the house where I was born. 관계부사
When he went out, the phone rang. 종속접속사

C.. What you said is wrong.
what=대명사, 즉 선대대명사로서 선행사 — 관계문장을 거느림 you said=관계문장

D.. Today is when he was born. **명사, 즉 선부명사**
when=명사/대명사, 즉 선부 명사/대명사로서 선행사 he was born=관계문장
시동=--날, 즉 그가 태어난 날이다/언제냐 하면 그가 태어난 날이다.

E.. I don' t know who he is.
who=의문대명사
know=문장을 거느리는 동사 **시동**=--누구인지 그가 말이다.

② 접속사를 써지 않고 문장을 접속[연결]시킬 수 있는 것
=관계대명사 /관계부사 /관계문장 /종속문장

단, 종속절=동격 → 제한적 연결문장,
↳이것 외 모두 → 비제한적 연결문장
↗ 말자 2개=관계대명사절/관계부사절

속문장에는 관계문장 /종속문장 /서술문장 /제한적 연결문장 /비제한적 연결문장이 있다.
관계대명사 /관계부사 /관계문장 /종속문장=연결설명어 서술문장=비연결설명어

A.. She was so rich <u>she could come here</u>.
-- she could come here=**종속문장**으로 주절에 연결시켜 설명해 나가는 연결설명어
이때 연결영뇌=결과 또는 추론
vs She was so rich. =**서술문장**

만약 that으로 표현하면, that이 종속 접속사, 즉 연결설명어가 되기 때문에
she could come here는 서술문장으로 변한다.
: She was so rich **that** <u>she could come here</u>. that **연결영뇌=그래서**

그래서 윗 문장을 that 생략으로 이해하지 말고, **관계문장 영뇌**처럼 바로 **종속문장 영뇌**로 작동시키면 바로 바로 이해할 수 있고, 원어민들처럼 표현하기도 훨씬 쉬워진다.

13) 관계대명사 영뇌와 관계부사 영뇌의 차이

관계대명사 영뇌

=place, time, reason, way와 연결지으면서 주기능으로 설명해 나가는 뇌.

—일종의 대명사이기 때문에 주기능을 하는 것이다.

place/time/reason/way=referent로서 비사람

vs 관계부사 영뇌

=place, time, reason, way와 연결지으면서 보조기능[즉, 주기능 비소유]으로 설명해 나가는 뇌.

—일종의 부사이기 때문에 보조기능을 하는 것이다.

A.. This is the place which he liked best.

주기능=자기문장 동사의 목적어 referent=the place

vs This is the place where he was born.

보조기능=referent와 자기문장의 보조기능 referent=the place

referent와 보조기능인 경우 마치 명사를 부사로 설명해 나가는 뇌와 같다. sometimes대신에 where를 썼다고 생각하면 된다 ⇨ Roller-coaster sometimes.

B.. This is the office in which he works.

주기능=전치사의 목적어 referent=the office

시동=내소, 이 내소가 그가 일하는 곳이다. **전치사 수반시 비제한적 연결영뇌 가능**=내소, 이 내소에서 그는 일한다.

or This is the office which he works in.

여전히 주기능=전치사의 목적어 -- referent를 언급하면서 in의 목적어 referent=the office

시동=어떤 곳이냐 하면은 이 곳은 그가 일하는 곳, 즉 그 내소에서 일하는 곳이다.

vs This is the office where he works.

보조기능=referent와 자기문장의 보조기능 referent=the office

시동=이곳은 어떤 곳이냐 [어디냐] 하면은 그가 일하는 곳이다.

C.. The years during which he was in the army.

주기능=전치사의 목적어, 즉 전치사의 목적어도 되면서 가리키는 것[언급하는 것] referent=The years

시동=그 해들은 이 기간 중에 그가 있었던 시기였다, 내소 군내소에서 말이다.

전치사 수반시 노콤머 which도 비제한적 연결영뇌 가능 =그 해들, 이 기간 중에 -- 있었다. --- .

vs The years when he was in the army.

보조기능=referent와 자기문장의 보조기능 referent=The years

시동=그 해들, 언제냐 하면은 이 때는 그가 있었던 시기인데 내소 군내소에서 말이다.

주의] , when ⇒ **비제한적 연결영뇌로 시동**=그 해들, 이 때에 그는 있었어요. 내소 군내소에서 말이다.

vs The years that he was in the army.

관계부사=referring back + referent와 자기문장의 보조기능　　referent=The years

시동=그 해들, 이 때는 그가 있었던 시기인데---.

비제한적 연결영뇌 가능= 그 해들, 이 시기에 -- 있었다. ---.

: 이 때는 뜻하는 의미가 아니다. that 관계부사 자체가 두 가지 영뇌가 가능하다.

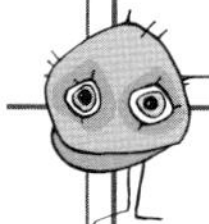

What's the matter?

Look at them ----- they're not happy, are they? Can you say why? Fill in the missing words.

1.  "I've got terrible ..., mum." "Take a ...."

2.  He's walking ... over.

3.  She's ... her ....

4.  She's got a .... She's blowing ....

5.  He's ... his ....

6.  He's ... on the ....

7.  He's ... his ....

8. 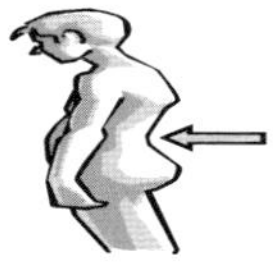 He's got a... in his....

Answer :
1. constipation/laxative　2. hunched
3. burnt/hand　4. cold/nose　5. broken/arm
6. fallen/ice　7. cut/finger　8. pain/back

Question

문맥에 맞는 말을 고르시오.

tip) 특히, 자기문장과의 관계에서 주기능 뇌냐 보조기능 뇌냐 그것만 따지면 된다.

A.. Temperatures were relatively mild throughout the country yesterday, (when, which) was 'Sohan' by the traditional seasonal division.

B.. This is the house (where, which) he was born.

C.. This is the house (where, which) he was born in.

D.. I don't know the time (when, which) he will arrive here.

E.. That was the reason (why, which) prevented them from coming with me.

F.. We visited Central Park, (where, which) is noted for its plum blossoms.

G.. I went to Cheju-do, (where, which) is one of the most beautiful views in Korea.

H.. We'd better wait till 10 December, by (when, which) Mike will have had his exam.

--> We'd better wait till 10 December. By (then, which, when) Mike will have had his exam.

∵ 관계사=연결설명어 뇌이기 때문에 period 밖으로 나갈 수 없음.

vs 지시대명사=비연결설명어 : period밖으로 나갈 수 있음 then=지시대명사로서 전치사의 목적어

(보조기능=보조어 주기능=주어/목적어/보어)

plus

주기능을 하기 때문에 동사 수일치 필요

관계대명사=단복대명사 --- 그래서 referent(언급물)를 보고 판단

A.. -- the residents who live in the cottage.

B.. -- the lions which live in Africa

C.. -- the subway that (which) goes downtown.

D.. A crocodile is a large reptile that lives on land and in lakes and rivers in the hot wet parts of the world.

E.. The 10:15 train, which is usually very punctual, was late today.

F.. The ladder on which I am standing begins to slip.

slip=미끄러져 빠져나가는 것 slide=쭉 미끄러지는 것

cf] ① What you said was/were right.

=The thing/The things which you said was[were] right.

what=선대대명사로서 단복대명사

: What were once truths are true no longer.

David Nieland, who helped draw attention to what he said were shortcomings in the government's probe, resigned from his job.

-- 쪽으로 뭐 그가 말한 것들에는 있었다는 것, 즉 여러가지 결함이 있었다는 쪽으로 --

② Someone came here. We met him/her/them.
Someone has parked their/his/her car right in front of mine.

대명사로 받을 때는 단복의미이지만 주어로 쓰일 때는 **언제나 단수동사와 의율이 된다.**

어떤 사람으로 | 여러 사람을 두고 한 표현이면 they로
그냥 사람 또는 남성을 두고 한 표현이면 he로
여성을 두고 한 표현이면 she로 표현하면 된다.
그래서 각각 소유격으로 그렇게 되는 것이다.

plus] 1. 관계문장 추가 :

- The only thing we can do is (to) write to him.
- All we can do is (to) write to him. • All I did was (to) press this button.

vs The restrictions Israeli police said were meant to prevent demonstrations by young Muslim men.

- **관계문장일 경우**: 그 규제들[통제들]은 이스라엘 경찰이 말한 것들인데 되어 있었다. 의도로 즉 막을 의도로 되어 있었는데 여러 군데의 데모, 즉 젊은 무슬림인들이 하는 데모들을 말이다. [=The restrictions that Israeli police said were ---- .]
- **삽입 서술문장일 경우**: 그 규제들[통제들]은 이스라엘 경찰이 말한 바에 의하면 되어 있었다.

2. free 영뇌[infml E]는 일반적으로 SpE(뉴스, 드라마, 쇼, 대화), 리플, 갈림, 광고, Headline,— 등에서 많이 표현한다.

- 3.5 million people, who turned out today across France to show their unity in the face of terrorism and joining them, world leaders, the heads of state, of some 50 countries, European, Middleeastern, African, ---, missing, however, and I --- . : **프랑스 단합대회 보도 내용**

s동사없이 접속사와 일반 현분사, missing 간단말로 infml하게, 즉 free 영뇌로 보도하고 있다. 그래도 말이 통한다. 특히 who앞 comma는 말에서는 나타나지 않으니 상황에 맞게 알아서 판단한다.

: and joining [infml E] --> , were joining / , joined /, joining [=Standard Written English]
joining=일반현분사 영뇌 ↳were/joined=과동사 영뇌로서 s동사 , joining =관계현분사 영뇌
, missing, [infml E] --> There were missing countries, --- . [=Standard WrE]

시동=삼백 오십만명, 누구냐 하면 이들은 (집밖으로) 돌아 나왔는데 오늘 곳곳에서 프랑스 곳곳에서 나왔는데 즉 보여주기 위해서 그들의 단합된 모습을 보여주기 위해서 속에서도 직면 즉 테러위험의 직면 속에서도 나와서 (그리고) 동참하고 있었다. 그분들, 즉 세계 지도자들, 즉 국가 수반들과 함께 말이다. 이들 소속은 자그마치 50개국이나 되며, 유럽출신, 중동출신, 아프리카 출신 --- 그런데 빠진 국가도 있었다. 하지만 그리고 나는 ---- .

＊집밖으로=**상황** associate 그런데=**문맥** associate missing[=skipped/absent] 빼먹은/참석하지 않은 나라 -- 뒤에 countries **전제**

"SOMETIMES LOVE LETTERS GET STUCK WAY IN THE BACK. I HAVE NO WORRIES."

14) what 영뇌와 강조 선대대명사[의대접속사] 영뇌

① **what 영뇌**

사물을 모르는 것으로서

뭐냐[무엇이냐] 하면 — 하는 것으로서 선대대명사/(선대) 대명접속사

/뭐냐[무엇이냐] 하면으로서 부정부사 /뭐로서 감정부사 /얼마나로서 감탄부사=부사

/무엇으로서 의문대명사/의대접속사

[w : 부지[의문] 모습 t : thing(s) — BNW]

--- 품사와 관계없이 뜻(BNW)으로 바로 작동시키기=뭐냐 하면[무엇이냐 하면] /무엇 / 뭐 /얼마나

선대= '선행사+관계대명사' 의미 -- 뜻하는 의미

-- 그래서 관계대명사가 아니다. 뜻하는 의미로 달리 표현할 수 있다.

[WHat=워ㅌ/와-ㅌ=post 점형 F : 감정음가 /line 점형 F : 철자음가]

IIIII .. This is /what /you said.

영뇌=기-->설-->설' : BEis-Os

or I + I + I : I-Os or S + S + S : S-Os

you said=**관계문장** -- vocal 감각적 주파수로 (자동 설가가 될 때까지) F3+E2 강하게 말하기

what=대명사(특히, 선대대명사)로서 관계문장의 선행사 + 목적어+ s동사의 보어

시동=이것은 인데 무엇이냐 하면은 네가 말한 것이다.

뜻하는 의미=This is the thing that you said.

This is that which you said.

This is the word that you said.

This is the damage that you said. And suchlike.

what 선대대명사 속에 뜻하는 의미로 선대의미가 들어 있을 뿐이지 관계대명사가 아니다.
즉 선대는 어디까지나 해당단어의 본래의미[원래의미]의 뜻하는 의미이다.
모든 것의 판단의 잣대는 BNW이다. **즉 BNW는 헌법재판소이다.**

<-- This is all you need.   All you need is a hammer and some nails.

all=(선대 대명사가 아닌 그냥 대명사로서) 선행사   you need=관계문장

뜻하는 의미=all that you need   that=**관계대명사**

what은 all과 같은 표현 방식이다. 그래서, **AFN에서 Jeopardy Host가** 문제 글을 읽어주면 참가자들이 이렇게 대답하는 데 이 경우에도 대명사로서 **선대대명사**이다: 'What is London.' **의문문이 아니다.**

시동=무엇이냐 하면은 London이지요 : **서술문장** 무엇이냐 하면 인 것 즉 London이지요 : **관계문장**

뜻하는 의미=That, which is London.

시동=그것, 즉 어떤 것이냐 하면은 London이지요. ※ is=동질연결로서 '은'

vs What with overwork, //he became /ill.

영뇌=전설 ⇨ 기-->설 : BEis-Os

or I + I + I : I-Os or S + S + S : S-Os

what=**부정부사**

--- vocal 감각적 주파수로 (자동 설가가 될 때까지) F3+E2 강하게 말하기

▭ 부사가 전치사를 설명해 주는 뇌 with=동존으로서 있는 것 ⇒ 동존이유

시동=뭐냐 하면 있었기 때문에 과로가 있었기 때문에 (그에게 생겼어요, 병이 말이다.)

vs What are /my options?

영뇌=기-->설 : BEis-Os or I + I : I-Os or S + S : S-Os

what=**의문대명사 -- 일반대명사 영뇌**

시동=무엇들이 있지, 나의 options에는 말이다? /무엇이지, 나의 options은 말이다?

who/what/which (선대) 대명사 vs where/when/how/why=(선대/선부) 대명사/명사

A.. That's not who we are.

who=**(선대) 대명사로서 관계문장의 선행사/보어+s동사의 보어** (we are=관계문장)

시동=그것은 아니다[그건 아니지]. 누구냐 하면 우리의 현지의 모습이 아니다[참 모습은 아니지].

즉 우리가 보여주고자 하는 장면이 아니다는 말이다.

--- Osama bin Laden을 사살한 후 사진 공개 여부를 놓고 Obama 대통령이 한 말

That=**사살 사진 장면**

뜻하는 의미= That's not the persons who we are ➾ who=관계대명사

시동=그것은 아니다. 그런 사람, 즉 누구냐하면 우리의 현재의 모습[참 모습]과 같은 사람으로 말이다.

: Be with who makes you smile. [=who that : Formal E]

who=**(선대) 대명사로서 관계문장의 선행사/주어** ∴ who family=전치사의 목적절

시동=하는데, 함께하라. 누구냐 하면 만들어 주는 사람과 너를 스마일하게 만들어 주는 사람과 함께하라.

뜻하는 의미=the person who makes you smile tip)This is who[whom] you want. : **(선대) 대명사**

vs Choose whom you will serve. [=who]

선대 대명사=누구냐하면 너희들이 앞으로 섬길자

또는 의문 대명사=누구를 너희들이 앞으로 섬길지

B.. This is where you like.

where=**(선대) 대명사/명사로서 관계문장의 선행사/목적어+s동사의 보어**

시동= 이곳은 어디냐 하면 네가 좋아하는 곳이다. /이곳은 곳[장소], 즉 네가 좋아하는 곳[장소]이다.

뜻하는 의미=the place which /where that : Formal E -- 이때 that=관계대명사 ❖ is=은

vs This is where you were born.

where=**(선부) 대명사/명사로서 관계문장의 선행사 + s동사의 보어**

시동=이 곳은 어디냐 하면은 네가 태어난 곳이다. /이 곳은 곳인데, 네가 태어난 곳이다.

뜻하는 의미= the place where /where that : Formal E -- 이때 that=관계부사 ❖ were=과거동질로서 '가'

vs Egypt is /where /it all begins.=기-->설-->설' : BEis-Os

시동=어떤 곳이냐 하면 그 모든 것이 시작하는 곳이다. /곳인데, 즉 ---.

where=어떤 곳 /장소[곳]를 의미하는 **(선부) 대명사/명사로서 관계문장의 선행사 + s동사 보어**

it all begins=**관계문장** -- 주기능 비소유

뜻하는 의미=Egypt is the country where it all begins.

where= -- 인데, 그런 나라인데 어떤 곳이냐 하면 이 나라는 -- 하는 곳 : **관계부사**

C.. Now is when you want.

when=**(선대) 대명사/명사로서 관계문장의 선행사/목적어 + s동사 보어**

시동=지금이 언제냐 하면은 네가 원하는 때이다.

/지금은 때, 즉 네가 원하는 때이다. **뜻하는 의미**=the time which /when that

⇨ which/that=**관계대명사** -- 주기능

vs Saturday is when we' re less busy.

when=**(선부) 대명사/명사로서 관계문장의 선행사 + s동사 보어**

we' re less busy=관계문장 -- 주기능 비소유 **뜻하는 의미**=the time[day] when /when that

시동=토요일은 언제냐 하면 우리가 덜 바쁜 날이다. ⇨ when/that=**관계부사** -- 보조기능

/토요일은 때[시기], 즉 우리가 덜 바쁜 때[시기]이다. ※ is=은 ' re=가

D.. This is how you want. : **주기능 소유[=목적어]**

how=**(선대) 대명사/명사로서 관계문장의 선행사/목적어 + s동사의 보어**

시동=이것은 인데 어떤 방법이냐 하면은 네가 원하는 방법이다/이것은 방법, 즉 네가 원하는 방법이다.

뜻하는 의미=the way which/how that

vs That' s how she lives along. : **주기능 비소유**

how=**(선부) 대명사/명사로서 관계문장의 선행사 + s동사의 보어**

시동=그 것은 인데, 어떤 방법이냐 하면은 그 여자가 살아가는 방법이다.

/그 것은 방법인데 그 여자가 살아가는 방법이다. **뜻하는 의미**=the way how (old E) /how that

↗어떤 것/(어떤) 이유/무엇이냐 하면 //즉 그것

↗ This is which/why/what/that you want.

↗which, why, what, that도 포함

⇨ 이상 A, B, C, D의 who, where, when, how를 **대명사/명사**로 보지않고, **종속접속사**, 즉 대명접속사 또는 명사접속사로 보아도 좋다. ☞ p217/361

Tip]선대/선부는 해당단어의 본래의미가 뜻하는 뜻하는 의미이다. 그래서 원래의미는 대명사/명사/접속사이다.

구문법의 자기 모순]

what이 선대의미가 있어 관계대명사라면 who/where/when/how도 관계 대명사에 넣었어야 했다. 그래서, Longman Dictionary of Common Errors에서는 'What is not used as a relative pronoun.' 이라고 밝히고 있다. 선대의미는 해당단어의 뜻하는 의미이다. BNW로 판단하라.

: We hate who you like.

시동=우리들은 싫어해요, 누구냐 하면 당신네들이 좋아하는 사람들을 말이다.

(you like=**관계문장** **관계문장의 선행사=who=선대 대명사** =the people who you like)

what은 관계대명사가 아니다. 그래서 자신이 대명사로서 선행사가 가능하다.

: We heard what that you said. What is it that happened to him? : **Correct -- formal E**

cf]The day was /stormy |and|, what was worse, // it was /thundering. : **등위접속사+대명접속사**

→ what=(관계문장의) 선행사/주어+접속기능 =**기--> 설-->등전설--> 전설 ⇨ 기-->설**

시동= -- 그리고, 뭐냐하면은 (된 것은) 더욱 더 악화된 것은 (날씨가 하고 있었다는 것이다.

즉 천둥이 치고 있었다는 것이다.) -- 설상가상으로 그렇게 되었다는 의미이다.

↗ 이런 선대 대명사에 접속의미, 즉 접속기능이 부여되면 선대 대명접속사가 된다.

a. 선대대명사 영뇌 — 어떤 것에 대한 부지로서 뭐냐하면 /무엇이냐 하면 [w: 부지고습 t: thing(s)]

1.. He saves what he earns. : **선대대명사+관계문장(=제한적 연결영뇌)**
시동=뭐냐 하면/무엇이냐 하면 그가 버는 것을 말이다.

2.. What upsets me most is your manners.
시동=뭐냐하면 upsets시키는 것, 나를 가장 많이 upsets시키는 것은 ---.

3.. What were once truths are true no longer.
시동=뭐냐하면 이었던 것인데, 한 때 진리이었던 것인데 이제는 진리가 되지 못하는 데 더 이상 되지 못한다.

4.. I told him what I had told you.
시동=뭐냐하면 내가 전에 했던 것, 즉 말했던 것, 너에게 말했다는 것을 말이다.

5.. She is not what she was 20 years ago.
시동=(현재는) 아니다. 뭐냐하면 그녀가 였던 것 20년 전의 였던 것으로 말이다.

6.. All is not what it seems.
시동=모든 것이 반드시 그런 것은 아니다. 뭐냐하면 그것이 외관상 보이는 것으로 (해서) 말이다.

7.. He is what you call a walking dictionary.
시동=그는 인데 뭐냐하면 여러분들이 말하는 것[부르는 것]으로 걸어 다니는 사전이다.

b. 선대대명사 또는 의문대명사 영뇌
— 어떤 것에 대한 부지/의문으로서 뭐냐하면[무엇이냐 하면] /무것 [w: 부지[의문] 모습 t: thing(s)]

1.. The letter showed clearly what they were planning.
↗연결설명어 영뇌
시동=뭐냐하면 -- 하고 있었던 것 즉 계획하고 있었던 것-- **제한적 연결영뇌 ∵ 선행사+관계문장**
/무엇을 -- 하고 있었는 지, 즉 계획하고 있었는지-- **서술적 영뇌 ∵ 의문사+서술문장**
↘비연결설명어 영뇌

2.. We honor him for what he is, not for what he has.
시동=높이 그를 기리는 데, 그 이유는 즉 대해서 뭐냐하면 현재의 그의 존재에 대해서이지, 대한 것은 아니다, 즉 뭐냐하면 그가 가진 것에 대한 것은 아니다. / -- 그 이유는 때문에 뭐냐하면 그이의 현재 존재 때문이지, 때문은 아니다. 즉 뭐냐하면 그의 소유 때문은 아니다.
즉 높이 존경하는 것은 현재의 됨됨이 때문이지, 그의 재산 때문은 아니다는 말이다.

/(우리가 높이 존경하는 데 그 사람을 높이 존경하는 이유는) 대해서 현재 그가 무엇인지에 대해서 이지, 대한 것은 아니다. 현재 그가 무엇을 가지고 있느냐에 대한 것은 아니다. ※ for=해당사항으로서 해당이유

3.. Ask him what she had done.
시동=뭐냐하면 그녀가 했던 것, 즉 실행했던 /무엇을 그녀가 했는지. 즉 실행했는 지

4.. We don't know what you said. 시동=뭐냐 하면 네가 말한 것 : **관계문장** /무엇을 네가 말했는지 : **목적절**
cf] What is Seoul. Who is Bill Clinton. : 퀴즈에 더한 답변 -- 의문문이 아니다.
시동=무엇이냐 하면/누구냐 하면 -- 인 것/이라는 사람 : (infml) **관계문장** ⇒ **일종의 free 영뇌)**
/무엇이냐 하면/누구냐 하면 -- 이다 : **서술문장**
↘[=That, which /The person, who : **선대로 달리표현**]

5.. The missionary described exactly what he saw. 시동=뭐냐 하면 그가 본 것/무엇을 그가 보았는지
I can't decide what to do next. 시동=뭐냐하면 할 것인데 (다음에 말이다) /무엇을 할 지 : 우리는 보통 후자로 많이 알고 있으나 영영사전에서는 전자의 예로 많이 들고 있다. 관계문장 대신에 to 부정사 영뇌로 대명사에 제한적으로 연결하고 있다.
: What to watch ahead of the open. **시동**=무엇이냐 하면 주목해야 할 것들, 앞서서 즉 장이 열리기--- .

c. **부정(不定) 부사 영뇌** — 어떤 것에 대한 부지로서 뭐냐하면 [w: 부지(不知) 모습 t: thing(s)]

1.. Reading is what to the mind. Exercise is what to the body.

└→ 여기서 what= to를 설명해 주는 부정부사 또는 is의 보어가 되는 의문대명사

시동=리딩은 인데 뭐냐하면[무엇인데] 쪽으로 마음 쪽으로 관계하는 것이다.

/운동은 인데 뭐냐하면[무엇인데] 쪽으로 육체 쪽으로 관계하는 것이다. *to=방향관계로서 쪽 관계

2.. What with overwork and what with money worries, he became ill.

시동=뭐냐 하면 있기 때문에 과로가 있기 때문에 그리고 또, 뭐냐하면 있기 때문에 돈 걱정이 있기 때문에 ---.

-- 부사가 전치사를 설명해 주는 뇌 : She is heavily in debt.

3.. What between overwork and money worries, he became ill.

시동=뭐냐 하면 범위 내에 놓여 있어서 과로와 돈 걱정 범위 내에 놓여 있어서,

between=사이로서 범위(내) : 사이범위

뜻하는 의미=Half through overwork and half through money worries, he became ill.

half=adv. **시동**=절반은 통해서--- 을 통해서 그리고 절반은 통해서 --통해서

4.. What by good fortune and (what by) exertions, he achieved eminence. *eminence=명망/유명세

시동=뭐냐하면 의해서 행운과 노력에 의해서 -- 전치사를 설명해 줄 수 있는 단어는 부사 밖에 없다.

cf] **감정부사 영뇌** : What I have nothing. what=adv. 시동=뭐, 나는 가진 게 아무것도 없어요

감탄부사 영뇌 : What a profit with you! What a bride! cf] "Here I am. Here I am. How do you do?" Why your world!

시동=얼마나 많은 이익이 되는 가, 동체[동자] 너에게 말이다! 얼마나 이쁜 신분인가!

-- 감탄사도 일종의 부사이다. 그래서 명사 설명시 관사 앞에 놓이는 것이다.

tip)what=**대상과 감정어로 사용** how=**방법과 감정어로 사용** why=**이유와 감정어로 사용**

전자=대상감정으로서 감정부사/감탄부사 **중자**=방법감정으로서 감정부사(어떻게 -- 어떻하지)/감탄부사(얼마나)

말자=이유감정으로서 감정부사(아니) /감탄부사(이 얼마나 놀라운 사실인가)

└→more ☞ 기본영뇌 vol 1 p126/127

addition] Reading is what to the mind. Exercise is what to the body.

서술적 영뇌를 제한적 연결영뇌로 바꾸려면 what를 선행사로 하여 **관계문장 영뇌**로 바꾸면 된다.

⇨ What reading is to the mind. What exercise is to the body.

시동=뭐냐하면[무엇인데 즉] 리딩은 인 것인데 쪽으로 마음쪽으로 관계하는 것

/뭐냐하면[무엇인데 즉] 운동은 인 것인데 쪽으로 육체쪽으로 관계하는 것 -- **관계문장의 선행사+보어**

[=The thing/Something which : 선대로 달리표현

뭐, 즉 /그것, 즉 (리딩은 인 것인데, 쪽으로 마음 쪽으로 관계하는 것)]

⇐ I heard what. **서술적 영뇌**: 나는 들었는데 무언가 들었다 : **의문대명사**

→ What I heard. **제한적 연결영뇌**: 뭐냐하면 내가 들은 것 : **선대대명사=관계문장의 선행사**

d. **대명접속사 영뇌**

IIIII .. Reading is to the mind what exercise is to the body.

what=**대명접속사 (+ 관계문장)**

-- 대명사로서 관계문장의 선행사가 되고, 뒷 is의 보어가 되면서, 최종적으로 자기문장을 주절[앞문장]에 접속시키는 접속사 ⇒ what=「**선행사+보어+접속사**」 **기능**

(exercise is to the body=관계문장 -- 주기능 소유=보어) to=방향 관련

시동=리딩이 인 것은 쪽으로 마음 쪽으로 관계하는 것은 뭐냐하면 운동이 인 것과 쪽으로 육체 쪽으로 관계하는 것과 같다.

plus] What was worse, it was thundering. 대명접속사(+관계문장)

tip]선대대명사는 품사가 대명사이기 때문에 앞 문장의 관계어서도 목적어가 된다.

: I heard what you said.

what=heard/said의 목적어 -- 양쪽 기능 ☞ p361 선대 대명접속사도 가능

⇐ I heard what. You said what.

that외(外) 모든 종속접속사=comma를 찍어도 좋고, 안 찍어도 좋으며, 문두 이동이 가능

⇒ Reading is to the mind, what exercise is to the body.

=What exercise is to the body, reading is to the mind

뜻하는 의미

=Reading is to the mind as exercise is to the body. as=등위접속사 : 같은 데 -- 와 같다

=Just as exercise is to the body, so is reading to the mind.

just=강조부사 as=종속접속사

just as=똑같이

so=부사 -- 그런 것과 같다 (즉 리딩이 쪽으로 -- .)

⇒ so do I와 같은 표현이다. 즉 부사를 먼저 써서 도치시킨 표현이다: 관습적 E

※ is=동질[동질연결]로서 '같다, 즉'

e. 의대접속사 영뇌 — 의대접속사=의문대명사+접속사=복합품사

1.. If I say, 'heads, I win ; tails, you lose' //I will /win, //no matter what happens.

영뇌=전설 ⇨ 기—〉 설 ⇨ 전설

what=의문대명사로서 주어 역할을 하면서 자기문장을 주절에 접속시키는 접속사 no matter=명사부사[강조]

시동=-- 이런 것에는 아무런 문제[차이]가 없다. 무엇이 일어난다 해도 말이다.

뜻하는 의미= ---, no matter what may happen. 시동=무엇이 해도 일어난다 해도 말이다.

=----, whatever happens. 시동=그 무엇이 일어난다 해도 말이다: 강조 의대접속사

2.. No matter ///what you may have, //it is /mine.

영뇌=대전설 ⇨ 소전설 ⇒ 기—〉 설

what=자기문장에서는 의문대명사로서 목적어 역할을 하고, 최종적으로 자기가 거느리는 문장을 주절에 비제한적으로 접속시키는 접속사

: 의대접속사+서술문장으로서 (설주) 비제한적 연결영뇌

시동=아무런 차이가 없다/아무런 문제가 없다. 무엇을 네가 해도 가진다해도 그것이 내것이라는 데는말이다

뜻하는 의미=Whatever you may have, it is mine.

시동=그 무엇을 네가 해도 가진다 해도 may=허락로서 양보 : -- 해도

② 강조 선대대명사 영뇌 :

A.. whatever 영뇌

= 부정사물 지정 강조로서 무엇이든지

[what + ever — w : 不定 t : thing ever : 지정강조 워레버=cramp F : 약한 t단타로 ㄹ음가가 살짝 들어가면 된다]

↙선행사 ↙관계문장

Goats eat /whatever /they can find.

↖They can find whatever. 서술적 영뇌를 관계문장을 써서 제한적 연결영뇌로 바꾼 것

↖그냥 부정대명사

영뇌=기-->설-->설′ : BEis-Os

시동=무엇이든지 -- 할 수 있는 것

eat/find의 목적어=양쪽 기능 ↙선대

뜻하는 의미로 표현 : Goats eat anything that they can find.

시동=어떤 것이든지, 즉 그들이 할 수 있는 것이면 --- .

: Whatever /you have /is mine. cf]You can dress whatever way you like. : 형용사

↖You have whatever의 제한적 연결영뇌 ↳시동=너는 할 수 있는데 옷을 입을 수 있는데 무슨 식으로든 네가 좋아하는 식으로 말이다.

영뇌=기-->설/설 : BEis-Os

시동=무엇이든지-- 하는 것은 : 목적어/주어로서 양쪽 기능

Cf] What Mary is is a competent conductor. 시동=뭐냐하면 매리는 인 사람인데 (그런 사람) 이지요, -- .

what=관계문장의 선행사/보어+s동사의 주어 [또는 주어절=뭐냐하면 매리는 인데 이지요]

≠주절 : 종속절 대비 개념 vs 주어절 : 절로서 주어

↳what=자기문장의 보어

B.. whoever 영뇌

=부정사람 지정강조로서 누구든지

[who + ever — w : 不定 h : human ever : 지정강조 후에버=cramp F]

tip)주기능=주어절/목적절/보어절/동격절

보조기능=부사절

제한기능=형용사절

↙선행사 ↙관계문장

Whoever /gains the most points /wins the competition.

↖Whoever gains the most points. 서술적 영뇌를 제한적 연결영뇌로 바꾼 것

↖그냥 부정대명사 : 시동=누구라도 얻는다. 최고 점수를 말이다

영뇌=기-->설/설: BEis-Os

시동=누구든지 얻는 사람(은 가장 많은 점수를 말이다. 그런 사람이 ---.)

gains/wins의 주어=양쪽 기능 ⋯› 강조 선대대명사+관계문장 tip) 또는 주어절로서 s동사 주어

뜻하는 의미로 표현 : Anyone that gains the most points wins ---- .

시동=어떠한 사람도 즉 얻는 사람은 ---- .

주어절인 경우=누구든지 얻으면[얻는다면] 가장 많은 점수를 말이다. 그러면 이긴다 : 서술적 영뇌

C.. whichever 영뇌

=부정선택 지정강조로서 어느 것이든지/어떤 것이든지

[which + ever — w : 不定 ch : choose ever : 지정강조 위치에버=후음 고음 double slide F]

↙선행사 ↙관계문장

Choose /whichever /you want.

↖You want whichever. 서술적 영뇌를 제한조 연결영뇌로 바꾼 것

↖그냥 부정대명사

영뇌=기-->설-->설´ : BEis-Os

시동=어느 것이든지-- 원하는 것(으로 해서 말이다.) → choose/want의 목적어=양쪽 기능

뜻하는 의미로 표현: Choose anything that you want.

시동=어느 것이든지, 즉 네가 원하는 것으로 해서 말이다.

big tip] 하지만 whatever/whoever/whichever 선대대명사에 접속의미[접속기능]가 부여되면 선대 대명접속사, 즉 종속접속사가 된다. 즉 자기문장[자기 관계문장]을 명(대)동형문에 접속시키는 것이다.

plus 강조 선대형용사

↙선행사 ↙관계문장

Whichever team /gains the most points /wins.

=기-->설/설 [=Any team that gains----.]

Extra Explanation]

다음은 뜻하는 의미로 서로 같다는 것이다.

: whatever=anything that /whatever that whoever=anyone that /whoever that

whichever=anything that /whichever that (후자=formal E)

즉, 강조 선대대명사=강조 선행사 + 강조 관계대명사

∴ 보통 뉘앙스 관계대명사를 선택하면 안된다.

vs anyone who[that] /anything which[that]

▸ 보통 뉘앙스=who/which/that

who/which=보통 뉘앙스 that=강조뉘앙스/보통뉘앙스

anyone=강조뉘앙스/보통뉘앙스, 즉 어느 누구든지 /누군가가

anything=강조뉘앙스/보통뉘앙스, 즉 어느 것이든지 /어느 것

↗특히 주어절=단수동사

.. **관계문장의 위력** : 관계문장으로만 이해해야 하며 그래서 복수 s동사도 가능 → 문맥상 주어절로 이해할 수 없다.

- Who hate me without reason outnumber the hairs of my head. [=Those who=They that]

  누구냐 하면 미워하는 자, 즉 나를 미워하는 자가 : 제한적 연결영뇌 ※who=단복 대명사

- Whom the gods love die young. (whom=관계문장의 선행사/목적어 + s동사의 주어=복수의미) [=Those who/whom]

plus]「의문사 + ever」일때 ever BAM

[e=enforce (강조) v: 탁꽂히는 모양으로서 지정 r: 량보)양보 그래서 ever=지정강조/양보강조/그냥강조]

: whatever /whoever /whichever /wherever /whenever /however ↗ 예문 : 기본영뇌 vol 1 p182

/whyever (어떤 이유이든/이유야 어떻든 //어떤 이유가 되더라도 /이유야 어떠더라도 //도대체 왜)

③ **강조 의대접속사 영뇌 :**

A.. whatever 영뇌

=부정사물 양보강조로서 그 무엇이(을)[의대] —— 한다해도[접속사]

[what + ever — w : 不定 t : thing ever : 양보강조]

If I say, 'heads, I win ; tails, you lose' //I will /win, //whatever happens.

영뇌=전설 ⇨ 기--〉 설 ⇨ 전설 : BEis-Os

시동=(그) 무엇이 일어난 다 해도 말이다.

양쪽 기능=의대[happens의 주어] + **접속사** [자기문장 주절에 연결]

뜻하는 의미=------, no matter what happens.

whatever는 강조이니 -ever대신에 강조부사 no matter를 붙여 주면 서로 뜻이 같아진다.

no matter에 양보의미가 있기 때문에 may를 써지 않아도 좋다.

Whatever /you may have, //it is /mine.

영뇌=전설--〉설' ⇨ 기--〉 설 : BEis-Os

시동=그 무엇을 해도 가진다 해도 may=허가/허락로서 양보

---의대+접속사=목적어+접속어

뜻하는 의미=No matter what you may have, it is mine.

what=뒷말과 관계에서는 의문대명사로서 목적어 역할을 하고, 최종적으로 자기 문장을 주절에 접속시키는 접속사 역할: **의대접속사(일종의 종속접속사)**

Caution]접속사를 함께 쓸수 없음 -- 최종적인 품사는 접속사이기 때문이다.

Whatever I suggest, he always disagrees. : ok

vs Though whatever I suggest, he always disagrees. : not ok

B.. whoever 영뇌

=부정사람 양보강조로서 어느 누가(의대) — 한다해도(접속사)

[who + ever — w : 不定 h : human ever : 양보강조]

Whoever may come, //he will be /welcome.

영뇌=전설 ⇨기--〉설 : BEis-Os

시동=그 누가 해도, 즉 와도 **양쪽 기능**=의대[주어] + 접속사[접속어]

뜻하는 의미=No matter who may come, he --.

구문법의 오류] who를 의문대명사로 보고 있다.

의문대명사는 비연결설명어로 그냥 자신만 말할 뿐이지 문장 접속능력이 없다.

의대접속사로서 종속접속사이다. 자기문장을 주절에 접속시키기 때문이다.

C.. whichever 영뇌

=부정선택 양보강조로서 그 어느 것을(의대의미) — 한다해도(접속의미)

[which + ever — w : 不定　ch : choose　ever : 양보강조]

Whichever you may choose, //you' re /right.

영뇌=전설 ⇨ 기-->설 : BEis-Os

시동=그 어느 것을 해도, 즉 선택해도　**양쪽 기능**=의대[목적어]+접속사[접속어]

뜻하는 의미=No matter which you may choose, you' re --.

-- 명사부사+의대접속사

cf] 1. It will be a difficult operation, whichever method you choose.

-- 의대형용 접속사=의대형용사+접속사

2. Sanders declared victory no matter vote total. -- vote counting under way [underway] 중에 나온 말 : **명부**=아무런 둔제[차이]가 없는 것으로서 관계없이

의대접속사=주기능 + 접속기능

선대대명사=양쪽 모두 주기능　**선대 대명접속사**=주기능+접속기능　**cf]의문대명사**=주기능

구문법의 한계]종속접속사를 하나의 기능으로 취급하여 명사절/부사절로 구분하고 있음

품사 기능과 품사의미로 바로 이해하라. 그래서, 사전에서는 품사를 반드시 명기하고 있다.

add

may=허락/허가로서 양보 :

Strange as it may seem, I always felt I belonged here.

시동=이상하게, 즉 그것이 해도 보인다 해도

tip)

5W1H + | 관계문장 ⇨ 5W1H=선행사(선대/선부 대명사/명사 or 선대/선부 대명/명사 접속사)

| 서술문장 ⇨ 5W1H=의문사(의문대명사/의문부사)

terms 정리와　영뇌용어 --- 아는 것이 힘이다!　Knowledge is power!

관계사

=관계대명사 /관계부사 /관계분사 /관계형용사 /관계문장

--- 콤머유무 연결설명어(로서 노콤머/콤머 연결설명어)

vs 콤머불관 연결설명어 : to부정사 /전치사 /종속접속사 /종속문장

일반적으로 관계사의 제한적 연결영뇌=성격 또는 실체 규정

비제한적 연결영뇌=주로 추가정보[further/extra information]

단, that의 비제한적 연결영뇌=추가정보로서 주로 결과, 순서대로 일어나는 사건

그래서 이런 것일 때는 오히려 콤머 who/which보다 that을 더 선호한다.

주기능=주어/목적어/보어　비주기능=보조기능　cf]서술기능=동사 : 서술어

2. 관계부사 영뇌(RAD NB)

해야할 일-- 원래 언어는 생활 속에서 뜻이 얻어진 것이다. 원어민들처럼 **관계부사 말**을 배우려면 여러분들의 두뇌를 생활 속에서의 뜻으로 관계부사 영뇌를 습관화시켜라. 특히 BEis, IS **영뇌로 습관화시키되**, (생활 속에서의 뜻이 용해된) free **감주**로 습관화시킨다.

☞.. **생활 속에서의 뜻=외국인과 생활하면서 느껴지는 뜻이자 실제로 적용된 뜻(≠사전의 원형적인 뜻)**

❖ **관계부사 영뇌란 :**

IS 두뇌로 장소, 시기, 이유, 방법을 묻는 관계/지정관계로 referring back하면서 자기문장을 제한적/비제한적으로 연결[연관]지어 설명해 나가는 뇌

in short, 연결설명어
in concrete, 콤머유무 연결설명어

---

vs 한뇌
=비사용 (앞에서) 설명해 주는 뇌: 근본적 버그단어

▭ **관계부사 BNW**
=묻는[지정] 관계 referring back 제한적/비제한적 연결의미 tip)**일반부사 BNW**=그냥 부사 position

▭ **referent**
=비사람으로서 주로 장소/시기/이유/방법

관계부사 : where /when /why /how /that
노콤머/콤머 연결설명어 : where /when
노콤머 연결설명어 : why /how /that

cf] wherever /whenever /however
: 대명접속사 /명사접속사 /부사접속사
— 복합 관계부사가 아니다.

▭ 노콤머 관계부사=(선행사) 성격/실체 규정
vs 콤머 관계부사=추가정보

▭ **관계부사 연결영뇌**
=제한적 연결영뇌
: 어디냐하면 — 인 곳[하는 곳]
비제한적 연결영뇌
: 어디냐하면 — 인데[하는 데]
— 콤머 유무 연결설명어에 콤머 영뇌가 함께 작동하면 비제한적 연결영뇌가 된다.

▭ **한국 사람들의 가장 큰 취약점 :**

영어 읽는 법을 모르고 있음 ⇒ 감각적 주파수
+ free 영뇌, 특히 free 감주에 약하다.
+ 한뇌로 이해, 즉 있는 그 위치에서 바로 (무한글로) 이해하지 못함

+ 말[소리]자체/글자자체가 뜻이자 실제상황인데 자꾸 해석하거나 이미지를 그려서 이해하려고 함 특히 해음/해자 영뇌에 약함

+ BNW, 즉 단어 본래의미를 느끼지 못하고, 두 문장을 한 문장으로 고치는 식으로 이해함 특히, 외국인들처럼 단어의 고유한 뉘앙스에 맞게 표현하는 표현의 자유를 누릴 수 없음

+ 문자값으로만 이해하거나 기억하지 청구(聽口) 소리값으로 더 뇌화 되어 있지 않음
+ 문법적 예문으로만 취급하고, 말로 활용하는 것에 약함. 문법공부, 말공부가 따로 있는 게 아님
: That's why union matters. (하나로 뭉치는 것)

+ IS 영뇌로 영어가 머리 속에 남아 있지 않고, 한뇌로 해석한 후 암기하고 있음
+ 설가뇌가 발달되어 있지 않음
특히 영어는 감각적 주파수로 문맥이 보여야 함

+ 단문보다 story뇌에 약함
+ 영어주파수, 즉 vocal 감주에 약함
+ 감각적 주파수로 이해하는 것에 약함
+ 생활 속에서의 뜻[소리]에 약함

tip) 관계부사=관계를 짓는 부사　일반부사=그냥 부사

IIIII.. **관계부사가 대명사가 아님에도 불구하고 referring back이 가능한 것은 묻는 관계로 연결하기 때문이다.**

☜.. 영뇌 상급자가 되면 영어로부터 뜻[IS]이 나오지 한글[해석]에서 뜻이 나오지 않는다.

1) where 영뇌(where NB)

IS 두뇌로 장소를 묻는 관계로 referring back하면서 자기문장을 제한적/비제한적으로 연결[연관]지어 설명해 나가는 뇌 in short, 연결설명어, in concrete 노콤머/콤머 연결설명어

[w: 묻는관계 r〉l: location/place — BNW (w=~ : 묻는모습 + v v를 묶어 놓는 것으로서 관계)]

주의] 장소/시기 묻는 관계=보통 관계 — 콤머영뇌 작동가능

> **말**=W(H)Ere=slide 주파수 : (H)=성문 내성 (철자) 음가
> **where BAM**=장소 묻는관계 언급으로서 어디냐 하면/어떤 곳이냐 하면 (이곳은) — 인 곳 /인데
> =본래의미 -- bnw-BAM
>
> vs just-IM=이곳은— 인 곳/인데//즉 — 인 곳 /인데 ∵ no comma that으로 달리표현 가능

결국 영어는 영어본래의미와 본토말 뿐이다.

↗where할때 제한적 연결상황이 (머리 속에) 보이면 된다 : S영뇌

↙서술적 영뇌 ↙제한적 연결영뇌

A.. This is /the place /where I was born.

영뇌=기-->설-->설′ : BEis-Os

or I + I + I : I-Os or S + S + S : S-Os

↘ ☜.. **major 감주=** --- the place --- I -- born.

How to Read[Speak]

= Thisisthe placewhere Iwasborn. or Thisisthe place whereI wasborn.

or Thisis theplace whereI wasborn.

: BEis/IS, 즉 설가뇌와 자동설가뇌로 되어 있는 것을 감각적 주파수로 이해한다.

즉 한 단어처럼 뒷말과 말하면 저절로 이해가 발생한다.

시동= vocal 감각적 주파수로

(BEis/IS 영뇌가 될 때까지) F3+E2 강하게 말하기

where referent=the place

↗ **아필 free 영뇌의 소리값 → 아필 생활 속에서의 (뜻의) 소리값**

☜.. **我必 Free 감주 간직하기**=The place I was born. /The place that I was born.

시동=이곳은 인데 그 곳, 즉 어떤 곳이냐 하면 (이곳은) 내가 (했던 곳, 즉) 태어 났던 곳이다.

| Free 감주 간직하기 ↘where할때 묻는관계 언급이 보이면 된다 : S영뇌

Ekbe 시동목적=(무한글 이해 느낌인)

감주로 이해느낌을 갖기 위한 것 영어자체로 느낌을 갖거나

small tip)통역[해석]은 감주로 먼저 이해가 된 후 일어나는 부산물이다. 이해의 근본방법이 아니다.

is=동질/동질연결로서 '은 인데' was=동질/동질연결로서 '가' /동동사, 즉 발생으로서 했던 것 뜻하는 의미로 시동=이곳은 인데 그 곳, 즉 이 곳은 내가 태어 났던 곳이다.

[=This is the place that I was born.]

: Does he know /the point /where you are mistaken? =기-->설-->설′ : BEis-Os

시동=그렇지, 그 사람은 알고 있지, 그 점, 즉 네가 실수한 곳을 말이야 /--어떤 곳이냐 하면 네가 - ? ※ are=가

tip)한 문장 내에서 접속사 없이 문장을 거느리면서 referent와 함께 표현 가능 단어 : 관계대명사//관계부사

↳단, 일반대명사와 일반부사(즉 지시부사)=문장 접속능력이 없음

시동 종류=원애시동 /vocal음 /Free 영뇌 /F3+E2 /일상적인 생활 /Ekbe /†SIUM 말하기 /무한글

/BNW or 비한글 BNW /BAM /BEis 영뇌 /connotation /G토씨 /영뇌 기본자세 /패턴 /associate where할때 비제한적 연결상황이 (머리 속에) 보이면 된다 : S영뇌↖ ↗분리 관계부사 cf]미분리 관계부사

B.. I bought /them at /the supermarket, /where I met /Mrs Butler.

영뇌=기-->설-->설'-->설"-->설''' : BEis-Os ↖**비제한적 연결영뇌**

or I + I + I + I + I : I-Os or S + S + S + S + S : S-Os

How to Read[Speak]= Ibought thematthe supermarket, whereI met MrsButler.

: 먼저 감각적 주파수로 이해한다.

시동= vocal 감각적 주파수로 (BEis/IS 영뇌가 될 때까지) F3+E2 강하게 말하기 where referent=the supermarket

시동=나는 샀어요, 그것들을 장소, 슈퍼마켓이라는 장소에서 샀지요. (그리고) 어디냐 하면은 이 곳에서 나는 만났지요, Mrs Butler씨를 말이다. | Free 감주+我必 Free 감주 간직하기

뜻하는 의미로 시동=(그리고) 이 곳에서 ---- 만났지요, -- .

뜻하는 의미로 달리 표현= I ---, and there I met ---. : StE

= I ---, there I met ---. : infml E

cf] where=의문부사[대명사/명사] 영뇌 또는 대명접속사[명사접속사] 영뇌

=장소를 묻는 것/모르는 것으로서 어디 /그냥 장소로서 어디[곳] —— **비연결 설명어**

[w: 묻는 것(= ～↗) or 부지(不知)(= ～) r〉l: location/place]

: A.. Where did you buy? (의문부사가 앞에서 did를 설명해 주는 뇌)

의문부사 -- 어디에서 했지, 즉 너의 구매 행위말이다? /어디였지, 너가 매수한 곳말이다?

B.. I don't know where she is.

의문부사 -- 어디에 그 여자가 있는 지(목적절)

대명사 or 대명접속사 -- 어디냐 하면 그 여자가 있는 곳 cf]I don't know where. 어디인지=대명사

명사 or 명사접속사 -- 곳[장소], 즉 그 여자가 있는 곳[장소] cf]I don't know where. 장소=명사

⇒ **대명사/명사일 경우**=s동사의 목적어 + 관계문장의 선행사

⇒ **대명/명사 접속사일 경우**=s동사의 목적어 + 관계문장의 선행사+ 접속기능[**주절에 접속**]

⇨ **where 품사=관계부사 /종속접속사 /의문부사 /대명사 /명사**

--- 뜻으로 바로 작동시키기=어디냐[어떤 곳이냐] 하면 -- /어디[장소]

live 실전	관계부사 영뇌 where —— 줍는 사람이 임자다! **Finders keepers, losers weepers!**

L-1.. doldrums noun [the+P]

an area on the ocean where ships cannot move because there is no wind

-- 먼저 감각적 주파수로 이해한다. 안되면 감주시동부터 건다. 영뇌 상급자는 free 감주로 빨리 감을 잡는다.

where=(제한적) 관계부사 영뇌 ⇒ referent=an area on the ocean where 영뇌의군=where --- no wind

where의 직계 영뇌의군=because 영뇌의군 because 영뇌의군=because -- no wind | Free 감주 간직하기

시동=doldrums란 일종의 구역인데 상소, 대양 상소에 있는 구역으로서 이곳은 어떤 곳이냐 하면 배들이 전혀 움직일 수 없는 곳이다. 왜냐하면 이기 때문에 무풍지대이기[바람이 전혀없기] 때문이다. *지대=문맥 associate

L-2.. Hosni Mubarak's Egypt has long functioned as a state where wealth bought political power and political power bought great wealth. **--** 먼저 감각적 주파수로 이해한다.

즉/동자 -- 로서

where=(제한적) 관계부사 영뇌 ⇒ referent=a state where 영뇌의군=where -- great wealth as=(is) 동질과 그 대상으로서

시동=호스니 무바라크 정부의 이집트는 가지고 있는데 오랫동안 기능을 해왔던 것, 즉/동자 하나의 국가로서 기능을 해왔던 것을 가지고 있는데, 이 국가는 어떤 국가이냐 하면[어떤 곳이냐 하면] 부가 매수한, 정치권력을 매수한 국가[곳]이자 정치권력이 매수한, 대부를 매수한 국가[곳]이다. 정부=문맥/상황/단어 associate | 我必 Free 감주 간직하기

.. **문장 뼈대**=기본어(an area) + 연결설명어(on/where/because) : s동사 없음

.. 시동으로 (영어) 글자/말 자체에서 뜻이 보이거나 상황이 (머리 속에서) 보이면 된다 : IS 영뇌

2) when 영뇌(when NB)

IS 두뇌로 시기를 묻는 관계로 referring back하면서 자기문장을 제한적/비제한적으로 연결[연관]지어 설명해 나가는 뇌 in short, 연결설명어, in concrete 노콤마/콤마 연결설명어

[w : 묻는관계 en : 언제로서 시기/시간 — BNW]

> **말**=(웨 ㅎㄴ)=W(H)En=post점형 주파수 —— (H)=성문 내성 (철자) 음가
> **when BAM**=시기 묻는관계 언급으로서 어떤 때[언제이]냐 하면 (이 때는) —— 인 시기 /인데
> =본래의미 -- bnw-BAM
> vs just-IM=이 때는 —— 인 시기 /인데 ∴ no comma로 that으로 달리표현 가능

↗**제한적 연결영뇌**[DL NB]

↘when할때 제한적 연결상황이 (머리 속에) 보이면 된다 : S영뇌

A.. Saturday is /the day /when we're less busy.

영뇌=기-->설-->설′ : BEis-Os or I + I + I : I-Os or S + S + S : S-Os

How to Read[Speak]=Saturday istheday whenwe're essbusy.

: 먼저 감주로 이해한다. ↘음수조절 감주↙

시동= vocal 감각적 주파수로 (자동 설가가 될 때까지) F3+E2 강하게 말하기

when referent=the day (이즈더/이즈어/이저=slide F) | Free 감주 간직하기

.. **我必 Free 감주 간직하기**= Saturday when we're less busy. /Saturday we're less busy.

시동=Saturday는 인데[Saturday은] 그 날, 즉 어떤 시기냐 하면은 (이 날은) 우리가 덜 바쁜 날이다.

↘when할때 묻는관계 언급이 보이면 된다 : S영뇌

be 동사=동질: 이다/는/은/가 동질 연결=는/가 -- 이다(인데)

뜻하는 의미로 시동= --- 그 날 즉, 이 날은 우리가 덜 바쁜 날이다.

[=Saturday is the day that we're less busy.]

↗when할때 비제한적 연결상황이 (머리 속에) 보이면 된다 : S영뇌

↙**비제한적 연결영뇌**[Non-DL NB]

B.. We arrived /at /5:00 am, /when the dawn began /to appear.

영뇌=기-->설-->설′-->설″-->설‴ : BEis-Os

or I + I + I + I + I : I-Os or S + S + S + S + S : S-Os

How to Read[Speak]=Wearrivedat 5:00am, whenthe dawnbegan toappear.

: 먼저 감각적 주파수로 이해한다.

시동= vocal 감각적 주파수로 (자동 설가가 될 때까지) F3+E2 강하게 말하기

when referent=5:00 am | Free 감주+我必 Free 감주 간직하기

시동=우리는 도착했어요, 시간은 5시 새벽이고, 언제냐 하면은 이 때에 새벽이 시작했어요, 나타나기를 말이다.

∴ 접속사 필요 -- StE

뜻하는 의미로 시동=(그리고) 이 때에 새벽이 시작했어요, ↗지시부사=접속능력이 없음

뜻하는 의미로 달리 표현= ---, and then the dawn ---. = ---, then the dawn ---. : infml E

tip)관계부사=(접속사 없이) 접속능력 있음

terms 정리와 부사적 연결의미 --- 잔디밭에서 바늘 찾지말라! Don't search for a needle in a haystack!

무슨 연결설명어이든 비제한적 연결영뇌가 되면 대개 **비제한적 부사적 연결[접속]의미**가 된다.

부사적 연결[접속]의미=이유/조건/양보/추가[계속/결과](그리고/그리하여) /전환(인데/하는데) -- : **일종의** associate

※associate=단어/문맥/상황/연결 associate

B - E.. Next May, /when /the new house should /be finished.

영뇌=기--〉 설--〉 설′--〉 설″ : BEis-Os

시동=--, 이때 the new house에게[으로 하여금] 일어나는 게 좋을 것 같다. 즉 완성되는 게 말이다.

be=동질 연결로서 즉 | Free 감주+我必 Free 감주 간직하기

뜻하는 의미로 달리 표현=Next May, and then the new house ----. : StE

=Next May, then the new house ---. : infml E

plus

등맥설명어 when영뇌

"We had just been talking about John **when**, lo and behold, he walked into the room."

when=언제냐 하면 그때 -- 앞문장과 뒷문장을 등맥 시기 묻는 관계로 전개

lo and behold=봐라, (내가 뭐라하던가 /이게 어찌된 영문인지) -- **감탄사**

cf] When=의문부사[대명사/명사] 영뇌 또는 대명접속사[명사접속사] 영뇌

=시기를 묻는 것/모르는 것으로서 언제 /그냥 시기로서 언제[때]

[w: 묻는 것 or 부지 en: 언제로서 시간/시기]

A.. When does it start?

의문부사 -- 언제이지[하지] 그것이 출발하는 게 말이야? /시기가 언제이지 그것이 시작하는 게 --?

B.. I don't know when <u>the concert took place</u>.

의문부사 -- 언제 the concert가 졌는지 펼쳐 졌는지 말이다.

대명사 /대명접속사 -- 언제냐 하면 the concert가 졌던 시기, 즉 펼쳐 졌던 시기를 말이다.

cf]I don't know when. 언제 인지=대명사

명사 /명사접속사 -- 시기[때], 즉 the concert가 졌던 시기[때], 즉 펼쳐 졌던 시기[때]를 말이다.

cf]I don't know when. 시기/때=명사 (place=자리를 정하는 것으로서 전(展), 전으로서 펼치는 것)

→ **대명사/명사일 경우**=s동사의 목적어 + 관계문장의 선행사 -- 부사는 선행사가 될 수 없다.

→ **대명/명사 접속사일 경우**=s동사의 목적어 + 관계문장의 선행사 + 접속기능

⇨ **when 품사=관계부사 /종속접속사 /의문부사 /대명사 /명사**

--- 뜻으로 바로 작동시키기=언제냐[어떤 때냐] 하면 **--** /언제[시기]

live 실전 | 관계부사 영뇌 when **---** 독 안에 든 쥐! **A rat in a trap!**

L- IIIII.. Ann Landers had an estimated readership of 90 million until 2004, when who met her in the columns of more than 1,200 newspapers and through her books, booklets and lectures.

-- (BEis/IS로 이해되는 것을) 감각적 주파수로 이해한다. 잘 안되면 먼저 감주시동을 건다.

| Free 감주+我必 Free 감주 간직하기

↳ 어느 부분을 보더라도 (단어 하나이든) free 영뇌, 특히 free 감주로 이해되면 된다.

↘ 특히 감주 영뇌가 돼야 major 감주 또는 아필 감주로 이해하는 것도 쉽게 된다.

when/who=(비제한적) 관계부사/관계대명사 영뇌 when 연결대상=until 2004

who referent=90 million when 영뇌의군=when who --- and lectures

who 영뇌의군=who met ---- and lectures when/who의 직계 영뇌의군=in 영뇌의군 /and through 영뇌의군

until=도달 대상으로서 도자(到者) -- 까지 through=통수단 대상으로서 통자(通者)-- 통해서 /통수단으로서 통해서-- 통해서

시동=Ann Landers는 가지고 있었다, 대략 독자층이 9천만명이나 되는 독자층을 도자 2004년 까지는 말이다. 언제냐 하면 이때까지, 누구냐 하면은 그들이 만났는 데, 그 여자를 내소, 칼럼, 즉 1200개 이상의 신문 칼럼 내소에서 그리고 통자 그 여자의 책과 소책자, 그리고 강의를 통해서 만났다 [내자, 칼럼, 즉 1200개 이상의 신문 칼럼에서 ---- .]

.. 문장 뼈대=기본어(Ann Landers) + s동사(had) + 연결설명어(until/when who/in/through)

3) why 영뇌(why NB)

IS 두뇌로 이유를 묻는 관계로 referring back하면서 자기문장을 제한적으로 연결[연관]지어 설명해 나가는 뇌 in short, 연결설명어, in concrete 노콤머 연결설명어

[w: 묻는관계 wy>yw: 이유 — BNW]

주의] 이유/방법 묻는 관계=분명한 관계 — 콤머영뇌 작동불가

why 본래의미가 느껴져야 영어승자감을 탈 수 있다.

> **말**=W(H)Ai=slide 주파수
>
> **why BAM**=이유 묻는관계 언급으로서 어떤 이유이냐 하면 — 인 이유=**본래의미** -- bnw-BAM
>
> vs **단순히 뜻하는 의미[just-IM]**=즉 그런 이유 — 인 이유/즉 — 한 이유
>
> ∴ no comma that으로 달리표현 가능

/제한적 연결영뇌

IIIII.. That's /the reason /why she walks. ＼why할때 제한적 연결상황이 (머리 속에) 보이면 된다 : S영뇌

영뇌=기-->설-->설' : BEis-Os

or I + I + I : I-Os or S + S + S : S-Os

＼ **.. major 감주=** --- the reason -- she walks.

How to Read[Speak]=That'sthe reasonwhy shewalks.

: 먼저 감각적 주파수로 이해한다.

시동= vocal 감각적 주파수로 (BEis/IS 영뇌가 될 때까지) F3+E2

강하게 말하기 why referent=the reason (대ㅌㅅㅋ=slide F)

more]고난도 감주 :

That's why I had to wait in a long line.

— 대ㅌ슈아이 해ㄷ어/더

↳hy자음 탈리, 즉 wai중 ai가 I소리와 같아 ai탈리

.. 我必 Free 감주 간직하기=The reason why she walks.

/The reason she walks. /Why she walks.

시동=그게 그 이유, 어떤 이유냐 하면은 그 여자가 걷는 이유이다. | Free 감주 간직하기

＼why할때 묻는관계 언급이 보이면 된다 : S영뇌

뜻하는 의미로 시동= --- 그 이유, 즉 그런 이유, 그 여자가 걷는 이유이다.

[=That's the reason that she walks.]

cf] why 의문부사[대명사/명사] 영뇌 또는 대명접속사[명사접속사] 영뇌

=이유를 묻는 것[모르는 것]으로서 왜 /그냥 이유로서 어떤 이유[이유] [w: 묻는 것 or 부지 wy>yw: 이유]

A.. Why did you come?

의문부사=왜 했지, 네가 왔던 행위가 말이다? /이유가 뭐였지, 네가 온 것이 말이다?

B.. I don't know why you came.

의문부사=왜 네가 왔는지

대명사 /대명접속사=어떤 이유이냐 하면은 네가 온 이유

cf] I don't know why. 어떤 이유인지=대명사

명사 /명사접속사=이유, 즉 네가 온 이유 cf]I don't know why. 이유=명사

⇒ **대명사/명사일 경우**=s동사의 목적어 + 관계문장의 선행사

⇒ **대명/명사 접속사일 경우**=s동사의 목적어 + 관계문장의 선행사 + 접속기능

⇨ **why 품사=관계부사 /종속접속사 /의문부사 /대명사 /명사**

--- **뜻으로 바로 작동시키기**=어떤 이유냐 하면 ----- /왜[이유]

4) how 영뇌(how NB)

IS 두뇌로 방법[방식]을 묻는 관계로 referring back하면서 자기문장을 제한적으로 연결[연관]지어 설명해 나가는 뇌 in short 연결설명어, in concrete 노콤머 연결설명어

[w: 묻는관계 + way — BNW]

> **말**=HOw=slide 주파수 o=아: 감정음가
> **how BAM**=방법[방식] 묻는관계 언급으로서 어떤 방법[방식]이냐 하면 — 하는 방법[방식]
> =본래의미 -- bnw-BAM
> vs just-IM=즉 그런 방법[방식]— 하는 방법[방식] ∴ no comma로 that으로 달리표현 가능

↙제한적 연결영뇌 ↘how할때 제한적 연결상황이 (머리 속에) 보이면 된다 : S영뇌

ııııı.. That's /the way /how he lives along. : formal E (old use)

영뇌=기-->설-->설' : BEis-Os or I + I + I : I-Os or S + S + S : S-Os

How to Read[Speak]=That'sthe wayhow helivesa long. — 이렇게 말할 때 듣기가 어렵다.
: 먼저 감각적 주파수로 이해한다. ↘**고난도 감주로서 Best 감주**
시동= vocal 감각적 주파수로 (자동 설가가 될 때까지) F3+E2 강하게 말하기
how referent=the way (리브세[저]=slide F : 서=infml 소리 저=유성음매치)

☜.. **我必 Free 감주 간직하기**=The way he lives along. /How he lives along.

시동=그게 그 방법, 어떤 방법이냐 하면 그가 살아 (나)가는 방법이다. | Free 감주 간직하기

(역순이해인) X시동은 걸지마라. 이것은 Ekbe 시동에 의해 저절로 걸리니까.

↘how할때 묻는관계 언급이 보이면 된다 : S영뇌

뜻하는 의미로 시동= 그 방법, 즉 그런 방법, 그가 살아 (나)가는 방법이다. [=That's the way that he lives along.]

: We perceive not the ways and manners how they are produced. – Locke (ways/manners=방법/방식)
Let me know the way how this problem may be solved. *perceive not (old E) =don't perceive
(단, 둘다 의문부사도 가능 : 즉 어떻게 -- 생산되는지 /될 수 있는지, 즉 풀릴 수 있는지)

이렇게 the way how로 표현해도 틀린 표현은 아니지만 the way 자체가 접속사도 되므로 현대 영어에서는 다음과 같이 어느 하나로 관용으로 굳어 졌다. 즉 너도 나도 이렇게 쓰니 이런 것으로 굳어진 것이다.

A.. That's how he lives along. : **관습적 E or StE** ↘∵ **종속접속사의 속품사 관계문장**
시동=① 그게 그 방법, 즉 he가 살아가는 방법이야.
⇨ how=**명사**로서 s동사의 보어+관계문장의 선행사 **또는 종속접속사**로서 명사접속사+관계문장
② 그것은 어떤 방법이냐 하면은 he가 살아가는 방법이다.
⇨ how=**대명사**로서 s동사의 보어+관계문장의 선행사 **또는 종속접속사**로서 대명접속사+관계문장

B.. That's the way he lives along. : **관습적 E or StE**
시동=그게 그 방법, 즉 he가 살아가는 방법이야. ↘∵ **종속접속사의 속품사 관계문장**
⇨ way=**명사**로서 s동사의 보어+관계문장의 선행사 **또는 종속접속사**로서 명사접속사+관계문장

↙관계문장의 제한적 연결영뇌

add] Have faith /that /things will work out, maybe not how /you planned, |but| just how /it's meant to be. **=기-->설-->설' + 기-->설 + 기-->설** : BEis-Os

시동=가져라, 믿음을 즉 일들이 앞으로 이루어 질 것이라는 믿음을 말이다. 아마도 아닐지도 모른다. 정도, 여러분들이 계획한 정도는 아닐지는 모르지만 그냥 정도는, 그것이 의미가 되는 그냥 정도는 될 것이다.

▭ ,=콤머 infml E maybe not=(it's) 전제 infml E how=명사로서 관계문장의 기본어[선행사] -- 정도

cf] how 의문부사[대명사/명사] 영뇌 또는 대명접속사[명사접속사] 영뇌
=방법을 묻는 것[모르는 것]으로서 어떻게[어떤 식]
/그냥 방법[수단]으로서 어떤 방법[방법/수단] [w: 묻는 것 or 부지 + way]

A.. How did you come here?
의문부사=어떻게 해서 네가 왔지, 여기에 말이야?

B.. I don' t know how <u>you came here</u>.
의문부사=어떻게 네가 왔는지 여기에 말이야.
대명사/대명접속사=어떤 방법이냐 하면은 네가 온 방법인데 이곳에 말이야.
cf] I don' t know how. 어떤 방법인지=대명사
명사/명사접속사=방법[수단], 즉 네가 온 방법[수단]인더 이곳에 말이야.
cf] I don' t know how. 방법=대명사

⇒ **대명사/명사일 경우**=s동사의 목적어 + 관계문장의 선행사
⇒ **대명/명사 접속사일 경우**=s동사의 목적어 + 관계문장의 선행사 + 접속기능

⇨ **how 품사=관계부사 /종속접속사 /의문부사 /대명사 /명사**
--- 뜻으로 바로 작동시키기=어떤 방법이냐 하면 -- /어떻게[방법/방식/정도]

구문법 탈피와 | 모양/정도[횟수] 관계부사 -- 천리길도 한 걸음부터! A journey of a thousand miles begins with a single step.

시기/장소/방법/이유가 아닌 모양, 정도[횟수] 관계부사 :
모양 관계부사=where 정도[횟수] 관계부사 =how (관계부사=that : 노콤머로서 모두 사용)
-- 보조기능으로서 referent와 의율이 되는 관계부사를 쓰면 된다. 반드시 장소, 시기, 방법, 이유에만 쓰이는 것이 아니다.

1.. quadrilateral [US] noun [C] a flat four-sided shape, ***where*** two of the sides are parallel
where=**보조기능** : 어떤 것이냐 하면은 이 형태에서는 --. : that**대체 가능** | Free **감주 간직하기**
↘ 콤머없이 제한적/비제한적 연결영뇌 모두 가능

2.. pedometer noun [C]
a device which measures how far someone has walked by counting the number of times <u>the feet are raised and put down again</u> | Free **감주+我必** Free **감주 간직하기**

: 밑줄부분=주기능 비소유 관계문장 : 일종의 문장동격 관계문장
이 관계문장에 관계부사를 쓰려면 referent와 의율이 되는 것은 how와 that밖에 없다.
⇒ --- by counting the number of times ***how/that*** the feet are raised and put down again
how/that=**보조기능** : 어느 정도인지/이 횟수는 how=얼마로서 어느 정도
↘ 방법만 의미하는 것은 아니다.

cf] how much를 써지 않고 how만으로도 정도의미를 나타낼 수 있다.
: How Helmut loves to cook. 얼마나 되는 지/어느 정도 되는 지 , 헬뮤트가 아주 좋아하는, 먹는 것을 만들기를 아주 좋하는 정도가 말이다.

How do you sell these apples?
얼마에 너는 팔지, 이 사과들을 말이다 /얼마이지 너가 판매하는 것인데 이 사과들을 말이다?

연결설명어 영뇌

5) that 영뇌(that NB)

IS 두뇌로 장소, 시간, 이유, 방법[방식]을 지정관계로 referring back하면서 자기문장을 제한적/비제한적으로 연결[연관]지어 설명해 나가는 뇌

in short 연결설명어, in concrete 노콤머 연결설명어 [th: the a: all t>d: direction 방향으로서 관계 — BNW]

주의] 1. 관계부사 that도 콤머없이 제한적/비제한적 연결영뇌 가능 ∵ 지정관계 뜻

2. 지정관계=분명한 관계 — 콤머영뇌 작동불가 cf]지시부사 : that easy

> **말**=THAt=대ㅌ/대ㅌ[더ㅌ]=post 점형/slide 주파수[dot 점형 주파수] (a=애: 강한 감정음가 어: 약한 감정음가)
> **that BAM**=지정관계 언급으로서 이 곳[날/이유/방법]은 —— 하는 곳[날/이유/방법]인데
> /— 인데=**본래의미[bnw-BAM] : 보통 뉘앙스**
> // 바로 이 곳[날/이유/방법]은 —— 하는 곳[날/이유/방법]인데 /— 인데
> =**본래의미[bnw-BAM] : 강조 뉘앙스**
> vs just-IM=즉 **[즉]** —— 한 장소, 시간, 이유, 방법인데 /— 인데 : **보통[강조] 뉘앙스**

| 보통 뉘앙스로 연결 |

-- that=일반적으로 사람/비사람 모두를 가리키기 때문에 보통 뉘앙스일 경우 관계부사 where/when/why/how와 대체 가능 하지만, 지정관계와 묻는 관계 의미만큼 뉘앙스 차이는 있다.

단, the way that=오늘날 영어에서는 the way 또는 how로 대체 : **관습적 E** (장소/시간/이유/방법=비사람)

1.. This is the place that I was born. **2.. Saturday is the day that we're less busy.**

3.. That's the reason that she walks. **4.. That's the way that he lives along.**

| 강조 뉘앙스로 연결 |

--- 대체 불가능

↗ ☺.. **major 감주**= --- the very house -- I -- born.

↗that할때 제한적/비제한적 연결상황이 (머리 속에) 보이면 된다 : S영뇌

↗제한적 또는 비제한적 연결영뇌

IIIII .. **This is /the very house /that I was born.**

영뇌=기-->설-->설' : BEis-Os or I + I + I : I-Os or S + S + S : S-Os

> **How to Read[Speak]** =Thisisthe veryhouse thatI wasborn.
> : 먼저 감각적 주파수로 이해한다.
> **시동=** vocal 감각적 주파수로 (BEis/IS 영뇌가 될 때까지) F3+E2 강하게 말하기
> that referent=the very house **↘그러면 영어말투가 형성되고 영어말투에 익숙해진다.**
> (**디**스이즈디=slide F + small slide F : 빠르게 리듬을 주면 디로 단음화 or **디**스이즈**디**이=slide F + small slide F+내성음 slide F
> ·))) the=디/더 (line/slide) 내성화 하게 말할 경우, 뒷말 첫 글자의 자음/모음 구별이 없다.)
> 말은 배의 힘으로 이용해 목으로 음이 형성되게 (강하게) 말한다.
> 음치들은 그냥 입으로 말을 만든다. | Free 감주 간직하기

☺.. **我必 Free 감주 간직하기**=The very house I was born in.

↗that할때 지정관계 언급이 보이면 된다 : S영뇌

시동=이 곳은 인데 바로 그 집, **즉 바로 이 집이** 내가 태어났던 곳이다.

/ --- **즉 바로 이 집**에서 내가 태어 났어요. //**뜻하는 의미**=이 곳은 바로 그 집, **즉** 내가 태어났던 곳이다.

: **제한적 연결영뇌 ·))) 성격 또는 실체 규정** **비제한적 연결영뇌 ·))) 추가정보**

plus

That day /that he came, //I was /out. =전설-->설´ ⇨ 기-->설

시동=그 날, 즉 그가 왔던 날에 -- **제한적 연결영뇌**

명사접속사 that day=비제한적 연결영뇌(즉 '-- 에' 로 연결) -- 종속접속사와 주절과의 관계
=명사로서 관계부사의 선행사 + 접속기능

/그 날, 즉 이 날에 그가 왔는 데 -- **비제한적 연결영뇌**

vs That day he came, I was out.

① **명부접속사+서술문장으로서 비제한적 연결영뇌**

that day=he came과의 관계에서는 부사, 즉 명사부사[보조어]가 되면서,
최종적으로 자기문장을 주절에 비제한적으로 접속시키는 접속사
시동=그 날에[부사의미], 그가 왔는 데[비제한적 접속의미]

② **명사접속사+관계문장으로서 비제한적 연결영뇌**

that day=명사로서 관계문장의 선행사가 되면서
최종적으로 자기문장을 주절에 비제한적으로 접속시키는 접속사
시동=그날, 즉 그가 왔던 날에
-- 여기서 '왔던 날' =관계문장의 제한적 연결영뇌 '에' =종속접속사의 비제한적 연결영뇌

전치사를 써서 명사로 표현하면:
On that day he came, I was out.
전치사 연결설명어로서 자기 family 모두를 주절에 연결시키는 뇌로 작동시킨다 : BEis-Os
시동=날인데, 그 날, 즉 그가 왔던 날에 --- that day=**명사로서 관계문장의 선행사**
on=달력 위에 적힌 것으로서 날/상일(上日)

terms 정리와 | 관계문장, 콤머관계 --- 모로 가도 서울만 가면 안돈다! 바른 길이 best way이다.

관계문장 : 노콤머 연결설명어 --- 언제나 제한적 연결영뇌
=주기능 소유 관계문장 / 주기능 비소유 관계문장
⇨ 전자=관계대명사 대신에 쓰이는 관계문장 후자=관계부사 대신에 쓰이는 관계문장

장소/시기 관계=보통 관계이므로 콤머로 분리 가능
: 노콤머/콤머 연결설명어 ⇨ where when
이유/방법/지정 관계=분명한 관계이므로 콤머로 분리 불가
: 노콤머 연결설명어 ⇨ why, how, that
단, why, how=제한적 연결영뇌 that=제한적/비제한적 연결영뇌

big tip) 1. IS 영뇌가 형성된 사람들에게는 글자 또는 소리에 의해서 (무한글로) 바로 이해가 되지 내가 먼저 이해하는 것은 아니다. 2. 일반적으로 청취는 의음(依音)이고, 읽기는 의자(依字)이다. 영뇌 상급자는 의음/의자 감주 두뇌로 이해한다.

↳ 의음=소리에 의해 (무한글로) 이해되는 것 의자=글자에 의해 (무한글로) 이해되는 것
↳ 감각적 주파수로 이해하면 저절로 의음/의자로 이해가 된다.
↳ 의음/의자는 의양두뇌 인지로서 일종의 두뇌세포 선인지이자 선인영뇌 각인이다.
↳ 의음/의자에는 무부 의음/의자도 있다. ※무부(無不)=모르거나 알듯 모를듯 하는 것

6) 선행사, 관계부사와 관계문장 관계

관계부사 영뇌로 표현 :

1.. This is the place where I was born.
2.. Saturday is the day when we' re less busy.
3.. That' s the reason why she walks.
4.. That' s the way how he lives along. (the way how=formal E)

⇨ 관계문장 영뇌로 표현 :

↙관계문장(주기능 비소유)

1.. This is the place I was born.
2.. Saturday is the day we' re less busy.
3.. That' s the reason she walks.
4.. That' s the way he lives along.

⇒ place/day/reason/way=명사로서 관계문장의 선행사

↙관계문장(주기능 비소유)

1.. This is where I was born.
2.. Saturday is when we' re less busy.
3.. That' s why she walks.
4.. That' s how he lives along.

⇒ where/when/why/how=명사/대명사로서 관계문장의 선행사
이때 명사/대명사는 뜻하는 의미로 선부의미가 들어 있기 때문에, 특히 **선부명사 /선부대명사**라 한다.

선부=선행사+관계부사
뜻하는 의미=This is the place where I was born. Saturday is the day when we' re less busy.
That' s the reason why she walks. That' s the way that/how he lives along.

where/when/why/how
: 명사[대명사]로 사용 [or 종속접속사, 즉 명사[대명] 접속사로 사용 가능 : 뜻은 같다 ☞ p361]
=곳인데[어떤 곳이냐 하면] 내가 태어났던 곳 //때인데[어떤 때냐 하면] 우리가 덜 바쁜 때
//이유인데[어떤 이유이냐 하면] 그 여자가 걷는 이유 //방법인데[어떤 방법이냐 하면] 그가 살아가는 방법

Caution] 1. (선부/선대) 명사[대명사]에 접속기능이 들어가면 (선부/선대) 명사[대명] 접속사가 된다.
2. '선부/선대'는 해당단어의 본래의미[원래의미]가 뜻하는 뜻하는 의미이다.
3. 주기능=주어/목적어/보어 4. 영어는 과정으로 느끼지 말고, 그냥 뜻으로 바로 이해하라.
5. 명사/대명사가 되기 때문에 that 선행사 표현도 가능
: where=where that when=when that why=why that how=how that

↗관계문장(주기능 소유=목적어)

vs This is where we like.

선대명사=장소, 즉 우리가 좋아하는 장소

선대대명사=어디냐 하면은 우리가 좋아하는 장소

---- 명사/대명사로서 관계문장의 선행사

선대=선행사+관계대명사

뜻하는 의미=This is the place which we like.

add] "I' m healthy today.

That' s where I profited."

선대 명사[대명사] /선대 명사[대명] 접속사

=그것이 점[어떤 점이냐 하면], 내가 득을 봤다는 점이다[=the one which/what I profited]

-- dieting contest에 참가한 후 한 말

⇒ where=어떤 곳의 위치로서 점/어떤 점

add] where=선대 명사/대명 접속사로 시동가능

선행사를 자기 문장과 함께 독립시켰을 때 **명사부사로 표현이 가능한 경우 :**

관계부사 대신 관계문장으로 표현시, 즉 관계부사 생략시, 전치사=optional : **관습적 E**

This is the place I was born. : the place 명사부사 관습적 표현의 경향을 받아 전치사 미사용

⇐ The place I was born. : the place 부사와 뒷문장 관계이므로 전치사 불필요 ※ was=발생으로서 '했다'

=I was born the place. → 이 서술문장을 관계문장으로 바꾼 것 (the place=명사부사)

vs This is the place I was born in. ➧ 명사로 생각 : 주기능 소유 관계문장

⇐ In the place I was born. (place=명사) ↳the place 명사의 군과 뒷문장 관계이므로 전치사 필요

=I was born in the place. **시동**=나는 했는데, 태어났다. 내소, 그 곳 내소에서 말이다.

↳이 서술문장을 관계문장으로 바꾼 것

자기문장과 함께 독립시켰을 경우, 명사부사로 써지 못할 때는 전치사가 있어야 문맥 의율이 된다.
이 때 관계문장은 주기능 소유가 된다.

This is the house where I was born. ↗house=명사

⇒ This is the house I was born in. ←I was born in the house. : 이 서술문장을 관계문장으로 바꾼 것

vs I was born the house. : incorrect ∵ 명사부사가 아니기 때문

➧ 전치사가 살아나는 이유를 다시 말하면 선행사를 자기문장과 함께 독립시켰을 때 명사부사로 쓰일 수 없기 때문이다. 단, 명사부사 또는 명사로 쓰일 수 있으면 두 가지 표현이 가능하다.

↗ 이해는 (언어에 대한 basics를 알았디면) 최종적으로 단어의 최종적인 뜻인 감주로 이해한다.

① 관계부사 생략시 전치사가 살아나는 경우

a.. This is the restaurant where I had lunch. : where 부사와 뒷문장 관계이므로 전치사 불필요

=This is the restaurant I had lunch at. : the restaurant 명사와 뒷문장 관계이므로 전치사 필요

시동=그 식당, 즉 내가 먹은 곳인데 점심을 그 곳에서 말이다. *at=어떤 장소를 나타내는 것으로서 그 곳

b.. This is the house where I grew up.

=This is the house I grew up in. **시동**=그 집, 즉 내가 자라 성장한 곳인데, 그 내소에서 말이다.

c.. This is the office where he works. *in=어떤 장소 내로서 그 안[그 내소]

=This is the office he works in. **시동**=그 사무실, 즉 그가 일하는 곳인데, 그 안[그 내소]에서 말이다.

② 관계부사 생략시 전치사가 살아나지 않거나 살아나는 경우

a.. This is the way I did it. -- **명사부사** ⇐ The way I did it. I did it the way.

vs This is the way I did it in. -- **명사** ⇐ In the way I did it. I did it in the way.

시동=이것은 그 방법 즉 내가 한 방법인데, 그것을 그런 식으로 말이다. *in=어떤 수단/방법으로서 그런 식

b.. November is the month when he was born.
=November is the month he was born. ⇐ The month I was born. I was born the month.
vs November is the month he was born in. ⇐ In the month I was born. I was born in the month.

caution] 관계대명사 표현 과정으로 느끼면 관계부사 생략시 전치사가 항상 살아나니 주의하라.

This is the place where I grew up. =This is the place in which I grew up.
=This is the place which I grew up in.

=This is the place I grew up in. -- **명사** (From 'Longman English Grammar')
or This is the place I grew up. -- **명사부사**
-- 선행사를 자기문장과 함께 독립시켰을 때 **전자=명사기능 후자=명사부사 기능**

명사부사=시기/방법/이유/장소 -- 등으로 일반적인 부사의미 단어
-- 단일품사로서 부사이다.
관사가 붙었다고 해서 명사로만 기능하는 것이 아니다.
문장에서 겉으로 보기에는 명사처럼 보이나 실질적인 기능과 의미는 부사이다.
명사부사가 명사로 작용하려면 앞에 전치사를 붙이면 된다 : I was born in the month.

관계부사는 명사부사와 관계없이 그 자체의미로서 뜻하는 의미로 **전치사+관계대명사**로 표현이 가능하다.
This is the place where I was born.
⇒ This is the place at/in which I was born. -- 전치사로 먼저 연결시키고 다시 관대로 연결시키고 있다.
This is the place which I was born at/in. -- 관대로 먼저 연결시키고 다시 전치사로 연결시키고 있다.
↳ 즉 그 장소/그 내소로서 born을 설명해 나가는 것
This is the house where I was born.
⇒ This is the house in which I was born. -- 전치사로 먼저 연결시키고 다시 관대로 연결시키고 있다.
This is the house which I was born in. -- 관대로 먼저 연결시키고 다시 전치사로 연결시키고 있다.
* where=at/in which when=on/in which why=for which how=in which

terms 정리와 | parts of speech 품사 -- 호랑이 굴에 들어가야 호랑이를 잡을 수 있다. Nothing ventured, nothing gained.

영어를 하려면 단어의 품사 정도는 알아야 한다. 비영어권 사람들에게는 어쩔 수 없다.
이것을 알아야 이해의 자유, 표현의 자유가 생긴다. **품사가 뜻과 기능을 암시하기 때문이다.**
▭ 품사=단일품사/복합품사 **주의]**명사부사=단일품사

※ 단일품사 ⇨ 명동형부접대전 -- 기본 7대 품사
-- 한 가지 기능을 하는 단어
선대대명사 /선대명사 /선부대명사 /선부명사도 일종의 단일품사이다.
대명사, 명사 가운데 뜻하는 의미로 선대/선부 의미가 들어 있으면 이들 품사가 되며,
대명사, 명사로서 단일품사이다.

※ 복합품사 ⇨ 관계대명사[즉, 접속대명사] /관계부사[즉, 접속지시부사] /명부접속사 /의대접속사 /의대형용접속사 /부사접속사 /(선대/선부) 대명접속사 /(선대/선부) 명사접속사 /동명사 **-- 두 가지 기능을 가진 단어**
예컨데, 선대[선부] 대명사/명사 + 접속기능 ➡ 선대[선부] 대명/명사 접속사
tip)대명사/부사로서 접속사 역할이 들어 있는 것이 관계대명사/관계부사이고, 접속사로서 부사/명사/대명사/형용사 역할이 들어 있는 것이 종속접속사이다. 다 같이 복합품사이지만 최종적인 품사는 서로 다르다.

7) 관계문장과 서술문장, 관계부사

▭ **영문의 종류 :**

관계문장=연결설명어로서 제한적 연결영뇌
서술문장=비연결설명어로서 서술적 영뇌
종속문장=연결설명어로서 비제한적 연결영뇌

관계문장은 노콤머 관계대명사/관계부사와 같은 영뇌이고,
종속문장은 종속접속사 that와 같은 영뇌이고, **서술문장**은 단문문장과 같은 영뇌이니, 이런 말도 배워라.
cf]**제한적 연결문장**=관계문장 /노콤머 관계대명사[관계부사] 문장 /동격 문장 -- 제한적 연결영뇌
비제한적 연결문장=종속문장 /콤머 관계대명사[관계부사] 문장 /종속접속사 문장 -- 비제한적 연결영뇌

1.. Egypt is where it all begins.
(선부) 명사/대명사 + 관계문장 or (선부) 명사/대명 접속사 + 관계문장
=곳, 그 모든 것이 시작하는 곳
/어디냐 하면[어떤 곳이냐 하면] 그 모든 것이 시작하는 곳 [=the place where]

2.. Top chefs decide it's not where you eat, but what.
의문부사/의문대명사 + 서술문장 (situation 'it' =고객이 식당을 선택하는 것) ↓ **문맥** associate
= 결정하는 데, 그것은 어디서 여러분들이 먹느냐가 아니라, 무엇을 먹느냐로 선정된다.

or where=**(선부) 명사+관계문장 또는 (선부) 명사접속사 +관계문장**
=장소, 즉 여러분들이 먹는 장소가 아니라[=the place where ∵ eat의 목적어가 아니기 때문이다]
vs what=**(선대) 대명사 +관계문장 전제 또는 (선대) 대명접속사 +관계문장 전제**
=무엇이냐 하면 여러분들이 먹는 것이다고 말이다 [=the one that you eat]

3.. The speed that you drive, we're surprised.
명사 접속사+관계부사=그런 (빠른) 속도, 즉 -- 운전하는 (빠른) 속도 때문에
The speed=자기문장과의 관계에서는 명사로서 **관계부사의 선행사**가 되고, 최종적으로 자기문장을 주절에 (비제한적으로) 접속시키는 접속사. 그래서, 종속접속사=선행사+접속기능

vs The speed you drive, we're surprised.
명사 접속사 + 관계문장=그런 속도, -- 운전하는 속도 때문에
(운전하는 속도=관계문장의 제한적 연결영뇌 때둔에=종속접속사의 비제한적 연결영뇌)
The speed
=자기 문장과의 관계에서는 명사로서 **관계문장의 선행사**가 되고, 최종적으로 자기문장을 주절에 (비제한적으로) 접속시키는 접속사. 그래서, 종속접속사=선행사+접속기능
or 명부접속사 + 서술문장
=그런 (빠른) 속도로 -- 운전하니까 그래서, 종속접속사=보조기능+접속기능
The speed=자기문장과의 관계에서는 명사부사[즉, 보조어]로 작용하면서, 최종적으로 자기문장을 주절에 (비제한적으로) 접속시키는 접속사

: the way (that) /the moment (that) /the minute (that) -- etc.

4.. Now that you came here, let's eat.

명사 접속사 + 관계부사

=이제, 즉 네가 도착한 time이 되었기 때문에 이곳에 말이다. 그래서 --. **뜻하는 의미**=이제 즉 -- 왔기 때문에

Now=명사로서 관계부사의 선행사가 되면서, 최종적으로 자기문장을 주절에 (비제한적으로) 접속시키는 접속사. 그래서, **종속접속사**=선행사+접속기능

관계부사 that=제한적 연결영뇌이나 뜻의 차이가 없으면 비제한적 연결영뇌도 가능

vs Now you came here, let's eat.

부사 접속사 + 서술문장

=이제 -- 왔으니까 (*우리말 '이제'=명사/부사)

부사접속사

=자기문장과의 관계에서는 부사역할을 하면서, 최종적으로 자기문장을 주절에 (비제한적으로) 접속시키는 접속사

5.. He was brought up where he was born.

명사/대명 접속사 + 관계문장

=곳, 즉 그가 태어난 곳에서 말이다 /어디냐 하면 그가 태어난 곳에서 말이다. * up=부사

뜻하는 의미 =at the place=곳, 그 곳에서 (즉 그가 태어난 곳에서 말이다) the place=관계문장의 선행사

=at the place where=곳, 그 곳에서, 즉 어디냐 하면은 그가 태어난 곳에서 말이다.

⇒ the place=관계부사의 선행사

at=장소로서 곳 : 접속사 대신에 **전치사 영뇌**로서 명(대), 동, 형, 문 가운데 앞문장에 자기가 거느리는 뒷말 전체[**자기** family **전체**]를 연결시켜 설명해 나가는 뇌로 작동시킴

vs He could not see anything from where he was standing.

(선부) 명사/대명사 + 관계문장

=곳, 그가 있었던 곳, 즉 서 있었던 곳 /어디냐 하면 그가 있었던 곳 -- . [=the place where]

⇒ from=전치사이니 where는 명사/대명사가 됨 ➾ 여기에 뜻하는 의미로 선부의미가 들어 있음

vs I don't know where she was last night.

의문부사 + 서술문장

=어디에 그 여자가 있었는지 지난 밤에 말이다.

or (선부) 명사/대명사 + 관계문장 or (선부) 명사/대명 접속사 + 관계문장

=곳, 즉 그 여자가 있었던 곳을 지난 밤에 말이다 /어디냐 하면 그 여자가 있었던 곳 [=the place where]

그래서, **명사/대명사**=s동사의 목적어+관계문장의 선행사

or **명사/대명 접속사**=s동사의 목적어+관계문장의 선행사+최종적으로 접속기능

caution] 자기문장과의 관계에서 관계문장이 주기능 비소유이면, 명사/대명사는 관계문장의 선행사만 된다.

6.. You can sit where you like.

명사/대명 접속사 + 관계문장 =곳, 즉 네가 좋아하는 곳에 말이다 /어디냐 하면 네가 좋아하는 곳에 ---- .

➾ where의 최종 품사는 명사/대명사가 아니라, 접속사이기 때문에 전치사로 주절 연결이 가능

=You can sit at the place which you like. ⇛ 전치사 영뇌 + 관계대명사 영뇌
=You can sit at the place you like. ⇛ 전치사 영뇌 + 관계문장 영뇌
=At the place you like, you can sit. ⇛ 전치사 영뇌 + 관계문장 영뇌
※ at=구역이 차지하는 것으로서 곳/장소

vs I don' t know where you like.
(선대) 명사/대명사 + 관계문장 or (선대) 명사/대명 접속사 + 관계문장
=곳, 즉 네가 좋아하는 곳을 말이다 /어디냐 하면 네가 좋아하는 곳을 말이다. [=the place which]
그래서, **명사/대명사**=s동사의 목적어+관계문장의 선행사/목적어
or **명사/대명 접속사**=s동사의 목적어+관계문장의 선행사/목적어+최종적으로 접속기능

or 의문 대명사 + 서술문장 : 목적절 =어디/어떤 곳을 네가 좋아하는 지 말이다.

그래서, **where가 최종적으로 역할하는 품사**
=부사 /접속사 /명사 /대명사 -- 사전상의 표기

caution] (선대/선부일 때) 관계문장이 주기능 소유이면 관계대명사로, 주기능 비소유이면 관계부사로 대체가능

7.. He did not love his mother the way she loved him.
명사 접속사 + 관계문장
-- 관계문장의 선행사가 되어야 하므로 명부접속사가 되지 못한다. 부사는 관계부사와 전치사부사, 동족끼리가 아니면 기본어가 될 수 없기 때문이다.
그래서, the way=**복합품사로서 종속접속사** : 명사로서 관계문장의 선행사가 되면서, 최종적으로 자기문장을 주절에 (비제한적으로) 접속시키는 접속사

=그런 식, 즉 그 엄마가 사랑했던 식대로 자기를 말이다.
=in the way that or the way that ⇨ that=관계부사

8.. Get out when he pays in cash.
대명/명사 접속사 + 관계문장 =언제냐 하면 --할 때[경우에] /(그) 때(에) -- 할 때에 (언제냐=대명사/부사)
or 부사 접속사 + 서술문장 =언제냐 하면 -- 하게되면 =at the time when ⇨ when=관계부사
cf]종속접속사+서술문장≠의문사+서술문장 ⇛ 전자=비제한적 연결영뇌 후자=서술적 영뇌

vs I don' t know when you come here.
의문부사 + 서술문장 -- 절이 목적어=언제 -- 오는 지

or (선부) 명사 + 관계문장 or (선부) 명사접속사 + 관계문장
-- **명사** =s동사의 목적어+관계문장의 선행사
명사접속사 =s동사의 목적어+관계문장의 선행사+최종적으로 접속기능
=시기, -- 오는 시기[=the time when : 관계문장이 주기능 비소유이기 때문에 관계부사 영뇌로 작동가능]

or (선부) 대명사 + 관계문장 or (선부) 대명접속사 + 관계문장
-- **대명사**=s동사의 목적어+관계문장의 선행사 **대명접속사**=s동사의 목적어+관계문장의 선행사+접속기능
=언제냐 하면 -- 오는 시기 [=the time when]

vs I don't know when you like.

의문대명사 + 서술문장 -- 목적절

=어느 시기[때]를 -- 좋아하는 지를 말이다.

or (선대) 명사 + 관계문장(주기능 소유) or (선대) 명사접속사 + 관계문장

=시기, 즉 -- 하는 시기 [=the time which: 관계문장이 주기능 소유이기 때문에 관계대명사 영뇌로 작동가능]

or (선대) 대명사 + 관계문장(주기능 소유) or (선대) 대명접속사 + 관계문장

=언제냐 하면, 즉 -- 하는 시기를 말이다. [=the time which]

그래서, **when이 최종적으로 역할하는 품사**

=부사 /접속사 /명사 /대명사 -- 사전상의 표기

이제는 'The way I did it.' 하면 두 가지 뜻이 있다는 것을 알아야 한다.

① **명사부사 + 서술문장**

=그런 식으로 나는 했어요, 그것을 말이다: **서술적 영뇌**

② **명사 + 관계문장 or 명사접속사 + 관계문장**

=그 식, 즉 내가 한 식인데 그것을 한 식인데: **제한적 연결영뇌**

-- **명사접속사+관계문장일 경우** ➧ 종속절 내에서는 제한적 연결영뇌이나[-- 한 식], 연결대상과의 관계에서는 동격을 제외하고는 비제한적 연결영뇌이다[-- 인데].

❈ 연결대상=명(대), 동, 형, 문 ☞ **종속접속사 영뇌**

9.. Whatever you have, it is mine.

의대접속사 + 서술문장

=그 무엇을 네가 가진다해도

의대접속사=의대로서 have의 목적어+접속사로서 자기문장을 주절에 (비제한적으로) 접속시키는 접속어

그래서, **종속접속사**=주기능+접속기능

vs Whatever you have is always good.

선대 대명사 + 관계문장

=무엇이든지 네가 가지는 것은

선대 대명사=선대의미가 들어 있는 대명사로서 관계문장의 선행사+목적어인 동시에 주절의 주어

[=anything that] 그래서, **대명사**=관계문장의 선행사/목적어 + s동사의 주어

vs Go see a movie, or watch TV, whatever.

부사=아무튼 무엇이든지(하라) -- 강조부사 ❈ go see=infml E --> StE=Go to see /Go and see

to=방향으로서 계속 : to형 명령

whatever도 최종적으로 역할하는 품사

=접속사 /대명사 /부사

10.. You can camp wherever you like here.
명사/대명 접속사 + 관계문장(주기능 소유)
최종 품사가 접속사이니 전치사로 주절[문장]에 연결시키는 뇌로도 작동시킬 수 있다[=to anyplace that]

wherever=그냥 장소강조로서 곳마다 — 곳마다 : **명사접속사**
/부정장소 지정강조로서 어느 곳이든지[어디 든지] — 하는 장소에[곳에] : **대명접속사**
/부정장소 지정강조로서 어디든지 — 하면 : **부사접속사**
[where + ever — w : 不定 r>l : place/location ever : 지정강조/그냥강조]

: Wherever possible, I use honey instead of sugar.
-- it is **전제 표현**[=Wherever it is possible] **또는 관계형용사 영뇌**
① **주동 전제 possible인 경우**
명사접속사=곳마다 가능한 곳마다 **대명접속사**=어디든지 가능한 곳마다
---- 명사/대명사로서 관계문장[it is possible]의 선행사가 되고,
자기문장을 주절에 접속시키는 접속사
부사접속사=어디든지 가능하면
---- 자기문장과의 관계에서는 부사역할을 하면서 최종적으로는 자기문장을
주절에 접속시키는 접속사

② **관계형용사 영뇌인 경우**
관계형용사=곳마다 가능하면 / 어디냐 하면 곳마다 가능하면
-- 비사람, 즉 명사/대명사에 연결시켜 설명해 나가면서 뒷문장 전체를 설명해
주는 문두 전설 뇌 → **실질 연결대상=wherever 문맥 연결대상=뒷문장**

vs You can camp wherever. 강조부사 -- 어디든지
We can go to the park, the beach, or wherever. [=anywhere /any place]
vs 'Wherever did she find that?' Daisy wondered. **의문부사**: 도대체 어디에서
vs I like wherever. **의문대명사**: 어디 든지 -- 주기능=목적어

그래서, **wherever 품사**
=접속사 /부사 /명사 /대명사

구문법의 혼란과	이해의 효율성 —— 선무당이 사람 잡는다! A little knowledge is dangerous!

wherever, whenever, however**를 저자에 따라 복합 관계부사 또는 접속사에 넣고 있다.**
복합 관계부사는 없다. 선대/선부 의미는 뜻하는 의미이지 본래의미[원래의미]는 아니다. 관계부사의 본래의미[원래의미]로서 referring back 해서 실질적으로 연결되는 대상이 없기 때문에 복합 관계부사는 없다.

그냥 단어의 의미대로 명사접속사 /대명접속사 /부사접속사 /의문부사 /의문대명사 /강조부사로
이해하고 있으면 된다.

11.. You can come whenever you like.

대명/명사 접속사 + 관계문장 [=at anytime that] or 부사 접속사 + 서술문장

전자=대명사/명사로서 관계문장의 선행사/목적어가 되면서, 최종적으로 자기문장을 주절에 접속시키는 접속사

후자=자기문장과의 관계에서는 부사역할을 하면서, 최종적으로 자기문장을 주절에 접속시키는 접속사

whenever=부정시기 지정강조로서 어느 때이든지[언제든지] — 할 때마다 : **대명접속사**
/그냥 시기강조로서 시기마다 — 시기마다 : **명사접속사**
/부정시기 지정강조로서 언제든지 — 하면 : **부사접속사**
[when + ever — w : 不定 en : time ever : 지정강조/그냥강조]

: Use recycled paper, whenever possible.

-- it is 전제 표현[=whenever it is possible] 또는 관계형용사 영뇌

① **주동 전제 possible인 경우**

명사접속사=때마다 가능할 때마다 **대명접속사**=어느 때이든지 가능할 때마다

부사접속사=언제든지 가능하면

② **관계형용사 영뇌인 경우**

관계형용사=때마다 가능하면 / 언제냐 하면 때마다 가능하면

--- 비사람, 즉 명사/대명사에 연결시켜 설명해 나가면서 앞문장 전체를 설명해 나가는 문미 전설 뇌 → **실질 연결대상=wherever 문맥 연결대상=앞문장**

vs Come whenever. 강조부사

'I'll call you tomorrow or the day after.' ' Okay. Whenever.' 언제든지

vs Whenever did Jane see a fortune teller? ➾ 강조 의문부사: 도대체 언제 -- 만나봤지

그래서, **whenever 품사**
=접속사 /부사 /명사 /대명사

12.. She follows me wherever I go.

부사 접속사 + 서술문장=어디든지 내가 가도 말이다.

명사 접속사 + 관계문장=곳마다 내가 가는 곳마다 말이다. 대명 접속사 + 관계문장=어디든지 내가 가는 곳마다 -- .

wherever=부정장소 양보강조로서 어디를 — 해도 : **부사접속사**
/그냥 장소강조로서 곳마다 — 하는 곳마다 : **명사접속사**
/부정장소 지정강조로서 어디든지 — 하는 곳마다 : **대명접속사**
[where + ever — w : 不定 r〉l: place/location ever: 양보/지정 강조/그냥강조]

양보강조 뜻하는 의미=no matter where -- . 아무런 문제[차이]가 전혀 없다. 어디를 내가 가도 말이다.
(matter=명사부사로서 문제/차이 no=부정 강조말) **지정강조 뜻하는 의미=to anyplace that**

vs She follows me wherever.

어디든지 -- **강조부사** [=(at) anywhere /anyplace or any place]

13.. You will find him reading something whenever you may call on him.
부사 접속사 + 서술문장
=언제든지 네가 해도 호방문을 해도[실시해도] /불러 방문해도, 즉 그를 갈이다.
※ on=상작동으로서 실시/상소에 있는 것으로서 방문하는 것

whenever=부정시기 양보강조로서 언제든지 — 해도 : **부사접속사**
[when + ever —w : 不定 en : time ever : 양보강조]

뜻하는 의미=no matter when -- .
구문법의 오류] when을 의문부사로 보고 있다. 의문부사는 접속능력이 없다.
부사접속사이다. 즉 의문부사접속사=의부접속사=일종의 부사접속사
⇨ 자기문장과의 관계에서는 의문부사 역할을 하면서, 최종적으로 자기문장을 주절에 접속시키는 접속사

vs She follows me whenever. 언제든지/어느 때고 간에
강조부사
=(at) anytime -- 전치사를 써지 않으면 anytime=명사부사

14.. You can do it however you like.
대명 접속사 + 관계문장
=어떤 방법으로 하든[이든] 네가 좋아하는 방법으로 해서 말이다. cf] anywhere=**대명접속사** : 어떤 곳이든 -- 하는 곳 /어떻게 해서든지 네가 좋아하는 방법으로 해서 말이다. [**뜻하는 의미**=in anyway that : **지정강조**]

15.. You cannot master English in a month, however hard you may try.
부사 접속사 + 서술문장
=제아무리 어떻게 열심히 네가 해도, 즉 노력해도 (말이다) [=no matter how : **양보강조 뜻하는 의미**]

however=부정방법 양보강조로서 제아무리 어떻게 — 해도 : **부사접속사**
//부정방법 지정강조로서 어떤 방법이든 /어떻게 해서든지 — 하는 방법으로 : **대명접속사**
[how + ever — w : 不定 + way ever : 양보/지정 강조]

vs However did he get that job?
강조부사=도대체 어떻게 해서

그래서, **however 품사**
=접속사 /부사 /대명사

caution] 철자 주의 : any place=anyplace any time=anytime any way=anyway everyday=adj. every day=adv.
단, anywhere, anyhow, every time

연결설명어 영뇌

16.. You can't camp anywhere you like these days.

대명접속사 + 관계문장=어떠한 곳에서도 여러분들이 좋아 하는 곳이 있어도 요즘은 말이다.

anywhere=최종적인 품사는 대명접속사로서 종속접속사이지 대명사는 아니다. s동사의 주기능을 하지 않기 때문이다.

vs You can't camp anywhere. 명사부사

17.. His cats follow him everywhere he goes.

명사 접속사 + 관계문장 =곳마다 그가 가는 곳마다 (말이다).

--- 자기 문장과의 관계에서는 명사로서 선행사가 되면서, 최종적으로 자기문장을 주절에 (비제한적으로) 접속시켜 설명해 나가는 접속사

: Everywhere Jenny goes, she's mistaken. vs You can camp everywhere. 명사부사

18.. The roof leaks every time it rains.

명사 접속사 + 관계문장 =매번[때마다] 날씨가 비가 올 때마다[=whenever]

or 명부접속사 + 서술문장 =매번 날씨가 비가 오게 되면

--- 자기문장과의 관계에서는 명부역할을 하면서, 최종적으로 자기문장을 주절에 (비제한적으로) 접속시켜 설명해 나가는 접속사 ※ **명부접속사=부사접속사 명부=명사부사=일종의 부사**

19.. Joe flinched each time Carol spoke to him.

부사 접속사 + 서술문장 =매번 Carol이 말을 하게 되면

※ 하게되면=현재형 과거상황 : He said that he was rich. ※ was=이다고/이라고

or 명사 접속사 + 관계문장 =매번 Carol이 말을 했을 때마다 ※ **우리말 '매번' =부사/명사**

vs Joe flinched each time. 명사부사

everywhere /every time /each time **품사**
=접속사 /부사 /명사

terms 정리와 관계문장, 종속문장, 서술문장 **cf] 제한적 연결문장, 비제한적 연결문장**

□ **관계문장** vs **종속문장**=연결설명어

□ **서술문장**=비연결설명어

※ **관계문장**=주기능 소유 관계문장 /주기능 비소유 관계문장 : 제한적 연결영뇌[≠제한적 영뇌]

※ **종속문장**= 주기능 종속문장 /보조기능 종속문장 : 비제한적 연결영뇌

: He said he was a teacher.

/He is so rich he can buy the car.

※ **서술문장**=서술적 영뇌: He is so rich.

cf]**종속접속사+서술문장**=비제한적 연결영뇌 ∵ 종속접속사=연결설명어

의문사+서술문장=서술적 영뇌 ∵ 의문사=비연결설명어

☞.. 이해는 최종적으로 단어의 최종적인 뜻인 감주로 이해한다.

8) 관계부사 영뇌와 관계대명사 영뇌

① **관계부사가 뜻하는 의미**=전치사+관계대명사 : 전치사가 붙으면 비제한적 연결영뇌도 가능 ∵ 콤머불관 연결설명어 뜻하는 의미로 같은 것이지 단어 본래의미[원래의미]까지 같은 것은 아니다. 유의하라.

② **관계부사**=보조기능 제한적[비제한적] 연결영뇌 --- 자기문장과의 관계에서는 보조기능
vs 관계대명사=주기능 제한적[비제한적] 연결영뇌 --- 자기문장과의 관계에서는 주기능

관계부사와 뜻하는 의미 :

1.. This is the place where I was born. 2.. Saturday is the day when we' re less busy.
3.. That' s the reason why she walks.
4.. That' s the way how he lives along. [the way how=(old) formal E]

⇒ This is the place in which I was born.
시동=이 곳은 인데 즉 그 곳인데, 다시말해 **내소[내자]**, (어떤 곳이냐 하면은) 그 나소가[그 곳이] 내가 했던 곳, 태어났던 곳이다. / --- **내소[내자]**, (어떤 곳이냐 하면은) 그 내소[그 곳]에서 내가 태어났다.
-- 전치사로 먼저 연결시키고 다시 관대로 연결시키고 있다. *is=(동질연결로서) 인데 즉 : '인데 즉' 동질
= --- the place which I was born in. was=(발생로서) 했던 곳/(동질연결로서) 가 : '가' 동질
시동=이 곳은 인데, 즉 그 곳인데 어떤 곳이냐 하면은 내가 태어났던 곳인데, **그 내소[내자]**에서 말이다.
-- 관대로 먼저 연결시키고 다시 전치사로 연결시키고 있다.
*in=그 내소/내자 ⇒ 그=**(연결설명어의) 연결** associate 다시말해=**문맥** associate

⇒ Saturday is the day on which we' re less busy.
시동=토요일은 그 날인데, **상자** 어떤 날이냐 하면은 이 날은 우리가 덜 바쁜 날이다. *is=동질연결로서 '은' 're= '가 ' 동질 (↗ '은 ' 동질)
/ --- 그 날인데, **상자** 어떤 날이냐 하면은 이 날은 우리가 덜 바쁘다. *on=달력 상의 날[날짜] 대상으로서 상자
= --- the day which we' re less busy on. *on=(달력 상의) 어떤 상일(上日)으로서 그 날짜
시동=토요일은 그 날인데, 즉 어떤 날이냐 하면은 이 날은 우리가 덜 바쁜 날인데 **그 날짜[상자]**에 말이다.

⇒ That' s the reason for which she walks.
시동=그게 바로 그 이유인데 **즉[해자]** 어떤 이유이냐 하면은 그녀가 걷는 이유이다.
/그게 바로 그 이유인데 **즉[해자]** 어떤 이유이냐 하면은 그런 이유로 해서 그녀가 걷는다.
* 's= 동질연결로서 '바로' : '바로' 동질 for=해당이유 대상으로서 '즉/해자'
= --- the reason which she walks for.
시동=그게 바로 그 이유인데, 어떤 이유이냐 하면은 그녀가 걷고 있는 이유이다. * for=해당이유로서 '이유'

⇒ That' s the way in which he lives along.
시동=그게 바로 그 방법 **즉 방법[내자]**, 어떤 방법이냐 하면은 이 방법이 그가 살아 가는 방법이다.
/그게 바로 그 방법인데 **해서[내자]**, (어떤 방법이냐 하면) 이런 방법으로 해서 그가 살아간다.
구문법 삭제하기] 무조건 관계부사를 전치사+관계대명사로 바꾸고 있는데 전치사 의미 그대로 존중해 주어야 한다.
※ in=들어가는 것으로서 하는 것/입작동으로서 수단[방법]/입작동 대상으로서 내자 : He wrote in ink. (↗ 즉, 하는 대상/내수단[내방법] 대상)
= --- the way which he lives along in. cf] He wrote with ink. with=종존수단 (대상)으로서 가지고서/동자 -- 가지고서
시동=그게 바로 그 방법, 어떤 방법이냐 하면은 이 방법이 그가 살아 나가는 방법이다.

연결설명어 영뇌

big tip)관계부사만 전치사 영뇌를 작동시키는 것이 아니다. 무조건 외우지 말라. 단어의 뜻이 중요하다. 관계문장도 표현에 따라 가능하다.

: The house all windows are broken.=The house all windows of which are broken.

기능의 차이 :

This is the place where you were born. 보조기능=보조어

vs This is the place which you like best. 주기능=목적어

그래서 다음 문장을 관계사로 바꿀려면 관계대명사 that을 써야 한다. where로 쓴 참고서는 틀린 책이다.

You can camp wherever you like here. ⇒ You can camp to any place that you like here.

but, He was brought up where he was born. ※ where=명사/대명 접속사 (+관계문장)

⇒ He was brought up at the place where he was born. ※ where=관계부사 -- 보조기능

뒷말과의 관계에서 **주기능이냐 보조기능이냐**에 따라 관계대명사 또는 관계부사로 결정하면 된다.

You can sit at the place (which, where) you like.

At the place (which, where) you like, you can sit.

I don' t know the time (when, which) he will arrive here.

That was the reason (why, which) prevented them from coming with me.

The years when he was in the army. ⇒ 보조기능

vs The years during which he was in the army. ⇒ 전치사 목적어로서 주기능

vs The years that he was in the army. ⇒ 보조기능 that=관계부사

☞.. 이해는 최종적으로 단어의 최종적인 뜻인 감주로 이해한다.

9) 제한적 연결영뇌와 비제한적 연결영뇌

뜻의 차이가 없으면 뜻하는 의미로 제한적 연결영뇌로 표현되었어도 비제한적 연결영뇌로 시동을 걸어도 좋고, 비제한적 연결영뇌로 표현되었어도 제한적 연결영뇌로 시동을 걸어도 좋다. 하지만, 계약서 작성시, 법률조문 해석시 유의하라. **단어 본래[원래] 의미를 먼저 존중하라.** caution] 콤머유무는 WrE에서 나타나고, SpE에서는 상황에 따라 알아서 판단함

1.. The city **where** I grew up is now famous for a high crime rate.
제한적 연결영뇌로 시동=어떤 곳이냐 하면 이 곳은 내가 자라 성장한 곳인데 : **본래의미**
=The city I grew up in is ---.
비제한적 연결영뇌로 시동=(어떤 곳이냐 하면) 이 곳은 내가 자라 성장했는데----. : **뜻하는 의미**

2.. The city, **where** I grew up, is now famous for a high crime rate.
비제한적 연결영뇌로 시동=어떤 곳이냐 하면은 이 곳에서 내가 자라 성장했는데 : **본래의미**
제한적 연결영뇌로 시동=어떤 곳이냐 하면은 이 곳은 내가 자라 성장한 곳인데 : **뜻하는 의미**

3.. I saw him yesterday **when** it began to rain.
시동=그런데 이 날은 어떤 날이었냐 하면은 날씨가 시작한 날, 즉 비가 오기를 시작한 날이었어요.
/그런데 이 날은 어떤 날이었냐 하면은 날씨가 시작했어요, 비가 오기를 말이다. ※그런데=**문맥** associate

cf] That day **that** he came, I was out.
단, 관계부사 that=노콤머로서 제한적/비제한적 연결영뇌 모두 가능 : 그래서 어느 하나로 분명히 표현하고 싶으면 ⇒ where, when을 선택 **시동**= -- 즉 그가 왔던 날 /이 날에 그가 왔는 데 --- .

제한적 연결영뇌로 표현하면 **성격/실체 규정**이 되고, 비제한적 연결영뇌로 표현하면 **추가정보**가 된다.
paddy=a field where rice is grown in water or a field that rice is grown
시동=일종의 들로, 이곳은 어떤 곳이냐 하면은 벼가 재배되는 곳이다. 물속에서 말이다.
해당 우리말을 가져오면 '논' 이란 뜻이 된다: **성격/실체 규정**
※paddy=paddy field=rice paddy rice=벼 /볍씨 /쌀 /쌀밥

vs We happened to find a small house, where we stayed for a couple of days.
시동=우연히 찾게 되었어요 --- , 그리하여 어디냐 하면은 거기에서 우리는 머물게 되었지요, --- .
: **추가정보** =--- , and there we ---- .
= --- , and we stayed there --- .
여기서 접속사를 빼면 **infml E**가 된다. ※ 그리하여=큼머 영뇌의 **문맥** associate

Today is June 25, when the Korean War broke out.
시동=언제냐 하면은 이 때에 --- (갑자기) 터졌지요. : **추가정보**
= -- June 25, and then the Korean --- .
※ break=깨지듯이 발생하는 것으로서 (갑자기) 터지는 것
out=깨어져 밖으로 튀는 것으로서 터져 나가는 것/밖으로 나오는 것으로서 시작
: Actually I worked out at 5:30. **시동**= -- 일하러 나간 시간은/일이 시작된 시간은 --- .

연결설명어 영뇌

10) 관계부사 영뇌와 지시부사 영뇌

□ **관계부사**

=장소/시기/이유/방법을 묻는 관계 또는 지정관계로 referring back하면서 자기 문장을 제한적/비제한적으로 접속[연결/연관] 시키는 뇌,

즉 referring back해서 자기 문장까지 접속하니 접속 지시부사로서 복합품사
또는 자신뿐만아니라 자기 문장까지 연결하는 연결설명어 : **referring back + 연결[접속]의미**

그래서 지시부사를 써지 않아도 referring back이 되고,
접속사를 써지 않아도 문장접속이 가능해진다.

vs 지시부사=그냥 referring back만 하는 뇌, 즉 자신만 나타내는 뇌
—— 문장 접속능력이 없음. 그래서, 자신만 나타내는 비연결 설명어

따라서, StE에서는 문장을 접속시키려면 접속사가 필요하고, 비연결 설명어이기 때문에
한 피어리어드 밖으로 나갈 수도 있다.

A.. I bought them at the supermarket, and where I met Mrs Butler. : **not ok** -- 관계부사는 스스로 문장 접속능력이 있기 때문이다. '어디냐 하면' 으로 referring back하면서 연결[접속] 시킨다 : **BNW** 여기에 referring back 의미를 한번 더 첨가하면 '어디냐 하면 이곳에서' 로 된다 : **BNW**

⇒ I bought them at the supermarket, where I met Mrs Butler.

B.. I bought them at the supermarket, there I met Mrs Butler.
: not ok in StE but ok in Infml E

⇒ I bought them at the supermarket, and there I met Mrs Butler.
-- StE에서는 접속사가 필요함 : 지시부사는 스스로 문장 접속 능력이 없기 때문이다

C.. I bought them at the supermarket. There I met Mrs Butler.
자신만 뜻하는 비연결 설명어이기 때문에 full stop 밖으로 두뇌를 작동시킬 수도 있다.
반면에 연결설명어는 한 period 내에서 작동한다.

D.. Today is June 25, <u>and</u> when the Korean War broke out. : not ok
vs Today is June 25, when the Korean War broke out. : ok

vs Today is June 25, and then the Korean War broke out. : ok
vs Today is June 25. Then the Korean War broke out. : ok (period로 완전분리)

vs Today is June 25. <u>When</u> the Korean War broke out. : not ok

vs Today is June 25, then the Korean War broke out.
: not ok in the StE

문장이 완성되었으면 period로 찍어야 되는데 접속사없이 (부분) 분리로 표현했기 때문이다.
but ok in the Infml E

vs Today is June 25 ; then the Korean War broke out. : Ok
semicolon 영뇌는 독립되게 끊어 이어가는 뇌이기 때문에 옳은 문장이다.

Plus

then='그런 다음' 뜻일 때는 부사/접속사 가능

First, the clowns come out, and then, the elephants and lions come out. adv.
=First, the clowns come out, then, the elephants and lions come out. conj.

※ 's=동질/동질연결로서 '-- 과'
when=언제냐 하면 그때[=at the time that]

3. 관계과분사 영뇌(RPP NB)

해야할 일-- 원래 언어는 생활 속에서 뜻이 얻어진 것이다. 원어민들처럼 **관계과분사 말**을 배우려면 여러분들의 두뇌를 생활 속에서의 뜻으로 관계과분사 영뇌를 습관화시켜라. 특히 BEis, IS **영뇌로 습관화시키되**, (생활 속에서의 뜻이 용해된) free **감주**로 습관화시킨다.

..생활 속에서의 뜻=외국인과 생활하면서 느껴지는 뜻이자 실제로 적용된 뜻(≠사전의 원형적인 뜻)

※ 관계과분사 영뇌란 :
IS 두뇌로 사람, 비사람을 피동[자동] event 또는 그 확장의미로 제한적/비제한적으로 연결지어 설명해 나가는 뇌 또는 전설로 설명해 주거나 설명해 나가는 뇌
in short, 연결설명어 in concrete, 콤머유무 연결설명어

---

vs 한뇌=앞에서 설명해 주는 뇌 : 근본적인 버그단어

▭ **과분사 BNW**=event
∴ **관계과분사 BNW**=피동/자동 event로서 제한적/비제한적 연결의미
vs **일반과분사 BNW**=그냥 능동/피동/자동 event

▭ **사람, 비사람**
=주로 명사/대명사 //표현[즉 문맥연결대상]

과분사=event로서 능동의미 /피동의미 /자동의미
즉, 능동 event 또는 ↗확장 event
피동 event/자동 event + EM

※EM=BNW가 많이 반영된 것 : 일종의 bnw-BAM
vs IM=BNW가 덜 반영된 것 : 일종의 im-BAM

▭ **관계과분사 — 연결설명어**
=피동의미와 자동의미, 즉 피동/자동 event와 EM
tip)1. 이때 자동 event는 관계형용사로 보아도 좋다.
2. 관계과분사로 능동 event를 안쓰는 것은 관계현분사가 있기 때문이다. 즉 관계현분사에 본동사의미가가 있기때문이다.
(피동 event ···→ 피동동작으로 확장
(즉 동작 event ···→ 피동동작으로 확장)
자동 event ···→ 자동동작으로 확장)

vs 일반과분사 — 비연결설명어
=능동/피동/자동 의미,
즉 능동 event 또는 피동/자동 event와 EM

tip)관계과분사도 ↗과분사=원동사+ed=본동사 의미+event
event이기 때문에 또는 본동사 의미가 들어있기 때문에 현재/과거/미래 속에 들어 갈 수 있고, 특히 본동사 의미가 들어 있기 때문에 현과미 속에서의 event 또는 일설 event가 된다. ※본동사=현동사/과동사/조동사(특히 will)

: The bomb exploded tomorrow will severely damage the community.

▭ **관계과분사 연결영뇌**
=제한적 연결영뇌 : —— 된 것/된 사람 — 등등
비제한적 연결영뇌 : —— 되었는데 — 등등

※동사관계=보통관계 ∴ 콤머영뇌 작동가능
⇒ referring back 의미가 아닌 연결설명어는 콤머영뇌를 작동시켜 문두이동, 즉 앞으로 이동도 가능
↳vs RB 연결설명어=관계대명사, 관계부사 cf]문장 연결설명어=이동불가
non-RB 연결설명어=관계분사, 관계형용사, to부정사, 전치사, 종사

▭ **한국 사람들의 가장 큰 취약점 :**
영어 읽는 법을 모르고 있음 ⇒ 감각적 주파수
+ free 영뇌, 특히 free 감주에 약하다.
+ 한뇌로 이해, 즉 있는 그 위치에서 바로 (무한글로) 이해하지 못함

+ 단어의 BNW를 느끼지 못함[특히 BAM 기술도 없음] 영어에서는 collocation은 있어도 숙어는 없다. 특히, 외국인들처럼 단어의 뉘앙스에 맞게 표현하지 못함
+ 말[소리]자체/글자자체가 뜻이자 실제상황인데 자꾸 해석하거나 이미지를 그려서 이해하려고 함 특히 해음/해자 영뇌에 약함

+ 부사절을 구로 고치는 전환식 이해보유, 즉, 원래 단어의미대로 보유하지 못함
+ 문자값으로만 이해하거나 기억하지 청구(聽口) 소리값으로 더 뇌화 되어 있지 않음
+ 문법적 예문으로만 취급하고, 말로 활용하는 것에 약함. 문법공부, 말공부가 따로 있는 게 아님

+ 설가뇌가 발달되어 있지 않음 + story뇌에 약함
+ 영어주파수, 즉 vocal 감주에 약함 + 감주로 이해하는데 약함 + 생활 속에서의 뜻[소리]에 약함

tip) 관계과분사=관계를 짓는 과분사 일반과분사=그냥 과분사 ※동사 연결설명어=관계분사/to부정사

1) 관계과분사 영뇌(RPP NB)

IS 두뇌로 사람, 비사람을 피동[자동] event 또는 그 확장의미로 제한적/비제한적으로 연결지어 설명해 나가는 뇌 또는 전설로 설명해 주거나 설명해 나가는 뇌

in short 연결설명어, in concrete 노콤머/콤머 연결설명어 ※ 단, 문두전설 설주뇌=문두단설 설주뇌 가능

> ① **피동의미=피동 event와 그 확장의미, 즉 상태[동작] event /피동동작**
> bitten : 물려 있는 것 —— 상태 event /물린 일이 생긴 것 —— 동작 event /물린 것 —— 피동동작
> ② **자동의미=자동 event와 그 확장의미, 즉 자동행위** ➾ 자동 관계과분사=p259 참조요
> finished : 끝난 일이 생긴 것 —— 자동 event /끝난 것 —— 자동행위 cf]일반과분사 자동의미 → 끝났다

↙**제한적 연결영뇌** ↙**서술적 영뇌**

A.. The postman /bitten by a dog /doesn't come here.

영뇌=기-->설/설 : BEis-Os

or I + I + I : I-Os or S + S + S : S-Os

How to Read[Speak] =Thepostman bittenbya dogdoesn't comehere.

: 먼저 감각적 주파수로 이해한다. 이런 주파수로 말을 하니까 듣기가 가장 어렵다.

시동= vocal 감각적 주파수로

(BEis/IS 영뇌가 될 때까지) F3+E2 강하게 말하기

관계과분사 연결대상=The postman | Free 감주 간직하기

↳ dog과 말해도 doesn't할때 The postman 설가로 이해하면 된다.

• Thepostman bittenbyadog doesn'tcomehere. : **가능한 감주**

(더포스맨=cramp F : t폐쇄 비든[튼]바이어 =slide F + slide F : t 단타와 비단타 도ㄱ=post 점형 F)

→IS값으로 사람을 과분사로 먼저 제한적으로 연결지어 보충 설명해 나가면서, 다시 s동사로 그냥 설명해 나가는 뇌 : BEis-Os

.. 我必 Free 감주 간직하기=The postman bitten by a dog. or Postman bitten by dog.

시동= 그 postman은 물려 있는 사람이어서, 행자/원자(行者/原者) 개에 의해서 물려 있는 사람이어서, 하지않아요.

오는 것인데 여기에 말이다 : **상태** event

/ 그 postman은 물린 일이 발생한 사람이어서 의해서 개에 의해서 말이다. 그래서 --- : **동작** event

/ 그 postman은 물린 사람이어서 행자/원자(行者/原者) 개에게 물린 사람이어서, --- : **피동동작** ↖**확장** event

* -- 한 사람이어서=**제한적 (부사적) 연결의미** 그래서=문맥 associate by=원인행위 실체로서 행자/원자 -- 의해서/에게

.. Topic[topic sentence/main idea] Talk Drill → **Teacher : Tell about a problem with dogs.**

Student : Dogs have a problem at home. Lots of dogs are noisy and dirty. Fierce dogs can event injure or kill people. But dogs are useful animals. They can guard houses and guide blind people. — IELTS, TOEFL — 등 시험영어 말하기/쓰기 문제도 이렇게 풀면 쉽게 해결된다. ※**topic=중심소재** topic sentence=**글전체 요지** main idea=**작자의 주장**

↳dogs' problem ↳Dogs have a problem at home. ↓ ↳Dogs are useful animals.

보통 transition word 사용

↘**글의 변화를 주는 단어** =but, so -- etc.

말=BItten=slide 주파수 **(i=이: 철자음가 e=어: 약한 감정음가)**

bitten=피동 event로부터[로서] 상태[동작] event/피동동작 [bit: bite en: event 음가 : '언' 하면 소리에서 '일어난 것/일어나진 것이 느껴짐, 즉 언>었던 것[했던 것] /된 것 or (t: 조율은) en: done]

bite=이빨로 물어서 부수는 것으로서 물어 뜯는 것/무는 것 [b: break t: teeth + no 's' 원형 자체의미]

구문법 탈피와	**분사구문 쉽게 이해하기 —— 헌 신짝 버리듯!** Throw away like an old shoe!

제한적 연결영뇌 관계분사에 comma 영뇌를 작동시켜, 문중, 문두, 문미 로 가져가면 **분사구문**이 된다.
분사구문이 별것 아니다. 수학 공식처럼 부사절을 전환시켜 이해하지 말라. 그냥 관계과분사, 관계현분사 영뇌 뜻대로 쓰라.

콤머영뇌를 작동시켜 근설 보설뇌로 작동시키면 : ↗**분리 관계과분사 cf]미분리 관계과분사**

↙**비제한적 연결영뇌**[Non-DL NB]

A - E.. The postman, /bitten by a dog, /doesn't come here. [=, being/to be <u>bitten</u>,]

비연결설명어↙

영뇌=기-->설/설 : BEis-Os

or I + I + I : I-Os or S + S + S : S-Os

How to Read[Speak]=Thepostman bittenbya dog doesn'tcome here.

: 먼저 (생활 속에서의 뜻이 용해된) 감각적 주파수로 이해한다.

시동= vocal 감각적 주파수로

(자동 설가가 될 때까지) F3+E2 강하게 말하기 관계과분사 연결대상=The postman

시동=그 우체부 아저씨는 물려 있기 때문에, 행자/원자(行者/原者) 개에 의해서 물려 있기 때문에 하지않아요, 오기를 여기에 말이다. /그 우체부 아저씨에게 물린 일이 생겼기 때문에 --- . | Free 감주+我必 Free 감주 간직하기 /그 우체부 아저씨는 물렸기 때문에 ---- . : United, we stand ; divided, we fall.

관계 과분사의 제한적 연결영뇌는 **동사 관계**로 보통 관계이다. 그래서 comma로 분리시킬 수 있다. 이게 바로 **분사구문**이다. 상문은 사람을 과분사로 비제한적으로 연결지어 먼저 보충 설명해 나가면서,다시 s동사로 설명해 나가는 뇌로 작동시켰다.

이때 비제한적 연결영뇌는 대개 문맥 associate로 **비제한적 연결의미, 즉 비제한적 부사적 연결의미**이다.

⇒ **부사적 연결의미**=이유 /시간 /조건 /양보 /추가 /전환 /나열(vol 2 p305) /구체적 설명(vol 2 p305) --- etc.

tip)**관계사=관계대명사/관계부사/관계분사/관계형용사/관계문장** -- 연결설명어이기 때문에 접속능력이 있음

vs **일반대명사/일반부사/일반분사/일반형용사** -- 비연결설명어이기 때문에 접속능력이 없음

그래서 접속사 필요 ⇒ , as he is <u>bitten</u> --,

: **'mirage,' an image, produced by very hot air, of something which seems to be far away but does not really exist.** ⇒ **콤머를 찍어 명사를 설명해 나가는 비제한적 연결영뇌다.**

콤머영뇌를 작동시켜 기본어를 달리하여 근설 보설뇌로 작동시키면 :

↗문장을 거느림

=(소유격) 관계대명사

↙**비제한적 연결영뇌**[Non-DL NB] ↗**연결설명어**

A- E.. The postman, /his leg bitten by a dog, /doesn't come here. [=whose leg was bitten]

영뇌=기-->설/설 : BEis-Os ↳관계과분사 =연결설명어 ∴ his=일반대명사

or I + I + I : I-Os or S + S + S : S-Os ↳문장을 거느리지 않고 그냥 가리킴

How to Read[Speak]=Thepostman, hisleg bittenbya dogdoesn't comehere.

: 먼저 감각적 주파수로 이해한다. ↳**고난도 감주** — (<u>행자</u>) 개에 <u>의해서</u> 하지않는다

↳밑줄부문=associate

시동= vocal 감각적 주파수로

(자동 설가가 될 때까지) F3+E2 강하게 말하기 관계과분사 (실질) 연결대상=his leg

⇒ 기본어를 먼저 말하고, 비사람을 과분사로 비제한적으로 연결지어 설명해 나가면서, 다시 s동사로 설명해 나가는 뇌 : BEis-Os ⇒ He lay on the floor, <u>his hands crossed</u> behind his head.

시동=그 우체부 아저씨는 자기 다리가 물려 있기 때문에, 행자/원자 개에 의해서 물려 있기 때문에 --- : **상태** event

/그 우체부 아저씨는 자기 다리에게 물린 일이 생겼기 때문에 --- : **동작** event

/그 우체부 아저씨는 자기 다리가 물렸기 때문에 ---- : **피동동작**

※his leg=관계과분사의 주어로서 관계과분사의 기본어 ↖확장 event | Free 감주+我必 Free 감주 간직하기

콤머영뇌를 작동시켜 문두 전설뇌로 작동시키면 :

A- E.. Bitten by a dog, //the postman doesn't /come here. [=by dog : infml E]

영뇌=전설 ⇨ 기-->설 : BEis-Os

↗고난도 감주

How to Read[Speak]=Bittenbya dogthe postman doesn'tcomehere.

: 먼저 감주로 이해한다. or Bittenbya dog, thepostman doesn'tcomehere.

시동= vocal 감각적 주파수로 (자동 설가가 될 때까지) F3+E2 강하게 말하기

관계과분사 문맥 연결대상=뒷문장 전체 -- 표현으로서 비사람

(다즌(트)**캄**히어=후음 고음 double slide F [=slide F + slide F] : t 폐쇄와 비폐쇄)

→ IS값으로 문두 전설로 두뇌를 먼저 작동시키고, 즉 먼저 전설로 뒷표현 전체를 설명해 주면서 본론을 말해 나가는 뇌 : BEis-Os

콤머 관계분사의 뜻 관계를 확실히 하기 위해서 접속부사를 쓰기도 한다.

시동=물려 있기 때문에, 행자/원자 개에 의해서 물려 있기 때문에, 그 postman은 -- .[=Because bitten by a dog, -- .] /물린 일이 생겼기 때문에 -- . /물렸기 때문에 -- .

: The vaccine, if approved, would likely be made available to health care workers first. [=The vaccine, approved, --.]

※health care workers 보건진료 직원 ☞ 접속부사 vol 2 p359

전설종류

전설=부전설 /전전설 /종전설 /분전설[과분전설/현분전설] /형전설 /to전설 /등전설

-- 전설 뇌가 될 수 있는 단어=일반부사, 전치사, 종속접속사, 관계분사, 관계형용사, to부정사, 등위접속사

문두전설 설주뇌로 작동시키지 않고, 문두단설 설주뇌로 작동시키면 :

A-E-1.. Bitten by a dog, /the postman /doesn't come here.

영뇌=설→ 기→ 설 : BEis-Os | Free 감주+我必 Free 감주 간직하기

문두단설 설주뇌 작동도 가능하다. 즉 과분사가 뒷말전체를 설명해 주는 두뇌가 아니라 기본어만 앞에서 설명해 주는 두뇌로 작동시켜도 좋다. 그러면 **문맥 연결대상 두뇌**로 작동하지 않고 **실질 연결대상 두뇌**로 작동한다. 즉 Bitten할 때 바르 the postman으로 연결되면 된다. 실제로 물린 사람이 the postman이기 때문이다. 하지만 전설 뇌일 경우에는 보통 **문맥 연결대상 두뇌**로 작동된다.

→ 관계과분사 실질 연결대상=The postman : 일종의 (bitten의) 마음의 주어

↘ (콤머가 있을 때) s동사의 주어와 관계분사의 주어가 같을 때는 관계분사의 주어는 마음 속에 있지 실제로 표현하지 않는다 : **관습적 E**

콤머영뇌를 작동시켜 문미 전설뇌로 작동시키면 :

A- E.. The postman doesn't /come here, //bitten by a dog.

영뇌=기-->설 ⇨ 전설 : BEis-Os ↘ ☺.. **major 감주=** The postman doesn't come -- , bitten --- .

How to Read[Speak]=Thepostman doesn'tcomehere, bittenbya dog.

: 먼저 감각적 주파수로 이해한다.

tip)Best 감주=콤머, 피어리어드, 접속사 무시

시동= vocal 감각적 주파수로 (자동 설가가 될 때까지) F3+E2 강하게 말하기 관계과분사 (문맥) 연결대상=앞문장 전체

→ IS값으로 먼저 요지를 말하고, 앞문장 전체를 염두에 두고 설명해 나가는 뇌 : BEis-Os

☺.. **문장 뼈대**=기본어(The postman) + s동사(doesn't) + 전설 연결설명어(bitten)

시동=The postman은 하지 않는다. 오는 것인데 여기에 말이다. (그 이유는) 물려 있기 때문인데 행자/원자 개에 의해서 말이다. / --- . 물린 일이 생겼기 때문에 ----. /---- . 물렸기 때문에 ------ .

add] He says he was blindsided by the scandal. by=원인 행위 실체로서 행자/원자(原者) -- 에 의해서

시동= 당했다고, 갑자기 당했다고 했다. 행자/원자 그 사건에 의해서 말이다.

연결설명어 영뇌

문미 전설뇌로 작동시키지 않고, 분설 보설뇌로 작동시키면 :

A- E - 1.. The postman /doesn' t come here, /bitten by a dog.

영뇌=기-->설/설 : BEis-Os (뒷설=보설)

보설 독립적인 관계로 설명해 나가는 뇌로 작동시켜도 좋다. 즉 bitten할 때 the postman을 염두에 두고 두뇌를 작동시키면 된다. 하지만, 전설뇌일 경우 문맥연결로 앞문장 전체에 대해 설명해 나가는 느낌이다.

관계과분사 실질 연결대상=The postman : 마음의 주어

시동=-- 하지 않아요, 오기를 여기를 말이다. (그 사람은) 물렸기 때문인데 행자/원자 개에 의 해서 물렸기 때문이다.

/ -- 물은 자는 개이다 ⇨ **영어는 어느 부분을 보더라도 free 영뇌, 특히 free 감주로 이해되면 된다.**

문미 전설뇌로 작동시키지 않고, 연설뇌로 작동시키면 :

A- E - 2.. The postman /doesn' t come here, /bitten by a dog.

영뇌=기-->설-->설' : BEis-Os

그런데 보설이 뒤에 있을 때는 **연속적 설명뇌**로 작동시켜도 좋다. 즉, doesn' t come here를 설명해 나가는 뇌로 작동시켜도 좋다. 오지 않는 것이 물렸기 때문이라고 설명해 나가는 뇌로 작동시키는 것이다.

관계과분사 문맥 연결대상=doesn' t come here -- 표현 ❈ by=행위실체 /원인행위 /행위수단

하지만 보설이 앞에 있을 때는 독립적으로 설명해 나가는 뇌로 작동시켜야 한다. 물린 사실이 오지 않는 것이 아니라, 우체부 아저씨가 오지 않기 때문이다. 그러면 동사 수일치도 된다.

The postman, /bitten by a dog, /doesn' t come here. **=기-->설/설 : BEis-Os**

⇨ The women /who wanted to play seesaw jumping /were disappointed when it rained.

The woman /who wanted to play seesaw jumping /was disappointed when it rained.

영뇌=기-->설 /설 : BEis-Os (앞설=근설 보설뇌) ❈ seesaw jumping=널뛰기

실질연결대상에 콤머가 없어도 문맥연결대상에 콤머가 있으면

(분리관계 과분사로서) 비제한적 연결영뇌

(With) Russia' s military advance stalled, its troops in disarray.

콤머영뇌를 작동시켜 기본어를 달리하여, 문두 전설뇌로 작동시키면 :

그 사람의 다리는 가졌기 때문에 된 것, 즉 물렸던 것을 가졌기 때문에

A- E.. His leg bitten by a dog, //the postman doesn' t /come here.

영뇌=전설 ⇨ 기-->설 : BEis-Os tip)His leg having been bitten --- , ---- .

↘관계현분사로서 연결설명어 vs 일반과분사로서 비연결설명어

How to Read[Speak]= Hisleg bittenbya dog, thepostman doesn' tcome here.

or — doesn' tcomehere. : 먼저 감각적 주파수로 이해한다.

시동= vocal 감각적 주파수로 (자동 설가가 될 때까지) F3+E2 강하게 말하기

관계과분사 실질/문맥 연결대상=His leg /뒷문장 전체

→ IS값으로 **비사람**을 설명해 나가면서, 뒷말문장 전체를 염두에 두고 **설명해 주는 뇌 :** BEis-Os

시동=자기 다리가 물려 있기 때문에 행자/원자 개에 의해서 말이다. 그래서 --- .

/자기 다리에게 물린 일이 생겼기 때문에 ---. /자기 다리가 물렸기 때문에 --- .

콤머영뇌를 작동시켜 기본어를 달리하여, 문미 전설뇌로 작동시키면 :

A- E.. The postman doesn' t /come here, //his leg /bitten by a dog.

영뇌=기-->설 ⇨ 전설-->설' : BEis-Os

¦ 관계과분사 실질/문맥 연결대상=His leg /앞문장 전체
¦ ·)))▶ vocal 감각적 주파수로 자동 설가가 되게 F3+E2 강하게 말하기

⇒ IS 영뇌로 먼저 주동과 원동사로 말하고, 앞말 전체를 염두에 두고 설명해 나가는 뇌 : BEis – Os

시동=The postman은 하지 않는다. 오는 것인데 여기에 말이다. 이유는 자기 다리가 물려 있기 때문인데, 행자 /원자 개에 의해서 말이다. / -- . 자기 다리에게 물린 일이 생겼기 때문에-- .
/ -- . 자기 다리가 물렸기 때문에 ------.

↙제한적 연결영뇌[DL NB]

B.. Money /raised /will /go to the Homeless Shelter.

영뇌=기-->설/설→ 설′ : BEis-Os or I + I + I + I : I-Os or S + S + S + S : S-Os

How to Read[Speak]= Moneyraised willgotothe HomelessShelter.
: 먼저 감각적 주파수로 이해한다. 뒷말과 말하면 이해가 발생하는 것은 IS 설가뇌와 IS 설주뇌 때문이다.
시동= vocal 감각적 주파수로 (자동 설가가 될 때까지) F3+E2 강하게 말하기
관계과분사 연결대상=Money

⇒ IS값으로 비사람을 과분사로 먼저 제한적으로 연결지어 설명해 나가면서 성격을 규정짓고, 다시 조동사로 설명해 나가는 뇌 : BEis – Os

시동=돈인데 **모금되는** 돈은 할 것이다. 보내는 것인데 곳으로 양로원이라는 곳으로 말이다.
/돈인데 **모금된[되어 있는]** 돈은 할 것이다. ----. | Free 감주+我必 Free 감주 간직하기
뜻하는 의미로 시동=돈인데 모금되면 할 것이다.
tip) 관계과분사도 본동사의미가 들어 있기 때문에 현과미 속에서의 event 또는 일설 event도 가능

≠Raised money will go to the Homeless Shelter.
↘ **제한적 영뇌**-- 앞에서 **설명해 주는** 제한적 영뇌는 뒤로 **설명해 나가는** 제한적 연결영뇌와 다르다.
raised /money=설→ 기: 모금 된 돈 --- **설명해 주는 제한적 영뇌는 뜻이 하나**
: used cars=이미 사용된 차, 즉 중고차 ⇒ raised/used=기의미 성립 event
vs money raised=기→ 설 : 돈은 돈인데 모금되는[모금된] 돈 --- **설명해 나가는 제한적 연결영뇌**
⇒ raised=미래의미 성립 event /기의미 성립 event

소리=RAised=slide 주파수 a=에이: 알파벳음가 -- i 음 중복이니, 하나만 소리낸다.
raised=피동 event로부터[로서] 피동행위/상태 event[raise: 모금하는 것 ed (인 것)된 것) : (피동) event 음가 or (e: 조율음) d: done]
raise=차곡차곡 쌓는 것으로서 모금하는 것 [r: 위로 커가는 모습 + s: save 쌓아/모아 두는 것+ no 's' 원형 자체의미]

C.. The average age /of the women interviewed /is only 23.5.

영뇌=기-->설/설 : BEis-Os ↖**제한적 연결영뇌**
or I + I + I : I-Os or S + S + S : S-Os | Free 감주+我必 Free 감주 간직하기

구문법 탈피와 | 구문법 오류 **---** 헌 신짝 버리듯! -- Throw away like an old shoe!

설명해 나가는 제한적 연결영뇌일 때 반드시 분사 뒷말이 있어야 후치(後置)할 수 있다고 가르친다. 잘못된 가르침이다. 단독 후치 예는 너무나도 많다. 한국사람들은 문법 예문으로만 공부하기 때문에 스스로 갇힌 세상에 살고 있다. 문법예문은 영어전체 입장에서 볼때 바닷가 모래알 수준도 못된다. **스스로 갇힌 문법 속에서 벗어나라.**
: a.. lesson learned 교훈인데 배우게 된[학습된] 교훈 b.. The building destroyed is located on Fifth Avenue.
c.. A penny saved is a penny earned. d.. Stevens was one of 4 Americans killed. e.. He's the guy dressed up.

How to Read[Speak]= Theaverage ageofthe womeninterviewed isonly 23.5[twentythree pointfive].

: 먼저 감각적 주파수로 이해한다. 관계과분사 연결대상=the women

→ IS값으로 전치사 영뇌로 설명해 나가면서, 다시 중간에 관계과분사 영뇌로 설명해 나가고. s동사로 설명해 나가는 뇌 : BEis-Os

시동=평균 나이 즉 그 여자들, 인터뷰를 받은 일이 있는 [인터뷰를 받은] 그 여자들의 평균 나이는 인데 단지 23.5세에 불과하다.

기의미 성립 피동 event이므로 앞에서 설명해 주는 제한적 영뇌로도 작동시켜도 좋다.

: The average age of the interviewed women is only 23.5.

소리=Interviewed=slide 주파수 -- 아주 빠르게 말하면 slide 주파수가 된다.

이때 d는 극저음으로 나야한다. 하지만 보통 빠르기로 내면 InterVIEWed=slide/retro-root 주파수가 된다.

interviewed=피동 event로부터 동작 event/피동행위 [interview + ed: 피동 event 음가 (or e: 조율음) d: done]

interview=마주 보고 견해를 듣는 것으로서 인터뷰하는 것 [inter: 경계를 넘는 것으로서 서로 간 + view + no 's' 원형 자체의미]

↙제한적 연결영뇌 ↙서술적 영뇌

D.. The postman /finished /didn't yet come. [=who was finished]

영뇌=기-->설/설 : BEis-Os

or I + I + I : I-Os or S + S + S : S-Os

시동= 그 postman은 일이 끝난 것이 생긴 사람인데 하지 않았다. 아직도 오기를 말이다 : 자동 event

/그 postman은 일이 끝난 사람인데 ---- : 자동 행위 vs The postman, finished, didn't --- . : 비제한적 연결영뇌= -- 일이 끝나도 — .

: Distance flown - 90,000 km. 거리인데 날아간 거리 | Free 감주+我必 Free 감주 간직하기

live 실전 관계과분사 영뇌 —— 쥐구멍에도 볕들 날 있다! **Every dog has his day!**

L-1..

PRESIDENT	Electoral Votes	States Won
R Bush	130	11
D Gore	145	12
Total electoral votes needed to win the presidency: 270		

NOT CALLED: NH, OH, WV, MO, TN, AR

won/needed
=(제한적) 관계과분사 영뇌
연결대상[기본어]
=states /total electoral votes

not called=states/ones not called
or not called states/ones
↳ called=관계과분사/일반과분사
↳ 모두 기본어 전제

-- 먼저 감각적 주파수로 이해한다. 단주도 근접감주로서 일종의 감주다 : winthe presidency

cf]elector=선거인(=voter) /대표 선거인: Cardinal electors electoral college 선거인단 electoral (college) votes

시동=주인데 승리한[이긴] 주 //전체 선거인단 투표수, 즉 필요한 선거인단 투표수로 대동 획득하는데 대통령직을 획득하는데 말이다. /안된 것, 확정 선언이 안된 주 : 일종의 free 영뇌 | Free 감주+我必 Free 감주 간직하기

※won/needed=승리한 것/필요한 것 — 피동의미를 주체입장에서 해석한 것 //승리된/요건이 되는 — 피사체 입장

L-2.. Iran Earthquake Toll May Rise to 50,000

Accurate count impossible with many victims still trapped under the rubble, said local officials.

-- 먼저 감각적 주파수로 이해한다. 잘 안되면 감주 시동을 걸고 그래도 안되면 Ekbe 시동을 건다.

trapped=(제한적) 관계과분사 영뇌	trapped 영뇌의군=still trapped -- the rubble
→ 연결대상=many victims	impossible=(be 동사) 전제 infml E ↳설명해 주는 부사도 포함
with 영뇌의군=with -- the rubble	with=동존이유 또는 동존이유 대상

시동=정확한 셈은 불가능하다. 있기 때문에, 즉 많은 희생자들, 여전히 갇힌 많은 희생자들이 밑에 부서진 잔해밑에 깔려 있기 때문이다 /동자 많은 희생자들이 여전히 갇혀있기 때문인데 하자[밑에] 부서진 잔해 [밑]에 말이다.

→ 뜻의 차이가 없어 비제한적 연결영뇌로 시동 가능

.. 속문장 뼈대=기본어(Accurate count)+속문장 s동사(전제)+연결설명어(with/trapped)+전설기본어/전설s동사(said)
문장전체 s동사

☞.. 이해는 최종적으로 단어의 최종적인 뜻인 감주로 이해한다.

2) 관계과분사 영뇌와 관계대명사, 종속접속사 영뇌

제한적 연결영뇌는 제한적 연결영뇌로, 비제한적 연결영뇌는 비제한적 연결영뇌로 서로 뜻하는 의미로 같게 말할 수 있다. 즉 같은 영뇌의 연결설명어끼리 같은 뜻으로 달리 말할 수 있다. 여기서 표현의 자유, 이해의 자유를 누려라.

↗ 자동의미일 경우 : p259 참조요

▭ **관계과분사 영뇌**=피동의미[자동의미]로 제한적/비제한적 연결을 하는 것이고,
▭ **관계대명사 영뇌**=referring back하면서 자기문장을 제한적/비제한적 연결을 하는 것이고,
▭ **종속접속사 영뇌**=종맥으로 자기문장을 비제한적으로 (주절에) 접속시키는 것이다.

1.. The postman bitten by a dog doesn't come here. **뜻하는 의미**=-- who is[was] bitten ---.
2.. The postman, bitten by a dog, doesn't come here.
뜻하는 의미=---, because he is[was] bitten ---, ----.

3.. The postman, his leg bitten by a dog, doesn't come here.
뜻하는 의미=---, because his leg is[was] bitten, ----.

4.. Money raised will go to the Homeless Shelter.
뜻하는 의미=--- which is/was raised ----. or --- , which is/was raised, ---. 즉 되면/되었다면
: Reports of a missionary detained in North Korea.
전도사, 즉 감금된 전도사가 있다고 /**뜻하는 의미로 시동**=한 전도사가 감금되었다고
뜻하는 의미=---, when it is raised , ---.
: **대명/명사 접속사 + 관계문장 (언제냐 하면 /때어-- 되는 경우/될 때)**

5.. The average age of the women interviewed is only 23.5.
뜻하는 의미=--- who are[were] interviewed ----.
6.. The building destroyed is located on Fifth Avenue.
뜻하는 의미=The building that is[was] destroyed is located on Fifth Avenue.
뜻하는 의미=The destroyed building ----.

7.. You should use the window marked #99.
뜻하는 의미=You should use the window which is marked #99.

구문법 탈피와	구문법의 비효율성 --- 갈 수록 태산! Out of the frying pan into the fire!

부사절을 분사구문으로 고치는 식으로 전환식 공부로 가르친다. 이때 분사구문의 주어가 주절의 주어와 같을 때는 표현하지 않고, 다를 때는 표현한다고 이해보다 암기 위주로 가르치고 있다.

그냥 관계분사 영뇌로 문두, 문중, 문미에 있어도 **사람, 비사람을** 제한적/비제한적으로 연결시켜 설명해 나거나 설명해 주는 두뇌로 이해하면 된다. 그래서, 부사절을 분사구문으로 고치는 전환식으로 이해하지 말고 **그냥 관계과분사 영뇌, 즉 뜻으로 바로 처리하라.** 전환식 공부도 대표적인 비현실적인 학문적 접근방법이다.

3) 관계과분사 영뇌와 일반과분사 영뇌

관계과분사 영뇌는 연결설명어이고, 일반과분사 영뇌는 비연결설명어이다. 즉 전자는 사람, 비사람[주로 명사, 대명사]에 연결시켜 설명하는 말이고, 후자는 그냥 자신만 뜻하는 말로서 그냥 설명하는 말이다. 그래서, 후자는 연결능력[접속능력]이 없다. 즉 연결의미가 있고 없고의 차이다. 이런 차이를 알아서 관계과분사 말과 일반과분사 말의 선택의 자유를 가져라.

↙**관계과분사**

A.. The postman bitten by a dog doesn' t come here.
: (뒤로) 설명해 나가는 말　　연결대상=The postman

↙**관계과분사**

B.. Bitten by a dog, the postman doesn' t come here.
: (앞에서) 설명해 주는 말
문맥 연결대상=the postman doesn' t come here　　실질 연결대상=the postman

tip)관계과분사 강조 : as it is
Written, as it is, in an easy style, the book is suitable for beginners.
시동=쓰여졌는데 즉 정말로 그렇게 되어있기 때문에 (즉 내자 -- 로 되어있기 때문에) --- .

↙**일반과분사 -- 피동** event

vs a.. The postman was bitten by a dog.
b.. The dog has bitten the postman.
↖**일반과분사 -- 능동** event
: (a, b 둘다) 그냥 설명해 나가는 말
c.. A bitten leg. : **그냥 설명해 주는 말**
↘**일반과분사**

tip)관계현분사 강조 : as one does
Living, as I do, so remote from towns, I rarely have visitors.
시동=살고 있는데 즉 정말로 내가 그렇게 하고 있어서 (즉 정말로 멀리 떨어져 기처 작은 도시로부터 살고 있어서 나는 드문 드문 맞이해요).

시동= **a..** 그 우체부 아저씨는 되어 있었는데 물려 있었던 상태였다.
행자 개에 의해서 말이다[물은 놈은 a dog이었다] : **상태** event
/그 우체부 아저씨에게 생겼는데 물린 일이 생겼다. --- : **동작** event
/그 우체부 아저씨는 되어버렸는데 물려 버렸다. ----- : **피동동작[피동행위]**
b.. 그 개는 가지고 있어요, 물은[문] 것인데 그 우체부 아저씨를 말이다. **c..** 물린 다리
※ by=지게를 지는 것으로서 행위실체 /원인행위 /행위수단
[b: behaviour y: 지게 그래서, 지게를 지는 행위]

plus 〃The postman bitten.〃 **Free 영뇌 :**

① 관계과분사일 경우: The postman은 물려 있는/물린/물릴 postman : **(연결의미로서) 제한적 연결영뇌**
[=The postman who is/was/will be bitten.] : The suspect arrested taken (to hospital).
② 일반과분사일 경우: The postman은(에게) 물려 있다/물린 일이 생겼다/물렸다/물릴 것이다. **관계과분사/일반과분사**
: **서술적 영뇌(비연결의미)** -- be동사, 즉 s동사 전제 infml E [=The postman is/was/will be bitten.]

caution **목적격 보어일 경우**

비연결설명어이다. 목적어뿐만이 아니라 동사와도 관계하면서 서술적으로 설명해 나가기 때문이다. 연결설명어는 연결대상, 즉 자기 기본어만 관계하는 뇌이다.

↙서술적 영뇌

IIIII.. Children want their father **buried** next to their birth mother.

-- 일반과분사 영뇌로서 비연결설명어

시동=애들은 원해요, 자기 아버지가 묻히기를[에게 묻히는 일이 생기기를] 옆에 대자 자기 본엄마 옆에 말이다.

Plus]다른 관계사처럼 서술적 영뇌도 뜻의 차이가 없으면 뜻하는 의미로

제한적 연결영뇌로 작동시켜도 좋다 ➾ **뜻하는 의미로 시동**=묻히는 사람이 되기를

↙제한적 연결영뇌

vs The postman **bitten** by a dog doesn't come here.

-- 관계과분사 영뇌로서 연결설명어

여기서 bitten은 the postman만 관계[연결]한다. 그래서 연결설명어 뇌가 된다.

시동= -- 물려 있는 사람/물린 일이 생긴 사람/물린 사람으로 [=who is/was bitten]

뜻하는 의미로 시동=물렸기 때문에 : **비제한적 연결영뇌**

A.. He had his purse stolen.

비연결설명어=그에게 생겼다, 지갑 도난이 말이다/그는 가졌다. 지갑이 도난 된 것을 말이다 :**일반과분사 영뇌**

: 서술적 영뇌로서 동사와도 관계 have=가지는 것으로서 생기는 것

연결설명어=그는 가지고 있었다, 지갑인데 도둑 맞은 지갑을 말이다[결국 찾은 것] : **관계과분사 영뇌**

: 제한적 연결영뇌로서 기본어[자기 연결대상]만 관계 [=which was stolen]

B.. He had his roof fixed.

비연결설명어=사역의미 : 그는 하게 했다. 지붕이 고쳐지도록 말이다 : **일반과분사 영뇌**

연결설명어=비사역의미 : 그는 가지고 있었다. 지붕인데 고쳐진[다 수리된] 지붕을 말이다.

: **관계과분사 영뇌**[=which was fixed]

↱ 피동과분사 ↱ 자동과분사

tip) 피동[자동] event와 그 확장의미, 즉 피동의미 또는 자동의미와 동명사, 현분사는 설주뇌로 쓸 수 있으나, 능동 event(능동의미), 즉 능동과분사는 설주뇌로 쓸 수 없다.

① **피동의미** : There is no killed person. ② **자동의미** : There is no surprised person.

③ **동명사/현분사** : There is no killing person. (살인하는 것을 한 자, 즉 살인자 /죽이고 있는 사람)

attention] There is no bought person. **능동 event로서 능동의미로는 못쓰나 피동의미는 가능** : 매수된 자, 즉 인신매매 된 자

There is no buying person. (구입한 자) ∵ **동사사실로서 한 것--동명사**

There is no killed knife. : incorrect ↳ or 구입하고 있는 사람 : 일반현분사도 가능

--> There is no killing knife. (죽인 칼/죽이는 칼) ∵ **동사사실로서 한 것 or 동사사실--동명사**

그래서 All <u>stabbing</u> suspects killed.**라고 표현한다.** ☞ 영뇌영어 vol 2 > p299

tip)능동 과분사는 설주뇌[즉 제한적 영뇌]와 관계과분사가 될 수 없다.

동명사가 있기 때문↲ ↳관계현분사가 있기 때문

표현자의 몫	관계과분사 영뇌와 관계현분사 영뇌의 표현자의 몫 —— 누워 떡 먹기! It's a piece of cake!

saucer=a small round dish with its edge <u>curved</u> up : **American English Dictionary**

---- **타동사의 과분사로서 관계과분사 영뇌** : 굽어져서 올라 간 것

or a small plate with edges <u>curving</u> upwards, for putting a cup on : **Longman Dictionary**

---- **자동사의 현분사로서 관계현분사 영뇌** : 굽으면서 상방향으로 올라 간 것

4. 관계현분사 영뇌(RPRP NB)

해야할 일-- 원래 언어는 생활 속에서 뜻이 얻어진 것이다. 원어민들처럼 **관계현분사 말**을 배우려면 여러분들의 두뇌를 생활 속에서의 뜻으로 관계현분사 영뇌를 습관화시켜라. 특히 BEis, IS **영뇌로 습관화시키되**, (생활 속에서의 뜻이 용해된) free **감주**로 습관화시킨다.

생활 속에서의 뜻=외국인과 생활하면서 느껴지는 뜻이자 실제로 적용된 뜻(≠사전의 원형적인 뜻)

> **※ 관계현분사 영뇌란 :**
> **IS 두뇌로 사람, 비사람을 진행의미/본동사의미로 제한적/비제한적으로 연결지어 설명해 나가는 뇌 또는 전설로 설명해 주거나 설명해 나가는 뇌**
>
> in short, **연결설명어** in concrete, **콤머유무 연결설명어**

---

vs 한뇌
=앞에서 설명해 주는 뇌 : 근본적인 버그단어

□ **사람, 비사람**=주로 명사/대명사//표현[즉 문맥연결대상]
□ **현분사** BNW=진행의미/본동사의미

□ **관계 현분사** BNW
=진행의미/본동사의미로서
제한적/비제한적 연결의미 — 연결설명어

tip) 관계현분사
진행의미이기 때문에 또는 본동사 의미가 들어 있거나 본동사 의미가 되기 때문에 현과미 속에 들어 갈 수 있고, 특히 본동사 의미가 들어 있기 때문에 현과미 속에서의 진행의미 또는 일설 진행의미가 되고, 또한 본동사 의미로 들어가는 것으로서 현과미 속에서의 본동사의미 또는 일설 본동사의미가 된다.
↳관계 현분사=원동사+ing i.e., 원동사+ing/iN ※iN=in 입작동

: Persons attending now[yesterday/tomorrow] are[were/will be] our students. =who are[were/will be] attending
or who attend[attended/will attend]

vs 일반 현분사 BNW
=그냥 진행의미 — 비연결설명어
tip) be동사의 본동사의미와 현분사의 본동사의미는
모두 단순한 동사서술의미이기 때문에 서로 충돌이 일어난다.
그래서, 일반현분사는 진행의미만 갖는다.
하지만 관계현분사는 명사/대명사/표현을 설명해 나가거나 설명해 주기 때문에 본동사의미가 가능하다.

□ **관계현분사 연결영뇌**
=제한적 연결영뇌 : — 하는 것/하고 있는 것 — 등등
/비제한적 연결영뇌 : — 하는 데/하고 있는 데 — 등

remember] 1. 특히 '하는데 /해서 /하고서 /하므로 /하려고 /하기 위해서 /하면'이라는 연결의미를 간단체로 쉽게 통역하려면 관계현분사 영뇌 또는 to부정사 영뇌를 작동시키면 된다.
2. 원동사의 본동사의미=비연결설명어
관계현분사/to부정사의 본동사의미=연결설명어
그래서 연결설명어로서 본동사의미를 표현하려면 관계현분사 또는 부정전치사 to로 표현하면 된다.

□ **한국 사람들의 가장 큰 취약점 :**
영어 읽는 법을 모르고 있음 ⇨ 감각적 주파수
+ free 영뇌, 특히 free 감주에 약하다 + 한뇌로 이해
즉 있는 그 위치에서 바로 (무한글로) 이해하지 못함

+ 말[소리]자체/글자자체가 뜻이자 실제상황인데
자꾸 해석하거나 이미지를 연상해서 이해하려고 함
특히 해음/해자 영뇌에 약함
+ 단어의 BNW를 못느낌. 영뇌에서는 숙어가 없다.

+ 부사절을 구로 고치는 전환식 이해보유
즉, 원래 단어의미대로 보유하지 못함
+ 문자값으로만 이해하거나 기억하지 청구(聽口) 소리값으로 더 뇌화 되어 있지 않음
+ 문법적 예문으로만 취급하고, 말로 활용 못함

+ 말을 뒷말과 말하는 것에 약함
+ IS 영뇌로 영어가 머리 속에 남아 있지 않고,
한뇌로 해석한 한 후 암기하고 있음
+ 설가뇌, 즉 기/설 뇌가 발달되어 있지 않음

+ 단문보다 스토리 뇌에 약함
+ 영어주파수, 즉 vocal 감주에 약함
+ 감각적 주파수로 이해하는 데 약하다.
+ 생활 속에서의 뜻[소리]에 약함

tip) 관계현분사=관계를 짓는 현분사 일반현분사=그냥 현분사

☞.. 시동으로 (영어) 글자/말 자체에서 뜻이 보이거나 상황이 (머리 속에서) 보이면 된다 : IS 영뇌

1) 관계현분사 영뇌(RPRP NB)

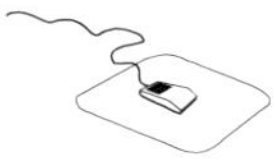

IS 두뇌로 사람, 비사람을 진행의미/본동사의미로 제한적/비제한적으로 연결지어 설명해 나가는 뇌 또는 전설로 설명해 주거나 설명해 나가는 뇌

in short 연결설명어, in concrete 노콤머/콤머 연결설명어 ※ 단, 균두전설 설주뇌=문두단설 설주뇌 가능

진행의미= 동일치 진행 /계속[지속] 진행 /앞으로 진행 /일반적 진행 /설명진행 /쭉 진행
본동사의미=원동사의 본동사 의미에 해당하는 의미로서
현재/과거/미래 의미와 일반적 의미/설명의미, 즉 현과미 속에서의 본동사의미와 일설 본동사의미

↙**제한적 연결영뇌** ↙**서술적 영뇌**

A.. The train /arriving at the platform /is the 12:30 to Seoul.

영뇌=기-->설/설 : BEis-Os or I + I + I : I-Os or S + S + S : S-Os

How to Read[Speak]=Thetrain arrivingatthe platform isthe 12:30tc Seoul.
orThetrain arrivingatthe platform isthe12 :30toSeoul. : **후자=고난도 감주**
: BEis/IS, 즉 설가뇌와 자동설가뇌로 되어 있는 것을 감각적 주파수로 이해한다.
그러면 저절로 선인영뇌각인과 선강후약이 유지된다. 특히 영맥도 감주로 보여야 한다.
주의]기본어 대각인이 되어 있으면 platform을 is와 함께 말해도 is할 때 기본어로 머리가 가니
순서대로 이해하는 데 문제가 없다. 우리는 전자로 말할 때 듣기가 가장 어렵다.

시동= vocal 감각적 주파수로 (BEis/IS 영뇌가 될 때까지) F3+E2 강하게 말하기
관계현분사 연결대상=The train (이즈더/이즈어/이저=small slide F : th 비폐쇄와 폐쇄, 비합성 감주와 합성 감주)

→ IS 영뇌로 먼저 비사람을 진행의미로 제한적으로 연결하여 보충 설명해 나가면서, s동사로 그냥 설명해 나가는 뇌 : BEis-Os ☞.. **我必 Free 감주 간직하기**=The train arriving at the platform in Seoul.

시동=저 열차는 도착하고 있는 열차로 그 위치는 platform인데 입니다. 12시 30분 행[대자] 서울 행입니다.

: Pyongyang is China's very real ally proceeding cautiously. -- **계속[지속] 진행**
The man getting married next month is my uncle. -- **앞으로 진행**
The new machines will work twice as fast, thus greatly reducing costs. -- **미래 속에서의 본동사 의미**
[=and thus they will greatly reduce] ↳일종의 본동사 will 대용
The weather raining until now is clear today. -- 쭉 진행 시동= 날씨가 쭉 비가 왔던 날씨인데 도자 지금까지 쭉 비가 왔던 날씨인데 맑아졌어요. 오늘은 말이다.

to=방향으로서 행/방향대상으로서 대자 -- 행
순서대로 보기] 설가뇌가 작동하거나 감주로 이해하면 버그단어도 순서대로 보인다.

☞.. 5W1H Short Talk Drill → Teacher : What is arriving at the platform?
Student : The train. or The train is arriving. Teacher : Then, what time to Seoul is it?
Student : 12 : 30. /The 12 : 30. or It's 12 : 30.

소리=aRRIving=cramp 주파수 a=어: 약한 감정음가 i=아이: 알파-벳음가
arriving=arrive의 진행의미로서 동일치 진행 [arrive + ing: 진행음가로서 진행의미]
arrive=어떤 곳에 이르는 것으로서 도착하는 것 [ar>at r: reach no 's' 원형 자체의미]
cf]reach=어떤 곳에 이르는 것으로서 도달[도착]하는 것/뻗치는 것[re>er: 이르는 것 a: at]

콤머영뇌를 작동시켜 보설뇌로 작동시키면 :

↙비제한적 연결영뇌[Non-DL NB]

A- E.. The train, /arriving at the platform, /is the 12 : 30 to Seoul.

영뇌=기--〉설/설 : BEis-Os or I + I + I : I-Os or S + S + S : S-Os

How to Read[Speak]=Thetrain, arrivingatthe platform, isthe12: 30to Seoul.

: 이번에는 이런 감각적 주파수로 이해한다.

시동= vocal 감각적 주파수로 (자동 설가가 될 때까지) F3+E2 강하게 말하기

관계현분사 연결대상=The train

(어**라**이빙애ㅌ더=(후음저음형) train F[=cramp F + small slide F] 플**래**ㅌ포-ㅁ=ER F + line 점형 F)

주의]아무리 주파수가 많아도 한 단어 내에서는 최고음은 하나밖에 없다. 이것이 바로 리듬이다. **라/래**가 최고음이다.

→ IS값으로 **비사람**을 진행의미로 비제한적으로 연결하여 보충 설명해 나가면서, s동사로 설명해 나가는 뇌 : BEis-Os

☞.. **我必 Free 감주 간직하기**=The train, 12 : 30 to Seoul. or Train, 12 : 30 to Seoul.

시동=저 열차는 도착을 하고 있는 데 그 위치는 승강장이며 입니다. ----. | Free 감주 간직하기

: I lived with <u>a dog</u>, <u>not barking</u>, I sold out. He walked, with his head bent, shoulders drooping.

-- 짖지 않는 동물로서 일반적 또는 설명 본동사의미 : 안 짖어서/짖지 않아서

관계분사[관계과분사/관계현분사]=동사 관계는 보통 관계이므로 콤머로 분리하여 두뇌를 작동시킬 수 있다.

즉, 콤머를 찍어 비제한적 연결영뇌를 작동시킬 수 있다.

tip)**관계분사**=연결설명어이기 때문에 접속능력이 있고, **일반분사**=비연결설명어기 때문에 접속능력이 없다.

그래서 일반분사로 표현할 경우에는 접속사가 필요하다 : The train, whereas it is <u>arriving</u> -- ,

그 열차, 그런데 이 열차는 있는데 도착하고 있는데 입니다. ---- .

콤머영뇌를 작동시켜 문두 전설뇌로 작동시키면 :

A- E.. Arriving at the platform, //the train is /the 12 : 30 to Seoul.

영뇌=전설 ⇨ 기--〉설 : BEis-Os

How to Read[Speak]=Arrivingatthe platform, thetrainisthe 12:30to Seoul.

: 먼저 감각적 주파수로 이해한다. 단주도 근접감주로서 감주에 속한다 : platform/Seoul

시동= vocal 감각적 주파수로 (자동 설가가 될 때까지) ∵ 단주도 뒷말과 말하기 때문이다.

F3+E2 강하게 말하기 **관계현분사 문맥 연결대상=뒷문장 전체** -- 비사람으로서 표현

-- 말은 배 힘을 이용해 목으로 음을 만들면서 성대가 울리게 강하게 말한다. 말은 내 뿜는 말이어야 한다.

그냥 입소리로 음이 만들어지면 안된다.

→ IS값으로 문두 전설로 뒷말 전체를 염두에 두고, 먼저 두뇌를 작동시키고, 본론을 말해 나가는 뇌 : BEis-Os

시동=도착을 즉[직자] 승강장에 하고 있는데 그 열차는 입니다. --- .

※ at=구역일치 대상[구역일치 지정대상]으로서 즉/직자 | Free 감주+我必 Free 감주 간직하기

문두전설 설주뇌로 작동시키지 않고, 즉 문두단설 설주뇌로 작동시키면 :

A- E -1.. Arriving at the platform, /the train /is the 12 : 30 to Seoul.

영뇌=설→ 기→ 설 : BEis-Os

→ IS영뇌로 현분사가 뒷말 전체를 염두에 두고 두뇌를 작동시키는 것이 아니라, 기본어를 염두에 두고, 먼저 설명해 주면서, 기본어를 표현하고, s동사로 설명해 나가는 두뇌로 작동시킨다. 즉 실질 연결대상을 염두에 두고 먼저 두뇌를 작동시킨다 : BEis-Os

관계현분사 실질 연결대상=the train -- 실제로 arriving하는 것=the train : **마음의 주어**

콤머영뇌를 작동시켜 문미 전설뇌로 작동시키면 : ↗**분리 관계현분사 cf]미분리 관계현분사**

A- E.. The train is /the 12:30 to Seoul, //arriving at the platform.[=at platform : infml E]

영뇌=기-->설 ⇨ 전설 : BEis-Os

How to Read[Speak] =Thetrainisthe 12:30to Seoul, arrivingatthe platform.

: 먼저 감각적 주파수로 이해한다. 감주로 이해하면, 건저 저절로 말[소리]자체 또는 소리본체로 이해된다. 이게 바로 감주 의음/의자이다.

시동= vocal 감각적 주파수로 ↗**그러면 영어말투가 형성되고 영어말투에 익숙해진다.**

(의음/의자가 될 때까지) F3+E2 강하게 말하기

관계현분사 문맥 연결대상=앞문장 전체 -- 표현으로서 비사람

→ IS값으로 먼저 주동으로 요지를 말하고, 설명해 나가면서, 문미 전설로 앞문장 전체를 염두에 두고, 설명해 나가는 뇌

: BEis-Os | Free 감주+我必 Free 감주 간직하기

시동=그 열차는 입니다. 12시 30분행 서울행인데 도착을 하고 있어요. 즉 platform에 말이다. [=and it is arriving]

문미 전설뇌로 작동시키지 않고, 문미[분설] 보설뇌로 작동시키면 :

A- E -1.. The train /is the 12:30 to Seoul, /arriving at the platform.

영뇌=기-->설/설 : BEis-Os (뒷설=보설)

뒤에서 다시 보설 (독립적인 관계)로 **기본어[마음의 주어]**를 염두에 두고 설명해 나가는 뇌로 작동시켜도 좋다. 즉 하나의 기본어를 중심으로해서 두 개의 설명어로 설명해 나가는 뇌로 작동시켜도 좋다.

그 열차는 12시 30분 서울행이고, 그 열차가 도착하고 있다는 것이다.

관계현분사 실질 연결대상=The train | Free 감주+我必 Free 감주 간직하기

문미 전설뇌로 작동시키지 않고, 연설뇌로 작동시키면 :

A- E -2.. The train is /the 12 : 30 to Seoul, /arriving at the platform.

영뇌=기-->설-->설′ : BEis-Os | Free 감주+我必 Free 감주 간직하기

보설이 s동사 뒤에 있을 때는 연속적으로 설명해 나가는 뇌. 즉 연설뇌로 작동시켜도 좋다.

즉, the 12 : 30 to Seoul를 설명해 나가는 뇌로 작동시켜도 좋다. 12시 30분 서울행이 도착하고 있다는 것이다.

관계현분사 연결대상=the 12 : 30 to Seoul -- 일종의 문맥 연결대상 : 비사람으로서 표현

하지만 보설이 s동사 앞에 있을 때는 독립적으로 설명해 나가는 뇌, 즉 독설뇌로 작동시켜야 한다.

선원이 원치 않는 것이지 미신을 믿는 사실이 원치 않는 것이 아니기 때문이다.

그러면 자연적으로 **동사 수일치 뇌**도 발생한다.

Sailors /who are superstitious /don't want to embark on Friday.

The sailor /who is superstitious /doesn't want to embark on Friday.

영뇌=기-->설/설 : BEis-Os (앞설=보설)

주의] free 영뇌[특히 free 감주]로 이해하는 기술이 있어야 저절로[스스로] 말의 조합력이 생긴다.

하루에 몇 문장씩 외운다고 해서 말의 조합력이 생기는 것은 아니다. ※TF를 알아야 free 영뇌도 가능 ↳twenty four 영뇌

↳이것은 해석뇌이지, 원애 언어습득 방법도 아니고 일반적 언어습득 방법도 아니다.

↳의음[의자]+free 감주+자연조합+무부스텝+부지언인

연결설명어 영뇌

↗제한적 연결영뇌[DL NB]

B.. Students /attending this school /have to /wear their school uniform.

영뇌=기→ 설/설→ 설′ : BEis-Os or I + I + I + I : I-Os or S + S + S + S : S-Os

↗스튜-던스어[서]테ㄴ딩 : **분리감주 — 고난도 감주**

How to Read[Speak]=Studentsa/ttending thisschool haveto weartheir schooluniform.

: 먼저 감각적 주파수로 이해한다. 그러면 저절로 의음/의자, 해음/해자, 상음/상자가 된다.

시동= vocal 감각적 주파수로

(의음/의자, 해음/해자, 상음/상자가 될 때까지) F3+E2 강하게 말하기

관계현분사 연결대상=Students -- 사람 여기서 관계현분사=진행의미/본동사의미

(해프터=slide F : 후음 무성음 매치 cf)of course=어브코-스/어프코-스=little slide F + retro-root F : 후자=후음 무성음매치 : f ← k : 일종의 역행동화)

→ IS값으로 사람을 (본동사 또는 진행 의미로) 먼저 제한적으로 보충 설명해 나가면서, s동사로 설명해 나가는 뇌 : **BEis-Os**

하지만, 콤머영뇌를 작동시켜 근설 보설뇌, 문두 전설뇌[문두단설 가능], 문미 전설뇌, 문미 보설뇌, 문미 연설뇌로도 작동 가능

.. 我必 Free 감주 간직하기=Students must wear their uniform.

시동=학생들, 다니는 학생들인데[다니고 있는 학생들인데] 이 학교에 말이다. 그런 사람들은 해야 해요, 입는 것인데 자기 네들의 uniform을 말이다. ※ 그런 사람들은=**문맥** associate : **독설 문맥** | **Free 감주 간직하기**

attending=본동사 의미로서 일반적/설명 본동사의미[=who attend]

or 진행 의미로서 일반적/설명 진행의미[=who are attending]

[attend + in: 본동 작동음가로서 본동사 의미 or + ing: 진행음가로서 진행의미]

attend=어떤 곳 내로 들어가는 것으로서 참석하는 것/다니는 것

[at: 어떤 곳 en: in 들어 가는 것 no 's' 원형 자체의미]

⇨ **관계현분사의 본동사 의미 예 :**

현재/과거/미래 속에서의 본동사의미 //일반적[설명] 본동사의미

a.. This is the law forbidding the import. -- **설명** 〃 Time remaining is 10 minutes. -- **현재 속** 〃

시동=법인데 금지를 담고 있는 법 [=the law which forbids /Time which remains=Remaining time]

b.. This was the law forbidding the import. -- **과거 속** 〃 : Experience battling Corvid-19.

시동=법이었는데, 금지를 담았던 법[=the law which forbade--.]

c.. Turning left, you' ll see the sign. -- **미래 속** 〃 **시동**=돌게되면 [=If you turn left, --.]

d.. Gunfires exchanged, killing two people. -- **과거 속** 〃 [=and it killed] (it=그 사건)

Energy shares climb, pulling Asia shares higher. -- **현재 속** 〃 [=and it pulls]

e.. Anwar al-Awlaki, a leader in Al Qaeda' s outpost in Yemen, did not leave much of a trail, frustrating the American and Yemeni officials pursuing him. -- **과거 속** 〃 [=and so frustrated]

f.. They fight the over-spam slowing the internet. -- **설명 본동사의미**[=which slows the internet]

g.. I' m a South Florida girl making moves and news. [=who makes moves and news]

시동= --- 하면서 여기저기 돌아다니면서 뉴스를 만드는 여자이다 -- **설명 또는 일반적 본동사의미**

h.. They meet the mother and daughter mutilating other women in the name of female circumcision. -- **과거 속** 〃 =who mutilated other women] : **Kenya에서 사건발생 후 보도**

시동=-- 만나고 있어요, 그 엄마와 딸, 즉 절단한, 다른 여자의 것들을 절단한 엄마와 딸을 해서 명목으로 해서 즉 여성 할례라는 것을 명목으로 해서 절단한 엄마와 딸을 만나고 있어요.

＊other women=(단어) associate, 즉 다른 여자들의 것으로서 다른 여자들의 음핵

↙비제한적 연결영뇌[Non-DL NB]

C.. The engine being in trouble, //the train is /leaving Seoul.

영뇌=전설 ⇨ 기→ 설 : BEis-Os or I + I + I : I-Os or S + S + S : S-Os

How to Read[Speak]=Theengine beingin trouble, thetrainis leavingSeoul.
: 먼저 감각적 주파수로 이해한다.
시동= vocal 감각적 주파수로 (자동 설가가 될 때까지) F3+E2 강하게 말하기
관계현분사 실질/문맥 연결대상=The engine /뒷문장 전체

→ IS값으로 비사람을 설명해 나가면서, 뒷문장 전체를 설명해 주는 뇌 : BEis-Os

→ **이때 문맥 associate=양보** : 일반적으로 비제한적 연결영뇌의 문맥 associate=비제한적 부사적 연결[접속]의미

→ **부사적 연결[접속]의미**=이유 /조건 /양보 /추가 /시간 /전환 -- 등등

시동= 엔진이 있다 할지라도 속에[중에] 고장 속에 [중에] 있다 할지라도 --- .

뜻하는 의미=Although the engine is ---. | Free 감주+我必 Free 감주 간직하기

being=be의 본동사의미로서 있다할지라도 [be 있다 + in: 본동 작동음가로서 본동사 의미]
vs leaving=leave + ing: 진행음가로서 진행의미]

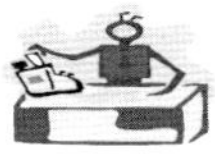

plus] 관계분사 또는 관계형용사 주어를 이들로 설명해 나갈 경우 연결설명어 **바로 앞에** comma를 찍지 않아도, 비록 **명사+관계분사/관계형용사 형태**를 취했다할지라도 **콤머만 찍히면** 비제한적 연결영뇌가 된다.
referent를 referring back으로 설명해 나가는 관계대명사/관계부사 연결설명어와 다르다.
vs ---, an announcement which came just hours later ----- .
: that=관계대명사로서 바로 앞에 콤머가 찍히지 않아 본래의미는 **제한적 연결영뇌**이다.

비제한적 문미 전설뇌로 작동시키면 :

C - E.. The train is /leaving Seoul, //the engine being in trouble.

영뇌=기-->설 ⇨ **전설** : BEis-Os

↘ ☺.. **major 감주=** The train -- leaving Seoul, -- engine --- in trouble.

How to Read[Speak]=Thetrainis leavingSeoul, theengine beingin trouble. : 먼저 감주로 이해한다.
대개 부분 감주[free 감주]로 저절로 엮어지는 것이지 내가 엮는 것은 아니다.
시동= vocal 감각적 주파수로 (의음/의자, 해음/해자, 상음/상자가 될 때까지) F3+E2 강하게 말하기
관계현분사 실질/문맥 연결대상=the engine/앞문장 전체 (디애ㄴ쥔=cramp F)

→ IS값으로 먼저 주동으로 요지를 말하면서, 일반현분사 영뇌로 설명해 나가고, 앞문장 전체를 염두에 두고 비사람을 관계현분사 영뇌로 설명해나가는 뇌 : BEis-Os

☺.. **我必 Free 감주 간직하기**=The train in trouble. or Train in trouble.

시동=그 열차는 있다. 떠나고 있는 데[떠나기로 되어 있는데] 서울을 떠나고 있다[떠나기로 되어 있다]. 엔진이 있다 할지라도 중에 고장 중에 있다할지라도 말이다. | Free 감주 간직하기

leaving=leave의 진행의미로서 동일치 진행[계속 진행] /앞으로 진행 [leave + ing: 진행음가로서 진행의미]
leave=시렁에 두는 것처럼 남겨 놓는 것 /시렁에 두고 가는 것으로서 남겨두고 떠나는 것
[l>ll: 두 개의 길다란 각목으로 만든 선반으로서의 시렁 -- 모양 BNW + no 's' 원형 자체의미]

Plus] 연결설명어 두개 작동 : Cards on the table, we're both showing hearts, risking it all, though it's hard.
시동= -- 리스크가 그것 모두에게 있고, 비록 그것이 어렵다할지라도 --- .

↗비제한적 연결영뇌

D.. Objectively speaking, //he lay /dead, /both the eyes open.

영뇌=전설 ⇨ 기→ 설→ 설' or 전설 ⇨ 기→ 설/설 : BEis-Os

or I + I + I + I : I-Os or S + S + S + S : S-Os

How to Read[Speak]=Objectivelyspeaking, helay dead, boththe eyesopen.
: 먼저 감각적 주파수로 이해한다. [or both theeyes open]

시동= vocal 감각적 주파수로 (자동 설가가 될 때까지) F3+E2 강하게 말하기

관계현분사 문맥 연결대상, 즉 문맥 기본어=뒷문장 전체

관계현분사 실질 연결대상, 즉 실질 기본어= I /we : 입장 표명자 -- 마음의 주어

(어브제ㅋ티블리=little slide F+slide F 보쓰디=slide F : ou의 단모음화 보우쓰디=slide F : u감정음가 첨가)

⇒ IS값으로 뒷 문장을 설명해 주면서, 연속적으로 설명해 나가는 뇌 또는 독립적으로 설명해 나가는 뇌 : BEis-Os

.. 我必 Free 감주 간직하기=He lay dead, both eyes open. or Dead, both eyes open.

시동=객관적으로 말하면, 그는 누워 있었어요, 죽은 상태로, 두 눈을 떠고서 말이다. | Free 감주 간직하기

*open=**콤머 관계형용사** -- 콤머가 찍혔고, 비사람으로서 명사를 설명해 나가기 때문이다.

소리=sPEAking= trapezoid 주파수

ea=이: 알파벳 e음가와 알파벳 a, 즉 ei의 i지배음가가 합쳐서 고장음을 만들어 준다.

speaking=speak의 본동사의미로서 설명 본동사의미 -- 말하면/말하자면

[speak+ in 들어 가는 것/하는 것

그래서, speak로 들어 가는 것/하는 것으로서 본동사 의미: **본동 작동음가**]

speak=계속해서 말하는 것으로서 말하는 것/연설하는 것[s: saying k: keep no 's' 원형 자체의미]

lie/lay/lain=눕다 lie/lied/lied=거짓말 하다 lay/laid/laid=두다

관계 현분사와 마음의 주어 : ↗모든 동사에는 주어가 있는데 이것을 표현하느냐 안하느냐가 관건이다.

plus] 관계 현분사의 주어가 입장표명자, 일반인 또는 문맥상 분명할 경우
(s동사의 주어와 다르다 할지라도) 마음의 주어로 습관적으로 표현하지 않는다.

우리말도 이럴 경우 습관적으로 표현하지 않는 것으로 굳어져 있다 : **관습적 E/관습적 K**

- Judging from her accent, she must be an American. [=If we/I judge --]
- This city, constantly leaving, is empty. [=, because/as people/residents are leaving, --]
- Coming to a bend in the road, a beautiful house struck my eyes.
  [=As/When I came to --] ※**마음의 주어**=관계분사/to 부정사/동명사/관계형용사의 주어가 마음 속에 있고 실제로 표현되지 않는 주어

tip) **구문법** : 일반인인 경우(we/people/residents)=비인칭 독립분사구문 : **대개 s동사 주어와 같을 때 많이 일어남**

일반인이 아닌 경우(I)=현수 분사구문

독립분사구문 : This done, we went out for a walk. He being honest, everybody loves him. 일반적으로 관계분사 주어와 s동사 주어가 다르면 표현해야 전달이 분명해진다.

tip) Donald Trump : We need Roy Moore, voting for him.[= , and so you must vote for him.]

voting 주체=일반인 -- 여러분들 ⇒ We need Alabama to go vote for him.

그래서 대동 가서 투표해야 해요, 해자 그에게 말이다.(to associate=그래서)

↗주의]구문법에서 we만 바꾸는 것은 잘 못된 가르침이다.

여기서는 표현자인 내가 객관적으로 말해서 그렇다고 말할 수도 있고, 만약에 조사팀이 말하는 것이면 우리 입장이 된다.

= Objectively if I/we speak, ----. **인칭 대명사**=비연결설명어이므로 접속능력이 없음 ∴ **접속사 필요**

: a.. Seeing that she is bright, she will not be easily taken in by him.

: 우리 입장에서 말하는 것 (알게되면) [=If [When] we see that she ----.]

b.. Considering his age, he looks young. : 나 또는 우리 입장에서 말하는 것 [=If [When] I/we consider his age]

c.. Taking all things into consideration, his plan is impracticable. [=If [When] we/I take ----.]

d.. Granting that he is poor, we can't allow him to do such a mean thing. : 그렇다할지라도 즉 그가 ---
[=Though we grant ---- .]

＊grant=내려주는 것으로서 하사[수여]하는 것/내려주는 것을 받는 것으로서 응하는 것[들어 주는 것]
/들어 주는 것으로서 동의[인정]하는 것 ＊granting=동의, 인정 양보 ＊mean=adj. 야비한 것

e.. Judging from the look of the sky, it will rain in the afternoon. [=If [When] we/I judge----.]

➾ 상기 관계 현분사는 본동사의미이기 때문에 **뜻하는 의미로 전환시 모두 현동사 영뇌로 작동시키면 된다.**

↗비제한적 연결영뇌 **↗비제한적 연결영뇌**

E.. Ellen, /smiling, /shook her head. Bet, /grumbling, /had departed to her harp lesson.

영뇌=기→ 설/설 : BEis-Os or I + I + I : I-Os or S + S + S : S-Os

How to Read[Speak]=Ellen, smiling, shookher head. Bet, grumbling, haddeparted toher harplesson.

: 먼저 감각적 주파수로 이해한다.

시동= vocal 감각적 주파수로 (의음/의자, 해음/해자, 상음/상자가 될 때까지) F3+E2 강하게 말하기

관계현분사 연결대상=Ellen /Bet 관계현분사=본동사 의미

→ 연설 뇌로 두뇌가 작동하면 동사 수 일치가 되지 않으니 주의하라 : BEis-Os

시동=웃으면서/투덜대면서 : **현재형 과거상황**[=as she smiled/grumbled] | Free 감주+我必 Free 감주 간직하기

구문법오류

관계분사 뒷말이 하나도 없어도 좋다. 구문법에서는 반드시 뒷말이 있어야 한다고 강조하고 있다.
문법적 예문만 알고 있는 한국사람들이 지어낸 문법루울이다. 현장 표현들로 머리를 지배시켜라.

관계현분사와 일반현분사 --- 공자 앞에서 문자 쓴다! To teach a fish how to swim.

Russian president Boris Yeltin is returning home with more than a billion dollars in US aid, <u>and promising</u> more to come. **관계현분사 영뇌**는 연결설명어이기 때문에 스스로 접속능력이 있어 promising에 and를 쓴 것으로 보아 비연결 설명어이다. 그래서, promising은 is를 그냥 설명해 나가는 **일반현분사 영뇌**이다.

plus] A.. Although founded many centuries earlier, Luxor did not reach preeminence until 2,000 B.C.E.
although=종속접속사 영뇌로서 it was 전제, 그래서 founded=일반과분사 영뇌 : **전제 infml E**

관계과분사 영뇌로 작동시키면 :

Founded many centuries earlier, Luxor did not reach preeminence until 2,000 B.C.E.

B.. A trade center since antiquity, Catalonia itself has often been ruled by the outsiders.
연결설명어 대신 **콤머영뇌**로 연결시키고 있다. **콤머의미**=되었기 때문에: **콤머 (문맥)** associate
구문법에서는 이럴 때 **관계현분사** being **생략**으로 본다. unknown antiquity 아득히 먼 옛날/태고/고대

연결설명어 영뇌

↙제한적 연결영뇌

F.. The building /having been destroyed /is located on fifth avenue.

영뇌=기→ 설/설 : BEis-Os or I + I + I : I-Os or S + S + S : S-Os

How to Read[Speak]=Thebuilding havingbeen destroyedis locatedon fifthavenue.
: 먼저 감각적 주파수로 이해한다. ↘**고난도 감주, 즉 이 문장에서 Key 감주**

시동= vocal 감각적 주파수로 (자동 설가가 될 때까지) F3+E2 강하게 말하기
관계현분사 연결대상=The building

→ IS값으로 비사람을 보설로 먼저 말하고, s동사로 말해 나가는 뇌 : BEis-Os
보설 분설뇌로 두뇌가 작동하지 않고, 연설 뇌로 두뇌가 작동하면 동사 수 일치되지 않으니 주의하라.
만약 The buildings이면 are로 뇌가 작동한다.

.. **我必 Free 감주 간직하기**=The building destroyed located on fifth avenue.

시동=그 빌딩은 가지고 있는 건물인데 되어 있는 것, 파괴되어 있는 것을 가지고 있는 건물인데 있는 위치는 상지, 5번가 상지에요.[상자, 5번가이에요.] | **Free 감주 간직하기**

on=표면 위로서 상지(上地)
having=관계현분사 영뇌의 본동사의미로서 연결설명어[=which has been/was destroyed]
vs been/destroyed=일반 과분사 영뇌로서 비연결 설명어. 그래서 연결영뇌는 having에서 작동해야 함.

→ 동사소유 개념으로 관계현분사 영뇌로 작동시키지 않고 그냥 관계과분사 영뇌로 작동시켜도 좋다.
전달결과는 같다.
The building /destroyed /is located on fifth avenue. **영뇌**=기→ 설/설 : BEis-Os
시동=그 빌딩은 부서진[부서져 있는] 건물인데 --- . [=The destroyed building is]

↙비제한적 연결영뇌

G.. They, /having spent two hours over lunch, /left the restaurant.

영뇌=기→ 설/설 : BEis-Os or I + I + I : I-Os or S + S + S : S-Os

How to Read[Speak]=Theyhaving spenttwohours overlunch, left therestaurant.
: 먼저 감각적 주파수로 이해한다.

시동= vocal 감각적 주파수로 (자동 설가가 될 때까지) F3+E2 강하게 말하기
관계현분사 연결대상=They
여기서도 (과동사의) 본동사 의미로 두뇌가 작동했다.
cf]현동사/원동사의 본동사 의미 ⇒ 기본영뇌 vol 1 > p217

시동=그들은 가진 후, 보낸 것인데 두 시간을 먹으면서 점심을 말이다. 그런 후에 떠났어요, 그 식당을 말이다.
[=after they had spent] ※그런 후=**문맥 associate** | **Free 감주+我必 Free 감주 간직하기**
over=걸쳐 보내는 시간으로서 먹으면서
having=관계현분사 영뇌로서 연결설명어 spent=일반과분사 영뇌로서 비연결설명어
기본어에 연결 역할을 하는 것은 having이지 spent가 아니다.

remember

능동의미 과분사는 연결설명어가 아니다. 비연결 설명어이다.
과분사가 연결설명어가 되려면 피동의미가 되어야 한다. 그래서, 관계현분사 영뇌로 작동시켜야 한다.
: They, spent two hours over lunch, left the restaurant. : **incorrect**
⇨ They, spending two hours over lunch, left the restaurant. : **correct**
: 관계현분사 -- 연결설명어

H.. An earthquake occured /in Japan, //killing /5 peeple.

영뇌=기-->설 ⇨ 전설-->설′ : BEis-Os **↖비제한적 연결영뇌**

How to Read[Speak]=Anearthquake occuredin Japan, killing5 people. : 먼저 감각적 주파수로 이해한다.

시동= vocal 감각적 주파수로 (자동 설가가 될 때까지) F3+E2 강하게 말하기

관계현분사 문맥/실질 연결대상=앞문장 전체 /An earthquake

-- 여기서도 (과동사의) 본동사의미로 두뇌가 작동했다. | Free 감주 간직하기

.. 我必 Free 감주 간직하기=Earthquake killing 5 people. : 일반 현분사/관계 현분사

시동=그리하여 죽였어요. [and it killed--.] vs Killing, //kidnappers /tortured.=전설⇨기-->설

시동=죽이면서, 어린이 유괴자들은 고문도 했다.

killing=kill의 본동사의미로서 죽인 것

[kill + in 들어 간 것/한 것. 그래서 kill로 들어 간 것/한 것으로서 본동사의미: **본동 작동음가**]

※현분사와 과분사는 본동사가 아니다. HB 동사를 설명해 나가기 때문이다 : **본동사**=현동사 /과동사 /조동사

하지만 관계현분사는 본동사는 아니지만 본동사 의미를 가진다.

kill=꽥하고 죽여 쓰러 뜨리는 것으로서 죽이는 것 [k: 꽥 ll: lie+lie 쓰러져 누워 있는 것 no 's' 원형 자체의미]

ing 의미 **동사원형 + ing에서 ing의미** : 자체의미가 ing로 적용된 것으로서 현분사 또는 동명사 의미

⇨ **현분사의 ing**= a) ing="하는 것(in) + 하는 중(going)" 즉 하는데 하고있는 중으로서 진행의미

b) in=하는 것(in)으로서 본동사 의미

동명사의 ing= "in+noun" 즉 하는 것(in)에 명사사실의미가 첨가된 것,

즉 하는 것을 하는 것으로서 동사사실 의미 tip)go=실시로서 하는 것 in=입작동으로서 하는 것

live 실전 관계현분사 영뇌 —— 시작이 반이다! **Well begun, half done!**

L-1.. trapezoid[US] noun [C]

a quadrilateral having only two sides parallel and two sides not parallel

— 먼저 감주로 이해한다. **.. 문장 뼈대**=기본어(a quadrilateral) + 연결설명어(having/parallel/parallel) : s동사 없음

having/parallel =(제한적) 관계현분사/관계형용사 영뇌	: A quadrilateral <u>which</u> has only two sides parallel.
기본어=a quadrilateral /(only) two sides /two sides	A quadrilateral <u>with</u> only two sides parallel.
having 영뇌의군=having -- not parallel	A flat four-sided shape, <u>where</u> two of the sides
관계대명사 /전치사 /관계부사 영뇌로 작동시키면 →	are parallel. [=, at which 직자 (어떤 것이냐 하면) 이것에서는]

시동=trapezoid란 미식 영어로서 일종의 사각형인데 가지는 사각형, 즉 단지 두 개의 변만 평행이고 (나머지) 두 개의 변은 평행이 아닌 것을 가지는 사각형을 말한다 : 사다리꼴 ※ 즉/나머지=**문맥** associate 을 말한다=Ekbe 문맥

L-2.. **San Francisco**: Gay men and lesbians poured into the streets across the United States to celebrate a Supreme Court decision striking down or strictly limiting the country's last remaining sodomy laws, in 13 states. **— 먼저 감각적 주파수로 이해한다. 그러면 저절로 의음/의자, 해음/해자, 상음/상자로 이해된다.**

striking/limiting=(제한적) 관계현분사 영뇌 관계현분사의 기본어, 즉 연결대상=a Supreme Court decision

striking/limiting 영뇌의군=striking -- the country's -- sodomy laws /strictly limiting -- sodomy laws

시동=동성연애 남녀들은 쏟아져 나와 들어갔는데, 거리 속으로 전국, 미 전국의 거리 속으로 들어갔다. 대동 축하하기 위해, 대법원의 판결을 축하하기 위해서 말이다. <u>그 판결에는</u> 판결봉[gavel]을 두들겨 기각시켰거나 엄격히 제한하는 내용이 들어있는데 이 나라의 마지막으로 남아있는 동성연애법에 대해서 말이다. <u>이런 일은</u> 내소[내자], 13주 내소에서 일어났어요.

| Free 감주+我必 Free 감주 간직하기 ※ 그 판결에는/이런 일=**연결** associate 내용이 들어 있는데/일어 났어요=**문맥** associate

.. 문장 뼈대=기본어(Gay men and lesbians) + s동사(poured) + 연결설명어(into/to/striking/limiting/in)

2) 관계현분사 영뇌와 관계대명사, 관계과분사, 종속접속사 영뇌

모두 연결설명어로 서로 뜻하는 의미로 두뇌를 같게 작동시킬 수 있다. 즉 제한적 연결영뇌는 제한적 연결영뇌로, 비제한적 연결영뇌는 비제한적 연결영뇌 또는 서술적 영뇌로 서로 전달 결과를 같게 할 수 있다. 즉 달리 말할 수 있다. 그래서, **표현의 자유 특히 말의 자유, 이해의 자유를 누려라.**

▭ **관계현분사/관계과분사**=분사 연결설명어로서 동사 연결설명어 -- 명사/대명사와 연결
vs **관계대명사**=대명사 연결설명어 -- 보통 명사/대명사와 많이 연결
vs **종속접속사**=접속사 연결설명어 -- 명(대), 동, 형, 문, 가운데 보통 문장, 즉 주절과 많이 연결
cf] to **부정사**=전치사 연결설명어+ 원동사 비연결설명어

↙ **제한적 연결영뇌**

1.. The building /having been destroyed /is located on Fifth Avenue.
영뇌=기→ 설/설 : BEis-Os

=The building that was[is] destroyed is --. : **관계대명사 영뇌**
=The building destroyed is ---. : **관계과분사 영뇌**
vs The destroyed building is --.
↖**일반 과분사 영뇌=비연결설명어**

↙ **비제한적 연결영뇌**

2.. They, /having spent two hours over lunch, /left the restaurant.
영뇌=기→ 설/설 : BEis-Os = ---, after they had spent --, ----. : 종속접속사 영뇌

↙ **비제한적 연결영뇌**

3.. Bet, /grumbling, /had departed to her harp lesson.
영뇌=기→ 설/설 : BEis-Os = --, as she grumbled, ---. : 종속접속사 영뇌

↙ **비제한적 연결영뇌**

4.. The engine being in trouble, //the train /is leaving Seoul.
영뇌=전설 ⇨ 기→설 : BEis-Os = Though the engine is in ---, ---. : 종속접속사 영뇌

↙ **비제한적 연결영뇌**

cf-1] The train /is the 12:30 to Seoul, /[//] arriving at the platform.
영뇌=기→ 설/설 or **기→ 설→ 설′** or **기→ 설 ⇨ 전설** : BEis-Os
뜻하는 의미 = -----. and it is arriving--. : 등위접속사 영뇌=등맥설명어 -- 서술적 영뇌

cf-2] They are /8 people, /[//]including myself [myself included]. 관계현분사 [관계과분사] 영뇌
영뇌=기→ 설→ 설′ or **기→ 설 ⇨ 전설** : BEis-Os

tip)comma 영뇌 : A student of science, he was not interested in politics. *주어=he
시동=선동격 : 학생, 즉 과학도인 그는 없었다. 관심이 없었는데 내자 정치학 분야에 말이다.
vs **분리이유** : 학생, 즉 과학도이기 때문에, --- .

3) 관계현분사 영뇌와 일반현분사 영뇌

□ **관계 현분사=연결 설명어 -- 연결의미 vs 일반 현분사=비연결 설명어 -- 비연결의미**

그래서, 전자는 연결시켜 설명해 나가니 **연결대상**이 있고,
후자는 자신만 말할 뿐이다. 즉 그냥 **자신의 뜻**으로 서술해 나갈 뿐이다. 연결 능력이 없기 때문이다.
또한 관계 현분사는 **진행의미**(ing)와 **본동사의미**(in)로 두뇌가 작동하고,
일반현분사는 **진행의미**(ing)로만 두뇌가 작동한다.

tip)동사 연결설명어
=관계분사/to부정사

동사 비연결설명어
=일반분사/원동사
/동명사

□ **관계현분사:**

1.. The train arriving at the platform is the 12:30 to Seoul. 진행의미
2.. Objectively speaking, he lay dead, both the eyes open. : 본동사 의미
3.. Somali(s) fleeing feminine make the way to Kenya. : 진행의미
4.. Seventeen governors had become presidents, the last being George W. Bush. : 본동사 의미
[=and the last was]
5.. 'Your/His/Her Honor' used <u>when speaking</u> to or about a judge or mayor. [=when you speak]
: 본동사 의미-- 명사/대명사를 설명해 나가는 것 ※used=전제 infml E -- is used when=대명사/명사 --언제냐 하면/때에

vs **일반현분사:** 1.. The train is arriving. 2.. Two arriving trains. 3.. Objectively they are speaking.
4.. Somali are fleeing feminine. He is being a father. 5.. He is speaking to her.
--- 모두 진행의미

We arrived, the train arriving.

plus

특히 비제한적 연결영뇌의 free 영뇌일 경우 (문맥) 연결대상 전제 ⇒ **본동사의미 가능**

"The train arriving.," Free 영뇌 :

⇒ 그 열차도 도착했다 : Russia cutting off gas supplies to two NATO members. 끊어버렸다 -- 뉴스 보도시 현장감을 살리기 위해 과동사를 쓰지 않고 자주 등장함
vol 2 p305

① 관계현분사일 경우 : **(연결의미로서) 진행의미 또는 본동사의미**
제한적 연결영뇌=그 열차, 즉 도착하고 있는[있었던/도착 예정인] 열차
/<u>도착한</u> 열차
[=The train which is/was arriving.
/The train which arrives/arrived.] 앞으로 진행

② 일반현분사일 경우 : 그 열차는 도착하고 있다[도착 예정이다]/도착하고 있었다
-- be동사, 즉 s동사 전제 infml E [=The train is/was arriving.] -- **서술적 영뇌(비연결의미)**
tip)발생현재 일반현분사 : 그 열차는 도착하고 있었어요 -- **낮에 일어났던 저녁뉴스**
vol 2 p305

caution] 주격보어/목적격 보어일 경우에는 주격/목적격 뿐만아니라,
s동사와도 관계하면서 그냥 서술적으로 설명해 나가기 때문에
비록 **'명사/대명사+분사' 형태**를 취했다할지라도 비연결설명어이다. 즉 서술적 영뇌가 작동한다.
연결설명어는 연결대상, 즉 자기 기본어만[어느 한 부븐만] 관계하는 두뇌이다.

Chuck died <u>aged</u> 90.
Jane hurt <u>playing</u> tennis.

① Jane /hurt her arm /playing tennis.
=기→ 설/설 or 기→ 설→ 설′ -- playing은 Jane (마음의 주어) 뿐만아니라, 동사의 보어도 된다.
시동=다쳤는 데 자기 팔을 (다쳤는 데) playing<u>하면서</u> tennis를 말이다. ＊하면서/하다가=**진행의미**
: He /rode away his bike /whistling. =기→ 설/설 or 기→ 설→ 설′
② We heard /you /arguing with someone.=기→ 설→ 설′ **시동**=들었어요, 네가 말다툼을 하는 것을 --.
Cf] Schumacher is injured /skiing.=기→ 설 **시동**= -- 있는 데, 다쳐 있는 데 스키를 <u>하다가</u> <u>말이다.</u>

연결설명어 영뇌

☞.. 시동으로 (영어) 글자/말 자체에서 뜻이 보이거나 상황이 (머리 속에서) 보이면 된다 : IS 영뇌

5. 관계형용사 영뇌(RADJ NB)

해야할 일-- 원래 언어는 생활 속에서 뜻이 얻어진 것이다. 원어민들처럼 **관계형용사 말**을 배우려면 여러분들의 두뇌를 생활 속에서의 뜻으로 관계형용사 영뇌를 습관화시켜라. 특히 BEis, IS **영뇌로 습관화시키되**, (생활 속에서의 뜻이 용해된) free **감주**로 습관화시킨다.

☞.. **생활 속에서의 뜻=외국인과 생활하면서 느껴지는 뜻이자 실제로 적용된 뜻(≠사전의 원형적인 뜻)**

※ **관계형용사 영뇌란 :**

IS 두뇌로 사람, 비사람을 형용사 의미로 제한적/비제한적으로 연결지어 설명해 나가는 뇌 또는 전설로 설명해 주거나 설명해 나가는 뇌 (단, 문두전설 설주뇌=문두단설 설주뇌 가능)

in short, **연결설명어** in concrete, **콤머유무 연결설명어**

---

vs 한뇌
=앞에서 설명해 주는 뇌 : 근본적인 버그단어

▭ **관계형용사 BNW**=주로 질/상태 position로서 제한적/비제한적 연결의미
(단, today/there 관계형용사 ☞ 영뇌영어 vol 2)p351)
vs 일반형용사 BNW=그냥 형용사 position

▭ **사람, 비사람**
=주로 명사/대명사 //표현[즉 문맥연결대상]

▭ **형용사**=관계형용사/일반형용사
전자=연결설명어 후자=비연결설명어

▭ **관계형용사 연결영뇌**
=제한적 연결영뇌 : — 형용사 하는 것 — 등등
비제한적 연결영뇌 : — 형용사 하는데 — 등등

▭ **관계형용사**
=일부를 제외한 거의 모든 형용사는 관계형용사로 작동시킬 수 있음
cf]1. **전형 관계형용사** ⇒ p325
전형은 전치사 형용사로서 일종의 형용사,
그래서 전형도 관계형용사/일반형용사 모두 가능
2. **자동 과분사/자동 현분사** : 동사 형용사로서 관계형용사 가능

▭ **한국 사람들의 가장 큰 취약점 :**

영어 읽는 법을 모르고 있음 ⇒ 감각적 주파수
+ free 영뇌, 특히 free 감주에 약하다.
+ 한뇌로 이해, 즉 있는 위치에서 바로 (무한글) 의미가 스쳐가지 못함
+ 말[소리]자체/글자자체가 뜻이자 실제상황인데 자꾸 해석하거나 이미지를 연상해서 이해하려고 함
특히 해음/해자 영뇌에 약하다
+ 단어의 BNW를 못 느낌. 특히, 외국인들처럼 단어의 뉘앙스에 맞게 표현하는 표현의 자유를 누리지 못함

+ 부사절을 구로 고치는 분사구문 식으로 이해하는 버릇 때문에 being 생략으로 보는 것
⇒ 언어는 전환식으로 공부하는 것이 아니다.
표현된 단어 뜻 그대로 이해하는 것이다.
관계 형용사로 바로 이해하라.

+ 문자값으로만 이해하거나 기억하지 청구(聽口) 소리값으로 더 뇌화 되어 있지 않음
+ 문법적 예문으로만 취급하고, 말로 활용하는 것에 약함. 문법공부, 말공부가 따로 있는 게 아님

+ 읽거나 말을 할 때 저음단어를 앞말과 함께 말하는 것에 약함
+ IS 영뇌로 영어가 머리 속에 남아 있지 않고, 한뇌로 한글로 이해한 후 암기하고 있음
+ 설가뇌가 발달되어 있지 않음
특히 영어는 감각적 주파수로 문맥이 보여야 함

+ 단문보다 story뇌에 약함
즉, 간단한 말은 열심히 하는 데 쭉 이야기하는 것에는 약함
+ 영어주파수, 즉 vocal 감주에 약함
+ 감각적 주파수로 이해하는 데 약하다.
+ 생활 속에서의 뜻[소리]에 약함

tip) 관계형용사=관계를 짓는 형용사 일반형용사=그냥 형용사

1) 관계형용사 영뇌(RADJ NB)

IS 두뇌로 사람, 비사람을 형용사 의미로 제한적/비제한적으로 연결지어 설명해 나가는 뇌 또는 전설로 설명해 주거나 설명해 나가는 뇌, in short 연결설명어, in concrete 노콤머/콤머 연결설명어

> **관계형용사의 관계**
> =동사의 관계처럼 보통 관계이기 때문에 콤머영뇌 작동이 가능함 ※동사의 관계=관계과분사/관계현분사

↙**제한적 연결영뇌** ↙**서술적 영뇌**

A.. The student /responsible /was expelled. [=expelled : infml E]

영뇌=기-->설/설 : BEis-Os

or I + I + I : I-Os or S + S + S : S-Os

↘ .. **major 감주=** The student responsible --- expelled.

How to Read[Speak]

=Thestudent responsiblewas expelled. or — responsible wasexpelled.

: 먼저 감각적 주파수로 이해한다. 그러면 저절로 의음/의자가 된다.

시동= vocal 감각적 주파수로 ↗**그러면 영거말투가 형성되고 영어말투에 익숙해진다.**

(의음/의자가 될 때까지) F3+E2 강하게 말하기

관계형용사 연결대상=The student tip)소리=마음의 소리/귀에 익은 소리/실제소리

(익스페ㄹ드=small slide F + basket F : ed=선음 유성음매치 주의]감으면서 덜어지니 똑똑한 사전은 e음가를 'ε'로 표시하고 있다.)

⇒ IS로 사람을 관계형용사 영뇌로 먼저 제한적으로 보충 설명해 나가던서, s동사로 그냥 설명해 나가는 뇌: BEis-Os

.. **我必 Free 감주 간직하기**=Student responsible expelled.

시동=그 학생은 책임이 있는 학생으로[이어서] 되었는 데 쫓겨나는 신세가 되었다.

: 뜻의 차이가 없으면 뜻하는 의미로 비제한적 연결영뇌 작동 가능 = -- 책임이 있기 때문에 -- . | Free 감주 간직하기

소리=REsPOnsible=double slide 주파수 e=이: **알파벳음가** o=아: **감정음가**

responsible=무언가에 대해 응답의 부담을 지는 것으로서

책임이 있는 것 /책임져야 하는 것 /책임감이 있는 것

[responsi : response 응답 b : 부담]

: • the sum /total : **관계형용사** vs the //total /sum : **일반형용사**

전자=합계[총액]인데 (일부가 아니라) 전부 합친 합계[총액]=**기-->설** -- 설명해 나가는 제한적 연결영뇌

후자=전부 합친 합계[총액] =**전설 ⇨ 설-->기** -- 설명해 주는 제한적 영뇌 ↘**for 16 hours total**

sum=모두 모은 것으로서 합계[총액] [s: set m: many] **total=adj.**

• **He is just waiting to find out how many.**

방법, 즉 많은 방법 (how=명사) vs **일반형용사** : 얼마나 많이 있는지

.. **5W1H Short Talk Drill ⇒ Teacher : Who was expelled?**

Student : The student. or The student was expelled. Teacher : Why?

Student : Because he was responsible.

콤머영뇌를 작동시켜 보설뇌로 작동시키면 : ↗**분리 관계형용사 cf]미분리 관계형용사**
↗**비제한적 연결영뇌**

A- E.. The student, /responsible, /was expelled. [=expelled : infml E]

영뇌=기-->설/설 : BEis-Os

or I + I + I : I-Os or S + S + S : S-Os [= , being/to be responsible,]
↳비연결설명어

How to Read[Speak]=Thestudent responsible wasexpelled. : 먼저 감각적 주파수로 이해한다.

시동=vocal 감각적 주파수로 (자동 설가가 될 때까지) F3+E2 강하게 말하기

관계형용사 연결대상=The student

→ IS값으로 사람을 관계형용사 영뇌로 비제한적 연결영뇌로 먼저 보충 설명해 나가면서, s동사로 설명해 나가는 뇌 : BEis-Os **.. 我必 Free 감주 간직하기**=Student, responsible, expelled

시동=그 학생은 책임이 있으므로[책임져야 하므로] ---- .

: 뜻의 차이가 없으면 **뜻하는 의미**로 제한적 연결영뇌를 작동시켜도 좋다.

= -- 책임져야 하는 사람이기 때문에-- | Free 감주 간직하기

일반적으로 관계사는 comma가 있으면 **비제한적 (부사적) 연결영뇌**로 문맥이 이어지고, comma가 없으면 **제한적 (부사적) 연결영뇌**로 문맥이 이어진다.

부사적 연결영뇌=이유 /조건 /양보 /추가 /전환(-- 인데) ---- 등등

관계사=관계대명사 /관계부사 /관계과분사 /관계현분사 /관계형용사 /관계문장

tip)**관계형용사**도 연결설명어이기 때문에 (접속사없이) 접속능력이 있다. 그러나 **일반형용사**는 비연결설명어이기 때문에 접속능력이 없어 접속사가 필요하다 : The student, because/as he was responsible, --- .

콤머영뇌를 작동시켜 문두 전설뇌로 작동시키면 :

A- E.. Responsible, //the student /was expelled. **[=Being/To be responsible,]**

영뇌=전설 ⇨ 기→ 설 : BEis-Os

관계형용사 문맥 연결대상=뒷문장 -- 표현으로서 비사람

→ IS값으로 뒷문장 전체를 염두에 두고 설명해 주는 뇌로 작동

시동=책임이 있으므로[책임져야 하므로], 그 학생은 --- .

※ **전설[WE] 종류 : 분전설=관계분사 전설**
전전설=전치사 전설 부전설=일반부사 전설
형전설=관계형용사 전설 종전설=종속접속사 전설
to 전설=to 부정사 전설 등전설=등위접속사 전설

⇒ **문두전설 설주뇌로 작동시키지 않고, 문두단설 설주뇌로 작동시키면 :**

A- E -1.. Responsible, /the student /was expelled.

영뇌=설→ 기→ 설 : BEis-Os

→ 설명해 주면서[설명을 받으면서], 실질 연결대상을 다시 s동사로 설명해 나가는 뇌로 작동시켜도 좋다. responsible할 때 뒷문장 전체가 아니라, the student를 염두에 두고 의미가 스쳐가면 된다.

관계형용사 실질 연결대상=The student : 마음의 주어

시동=책임이 있으므로[책임져야 하므로], 그 학생은 --- .

plus 실질연결 대상, 즉 관계형용사 주어와 s동사 주어를 달리하여 작동시키면

The boss responsible, the student was, also, expelled.

시동=그 우두머리에게 책임이 있으므로 ---- .

: 일반적으로 referring back 연결설명어는 콤머가 앞에 찍히고, 그 외 연결설명어는 뒤에 찍히기도 한다. 그래서 **'명사+형용사' 형태**를 취했다할지라도 콤머가 찍혀 있으면 비제한적 연결영뇌로 작동한다.

콤머영뇌를 작동시켜 문미 전설뇌로 작동시키면 :

A- E.. The student /was expelled, //responsible.

영뇌=기→ 설 ⇨ 전설 : BEis-Os

⇒ 앞문장 전체를 (염두에 두고) 설명해 나가는 뇌로 작동시키면 된다.

관계형용사 문맥 연결대상=앞문장 전체 -- 표현으로서 비사람

시동=그 학생은 -- . 책임이 있기 때문이다[책임져야 하기 때문이다].

⇒ 문미 전설뇌로 작동시키지 않고, 독설뇌 또는 연설뇌로 작동시키면 :

※문맥 연결대상과 실질 연결대상은 관계과분사/관계현분사/관계형용사에 많다.

A- E -1.. The student /was expelled, /responsible.

영뇌=기→ 설/설 or 기→ 설→ 설′ : BEis-Os

⇒ 독립적인 관계 또는 연속적인 관계로 두뇌 작동을 시켜도 좋다.

↙**제한적 연결영뇌**[DL NE]

B.. The soldiers crossed /a field /full of sheep.

영뇌=기→ 설→ 설′ : BEis-Os or I + I + I : I-Os or S + S + S : S-Os

How to Read[Speak]= Thesoldiers crosseda fieldfullof sheep.

: 먼저 감각적 주파수로 이해한다.

시동=vocal 감각적 주파수로 (자동 설가가 될 때까지) F3+E2 강하게 말하기

관계형용사 연결대상=a field

↘**그러면 영어말투가 형성되고 영어말투에 익숙해진다.**

(크로-스트어/크로-스터=trapezoid F : 무성음 매치와 비합성 감주과 합성감주 ☞ ed의 우무성음 매치 〉 기본영뇌 vol 2 p77/184)

⇒ IS값으로 먼저 주동으로 요지를 말하고, 비사람을 관계형용사의 제한적 연결영뇌로 연결지어 설명해 나가는뇌 : BEis-Os

.. 我必 Free 감주 간직하기=Soldiers crossed a sheep-full field.

시동=그 soldiers들은 가로 질러 갔어요, 들판인데, 가득찬 즉 양들로 가득찬 들판을 말이다.

[=a sheep-full field /which was full] : **뜻의 차이가 없으면 IM으로 비제한적 연결영뇌를 작동시켜도 좋다** : --- 들판인데, 가득차 있었어요, 즉 양들로 말이다. | Free 감주 간직하기

콤머영뇌를 작동시켜 연설뇌로 작동시키면 :

↗**비제한적 연결영뇌**[Non-DL NB]

B - E.. The soldiers crossed /a field, /full of sheep.

영뇌=기→ 설→ 설′ : BEis-Os or I + I + I : I-Os or S + S + S : S-Os

How to Read[Speak]=Thesoldiers crosseda field fullof sheep.

: 이런 감각적 주파수로 이해해도 좋다.

시동=vocal 감각적 주파수로 (자동 설가가 될 때까지) F3+E2 강하게 말하기

관계형용사 연결대상=a field

비제한적 연결영뇌=전환 추가 ⇒ 그런데, 그곳은=연결설명어의 문맥+연결 associate

⇒ IS값으로 먼저 주동으로 요지를 말하고, 비사람을 관계형용사의 비제한적 연결영뇌로 연결지어 설명해 나가는 뇌 : BEis-Os

시동=그 soldiers들은 가로 질러 갔어요, 들판을 말이다. 그런데, 그곳은 가득차 있었지요, 즉 양들로 가득차 있었지요.

[=and it was full of sheep] | Free 감주+我必 Free 감주 간직하기

뜻의 차이가 없으면 뜻하는 의미로 제한적 연결영뇌를 작동시켜도 좋다.

= --- 들판을, 가득찬 들판을, 즉 양들로 말이다.

구문법 한계] 비제한적 관계형용사 영뇌일 때 바로 의미를 느끼지 못하고, 문장 전환식 공부, 즉 부사절을 분사구문으로 바꾸는 식으로 생각하여 being생략으로 보는 것이다. 너무나 비효율적이다. 단어자체 뜻에서 바로 이해 느낌이 오도록 하라. **즉 관계형용사 영뇌로 바로 이해하라.**

↙비제한적 연결영뇌

C.. The boy /nodded, //pale and scared.

영뇌=기→ 설 ⇨ 전설 : BEis-Os

How to Read[Speak]= Theboy nodded, paleand scared. (나-리드/나-디드=retro-root F : d단타와 비단타)

관계형용사 문맥 연결대상=앞문장

.. **我必 Free 감주 간직하기**=Pale and scared, nodded.

시동=그 소년은 머리를 끄덕이었다. 얼굴이 창백해지고 겁내면서 말이다. | Free 감주 간직하기

연설뇌로 작동시키면

C - E .. The boy /nodded, /pale and scared.

영뇌=기→ 설→ 설′ : BEis-Os 관계형용사 연결대상=nodded

분설 (보설) 독설뇌로 작동시키면

C - E .. The boy /nodded, /pale and scared.

영뇌=기→ 설/설 : BEis-Os

관계형용사 실질 연결대상=The boy (마음의 주어)

근설 보설뇌로 작동시키면

C - E .. The boy, /pale and scared, /nodded.

영뇌=기→ 설/설 -- 그 애가 끄덕인 것이지 창백과 겁이 끄덕인 것은 아니다. 그래서, 뒷설은 연설 뇌가가 아니라, 독설 뇌로 작동시켜야 한다. 그러면 동사의 주어로서 **동사 수일치**도 된다. 하지만, 보설이 뒤에 있을 때는 연설 뇌로도 작동시킬 수 있다.

시동=그 소년은 얼굴이 창백해지고 겁내면서 머리를 끄덕이었다.

nodded=nod의 과동사로서 실제과거 [nod+(d: 조율음) ed: 과음가 or (de: 조율음) d: did 실제과거]

nod=알고 있다고 끄덕하는 것/끄덕하면서 동의[승낙]하는 것 [n: know o: 움직이는 것 no 's' 원형]

문두 전설 뇌도 가능하다

: C - E .. Pale and scared, //the boy /nodded.

tip) 자동 관계과분사도 일종의 관계형용사이다.

IIIII.. The postman /finished /didn't yet come. : 제한적 연결영뇌 [=who was finished]

영뇌=기-->설/설 : BEis-Os

or I + I + I : I-Os or S + S + S : S-Os

시동= 그 postman은 일이 끝난 것이 생긴 사람인데 하지않았다. 아직도 오기를 말이다 : 자동 event

/그 postman은 일이 끝난 사람인데 ---- : 자동 행위

vs The postman, finished, didn't --- .

: 비제한적 연결영뇌= -- 일이 끝나도 — . tip)자동 event=자동형용사=동사형용사≠질/상태 형용사

H.. Rome is /a city /famous /for what it was rather than what it is.

영뇌=기→ 설→ 설′→ 설″ : BEis-Os

How to Read[Speak]=Romeisa city famousfor whatit was ratherthan whatit is.
: 먼저 감각적 주파수로 이해한다.

시동=vocal 감각적 주파수로 (자동 설가가 될 때까지) F3+E2 강하게 빨하기 관계형용사 연결대상=a city: 비사람

시동=로마는 인데 도시인데, 유명한 도시이다. 그 이유는 뭐냐하면 그것이 과거의 모습으로 있기 때문에 오히려 더 그렇다. 보다 뭐냐하면 그것이 현대풍의 모습으로 있는 것보다 말이다. | Free 감주+我必 Free 감주 간직하기

live 실전 | 관계형용사 영뇌 —— 죽마고우다! **We are buddies from my old stomping grounds!**

L-1..

00:14 TOEFL - Structure 1 of 2

Directions: Click on the one word or phrase that best completes the sentence.

Q-1]The columbine flower, _______to nearly all of the United States, can be raised from seed in almost any garden.

- native
- how native is
- how native is it
- is native

Time | Help | Answer Confirm | Next

—— 먼저 감주로 이해한다. **.. 문장 뼈대**=기본어(The Columbine flower) + 연결설명어(native) + s동사(can)

관계형용사 영뇌를 묻는 문제이다. 이 토종꽃은 Colorado 주의 주화(州花)이다.
native =(비제한적) 관계형용사 영뇌
기본어[연결대상]=The columbine flower

native 영뇌의군=native --- United States
native의 직계 영뇌의군= to --- the United States
→ 관계대명사 영뇌로 작동시키면 = , which is native
: 여기에서는 일반형용사 영뇌가 된다.

시동= 그 매발톱 꽃은, 원산지가, 대자 거의 모든 미국 지역인데 가능하다, 즉 재배되는 것, 기자 씨로부터 재배되는 것이 가능한데 내자[내소], 거의 모든 어떠한 정원 [내소]에서도 말이다. ※be=동질연결로서 즉 to=방향대상으로서 대자

L-2.. The altitude of a triangle is the segment drawn from a vertex perpendicular to its opposite side, the base. **—— 먼저 감각적 주파수로 이해한다. 그러면 저절로 의음/의자로 이해된다.**

drawn/perpendicular=(제한적) 관계과분사/관계형용사 영뇌 관계형용사의 기본어[연결대상]=a vertex
drawn family=from --- to --, the base

시동=높이 즉 삼각형의 높이는 선분, 즉 그려진 선분인데 기자 정점, 수직 정점[꼭지점]에서, 대자 그것의 맞은 변, 즉 밑변 쪽으로 그려진 선분이다. | Free 감주+我必 Free 감주 간직하기 ※ is=는

.. 문장 뼈대=기본어(The altitude) + s동사(is) + 연결설명어(drawn/perpendicular)

L-3.. Closer to the people, //schools are /crumbling, | commerce spills /from squalid shacks, | soldiers operate /checkpoints | and | militants hide /in the creeks.

-- 어느 부분을 보더라도 감각적 주파수로 이해되어야 한다. 잘 안되면 감주 시동을 걸라.

영뇌=전설 ⇨ 기→ 설 + 기→ 설 + 기→ 설 → 등전설→ 기→ 설 : BEis-Os

closer 영뇌의군=closer -- people closer의 직계 영뇌의군=to the people

관계형용사 연결대상=뒷문장 전체

⇨ vocal 감주로 의음/의자가 될 때까지 F3+E2 강하게 말하기 | Free 감주+我必 Free 감주 간직하기

.. **문장 뼈대**=전설 연결설명어(Closer) + 기본어(schools/commerce/soldiers/militants) + s동사(are/spills/operate/hide) + 연결설명어(from/in)

입장 표명자는 습관적으로 표현하지 않는다: **관습적 E** 나 또는 우리가 한번 가까이 가서 살펴보니 그렇다는 것이다.

(관계형용사 실질 연결대상=입장표명자로서 I or we : 마음의 주어)

시동=가까이 가보면 대자 국민들 쪽으로 더 가까이 가보면 학교들은 있는데, 부서져 날리고 있고, 물품거래는 넘치고 있는 데 기자[기처(基處)] 더러운 판잣집으로부터 넘치고 있고, 군인들은 활동하고 있는데 검문소에서 활동하고 있고, 그리고 무장병[호전가]들은 숨어 있어요, 내자[내소], 여기저기 샛강 [내소]에서 말이다.

commerce=장터처럼 만든 물품을 가지고 교환하는 것으로서 교환거래/물품거래/통상
[c: change m: made m: market]

crumble=부서져 날리는 것으로서 산산이 부서져 흩어져 있는 것
[c: 깨어져 있는 것-- 된소리 한글 BNW r: 흩어져 날리는 모습 --모양 BNW]

creek=바닥이 보일 정도로 굽어 얕게 흐르는 강으로서 샛강/개울
[c: 굽은 모습 r: 흘러가는 모습 ee: eye/see 보이는 것]

L-4.. Kim Jong-il anointed /Kim Jong-un /as his heir apparent.

-- 먼저 감각적 주파수로 이해 한다. 이런 경지로 만드는 게 바로 영어공부다. 해석이 아니다.

영뇌=기→ 설→ 설′ : BEis-Os

apparent=(제한적) 관계형용사 as 영뇌의군=as -- apparent as=is동질로서 즉/동자 -- 로서

관계형용사 연결대상=his heir -- 사람 | Free 감주+我必 Free 감주 간직하기

⇨ vocal 감각적 주파수로 (BEis/IS 영뇌가 될 때까지) F3+E2 강하게 말하기

.. **문장 뼈대**=기본어(Kim Jong-il) + s동사(anointed) + 연결설명어(as)

시동=김정일은 공식적으로 지명했어요, 김정은을 즉[동자] 자기 후계자, 외관상 명백한 후계자로 말이다.

anointed=어떤 곳에 공식적으로 지명한 것으로서 공식적으로 선정한 것
[a: at n: name o: officially ed: 과음가 or (e: 조율음) d: did 실제과거]

apparent=겉으로 보이는 것으로서 외관상인 것/뻔한 것
[appar: appear ent: 질/상태의미 형용사 suffix]

: Dow previous: down 390. Nasdaq previous : down 60. Be life confident.

conservation special 보호지역, 즉 특별 보호지역 (vs reserve 보존지역)

standard chartered 표준인데 공인된 표준 : **관계과분사** /표준인데 천하가 다 아는 표준 : **관계형용사**

⇨ Bank of SC

vs **관습적인 관계형용사** : China proper 시동=차이나인데 본래 모습으로서 China [China 그 자체]

Prime minister designate The president elect

plus **관습적인 관계형용사 : 관습적 English**

the Director General 이사인데 총괄하는 이사로서 총괄이사
Qatar Foundation International – 재단, 즉 – 국제재단 cf] an England international 국제선수/세계선수=**명사**
UN secretary general 유엔 사무장인데 총괄하는 사무장으로서 유엔사무총장
a Sergeant Major 상사인데 주요업무를 맡은 상사로서 주임상사
the Princess Royal 공주인데 로얄 공주로서 제1공주 =a title given to the first daughter of a British king or queen

the sum total 합계인데 (일부가 아닌) 모두 합친 합계으로서 총액
from time immemorial 부터/기자, 시간 즉 아득한 시간으로 부터로서 아득한 옛날부터
Asia Minor 아시아인데 작은 아시아로서 소아시아 God Almighty 신인데 전능하신 신으로서 하나님
Court Martial 법정인데 군인을 다루는 법정으로서 군법회의 cf] martial song 군가
Alexander /the Great =기-->설 : BEis-Os ※ the=**강조의 the로서 대(大) /그야말로**
알렉산더인데 대왕 알렉산더 /알렉산더인데 그야말로 위대한 분(이시다)
Napoleon /the Third =기-->설 : BEis-Os 나폴레온(인데 그 집안의) 3세
-- 도치도 그대로 영뇌로 이해하면 the 지정부사 의미를 받아 관계형용사로 설명해 나가는 뇌로 작동한다.

삽입영뇌와 도치영뇌, embedded 영뇌 ---- 첫술에 배부르랴. Rome wasn't built in a day.

A.. 삽입영뇌

1.. He looked /old, //Harold thought, /and /sick.
영뇌=기→ 설 ⇨ 전설 ⇨ 등설 ⇨ 설
시동=그는 보였는데 늙어 보였고, 헤롤드는 그렇게 생각했으며, 그리고 아파보였다. 그렇게=**문맥** associate

2.. May /I say, in fact, you know /nothing?
영뇌=기→ 설 (⇨ 전설 ⇨) → 설′→ 설″
시동=해도 좋은 가, 내가 말을 해도 좋은 가, 내에서 사실이라는 테두리 내에서 말하면, 넌 알고 있는 게 아무것도 없다는 것을 말해도 좋은 가/없다고 말이다?

3.. gotta, /a short form of 'have/has got to', 'have/has got a', /which /most people think /is incorrect.
영뇌=기→ 설/설 → 설′/설′ ⇨ which referent=gotta

B.. 도치영뇌 — 영뇌는 도치든 삽입이든 순서그대로 이해한다.

1.. At issue is /whether /the Florida court violated /the constititution and federal law.
영뇌=기→ 설→ 설′→ 설″
시동=즉, 이슈가 지금 되고 있는 것은 어떤 것이냐 하면은. 플로리다 법정이 위반했는지, 헌법과 연방법을 위반했는지 안했는지 하는 것이었다. 밑줄부분=**문맥** associate

2.. Little did /he dream /that he would succeed.
영뇌=기→ 설→ 설′ **시동**=거의 하지 못했어요, 그가 꿈꾸는 것인데, 즉 자기가 하리라고는, 성공하리라고는 말이다.

C.. embedded questions

Could you tell[say to] me where the bank is? : 보조어
의문사가 묻는 말이 되지 않고 목적절의 일부인 경우에는 embedded(문장 속에 들어감) 된다.
☞ **기본영뇌** vol 2 p271

vs **의문사가 묻는 말이 되는 경우** — not embedded
: 보통 생각동사/say일때 많이 발생 — 양쪽기능

a.. Where do you | think the bank is? : 보조어+보조어
| believe /imagine /suppose, -- etc..
시동=어디라고 너는 생각하니, 그 은행이 있는 곳말이야?
: What do you think is wrong? : 목적어+절주어
시동=무엇이라고 너는 생각하니, 되어 있다고 잘못 되어 있다고 말이다?
같은 표현] What is it happened to him? : 보어+절주어
vs Do you think what is wrong?) — 목적절의 일부
: 절주어=한쪽기능(embedded) – 전달결과는 위와 동일
그런가 즉 너는 생각하는가, 무엇이 되어 있다고 — ?

b.. What do you say we go into business? : 목적어
같은 표현]] What did you say? : 목적어
What did you say your name was? : 목적어+절보어
— 양쪽기능 cf] What you have is mine. : 절목적어+주어

시동=무엇이라고 너는 말하겠니, 우리가 시작하려고 하는데, 사업을 말이야? /무엇이라고 너는 말했지, 너의 이름을 그때 말이다?
*did=대동의미로서 '이라고' was=동시점 과거 동질연결로서 '그때'

2) 관계형용사 영뇌와 일반형용사 영뇌

□ **관계형용사=연결설명어 — 연결의미 vs 일반형용사=비연결 설명어 — 비연결의미**

전자는 연결대상을 정하여 설명하는 뇌이고, 후자는 그냥 자신만 말하면서 설명하는 뇌이다. 그래서 후자는 연결능력이 없다. 이런 차이를 알면, 말도 자유롭게 되고 글도 자유롭게 된다.

관계 형용사 : A.. The student responsible was expelled.

↘**설명해 나가는 제한적 연결영뇌**[DL NB]

↘제한적 연결의미

A-E.. The student, responsible, was expelled.

↘**설명해 나가는 비제한적 연결영뇌**[Non-DL NB]

↘비제한적 연결의미

vs 일반 형용사 :

A.. The person is directly responsible.

↘**설명해 나가는 서술적 영뇌**[PR NB]

시동= -- 직접적으로 책임이 있다.

↘서술적 의미

B.. He seems a responsible person.

↘ **설명해 주는 제한적 영뇌**[AT NB]

시동=그는 인 것 같은데, 즉 책임감[분별력]이 있는 사람인 같다.

↘제한적 의미

plus 〃The student responsible.〃 Free 영뇌

① 관계형용사 영뇌일 경우 : 그 학생, 즉 책임이 있는 학생 [=who is responsible --- .]

② 일반형용사 영뇌일 경우 : 그 학생이 책임이 있다. (responsible=be**동사 전제** infml E)

설명해 나가는 영뇌와 설명해 주는 영뇌 --- 백문이 불여일견! One picture is worth a thousand words.

① **설가뇌와 설주뇌에 따라 뜻이 달라지는 형용사**

The people present were all moved to tear. **시동**=되었는데, 모두 감동을 받아 되었다. 눈물 바다로 말이다.

vs Our present situations are much worse.

: present=출석한/참석한/나타난 vs 현재의 responsible=책임이 있는 vs 책임감이 있는
certain=확실한 vs 어떤/어느 정도 ill=아픈/병이 난 vs 나쁜

② **설가뇌 형용사 vs 설주뇌 형용사**

--- 어느 한쪽으로만 쓰이는 단어이다.

He gave her a bird alive.

: alive, awake, content, well, wont, liable, bound, else, -- etc.

vs woolen sweater: wooden, silken, leaden, -- etc.
elder brother /thorough investigation /utter denial
/only daughter /mere child /outer surface /chief problem
/the very person /the /a /my -- ect.

caution]목적보어일 경우 비연결설명어이다. 목적격 브어는 him 뿐만이 아니라, 동사와도 관계하면서 그냥 서술적으로 설명해 나가기 때문이다.

We believe /him /innocent. =기→ 설→ 설′ : BEis-Os
-- 일반형용사 영뇌로서 비연결설명어 **시동**=우리는 믿는다. 그가 죄가 없다고 말이다.

vs He gave /her /a bird alive. =기→ 설/설 or 기→ 설→ 설′ : BEis-Os
-- 관계형용사 영뇌로서 연결설명어 **시동**= -- (새는) 새인데 살아 있는 새(를 말이다)
이때 alive는 a bird만 관계하지[설명하지], gave와는 아무런 관련이 없다.
그래서, 연결설명어가 된다. [=a living bird]
참고]간목과 직목을 독설 뇌로 작동시키든 연설 뇌토 작동시키든 이해의 결과는 같다.

※관계 형용사=형용사의 관계형용사와 관계대명사의 관계형용사 두 가지가 있다.
: The letter was written in French, which language I did not understand.
-- 관계대명사의 관계형용사 : referring back 의미가 있다

☞.. **이해는 최종적으로 단어의 최종적인 뜻인 감주로 이해한다.**

3) 관계형용사 영뇌와 관계대명사, 종속접속사 영뇌

이들은 서로 뜻하는 의미로 같은 것이지 단어 본래 뉘앙스까지 같은 것은 아니다.
그래서, 서로 문체도 다르다. 제한적 연결영뇌는 제한적 연결영뇌끼리, 비제한적 연결영뇌는 비제한적 연결영뇌끼리 전달결과는 같으면서 달리 말할 수 있다: **표현자의 몫** [speaker's desire]

A.. The soldiers crossed a field full of sheep.
=which was full --.

B.. He, lazy all his life, had nothing to offer /his sons.
=--, becasue he was lazy all his life,----.
he는 가리키기만 하지 자기문장을 연결시키는 문장 연결능력은 없다. 그래서 일반대명사에는 접속사가 필요하다. 일반대명사는 연결설명어가 아니다. **비연결 설명어**이다.

C.. Worse, sunbathers' skin loses elasticity and ages prematurely.
=When/If it is worse, -----.

D.. Closer to the people, schools are crumbling, commerce spills from squalid shacks, soldiers operate checkpoints and militants hide /in the creeks.
=When we are[I am] closer ---, ---- .

↗빼컨
↙**중앙감주**

Big tip) 결국 영어는 감주영뇌, 즉 감주다. ↗ Step back and see. ⇒ **감주리딩**=Step backand see.

- 소감주+단주, 소감주+소감주, 단주+소감주, 단주+단주, 단주+소감주+단주, — 등 : **근접감주**는 다양하다.
- 감주 크기 : 보통 2단어 〉3단어 〉4단어로 형성되나 **2단어 감주**가 가장 많다.

↘ Be one with innovation. ⇒ **감주리딩**=Beonewith innovation.

6. to부정사 영뇌(TI NB)

해야할 일-- 원래 언어는 생활 속에서 뜻이 얻어진 것이다. 원어민들처럼 **to부정사 말**을 배우려면 여러분들의 두뇌를 생활 속에서의 뜻으로 to부정사 영뇌를 습관화시켜라. 특히 BEis, IS **영뇌로 습관화시키되**, (생활 속에서의 뜻이 용해된) free **감주**로 습관화시킨다.

.. **생활 속에서의 뜻=외국인과 생활하면서 느껴지는 뜻이자 실제로 적용된 뜻(≠사전의 원형적인 뜻)**

> ❖ **to부정사 영뇌 [일명 to원동사 영뇌 TRTV NB] 란 :**
> **IS 두뇌로 명(대), 동, 형, 문에 to로 (제한적/비제한적으로) 연결시켜 설명해 나가면서 원동사의 본동사 의미로 설명해 나가는 뇌 in short, 연결설명어 in concrete, 콤머불관 연결설명어**
>
> **때로는 전설로 앞에서 설명해 주는 뇌 /기본어로 먼저 말하는 뇌**

---

vs **한뇌**=앞에서 설명해 주는 뇌 : 근본적인 버그단어

▭ **to 부정사의 BNW**

=to 원동사로서 to 본동사의미

cf]조동 원동사=조동 본동사의미

[부정전치사 to=본동사의미 연결 또는 안내 역할 : **후자=기본어**]

↳동사를 연결하는 의미로서 代動

/동사를 안내하는 의미로서 對動

↳연결/안내 의미를 느낄때 **영어승차감**을 탈 수 있다.

▭ **to 부정사의 원동사**=본동사 의미

문장 속에서 무언가에 연결시켜 본동사 의미를 표현하고 싶으면 본동사인 현동사, 과동사, 조동사를 써지 않고, to를 써서 원동사로 표현하면 된다. 즉 to로 그런 본동사 의미를 표현하는 것이 바로 to부정사이다.

to부정사가 별것 아니다. 본동사 의미를 나타내는 방법은 조동사와 같지만, 다만 다른 것은 연결설명어이기 때문에 연결 의미가 있다는 것이다.

tip)관계현분사로 본동사의미를 만드는 방법도 있다.

무언가= 명(대), 동, 형, 문

연결의미=대동 — 하니깨[하기 위해서 /하기로]

//대동 — 할 것[하는 것/그것은 — 하는 것] — 등

※**대동 뒷말**=일종의 연결 설명어의 associate

→ **전자=비제한적 연결영뇌** — 주로 동형문 연결

후자=제한적 연결영뇌 — 주로 명대 연결

big tip] 부정사 to도 일종의 직상뇌다.

: 대동[즉] — 하는 것 → 대동[즉] 동사하는 것

↳to 의미=대동[즉] → 단어 본래의미

(대동=bnw-BAM 즉=im-BAM)

대동/즉[to] 할때 연결 또는 안내 동사상황이 보이면 된다 : S영뇌

▭ **연결설명어**=콤머유무 또는 콤머불관 연결설명어

전자=콤머유무에 따라 제한적/비제한적 연결영뇌
+ 사람/비사람과 연결시켜 설명해 나가는 뇌

후자=콤머유무와 상관없이 제한적/비제한적 연결영뇌
+ 명(대), 동, 형, 문과 연결시켜 설명해 나가는 뇌

▭ **콤머유무[콤머영뇌 작동/비작동] 연결설명어**

=관계대명사 /관계부사 /관계분사 /관계형용사 + 관계문장

vs 콤머불관 연결설명어

=to부정사 /전치사 /종속접속사 + 종속문장

tip)콤머영뇌 작동 연결설명어

=콤머+연결설명어 ∴ 비제한적 연결영뇌

▭ **한국 사람들의 가장 큰 취약점 :**

영어 읽는 법을 모르고 있음 ⇒ 감각적 주파수

+ free 영뇌, 특히 free 감주에 약하다.
  한뇌로 이해, 즉 있는 그 위치에서 의미를 느끼지 못함

+ 말[소리]자체/글자자체가 뜻이자 실제상황인데
  자꾸 해석하거나 이미지를 연상해서 이해하려고 함
  특히 해음/해자 영뇌에 약하다.
+ 단어의 BNW를 못 느낌. 특히, to 의미와 원동사 의미를 확실히 느끼지 못함 + 명사적, 형용사적, 부사적 용법으로 기능에서 뜻을 가져 오려고 함
+ 문자값으로만 이해하거나 기억하지 청구(聽口) 소리값으로 더 뇌화 되어 있지 않음
+ 문법적 예문으로만 취급하고, 말로 활용하는 것에 약함. 문법공부, 말공부가 따로 있는 게 아니다.
+ 특히 부정전치사 to를 감각적 주파수로 말하는 것에 약함

+ 설가뇌[기/설 문맥]에 약함 + 단문보다 story뇌에 약함
+ 영어주파수, 즉 vocal 감주에 약함
+ 감각적 주파수로 이해하는 것에 약함
+ 생활 속에서의 뜻[소리]에 약함

앞말(명(대)/동/형/문)에 동사를 연결하여 설명해 나가는 의미로서 대동/즉
vs 먼저 동사를 안내하는 의미로서 대동/즉

☺.. 영어에 대한 모든 지식은 언어로 나타나야 한다. 그게 바로 "감주"다.

1) to부정사 영뇌(TI NB)

IS 두뇌로 명(대), 동, 형, 문에 to로 (제한적/비제한적으로) 연결시켜 설명해 나가면서 원동사의 본동사의미로 설명해 나가는 뇌 in short 연결설명어, in concrete 콤머불관 연결설명어
때로는 전설로 앞에서 설명해 주는 뇌 /기본어로 먼저 말하는 뇌

to=연결설명어/기본어[t>d변형: direction 방향으로서 연결 or 안내 o: 원동사 ∴ 연결의미 또는 안내의미로서 `대동(代動/對動)/즉 ˎ]
원동사=비연결설명어
∴ **to 부정사**=어떤 것에 to로 연결시켜 설명해 나가면서 다시 원동사로 그냥 설명해 나가는 뇌 : 연결영뇌
/to로 안내하면서 원동사로 설명해 나가는 뇌 : 안내영뇌 ⇒ **전자** to=연결설명어 **후자** to=기본어
↘'대동' 할 때 '대' =이을 '대(代)', 안내 '대(對)'
원동사=자체의미 /본동사의미 /의미원성립 ⇒ **to 부정사의 원동사**=본동사 의미
본동사 의미=현재/과거/미래 속에서의 본동사의미 /일반적 본동사의미 /설명 본동사의미
요컨데, 본동사=현동사/과동사/조동사 — 이들 동사의미를 to를 써서 대변[연출]하는 게 to 부정사이다.

↗ **단어 본래의미를 알면 어순이 동일해지고 그 원천기술은 BAM이다.**

① 명사에 연결시켜 설명해 나가는 뇌

A.. The promise /to move the capital /is not being taken seriously. [=not being : infml E]
영뇌=기-->설/설 : BEis-Os
↗ **항상 vocal로 F3로 말하여 간직**
or I + I + I : I-Os or S + S + S : S-Os | Free 감주 간직하기

How to Read[Speak]=Thepromiseto movethe capital isnot beingtaken seriously.
: BEis/IS, 즉 설가뇌와 자동설가뇌로 이해하는 것을 감각적 주파수로 이해한다.
즉 한 단어처럼 뒷말과 말하면 저절로 이해가 실린다.
시동= vocal 감각적 주파수로 ↗**그러면 영어말투가 형성되고 영어말투에 익숙해진다.**
(BEis/IS 영뇌가 될 때까지) F3+E2 강하게 말하기
to 연결대상=The promise move=미래 속에서의 본동사의미

→ IS 영뇌로 명사를 각각 to와 s동사로 독립적으로 설명해 나가는 뇌 : BEis-Os
연설뇌가 아니라, 보설 독설뇌가 작동해야 **동사 수일치**도 된다. 그래서, the promises이면 are가 된다.

☺.. **我必 Free 감주 간직하기**=Promise to move capital not taken seriously.
시동=그 약속, 대동[즉] 옮긴다는 것인데 수도를 옮긴다는 것인데 되지 않고 있어요, 즉 취급되지 않고 있는데
심도있게 말이다 : **제한적 연결영뇌** ∵ **동격연결 설명 → to 연결의미=동격**

시동종류=원애시동 /vocal음 /Free 영뇌 /F3+E2 /일상적인 생활 /Ekbe /†SIUM 말하기 /**무한글** /BNW or 비한글 BNW /BAM
/BEis 영뇌 /G토씨 /connotation /영뇌기본자세 /패턴 /associate — 마지막 경지인 감주 IS 영뇌로 가기위한 시동의 종류
↘**Ekbe 시동은 처음에는 이해수단이 되지만, 나중에는 영어자체 (무한글) 이해느낌으로부터 Ekbe가 나온다.**
소리=to [투/터/더/어] =dot점형 주파수 어=t가 폐쇄된 약한 감정음가
to=「본동사의미 연결 또는 안내, 즉 방향대상이 동사인 것」으로서 대동[즉] -- 하는 것
move=미래 속에서의 본동사 의미로서 앞으로 옮긴다는 것
[move+ no's' 원형 본동사 의미] ⟵ move=어깨 위에 받치고 이동하는 것으로서 옮기는 것
[m: 여러 사람들이 어깨 위에 받치고 있는 모습+o: 이동 + no's' 원형 자체의미]
Caution] 콤머불관이기 때문에 제한적/비제한적 연결영뇌는 문맥으로 판단한다.

↗사전의 뜻만으로 부족+BAM(Associate)+(특히 설가뇌) 뜻관계 뜻+finally, 감주

.. **영어는 단어의 뜻만 정확히 알면된다.**

B.. Obama: Time /has /come /for /Syrian president Assad /to step down.

영뇌=기-->설-->설′/설-->설′-->설″ : BEis-Os

or I + I + I + I + I + I : I-Os or S + S + S + S + S + S : S-Os

How to Read[Speak]=Timehas comefor Syrianpresident Assadto stepdown.

: 먼저 (생활 속에서의 뜻이 용해된) 감각적 주파수로 이해한다.

시동= vocal 감각적 주파수로 (자동 설가가 될 때까지) F3+E2 강하게 말하기

to 연결대상=Syrian president Assad for 연결대상[기본어]=Time

(프레지던트/프레지던트=slide F /cramp F : 사람에 따라 고음을 달리한다.)

→ IS영뇌로 먼저 주동으로 요지를 말하고, event로 설명해 나가면서, for 분설로 설명해 나가고, 앞말 명사를 to로 (제한적으로) 연결시켜 설명해 나가는 뇌 : BEis-Os

.. **我必 Free 감주 간직하기**=Time for Syrian president to step down.

시동=때[시기]가 즉 왔어요. 즉/해자 시리아 대통령 Assad가 to할, 걸어서 내려올 때[시기]가 말이다.

'걸어서 내려온다' 는 의미= '물러 난다' 는 의미 → **has=과분사 소유로서 즉 for=해당사항으로서 즉/해당대상으로서 해자**

/때가 생겼어요. 온 것인데 즉 시리아 대통령 Assad가 to할 때가, 걸어서 내려올 때가 온 것이 말이다.

: **제한적 연결영뇌** → **has=소유로서 발생** | Free 감주 간직하기

---

for를 근설뇌로 작동시키면[for로 먼저 보설뇌로 작동시키면]

: Time for Syrian president Assad to step down has come. *step=미래 속에서의 본동사 의미

② 대명사에 연결시켜 설명해 나가는 뇌

A.. Get /something /to drink. Here's /what /to do.

영뇌=기-->설-->설′ : BEis-Os

or I + I + I : I-Os or S + S + S : S-Os

How to Read[Speak]= Get somethingto drink. 〉 Getsomething todrink.

Here's whatto do.

: BEis/IS로 되어 있는 것을 감각적 주파수로 이해한다.

시동= vocal 감각적 주파수로 (BEis/IS 영뇌가 될 때까지) F3+E2 강하게 말하기

to 연결대상=something/what (워ㅌ러 /와-ㅌ러=slide F /retro-root F : t단타) | Free 감주 간직하기

→ IS값으로 대명사를 to로 (제한적으로) 연결시켜서 설명해 나가면서 원동사로 설명해 나가는 뇌 : BEis-Os

.. **我必 Free 감주 간직하기**=Get to drink. What to do. ↗ **to 연결의미=형격**

시동=가져 오세요, 어떤 것, 대동[즉] 마실 것으로 말이다 : **제한적 연결영뇌** ∵ **대명사[명사]연결 설명**

↳문맥에 따라 비제한적 연결영뇌도 가능

drink=미래 속에서의 본동사 의미로서 실제로 앞으로 마시는 것

[drink+ no's' 원형 본동사 의미]

·))▸ 이 때 to 연결영뇌는 associate로 처리하되 주로 **문맥** associate로 해결하면 된다.

*drink=쭉 안으로 들이키는 것으로서 마시는 것

[d: 쭉 들이키는 것(구개음화) in: 안으로 넣는 것 + no's' 원형 자체의미]

시동=여기에 무언가 있는데 대동[즉] 해야할 것이 있다. do=미래 속에서의 본동사 의미

---

to를 앞말과 함께 감각적 영뇌의군을 작동시켜도 있다.

A- E.. Get /something to /drink.=기-->설-->설′ : BEis-Os

.. 시동으로 (영어) 글자/말 자체에서 뜻이 보이거나 상황이 (머리 속에서) 보이면 된다 : IS 영뇌

MEMO 전치사는 토씨/조사가 아니다. 하나의 **일반단어**이다. 그래서 영뇌에서는 앞말을 설명해 나가는 두뇌로 **이해의군 관계**를 만들 수도 있다. 뒷말과 함께 이해의군 관계를 형성시켜도 토씨로 시키는 것이 아니라, 일반단어로 시켜야 한다. 즉 to라는 직상 일반단어의 뜻으로 앞말을 설명해 나가면서 원동사로 설명해 나가는 뇌로 작동시켜야 한다. **토씨/조사 의미는 한뇌 뜻이지 영뇌 뜻은 아니다.**

: The scandal threatens to mar his image. : 대동 흠집을 내는 쪽으로
(to=방향 연결대상이 동사인 것으로서 대동 -- 쪽으로)

what to do의 두 가지 영뇌

the thing(s) that you must do

a.. 제한적 연결영뇌일 경우 : 무엇이냐 하면 (즉) 해야 할 것 : (선대) 대명사
b.. 비제한적 연결영뇌일 경우 : 무엇을 (즉) 해야 하는 지 : 의문대명사

plus] I love you/John not to love me.
문맥이 해당 영뇌결정 : 비제한적 연결영뇌
∵ 콤머불관 연결설명어
=하지 않아도 대동 사랑하지 않아도

Coronavirus :
❶ What to do. ❷ What to avoid.
❸ When to see your doctor.
무엇이냐 하면 대동/즉 해야하는 것 무엇이냐 하면 대동/즉 피해야 하는 것
언제냐 하면 대등/즉 진찰받아야 하는 시기인데, 여러분의 의사에게 말이다.

③ 동사에 연결시켜 설명해 나가는 뇌

(동사=원동사 /현동사 /과동사 /과분사 /현분사 /동명사)

A.. We /decided to /sell /this T-shirt.
영뇌=기-->설-->설′-->설″ : BEis-Os
or I + I + I + I : I-Os or S + S + S + S : S-Os

How to Read[Speak]= Wedecidedto sellthis T-shirt. : 먼저 감각적 주파수로 이해한다.
시동= vocal 감각적 주파수로
(자동 설가가 될 때까지) F3+E2 강하게 말하기 to 연결대상=decided

(디사이디드투=cramp F + dot 점형 F /디사이디드어 : t폐쇄와 비합성감주=cramp F /디사이디더: t폐쇄와 합성감주=cramp F)

→ IS 영뇌로 동사를 to로 설명해 나가면서 원동사로 설명해 나가는 뇌 : BEis-Os

.. **我必 Free 감주 간직하기**=Decided to sell this T-shirt. ※T-shirt=also tee shirt

시동=우리는 결정했어요, 대동 [to하는 것/to하기로 즉] 파는 것인데[팔기로] 이 티-셔츠를 말이다.

: 비제한적 연결영뇌 ∵ 동사 연결설명 → to 연결의미=목적격 | Free 감주 간직하기

to부정사가 별것 아니다

여기서 원동사=과거 속에서의 미래 본동사 의미 -- in short, 이렇게 문장 속에서 본동사인 현동사, 과동사, 조동사로 표현하지 않고, to로 그런 **본동사 의미를 나타내는 것이 to 부정사이다.**
decided도 sell도 단순한 동사서술의미이다. 단순한 동사서술의미 끼리 서로 충돌을 to로 연결시켜 막고 있다.
또한 to 부정사가 일반적[설명] 본동사의미가 되는 것은 현동사에게 일반적 현재와 설명현재가 있기 때문이다.

to를 뒷말과 함께 감각적 영뇌의군을 작동시켜도 좋다.

A- E.. We decided /to sell /this T-shirt. =기-->설-->설′ : BEis-Os
How to Read[Speak]=Wedecidedto sellthis T-shirt. : 읽거나 말하는 법은 같다.
G토씨 시동=We는 decided했어요, to sell하는 것인데 this T-shirt로 말이다 : **비제한적 연결영뇌**
sell=과거 속에서의 미래 본동사 의미로서 파는 것인데/팔기로[sell + no 's' 원형 본동사 의미]
＊sell=돈을 받고 얹어 놓은 물건을 주는 것으로서 파는 것
[s>z: 주는 것 ll: 물건을 얹어 놓은 각목모양 + no 's' 원형 자체의미]

B.. definition : sell verb /to exchange for /money
영뇌=기-->설-->설′ : BEis-Os
or I + I + I : I-Os or S + S + S : S-Os
How to Read[Speak] =sell toexchangefor money to 연결대상=sell

.. **我必 Free 감주 간직하기**= 'sell' to exchange for money. | Free 감주 간직하기

→ IS로 동사단어 자체를 to로 연결시켜 설명해 나가면서 원동사로 설명해 나가는 뇌 : BEis-Os ↗ **to 연결의미=동격**

시동=sell이란 대동[to하는 것인데] 교환하는 것인데 해자 돈을 받고서 말이다 : **비제한적 연결영뇌** ∵ **동사 연결설명**

여기서 원동사=일반적[일반적 설명] 본동사의미
for=해당사항으로서 해당 교환[수령] : 해자 -- 받고서

□ **시동 '하는 것'** = ① 연결설명어로서 '하는 것',
즉 제한적/비제한적 연결영뇌로서 '하는 것'
② 비연결설명어로서 '하는 것',
즉 서술적 영뇌로서 '하는 것'

C.. jilt, /unexpectedly to refuse /to marry //after having promised to do so.

영뇌=기--> 설--> 설' ⇨ 전설 : BEis-Os
or I + I + I + I : I-Os or S + S + S + S : S-Os

How to Read[Speak]=jilt, unexpectedly torefuse tomarry afterhaving promised todoso.
[or promisedto doso 프라미서 /프라미스터]
[or torefuseto 투리퓨-즈어/저/즈터] marryafter havingpromisedto doso.]
: 먼저 감각적 주파수로 이해한다. ↘**고난도 감주**
시동= vocal 감각적 주파수로 (자동 설가가 될 때까지) F3+E2 강하게 말하기 to 연결대상=jilt

→ 단어 뜻풀이로 definiton 동사를 부사의 설명을 받아 to로 연결해서 설명해 나가면서 원동사로 설명해 나가는 뇌 : BEis-Os

.. **我必 Free 감주 간직하기**= 'jilt' unexpectedly to refuse to marry after promising.

시동=jilt란 예기치 않게[갑자기] 대동 거절하는 것, 즉 결혼 하는 것을 거절하는 것, 하고나서, 즉 갖고나서, 약속한 사실을 갖고나서, 그렇게 하기로 말이다 : **비제한적 연결영뇌** | Free 감주 간직하기

: **해당 우리말 '차버리는 것'**
--- **원동사** jilt란 자체의미를 BAM을 이용해 만들 수도 있으나, 원동사의 본동사 의미를 이용하여 만든 것. 이렇게 자체의미는 뜻으로만 존재하고 표현되면 본동사 의미 아니면 의미원성립이 된다.

여기서 원동사 refuse=일반적 본동사의미/일반적 설명 본동사의미
refuse=부(否)로 되돌리는 것으로서 거절/거부하는 것
[re:back fu>bu: 부(否) + no 's' 원형 자체의미]
vs marry/do=**미래 속에서의 본동사 의미** -- 실제로 앞으로 할 것을 말하는 실제의미
: He will buy a new car. buy=**미래 속에서의 본동사 의미**
시동=그는 할 것이다. 사는 것인데 새차를 말이다.
※**우리말 '하는 것'** = 자체의미/미래의미/현재의미/일반적인 의미/설명의미/동사사실의미

비한글 BNW 시동과 무한글 시동 IS영뇌로 작동시, to가 많더라도

to할 때 마음 속으로 본동사의미로 바로 연결설명하고 자신은 빠지는 뇌로 작동시켜도 좋다. to는 Ekbe 해석 한글 대신에 감각적으로 '연결 또는 (기본어일 경우) 안내' 만 느끼고, 본동사의미만 바로 머리 속을스쳐가게 하는 것이 **to의 비한글** BNW **시동**이다. 만약 '연결 또는 안내' 조차도 무한글로 느껴지면 **무한글 시동**이 된다.

D.. I remember to /have /posted /the letter.

영뇌=기-->설-->설'-->설" : BEis-Os
or I + I + I + I : I-Os or S + S + S + S : S-Os | Free 감주 간직하기

How to Read[Speak]= Irememberto havepostedthe letter. : 먼저 감각적 주파수로 이해한다.
시동= vocal 감각적 주파수로 (자동 설가가 될 때까지) F3+E2 강하게 말하기 to 연결대상=remember

(reMEmberto=cramp F **포**우스티드더=후음저음 double slide F /**포**우스티드어[**포**우스티더] =slide F : th 폐쇄와 비합성감주/합성감주=청취시 어와 합성감주 음가 속에서 the를 느낌, 우리말 '실라'에서 '신라'로 '가치'에서 '같이'로 느끼는 것과 같다.)

→ 동사를 to로 연결시켜 설명해 나가면서 원동사로 설명해 나가고 다시 과분사로 설명해 나가는 뇌 : BEis-Os

.. 我必 Free 감주 간직하기= I remember posting the letter.

시동=나는 기억해요, (즉/대동) 가지고 있다는 것, 부친 사실을 가지고 있다는 것인데, 그 letter를 말이다.

/(즉/대동) 있다는 것인데, 부친 사실이 있다는 것인데 그 letter를 말이다 : **비제한적 연결영뇌**

여기서 원동사=현재 속에서의 본동사 의미: (부친 사실을) 현재 소유하고 있는 상황

cf] **완료형 동명사** having= 'finished action' 으로 많이 쓰임 posted=기의미 성립 능동 event

have=손 안에 있는 것으로서 가지고 있는 것/있는 것 [h: hand + no 's' 원형 자체의미]

E.. He expects to /have /finished /by July.

영뇌=기-->설-->설'-->설" : BEis-Os or I + I + I + I : I-Cs or S + S + S + S : S-Os

How to Read[Speak]= Heexpectsto havefinished byJuly. : 먼저 감각적 주파수로 이해한다.

시동= vocal 감각적 주파수로 (자동 설가가 될 때까지) F3+E2 강하게 말하기

to 연결대상=expects | Free 감주 간직하기 ↘**그러면 영어말투가 형성되고 영어말투에 익숙해진다.**

(expects to=ExPEctsto 익스**펙**서=후음고음 double slide F: t/t 폐쇄)

→ IS영뇌로 동사를 to로 연결시켜 설명해 나가면서 원동사로 설명해 나가고 다시 과분사로 설명해 나가는 뇌

: BEis-Os **.. 我必 Free 감주 간직하기=** He expects to finish by July.

시동=그는 기대하고 있어요, (즉/대동) 가지는 것인데 끝내 놓은 것[완성이 된 것]을 가지는 것인데 근시[근자] 7월 쯤에 말이다.

//즉[대동] 가지는 것인데 끝나 있을 것을 가지는 것인데 : **비제한적 연결영뇌**

have=미래 속에서의 본동사 의미로서 앞으로 가지는 것[have- no 's' 원형 본동사 의미]

finished=미래 (속에서의) 기의미 성립 능동 event : have 동사 뒤 과분사는 **일반적으로 기의미성립**

: He was /heard /to sing. **=기-->설-->설'** : BEis-Os : **과분사를 설명해 나가는 뇌**

① **He 자신이 to sing 하지 않았을 경우** : 그에게 들렸다. (즉/대동) 노래 부르는 소리가 말이다.

② **He 자신이 to sing한 경우** : 그가 한 것이 들렸다. (즉/대동) 노래 불렀던 것으로 말이다. (to sing=과거 동시점 발생 본동사의미)

He --> **그가 한 것**=대명사 associate *was=피사체 동질연결로서 '에게' / '이'

↳Eliza : UK PM deserves right to be heard. *heard=자동 event

: 영국 수상의 말은 가치가 있다. 정말로 대동 할만한, 즉 들을만한 가치가 있다.

그래서 Eliza는 수상의 연설을 들어라는 것이다. *United Kingdom Prime Minister

동사 설가뇌 보충] Your denying to defend yourself is not right. : 동명사 설가뇌

I have been waiting to hear from you. : 현분사 설가뇌

단순형 부정사와	완료형 부정사 — to부정사까지는 같지만 후자가 더 구체적이고 분명한 message
단순형 부정사[to부정사]=to로 연결시켜 설명해 나가면서 다시 본동사의미로 설명해 나가는 뇌 **완료형 부정사[to have +pp, 즉 to부정사 event 소유]**=to로 연결시켜 설명해 나가면서 다시 본동사의미로 설명해 나가고, 또다시 event로 설명해 나가는 뇌 ※ to 안내도 같다. event 하나 차이 밖에 없다.	

④ 형용사에 연결시켜 설명해 나가는 뇌

A.. The plate is /too hot to /touch.

영뇌=기-->설-->설' : BEis-Os or I + I + I : I-Os or S + S + S : S-Os

연결설명어 영뇌

☞.. 영어본래의미, 즉 Ekbe 시동 또는 감주로 이해되어야 영어승차감이 나온다.

How to Read[Speak]=Theplateis toohotto touch. : 먼저 감각적 주파수로 이해한다.
시동= vocal 감각적 주파수로 (자동 설가가 될 때까지) F3+E2 강하게 말하기
to 연결대상=too hot | Free 감주 간직하기
(투하러=cramp F : t단타=r or d : water=워터/워러 city=시티/시디
주의]주파수로 빠르게 리듬을 주면 저절로 단타, 폐쇄, 어화가 된다 : natural sound or 투하ㅌ투/투하ㅌ투)

→ IS 영뇌로 형용사를 to로 연결시켜 설명해 나가면서 원동사로 설명해 나가는 뇌 : BEis-Os

☞.. **我必 Free 감주 간직하기**=Too hot to touch.

시동=그 플레이트는 너무(나) 뜨거워요, 대동[to하기에 즉] 만지기에는 말이다. 이 말이 암시하는[뜻하는] 의미는 결국 만질 수 없다는 것이다 : **비제한적 연결영뇌** [=so hot that we/I cannot] ∵ **형용사연결 설명**

→ 여기서 원동사=현재 속에서의 본동사의미 또는 현재상황 설명 본동사의미 ↘**to 연결의미=부사격으로서 실시/결과**

---

to를 뒷말과 감각적 영뇌의군을 형성시켜 설명해 나가면

A- E.. The plate is /too hot /to touch.

영뇌=기-->설-->설′ : BEis-Os

is=동질 또는 동질연결로서 '는' / '는 인데'
touch=촉각이 느껴지게 더듬 더듬거리는 것으로서 만지는 것
[t>d: 더듬 더듬 거리는 것 ch: 촉각 + no 's' 원형 자체의미]

⑤ 문장에 연결시켜 설명해 나가는 뇌

A.. You need to /isolate /the unknown //to solve a linear equation.

영뇌=기--> 설--> 설′ ⇨ 전설 : BEis-Os

or I + I + I + I : I-Os or S + S + S + S : S-Os

How to Read[Speak]=Youneedto isolate theunknown tosolvea linearequation.
: 먼저 감각적 주파수로 이해한다. 특히 감주로 말하면 쉽게 full로 말할 수 있다.
시동= vocal 감각적 주파수로 (자동 설가가 될 때까지) F3+E2 강하게 말하기
to 연결대상=You need to isolate the unknown | Free 감주 간직하기

(유니-드투=trapezoid F 유니-드어=trapezoid F : t폐쇄와 어화와 비합성감주 유니-더=trapezoid F : t폐쇄와 합성감주
투소(-)ㄹ브어=ER F/trapezoid F : e폐쇄와 비합성감주 투소(-)ㄹ버=ER F/trapezoid F: e폐쇄와 합성감주)
↘ 주의]사람에 따라 단음으로 내기고 하고 장음으로 내기도 한다. 그래서 사전마다 발음기호 표기가 서로 다르다.

→ IS 영뇌로 앞문장 전체를 염두에 두고 to로 (비제한적으로) 연결시켜 설명해 나가면서 원동사로 설명해 나가는 뇌 : BEis-Os

↗**현동사 대용 표현** : 대동 분리시킨다

☞.. **我必 Free 감주 간직하기**=To isolate to solve a linear equation.

시동=여러분들은 할 필요성이 있다. 대동[즉] 분리시키는 것인데 미지수를 말이다. 이렇게 하는 것은 대동[즉] 풀기 위한 것인데, 그것은 일차 방정식이다 : **비제한적 연결영뇌** ∵ **동사와 문장 연결설명**

*이렇게 하는 것은//그것은=연결//문맥 associate ↘ **앞to 연결의미=목적격** ↘ **뒷to 연결의미=부사격으로서 목적**

여기서 원동사=일반적 설명 본동사의미, 즉 일반적 설명 실제의미
실제의미는 자체의미가 실제로 적용된 의미로 자체의미도, 의미원성립도 아니다.

앞 to를 뒷말과 감각적 영뇌의군을 형성시켜 설명해 나가면

A- E.. You need /to isolate /the unknown //to solve a linear equation.

영뇌=기--> 설--> 설′ ⇨ 전설 : BEis-Os

to (문맥) 연결대상=앞문장 전체 (실질 연결대상=you 즉 푸는 주체=you)

G토씨 시동=You need할 필요성이 있어요, to isolate시키는 것인데 the unknown을 말이다.

to는 solve하기 위해서 a linear equation을 solve하기 위해서 하는 것이다.

일반부사 영뇌의 특징

Tip] to가 명(대)동형문을 설명해 나가는 것은 전치사는 부사를 제외한 모든 단어를 설명해 나가기 때문이다. 단, 부사로부터는 설명을 받는다. **일반부사**는 일반적으로 전치사부사 또는 동족끼리가 아니면 부사 자신이 기본어 뇌로 작동하지 않는다.

문두 전설뇌로 작동시키면 ↗ ☞.. **major 감주=** To solve -- linear equation --- isolate -- unknown.

A- E.. To solve /a linear equation(,) //you need /to isolate /the unknown.

영뇌=전설--> 설′ ⇨ 기--> 설--> 설′ : BEis-Os

How to Read[Speak]=Tosolvea linearequation youneedto isolate theunknown.

to 문맥 연결대상=뒷문장 전체 (실질 연결대상=you)

⇒ 실질 연결대상[즉 마음의 주어]과 s동사 주어가 같을 때는 습관적으로 표현하지 않는다 : **관습적 StE**

⇒ IS영뇌로 뒷말 전체를 염두에 두고 먼저 설명하면서 본론을 말해 나가는 뇌 : BEis-Os ↘**즉 관계분사/관계형용사/to부정사/동명사 주어와 s동사 주어가 같을 때는 전자 주어를 (관습적으로) 쓰지 않는다.**
tip)다르면 표현한다 : StE

G토씨 시동=대동[to하기 위해서 즉] solve하기 위해서 a linear equation을 solve 하기 위해서는 You need할 필요성이있어요, to isolate시키는 것인데 the unknown을 말이다 : **비제한적 연결영뇌**

전설에 콤머를 찍으나 안찍으나 두뇌 작동은 같다. 즉, 뜻의 차이는 없다.
콤머불관 연결설명어이기 때문이다. 한국 참고서들은 대부분 찍고 있다.

전설뇌는 문두에 있으면 설명해 주는 뇌가 되고[**전설 설주뇌**], 문미에 있으면 설명해 나가는 뇌가 된다[**전설 설가뇌**].

solve=얽혀 있는 것을 푸는 것으로서 푸는 것/해결하는 것

[s: 푸는 모습 o: 얽혀 있는 것 + no 's' 원형 자체의미]

: He solves the problem/question. (문제/질문)

*no 's' **원형**=단수 현재동사가 아닌 것으로서 원형[s=singular 's']

vs 입장표명 문두 전설뇌로 작동시키면 ↗ ☞.. **major 감주=** To do --- justice, he --- honest man.

IIIII.. To do /him /justice, //he is /an honest man. tip)he와 honest를 먼저 붙여주고 man하는 게 best 감주다.

영뇌=전설--> 설′--> 설″ ⇨ 기--> 설 : BEis-Os | Free 감주 간직하기

How to Read[Speak]=Todohim justice, heisan honestman.

: 먼저 감각적 주파수로 이해한다. 감주는 남들보다 머리를 빨리 쓰는 것이다.

시동= vocal 감각적 주파수로 (자동 설가가 될 때까지) F3+E2 강하게 말하기

to 문맥 연결대상=뒷문장 전체 (to 실질 연결대상=입장표명자로서 전제=I/We: 마음의 주어)

(히-이즈언=line 점형 F + small slide F 히-이즈언=retro-root F : 비합성감주 히-이전=retro-root F: 약한 감정음가[어화]와 합성감주)

☞.. **我必 Free 감주 간직하기**=To do him justice, he is honest. ↗ **to 연결의미=부사격으로서 견해**

시동=대동[즉] 한다면 그를 공평하게 평가한다면 그 사람은 인데 정직한 사람이다 : **비제한적 연결영뇌**

→ 입장표명시 관계 현분사처럼 입장 표명자는 습관적으로 표현하지 않는 것으로 굳어져 있다 : **관습적 StE**

내 입장 아니면 우리입장으로 말하는 것이니 **입장 표명자는 I or We가 된다.**

[=If I/we do = For me/us to do]

구문법의 오류

구문법에서 입장 표명시 부정사 주어가 <u>일반인일 때만</u> 생략한다는 것은 잘못이다.

<u>T 일 수도 있다.</u> 독립부정사는 부정사의 주어가 s동사의 주어와 다른 경우이다.

B.. The composite stock price index /ended up /35 points //to close at 2012.

영뇌=기-->설-->설′ ⇨ 전설 : BEis-Os

or I + I + I + I : I-Os or S + S + S + S : S-Os

How to Read[Speak]=Thecomposite stockpriceindex endedup 35pointsto closeat 2012.

: 먼저 감각적 주파수로 이해한다 ⇒ 이때 감주=마음의 소리 or 실제소리

시동= vocal 감각적 주파수로 (자동 설가가 될 때까지) F3+E2 강하게 말하기

to 문맥 연결대상=앞표현 전체 (to 실질 연결대상=The composite stock price index)

(POintsto=포인서 or 포인스터=slide F)

→ IS로 앞표현 전체를 to로 설명해 나가는 뇌 : BEis-Os | Free 감주 간직하기

.. **我必 Free 감주 간직하기**=The stock price ended up 35 points at 2012.

시동=종합주가 지수는 끝났는데 올라서 35포인트나 올라서, 대동 마감되었는 데 그 크기는 2012포인트나 되었어요.

/ -- 끝났는 데 상승하여 35포인트나 상승하여 대동 마감하게 되었다. --- : **비제한적 연결영뇌**

to=방향 (연결/안내) 대상이 본동사 의미인 것으로서 대동 at=규모(area)로서 크기/지수

close=과거 속에서의 본동사 의미, 즉 과거 속에서의 (동시점) 발생 본동사 의미 -- 과거의미

to부정사의 기능적 용법은 삭제하라 - 명사적/형용사적/부사적/동사적 용법

문장 속에서 과동사를 쓰지 않고, 과거의미를 나타내려면 to 부정사 뇌로 작동시키면 된다.

: I tried my best only to fail. : 과거 속에서의 (동시점) 발생 본동사의미

시동=노력 해봤는데 내가 최선을 다해서 노력해봤는데 오로지 대동 실패만 하게 되었다 : 비제한적 연결영뇌

명사를 설명해 나가는 뇌로 작동시키면

B - E.. The composite stock price index /to close at 2012 /ended up 35 points.

영뇌=기-->설/설 : BEis-Os (to 연결대상=The composite stock price index)

⇒ 연설 설가뇌가 아니라, 독설 설가뇌로 작동 : 지수가 올라 끝난 것이지 마감이 끝난 것은 아니다.

시동=종합주가지수는 대동 마감되었는데 그 지수가 -- 였으며, 끝났어요. 상승으로 35포인트씩이나 말이다.

to부정사 기본어 뇌

IIIII.. To conquer /English /is not easy.=기-->설/설 : BEis-Os

먼저 to로 본동사의미를 안내하는 뇌 : 안내영뇌 시동=대동 정복하는 것, 영어를 정복하는 것인데 이지 않다. 쉽지는 말이다.

원동사=(일반적) 설명 본동사의미 [=To conquer /is not easy, //English. =기-->설 ⇒ 전설 : BEis-Os

시동= -- , 영어가 말이다 : 보설를 콤머 전설로 이동가능 (is= '이지' 동질연결[동질])]

tip) To /conquer English /is not easy. =기-->설/설 : BEis-Os 시동= to하는 것, 즉 정복하는 것, 영어를 정복하는 것인데

.. **我必 Free 감주 간직하기**=To conquer English not easy. /Conquering of English not easy.

/The conquering of English not easy. /Conquering English not easy. (안 쉽다)

: 만약 동명사에 the를 붙여 목적어를 쓸 경우 of 사용 cf]The conquering in Korea now easy.

부정전치사 to가 안내영뇌가 아니라 연결영뇌일 경우 **부가적 연결의미**는 부정(不定)으로서 변화무쌍하나

↗(대동) 하는 것

↗단, 안내의미=주격

명(대), 동, 형, 문과 뜻 관계에 따라 associate로 처리 → 단어/문맥/상황/연결 associate to=대동/즉+부가적 연결의미

목적격/동격/형격/부사격(이유/목적/양보/결과/견해/계속)↙

to=(본동사의미) 연결로서 대동/즉 (무엇을 하는 것/하는 것) //대동/즉 (할/하니까 /그렇게 하려고 /하기위해서/해도 /하자면) //(그것은) 대동/즉

→ 무엇을=**단어** associate 하는 것/하니까/할/하려고/하기 위해서/해도=**문맥** associate (즉 문맥연결의미) 그것은=**연결** associate

↘연결설명어 associate

: 'Did you get a ticket?' 'No, I tried to, but there weren't any tickets left.'

시동=하려고 했다. 대동[즉], 그렇게 하려고 했다. 하지만 ---- . (그렇게=문맥/상황 associate)

tip] 상황 associate : Good to see. 시동 1=좋아요, 대동 (만나) 보니까. 시동 2=좋아요, 대동 보이는 게 말이다.

⇒ 니까/이는 게=같은 표현이더러도 상황에 따라 뜻이 달라진다 : 일종의 to associate 말이다=Ekbe 문맥

부가적 연결의미는 일종의 연결 Associate이자, 단어 Associate이다.

live 실전	to 부정사 영뇌 —— 줍는 사람이 임자다! **Finders keepers, losers weepers!**

L-1.. British troops who tried to come to the Saudia station to help were met by angry Iraqis, blaming British for failing to keep security in the city. In London, Prime Minister Tony Blair of Britain, reacting to the Wednesday attacks, said "terrorists" cannot be allowed to block democracy in Iraq.

-- 먼저 감주로 이해한다. 잘 안되면 부분부분 감주로 이해하고 전체로 이해한다.

to 영뇌의군=to help
: 대동 도와주기 위해서 -- 비제한적 연결영뇌
to keep 영뇌의군= to keep --the city
: 대동 유지시키는데 -- 비제한적 연결영뇌
to block 영뇌의군= to block -- in Iraq

: 대동 가로 막는 일은 -- 비제한적 연결영뇌 ∵ 동사연결 설명
blaming/reacting=비제한적 관계현분사 영뇌
→ 연결대상 (즉 기본어)=angry Iraqis /Tony Blair
blaming=and they blamed reacting=as he reacted
| Free 감주 + 我必 Free 감주 간직하기

..첫문장 뼈대=기본어(British troops) + 연결설명어(who) + s동사(were) + 연결설명어(by/blaming/for/to/in)

시동=영국군[영국병력들]은 누구냐 하면 (이들은) 시도했던 군인들인데 대동 가려고, 대자 그 사우디아 역으로 가려고 시도했던 군인들인데 대동 도와주기 위해서 말이다. 그런 군인들이 부닥치고 말았어요. 행자 성난 이락 백성들에 의해서 말이다. 그리하여 이들은 비난을 퍼부었지요. 영국인들에게 책임이 있다고 해동 실패했기 때문에 대동 유지시키는데 안정[치안]을 유지시키는데 내자[내소], 그 도시 [내소]에서 안정[치안]을 유지시키는데 실패했기 때문에 비난을 퍼부었지요.

내자[내소], 런던 [내소]에서, 수상 토니블레어 즉 영국의 수상 토니블러어는 반응을 보이면서, 대자 그날 수요일 공격사건에 반응을 보이면서, 말했어요, 테러리스트들에게는 절대로 될 수 없다고, 즉 허용될 수 없다고 대동 가로 막는 일은 민주주의를 내자[내소], 이락 [내소]에서 가로 막는 일은 절대로 허용될 수 없다고 말했어요.

⇒ **vocal 감주로 자동설가가 될 때까지 F3+E2 강하게 말하기** 일=block associate to=방향연결 대상이 동사인 것으로 대동 /방향대상으로서 대자 ※come=관심쪽으로 가까와지는 것으로서 가는 것 were=동질연결로서 그런 군인들이[은]

L-2.. Soldiers of the Tiger Force unit of the army's 101st Airborne Division dropped grenades into bunkers where villagers - including women and children - hid, and shot farmers without warning, the newspaper reported. Soldiers told 'The Blade' that they severed ears from the dead and strung them on shoelaces to wear around their necks.

-- 먼저 감각적 주파수로 이해한다. 그러면 저절로 의음/의자가 된다. 영뇌 상급자는 free 감주로 감을 잡는다.

on shoelaces=달고서 구두끈에 달고서 vs in shoelaces=해서, 구두끈으로 해서
to wear=과거 속에서의 (동시점 발생) 본동사 의미 to wear 영뇌의군=to wear + around 영뇌의군

시동=군인들, 즉 타이거 포스 부대, 즉 군예하 101 공수 사단의 타이거 포스 부대 군인들은 투척을 했어요, 수류탄을 안쪽으로[내대자] 벙크 안쪽으로 투척했어요. 이곳은 어떤 곳이냐 하면은 마을사람들이 - 너포 여자와 애들을 포함해서 —— 숨어 있었던 곳이었어요. 그리고 또 쏘아 댔어요, 농부들에게 하지 않고, 무자, 경고도 하지 않고 말이다. 이렇게 그 신문은 전했고요. 그리고 군인들은 말해 주었지요, 더 블레이드 신문사에게, 즉 자기들은 잘라 냈는데, 귀를 기자 죽은 자들로부터 잘라 내서 줄로 묶었는데, 즉 그것들을 달아서 구두끈에 달아 묶고서, 더동 달고 다녔다고, 환자 목 주위에 달고 다녔다고 말해 주었어요 ⇒ 어느 부분을 보더라도 (단어 하나이든) free 영뇌, 특히 free 감주로 이해되면 된다.

⇒ **vocal 감주로 의음/의자가 될 때까지 F3+E2 강하게 말하기** | Free 감주 + 我必 Free 감주 간직하기

때로는 무한글 시동이 더 좋을 수도 있다. 한글이 워낙 한글구조에 맞도록 만들어진 언어이기 때문이다.

▭ on=위에 두는 것으로서 다는 것/메다는 것 around=주변/주위 대상으로서 환자(環者) —— 주위에
▭ wear=객체 helper BAM으로서 달고 다니는 것 ☞ p110 이렇게/그리고/즉 =**문맥** associate

..첫번째 속문장 뼈대=기본어(Soldiers) + 속문장 s동사(dropped) + 연결설명어(where) + 속문장 s동사(shot)

그래서 영뇌영어는 영어의 **2) to부정사 영뇌와 원동사 영뇌** 시작과 끝을 잘 말해주고 있다.

▭ **전자**=일종의 to원동사로서, to로 연결시켜 설명해 나가면서 다시 원동사로 설명해 나가는
연결설명어이자 to로 원동사를 안내하는 **기본어** + **s동사 대용**(p277/287) 단, 안내일 경우 연결대상=원동사

▭ **후자**=그냥 원동사로서 연결 또는 안내 없이 그냥 자신의 뜻만 말하면서[서술하면서] 설명해 나가는 **비연결 설명어**이자 **기본어**이다. 즉 전자는 연결설명어일 경우 연결대상으로 정해놓고 그것을 설명해 나가는 뇌이다.
또한 **전자**는 본동사의미이고, **후자**는 자체의미, 본동사의미, 의미원성립이다.

tip)to부정사와 원동사의 대표적 차이
전자=연결설명어/s동사 대용
후자=비연결설명어/의미원성립

원동사 영뇌=자체의미 /본동사의미 /의미원성립

자체의미=여러가지 본동사의미에 적용시킬 수 있도록 단어마다 만들어 놓은 의미가 담겨져 있는 단어 그 자체=BNW
본동사의미=(원형으로서) 그때 그때의 실제의미로서 현재, 과거, 미래 속에서의 본동사의미
/일반적 실제의미로서 일반적 본동사의미 /실제사실 설명으로서 설명 본동사의미
▸ 요컨데 자체의미가 실제로 적용된 의미 — 실제의미 **Tip] 본동사= 현동사 /과동사 /조동사 ⇒ s동사**
의미원성립=원형으로 한번 성립시켜 보는 의미 — 하생각
그러면 저절로 기원, 가정, 바람 의미 — 등이 발생함 ▸ 자체의미와 의미원성립은 실제의미가 아님

원동사 영뇌 : ① go definition=move or to move 옮겨가는 것 또는 대동[즉] 옮겨가는 것으로서 가는 것
: move 실제의미, 즉 일반적[일반적 설명] 본동사의미로 go라는 단어 자체의미를 만든 것
즉 go=이런 뜻을 담고 있는 단어자체가 바로 자체의미이다. 그래서 자체의미는 원형으로 보존된다.

② We can move right now. We saw him move it. We will move. Move it. : 현재/과거/미래 속에서의 본동사의미
It is fun to ride horses. : 일반적 본동사의미 또는 일반적 설명 본동사의미
To swim across the English Channel is his ambition. : 일반적 설명 본동사의미 ↗=Play restarts/will start -- .
cf] S동사 대용 : Play to restart next month. : 미래 속에서의 본동사의미로서 현동사/미래 조동사 대용
To work, to play. 대동 일하기도 하고 대동 놀기도 한다 : 일반적 또는 일반적 설명 본동사의미로서 현동사 대용(=Work, play.)

③ (May) You Move! 움직이는 것이 이루어지기를! -- 기원
People demanded you move. 움직이면 하고 말이다 -- 바람
If you move it, --- . (혹시) 움직이는 것이 이루어지면 -- 가정 : 모두 의미원성립

지각 /사역 동사와 원동사 영뇌 --- 시작이 반이다! Well begun, half done.

지각동사/사역동사 뒤에는 바로 지각작용이 일어나고, 바로 사역작용을 일으켜야 하기 때문에 to를 거치지 않고 바로 원동사로 표현하기 시작했다. 그래서 이것도 처음에는 infml E이었으나 나중에 너도 나도 할 것이 많이 쓰다 보니 **관용[관습]**으로 완전히 굳어진 것이다. 바로 지각 또는 사역 작용은 관사 미사용 **명사 호격 관습**과 같다.

관습적 E : ↙지각동사=hear, perceive, notice, see, watch, behold, observe, witness -- etc.

A.. I heard her lock the door. 시동=그 여자가 잠그는 것 /(과거) 그때 잠그는 것
lock=heard와 같은 과거 속에서의 본동사 의미 : **비연결 설명어**
▸ 원동사는 자체의미를 갖고 있기 때문에 현재/과거/미래 속으로 (본동사 의미로) 들어 갈 수 있다.
cf]to사용 과거흔적(Bible) : He <u>makes</u> the deaf <u>to hear</u> and the dumb[mute] <u>to speak</u>. They <u>saw</u> the dumb <u>to speak</u>, the maimed <u>to be</u> whole, the lame <u>to walk</u>, and the blind <u>to see</u>.

BNW는 헌법재판소이다 • She was heard to lock the door. She was heard <u>for someone</u> to lock.

시동=그 여자에게 있었다, 들린 일이 있었는데, 대동 (누군가가) 잠그는 소리가, 그 문을 잠그는 소리가 말이다 : She≠to lock 주체
/그 여자에게 있었는 데, 들린 일이 있었다. 대동 (자기가) 잠그는 소리로 -- 소리로 말이다 : She=to lock 주체
/그 여자가 한 것이 들렸는데 대동 잠그는 문 잠그는 소리로 말이다 : She=to lock 주체

과분사의 BNW는 event이기 때문에 일어난 사실로 **바로 일어나는 감각작용이 아니다.** 그래서, to로 설명해 나간다. **모든 것의 판단 기준은 BNW이다.** 설령 확장의미[EM]로 바로 일어나는 **피동동작**이 되도 BNW로 판단해야 한다.

tip) I hear say he will come here. : **일종의 바로 일어나는 감각작용 -- 지각/사역 동사+원동사=관습적 E** ☞ p52

피동동작 : 그 여자에게 들렸다. 잠그는 소리가 문을 잠그는 소리가 말이다. ＊was=피사체 동질연결로서 '에게'

tip) 전치사 of 미사용 관습 : He got/went on board the train/boat/bus/plane.[=aboard]

↳승선했는데 판(板), 즉 열차판/보트갑판/버스판/비행판 위에 말이다.

영어에서 현재라는 의미 **현재=지금 현재/동시점 현재** : 동시점 현재가 있으니 과거 속에서 now가 가능 : Find him now. (지금 vs right now 바로 지금)

He opened the door. Now the noise was very loud. (now=at the time just mentioned 바로 그때)

I want to eat this. 현재 속에서의 현재 : 지금 현재

I tried only to fail. ➡ tried와 같은 과거 속에서의 그때 현재 -- 과거 그때 동시점 상황이지 tried 이전상황은 아님

시동=시도해봤으나 (그때) 단지 대동 실패만 했어요.

B.. Her husband won't let her go out to work.

-- 사역동사 뒤 목적어를 사역시킬 때 바로 사역작용을 일으켜야 하기 때문에 원동사 영뇌로 바로 작동시킨다.

➡ let=하도록 허락하는 것으로서 하도록[하게] 하는 것/들어 오도록 허락하는 것으로서 임대하는 것[세 놓는 것]

[l: allow t>d: do ⇒ allow to do or e>i: in ⇒ allow n]

＊ '사역' 이란=cause someone to do -- 일으키는 것인데 어떤 사람으로 하여금 하도록 일으키는 것

관습적 사역동사=망명가시다 : make/bid/have/let (단, 비사역의미일 때도 이들 동사와 관계하면 to미사용)

optional **관습적 사역동사**=help **비관습적 사역동사**=get ↳He had his wife die.

: He made me move my car. 하도록 만들었다 --> 하게 했다 She bade him enter. 하도록 명령했다

I had the maid sweep the room. 갖도록 시켰다 -->하도록 했다 (-- 하여금) : **원동사=s동사와 목적어 모두 관계**

vs This arguing won't help us (to) win the election. 앞으로 도움을 주지 못할 것이다.

우리들로 하여금 (대동) 승리하도록 하는 데 /우리가 (대동) 이기는 데 --. ➡ **전자=사역의미 후자=비사역의미**

vs Please get her to come here. 제발 하도록 하라.

지각동사/사역동사가 아니더라도 사람들은 바르 원동사로 두뇌를 작동시키는 사람들도 있다. 이럴 경우에는 infml E가 된다. ↗You are so lucky to have him to cling to.

Infml E : ↗StE : to attack ⇒ **사역동사와 뜻 관계가 아닌 경우 to 사용 : 앞 명사만 연결설명**

A.. 'We have no intention attack North Korea.' 부시대통령이 axis of evil[악의 축]을 발언한 후 한 말

B.. 'You killed protect yourself?' -- Judge Judy가 defendant에게 한 말 ⇒ infml E를 알아야 청취가능

↳**tip) to를 써나 안써나 원동사 자체의 의미는 변함이 없다.**

Optional 관습적 E :

A.. They helped us (to) push it. **사역의미**=도왔는데 (대동) 밀도록 도왔다 **비사역의미**=도왔는데 (대동) 미는 데 도왔다

vs He had his wife die. 비사역 인데 to를 안써는 것은 **발전 English로서 관습적 E** -- 당했다. 아내 상(喪)을 말이다.

B.. pout=(to) push the lips or the lower lip forward esp. to show displeasure or to attract sexual interest

-- 사전의 뜻풀이 ※구문법에서는 to없는 부정사를 **원형부정사**라 하며, 일종의 **원동사 영뇌**이다.

C.. What/All you have to do is (to) wait for her to come. What he's done was (to) spoil the whole thing.

All my life is (to) think, wait and fast. The only thing we can do is (to) write to him. -- **강조 be부정사**

cf] infml E : Come have dinner. =Come to have dinner. [=Come and have dinner.] -- **비지각/비사역 동사+원동사**

3) to부정사 영뇌와 동명사, 관계현분사, 종속접속사 영뇌

to부정사는 to원동사로서 to로 본동사의미를 연결시키는 것이고, 동명사는 서술명사로서 동사사실 의미이다. 원동사의 BNW는 자체의미이다. 자체의미에서 본동사의미로 확장되는 것이다. 이런 것들을 알면 말의 자유가 생긴다.

1.. She likes to watch TV.

-- 일반적 본동사의미[즉 일반적 실제의미] : 일반적으로 일어나는 사실 입장에서 본 것

to 부정사의 일반적 의미는 **원동사의 일반적 의미**로서 일반적 본동사의미이다. 즉, 본동사 의미의 일반성으로서 그때 그때 일어나는 실제의미가 아니라, 일반적으로서 일어나는 실제의미이다. 쉽게 말하면 현동사의 일반적 의미를 원동사로 표현한 것이라고 생각하면 된다.

시동=그 여자는 좋아해요, 대동 보는 것인데 TV보는 것을 말이다 : **일반적 본동사의미는 일반적 설명 본동사의미도 가능**

vs She likes watching TV.

-- 동사 사실의미로서 일반적 사실 : 일반적으로 해오던 사실 입장에서 본 것

시동=그 여자는 좋아해요, 보는 것을 하는 것인데 TV를 말이다.
/---, 보고 하는 것, 즉 TV를 보고 보고 하는 것을 말이다.
: 하는 것을 하는 사실 또는 하고 하는 사실로 두뇌가 작동하면 **동명사의 일반적 사실**이 된다.

vs She always watches TV.

-- 현동사의 일반적 현재로서 현재 일반적 사실 tip)이런 의미가 to부정사의 일반적 본동사의미로 나타난다.

시동=그 여자는 늘 봐요, TV를 말이다.
: 현재에 늘 그렇게 하고 있는 일반적 사실로 두뇌가 작동하면 **현동사의 일반적 사실**이 된다.

부정사와 동명사의 일반성과	IS 영뇌 --- 외모로 판단해서는 안된다! You can' t judge a book by its cover.

다 같이 일반성을 나타내나 IS영뇌 작동시 그 느낌이 다르니 유의하라.
It is fun to ride horses. vs It is fun riding horses.

둘다 뜻하는 의미로 같다할지라도 접근하는 뉘앙스와 IS까지 같은 것은 아니다.
전자는 일반적 본동사의미로서 일반성이고, 후자는 동사사실로서 일반성이다.
전자 =대동 타는 것
후자 =타는 것을 하는 것

※우리말 '타는 것'
=탄다는 것으로서 타는 것 /타는 것을 하는 것으로서 타는 것
즉 부정사 의미와 동명사 의미 함께 보유. 그래서, 구문법에서는 모두 '타는 것' 으로 번역하고 있다.

↗합성감주일때 소리가 안나는 것이 아니라 합성감주로 소리나는 것

tip)to 본토말=투/터/더/어/합성감주

plus "All Korean residents must <u>carry</u> identification cards."

원동사의 일반적 또는 일반적 설명 본동사의미

시동=모든 한국 주민들은 해야 한다. 갖고 다니는 것인데 신분증을 말이다.

2.. It began to rain. vs It began raining.

전자=날씨가 시작했어요, 대동 비가 오기를 말이다.

-- 그때 그때 일어나는 실제의미로서 현재/과거 속에서의 본동사 의미

후자=날씨가 시작했어요, 비가 오는 것을 하기를 말이다.

-- 오고 오고 하는 동사 사실이 실현 되는 의미 : 동사 사실의미의 현재/과거

양쪽 의미[본동사의미/동사사실의미]로 의율이 되는 동사

→ begin, start, like, love, hate, continue, cease, prefer, intend, attempt , ----- etc.

: He never ceases to amaze me. 대동 놀라게 하는 것

We must cease dumping waste in the sea. 마구 쏟아 버리는 것을 하는 것

*cease=그냥 그만두는 것 vs finish=마무리로서 끝내는 것

↗ ☞ vol 2 p303

하지만 상황이 지금 수영하고 싶을 때는 to **부정사만 써야 한다**. 본동사의미로서 그때 그때 일어나는 의미이기 때문이다. 이럴 경우에는 '좋아해요'가 아니라 '좋아요'이다. 일반적 의미일 때는 양쪽이 가능하다.

: I like to swim right now. 좋아요 (*not* swimming) like=좋은 것(ok)으로서 원하는 것[=want]

3.. I remember to post the packages.

vs I remember posting the packages. [=having posted 가진 것인데 부친 사실를 가진 것]

전자=미래 실제의미로서 미래 속에서의 본동사의미 -- 대동 부치는 것인데

후자=동사사실 의미로서 기[실현] 사실 -- 부치는 것을 한 것인데[EM]/부친 것[사실]인데[IM]

전자는 본동사의미로서 미래의미, **후자**는 동사사실의미로서 과거의미[finished action]

to 부정사의 원동사는 s동사와 같은 본동사 의미에서 출발하기 때문에 발생 본동사의미가 되어도 s동사 이전으로 갈 수 없지만**[StE]**, 동명사는 사실의미에서 출발하기 때문에 s동사 이전으로 확장이 가능하다. 그래서 일반적으로 to부정사는 미래 쪽으로 동명사는 과거 쪽으로 확장된다.

동명사=s동사와 같거나 이전 또는 이후로 확장 vs **to 부정사=s동사와 같거나 그 이후로 확장**

to부정사 별것아니다.

to원동사 표현이나 조동원동사 표현이나 같은 표현 방식이다.

이때 원동사는 본동사 의미로 같으며, 다만 다른 것은 전자는 to가 있어, 연결설명어가 되고, 후자는 조동사를 설명해 나가기 때문에 비연결설명어가 된다. 그래서, to로 명(대), 동, 형, 문에 연결시켜 본동사의미로 설명해 나가면 이것이 바로 to **부정사**이다.

: These are <u>the packages to post</u>. vs We <u>can post</u> the packages.

4.. Our family want to go out.

vs The rain prevented our family from going out.

전자는 본동사의미로 서술의미만 보유하기 때문에 동사의 목적어로 두뇌가 작동하나,

후자는 동사사실 의미로서 명사의미를 하나 더 보유하고 있기 때문에 전치사의 목적어로 두뇌가 작동할 수도 있다. ▭ **동명사=동사+명사, 즉 동사명사 --> 동사사실 의미**

from going out 시동=하지 못하게, 나가는 것[사실]을 하지 못하게/나가는 것을 하는 것을 하지못하게

전치사=사실의미와 의율

-- 명사는 기존체에 대한 title로서 사실의미이고, 대명사도 그 사실을 가리키 때문에 사실의미가 된다. 그래서 둘다 전치사 뒤에 올 수 있고, 동명사도 동사로서 사실의미이기 때문에 그 뒤에 올 수 있다.

tip) Our family want going out. : **동명사의 현과미**[EM]도 동사사실 의미를 보유하기 때문에 단순한 동사서술의미가 아니다. 그래서 바로 want 뒤에 써도 서로 충돌이 일어나지 않는다. 하지만, 원동사는 to가 필요하다.

5.. I hope to drink.

시동=(희망한다) 대동 마시는 것/마시기(를 말이다)

vs I enjoy drinking. **시동**=마시는 것을 하는 것(을 말이다)

전자=본동사 의미로 현재 또는 미래 상황, 즉 현재 또는 앞으로 마시는 것을 바란다는 말

후자=동사 사실의미로서 마시고 마시고 하는 그런 사실을 즐긴다는 말

BNW가 헌법재판소이다

- I enjoy to drink. : Incorrect

의율의 잣대는 BNW이다. 사실을 즐기는 것이지 자체의미를 즐긴다는 것은 말이 안된다. 정신병자가 아니고서는 만들어 놓은 단어 그 자체의미, 즉 뜻풀이 의미[정의적 의미]를 즐길 수 없다. 그래서, enjoy와 동명사가 의율이 되는 것이다.

하지만, 즐기는 것과 좋아 하거나 싫어 하는 것은 다르다.

전자는 동감정이고 후자는 상감정이다. 그래서 자체의미는 즐길 수는 없지만, 그것 자체[즉 자체의미 자체] 또는 사실은 좋아하거나 싫어할 수도 있다. 따라서 like와 dislike, hate는 양쪽이 와도 좋다. 자체의미는 뜻으로서만 존재하기 때문에 to와 함께 쓰이면 본동사 의미가 된다.

그래서, to **부정사의 BNW는 to 본동사 의미가 된다.** 이렇게 본동사 의미가 되도 to부정사는 to를 원동사로 설명해 나가기 때문에 최상위 BNW는 원동사의 BNW 자체의미이다. 그래서 to부정사는 두 가지 BNW로 판단한다.

본동사의미[+ 자체의미 의율가능] 수반동사 : hope, expect, promise, refuse, decide, agree, -- ect.

⇒ (이미) 사실로 있는 데/해오던 사실인데 바라거나 약속하거나 -- 동의할 수 없다. 앞으로 하거나 그것 자체는 가능하다. 그래서 이런 동사들은 to부정사와 의율이 된다.

동사사실의미 수반동사 : enjoy, finish, mind, avoid, deny, postpone, give up, put off, get used to, -- etc.

⇒ (어떤) 사실에 마음 쓰이거나 사실을 피하거나 부인하거나 연기하거나 완전히 주어버리는 것이지 사실으로 일어나지 않는데[즉 자체의미] 그렇게 한다는 것은 정신병자다. 익숙한 것도 어떤 사실에 익숙한 것이다. 예컨데 공격도 하지않는데 피하는 행동을 하는 것은 환자임에 틀림없다.

양쪽의미 수반 동사 : like /want /cease /begin /start /continue -- etc.

↗ ∴ end up+**동명사** -- (해오던 것이 결국) 끝나버리는 것

caution] finish=해오고 있는 것[사실]을 끝내는 것 -- 그래서 동명사와 의율

vs cease=그냥 그만 두는 것/멎는 것 -- 그래서 동명사와 to 부정사와 의율

: We must cease dumping waste in the sea. It ceased to be new.

시동=-- 그치고 말았다. 즉 되는 것인데 새롭게 되는 것이 말이다.

keep=계속해서 지키는 것으로 계속하는 것, 그래서 해오던 것을 계속하니 동명사와 의율

vs continue=해오던 것을 계속하거나 다시 계속하는 것이니 동명사와 to부정사 의율

6.. I stopped to smoke. vs I stopped smoking. [=quit/quitted]

전자=현재 또는 미래 속에서의 본동사 의미 **시동**=나는 멈추었다. 대동 담배피우려고 말이다.

후자=동사사실의미로서 그 동안 하던 것[하고 있는 것] **시동**=나는 끊었다. 담배 피우는 것을 하던/해오던 것을 말이다.

∴ 담배를 꺼내 담배 피우려다 담배를 멈춘 경우는 to 부정사로

담배를 피우고 있다가 방금 껐을 경우에는 동경사를 쓰야 한다.

양쪽 의미에 쓰이나

뜻의 차이가 있는 것: stop /go on /try /remember /hate /like, ---etc. ☞ vol 2 p301/302/303

7.. The minister released a law to forbid the import.

vs The minister --- a law forbidding -------.

전자=일반적[일반적 설명] 본동사의미 : (법인데, 대동) 금지하는 법인데

[=which forbids -- 일반적 현재/설명현재]

후자=관계현분사의 본동사의미로서 일반적 현존의미: (법인데, 즉 금지를 담고 있는 법인데 [=which forbids]

원동사의 본동사의미=자체의미가 실제로 적용된 의미 -- 비연결설명어로서 본동사의미

관계현분사의 본동사의미=해당동사로 들어가는 것/하겠다는 것[in]으로서 본동사의미-- 연결설명어로서 본동사의미

: 'Turning left, you' ll see --.' 에서 Turning은 turn으로 들어가는 것으로서 turn하는 것 [=If you turn left]

본동사의미 종류

원동사/to부정사/현분사/현동사[과동사]/조동사의 본동사의미 ☞ **기본영뇌 vol 1 p264 : 본동사의미 연출법**

— 동사사실의미와 진행의미, event는 (단순한 동사서술의미도 아니고) 본동사의미도 아니다.

단순동사는 단순동사로서 단순한 동사서술의미이고 조동사는 생각의미 또는 더동의미이기 때문에 단순한 동사서술 의미가 아니다. 그래서 조동사 뒤에 원동사를 써도 충돌이 일어나지 않는다.

(본동사=현동사/과동사/조동사 — 본동사로서 본동사의미 cf]단순동사=원동사/현동사/과동사)

↳본동사 대용으로서 본동사의미

단, 명령=본동사의 대용은 아니지만

그때 그때 일어나는 실제의미로서 본동사의미

∵ 본동사의미=하생각이 아닌 실제의미

8.. We heard the government build the town.

vs We heard the government building the town.

전자=미래 속에서의 본동사의미/과거 속에서의 미래 본동사의미: 짓는 다고

후자=진행의미: 짓고 있다고 **＊일반현분사=진행의미 vs 관계현분사=진행의미/본동사의미**

↳지각동사 뒤에 반드시 원동사만 쓰는 것은 아니다.

↳to 부정사를 쓸 경우 원동사를 쓰는 것이다.

9.. He seems to have been rich.

시동=그는 인 것같다. 대동 가진 것[가지고 있는 것] 같다. 였던 것인데 부자였던 것을 말이다.

➾ 결국 부자였던 것 같다는 말이다.[=He seems that he has been[was] rich.]

시동=그는 인 것 같다. 즉 그가 가진 것 같다. 였던 것[사실]인데 부자였던 것[사실]을 말이다.

[그는 인 것 같다, 즉 그가 이었던 것, 부자이었던 것으로 말이다.]

↱독설 고설뇌=먼저 요지+보충 설명

vs It seems that he has been[was] rich. =기-->설/설 [=seems (to be) that]

: **it 표현=Formal E** -- situation or preparatory 'it'

시동=그것은 인 것 같다. 즉 그가 가진 것 같다. 였던 것[사실]인데 부자였던 것[사실]을 말이다.

: preparatory 'it' 로서 referring forward, 즉 referent=that부터 ➾ 이때 9.. 번 문장과 같다.

or **=기-->설-->설' : 근설 연설뇌**

그것은 보이는 것 같다, 즉 그가 가진 것으로 이었던 것, 부자이었던 것을 가진 것으로 말이다.

: situation 'it' 로서 referring back, 즉 referent=대화중 상황을 가리킴

[그것은 보이는 것 같다, 즉 그가 이었던 것, 부자이었던 것으로 말이다.]

10.. He seems to be rich.

[=He seems (to be) that he is rich.] 시동=그는 인 것같다. (즉) 다시말해 부자 인 것 같다.

to be= '연결설명+동질연결' 로서 '즉' that=종맥연결로서 다시말해

vs It seems (to be) that he is rich. -- it 표현=Formal E : referring forward or back

시동=그것은 인 것 같다/그것은 보이는 것 같다. 즉 그가 부자로 말이다.

∵ 독설 보설뇌

Caution] preparatory 'it', 즉 referring forward 인 경우 that 절은 앞으로 이동 가능

: It seems clear that he is rich. 그것은 인 것같은 데 분명한 것 같다. 즉 --- .

[=That he is rich seems clear. or He is rich seems clear. 문장 주어 : Old/infml E]

tip] His theory seems (to be) that, regardless of what he does, it is enough. (it=His theory)

to부정사를 종속접속사로 호환시키는 것은

뜻하는 의미로 같다는 것이지 그 뉘앙스와 문체까지 같은 것은 아니다.

A.. He is too experienced a conductor to mind what the critics say. (너무나 노련한)

≒ He is so experienced a conductor that he doesn't mind ---- .

↳일반형용사 영뇌[=a conductor so experienced that : 관계형용사 영뇌]

B.. The plate was too hot to touch. 너무나 뜨거웠으니 그 이면의 뜻이 할 수 없었다는 것이다.

: s동사 주어와 부정사 목적어가 같을 때는 표현하지 않는다 : **관습적 StE**

≒ The plate was so hot [that] we couldn't touch it.

: 종속절로 새 문장이 생겼으니 it[**목적어**]가 다시 살아남 : **StE**

C.. To be frank with you, I love her.

시동=(대동/즉) 한다면 솔직히 말한다면 즉 너에게 말이다. 내가 사랑하는 여자는 그 여자다.

/있게 한다면, 솔직함을 있게 한다면 너에게 --- . (전자=be 뜻 후자=with 뜻)

말한다면=**문맥** associate with=동존방향으로서 '즉 -- 에게/있게 한다면 -- 에게' **입장 표명자=I**

≒ If I am frank with you, I love her.

D.. To cut a long story short, we said, 'No!'.

시동=대동 줄인다면 긴 이야기를 짧게 줄인다면 **입장 표명자=we** ≒ If we cut a long story short, --.

E.. To do him justice, he is not a man of salt. 소금끼=제구실 ⇒ 남자, 즉 쓴 소리를 하는 남자

완전시동] 남자, 즉 소금끼가 있는 남자 **시동**=대동 한다면 그를 공정하게 평가한다면 **입장 표명자=I or We**

> **to 부정사 영뇌에서도 관계현분사 영뇌처럼 입장표명자를 표현하지 않는 것이 관습이다 : 관습적 E**
> **-- 만약 표현한다면** For us/me to do him justice, he ---. [≒ If I/we do him justice, ---.]

F.. To begin with, he is too young; and besides, he is nothing of a scholar.

시동=대동 말을 시작할 것 같으면, 관련해서 말을 시작할 것 같으면 --- : **밑줄=(문맥/상황)** associate

/대동 우선 관련해서 말할 것 같으면 ---- 아무것도 없다, 즉 학자다운데가 말이다.

begin=처음 시작으로서 우선 with=동존시키는 것으로서 관련 **입장 표명자=I or We**

≒ If I/we begin with, ----.

cf] happen=갑자기 일어나는 것으로서 우연히 : I happened to find the house.

vs To say nothing of French, /he /can't /speak English. =설 → 기 → 설 → 설'

입장표명이 아니다. 앞에서 먼저 to부정사로 he를 설명해 주고, 다시 he를 중심으로 설명해 나가는 뇌

연결대상=he 시동=(대동/즉) 말을 전혀 못할뿐더러 즉 불어로는 말을 전혀 못할 뿐더러 그는 또한 할 수 없어요, --- .

뿐더러/또한=**문맥** associate

vs Strange /to say, //she has /no friend.

=전설→ 설′ ⇨ 기 → 설

관계 형용사로 뒷문장 전체를 염두에 두고 말하면서 to부정사로 설명해 나간다.
즉, to 부정사가 전설 뇌로 작동하는 것이 아니라, 관계 형용사가 전설 뇌로 작동하는 것이다.
관계형용사 연결대상=뒷문장 전체 -- 비제한적 연결영뇌
입장 표명자=I or We -- 내 또는 우리 입장에 말하는 것
시동=이상하지만, 대동 말하기에 이상하지만/뭐하지만, 즉 말하기에 뭐하지만

: Needless to say, health is above wealth. **입장 표명자=We** **시동**=필요도 없이 대동 말할 필요도 없이
Lucky to say, she escaped from the fort uninjured.
입장 표명자=I or We **시동**=다행히도 대동 말을 하기에 다행히도

↗'대동' 할 때 '대' =연결영뇌일 때는 이을 '대(代)', 안내영뇌일 때는 대상 '대(對)'

to 부정사의 기능과 영뇌

기능적인 문법보다 연결 또는 안내 영뇌로 해결하라.

① To err is human, to forgive is divine. 명사적 용법 vs 기본어, 즉 주어: 일반적[일반적 설명] 본동사의미 — 안내영뇌
② Get a chair to sit on. 형용사적 용법 vs 제한적 연결영뇌: 현재 또는 미래 속에서의 본동사의미 — 연결영뇌
③ Nice to meet you. 부사적 용법 vs 비제한적 연결영뇌: 현재 속에서의 본동사의미 — 연결영뇌

④ God doesn' t give you the people you want, he gives you the people you need.
To help you, to hurt you, to leave you, to love you and to make you the person you were meant to be. : 동사적 용법 vs s동사 대용표현 ⋯› 기본어: (일반적) 설명 본동사의미 — 안내영뇌

시동=그래서 (즉/대동) 도와주기도 하고 너를, (때로는 즉/대동) 상처를 주기도 하고 너에게, (즉/대동) 이별을 하기도 하고 너와, (즉/대동) 사랑을 하기도 한다. 너를 말이다. 그리고, (즉/대동) 만들어 주기도 한다. 너를 그런 사람, 즉 네가 했던 생각했던 그런 사람으로 말이다. ※ s동사=현동사/과동사/조동사 -- 여기서는 현동사 대용

※ 그래서/때로는=**문맥** associate were=발생한 것으로서 했던 to be="연결설명+동질연결"로서 그런 사람으로
meant=**자동** event meant=(무언가 영향을 받아 머리 속에) 의미가 나타 난 것으로서 생각한 것

부정전치사 to=방향연결 즉 연결영뇌

Ⅲ.. Knowing when to walk away is wisdom, being able to is courage.
시동=안다는 것, 시기 즉 대동 걸어 나갈 시기를 안다는 것은 지혜이고, 있다는 것, 할 수 있다는 것, 즉 그렇게 할 수 있다는 것은 용기이다. * is=동질로서 '은' to=「연결설명」으로서 '즉 그렇게 할 수 있다는 것'

4) to부정사의 자기이전 상황과 발생 본동사의미

↗특히 s동사이전
to 부정사를 자기 이전상황으로 만들려면 to have를 과분사로 설명해 나가면 된다. 즉 기의미 성립 event[즉 pp=기준시점 이전의미도 있기 때문]로 설명해 나가면 된다. 특히 원동사는 과거 속이든 현재 속이든 미래 속이든 그때의 현재 또는 미래로 확장되는 것이지, 자기이전 과거로 확장되지 않기 때문이다. ∴ to부정사= s동사, 즉 본동사와 같거나 나중시제

IIIII.. She seems to be rich.[=She seems that she is rich.] 단, 선과거 처럼 선발생이 될 경우 s동사 이전상황 → (시차) infml E

→ She seems to have been rich. tip)동명사=자기이전, 즉 s동사이전으로 확장 가능

↳She seems that she was rich.

A.. 자기 이전상황

1.. She hoped /to have /become /a doctor. =기-->설-->설′-->설″ : BEis-Os

시동=바랬다. 즉[대동] 갖는 것인데, 된 것, 의사가 된 것을 갖는 것을 말이다 : **기의미성립** event

/바랬는데 즉[대동] 갖기를, 되는 것, 의사가 되는 것을 갖기를 바랬다 : **일반적 설명** event

-- **이들 말의 이면의 뜻**=과거 유감[후회]/미발생

➧ She hoped to become a doctor, but she couldn't/didn't.

*have=hoped **그때의 본동사 의미**

[=She had hoped to become a doctor. or She hoped to become a doctor.

시동=가지고 있었는데 희망한 것을 가지고 있었다. 대동 되는 것, 의사가 되는 것으로 말이다.]

2.. She was /to have /arrived /by plane. =기-->설-->설′-->설″ : BEis-Os

시동=되어 있었다. 즉[대동] 갖기로 도착한 것을 갖기로 되어 있었다. 편으로 비행기 편으로 말이다 : **기의미성립** event

/되어 있었다. 즉[대동] 갖기로 도착하는 것을 갖기로 되어 있었다 : **일반적 설명** event

-- **이들 말의 이면의 뜻**=과거 유감/미발생 *have=was **그때의 본동사 의미**

➧ She was to arrive by plane, but she didn't.

[=She was to arrive by plane.

되어 있었다. 즉[대동] 도착하기로 되어 있었다.

: 즉 도착할 예정 이었다는 말 -- **이 말도 이면의 뜻**=과거 유감/미발생]

tip)모든 동사는 자기시제를 갖고 있다.
have=was와 같은 범주의 시제
arrived=이들 보다 앞선시제 상황
↳**각각 IS영뇌를 쉽게 작동시킬 수 있다.**

extreme caution] 「바람동사/be동사의 과거+완료형 부정사」만 과거의 유감 또는 미발생을 뜻하는 것이 아니다. 단순형 부정사도 될 수 있다.

vs She expects[hopes] /to have /finished /by July. =기-->설-->설′-->설″ : BEis-Os

시동=그 여자는 기대해요[희망해요], 즉[대동] 갖는 것인데 완성이 된 것을 쯤에는 7월 쯤에는 말이다.

: **기의미성립** event / --- 즉[대동] 갖기를 끝나는 것을 갖기를 ---- : **일반적 설명** event

have=미래 속에서의 본동사 의미 finished=미래 속에서의 기의미성립 event/일반적 설명 event
vs to finish 시동=즉[대동] 끝나기를 -- (finish=미래 속에서의 본동사 의미)

구문법의 오류 **구문법에서는** 단순형 부정사는 본동사와 같거나 나중시제[StE], 완료형 부정사는 그 이전시제라고 하는 데 expects[hopes] 뒤에 완료형 부정사이더라도 그 이전이 될 수 없다는 것도 있다는 데 그 모순이 있다.

얽혀서 생각하지 말고, 그냥 단어 하나 하나의 의미를 다 느끼면 된다.

finished=expects[hopes] 이후 상황 ∵ have=미래 속에서의 본동사 의미

: Apple is expected to have earned $3 per share. earned=is **이후 상황**

애플에게 (현재) 기대되는 데, 대동 가질 것으로 번 것[벌어 들이는 것]을 가질 것으로 주당 3불로 말이다.

3.. We saw /him have /locked /the door. =기-->설-->설′-->설″ : BEis-Os

have=과거 속에서의 본동사 의미 locked=have 이전 상황, 즉 기의미성립

시동=가지는 것을 잠근[잠갔던] 사실을 가지는 것을 말이다.

vs We saw /him lock /the door. =기-->설-->설′ : BEis-Os

시동= -- 그 사람이 잠그는 것/그 때 잠그는 것 : 과거 속에서의 본동사의미

4.. I will /have /gone /there. =기-->설-->설′-->설″ ↗미래완료일 경우 미래에 완료된 것을 의미하므로 pp는 언제나 '기의미 성립'

시동=나는 앞으로 할 것이다. 갖는 것인데 간 것[도착한 것]을 갖는 것인데 그 곳에 말이다 : 미래완료

have=미래 속에서의 본동사의미 gone=원형 부정사, 즉 have 이전상황, 즉 기의미성립

vs I will /go /there. =기-->설-->설′ : BEis-Os

시동=나는 앞으로 할 것이다. 가는 것인데 거기에 말이다. go=미래 속에서의 본동사의미

B.. 부정사[원동사]의 발생 본동사의미

-- 앞동사[s동사]보다 앞선 상황이 아니다. 같은 시점에서 발생했거나 발생하는 것이다.

Ⅰ 과거 동시점 발생 본동사의미

a.. 과거 동시점에 발생한 것

• Did you book your golf? ⇨ 과거 속에서의 동시점 발생 본동사의미 시동= 했지, -- 부킹한 것인데 -- ?

plus] 단순형 부정사의 선발생(infml) → 즉 원동사의 선발생

: Attack said /to kill /son |but| /spare /Qadhafi. =기→ 설→ 설′ ⇨ 등설 ⇨ 설→ 설′

-- 상황=이미 아들을 죽인 후 나온 보도 ↗tip)s동사와 pp=같은 시점 상황 원동사=그 이전상황

시동=공격이 (현재에=is) 알려졌어요[(현재에=is) 알려져 있었어요],

대동 죽인 것으로 아들은 말이다. 하지만 봐 주었는데 아버지 가다피는 봐 주었어요.

: Starbucks is the latest company to pause advertising across social media platforms.

가장 최근의 회사인데 대동 중지시킨 광고를 중지 시킨 회사로 말이다 : 중지시킨 후의 보도

to=pp(said) 설가뇌 cf] We have seen tigers last year. : infml

kill/spare/pause=(pp/is 이전) 선발생 본동사의미 ☞ 기본영뇌 vol 1 p76 > to have

-- 엄밀히 말하면 said/is 이전 상황이나 같은 시제 범주로 취급하여 표현하면 infml E가 되고

시차대로 표현하면 StE가 된다. cf] He said he moved yesterday. : 선과거 infml ⇨ StE : had moved

StE : to have killed -- but have spared --- /to have paused : 시차대로 표현

⇨ Paris attacks suspect Salah Abdeslam is believed to have escaped to Syria.

caution] infml E로 단순형 부정사로 표현하나 완료형 부정사로 표현하나 **전달 결과는 같다.**

하지만 to kill이 said이후 상황, 즉 앞으로 죽일 것으로 알려졌다는 의미도 가능하다.

즉 상황에 따라 미래 속에서의 본동사의미도 가능하다. 마치 'I decided to buy this.' 에서 to buy와 같다.

: Only 60 Syrians were trained to fight ISIS.

fight=미래 속에서의 본동사 의미 -- 대동 싸우도록

tip) 1. 과거미래가 현재에 유효할 경우 미래 속에서의 본동사의미도 가능

2. They said to kill. 대동 죽였다고(infml)/대동 죽인다고 말이다.

b.. 과거 동시점에 발생하는 것

• We saw /him lock /the door. =기-->설-->설′ : BEis-Os

lock=과거 속에서의 동시점 발생 본동사 의미

시동= -- 그 사람이 잠그는 것/그 때 잠그는 것 ▭ 잠그는 것=현재형 과거상황

2 현재 동시점 발생 본동사의미

• He beats /Tom 3 : O //to win the title. =기-->설 ⇨ 전설 : BEis-Os

beats=발생현재 ⇒ win=현재 속에서의 발생 본동사의미 : 서로 의율

(or beats=과거상황에 대한 설명현재 ⇒ win=과거상황에 대한 설명 본동사의미 : 서로 의율)

시동= 그는 물리쳤는 데 Tom을 3 대 0으로 물리쳤다. 그리하여 (대동) 따냈어요 그 타이틀을 말이다.

: Russia claims to hit ISIS targets. 주장했는데 대동 때렸다고 말이다 : **공격한 후 나온 말**

tip) 동시점이 아닌 발생 본동사의미 : Rookies to Win : Seiyoung Kim, Hyojoo Kim, Minjee Lee

-- LPGA에서 지금까지 우승한 신인을 두고 한 말 [=Rookies who won]

: (과거 또는 현재 속에서의) 발생 본동사의미 or (과거 또는 현재 상황에 대한) 설명 본동사의미

시동=루키들인데, 대동 승리한 루키들 -- 동시점은 두 시제가 공존할 때 나오는 개념이다.

: Obama <u>to appoint</u> Ron Klain as Ebola czar. : s동사 대용

-- 상황이 현재 지명한 것을 두고 표현한 것이므로 앞으로 지명하는 것이 아니라,

'대동 지명했다' 가 된다. 물론 상황에 따라 미래 속에서의 본동사의미도 가능하다.[=will appoint]

[=appoints/taps or appointed/tapped 발생현재/발생과거]

tip)만약 이때 to appoint 대신 원동사만 표현하면 의미원성립이 된다.

⇒ Obama <u>appoint</u> Ron Klain as Ebola czar. 지명하면 좋을 텐데/지명이 이루어지면 해요

cf] There may <u>have</u> /been /a breach in protocol. =기-->설-->설' : s동사 이전이 아님 [=of protocol]

have=현재 속에서의 본동사의미 시동=아마도 <u>있을는지도</u> 모른다. 있었던 것이, 즉 위반한 것, 속의 것, 안전규약 속의 것을 위반한 것이 있었던 것이 말이다. *have=소유로서 '가지다/있다' may=현재 추측 in=내 것으로서 속의 <u>것/내용</u>

cf] around=주변으로서 주변 <u>이야기</u>→ 밑줄=전치사 associate ↵

: The drama was built around people's relationships.

자기이전 상황과 동명사의 finished action

전자=기의미 성립 event 후자=동사사실 EM으로서 발생한 것

: to have <u>had</u> 대동 가지고 있다고 가진 것을 말이다 -- **기의미성립 event로서 가진 것**

vs <u>having</u> 가지는 것[사실]을 가진 것 -- **동사사실 확장의미로서 가진 것**

발생현재와 발생 본동사의미 match

전자=현재에 발생했다고 알리기 위한 것 후자=동시점 발생 본동사의미

: • Unionists use force. : **발생현재** **시동**=사용했어요, 무력을 말이다.

• John <u>defeats</u> him <u>to reach</u> the first final.

-- 현동사의 **발생현재**와 to부정사의 **현재발생 본동사의미 -- 서로 의율**

시동=물리쳐서-- 대동 이르렀어요 /물리쳤어요, -- 그리하여 대동 이르렀어요. ---- .

동명사의 기존사실과 to부정사의 발생 본동사의미

전자=동명사의 기사실=동사사실 EM으로서 finished action — s동사 이전사항

후자=과거/현재 속에서의 발생 본동사의미

또는 과거/현재 동시점 발생 본동사의미 — s동사와 같은 시점상황

to 부정사는 본동사의미를 갖고 있기 때문에 현재/과거/미래 속으로 들어 갈 수 있고, 동명사도 동사사실 의미를 갖고 있기 때문에 현재/과거/미래 속으로 들어 갈 수 있다. 단, 둘다 과거 속에 들어가더라도 to 부정사는 (설령 발생 본동사 의미가 되더라도) s동사 이전상황으로 들어 갈 수 없지만, 동명사는 그 이전 상황으로 들어 갈 수 있다. 하나는 출발이 s동사와 같은 본동사 의미이고, 다른 하나는 출발이 동사사실 의미이기 때문이다. 그래서 s동사 이전상황으로 표현하려면 동명사로 표현하든지 기의미성립 event로 표현해야 한다.

단순형 부정사의	발생 본동사 의미 -- 성공은 갑자기 오는 것은 아니다. Success doesn't come overnight.

과거 속에서의 결과나 연속적인 일도 **과거동시점 발생 본동사의미**이지 그 자체가 본동사이전 상황 [즉, s동사 이전상황]으로 두뇌가 작동하는 것은 아니다. 이때 원동사는 **과거 속에서의 본동사 의미**가 된다.

1.. I tried my best only to fail.

시동=(노력을 했는데 최선을 다해 노력을 했는데) 오로지 대동[그때] 실패만 했어요.

--과거 속에서의 실패 발생에 중점을 둔 표현 to=「연결설명」으로서 대동/그때)

vs I tried my best only to have failed.

시동=(노력을 했는데 최선을 다해 노력을 했는데) 오로지 대동[그때] 가지게 되었어요, 실패한 사실로 말이다.

--이미 이루어진 실패 건에 중점을 둔 표현이다.

이렇게 **접근하는 뉘앙스와 IS는 다르지만**, 같은 상황을 두고 단순형 부정사 또는 완료형 부정사로 표현할 수 있다.

2.. I awoke to find myself famous.

시동=(깨어 났는데) 대동[그때] 발견하게 되었지요 /깨어나 대동 발견하게 되었지요. (내 자신이 유명하게 된 것을 말이다)

-- 그때 발견이 발생 했다는 것 (깨어나=**현재형 과거상황**)

vs I awoke to have found myself famous.

시동=대동[그때] 갖게 되었는데 발견한 사실을 갖게 되었다는 것

-- 이미 이루어진 발견 건에 중점을 둔 표현

vs Marie Curie is the only one to win two Nobel prizes.

(과거상황에 대한) 설명현재와 (과거상황에 대한) 설명 본동사의미 또는 일반적 설명현재와 선발생

시동=이었는데[인데] 그야말로 유일한 사람이었다[이다]. 대동 수상한 자로서 두 개의 노벨 상을 말이다.

vs Madeleine Albright, first woman to <u>serve</u> as secretary of state, <u>dies</u> at 84.

: 선발생과 발생현재 시동=최초의 여자인데 대동 일한[근무한] 사람으로 동자 장관 즉 국무장관 -- 죽었는데 --

vs Carr is the first of the actors who played the seven Von Trapp children to pass away.

: 발생현재와 발생 본동사의미 -- 'The Sound of Music' 여배우가 방금 죽은 상황을 두고 한 표현

시동=Carr는 되었는데 최초의 배우가 되었다. 누구냐 하면 -- 연기한 -- 중에서 대동 죽은 사람으로 말이다.

vs <u>Law to forbid</u> the import. **: 일반적[일반적 설명] 본동사의미** **시동**=법은 법인데 대동 금지하는 법

↳법의 일반성 또는 그것에 대한 설명

⇨ **과거상황 그대로 표현** — 원동사를 과거 속으로 가져 가면 된다.

Marie Curie was the only one to <u>win</u> two Nobel prizes.

-- 과거 속에서의 본동사 의미, 즉 과거 속에서의 발생 본동사 의미 **시동**=이었는 데 -- 대동 수상한 사람으로

Marie Curie was the only one to <u>have won</u> two Nobel prizes. **: event 소유가 더 구체적이고 분명한 메시지**

-- 과거 속에서의 (발생) 본동사 의미 + 기의미 성립 event

시동=이었는데 -- 대동 가진 사람, 즉 수상한 것을 가진 사람으로 ---- .

⇦ He was the only one to <u>survive</u> the crash. [=to have survived /who survived]

시동=이었는데 유일한 사람이었는데 대동 살아 남은 사람/목숨을 건진 사람으로 그 충돌사고에서 말이다.

has**일 경우** die=**선발생** -- 가지고 있는데 아내가 상을 당한 것을 지난해에 말이다.

3.. He had his wife die last year. **시동**=그는 당했어요, 자기 wife가 죽은 것을 지난 해에 말이다.

4.. We happened to find a small house, where we stayed for a couple of days.

시동=우연히 (대동/그때) 찾게 되었어요 -- , 그리하여 어디냐 하면은 거기에서 우리는 머물게 되었지요, --- .

*happened=갑자기 일어난 것으로서 우연히

5.. He had (the) kindness to show me the way.

시동=그는 가졌는데 (그런) 친절함을 가지고서 대동 가르쳐 주었지요 ⇨ 했는데 친절하게 가르쳐 주었다.

6.. Theresa May : Trump's retweeting was the wrong thing <u>to do</u>. **시동**=잘못된 것인데 <u>대동 한 것</u>이 말이다.

연결설명어 영뇌

※대동/즉[to]할때 부정사to ⇒ 연결/안내 동사상황이 보이면 되고, 동명사 to ⇒ 방향대상 동사상황이 보이면 된다 : S영뇌

plus-1 ① **부정전치사 to + 원동사** tip) 일반전치사 to + 명사 /대명사 /동명사 /wh-절 ☞ p305)

to drink=대동[즉] 마시는 것 [t〉d: direction 방향으로서 연결/안내 o: 원동사

⇒ 연결 또는 안내 동사가 원동사인 것으로서 대동(代動/對動)]

vs to drinking=대동[즉] 마시는 것을 하는 것[한 것/할 것] [t〉d: direction o: object ⇒ 방향대상(對象)이 동사, 즉 동명사인 것으로서 대동(對動)] cf]代=이을 대/대신 대 對=안내 대/대상 대 cf]Thank you for watching. 해동 — 해주셔서

↳해당대상이 동사인 것으로서 해동, 즉 thank you에 해당하는 동사로서 해동

: I object to drinking too much.

⇒ look forward to, what do you say to, fall to[=to begin], take to[=to feel a liking for esp. at once], be equal to, be devoted to, with a view to, be opposed to, -- etc.

② **(do/can 수반) 제외전치사 but + 원동사**

— but이 do나 can과 함께 쓰이면 관습적 English로 원동사로 설명해 나가는 뇌가 된다.

He does nothing but **read** all day. My dog does everything but **speak.**

I couldn't choose but **obey** him. There's nothing to do but wait.

I can do nothing but obey him. Can't you do anything but ask silly questions?

I cannot but **agree** to his terms. 시동=나는 어떠한 것도 할 수 없다/어떠한 가능성도 없다. 제외하고는 -- .

vs I have no choice **but to** agree[follow] to his terms[the boss].

There was nothing for it **but to** obey the patriarch/monarch. (it=referring forward)

→ but=adv. **제외부사** : 전치사 to가 부사의 설명을 받아 대명사 it을 설명해 나가는 뇌

↳ 아무것도 할 수 없었다. 즉 그것, 즉 하지만 제외하고, 복종하는 것을 제외하고는 말이다.

※to 부정사[=to 원동사] 시동

=대동[즉] 본동사 의미를 느끼는 것 /to에서 '연결' ['안내']만 느끼고 바로 본동사 의미를 느끼는 것

/†to를 영어자체로 느끼고 바로 본동사 의미를 느끼는 것 /to하되 (즉) 본동사 의미로 하는 것

↗ both in short, to=**방향대상이 동사인 것으로서 대동**

tip)방향연결/방향안내 대상이 본동사의미인 것으로서 대동 vs 방향연결 대상이 동사사실의미와 EM인 것으로서 대동

plus-2 **모든 동사의 뿌리[root]는 원동사이고, 원동사의 BNW는 자체의미이다.**

자체의미가 원형으로 실제로 적용되면 **본동사 의미**가 되거나 **의미원성립**이 되고, 그래서, 원동사는 자기 형태 그대로 유지한 채 현재, 과거, 미래 속에서 쓰이게 되고, 자체의미가 현실적으로 형태가 바뀌어 적용되면 현동사, 과동사, 현분사, 과분사, 동명사가 된다. 따라서 모든 동사의 최상위 뜻은 원동사이다. 그래서, 사전에서 동사 뜻풀이를 할때 원동사로 표기하는 것이다.

그러므로, 시[시제]도 현재, 과거, 미래, event시, 진행시, 동명시뿐만이 아니라 원시(原時)도 있다는 것을 알아야 한다.

모든 책들은 현재 /과거 /미래 /진행시는 잘 다루고 있지만 event시와 원시, 동명시에 대해서는 정확히 알려 주고 있지 않다.

※ **기본 : 현재=현동사로 표현 과거=과동사로 표현 미래=will+원동사로 표현 event시=과분사로 표현**

원시[태시胎時]=원동사로 표현 진행시=현분사로 표현 동명시=동명사로 표현

↳ 단어가 태어날 때의 時, 즉 자체의미의 時

.. IS영뇌 쉽게 작동시키기 : 모든 동사는 자기시제를 갖고 있다. 그래서 한 문장에서 동사가 두개이든 세개이든 네개이든 자기시제가 보여야 한다.

원시[태시]가 실제로 적용된 본동사 의미 표현들 :

1.. He can eat right now. He wants to eat now. -- 현재 속에서의 (현재) 본동사의미

2.. I want to buy a car. -- 현재 속에서의 (현재 또는 미래) 본동사의미

3.. We saw him eat. He saw him lock the door. He seemed to be rich.[=He seemed that he was rich.]

-- 과거 속에서의 (동시점) 발생/상태 본동사 의미로서 과거 속에서의 그때 현재 본동사의미

현동사를 과거 속에서 그 당시 현재로 표현하려면 이렇게 원동사로 표현하면 된다.

시동=그때 먹는 것/그때 잠그는 것 /보이는 것 같았다, 그때 대동 인 것으로 부자인 것으로 말이다.

4.. I decided to buy a car. -- 과거 속에서의 미래 본동사의미[즉 과거 그때 이후에 발생하는 것] : **과거미래**

5.. He will eat. -- 미래 속에서의 본동사의미: **미래미래**

6.. He will <u>decide</u> to <u>buy</u> a house. -- 미래 속에서의 본동사의미 : **미래미래**

7.. I want you to come back by noon. -- 현재 속에서의 미래 본동사의미 [즉 현재 이후 발생하는 것] : **현재미래**

8.. He was the only one to survive the crash. ※car/plane crash=자동차 충돌사고/비행기 추락사고

-- 과거 속에서의 (동시점 발생) 본동사 의미 **시동**=(그때) 대동 살아 남은/목숨을 건진 사람으로

※car accident=자동차 사고 car wreck=자동차 박살사고

John was + drank. ⇒ John was to drink. : **과동사 대용** → 있었는데 대동 술마시기로 되어 있었다.
It starts + rains now. ⇒ It starts to rain now. : **현동사 대용**
We hope + will rain. ⇒ We hope to rain. : **미래조동사 대용**

본동사 의미로 작동해야 IS도 쉽게 작동하고 원동사(의미)도 쉽게 보인다.

이렇게 원동사는 원형으로서 본동사의미가 있기 때문에, 현재/과거/미래 속에서 현재/과거/미래 표현이 가능하다. 그래서, **부정사 [to부정사/원형부정사]는 별것 아니다.** 문장 속에서 또다시 본동사인 현동사/과동사/조동사를 쓸 수 없으니 <u>문장 속에서 이런 본동사 의미를 표현하기 위한 것이 **바로 부정사이다**.</u> 다만, to부정사와 원형부정사가 다른 점은 전자는 연결설명어이기 때문에 (연결대상에 연결하는) **연결의미를 보유하고 있고**, 후자는 비연결설명어이기 때문에 연결의미 대신에 그냥 서술혀 나가는 **서술의미를 보유하고 있다는 것**이다.

plus-3 be 부정사 의미와 본동사 관계 — 부정사의 원동사는 본동사 대용으로서 본동사의미이기 때문에 현과미 속에 들어갈 수 있고 현과미 속데서의 본동사의미 또는 일설 본동사의미가 된다.

1.. She is to <u>arrive</u> at 7 in the morning. -- **미래 속에서의 본동사의미** [= is arrive : infml E]

vs U.S. to toughen its fuel efficiency standards. ↳**현동사(래발생현재) 또는 조동사(will) 대용**

-- **미래 속에서의 또는 설명 본동사의미 : 현동사(래발생현재/설명현재) 또는 조동사(will) 대용**

시동=인데 즉[대동] 도착한다는 것이다 /즉[대동] 도착할 것이다 *to=연결설명, 즉 방향대상이 동사인 것으로서 '즉/대동'

vs 즉[대동] 까다롭게 한다는 것이다 /까다롭게 할 것이다 **뜻하는 의미=is going to**

-- 이럴 때 신문 Headline은 will이나 be 동사를 써지 않고 바로 to 부정사를 더 선호하고 의미도 더 강하다.

2.. Nothing was to be seen in the sky. -- **과거 속에서의 본동사의미 : 과동사 도는 could 대용**

시동=무가 있었다. 대동 즉 보여지는 것인데 내소, 하늘 내소에서 말이다.

/아무것도 없었는데 즉 될 수가 없었다. 보여지는 게 말이다. (**익**즈**투**=check mark F **워**즈어/**워**져=slide F)

3.. If you are to succeed, you must work hard. -- **설명 본동사의미 : 현동사 대용**

시동=만약에 네가 이다면 대동 성공하는 것이라면/네가 대동 성공하려면(성립) **뜻하는 의미=의도**(intend to)

4.. You are to obey your teachers. -- **설명 본동사의미** [= are obey : infml E] → **원동사 자체에 이런 본동사의미가 들어 있다.** ↗일종의 Associate

: **현동사(설명현재) 또는** should/ought to/must(**사발생/당연성/의무**) **대용**

시동=여러 분들은 인데 대동 복종하는 것이다/-- 하여금 대동 복종이 일어나 한다/-- 은 대동 (당연히) 복종해야 한다

5.. He was never to see his family. -- **과거 속에서의 본동사의미 : 과동사 대용**

시동=그는 되었어요, 결코 대동 보지 못하는 사람이 되었어요. **뜻하는 의미=운명**(be destined/doomed to)

6.. To do is to achieve. To see is to believe. -- **설명 본동사의미 : 현동사 대용**

시동=대동 실행하는 것이 대동 달성[성취]하는 것이다. [=Do is achieve. See is believe. : infml E]

vs All I did was (to) press this button. : optional **관습적 E**

※ is=동질연결로서 '이' is to achieve=IstoaCHieve=이즈어**취**-브/이저**취**-브=small slide F+retro-root F

***be부정사 의미 외우는 법과 실질적으로 느껴지는 부분: '예가성의 운명과 설명'**

-- 원래 이런 의미는 **원동사**에서 느껴져야 한다. to는 「연결 또는 안내」 역할만 할뿐이다.

그래서, 시제의미, 가능성, 의무 -- 등등은 전치사가 아니라, 원동사에서 느껴진다. tip 1)현과미도 to에서 느껴지는 것이 아니다.

-- 그래서 to부정사는 조동사의 여러가지 본동사의미가 가능하다. tip 2)본동사=현동사/과동사/조동사

: This is the one for you to help. ≒This is what you can/will/should/must/may help.

tip 3) 조동사의 미래/가능성/의무 -- 등 =생각의미 vs 원동사의 미래/가능성/의무 -- 등 =실제의미

↗영어에서는 가주어/진주어라는 말이 없다. 오로지 기/설만 있을 뿐이다.

plus-4 to 부정사의 주어에 표현되는 전치사 for/of/from — etc. : 단어의 뜻 관계, 즉 기/설로 해결

[for=해당사항/해당주체 of=동격 관련/소속/소유 from=출처 → 단, 문맥에 따라 전치사 없이 부정사 주어만 표현 가능]

① it을 s동사로 설명해 나가면서 (impossible=for 설가뇌), 다시 to로 보충 설명해 나가는 뇌일 경우 :

- It /is impossible for you /to master English in a few months. =기-->설/설 : 독설 보설뇌

시동=그것은 인데, 불가능한 것인데 해자 여러분들에게는 불가능한 것이다. 대동 마스터 한다는 것이 말이다.

: European finance ministers refused a request from Greece to keep talking for yet another month.

시동=거절했는데, 요구서를 거절했다. 이것은 기처 그리스가 대동 계속해서 토킹을 구시 아직도 또 한달 더 하자는 것이다 ·⊳ a request=from 기본어 (it=referring forward : 선 it referent=to부터)

Responsibility of all to participate in rebirth. 책임이 있는데 즉 모두가 대동 참가할 책임이 있는데 재탄생에 말이다.

② it을 s동사로 설명해 나가면서[먼저 요지를 밝히면서] for로 보충 설명해 나가는 뇌일 경우 :

- It /is impossible /for you to master English in a few months.

영뇌=기-->설/설(독설 보설뇌) : Rescue operation /begins /for passengers on ship stuck in Antarctica.

시동=그것은 인데, 불가능한 것인데 해자[즉] 여러분들이 대동 마스터 한다는 것이 말이다. ship=단수단독 infml E

-- It을 for로 설명해 나가나 Rescue operation을 for로 설명해 나가나 같다 (it=referring forward : 선 it referent=for부터)

[=For you to master -- /is impossible. =기-->설 ∵ 전설처럼 보설 이동 가능

or You /to master -- /are impossible.=기-->설/설 : 보설 독설뇌]

대부분의 한국 사람들은 가주어/진주어 관계로 생각하여 ②번으로 많이 이해하고 있다.
① 번으로 두뇌가 작동해야 for를 쓸지 of를 쓸지 결정된다.

즉 형용사 내용이 부정사 주어에 해당하는 사항이면 for로 설명해 나가고, 부정사 주어의 성격과 관련이 있으면 of로 설명해 나가면 된다. 예컨데 불가능한 것은 여러분들에게 해당하는 해당사항이지, 여러분들이 소유하고 있는 품성이 아니다. 하지만 친절은 당신이 소유하고 있는 품성이다. 그래서 of가 성격 형용사에 작동하는 것이다. from도 마찬가지이다.

It /is kind of you /to behave like that. =기-->설/설 : 독설 보설뇌

시동=그것은 인데 친절함인데, 즉 너의 친절함이다. 대동 행동을 처럼 그처럼 하는 것이 말이다.

→ **character adj.** : nice, kind, good, generous, mean(비열한), foolish, stupid, brave, cowardly, right, wrong, polite, cruel, rude, selfish, wicked, honest, silly, careful, careless, clever, wise

단, ① good /right /wrong=판단 의미 //성격[품성] 의미

전자=잘하는 것 /옳은 것 /그른 것— 해당 사항으로 for로 작동 후자=착한 것 /올바른 것 /나쁜 것— 품성 관계[소유]로서 of로 작동

② 또다른 기/설 관계 : It /is kind /of you to behave like that.=기-->설/설

— of의 연결대상을 it으로 해도 좋다. 결국 to로 it을 설명해 나가나 of로 it을 설명해 나가나 같다. 둘다 전치사 연결설명어이니까. you는 일반대명사로서 비연결 설명어이므로 it에 연결시켜 설명해 나가갈 수 없다.

시동=그것은 친절한 행위이다. 즉 네가 대동 행동을 동모同模 [처럼] /동자 그처럼 하는 것이 말이다.

It /was wrong for you /to steal. 시동=그것은 이었지요, 그른 짓이었지요, 해자[즉] 당신이 저지른 그른 짓이었지요. 대동 훔친 것[도둑질 한 것]이 말이다. to steal=과거 속에서의 (발생) 본동사의미

vs It /is wrong of you /to steal. 시동=그런 짓은 나쁜 데, 즉 당신의 성격이 나쁜 것이다. 대동[즉] 훔치는 것은 말이다.

: "But what happened in Ramadi was a failure of the Iraqi forces to fight," Carter repeated.

시동=실패인데 즉 이락군의 실패인데 (대동) 싸움의 실패였다고[=for 가능] Carter=U.S. defense secretary

or It /is wrong /of you to steal. 시동=그런 짓은 나쁘다. 즉/대동 네가 훔친다는 것은 말이다.

plus] 명사/대명사 형용사 설가시 : 전치사 사용

Be careful of such people.

It was wrong for[of] you. 그른 짓이었다. 즉 너의 행위가 말이다. /나쁜 짓이었다. 즉 너의 성품이 말이다.

.. 이해는 (언어에 대한 basics를 알았다면) 최종적으로 단거의 최종적인 뜻인 감주로 이해한다.

Caution **중음가 대명사와 to 부정사 관계 :** A Quick Note

it이 가리키는 것이 한 문장 내에 있을 수도 있고, 문장 밖에 있을 수도 있다.
진주어/가주어 개념으로 습관적으로 굳어지면 전자로만 이해하는 우를 범하게 되니 유의하라.

1.. It /is a good time /to invest.=기→ 설/설 **주의**]독설일 때는 동명사도 가능 ∵ 동명사=주어가능
it=referring forward referent=to 이하
시동=그것은 좋은 때인데 대동 투자한다는 것이 말이다. ※ is=등질연결로서 '은'

주의]연설일 때는 동명사 불가능 ∵ 동명사=비연결설명어

2.. It is /a good time /to invest.=기→ 설→ 설'
it=referring back
referent=가물다가 때마침 비가 온 경우-- situation 'it' 로 이런 상황을 가리킴
시동=상황이 지금 좋은 때이다. 대동 노력을 투입하기에 말이다.

영어에서는 원래 가주어/진주어라는 말이 없다. 이것은 한글구조와 일어구조로 해석해보면 it 해석이 없어지니 한국사람과 일본사람이 지어낸 말이다. 원어민들은 이런 경우 가주어라는 말을 써지 않고 대명사 BNW대로 referring forward로서 preparatory 'it' [선 it]라 한다.

3.. It' s /as easy /to remember /as your own name.
이 표현은 프로그램 사용이 쉽다는 어느 광고 문귀이다.
이 때 it은 referring back으로서 referent는 문장 밖에 있고, 그 회사 판매용 프로그램이다.
=기→ 설→ 설'→ 설"

G토씨 시동=It' s는 as할 정도로 easy해요, 대동[to할 정도 즉] remember할 정도인데 your own name처럼 말이다.

Ekbe 시동=그것[그 프로그램/그 제품]은 같은 정도로 쉽다, 대동 기억할 정도인데, 즉 너 자신의 이름처럼 말이다.

cf] Nothing is so bitter that a calm mind cannot find comfort in it.
⇒ it=mind (referring back으로서 문장내 앞의 것)

※ invest =verb [I or T] 성공하기 위해 판돈을 투입하는 것으로서 투자하는 것 /조끼를 벗어 던지고 일을 하는 것으로서 노력 따위를 투입하는 것 [in: 투입 v: victory s: stake 판돈 vest: 조끼]
(to put money, effort, time etc. into something to make a profit or to make something succeed)
ex]The institute will invest 5 million in the project.
I' ve invested a lot of time and effort in this project, and I don' t want it to fail.

plus-5 **원동사의 본동사 의미 종류** ☞ vol 1 p285, 286 vol 2 p23, 24, 159, 168

1 현재 속에서의 본동사 의미 -- 현재 속에서의 (동시점) 발생 본동사의미 도 포함
2 미래 속에서의 본동사 의미
3 과거 속에서의 본동사 의미
❶ 과거 속에서의 (동시점) 미래 본동사 의미 : 단, 미래가 현재에 유효할 경우 '미래 속에서의 본동사의미' 로 작동가능
❷ 과거 속에서의 (동시점) 발생 본동사 의미
4 일반적 본동사 의미 5 설명 본동사 의미 -- 일반적/현재상황/과거상황/미래상황 설명 본동사의미

7. 전치사 영뇌(PREP NB)

해야할 일-- 원래 언어는 생활 속에서 뜻이 얻어진 것이다. 원어민들처럼 **전치사 말**을 배우려면 여러분들의 두뇌를 생활 속에서의 뜻으로 전치사 영뇌를 습관화시켜라. 특히 BEis, IS **영뇌로 습관화시키되,** (생활 속에서의 뜻이 용해된) free **감주**로 습관화시킨다.

☞.. 생활 속에서의 뜻=외국인과 생활하면서 느껴지는 뜻이자 실제로 적용된 뜻(≠사전의 원형적인 뜻)

※ 전치사 영뇌란 :

IS 두뇌로 명(대), 동, 형, 문, (드물게) 전에 먼저 (제한적/비제한적으로) 연결시켜 개략적으로 설명해 나가면서, 다시 뒷말로 구체적으로 설명해 나가는 뇌

in short, 연결설명어 in concrete, 콤머불관 연결설명어
또는 전설로 설명해 주거나 기본어로 먼저 말하는 뇌

---

vs 한뇌=토씨[조사]로 다시 뒤로 돌리는 뇌
: 근본적인 버그단어

주의] 먼저 말에 먼저 영뇌로 각인되지 않으면 영뇌가 아니다. 특히 영뇌의군으로 이해시 주의하라.

순서대로 이해할 수 있다.

▭ **전치사 BNW** ↗원어민이 알고있는 의미대로 알고 있어야
=직상 일반단어로서 개략적인 연결[제시/안내] 의미
⇨ 영어는 설가뇌이기 때문에 이런 개략적인 의미를 먼저 표현하거나 이런 것이 먼저 보인다.
개략적인 의미이기 때문에 의미전달을 확실히 하기 위해 일반적으로 앞뒤말 또는 뒷말이 필요하다.
드물게, 앞뒤말, 뒷말을 써지 않는 경우도 있다.

▭ **개략적인 연결[제시/안내] 의미**
=딸/아들로 먼저 제시

또는 갖추고 있는데 /갖추고 있는 것 — 등등
전자=비제한적 연결의미 -- 비제한적 연결영뇌
후자=제한적 연결의미 -- 제한적 연결영뇌

tip)일반적으로 전치사 BAM
=00과 그 대상 ⇨ 대상=자(者)

▭ **한국 사람들의 가장 큰 취약점 :**

영어 읽는 법을 모르고 있음 ⇨ 감각적 주파수
+ free 영뇌, 특히 free 감주에 약하다.
+ 한뇌로 이해, 즉 있는 그 위치에서 바로 이해하지 못함

+ 말[소리]자체/글자자체가 뜻이자 실제상황인데 자꾸 해석하거나 이미지를 그려서 이해하려고 함
특히 해음/해자 영뇌에 약함

+ 단어의 BNW를 느끼지 못함
특히 BAM 영뇌가 없어서 단어의 여러가지 뜻을 대등하게 독립적으로 외우고 있음

그래서, 외국인들처럼 단어의 뉘앙스에 맞게 표현하는 표현의 자유를 누리지 못함. 뿐만이 아니라, 거의 모든 한국인들은 어려운 표현을 숙어로 이해하고 있다. 한글과 마찬가지로 영뇌에서는 숙어가 없다. 오로지 BNW만 있을 뿐이다.
⇨ **완전번역/대체번역 vs 준번역[이면번역]**

+ 간상 뇌만 작동, 즉 직상 뇌를 잘 모르고 있음
+ of 분설도 잘 모르고 있음
+ 뜻을 조사/토씨로만 이해하고 있음
즉 다른 일반단어처럼 뜻을 보유하지 못함

+ 문자값으로만 이해하거나 기억하지 청구(聽口) 소리값으로 더 뇌화 되어 있지 않음
+ 문법적 예문으로만 취급하고, 말로 활용하는 것에 약함
문법공부, 말공부가 따로 있는 게 아니다.

+ 특히 전치사를 감각적 주파수로 말하는 것에 약함
전치사는 토씨 뇌가 아니다. 말[소리]자체/글자자체가 뜻으로 작용해서 앞말을 설명해 나가는 두뇌이기 때문에 영어에서는 감각적 주파수로 말하는 것이 가능하다.

그래서 우리는 이런 감각적 주파수를 많이 간직해야 한다.
ex] I was born in 1993. ⇨ Iwas bornin 1993.

+ 설가뇌[기/설 문맥]가 발달되어 있지 않음
특히 영어는 감각적 주파수로 문맥이 보여야 함
+ 단문보다 story뇌에 약함
+ 영어주파수, 즉 vocal 감주에 약함
+ 감각적 주파수로 이해하는 데 약하다.
+ 생활 속에서의 뜻[소리]에 약함

∴ 가르칠 때는 본인도 영어로 주거니 받거니 말을 많이 해야 한다. ↳ **외국에 나가는 가장 큰 이유** : 이것을 얻기 위한 것

☞.. 감주는 생활 속에서의 언어이자 생활 속에서의 소리이다.

1) 전치사 영뇌(PREP NB)

IS 두뇌로 명(대), 동, 형, 문, (드물게) 전에 먼저 (제한적/비제한적으로) 연결시켜 개략적으로 설명해 나가면서, 다시 뒷말로 구체적으로 설명해 나가는 뇌

in short 연결설명어, in concrete 콤머불관 연결설명어

또는 전설로 설명해 주거나 기본어로 먼저 말하는 뇌

> **전치사의 기본어[앞말]**=명(대), 동, 형, 문, (드물게) 전 단, 부사로부터는 설명을 받는다.
>
> **전치사 뒷말**=명사[대명사] /동명사 /Wh-절 /(부정전치사 뒤) 원동사 /대명접속사 that /또다른 전치사 /관습적 형용사 /of 문장동격[infml]
>
> **전치사**=직상개념 /간상개념 + 정(靜)개념 /동(動)개념 tip)to부정사도 일종의 직상이다 : 대동 — 하는 것 /즉 — 하는 것 — etc.

→ **먼저 인식해야 영어승차감이 나온다.**

① 명사에 연결시켜 설명해 나가는 뇌

IIIII .. There is /a barricade /across the road. [=barricade across road : infml E]

영뇌=기-->설-->설′ : BEis-Os

or I + I + I : I-Os or S + S + S : S-Os

How to Read[Speak]=Thereisa barricadea crossthe road. 〉 Thereisa barricade acrossthe road. (↗**고난도 감주**)

: BEis/IS, 즉 설가뇌와 자동설가뇌로 이해하는 것을 감각적 주파수로 이해한다.

즉 한 단어처럼 뒷말과 말하면 저절로 이해가 실린다.

시동= vocal 감각적 주파수로 (BEis/IS 영뇌가 될 때까지) F3+E2 강하게 말하기 ↗**그러면 영어말투가 형성되고 영어말투에 익숙해진다.**

전치사 연결대상=a barricade ⇨ acrossthe=어크로서 or 어크로스더=cramp F

☞.. **我必 Free 감주 간직하기**=Barricade across the road. (Barricade=단수단독[infml])

시동=(이런 게) 있는 데 barricade가 가로 질러 있는 데 도로를 말이다. /-- 가 횡상으로 도로에 말이다.

/ 있는 데 barricade가 횡자로 도로에 말이다. /있는 데 barricade가 横者 도로에 가로 질러 있다.

: 비제한적 연결영뇌 ↘**횡자[across]할때 가로질러 있는 대상이 보이면 된다 : S영뇌** | Free 감주 간직하기

there=동사상황을 유도하면서 referring forward 뇌 ⇨ **실질적 referent=동사 뒷말**

⇨ 시동=이런 게 or 유도느낌만 유지하고 동사만 해석

↑ **비한글 BNW로 시동**

☞.. **영어는 영어 이해흐름대로 이해돼야 진짜 영어다.**

※현장 영어에서는 BAM과 associate를 모르면 시동을 걸수 없는 경우가 많다. 명심하라.

시동 종류=원애시동 /vocal음 /Free 영뇌 /F3+E2 /일상적인 생활 /Ekbe /SIUM 말하기 /무한글 /BNW or 비한글 BNW /BAM /BEis 영뇌[=IS 설가뇌] /G토씨 /connotation /영뇌 기본자세 /패턴 /associate

소리=acROss=cramp 주파수 a=어: 약한 감정음가 ↳특히 영맥 파악[이해]=BEis 영뇌, 영어이해=감주

across=가로로 있는 것으로서 가로 질러 있는 것/어떤 곳을 잘라 놓고 있는 것으로서 ↳특히 기본어/연결설명어/s동사

가로 질러 있는 것 /가로상으로서 횡상(橫狀))으로 ⇨ 횡상으로서 가로질러 있는 것/횡자(橫字)로 되어있는 것

/이들 대상으로서 횡자(橫者) [acro〉caro: 가로 ss: is+is 있는 것 or a: at c: cut] ※여기서 **across=靜[position] 뇌**

: 'elephant,' /an animal /with /two tusks and a trunk=기-->설-->설′-->설″ : BEis-Os

시동= 'elephant,' 란 일종의 동물인데 갖추고 있는 동물이다. 두 개의 tusks와 한 개의 trunk를 말이다 : **제한적 연결영뇌**

/ -- 동물인데, 동자 두 개의 tusks와 한 개의 trunk를 갖추고 있다 : **비제한적 연결영뇌**

-- 콤머유무와 상관없이 제한적 or 비제한적 연결영뇌 ∵ **콤머불관 연결설명어**

⇨ with=동존소유[구비]로서 갖추고 있는 것 /동존소유[구비] 대상으로서 동자(同者) -- 를 갖추고 있는 것

/동존근무로서 근무하는데
/동존근무 대상으로서 동자--에 근무하는데

② **대명사에 연결시켜 설명해 나가는 뇌**

IIIII.. We /at Samsung /aim /at the better future of man. [=We with Samsung ---.]

영뇌=기-->설/설-->설′ : BEis-Os

or I + I + I + I : I-Os or S + S + S + S : S-Os

How to Read[Speak] =Weat Samsung aimatthe betterfutureof man.

: 먼저 감각적 주파수로 이해한다. (한 단어처럼) 뒷말과 말하는 느낌 때문에 저절로 이해가 발생한다.

시동= vocal 감각적 주파수로 (자동 설가가 될 때까지) F3+E2 강하게 말하기

전치사 연결대상=We (위어ㅌ=slide F: 약한 감정음가 위애ㅌ=slide F: 강한 감정음가 위애트=slide F)

→ IS 영뇌로 대명사를 전치사로 설명해 나가면서 다시 s동사로 설명해 나가는 뇌 : BEis-Os

☞.. **我必 Free 감주 간직하기**=Samsung aims at the better future.

시동=우리들은 근무지가/직자 삼성인데, 겨냥 하고 있어요, 직자 더 좋은 미래[를], 즉 인간의 더 좋은 미래로[를] 말이다. ↘**근무지/직자[at]할때 바로대상 보이면 된다 : S영뇌**

(역순이해인) 지시동은 걸지마라. 이것은 Ekbe 시동에 의해 저절로 걸리니까.

소리=At=애ㅌ/애트 /어ㅌ=post점형 /slide /dot점형 주파수

a=애: 강한 감정음가 어: 약한 감정음가

at=어떤 대상체가 차지하고 있는 구역과 그 대상으로서 위치[장소/구자(區者)]

/어떤 대상체가 차지하는 구역일치와 그 대상으로서 직자(直者)

[a: area /exact area t: time /thing] (vs to=방향대상으로서 '즉' of=동격으로서 '즉')

: **There is /no one /to help /you.** =기-->설-->설′-->설″ : BEis-Os

시동=(이런 게) 있어요, 무(無)사람이 있는데 대동[즉] 도울 사람으로 당신을 말이다.

: **제한적 연결영뇌** ∵ **to부정사의 대명사 연결설명** ➾ 무사람이 있다니 결국 아무도 없다는 의미이다.

③ **동사에 연결시켜 설명해 나가는 뇌** (동사=원동사 /현동사 /과동사 /과분사 /현분사 /동명사 /조동사)

A.. The dog went /across /the road.

영뇌=기-->설-->설′ : BEis-Os or I + I + I : I-Os or S + S + S : S-Os

How to Read[Speak]=Thedog wenta crossthe road.

: 먼저 감각적 주파수로 이해한다. 문맥 파악은 BEis이지만 문맥은 감주로 보여야 한다.

시동= vocal 감각적 주파수로 (자동 설가가 될 때까지) F3+E2 강하게 말하기

전치사 연결대상=went | Free 감주 간직하기

(웬ㄴ트어 크로스어=slide F + cramp F 웬ㄴ터 크로서=slide F + cramp F : 합성감주 웬ㄴ트어 크로스더=slide F + cramp F)

→ IS로 일반 동사를 전치사로 설명해 나가는 뇌 : BEis-Os

☞.. **我必 Free 감주 간직하기**=Went across the road. or Went across road. 횡동해서 말이다.

시동=그 개는 갔어요, 가로 질러서 그 도로를 말이다. /횡자[횡동해서] 그 도로를 말이다. /횡자 그 도로[차도]를

: **비제한적 연결영뇌** ※across=動[movement] 뇌 ↘ ☞.. **major 감주=** -- dog -- across --- road.

across=가로로 움직이는 것으로서 가로 지르는 것과 그 대상/어떤 곳을 자르면서 움직이는 것으로서 가로 지르는 것 /가로 동으로서 횡동(橫動)해서/온 사방을 가로지르는 곳으로서 곳곳 : All across Africa 모든 곳곳, 즉 아프리카 곳곳에서 [acro>caro: 가로 o: 움직이는 것 ss: 가로로 움직이는 모양 or a: at c: cutting]

↘**횡자[across]할때 가로질러 가는 대상이 보이면 된다 : S영뇌**

B.. The cow /is /in /calf. =기-->설-->설′-->설″

How to Read[Speak] =Thecow isin calf. : 먼저 감주로 이해한다.

전치사 연결대상=is ☞.. **我必 Free 감주 간직하기**= Cow now in calf.

→ IS영뇌로 be 동사[특수동사]를 전치사로 설명해 나가는 뇌 : BEis-Os (캐프=slide F 카-프=retro-root F)

↗bnw-BAM : 단어 본래의미
↗내자[in]할때 품고있는 대상이 보이면 된다 : S영뇌
시동=그 소는 있는데 내자[안에 품고 있는데] 송아지를 말이다[-- 있는데 내자 송아지를 품고 있어요] : IM=pregnant

big tip] 전치사의 딸과 아들은 직상뇌다 : 원어민들은 직상뇌로 작용하기 때문에 전치사가 비록 버그단어라 할지라도 쉽게 먼저 의미가 결정되고 먼저 쓰는 것이다 ☞ p303

in=내에 있는 것/내로 들어 가는 것[정/동 개념] //내에 있는 것으로서

안에 품고 있는 것/그 대상으로서 내자 [직상 개념] [i: is n: 내內 cr i〉 --〉 ⋯▸ : 내로 움직이는 모양]

vs Calf is in the cow. : 간상 (calf=뱃속 송아지는 완전한 개체가 아닌 물질덩어리 : 비수명사)

vs The office is in the refugees. : 직상 -- IM=sheltering/protecting

직상개념=송아지 안에 암소가 있는 것이 아니라, (직접 목적어처럼) 바로 직결되는 의미로서 안에 있는 대상[것]이 바로 송아지이다는 말 : Diet high in sugar or artificial sweetener.

시동=Diet 식품인데 높은 수치가[를] 안에 들어[함유하고] 있어요. 설탕 또는 인공감미료로 말이다 / -- 높은 수치, 내자 설탕 또는 감미료의 높은 수치 식품 : 비제한적/제한적 연결영뇌

→ 함유와 그 대상 -- 설탕 속에 있는 높은 수치 식품이라는 뜻이 아니다. 즉, 간상의미로 이해하면 안된다.

tip] 직상의미 쉽게 나오기 : 원어민들처럼 단어의 뜻을 단어자체의미로 개념적으로 이해하고 있어야 한다. 영한사전처럼 알고 있으면 안된다 → in=개념적 이해 : 안에 있는 것 영한사전식 이해 : — 안에 있는

big tip] 한뇌, 즉 한글구조로 이해하면 간상[후상]이 되고, 영뇌, 즉 영어구조대로 이해하면 직상[전상]이 된다.
↘의미를 나중에 느끼는 것 의미를 먼저 느끼는 것↙

□ 우리말 '있다' =발생 /존재[유(有)존재] /위치 /소유 /상태 /발생존재[행위존재]

be동사 BAM=어떤 것이 '있다' 로서 발생[행위 /존재 /상태 /동질] → 동/상/동질 의미 다 됨 → 최상위 BNW /어떤 것이 '이다' 로서 동질/동질연결 [b: object e: 있다/이다]

: 1.. He is running. 시동=있다(있는 게), 즉 달리고 있다 -- 발생존재[행위존재]
이때 '있다' 는 것은 '무언가 하고 있다' 로서 발생존재[행위존재]이다.
영뇌로 바로 순서대로 느끼려면 그 사람을 보니까 '하고 있는 것' 부터 먼저 눈에 들어와야 한다 : 개략주의 기/설영뇌

2.. The concert was yesterday. 시동= '있었다' 로서 발생

3.. There is a dog on the yard. 시동= '있다' 로서 존재, 즉 유(有)존재

4.. I have a car. 시동=나에게 있다. 한 대인데[의] 자동차가 말이다 -- 소유

5.. The house is painted. 시동=있다. 페인트가 칠해져 있다 -- 상태

C.. The Empire State Building was /built /in 1933. 주의]부분 역순이해는 영뇌가 아니다.
영뇌=기--〉설--〉설′ : BEis-Os : Ekbe=완전한 직독직해

How to Read[Speak]=TheEmpire StateBuilding wasbuiltin 1933.
: 먼저 감주로 이해한다. 그러면 저절로 의음/의자가 된다.
시동= vocal 감각적 주파수로 (의음/의자가 될 때까지) F3+E2 강하게 말하기
전치사 연결대상=built

시동= -- 은 지어졌는 데 1933년 이었다 : 여전히 한뇌작용

(디엠파이어=cramp F : 디=모음 앞 약한소리 디-[디이]엠파이어=line 점형 F + slide F : 자모에 상관없는 강한소리 이=장음 내성음)

☜.. 我必 Free 감주 간직하기=Empire State Building built in 1933. | Free 감주 간직하기

시동=The Empire State Building은 졌는 데, 즉 지어졌는 데 연도는 1933년이었다. /--- 에게 있었다. 지어져 있었는데 내자 1933년에 말이다. /--- 즉 지어졌는 데 내자 1933년 내시에 말이다 : 비제한적 연결영뇌 ∵ 동사연결 설명
↘내자[in]할때 내시대상이 보이면 된다 : S영뇌

in=내시 대상(즉 내시 내지정 대상)으로서 내자 -- 에
[내자 -- 내시(內時)에]
[i: is n: 내內] : in the previous night

plus] 내소속 대상(즉 내소속 내지정 대상)으로서 내자 -- 의 것
: The company sold off its 15% stake in Google.
-- 팔아 버렸어요, (자기회사의) 15% 지분을 내자 구글 것으로 말이다.

☞.. 시동으로 (영어) 글자/말 자체에서 뜻이 보이거나 상황이 (머리 속에서) 보이면 된다 : IS 영뇌

D.. Walking /with /her. plus] The lighting of fires is forbidden here. : 동명사 설가뇌

영뇌=기-->설-->설′ : BEis-Os

How to Read[Speak]=Walkingwith her. or Walking withher. : 먼저 감각적 주파수로 이해한다.

시동= vocal 감각적 주파수로 (자동 설가가 될 때까지) F3+E2 강하게 말하기 '자' 는 그 대상을 가리킴

전치사 연결대상=Walking 이때 '동' 은 동존동반을 (어떤 동자와 함께 말이다)

→ IS로 현분사 설가뇌 : BEis-Os ☞.. **我必 Free 감주 간직하기**=Walking with.

시동=걷고 있어요, 함께해서 그 여자와 함께해서 말이다 / --- , 동자 그 여자와 함께해서 말이다 : **비제한적 연결영뇌**

*with=동존동반으로서 함께해서 /동존동반 대상으로서 동자(同者) -- 와 함께

↘**동자[with]할때 동존동반 대상이 보이면 된다 : S영뇌**

E.. My son got /a scholarship /to study at /M.I.T. .

영뇌=기-->설-->설′-->설″ : BEis-Os

How to Read[Speak]=Myson gota scholarship tostudyat M.I.T. .

: 먼저 (생활 속에서의 뜻이 용해된) 감각적 주파수로 이해한다.

시동= vocal 감각적 주파수로 (자동 설가가 될 때까지) F3+E2 강하게 말하기

전치사 연결대상=study

(가-ㅌ러=retro-root F : t단타 그러나 더욱 빨리 말하면 가ㅌ러=slide F가 된다 : **장음의 단음화 현상**)

→ IS값으로 (to) 원동사 설가뇌 : BEis-Os

☞.. **我必 Free 감주 간직하기**= Scholarship to study at M.I.T. . ↗**대동/즉[to]할때 연결동사가 보이면 된다 : S영뇌**

시동=내 아들은 받았어요, 장학금인데 대동[즉] 공부 할 수 있는 장학금인데, 곳에서[즉/직처/직자]

M.I.T.라는 곳에서[M.I.T.에서] 공부할 수 있는 장학금을 말이다 : **제한적 연결영뇌(to) /비제한적 연결영뇌(at)**

↘**곳에서/즉/직처/직자[at]할때 바로대상이 보이면 된다 : S영뇌**

전설뇌로 작동시켜도 좋다. 즉 앞표현 전체를 설명해 나가는 뇌로 작동시켜도 좋다.

My son got /a scholarship /to study //at M.I.T. . =기-->설-->설′⇨전설 : BEis-Os

시동=내 아들은 받았어요, 장학금인데 대동[즉] 공부할 수 있는 장학금을 받았어요,

곳에서[즉/직처/직자] M.I.T.라는 곳에서[M.I.T.에서] 말이다.

✠ at=구역일치 대상으로서 곳에서 [즉/직처 直處 /직자 直者]

: **He always used to /smile at /me. 영뇌=기-->설-->설′** ↗ '연결' 만 느끼고 원동사로 바로 시동

시동=그는 늘 하곤 했어요, 미소를 (짓는 것인데) 즉[직자] 나에게 말이다. (to=그냥 **비한글** BNW로 시동을 걸었음)

F.. You should /apologize to /her. **=기-->설-->설′ : BEis-Os**

How to Read[Speak]=Youshoulda pologize toher. : 먼저 감각적 주파수로 이해한다.

시동= vocal 감각적 주파수로 (자동 설가가 될 때까지) F3+E2 강하게 말하기

전치사 연결대상=apologize 유-**슈**드어 **파**ㄹ러자이즈=line 점형 F + slide F + basket F

→ IS값으로 (조동) 원동사 설가뇌 : BEis-Os

☞.. **我必 Free 감주 간직하기**= Should apologize to her.

시동=너로 하여금 일어나는 게 좋을 것같다. 사과하는 것인데 대자 그 여자에게 말이다 : **비제한적 연결영뇌**

*to=방향대상으로서 대자(對者) -- 에게 ↘**대자[to]할때 방향대상이 보이면 된다 : S영뇌**

Caution] '사과하는 것'=여기서는 비연결 설명어의 서술적 영뇌로서 '하는 것' 이지,

연결설명어의 제한적/비제한적 연결영뇌로서 '하는 것' 이 아니다.

plus] She admitted <u>stealing in</u> the bank. : 동명사 설가 시동=내자 은행에서

You should at least. : 조동사 설가 시동=너로 하여금 일어나는게 좋을 것같다. 즉 적어도 말이다.

☜.. 암기도 역순해석으로 암기하는 것과 영순의미가 느껴지면서 암기되는 것은 다르다.

④ 형용사에 연결시켜 설명해 나가는 뇌

A.. Who is /responsible /for /this terrible mess?

영뇌=기-->설-->설′-->설″ : BEis-Os or I + I + I + I : I-Os or S + S + S + S : S-Os

How to Read[Speak]=Whois responsible forthis terriblemess?

: 먼저 감각적 주파수로 이해한다.

시동= vocal 감각적 주파수로 (자동 설가가 될 때까지) F3+E2 강하게 말하기

전치사 연결대상=responsible

→ IS값으로 형용사 설가뇌 : BEis-Os ☜.. **我必 Free 감주 간직하기**= Who is responsible?

시동=누구지[이지], 책임져야 할 사람이? 해자 이런 엉망진창에 대해서 말이야? : **비제한적 연결영뇌**

| Free 감주 간직하기 ↘**해자[for]할때 해당대상이 보이면 된다 : S영뇌**

for=해당사항으로서 대해서 /해당대상 (관련)으로서 해자(該者) -- 대해서

[f : 해당 (family를 훼밀리라고 소리내기도 함) o: object 해당체]

: A.. snow for two inches pizza for $20 Meeting set for Monday and Tuesday in Geneva.

Swapped 1,027 prisoners for one soldier. : **해당크기 -- 이스라엘식 해결 방법**

시동= -- 인데 해자 2인치/해자 20 불 /해자 월요일과 화요일로[해당날짜는/該日은]

/ 죄수 1,027명 당 군인 한명 씩 ↳vs on=(달력) 상으로서 날짜[상일(上日)]

[-- 명에 해자 --명씩] /상일 대상으로서 상자 : on Monday

vs onto=상방향 대상으로서 상자 -- 위로

B.. Infrastructure for energy.

Big drops for Dow. Dow up for sixth day. Fight for Libya. [=of]

cf] Corcoran, a small central California city that' s home to Corcoran State Prison.

시동=infrastructure인데 즉[해자] energy infrastructure

/크게 떨어졌는데 즉[해자] Dow가 크게 떨어진 것 /Dow는 올랐는데 즉[해자] 6일째에도 말이다.

/싸움, 즉[해자] 리비아 싸움 ⇨ **for=해당사항/해당대상으로서 '즉' of=동격/동격소속 대상으로서 '즉'**

cf] **to=방향대상 소속으로서 대자 -- 의** ↳다같이 '즉' 이라도 접근 뉘앙스가 다름

responsible=무언가에 대해 응답의 부담을 가지는[지는] 것으로서 책임이 있는 것 /책임져야 하는 것

/책임감이 있는 것 [responsi: response 응답 b: 부담]

mess=혼란스럽게 흩어져 있는 것으로서 뒤범벅 [m: mixed ss: scattered+scattered]

영어사전의 뜻 : the state of being confused ⇨ BAM 영뇌가 훨씬 더 똑똑하다

B.. You ought to be /ashamed /of /your behavior

영뇌=기-->설-->설′-->설″ : BEis-Os

How to Read[Speak] =Yououghttobea shamedof yourbehavior. : 먼저 감각적 주파수로 이해한다.

시동= vocal 감각적 주파수로 (자동 설가가 될 때까지) F3+E2 강하게 말하기

전치사 연결대상=ashamed | Free 감주 간직하기

(오-러비어=retro-root F: t단타와 t폐쇄와 합성감주 **세**임드어=cramp F: 배합성감주 **세**임더=slide F: o의 약한 감정음가와 f폐쇄와 합성감주)

→ IS로 자동형용사[분사형용사] 설가뇌 : BEis-Os ☜.. **我必 Free 감주 간직하기**= Ought to be ashamed.

시동=당신은 당연히 대동 해야하는 데, 부끄러워 해야 해요, 즉 당신의 행동을 말이다. /당신은 당연히 대동 해야[있어야] 해요, 부끄러워 하는 것인데, 즉 당신의 행동에 대해서[과 관련해서] 말이다 : **비제한적 연결영뇌**

▭ 자동[분사] 형용사=surprised/surprising -- etc. : 길종의 (동사) 형용사

: Infested with vermin. : 일반형용사 **Vermin infested.** : 관계형용사[=Vermin which are infested.]

전자=들끓고 있는 데, vermin으로 말이다[들끓고 있는 데, 동자[동체(同體)] vermin으로 말이다.]

vs Diagnosed with cancer. : 일반과분사 Cancer diagnosed. : 관계과분사[=Cancer that is diagnosed.]
전자=진단을 받았는 데, 있다고[동자] 암이 있다고 말이다[-- 받았는 데, 동자[존체] 암으로 받았다.]

↗즉[of]할때 동격/동격관련/동격추가설명 대상이 보이면 된다 : S영뇌

of=동격대상으로서 즉 -- [o: object f〉p: par/apposition]
/동격관련 대상으로서 즉 -- 와 관련해서 [o: correlation f〉p: par/apposition]
: Of his childhood, I know little.
/동격추가설명 대상으로서 즉 : Shares of pot-related stocks have been soaring.
☞동격크기/동격구성/동격일부/동격발생 p53

be= '있게 하는 것' 으로서 하는 것/가지는 것 (동동사) : Be careful[ambitious]. (Becare/ful=분리감주)
시동=있게 하라, 주의하는 마음을 말이다 --〉 하라, 즉 주의하라. *be 동사=동동사/상동사/동질동사
/있게 하라, 야망을 품은 마음을 말이다 --〉 가져라, 즉 야망을 가져라.

cf]제한적 연결영뇌 : Benefits with the two-year contract. Words with difficult pronunciation.
시동=혜택이 있는 데, 2년 약정에 있는 혜택[혜택인데, 동자 2년 약정에 들어있는 혜택]
/단어들인데, 있는 어려운 발음이 있는 단어들 [단어들인데, 동자 어려운 발음이 들어있는 단어들]

infested=안에서 횡행하는 것으로서 들끓고 있는 것
[in: 내 f: 횡행하는 것 ed: 자동 event 음가 or (e: 조율음) d: done 자동과분사(자동행위) or 자동형용사]
: shark-infested waters/rat-infested kitchen
with=동존으로서 있는 것 /동존대상으로서 동자[동체/존체] -- 으로 [w: v+v 함께하는 모습 i: is th: things]

⑤ 문장에 연결시켜 설명해 나가는 뇌

IIIII.. What do /you say //to jogging /in the park?

영뇌=기--〉설 ⇨ 전설--〉설′ : BEis-Os or I + I + I + I : I-Os or S + S + S + S : S-Os

How to Read[Speak]=Whatdoyou say tojogging inthe park? or Whatdo yousay — ?
: 먼저 감각적 주파수로 이해한다. 감주는 남들보다 머리를 빨리 쓰는 것이다. : 워러 유-↗세이
↘중간 tail F
시동= vocal 감각적 주파수로 (자동 설가가 될 때까지) F3+E2 강하게 말하기
전치사 연결대상=What do you say

(와-류/워류 : t단타와 do 폐쇄와 합성감주 or 와-러/워러 : t단타와 d폐쇄와 o/you의 어화와 합성감주=retro-root F /slide F
or What doyousay=워ㅌ 두유↗세이=post 점형 F + 중간 tail F + slide F Inthe=인더/이너=slide F : th 폐쇄와 감주)

→ IS로 앞문장 설가뇌 : BEis-Os | Free 감주 간직하기 ↗당신 생각은 -- ?

☜.. 我必 Free 감주 간직하기=What do you think about jogging in the park?[=You think about — ?]

시동=뭐라고 너 말하겠니? 즉[대동] 조깅하는 것과 관련해서 내자[내소에서], 공원 내소에서 할 경우에 말이야?

: 비제한적 연결영뇌(to/in) ∵ 문장/동사연결 설명 ↘즉/대동[to]할때 방향관련 대상이,
내자[in]할때 내소대상이 보이면 된다 : S영뇌

do=보통의미 조동사로서 하지/이지/이라고 -- 하지[d: do 하지 o: 이지/이라고 -- 하지]
to=방향관련 대상(이 동사인 것)으로서 즉[대동] -- 와 관련해서 tip) jogging=동명사 또는 명사
[t〉d: direction 방향 o: object/correlation] (영영사전의 뜻: to=in connection with) about=변동(주변관련 대상)

: We had /a second drink, //after a Christmas blowout.

영뇌=기--〉설 ⇨ 전설 : BEis-Os (전치사 연결대상=We had a second drink)

시동=우리는 가졌는데, 2차를 가졌다. 전자[뒤/한 후에도] 크리스머스 대 파티를 한 뒤[후]에도 말이다 : 비제한적 연결영뇌
/이런 것을 하고나서도 즉 -- 하고 나서도 말이다 : 비제한적 연결영뇌
※이런 것=referring forward 단어 associate
after=뒤에 일어나는[뒤따라 하는] 것으로서 하고나서[한후]/먼저 철자로서 전자 [f: following or a: 먼저 철자]
: Go after me. 시동=가되 뒤에 가라. 나보다 말이다[전자 나보다 말이다].
※ blowout =① UK Informal a very large meal ② US Informal a large party or social occasion

☜.. 시후자[from before]할때 시작후대상이,
도전자[until after]할때 도달을 먼저하는 대상이 보이면 된다 : S영뇌

⑥ 전치사에 연결시켜 설명해 나가는 뇌

IIIII.. Alice works in /the paddy field //from before sunrise until after sunset.

영뇌=기--〉설 ⇨ 전설 : BEis-Os or I + I + I : I-Os or S + S + S : S-Os

How to Read[Speak]=Alice worksinthe paddyfield frombefore sunrise untilafter sunset.
: 먼저 감각적 주파수로 이해한다. 그러련 저절로 의음/의자가 된다.

시동= vocal 감각적 주파수로 (의음/의자가 될 때까지) F3+E2 강하게 말하기

전치사 연결대상=from /until (워어크스=slide F vs walks=워-크스=retro-root F)

→ 전치사 설가뇌 : BEis-Os — 전치사는 토씨가 아니기 때문에 앞말과 함께 영뇌의군으로 설정해도 좋다.

☜.. **我必 Free 감주 간직하기**=Alice works from before sunrise. | Free 감주 간직하기

시동=Alice는 일하는 데 內所, 들판 內所에서[內者 들판에서] 일을 해요. 시작은 전부터 sunrise 전부터 하여 끝나는 시기는 후까지 sunset가 되고 난 후까지이다[-- 하는데 시후자 일출 전쿠터 시작하여 도전자 일몰 후까지 해요].

※ **시후자(始後者)** → 후자=뒤에 일어나는 것, 즉 일출 **도전자(到前者)** → 전자=먼저 일어나는 것, 즉 일몰
↳**시자+후자** ↳**도자+전자**

from=흘러 나오는 것으로서 출처 /시작 /기처 /기점/시일 /시시(始時) /원천(源泉) [f: flow 흘러나오는 곳]
//출처[시작/출발] 대상으로서 基者[始者/發者] (基=비롯할 '기')
Life is an opportunity -- benefit from it. 득을 봐라. 원천으로해서, 그것을 원천으로 해서 말이다.
from Monday[Busan] to Friday[Seoul] from PGA to LPGA from birth
시자[시일/시시] 월요일부터 [시자/발자/발처 부산에서] 대자[종일/종시] 금요일[대자/종처 서울] 까지
/시자[발자] PGA에서 대자[종자] -- 에 이르기 까지 /시자[발자] 태어날 때부터
//출처로서 발신자/발신처/발생지 : From Tom : ----. A safe stolen from a local bank.
//출처원인과 그 대상으로서 기인(基因) /基者 -- 때문에 : Suffered from depression. ↳발생지는 -- 이다
고통을 받고 있었는데 기자 우울증 때문이었다/기인은 우울증이었다.
: Banks to take hit from fading hopes of rate hike.
대동 할 것인데 얻어 맞을 것이다. 기인이 생겼기 때문에 즉 사라지는 희망, 즉 금리인상의 희망이 사라지는 기인이 생겼기 때문에 말이다.
↗가되 먼저 가라. 나보다 --
before=미리[먼저] 일어나는 것으로서 전[앞]인 것 [f: forward or: 일어나는 것] : Go before me.
until[till]=어떤 것, 즉 시간[거리]에 이르는 것으로서 까지/끝나는 시기 [un: 어떤 것 t〉c: time, distance il: 이르는 것]
⇒ until[till] /to /through /into=도(달) 대상/방향 대상[종점]/통과끝/내방향 대상[종점]으로서
'도자[도대(到對)] /대자 /통자[통대(通對)] /내대자 -- 까지' ※ until=WrE till=SpE

cf] Flight to-and-from Tokyo canceled. 종착과 출발로서 왕복 ⇒ 비행인데 종출[왕복] 비행, 즉 토쿄 종출[왕복] 비행 : to=방향 종점으로서 종착/종착지/종처[t〉d : direction + destination]

: a.. Inside /of /three hours. **영뇌=기--〉설--〉설′** : BEis-Os
전치사를 다른 전치사로 설명해 나가는 뇌는 마치, 부사를 또 다른 부사로 설명해 나가는 뇌와 같다.
시동=이내, 즉 3시간 이내(이다) ※여기서 inside position=time inside of=inside=within[with+inside]

b.. as /of /4 p.m. **영뇌=기--〉설--〉설′** : BEis-Os — of=as 전치사 설가
시동=같은 시간, 즉 4시 오후와 같은 시간[현재, 즉 4시 오후 현재] /인데, 즉 4시 오후 현재인 것
as=동급 time으로 현재, 즉 4시 p.m.과 같은 것으로서 현재
/is동질 time으로서 인 것 [a: class s: same/is] of=동격으로서 즉
: as /it /stands=기--〉설--〉설′
시동=현재상황, 경기 (스코어) 집계 현재상황[즉, 경기 점수가 순서대로 세워져 있는 것 -- **완전시동**]
it=경기를 지칭 stands=어떤 상황이 현재 순서대로 서 있는 것으로서 집계
or as of /4 p.m.=기--〉설 (of=어브/어 : 애즈어 어즈어 /애저 : f 폐쇄와 합성감주 애즈어브/저브 : f 비폐쇄 —〉 v음가=감정음가)
: 부사 as의 설명을 받아 기본어가 되는 뇌로도 작동가능 ∵ **as=전치사/접속사/부사**

⑦ **전설로 설명해 주는 뇌**

IIIII.. With /luck, //we'll /be /there /in time.=전설-->설′ ⇨ 기-->설-->설′-->설″ : BEis-Os

or I + I + I + I + I + I : I-Os or S + S + S + S + S + S : S-Os

How to Read[Speak]= Withluck, we'llbe therein time [or thereintime].

: 먼저 감주로 이해한다. 그러면 저절로 의음/의자가 된다. ↳영뇌초중급자는 단주로 먼저 느끼는 게 좋다.

시동= vocal 감각적 주파수로 (의음/의자가 될 때까지) F3+E2 강하게 말하기

전치사 연결대상=뒷문장 전체

.. **我必 Free 감주 간직하기**=To be lucky, we'll be in time.

↗동자[with]할때 동존존재 대상이, 내자[in]할때 내시대상이 보이면 된다 : S영뇌

시동=동자[있으면] 운이 있으면, 우리는 할 것이다. 있을 것인데[도착할 것인데], 거기에 내에[내자] 시간내에 말이다 : **비제한적 연결영뇌** | Free 감주 간직하기

: Of /her childhood, //I know /very little. =전설-->설′ ⇨ 기-->설 : BEis-Os

시동=동자/즉 관련해서 그 여자의 어린 시절과 관련해서 나는 아는 바가 아주 죄끔이다/정말로 거의 없다.

↘동자/즉[of]할때 동격관련 대상이 보이면 된다 : S영뇌

⑧ **기본어로 먼저 말하는 뇌**

IIIII.. Inside /JoongAng Daily.=기-->설 : BEis-Os

How to Read[Speak]= InsideJoongAng Daily : 먼저 감주로 이해한다.

(이ㄴ사이드=slide F 인사이드=cramp F) ⇒ IS로 전치사로 먼저 개략적으로 말해놓고 다시 구체적으로 뒷말로 설명해 나가는 뇌 : **개략주의 기/설영뇌**

↗내자[inside]할때 내부대상이 보이면 된다 : S영뇌

직상 뇌로 시동=내부에 있어요/내자, 중앙데일리가 말이다/에 있어요 : **IHT 속에 중앙 데일리가 있는 경우**

간상 뇌로 시동=내부에 있어요, 중앙데일리 내부에 있어요 : **중앙 데일리 속에 IHT가 있는 경우**

-- 어느 뇌인지는 상황에 따라 판단, 실제로는 중앙 데일리를 끼워 배달한다. | Free 감주 간직하기

: a.. In this issue : Business 13 Culture 12 Style 10 Sports 11 Views 6

In /this issue =기-->설 : BEis-Os 직상 뇌로 시동=안에[내자] 이런 이슈가 있어요.

신문 1면에 나오는 것으로 여기서는 직상 뇌로 작동시켜야 한다.

b.. Bush: On /the war =기-->설 : BEis-Os ※ 말하고 있는 데=**상황** associate

시동=상관해서 말하고 있는데 그 전쟁과 상관해서 말하고 있다/올려놓고 있는 데 그 전쟁을 올려놓고 있다.

c.. On /the attacks, /[//] Gadhafi.

=기--> 설--> 설′ or 기--> 설 ⇨ 전설 : BEis-Os ※ on/in=상(上)/입(入) 작동으로서 하는 것

시동=하고 있어요/하고 있는 중이에요/가하고 있어요, 공격을 Gadhafi에게 말이다.

간상 또는 직상 뇌로 표현하면 : c-e.. Attacks /on /Gadhafi. =기--> 설--> 설′ : BEis-Os ↗즉 가하는 대상으로서 상자

시동=공격이 가해지고 있어요[상자], 가다피에게 말이다[되고 있어요]. ※ on=상에 미치는 것과 그 대상으로서 가하는 것/상자

d.. To /study /is fun. =기--> 설/설 or 기--> 설--> 설′ : BEis-Os -- **to부정사도 일종의 직상뇌**

시동=대동[즉] 공부한다는 것은 즐거운 일이다. ※ **전치사=주기능으로서 주어** ※ is=은

tip) 1. after=전자(前者) -- 한 후에[a : 먼저 철자로서 전자] : He left after nightfall. ↗마치 this=후자가 되고, that=전자가 되는 경우와 같다.

before=후자(後者) -- 하기 전에 [b : a 다음 철자로서 후자] : He left before sunrise.

behind=뒷위치 대상으로서 후자(後者) -- 뒤에 [hi : hide 숨어있는 위치로서 뒷위치] : The house is behind some trees.

2. Living without power. 살아가고 있는데 무자 전기/전력로[무자(無者) -- 없이] 말이다.

There is no smoke without fire. 있는데 무연기가 있는데 무자 불에는 말이다 : 아니 땐 굴뚝에 연기나랴

Living without helping. 살아가고 있는데 무동 돕지않고서[도와주지 않고서] 말이다.

[without=with+out(없는 것/밖) ⇛ 무자[없는 것] /밖 : Heard a cry from without. 외치는[울음] 소리를 기자[기처] 밖으로부터

↳ without= '밖' 이라는 뜻일 때 : 문어/고어 : a door locked without]

live 실전 전치사 영뇌 (1) —— 걱정도 팔자다! **Worry wart!**

L- IIIII .. **Message**

To: Mr. Desmond

Date: 4/11 Time: 10:30 (A.M) /P.M.

While You Were Out :

(Mr) /Mrs. /Ms. /Miss: Johnson

Of : GN Textiles

Phone: 914-257-3595 119

Area Code/Number Extension

☑ Will Call Again ☐ Please Call ☐ Urgent ☐ No Message ☐ Returned Your Call

Message: Wants to meet with you concerning new products.

Operator: Christina Talbot

— 먼저 감각적 주파수로 이해한다. 그러면 저절로 의음/의자, 해음/해자, 상음/상자가 된다.

시동=vocal 감주로 (의음/의자, 해음/해자, 상음/상자가 될 때까지) F3+E2로 강하게 말하기

to/of=기본어 뇌로서 수신처[수신자] /소속 (회사)
to=방향 대상[종점]으로서 수신처[수신자] of=동격소속
concerning=관련으로서 관련내용/관한 내용
[c: connection i.e., in connection with]

To : Mr. Desmond=Bis --> Eis : BEis-Os
Of : GN Textiles=같은 영뇌패턴
Wants to /meet with you //concerning new products=Bis -->Eis ⇨ WEis : BEis-Os

시동=수신자가 Desmond씨이다/수신자 Desmond씨 소속 (회사)이 GN Textiles사이다/소속 (회사) GN Textiles 하고싶어 하는데, 대동 만나서 얘기를[회담을] 동자 너와 함께 하고슨어 해요. 관련내용은 신상품에 관한 것이다.

⇨ **회사=문맥/상황 associate** wants to /will call=(주어전제) infml E | Free 감주+我必 Free 감주 간직하기

extreme caution] meet with를 '회담하는 것 /회의하는 것' 으로서 알고 있으면 왜 with를 썼는지 알 수가 없다. meet 자체에 만나는 의미 외에 '회의[회담/포럼/상담]하는 의미' 가 있다. 즉 만나든 회담하든 누구와 함께 하는 지 밝히기 위해 with를 썼을 뿐이다. meet=단순히 '만나다' 는 의미일 대는 with를 쓸 필요가 없다. ☞ vol 2 p47

a.. The bank of Japan, <u>which meets this week</u>, has already cut its interest rates to 0.3 percent and cannot go much lower. = — , (어떤 은행이냐 하면은) 이 은행은 만나서 희의를 하는 것으로 잡혀 있는 데 금주중에 말이다.

b.. Netanyahu and Obama prepare to meet, with Iran and Hamas at issue.
= — 준비하고 있는 데 대동 만날 것[만나 회담할 것]을 준비하고 있는데, 동자[가지고서] 이란과 하마스를, 즉 이슈로 해서 [가지고서] 말이다. ▭ at=바로 대상으로서 즉
↗ They are meeting with their parents.
▭ meet with =만나 함께하는 것/만나고 있는데 동자 -- 와 함께[만나서 오손도손 얘기 하는 것인데 동자 -- 와]
/만나 회의[회담]을 함께 하는 것[만나 회의를 하는데 동자 -- 와 함께] /만나는 것, 즉 충돌하거나 부닻치는 것 동자 -- 와

▭ meet=눈을 마주 하는 것으로서 만나는 것 /눈을 마주하여 이야기하는 것으로서 단나 회담 [회의 /forum /상담/오손도손 얘기] 하는 것 --- etc.. ⇨ **회의뿐만이 아니라 얼마든지 다른 의미도 나올 수 있다.**

//만나는 것으로서 충돌하는 것[부딪치는 것/발생하는 것/격게 되는 것]
[m: 마주하는 것 ee: eye+eye t: talks or m: 만나는 것] (meeting=noun 회담/회의/만남)

❖ E-BAM: (어떤 수준, 요구 -- 등과) 만나도록 하는 것으로서 맞추는 것 /만족[충족]시키는 것

☞.. **message 문장 뼈대**=기본어/s동사(want) + 연결설명어(to/concerning)

연결설명어 영뇌

2) 주요 전치사 영뇌와 BAM

1.. What's /with /the tabloid magazine? =기-->설-->설′ : BEis-Os

How to Read[Speak]
=What's withthe tabloidmagazine?
| Free 감주+我必 Free 감주 간직하기
시동=무슨 일이지, 가지고 있는 데 타블로이드 판 magazine을 다 가지고 있고 말이다?
/ -- 동자[동체] -- 을 다 가지고 있고 말이다?
즉, '타블로이드판 magazine을 다 가지고 있고 오늘 무슨 날이야?' 하는 느낌이다.

with=동존소유로서 가지고 있는 것[갖추고 있는 것]/동존소유 대상으로서 동자[동체] -- 를 가지고 있는 것
[w: v+v 함께하는 모습 i: is th: things 위드/위쓰=slide F] ↳이때 '동'은 동존소유를 가리킴

: 1-a.. Talks /with /N.K.. 영뇌=기-->설-->설′ : BEis-Os 시동=회담인데 동자[동체] 북한과 함께하는 회담 /회담인데 함께하는 회담인데 북한과 말이다. with=동존동행 대상으로서 동자[동체] /동존동행으로서 함께하는

간상을 딸로 전환하면 직상이 된다 ↷ bnw-BAM ⇒ Ekbe와 IS 쉽게 작동

tip)전치사 본래의미=직상 일반단어 : 딸과 아들 ⇒ 대자(to/against) /해자(for) /기자(from) /상횡자[상자](over) /횡자(across) /변자(about) /동자(with/as/like) /계자(since) /불양자(despite) /내자/내대자(in/into) /행자[근자/측자/차자/판자](by) /측자(beside) /측추자(along) /차자(than) /하자(under) /도자(until/till) /전자(after) /후자(before/behind) /간자(between) /통자(through) /차상자(above) /무자(without) /중자(during/amid/amidst) /속자(among) /직자[구자](at) /외자(besides/except/save/but) /근자(near) /차하자(below) /방자(toward/towards) /상자(on/upon) /상대자(onto) /환자(round/around) /직하자(beneath)

//대동(to) /해동(for) /행동(by) /기동(from) /직동(at) /무동(without) /간동(between) /상동(on) /내동/내대동(in/into) 상대동(onto) /동동(with) /전동(after) /후동(before) /외동(besides) /변동(about) /불양동(despite) ☞ 영뇌영어 vol 2 p414

상방향 상작동 대상이 동사인 것 ↙

⇒ 이렇게 영뇌는 뒷말과 관계없이 먼저 의미가 결정 → 원어민이 알고 있는 의미 → 한뇌기준으로 뒷말에 의해 결정되는 것은 아님

in=내지정 대상으로서 내자 vs into=내방향 대상으로서 내대자 동동=동존대상이 동사인 것 전동/후동=전자/후자 대상이 동사인 것 대동=방향대상이 동사인 것 해동=해당대상이 동사인 것 행동=행위대상이 동사인 것 직동=바로대상이 동사인 것 상동/내동/내대동=상작동/입작동/내방향 입작동 대상이 동사인 것 간동=사이사이에 하는 대상이 동사인 것 무동=하지않은 대상이 동사인 것 불양동=불저지[비영향] 양보 대상이 동사인 것 기동=출처대상이 동사인 것 : No one can stop from running.

↳ 기동 출마하는 것을 말이다. /기동 — 하는 것으로부터 — . ↳즉 stop의 출처대상이 동사인 것으로서 기동

↘해동/행동/변동[for/by/about]할때 해당/행위/관련 동사상황이 보이면 된다 : S영뇌 (이때 동사=동명사)

1-b.. What's /wrong with /you?

시동=무엇이지, 잘못된 것이 동자 너에게 말이야? /잘못된 것이 있는데, 너에게 말이다?

with=동존방향 대상으로서 동자 -- 에게 /동존방향으로서 있는데 -- 에게
[w: v+v 함께하는 모습 i: is t: toward or to] vs to=방향대상으로서 대자 -- 에게
: There is /no in-between /with /you. 영뇌=기-->설-->설′ : BEis-Os
시동=있는 데, 無끼어들 틈이, 동자 너희들에게 있구먼. / --, -- 틈이 있는 데, 너희들에게 있구먼. 즉, 너희 둘 사이에 끼어들 틈이 없다는 말이다.

cf] in=내시 대상으로서 내자 : in 2017=내자 2017년 (내시) in=내관 대상으로서 내자//동존방향 대상[존관대상]으로서 동자
↳Your father and I are very disappointed in[with] you.
시동=너의 아버지와 나는 매우 실망했는데 내자[동자] 너에게/너와 관련해서 말이다.

2.. Doctor Seward is /out /on call /this morning.
영뇌=기-->설-->설′-->설″ : BEis-Os

How to Read[Speak]
= DoctorSeward isouton call thismorning.
— 형용사 out에 연결시켜 설명해 나가는 뇌
오-ㄴ/아-ㄴ //오ㄴ/아ㄴ/언=line//post/dot 점형 F
| Free 감주+我必 Free 감주 간직하기
시동=Doctor Seward는 있는데 나가 있는데 하려고/상자 왕진을 (하려고) 오늘 아침에 말이다.
or Doctor Seward is /out //on call // [/] this morning.
영뇌=기-->설 ⇨ 전설/전설
or 기-->설 ⇨ 전설-->설′ : BEis-Os
※ out=adj. adv. on=상작동과 상작동 대상

단어 본래의미를 알면 어순이 동일해진다 : 단어 본래의미=원어민이 알고 있는 의미

on=직상 개념, 즉 직상 뇌

: On the attacks, Qaddafi. **시동**=하고 있어요/하고 있는 중이에요, 공격을 Qaddafi에게 말이다.

on=누워 있는 상표면으로서 상면[上地]/上所]과 그 대상으로서 상자 /접촉면 위에 누르는 것, 즉 상작동으로서 시작[작동] /상작동으로서 실시하는 것[하는 것] 과 상작동 대상으로서 상자

[o: 위 n ⊃ / ∨ : 누워 있는 표면/누르는 것] : Tsipras concedes on terms. ↗발생현재 ⟶ 양보하기 시작했는데 조건들을 -- . /양보를 실시했는데 조건들을 말이다. /양보했는데 상자 조건들을 말이다.

call=목소리를 내는 것으로서 부르는 것[요구하는 것] /전화상 목소리를 내는 것으로서 전화하는 것 /가서 부르는 것으로서 호방문[[呼訪問]하는 것 ※ 呼訪問=불러 방문하는 것 /호방문 진료로서 왕진[왕간] [c: voice or c 〉) : 성대모양 ll: 이쪽에서 저쪽으로 이르는 것 또는 ll 〉 ≈ : 목소리가 흘러나오는 모양 or ll : line+line 전화줄 (지금은 전파모양 : ≈)]

옛날에는 '계십니까' 하고 방문하는 것이다. **그래서 訪자에 말씀 언변이 들어 간다.** 요즘은 초인종이 이를 대신하고 있다. 특히, 호방문이 의사이면 왕진이 되고 간호사이면 왕간이 되고, 배이면 기항이 된다 : 주체 helper -- 주체에 따라[주체와 의율이 되게] 실제 뜻, 즉 BAM이 결정되는 것

: a.. He called her. The milkman calls every day. ※ call or phone call 전화 : It's your call/phone call.
시동=불렀다/전화했다 //부른다/전화한다/호방문한다.

b.. I called (in) on him yesterday.[=paid[made] a call on]
I called at her house.

more) on **상작동**=상소 대상으로서 상자
: I got hooked on her.
나는 했는데 홀딱 반해버렸는데
상자 그 여자 (모습)에게 말이다.

시동=가서 불러서[불러 들어가서] 방문했다. (on=상소에 있는 것으로서 방문하는 것)
//불러 방문했다. (at=구처에 있는 것으로서 방문하는 것)
vs on=상작동으로서 하라는 것[실시] : Pope called on churches to renew.
목소리를 냈다[요구 했다]. 하라고 교회들에게 즉/대등 새롭게 -- . ☞ **vol 2, p98**

c.. The ship calls at Boston. 시동=울리면서 구자[구처/장소/항구] Boston에 이르렀다[기항했다].
⇨ 목소리를 내는 것이 배일 경우 → 울리는 것=주체 helper

d.. A woman called to read the gas meter. 시동=호방문했다. 대동 검침하려고 말이다.

e.. The door-to-door salesman made calls on his bike.
시동=했다. 여러 곳의 호방문을 타고서 자기 자전거를 타고서 말이다.
make=(어떤 것을) 만드는 것으로서 하는 것 on=상에 있는 것으로서 타고 있는 것
※ (같이)/가서/이르렀다[기항했다]=associate

tip) at=구역일치로서 시간
on=상일로서 날짜/요일
in=내시로서 연도/달
at=구역으로서 장소/위치

3.. **Mubarak Reportedly Leaves Cairo**

Signs Grow /of /Full Transfer of Power : Headline =기-->설-->설′ : BEis-Os
or I + I + I : I-Os or S + S + S : S-Os

How to Read[Speak] = SignsGrowof FullTransferof Power : 먼저 감주로 이해한다. **전치사 연결대상**=Grow I Free 감주+我必 Free 감주 간직하기	시동=무바라크는 보도에 의하면 떠났다고 해요, 카이로를 말이다. (leave=**발생현재**) 징조가 점점 더 커지고 있다. 즉 관련해서 완전이양, 권력의 완전이양과 관련해서 말이다.

or Signs /Grow /of Full Transfer of Power : **Headline** =기-->설/설 : **of 분설** (앞 of 연결대상=Signs)

먼저 주체를 s동사로 설명해 나가면서, 다시 동격 전치사로 분설로 하여 설명해 나가는 뇌로 작동시켜도 좋다. of가 반드시 근설 뇌만 되는 것은 아니다 : **한국인들의 가장 큰 취약점**
시동=여러가지 징조가 자꾸 생기고 있는데 즉 완전이양, 권력 완전이양 징조가 말이다.

연결설명어 영뇌

☞.. 어순을 동일하게 하는 원천기술은 기/설[설가뇌]과 단어 본래의미[BAM]이다.

of=어떤 것과 격이 같은 것으로 동격/동격으로서 관련성
[o: object/correlation f>p : par/apposition]
plus] Afghan refugees /come home, /(//) 1.8 million.
영뇌=기-->설/설 (일종의 comma 동격) or 기-->설 ⇨전설 : BEis-Os
시동=아프칸 피난민들이 돌아오고 있는 데 집[고향]으로 말이다. 그 숫자는 1백 80만 명이나 된다.

※ reportedly/allegedly + **동사=전달동사 대신에 표현하는 말**
: 보도에 의하면 --해요
/들리는 바에 의하면[떠도는 소문에 의하면/확실한 근거는 없으나 주장에 의하면] --- 이라고 해요
a.. Mubarak Reportedly Leaves Cairo. [=Reports have it that Mubarak leaves Cairo.]
⇦ They say that ---- . *it의 referent=that (it=referring forward)
b.. A sports car, allegedly stolen in Manchester.
⇦ People say that a sports car is stolen --- .

tip) • A teacher makes chemistry fun <u>with</u> exploding experiments. 한 티쳐가 만들고 있어요, 화학 공부를 재미있게 만들고 있어요. 동동 폭발시켜서 여러가지 실험을 폭발시켜서 말이다.
• <u>After</u> turning the water off, he steps out of the shower. 전동 틀어서 그 물을 끈 후에
• <u>Before</u> coming, get out. 후동 오기 전에 움직여서 빠져 나가라.

tip)of 본토말=어브/어/합성감주/어프

4.. This is /a list /of /who comes or not. ↘합성감주일때 소리가 안나는 것이 아니라 합성감주로 소리나는 것
영뇌=기-->설-->설′-->설″ : BEis-Os
or I + I + I + I : I-Os or S + S + S + S : S-Os

How to Read[Speak]
= Thisisa listof whocomes ornot.
: 먼저 감주로 이해한다. **전치사 연결대상**=a list
⇒ IS값으로 명사를 전치사로 설명해 나가면서 이 전치사를 다시 wh절로 설명해 나가는 뇌 : BEis-Os

I Free 감주+我必 Free 감주 간직하기
시동=이것은 인데 어떤 list인데 즉 누가 올 것인가 안 올 것인가를 적어 놓은 list이다.
※ 적어 놓은=**문맥 또는 상황** associate

전치사를 설명해 나가는 말 ↗목적절 or 관계문장절
=명사 /대명사 /동명사 /wh-절 /대명접속사 that /관습적 형용사 /또다른 전치사 /of 문장동격[infml]
: a.. You'd better make a list of <u>**what customers need.**</u> ⇨ 목적절=무엇을 고객이 필요로 하는 지
It will depend upon <u>**whether you'll do your best or not.**</u> 관계문장절=무엇이냐 하면 고객이 필요로 하는 것
I have not the slightest knowledge of <u>**who John Travolta is.**</u> 전자 what=자기문장의 목적어 / 후자 what=전치사/관계문장 목적어+선행사
He said authorities have not reached any conclusion as to **what brought down the flight.**
as to=즉 대자 -- 에 관해서 : 즉 대자 무엇이 가져와서 추락 시켰는지 그 항공편을 추락 시켰는지에 관해서/대해서 말이다.
b.. All is ok except <u>**that**</u> he has speculated.
The conclusion is wrong in <u>**that**</u> it is based on false premises.
I've been lucky in <u>**that**</u> I have never had to worry about money.
: 대명사로서 전치사의 목적어가 되면서 최종적으로 자기문장을 주절에 접속시키는 접속사
c.. I don't know **for sure.** News **in brief.** In **short,** in **shorter.**
d.. Obama : 'Possibility' **of** a bomb **on downed the plane.** : 일반적으로 문장을 바로 목적절로 할 수 없음
↳ on=상소에 둔 것으로서 설치되어 ↳ StE=of that -- : **대명접속사 사용**

5.. His wife had /a son /(//) 7 years after their wedding.
영뇌=기-->설-->설′ [or ⇨ 전설] : BEis-Os
or I + I + I : I-Os or S + S + S : S-Os

How to Read[Speak]
= Hiswife hada son 7yearsaftertheir wedding.
: 먼저 감주로 이해한다.
전치사 연결대상=a son or 앞문장 전체
| Free 감주+我必 Free 감주 간직하기
→ 명사를 부사의 설명을 받아 전치사로 연설로 설명 해 나가거나 전설로 설명해 나가는 뇌 : BEis-Os
(7 years=명사부사)

after=의미가 앞뒤말 양쪽에 영향을 줌
: 시간 + after/before + 사건

시동=그의 아내는 가졌어요, 아들 하나를 7년후, 자기네들이 결혼하고서 7년 후에 말이다.
//그의 아내는 가졌어요, 아들 하나를 가졌는 데, 7년후, 그들이 결혼하고서 7년 후에 말이다.

vs It' s twenty after five in the afternoon. ※ it=situation 'it' 로서 시간을 지칭
after=명사를 설명해 나가면서 의미가 뒷말에만 영향을 줌 (단, twenty=명사)
시동=시간이 20분인데 뒤[후], 5시 뒤[후] 20분 위치 ※ ' s=이

6.. File /a request with /the appropriate authorities. =기-->설-->설′ : BEis-Os
or I + I + I : I-Os or S + S + S : S-Os | Free 감주+我必 Free 감주 간직하기

How to Read[Speak]
= Filea request withthea ppropriate authorities. ⇨ withthea=위디어
: 먼저 감주로 이해한다. 전치사 연결대상=a request
시동=서류를 갖추어[작성하여] 청원서를 제출하라. 관계당국에 말이다. /서류를 제출하라. 청원서를, 동자[동체] 관계당국에게 말이다. ※a petition 탄원서
with=동존시키는 것으로서 놓아 두어는 것/제출하는 것
//동존방향 대상으로서 동자/동체(同體) -- 에게
appropriate=adj. ⇨ 적절한 부처로서 해당부처인 것 /관계부처 인 것 //verb 적당히 해버리는 것으로서 사물화(私物化)하는 것/착복하는 것

7.. They provided /the police /with several vital clues.
영뇌=기-->설-->설′ [or 설/설] : BEis-Os
or I + I + I : I-Os or S + S + S : S-Os

How to Read[Speak]
=Theyprovidedthe policewith severalvital clues.

: 먼저 감주로 이해한다.
전치사 연결대상=the police [They provided]
| Free 감주+我必 Free 감주 간직하기

부분 부분으로 시동=They provided -- the police -- with -- several vital clues.
Ekbe로 시동=They는 제공했어요, 경찰에게 가지고서, 여러가지 아주 중요한 단서를 말이다.
/가지고 있는 --를 말이다/동자[동체], 여러가지 아주 중요한 단서를 지니고서 말이다 -- with=직상 개념
G토씨로 시동=They는 provided했어요, the police에게 with하고서 several vital clues을 말이다.

with=동존소유로서 가지고서/동존소유 대상으로서 동자[동체] -- 을 가지고서[wi: v+v+is th: things]
provide a with b 영뇌=provide하는데 a에게 지니고서 b를 지니고서/지니고 있는 b를//동자[동체] b를 지니고서 말이다
cf] He complied with his wish. vs Don' t comply with the subpoena.
가지고서/동자[동체] -- 을 가지고서 vs 지니고 있는/동자[동체] (소환장에 말이다)

연결설명어 영뇌

↗내자[in]할때 내관대상이 보이면 된다 : S영뇌

8.. **Pakistani convicted /in /Mumbai attacks. : Headline**

I never knew /that you were /in publishing. **영뇌=기-->설-->설′** : BEis-Os

or I + I + I : I-Os or S + S + S : S-Os

How to Read[Speak]
=Pakistaniconvictedin Mumbaiattacks.
Inever knewthat youwerein publishing.
: 먼저 감주로 이해한다. youWErein=cramp 주파수
convicted=(be동사 전제) infml E
전치사 연결대상=convicted /were
	I Free 감주+我必 Free 감주 간직하기
	시동=유죄 판결을 받았는데 내관되어서[내자], -- 공격과 내관되어서[관련해서] 받았다.
	//결코 몰랐아요, 즉 네가 있었다는 것, 종사하고 있었다는 것을 출판과 말이다.
	//내자 출판과 관련해서 있었다는 것을 말이다.

in=내에 있는 것으로서[즉 내로서] 관련성, 즉 내관[內關] /내에 있는 것으로서 종사하고 있는 것

/내관 대상으로서 내자 -- 관련해서 [in: is + n內] (이때 내자의 '내' =내관을 가리킴)

vs of=동격으로서 관련성, 즉 동관[同關] [o: correlation f 〉p : par/apposition]

: Of her childhood, I know very little. 시동=(즉) 관련해서 그 여자의 어린시절과 관련해서

vs about=주변을 다루는 것으로서 관련성, 즉 변관[邊關] /변관으로서 변관 -- 관한 (기기의) `정보

/변관 대상으로서 변자 -- 관한 [a: around b: by t: take] cf]About : 주변관련 내용으로서

: A film about the Spanish Civil War. I saw about you. vs I saw on[with] you.

그래서, 대략의미로 about, around를 쓰는 것이다 : About 20. Around 20.

vs on=상에 붙어 있는 것으로서 관련성/연관성, 즉 상관[上關] cf] over=걸친관계 -- 걸쳐서

/상관 대상으로서 상자 -- 관한 [o: 위 n 〉⊃ : **누워 있는 표면**]

: A book on pregnancy. The UN Security Council to vote on Iran Deal.

시동=책인데 상관된[상자], 임신에 상관된[관한] 책 /대동 투표를 하는 데 상에, 이란 합의안 상에 [상자 이란 합의안과 관련해서] 투표할 것이다.

cf] Bush: On the war ⇒ on=상작동으로서 위에 올리는 것/그 대상으로서 상자 -- 을 올리는 것

시동=올리고 있는 데, 전쟁에 관한 것을 올리고 있다[상자 전쟁에 관한 것을 올리고 있다]

↳결국 그것에 관해서 말하고 있다는 것

vs with=동존으로서, 즉 동존하고 있는 것으로서 관련성, 즉 존관[存關]

/존관 대상으로서 동자 -- 관한 [wi: v+v+is th: things] (이때 동자의 '동' =존관을 가리킴)

: How are things with you? No country can say : we have nothing to do with refugee crisis.

시동=어때, 일들이 동자[동체] 너와 관련해서 말이야? -- 만났을 때 이렇게 인사하면 된다.

/우리는 전혀 없다고 대동 할만한 게 동자[동체] 난민 위기와 관련 지울만게 말이다.

tip) nothing to do는 우리말 '일없다' 할 때 딱 맞는 표현이다.

BNW는 헌법재판소이다

모든 단어의 의율은 BNW**[즉 원래단어의미]**로 판단하여 쓰는 것이지, **뜻하는 의미**로 판단하여 쓰는 것은 아니다. 그래서, 숙어로만 외우고 있으면 표현의 고유한 뉘앙스도 느끼지 못할 뿐더러 단어를 여러 가지 표현에 적용시킬 수 있는 적용력도 키울 수 없다.

IIIII.. Our proposals are in limbo.

in limbo의 뜻하는 의미는 어디로 갈지 모르는 중간지역 내소에 있는 것으로서 불확실한 상태이다.

are 뒤에 in을 쓰고, limbo에 in을 쓴 것은 뜻하는 의미와 아무런 관련이 없다. 지역으로서 장소와 관련이 있다.

즉, 있는 데 내소에 있고, 천당도 아닌 지옥도 아닌 중간지역 내소에 있다는 것이다 : **완전번역**

지역/장소 관련으로서 in을 쓴 것이다. 여기서 at이 아니고 in이 나온 연유를 알라.

limbo
=(in the Roman Catholic religion) a place which is neither heaven nor hell where the souls of those who have not done evil may go after death, even though they were not Christians during their life. 죽으면 가는 지옥도 아니고, 천당도 아닌 곳, 즉 중간지역
vs purgatory 연옥 in limbo의 뜻하는 의미, 즉 준번역/이면번역=a state of uncertainty

9.. 'The hotel was awful! To begin with, //our room was /far too small.'
영뇌=전설 ⇨ 기--〉설 : BEis-Os

How to Read[Speak]
=Tobeginwith, ourroom wasfar toosmall.

| Free 감주+我必 Free 감주 간직하기

시동=즉, 먼저[우선] 관련[존관]해서 말할 것 같으면 /대동 말을 시작할 것 같으면, 관련해서 말을 시작할 것 같으면 ※ 말을/말할 것같으면=(문맥/상황) associate to 연결대상=뒷문장 전체

begin=시작하는 것으로서 우선[먼저] /작에 들어가는 것으로서 시작하는 것
[b: 부터로서 시작 or g: 작 作 in: 들어가는 것으로서 하는 것 or g: go]
to begin with=뒷말(the hotel)을 표현하지 않았음 : Talk about. **시동**=말해보자, 무언가[변자에/어떤 변자에] 관련해서 말이다. 무언가/어떤=**단어** associate
vs There were six of us to begin with, then two people left.
시동=(이런 게) 있었다, 6사람 즉 우리들 중 6사람이 있었지요, 즉 시작할때, 함께 시작할 때말이다.
[시작을 함께 할때 말이다]. 그런 다음 --- .
(of=**소속** : 6사람, 즉 우리들 중 6사람 **동격** : 6사람 즉 우리들 6사람)

비한글 BNW **시동**=there할 때 동사상황 유도느낌만 갖고 바로 '있었다' 로 연결되면 된다.
there=유도상황+선언급상황 (referring forward) : **실질** referent=**동사 뒷말**
with=동존으로서 동행[같은 행동] [wi: v+v+is th things]

10.. I am /writing <u>to</u> you //with regard to your letter <u>of</u> 15 March.[=writing you]
영뇌=기--〉 설 ⇨ 전설 : BEis-Os

How to Read[Speak]
= Iam writingtoyou withregard toyour letterof 15March. | Free 감주+我必 Free 감주 간직하기
with 연결대상=앞표현 전체

시동=나는 있어요, 쓰고 있어요, 수신자[대자] 당신에게 말이다. 함께 관련해서 즉 당신의 편지, 즉 3월 15일자 편지와 함께 관련해서 말이다.
/ --- . 함께 관련해서 대체 너의 편지, 즉 --- .

with=동존으로서 함께[wi: v+v+is th: things]
regard=간주하는 것/관련
[g/d: 간주하는 것 -- d: 주현상--구개음화 한글 BNW g/r: 관련 or re: relation]
to=방향대상으로서 수신자/대자(對者)/쪽자/쪽대 //즉/대체(對體) - - 와 [t〉d: direction o: object]
with regard to **시동**=함께 관련지어서 즉 -- 와 (말이다)
add] He went to the school. U.S. vice president Mike Pence arrived to Seoul.
⇒ to=방향대상으로서 대처(對處)/대자 -- 로[에] /곳으로 -- 라는 곳으로

연결설명어 영뇌

plus

a.. In regard to protecting temporary workers, the relative bill should be pushed.

in regard to 시동=해서 관련해서, 즉[대동] -- 하는 것과 관련해서/쪽 -- 하는 쪽과 관련해서

in=들어가는 것으로서 하는 것 [i 〉 -· 〉 ···› : **움직이는 모양** n: **내內**]

b.. They want to talk to you in connection with an unpaid tax bill.

in connection with 시동=해서 연관지어서 -- 와 연관지어서 /해서 관련해서, 함께 -- 와 함께 관련해서 /해서 관련해서, 동체[동자] -- 와 관련해서 with=동존시키는 것으로서 짓는 것 /동존으로서 함께 /동존대상으로서 동체[동자] -- 와

c.. I am writing with respect to your letter of 15 June.

with respect to 시동=지어서 관련지어서, 즉 /대체[대자] -- 에[와] 관련지어서

also 'in respect of' sth : formal E respect=관련[re: relation]

영뇌, 즉 원어민 두뇌에는 BAM만 있지 숙어가 없다

with regard to=in regard to =in connection with=with respect to=in respect of

: 영뇌로 각각의 단어의미를 자기 위치에서 바로 느껴라. 모든 단어는 **자기 거주지[BNW]**를 가지고 있다. **IS영뇌 작동시 그것을 느껴야 한다.** 한글과 마찬가지로 **영뇌에서는 (collocation은 있어도) 숙어는 없다.**

11.. Keep in /touch with /the world.

영뇌=기--〉 설 --〉 설' : BEis-Os

tip) in BAM= - · 〉 →O 안으로 들어가는 모습=안으로 들어가는 모습으로서 들어가는 것(동개념)

i: · 〉O 안모습 + I 서있는 것=안모습으로서 내소(정개념)

How to Read[Speak]

= Keepin touchwiththe world.

: 먼저 감주로 이해한다. with **연결대상**=touch

I Free 감주+我必 Free 감주 간직하기

시동=계속해서 하라. 접촉이 있도록 세상과 말이다. /계속하라. 접촉을 함께 세상과 함께 말이다. /계속해서 하라. 접촉을 동체[동자] 세상과 함께 말이다. tip)계속하라=계속하라(keep)+하라(in) /계속하라. 내자 접촉을 동자 세상에게 말이다.

in=들어가는 것으로서 하는 것: **입작동** /들어가 있는 것으로서 되어 있는 것: **입상태** /입상태 대상으로서 내자 -- 인 것

: Editor-in-chief **시동**=Editor인데 되어 있는 chief(수장)로 되어 있는 편집자로서 편집장[주필]

/ -- 내자 수장인 편집자로서 -- : commander-in-chief 최고 사령관

with=동존시키는 것으로서 있도록 하는 것/동존으로서 함께 //동존대상으로서 동체(同體)/동자(同者) -- 와 함께

: Connect with US on Twitter. **시동**=connect가 있게 하라.미국으로 상에서 Twitter상에서 말이다.

/connect하라. 동체[동자], 미국에게 상자 Twitter에서 말이다. *US=U.S.

Ready to work with transitional National Council. **시동**=함께[동체/동자], 권력이양 국가 위원회와 함께

add] a.. Jurors say he got away with murder. with=동존행위로서 동시에 /동존행위 대상으로서 동자 -- 동시에

시동=해버렸다고, 즉 가버렸다고, 동시에 살인과 동시에 말이다. /(몸을) 움직여 가버렸다고, 동자 살인과 동시에 말이다.

b.. Mongrel, a dog with parents of different breeds. with=동존소유로서 가지고 있는 것

시동=Mongrel이란 일종의 개로서 가지고 있는 부모, 즉 다른 혈통의 부모를 가지고 있는 개[=잡종]

tip)1. by=근처시간으로서 쯤에[근시]/근시 대상으로서 근자(近者) — (쯤에/쯤까지) [b: about] : Submit your resumes by July. //(지게) 옆에 있는 것으로서 옆에/옆 대상으로서 측자(側者) — (옆에) [b: 옆에 앉아있는 모습 y: 지게] : by the window //판단으로서 판단이 되는/판단대상으로서 판자(判者) ~ 으로 해서 ☞ vol 2 p126/524

2. as=is 동질대상으로서 동자 — 로서[s: same quality/is] : He plays tennis as a professional.[≠with 동존동자]

3. The chairs are lined up along the wall. 측추와 그 대상 → 따라/측추자(側追者) 벽을 따라 말이다.

12.. The Tonight Show /With /Jay Leno.
영뇌=기--> 설--> 설′ : BEis-Os

How to Read[Speak]	
How to Read[Speak]=TheTonightShow WithJayLeno. : 먼저 감주로 이해한다. ㅣ Free 감주+我必 Free 감주 간직하기 전치사 연결대상=The Tonight Show 시동=The Tonight Show인데 동자/진행자는	Jay Leno이다 : 직상 vs The Tonight Show by Jay Leno. 시동= -- 인데 행자/진행자는 Jay Leno이다. 전자=동존수행 대상으로서 동자/진행자 후자=행위대상으로서 행자/진행자 : 직상

13.. BOA /in /the red.
영뇌=기--> 설--> 설′ : BEis-Os ㅣ Free 감주+我必 Free 감주 간직하기

How to Read[Speak]	
How to Read[Speak] = BankofAmerica inthe red. : 먼저 감주로 이해한다. 전치사 연결대상=BOA	시동=BOA는 내고 있다. 적자를 말이다. / -- 속에 있어요. 적자 속에 있어요. ※ in=속에 있는 것으로서 내고 있는 것 cf] black=흑자

크기두뇌

plus]25 years in. 25년 걸린다 : free 영뇌

in=내크기[入크기], 즉 들어 있거나 들어가는 크기 : 입상태/입작동 크기

그 이하로서 내자 2달 이내 ↗걸리는 시간이 두달 또는

: 2 million dollars in US aid 25 years in prison lose 3 kg in two months (vs -- in two months or less.)

시동=2백만 달러어치가 들어 있는 미국 원조 --> 2백만 달러 크기의 미국원조 25년의 세월이 들어 가는 감옥생활 --> 25년 간의 감옥생활 빠지는 데-- 들어가는[걸리는] 시간이 두 달이다 /내자 두 달이다 (여기서 내=入크기를 지칭) /내자 두달 만에 말이다 ☞ in/after 차이 : vol 2, p 521

of=동격크기 : a cup of coffee 시동=한 잔 즉 커피 한잔 --> 한 잔 크기의 커피/한 잔의 커피
※우리말 '의'=소유격 의미 /크기 의미

for=해당크기 : pizza for $20 시동=pizza 즉/해치(該値)/해자 2십 달러짜리 피자

tip)규모크기로서 값/숫자/나이/속도 -- 등 : Died at 89.

at=규모크기 : a book at $30 시동= 한 권의 책인데 값은/그 값의 규모는/直値/직자/즉 30불이다.[a: (exact) area]
at least 50 people 시동= 규모가[숫자가/직자] 적어도 50명 ⇐ 구역으로서 규모크기,구역일치로서 일치크기, 일치크기의 대상으로서 직자

14.. Try to /keep /the children /from throwing food /all over the floor.
영뇌=기--> 설--> 설′--> 설″--> 설‴ : BEis-Os

How to Read[Speak]	
How to Read[Speak] =Tryto keepthechildren fromthrowing foodalloverthe floor. : 먼저 감주로 이해한다. ㅣ Free 감주+我必 Free 감주 간직하기 from 연결대상=the children over=걸친 장소[구역]로서 걸소	시동=노력하여 (대동) 유지시켜라. 애들을 기동(基動) 던지는 것으로부터 음식을 전체 걸소, 즉 마루 전체 걸소[온 마루 바닥]에 말이다. / --- . 애들에게 생기지 않도록 throwing하는 것이 생기지 않도록 --- . / ---. 애들에게 그 자체가 생기지 않도록 throwing하는 것 자체가 생기지 않도록 --- .

from=f: flow로서 출처[근원지] /출처[근원지] 대상으로서 기동 -- 로부터 /출처[근원지]로서 생기는 것[뿌리 그 자체] (+ f: free로서 하지 못하게 하는 것 : IM)
vs Prevent the children from throwing food 시동=막아라. 애들에게 생기는 것, 던지는 일이 생기는 것을 음식을 가지고서 말이다. ※ 가지고서=문맥/상황 associate

15.. The year /in /words. [=Words of the year.]

영뇌=기--〉 설--〉 설′ : BEis-Os | Free 감주+我必 Free 감주 간직하기

How to Read[Speak]=The yearin words.
: 먼저 감주로 이해한다. **전치사 연결대상**=The year
시동=금년에 들어있는 말,
즉 금년의 말들[올해의 말들]
❖ in=내에 있는 것으로서 들어있는 것 : **직상뇌**

❖ the=외부적 지정으로서 '올해'를 지정함
plus] today in history =오늘에 들어있는 역사 /오늘인데 들어있는, 역사가 들어있는 오늘 ⇒ 오늘의 역사 [=today's history] cow in calf=암소인데 들어있는, 송아지가 들어있는 암소

cf]year in review 한 해를 하는데 다시 돌아보는 것
↖연말에 큰 사건만 추려 다시 보도하는 상황

16.. Confidence /in EU /eroding further.

영뇌=기--〉 설/설 : BEis-Os

How to Read[Speak]
= Confidence inEU erodingfurther.
: 먼저 감주로 이해한다.
전치사 연결대상=Confidence
| Free 감주+我必 Free 감주 간직하기

시동=신뢰, 즉 내자 EU의 신뢰가 깎여 나가고 있다. 점점 더 말이다.
❖in=내소유 대상으로서 '내자 -- 의'
vs of=동격 소유로서 '의'
❖eroding=(be동사) **전제** infml E

17.. Suspect will /be kept /in complete isolation /[//]for weeks.

영뇌=기--〉 설--〉 설′--〉 설″[or ⇨ 전설] : BEis-Os | Free 감주+我必 Free 감주 간직하기

How to Read[Speak]=Suspectwillbe keptin completeisolation forweeks.
: 먼저 감주로 이해한다. in **연결대상**=kept
시동=혐의자는 할 것이다. 즉 갇힐 것이다[갇혀 있을 것이다]. 해서[내자] 완전 격리로 해서, 동안[구시] 수주 동안 말이다.

❖ keep=보관하는 것으로서 가두는 것 in=들어 가는 것으로서 하는 것 /입작동 대상으로서 내자 -- 하는 것
for=해당 기간으로서 동안 [구시-- 동안]
/해당 거리로서 구간 -- 까지
: The couple walked for 10 miles.
❖ Suspect=(지정사) **전제** infml E
→ A/The suspect=StE

18.. Pending home sales /on the rise.

영뇌=기--〉 설 : BEis-Os | Free 감주+我必 Free 감주 간직하기

How to Read[Speak]
=Pendinghome salesonthe rise.
전치사 연결대상=Pending home sales

시동=급매 주택 판매량이 타고 있다. 상승을 말이다/하고 있는데 증가하고 있다.
❖ on=상에 있는 것으로서 타고 있는 것 /상작동으로서 하는 것 /상이유로서 상에 있기 때문에/그 대상으로 상자
: Asian markets tumble on the bad China Data. on=상에 있었기 때문에/상자 -- 상에 있었어
cf]This month on Talk Asia.
on=위[상]의 것으로서 분(分) : 이 달분의 Talk Asia 편 또는 this month의 associate로서 분의 것
: 이 달분의 것이 올라간다. -- 편이 말이다.

vs **전치사 부사** : US killed <u>on</u> Osama bin Laden. Capitalize <u>on</u> it.
시동=미국은 죽이는 일을 수행했다. -- 에게 말이다. /자본화 시켜라. 그것을 말이다.
on=위에 누르는 것으로서 작동/상작동으로서 수행[실시] vs in=내작동[입작동]으로서 수행[실시] : He zeroed in on her with the camera. 영점을 맞추었다[정조준을 했다/영점조정에 들어갔다], 상자 그 여자에게[상에] 동자 카메라를 가지고서 말이다.

19.. **Parasite, /an animal or plant /that lives /on, with, or in /another, /from which /it gets /its food.**=기--〉설--〉설′--〉설″--〉설‴--〉설″″--〉설‴″--〉설‴‴ : BEis-Os

How to Read[Speak]
=Parasite ananimal orplantthat liveson, with, orinanother, fromwhich itgets itsfood.
: 먼저 감주로 이해한다.
| Free 감주
+我必 Free 감주 간직하기

on/with/in 연결대상=lives
which referent=another
시동=parasite란 일종의 동물 또는 식물로 이들은 사는데 상소에 살거나, 동존해서 살거나, 또는 내소에 사는데, 자기 외 다른 동물이나 식물에서 그렇게 살면서 기처 이들로부터 그 놈은 섭취한다. 자기 먹이를 말이다.

자기 외= **단어** associate 그렇게 살면서= **문맥** associate
parasite=어떤 곳에서 붙어 빨아 먹으며 살아 가는 것으로서 기생체

[pa: 붙어서 빨아 먹는 것(p+pa) site: 곳]
기생체=기생식물/기생충/겨우살이/기성인간 -- 등등
another=또 다른 것으로서 자기외 다른 것 /또 다른 것으로서 또 하나인 것[an+other]

20.. **Geely is /looking /at Volvo. He is /good /at Taekeundo. I have /no skill /at sewing.**
영뇌=기--〉설--〉설′ : BEis-Os

How to Read[Speak]
= Geelyis lookingat Volvo.
Heis goodat Taekeundo.
Ihaveno skillatsewing.
: 먼저 감주로 이해한다.
| Free 감주+我必 Free 감주 간직하기

연결대상=looking /good /no skill
시동=Geely는 있어요, 쳐다보고[살펴보고] 있는데, 직자[즉/직체] Volvo차를 말이다.
/그는 능한데 직자[즉/직체] 태권도에 말이다.
/나는 가지고 있어요, 無 skill을 즉[직동] 바느질 하는 것에 말이다.

at=구역(완전) 일치 대상[exact]로서 직자[즉/직체]
/바로 대상이 동사인 것으로서 직동(直動)
[a: area] : Lory back at #1. [**be동사 전제** infml]
vs to=방향대상 in=내지정 대상
: He wins a seat in the general election. 내자, 속에서 -- (속) 에서 *a seat=의석 하나

skill=다룸 기술 craft=숙련 기술
technique=실무 기술/실전 기술
technology=공학적 기술 /공업 기술

☞ 기본영뇌 vol 1 p323
tip) 내지정 대상 종류 : 내소 /내시 /입작동[입상태] /내범위 /내소속 /내관 /간시 /내속 /내대상 -- 등 ☞ p316
※**입작동**=실행, 수단, 변화, 입크기, -- 등 **입크기**=입상태 크기/입작동 크기
vs 상지정 대상 종류 : 상소 /상일 /상작동 /상관 /상바탕 -- 등

much attention] 전치사이든 관사이든 be동사이든 어떤 단어이든 특히 A상황이 (생활 속에서의 뜻으로) **확실히 눈에 보일 때까지 보아라. 명사처럼 분명히 뜻이 있으니 무시하지 말라** ⇒ IS가 확실히 작동해야 원어민 두뇌가 된다.
↘관찰력이 좋아야 IS가 쉽게 작동한다.
IIIII .. 65 NB backed up 2 miles at Chickasaw Exit.
back=차 뒤에 가까이 있는 것으로서 밀리는 것 up=바짝바짝 붙어 서 있는 모습
시동= 65 NB 구간에서 밀렸는 데 바짝 밀렸다. 2마일이나 말이다. -- -- . ↗[s: show i: I or s: self i: indicate]
: Bodies (are) torn up. up=torn쪽으로 똑바로 된 것으로서 완전히 sign=자신을 나타나는 것으로서 사인하는 것
Sign up. 자신의 정보사항을 표시해서 (회원) 가입/(수업에) 등록하라. up=똑바로 들어서는 것으로서 가입/등록 하는 것 : **동개념**

☞.. 단어의미를 만들거나 알아내는 원천기술은 BAM이다.

구역일치란 대상체가 차지하는 차지구역 (밑면 뿐만이 아니라 공간구역/3차원 구역까지 포함)과 대상체가 완전히 일치하는 것,

결국 대상체 자신이 되는 경우, 그래서 바로 대상이 된다. 즉 바로 그 대상체를 지칭하는 것이다. 따라서, 영영 사전에서는 이럴 경우 exact로 뜻풀이를 하고 있다. 구역일치로서 바로 대상이다.

: Look at me. 시동=쳐다보라, 직자[즉/바로/직체] 나를 말이다. ↗ a: exact=비두자 BNW

at=구역일치[일치구역]와 그 대상으로서 즉/바로/직체/직자 [a: exact area]

: He vomited at the shooting scene photos/the news. (즉/직자 -- 을 보고서/듣고서)

(A) Tsunami survivor gets second chance at life. (즉/직체/직자 인생에서)

직자/구자[at]할때 바로대상/구역대상이 보이면 된다 : 영뇌

하지만 at은 on처럼 완전일치가 안되어도 좋다. ☞ on=상소 또는 선상 : p317

만약 가게 앞에 있어도 at을 표현했다면 at구역을 가게 앞[주변구역]까지 생각한 것이다.

at=구역과 그 대상으로서 장소/구역/구소/구처/구자 [a: area]

: He is standing at the shop. 시동= -- 있는데 서 있는데 장소가 the shop이다[구자/구소(區所)] -- 에 말이다.]

The cat laid a dead mouse at my feet. 시동=구자 내 발에 말이다[구역/구처(區處)]에, 내 발 구역[구처]에 -- .]

Hundreds honored the sheriff at a vigil. 시동=수백명이 모여 높이 기렸는데 -- 구처에서 한 철야 행사로[를 열어서] 말이다.

그래서 'He lives at the capital.' 하면 수도권 지역에 사는 것이 된다.

(=He lives in the capital area.) ※ at=애ㅌ/엇/애ㅌ=post/dot 점형/small slide F

따라서, 자기가 변두리에 살지 않는다고 분명히 표현하고 싶으면 in을 써야 한다.

: He lives in the capital. ※ in=내소(內所)/내자 -- outside와 상대적 개념

plus]구역일치 속도 : Companies hired at a brisk pace.

at을 숫자시간으로 설명해 나갈 때 BNW at two o' clock하면 시계바늘이 바로 가리키는 숫자 구역으로서 구역일치[바로대상], 그래서 '직자/직시/즉/시간이' 로 된다. 이때 시간은 실제시간의 구역일치[바로 대상]로서 시간이다.

시동=직자/직시/즉, 2시(이다) /시간이 2시(이다). 또는 어떤 때로서 시간 [a : 어떤 t: time]

구역일치 시간 [장소/대상 -- 등]

(참고: o' clock 할 때 o는 on으로서 시계판 위를 말한다. 그래서, two o' clock에서 two는 시계판 위에 박힌 글자를 의미한다. 시동=두 시인데 상에서 시계판 상에서 말이다.)

tip) 1. at=직시(직 time)로서 시간은 on=상시기로서 날짜는/요일은 in=내시기로서 년도는/월은

2. at BNW=시기일때 구역 time/시간일때 구역일치 time [a: (exact) area t: time]

→ at night=구시와 그 대상으로서 구시/구자 밤에(area time)

21.. Runaway Teenager :

Janis Roberts, /15 years old, /of[at/on] 1647 Sunrise Road, Marion, /left his home last week.

영뇌=기-->설/설/설 : BEis-Os

How to Read[Speak]

=JanisRoberts, 15yearsold, of[at/on]1647 SunriseRoad, Marion, lefthis home lastweek.

: 먼저 감주로 이해한다.

of[at/on] 연결대상=Janis Roberts

| Free 감주+我必 Free 감주 간직하기

시동=속해 있는 데, 1647번지에 속해 있는 데, /직자[직소(直所)] 1647번지에 사는 데 /상자[상소], 1647번지에 살고 있는 데 나갔어요. --- .

: **집나간 십대 신상**

※ of=동격으로서 소속

cf] 팔방미인! : A man of many talents! (of=동격구성)

※ 있는 데/사는 데 /살고 있는 데=문맥 associate

표현자의 몫 자기가 사는 것을 사는 번지에 속해 있는 것으로 관찰했다면 of를, 구역일치로 바로 그 번지에 사는 것이라면 at을, 상번지에 사는 것으로 관찰했다면 on을 쓰면 된다. 번지에 in을 써지 않는 것은 **구역일치 영뇌의식** 때문이다. 사는 곳이 단 1 m^2라도 남의 땅이 아니기 때문이다. 언어는 습관의 산물이다. 이렇게 원어민 두뇌는 습관화 되어 있다.

22.. **Arranged /for the end of May.=기--〉 설 : BEis-Os** | Free 감주+我必 Free 감주 간직하기

How to Read[Speak]	
=Arrangedforthe endof May. : 먼저 감주로 이해한다. for 연결대상=Arranged	시동=잘 주선되어 있어요. 해자, 말 즉 5월 말 용으로 말 이다. / --- 해자(該者), 말 즉 5월 말 해용으로 말이다. ※ for=해당사항으로서 해당용도 [f: 해당사항 (family를 훼밀리라고 소리내기도 함)]

for의 최상위 BNW for의 최상위 BNW는 해당사항이다.

앞뒤 문맥에 따라 해당사항이 해당이유/해당목적/해당기간/해당결과/해당방향/해당대상 -- 등으로 바뀌면 된다.

: Rain for around 2 centimeters. the Bank for International Settlement Standards (ex: BIS ratio)
More snow tonight for [also, in] Mid-Atlantic, Northeast. Aiming for gold. Leaving for Seoul.
He has ordered an official investigation into the crash, and for rescue teams to be sent to the crash site.

시동=비가 왔는데[오는데] 해당 강수량 [해치(該値)]이 약 -- 이다. /은행, 즉 국제결제기준 은행
/해자[해지(該地)] -- 에서 (포-/포오=line 점형 F/내성음 slide F: 강한소리 퍼=dot 점형 F: 약한소리)
/겨냥하고 있다. 해자[해목(該目) /해대(該對)], 금메달을 향해서 말이다.
/떠나고 있는 데 해자[해대(該對)] 서울을 향해서 말이다. /내대자 그 추락사고 속을 --- 그리고 또한 해당 구조팀이 대동 되도록 즉 파견되도록 명령했는데 대처[대자] 그 추락 (사고) 지역에 말이다.

arrange=어떤 것/어떤 곳에 이리 저리 노력하여 가지런히 하는 것으로서
정리/정돈/정렬/주선/조정 하는 것 //매듭지어 정하는 것 into=내방향 입작동 대상
[a: at r: 로력〉노력 rr: 노력반복 or rr: 여러번 노력하는 모습 g: 가지런히 하는 것]

23.. **Researchers collected /blood /for diabetes study.**
영뇌=기--〉설--〉설′ : BEis-Os

How to Read[Speak]	
=Researcherscollected bloodfor diabetesstudy. : 먼저 감주로 이해한다. | Free 감주+我必 Free 감주 간직하기	전치사 연결대상=blood 시동=혈액[피]을 해자 당뇨병 연구 용으로 말이다.

24.. **She did /fifteen years in jail //for murder.**
영뇌=기--〉설 ⇨ 전설 : BEis-Os cf]into=내방향 실시 입작등 대상 : Into custody. 내대자 감금시켰다.

How to Read[Speak]=Shedid fifteen	
yearsinjail formurder. : 먼저 감주로 이해한다. | Free 감주+我必 Free 감주 간직하기 for 연결대상=앞표현 전체	시동=해자[그 이유는] 살인 때문이었다. /해유(該由)는 ------- . ※ for=해당사항으로서 해당이유 [f: 해당사항 r: reason]

in=들어간 것[들어 있는 것]으로서의 내크기
fifteen years in jail **시동** =15년간의 감옥생활 〈--- 15년 이라는 기간[세월]이 들어간[가는] 감옥생활
: 1,000 grand in slush fund. ※grand=a thousand dollars -- 단복명사
시동=일백만불의 비자금 〈-- 일백만불이 들어 있는 크키의 비자금 /시간인데 내대자 비행에 들어간 시간
vs into=내방향 크기와 그 대상 : time into flight : 3 hours 시동=시간인데 들어간, 비행에 들어간 시간
tip)time position=period(시간)/point(시점)

☞.. **영어본래의미, 즉 Ekbe 시동 또는 감주로 이해되어야 영어승차감이 나온다.**

vs of=동격으로서 크기 : A cup of coffee. 한 잔의 커피 <--- 한 잔, 즉 커피 한 잔

그래서 한 잔의 커피로서 a cup in coffee는 안되며, 다음과 같은 표현은 가능하다.

: one million dollars of coffee

=one million dollars in coffee 돈의 가치가 들어 있는 것 **시동**=일백만불치의 커피

cf] a cup in coffee 잔 하나인데 내자 커피 속에 들어 있는 잔 : **간상을 직상으로 시동걸기**

=잔 하나인데 속에 커피 속에 들어 있는 잔 : **간상**

≠잔 하나인데 들어있는[내자] 커피가 들어 있는 잔 : **직상**

※우리말 '의'=소유격 의미 /크기 의미

※of의 infml 표기=Truth-o-meter : 진실, 즉 측정하는 진실로서 진실 측정기, 즉 미대통령 후보들의 말을 진실 저울에 달아서 false, half truth, or truth로 판단함

25.. Dow, Nasdaq, and S & P down /10% /(//)in 10 days. [=for 10 days]

영뇌=기-->설-->설' or 기-->설 ⇨ 전설 : BEis-Os | Free 감주+我必 Free 감주 간직하기

How to Read[Speak] =DowNasdaq, andS & P down 10%in 10days. : 먼저 감주로 이해한다. **전치사 연결대상**=10% or **앞표현 전체**	시동= -- 떨어 졌는데 10퍼센트나 간시 10일 사이에 말이다.[=구시/해자 10일 동안] : two goals in 3 minutes

in=내범위 시간크기와 그 대상으로서 간시/내자 -- 사이

vs for=해당 기간[시간]과 그 대상으로서 구시/해자 -- 동안 : how long 개념, 즉 해당기간 개념

vs during=시기[발생] 진행중과 그 대상으로서 중(中)에/중자 -- 중에 : when 중 개념, 즉 어떤 시기 중 개념 ⇨ during the interview

: Gold price has risen 6% in the past week. [=during/for the past week ex]during 1945/summer]

He died in the night. [=at/during night] **시동**= 죽었는 데 간시[내자] 밤 사이에 말이다[=-- , 시기는[구자] 밤이었다/중에[중자] -- .] ※ at=시간덩어리 구역과 그 대상으로서 시기[구자] ⇨ 밤은 해가 지고 어둠이라는 큰 덩어리로 되어 있으니 구역 시기개념이 나올 수 있다. ※구시(區時) /간시(間時) ☞ more)for와 during의 차이 : 기본영뇌 vol 1 p327

↳전자=구간크기의 시간 후자=내범위 사이시간

26.. "It was /65 feet, /downhill, /with a double break.
In the hole /for one under."

영뇌=기--> 설/설/설 기--> 설 : BEis-Os

How to Read[Speak] =Itwas 65feet, downhillwitha doublebreak. Inthe holefor oneunder. : 먼저 감주로 이해한다. | Free 감주+我必 Free 감주 간직하기 with/for **연결대상**=It was /In the hole	↗**동자[with]할때 동존추가 대상이 보이면 된다 : S영뇌** 시동= 상황은 되었지요, 65 피트나 되었고, 내리막경사이고요, 그리고 거기에다가 갖추고 있었지요[동자], 이중 브렉까지 말이다. 결국 들어 갔는데 홀안으로 빨려 들어 갔지요, 그리하여 (해자) 원 언더가 되었어요. with=동존추가로서 (그리고) 거기에다 갖추고 있는 것 /동존추가 대상으로서 거기에다 동자[동체] -- 까지

↗**직상전환** : 입작동 대상 --> (결국) 내자 홀에 들어가서 : **딸로 전환**

in=간상개념/동개념 it=그때 그때 상황을 대신하는 말, 즉 situation 'it' [i: instead t: time]

with=동존추가로서 거기에다가 갖추고 있는 것 in=내로 들어 가는 것으로서 안으로 들어 가는 것 for=해당사항으로서 해당결과 -- 그리하여 되었지요 /해당결과 대상으로서 해자 [f: **해당사항** r: result/reason o: objective]

add] into=내방향 입작동으로서 들어가는 것[합류하는 것] /그 대상으로서 내대자 -- 속에 들어가는 것

: Into the lead. **시동**=합류했는 데 선두그룹에 말이다/내대자 선두그룹 속에 들어갔다.

27.. It /is difficult /for a small supermarket to compete against[with] the big supermarkets.
영뇌=기--〉 설/설 : BEis-Os

How to Read[Speak]
=Itis difficultfora smallsupermarket
tocompeteagainst[with]the bigsupermarkets.
: 먼저 감주로 이해한다.
어게인스/어게인스트=cramp F : t 폐쇄와 비폐쇄
for 연결대상=It | Free 감주+我必 Free 감주 간직하기
→ IS값으로 for가 it을 설명해 나가는 뇌 : BEis-Os

시동=그것은 어렵다. 해처[해자] /즉 소형 슈퍼 마켓 하나가 경쟁하여 대항한다는 것[경쟁을 함께 한다는 것]이 대형슈퍼 마켓들과 말이다.
※ for=해당사항/해당주체로서 즉/해처(該處)[해자(該者)]
-- 가 [f: 'ㅎ음가' 로서 해당사항, 해당사항으로서 해당주체]
※ against=가하는 것[맞기대는 것]으로서 대항하는 것 /반대하는 것 [g: 가하는 것/맞기대는 것]

or It /is /difficult /for a small supermarket /to compete against[with] the big supermarkets.
영뇌=기--〉 설--〉 설′--〉 설″/설 : BEis-Os
It=referring forward for 연결대상=difficult to 연결대상=It
→ IS값으로 for가 형용사를 설명해 나가고, to가 it을 설명해 나가는 뇌로 작동시킨다.
즉, to할 때 it으로 연결되는 머리로 돌아가면 된다 : BEis-Os [경쟁을 함께 한다는것]이 대형슈퍼들과 말이다.

주의]토씨리딩=Konglish 시동=그것은 인데 어려운 것인데 해처[해자] /즉 소형 수퍼에게는 어렵다. 경쟁하여 대항한다는 것

전치사는 일반단어이지 토씨가 아니다

일반단어로서 항상 BAM 영뇌로 파악하라. 영어에서는 일반단어 의미를 쉽게 그리고 간단히 표현하기 위해 전치사를 많이 사용한다. 한뇌로 토씨[조사]로만 알고 있으면 s동사 없는 표현을 할 수 없다. 우리말과의 차이가 여기에 있다. 영어에서는 토씨[조사]가 없다. 특히 직상 일반단어이기 때문에 명사/대명사 늘 앞에 온다.

a.. On the small phone. on=상에 있는 것으로서 관련성/위에 올리는 것으로서 관해서 말하는 것 ⇐ Speak[Talk] on the small phone.
시동=상관해서 말하고 있는데 -- 대해서 말이다/올리고 있는 데 -- 관해서 올리고 있다.

b.. On the Monday afternoon. on=상으로서 상시 시동=상시(上時)인데, 월요일 오후 상시
-- 일정한 날의 오후/아침/저녁일 경우, 날짜가 달력 위에 적혀 있는 것처럼 on 사용 ⇒ on=상시/상일/상날

c.. In the afternoon. in=내로서 내시 /내시 대상으로서 내자 시동=내시(內時)인데, 그날 오후 내시/내자 그날 오후
vs Strap in. : 전부 in=안으로 조이게 하는 것으로서 단단히 묶는 것 시동=끈을 단단히 묶어라.

d.. Florida shooter in court. in=내에 있는 것으로 '서다'는 것 시동=플로리다 총격자는 섰어요, 법정에 말이다.
in을 BAM 영뇌로 이해하면 오히려 '서다'는 의미가 된다.

e.. Killed in earthquake. vs One day in : Singapore, Hongkong, Tokyo Turn yourself in and ask for forgiveness.
시동=내자[속에서] 지진 속에서 말이다 : 보통 사건, 사고 일 경우 내속을 지정함 vs in=들어가는 것으로서 소요 시동=(다 도는 데) 하루 소요
Turn yourself in=(마음을) 바꾸어 너 자신이 직접 들어가는 것으로서 자수하는 것 : 입작동으로 들어가는 것 *마음=단어 associate=turn associate

f.. Waiting on the 2nd round of balloting. on=작동으로서 실시/계속 누르는 것으로서 계속 tip) 굳이 'Continue to wait the --.'로
시동=기다리고 있는 데 실시하려고, 2차 투표를 말이다 /기다리기를 계속하고 있다. ---. 표현하지 않아도 on으로 간단히 처리할 수 있음

g.. 'Ovbiously he had been helping himself to the money.' to=향향 행위로서 훔치는 것 : im-BAM 그래서 영영사전에서는 to의미를 'to steal something'이라고 풀이하고 있다. 시동=분명히 그는 가지고 있었던 것 같다/분명히 그에게 있었던 것같다.
해 왔던 것, 즉 쭉 쉽게 해 왔던 것을[이] 자기자신이 훔치는 데 그 돈을 훔치는 데 말이다. ☞ vol 2, p157 〉help BAM

동존지정, 방향대상 지정 -- 등도 모든 전치사 동일

tip) in/on IS 영뇌 쉽게 작동시키기 : '내지정과 내자'의 '내'=내소/내시/'입작동[입상태]'/내범위[내분야]/내소속/간시/내속/내대상 — 등을 가리키고, '상지정과 상자'의 '상'=상소/상일/상작동/상관/상바탕 — 등을 가리키며, '자'=그 대상을 가리킨다. 그래서 내지정 대상/상지정 대상으로서 내자/상자가 된다. 입작동에는 실행, 내수단, 변화, 入크기 — 등이 있고, 상작동에는 수행, 개시, — 등이 있다.
in/on=동개념일 때는 입작동과 상작동을 뜻하고, into/onto=동개념으로서 내방향 대상[이동]과 상방향 대상[이동]이다.
특히, in과 into, on과 onto가 뜻하는 의미로 같을 때가 있어도 그 접근하는 뉘앙스와 IS는 다름에 유의하라.

big tip : 예컨데 '내'가 내소일 경우 '내자'=내소 대상으로서 '내자', 따라서 '내소/내자' 뜻이니 먼저 제시되고 먼저 쓸 수 밖에 없다.
그래서 상자일 경우 상소 대상으로서 '상자'가 된다. 모든 bnw-BAM=단어 본래의미 → Ekbe와 IS 쉽게 작동

연결설명어 영뇌

기초 전치사 BAM

상자[on]할때 상소대상/상일대상이 보이면 된다 : S영뇌

↱ vs top=끄트머리로서 꼭대기[상단]/상단으로서 (맨)윗면 [t : 끄트머리] cf] upon(formal)=up+on

a.. on= [o: 위 n 〉 ⊃: 누워있는 표면모양] • on[upon] the desk : 위에 누워 있는 표면으로서 상표면과 그 대상으로서 上面[上所] //상자 : 상면[상소]/상자 책상 (상면/상소) • on June 4 [4 June] on Christmas Day on Monday on my birthday Pontiff arrived on Thursday morning. : 달력 위 날짜와 그 대상으로서 상일(上日)[날짜/날 /요일] //상자 : 상일/상자 6월 4일(에), 상일/상자 크리스마스날(에), 상일/상자 목요일 아침(에) : day

cf]at Christmas/Easter : time(시기/때) • Seoul is situated in the north-west on the Han River.

: 연장 선상과 그 대상으로서 선상//상자, 즉 반드시 상면/상소가 아니어도 좋다 : 선상에/상자 한강 선상에

vs beneath=보이지 않는 표면으로서 하표면[下面], 즉 물체 밑면과 그 대상/보이지 않는 부분에 있는 것으로서 바로 밑과 그 대상 [n 〉 ⊃ : 표면 + not e: eyes be=is 비니-쓰=trapezoid F] cf]bottom=바닥(면)

: beneath the desk 하표면, 즉 책상 하표면[직하자 책상 하표면] /바로 밑[직하자 (直下者)], 즉 책상 바로 밑

beneath Gadhafi's compound 바로 밑[직하자] 가다피의 주거단지 바로 밑에서 ⇨ 즉 지하실을 두고 한 표현

↳ directly under ↳ 'not contact' 도 가능

b.. over=(달리듯이) 위에 걸쳐 있는 것으로서 상걸해 있는 것[상횡]과 그 대상으로서 상횡자(上橫者)

--- 이때 걸쳐 있는 것이 접촉해 있어도 좋고, 떨어져 있어도 좋다 → 'contact' 도 가능

[o: 위 v〉 ∧ 〉 ⌒ : 걸쳐 있는 모습 r: running]

: We put a rug over him. He lives over the mountain. Police pull over a car.

↳ 끌어내어 걸쳐 놓았다는 것

vs There is a bridge over the river.

: Tensions over access to the holy site.

A helicopter hovered over us. 뜻하는 비슷한 의미=above

↳ 긴장인데 걸쳐 일어나는 긴장, 즉 접근 상에 걸쳐 일어나는 긴장인데 대자 -- 로 접근할 때 말이다.

He wins over Tom. (마주보고) 걸친대결로서 맞대결

vs He wins to Tom. 방향대결로서 대결 /방향대상으로서 대자 -- 에게: 對=대상 대

He wins against Tom. 저항대결로서 대항 : 대항에서 Tom과의 대항에서 말이다.

/맞설대상으로서 대자: 대자 Tom과의 대항에서 말이다: 對=맞설 대 : new sanctions ~ N.K.

↳ 새로운 제재인데 대자 북한에 가하는 제재

/예상수치 이상과 그 대상으로서 상자[o: 이상 e: expected]

: Over[Over by] 5 days. 이상인데/상자 5일 이상[상차자 5일 이상]

vs under=물체 아랫쪽 방향에 있는 것으로서 밑인 것과 그 대상 -- 이때 밑에 있는 것이 접촉해 있어도 좋고, 떨어져 있어도 좋다 : over와 상대적 개념 [d: down u 〉 ∨ : 아랫쪽 모습] → 'contact' 도 가능

: Under the desk. 밑인데/하자 책상 밑(에 있다)

뜻하는 비슷한 의미=beneath the desk (보이지 않는 부분으로서 바로 밑 vs under=아래로서 밑)

She put the letter under her pillow. The ice cracked under his feet. Under fire.

vs There's a small table under the window. 뜻하는 비슷한 의미=below

↳ 하자 공격을 받고 있다

c.. above=보다 위에 위치해 있는 것으로서 보다 위인 것과 그 대상

[a: at b: 보다 o: 위 어바브=cramp F]

: Flags waved above our heads. 보다 위에서/차상자(差上者) 우리의 머리 위에서 뜻하는 비슷한 의미=over

above=보다 위에 있는 것 over=위에 걸쳐 있는 것 ↱ 프린터기 하단[앞면하단/뒷면하단/옆면하단] 기준으로 위에 붙어있는 것

tip)The operating instructions are posted above the printer.

vs below=보다 낮게 있는 것으로서 보다 아래 인 것과 그 대상 : above와 상대적 개념

[b: 보다 low: 낮은 것 빌로우=ER F] : They live below us. 뜻하는 비슷한 의미=under

live below=사는 데 보다 아래에/차하자(差下者)에 사는 것 live under=사는 데 밑에/하자에 사는 것

cf] against=어떤 곳[것]에 가하면서 맞서 서 있는 것으로서 기대는 것/어떤 것에 맞서는 것으로서 반대하는 것[반하는 것/대항하는 것/대비하는 것/대조를 이루는 것] / 그 대상으로서 대자 [at: 어떤 곳 g: 가하는 것 st: stand] : lean against the door Are you for or against my opinion? (for=해당이익으로서 찬성) evidence against the police fight against the enemy an insurance against fire The picture looks good against the light wall. (light=adj. bright) 대자 밝은 벽과 대비해서

Russia warns against 'hasty conclusions'. 반대한다고/하지말라고

live 실전	전치사 영뇌 (2) —— 군계일학! **Stands out in the crowd!**

L- 1 .. There is now one aircraft carrier in the Gulf and another in the Mediterranean Sea, with the Lincoln and Gorge Washington in Norfolk, Virginia, ready in reserve.

— 먼저 (생활 속에서의 뜻이 용해된) 감각적 주파수로 이해한다. 그러면 저절로 의음/의자가 된다.

in=내소/입작동과 그들 대상으로서 내소에[하면서] /내자 with=그리고 (또한) --- 있다 : 동존 추가
ready=(비제한적) 관계형용사 영뇌 [= , which are ready in reserve.]
there 영뇌=동사상황 유도 there의 실질적 referent=동사 뒷말 the 영뇌=내부적 지정뇌로서 명칭
reserve=나중에 쓰기 위해 뒤로 빼 놓은 것으로서 대기/보류/보존/예비/비축/예비품 --- 등등 ☞ p100
[re: back 뒤로 빼 놓은 것 s: 쓰는 것 r: 래일] : We always keep money in reserve, just in case.

시동=(이런 게) 있습니다. 지금 한대의 항공모함이 내자[내소], 걸프만 [내소]에 있고, 그리고 또 한대는 내자[내소], 지중해 [내소]에 있으며, 그리고 또한 링컨과 죠지 와싱톤은 내자[내소], Norfolk, Virginia [내소]에서 준비중에 있습니다. 내자[하면서] 대기하면서 말이다.

L- 2 .. It /is illegal /for public officials to solicit gifts or money /in exchange for favours.

— 먼저 감각적 주파수로 이해한다. 잘 안되면 감주시동을 걸고 그래도 안되면 Ekbe 시동을 건다.
영뇌=기→ 설/설→ 설′ : BEis–Os, I + I + I + I : I–Os, S + S + S + S : S–Os
in exchange for=내자[해서] 교환 조건으로 해서, 즉/해자 — 와 in=입작동 대상과 입작동 for=해당대상으로서 즉/해자

시동=그것은 불법이다. 해자 공무원들이 대동 달라고 요구하는 것은, 선물이나 돈을 달라고 요구하는 것은 내자[해서] 교환 조건으로 해서, 즉[해자] 편의와 교환조건으로 해서 요구하는 것은 말이다. cf] privilege=특혜/특권 benefit=혜택 (US) favor=작은 선물 : wedding favors

L- 3 .. The Dow Jones industrials broke through the 10,000 barrier for all of one minute Tuesday, reaching a significant milestone in Wall Street's remarkable recovery from the bear market before retreating on profit-taking. — 어느 부분을 보더라도 감각적 주파수로 이해되어야 한다. 이게 바로 free 감주이다.

for all of one minute=구시/해자 모두 합해서 즉 딱 1분간 for=해당시간과 그 대상으로서 구시/해자 -- 동안
of= '동격크기' 로서 즉 reaching=(비제한적) 관계현분사 영뇌 -- 진행이 된 본동사의미 before=나중에 일어나는 것이 동사인 것으로서 후동 [b: a다음 글자로서 나중에 일어나는 것] on=상작동 대상이 동사인 것으로 상동

시동= — 부수어 돌파하였고, — 벽을 돌파하였고, 구시/해자 — 딱 1분간 화요일에 그랬는데, 그리하여 이르게 되었다. 즉 아주 중요한 이정표에 이르게 되었다. 하면서/내자 월가의 뚜렷한 회복을 올리면서, 기자 베어 마켓트로부터 후동 밀리기 전에 상동 이익실현으로 밀리기 전에 말이다.
↘ 특히 감주 영뇌가 되어야 major 감주 또는 아필 감주로 이해하는 것도 쉽게 된다.

L- 4 .. **Security fears cancel Continental flight**

Continental Airlines has canceled Sunday's Flight 17 from Glasgow, Scotland, to Los Angeles, California, because of security concerns, a spokesman for the carrier told CNN on Saturday. The move came in the wake of a U.S. warning about possible al Qaeda terror threats aimed at U.S.-bound planes, and the cancellation of some British Airways and Air France flights. ------------------- . ---.
CNN's Kelli Arena, John King and Jamie McIntyre contributed to this report. — 먼저 감각적 주파수로 이해한다.
잘 안되면 부분부분 감주로 이해하고, 전체로 이해한다. | Free 감주+我必 Free 감주 간직하기

in the wake of=있은 후/내자, 그런 흔적이 있은 후, 즉 [내자 바로 뒤이어, 즉] in=입작동과 그 대상으로서 있은 후/내자
wake=갈히고 지나간 물 흔적으로서 흔적[항적] /그런 것으로서 바로 뒤이어 일어나는 것 [w: water+지나가는 모습 k: 갈히는 것]
aimed=관계과분사 cf] He aimed the stone at the dog but missed. : 과동사 시동= -- 돌을 가지고 직자 개를 향해서

시동= — . 그러한 조치는 나왔는 데, 있은 후 바로 뒤이어, 즉 미국의 경고가 있은 후 바로 뒤이어 나왔는데
/내자 바로 뒤이어, 즉 미국의 경고 바로 뒤이어 나왔는데 — 관련해서[변자] — .

.. **속문장 뼈대**=기본어(Continental Airlines) + s동사(has) + 연결설명어(from/to/because)

3) 전치사의 직상뇌와 간상뇌, 정뇌와 동뇌

전치사는 토씨나 조사가 아닌 **일반단어**로서 마치 동사와 같다. 동사가 직목과 간목을 취하듯이, 전치사도 직상과 간상을 취한다. 뿐만아니라, 동사를 크게 분류하면 상동사와 동동사가 있듯이, 전치사도 정개념과 동개념이 있다. **직상은 직목처럼 직결되는 의미이다.** 즉 뒷말로 바로 직결되는 의미이다.

tip)직목의 직결의미 : We ate pizza. 먹었는데 (그것은) 피자였다.

IHT 영자신문 속에 중앙 데일리 영자신문을 넣어 배달한다. 그래서 처음에는 원어민들이 inside JoongAng Daily라고 신문사 타이틀 밑에 표현했다. 한국 사람들이 전치사의 직상개념을 잘 몰라서, 지금은 달리 표현하고 있다. 이 표현은 맞는 표현이다.

plus] 전치사 직상뇌=문맥/상황에 따라 전부뇌로도 작동가능 — 전부뇌일 경우 두 가지 표현 가능 : 이때 전부도 직상

IHT 머리 표현 변천 :

inside JoongAng Daily (초기) --> inside: JoongAng Daily --> includes Korea JoongAng Daily

1.. **inside JoongAng Daily** [=전부뇌 가능 : inside JoongAng Daily or JoongAng Daily inside ⇒ up 30 or 30 up]
직상뇌=내부에 있어요, 중앙데일리가 말이다. 간상뇌=내부에 있어요, 중앙데일리 내부에 있어요.

2.. **Two citizens of Japan are kneeling between a man called Jihadi John.** : ISIS **참수협박** Video **장면**
직상뇌=두 시민 즉 일본의 두 시민은 있는데 무릎을 꿇고 있고, 사이에는 한 남자, 불리는 -- 라고 불리는 남자가 있어요.
/ -- 있고, 간자(間者) 한 남자가 있는데 이름은 -- 이에요.
↳ *사이에 있는 대상/사이를 만들어 주는 대상

3.. **Who is with you?**
동뇌=누구이지, 동자 너와 함께 온 사람이 말이다? 정뇌=누구이지, 동자 너와 함께 있는 사람이 말이다?

4.. **This book helps you with real English.**
시동=이 책은 도와줘요, 네가 가지고서 하는데 real English를 말이다 / -- 가 동자[동체] -- 를 하는 데 말이다.
⇒ with=**직상뇌+동뇌** with=동존처리로서 가지고서 하는 것/동존처리 대상으로서 동자[동체]-- 를 하는 것

> **vs He met with Alice for an hour.**
> 시동=만나 함께하고 있었다. Alice와 구시 한 시간 동안말이다 /만났다. 동자, Alice를 구시 --- .
> ⇒ with=**간상뇌/직상뇌+정뇌** with=동존으로서 함께 있는 것/동존대상으로서 동자 -- 와 함께[를]
>
> **vs In association with Rolex**=내자 협찬을 하는데 동자는 Rolex이다.
> /하는 데, 협찬을 (가지고) 수행하는 회사는 Rolex이다. ⇒ in=입작동 대상으로서 내자 /입작동으로서 하는 것 : **직상뇌**
> with=동존수행 대상[실체/주체]으로서 동자 /(가지고) 수행하는 회사 : **직상뇌** ☞ p310
>
> **vs Hatchback, a car with a door at the back.**
> 시동= -- 일종의 차로 갖추고 있어요, 문인데 위치는 뒤이다 /동자[동체] 문을 갖추고 있는 데 그 위치는 -- .
> ⇒ with=**직상뇌+정뇌** with=동존소유로서 갖추고 있는 것/동존소유 대상으로서 동자 -- 을 갖추고 있는 것

5.. **With my usual vanity, I thought he might be falling in love with me.**
시동=있었음에도 불구하고 나에게 보통 허사가 있었음에도 불구하고[동자/동체 나의 보통 허사가 있었음에도 불구하고]
나는 생각했어요. 그이가 아마도 할 것 같다고, 즉 빠져 드는데, 사랑에 빠져 들 것 같다고,
동자 나에게 말이다[즉 빠져 드는데, 내자 사랑에 빠져 들 것 같다고, --- .]

> with=**직상뇌+정뇌** **앞** with=동존양보로서 있었음에도/동존양보 대상으로서 동자[동체] -- 가 있었음에도
> **뒷** with=동존방향 대상으로서 동자 -- 에게
> : A man who is in love with a woman. 시동=어떤 남자, 누구냐 하면 이 사람은 있는 사람, 즉 빠져 있는 사람, 즉 사랑에 빠져 있는 사람인데 동자 어떤 여자에게 말이다[있는 사람, 즉 내자 사랑에 빠져 있는 사람인데]

동존방향 vs 동존동반

5.. **번 뒷 with=동존방향** : 동자[동체] -- 에게 /즉 -- 에게
동존방향은 동존동반과 다르다. 즉, 사랑이 상대방에게 빠지는 것이지, 서로 함께 빠지는 것은 아니다.
extreme caution] A man and a woman who are in love with each other.
-- each other 때문에 동존방향으로 함께 빠져 있는 것이지 동존동반으로 함께 빠져 있는 것은 아니다.
서로 각각의 방향으로 해서 동존방향이다 → **with each other**를 빼면 함께 빠져 있는 것 (each other=각각 다른 편으로서 서로)
그래서 동존방향 예문들을 동존동반으로 '함께' 로 해석하는 사람들은 오역을 하는 꼴이 되니 **주의하라.**

caution] my를 '나의' 로, with를 '함께' 로 고정시키지 말라. BAM과 associate로 얼마든지 '나에게' 로,
'있음에도 불구하고' '동자 -- 에게' -- 등으로 시동 가능

↗즉 동존지정 종류 ↗동존추가 vol 2 384 /기본영뇌 vol 1 p332
tip)동존종류 : 동존 소유[구비/동행/동반/근무/방향/(동시) 행위/처리/수행/양보/추가/부착/보유/상존/비교] — 등
↘최상위 BNW는 동존이다. 동존으로부터 IS영뇌를 작동시켜라. 그러면 쉽게 작동된다.
↘동존보유 vol 2 p318
동존상존 vol 2 p79
동존비교 vol 2 p340
동존부착 기본영뇌 vol 2 p329

6.. **"In the hole for one under."**
in=내로 움직이는 것으로서 들어가는 것/내소로 들어가는 것 [i>--> ···› : 움직이는 모양 n: 내內]
시동=들어가서, 홀에 들어가서[내소 홀 내소로 들어가서], 해자 원 언더가 되었어요. ※ **in=간상뇌+동뇌**

vs He keeps the money in the box.
in=내에 있는 것으로서 안에[내소에] 있는 것 [i: is n: 내內]
시동=He는 보관하고 있어요, the money를 안에[내소] the box 안[나소]에 두고서 말이다. ※ **in=간상뇌+정뇌**

vs Researchers collected blood for diabetes study, then used the samples in other genetic tests.
in=들어가는 것/입작동 행위로서 하는 것 [i> --> ···› : 움직이는 모양 n: 내內]
시동= -- 사용했는데 그 samples를 하면서, 다른 유전자 실험을 하면서 말이다 : **유전자 실험 안이 아니다.**
※ **in=직상뇌+동뇌** cf]into=내방향 대상[종점]으로서 내대자 -- 까지 : 35℃ into Tuesday.
/내방향 (변화) 입작동 대상으로서 내대자 -- 으로 : Changed into NB English.

7.. **Support in numbers.**
시동=지지하고 있어요, 들어와서 수 많은[여러] 사람들이 들어 와서 말이다. ※ **in=직상뇌+동뇌**

8.. **On the attacks, Gadhafi.**
on=표면 위에 눌러 작동시키는 것으로서 하는 것 : 상(上) 작동 [o: 위 n: 누의 있는 표면 + 누르는 것]
시동=(상에) 하고 있어요 /하고 있는 중이에요 /가하고 있어요, 공격을 Gadhafi에게 말이다.
on=직상뇌+동뇌 : Over shoes, over books. Heat on fire.
시동=걸친 김에 신발을 걸친 김에, 걸치자 책도 말이다. 뜻하는 의미=이왕 내친 김에 더 해보자
/Heat팀이 붙이고 있다. 불을 말이다(Heat=Miami 팀) ⇒ on=불위가 아니라, 작동으로서 붙이는 것
cf]**대표적인 직상뇌** : Be careful of the dog. His love of his mother.[=for]

☞.. **간상의 직상전환** : A man between two desks. ※between=사이공간과 그 대상으로서 사이에/간자
간상시동=한 남자가 있는데 사이에 두 책상 사이에 있다 → 직상시동=한 남자가 있는데 간자 두 책상에 있다.
vs **직상표현** : Two desks between a man. 시동=두 책상이 있는데 사이에/간자 한 남자가 있다 : **직상만 가능**

tip) on=상을 밑바탕으로 하는 것으로서 상바탕과 그 대상으로서 상자 //상작동 대상이 동사인 것으로서 상동
: He works on a part-time basis. 바탕으로 해서/상자 — 바탕으로 해서/상자 — 로 해서
He was on his hands and knees. 짚고서/상자 — 바탕으로 해서[으로 짚고서]
On hearing the news, foreigners headed for the border. 상동 듣자마자/상동 듣자
in=입작동으로서 하면서[가운데] //입작동 대상이 동사인 것으로서 내동 : In reading the story, he was emotional.
하면서 즉 읽으면서[가운데 즉 읽는 가운데] //내동 읽으면서[읽는 가운데] — , 그는 했는데 울먹이었다.

9.. **상황 :** 저쪽 오른 쪽에 별도로 줄이 서 있다. 일부 사람들이 입구에 와서 요구하는 상황

″ **Line forms to[at] the right.**″ 시동=줄이 서 있는 데 대자[대방/방위/방향]가 오른 쪽이에요.

/직자가 오른 쪽이에요. or 구자[위치/구위]가 오른 쪽이에요.

-- 입구에서 오른 쪽 방향으로 서 있는 것이 아니다. 그래서, at을 써도 전달결과는 같다.

영어는 일형태 다의어로서 **상황이 단어 의미를 결정한다 : 상황 helper cf] 한글=대개 일형태 일의어**

to/at=**직상뇌+정뇌** to=방향대상으로서 대자[대방(對方) /방위(方位) /방향] -- **방향위치**

vs at=구역일치 지정대상으로서 직자 /구역 지정대상으로서 구자[위치/구위(區位)]-- **구역위치**

vs toward=방향은 방향인데 쪽 방향 [to + ward 쪽] : toward the right 쪽으로 오른 쪽으로

cf] to가 방향 종점[대상]이기 때문에 수신처/도착지/종시할 때 to를 써지 toward를 써지 않는다.

• Air strikes on ISIS : to date in Syria – 95. (종시/대자 이 날짜까지의 공중 공격수)

방향대상과 쪽방향[쪽방향 대상]이 일치하는 경우

caution]

영영사전에 to가 toward 의미로 나와 있는 것은 방향대상과 그냥 방향, 즉 쪽방향이 같을 경우이다. 유의하라.

Many families have two working parents and kids turn to televisions, video games and computers for most of their after-school entertainment.

※turn to=눈을 돌리는데 대자[대체] -- 쪽으로 돌린다[=toward(s) : 눈을 돌리는데 쪽으로/방자 -- 쪽으로 돌린다]

방자[toward]할때 쪽방향 대상이 보이면 된다 : S영뇌

But 'They went to the helicopter.' vs 'They went toward/towards the helicopter.'

하지만, 이것은 전자를 '쪽'으로 해석하면 안된다. 간 방향대상이 헬러콥터이기 때문이다.

전자=갔는 데 간 곳은 헬러콥터였다 [곳으로 헬리콥터라는 곳으로 갔다]

/갔는 데 대자 헬리콥터로 말이다. /갔는 데 대자 헬리콥터를 타러 말이다.

⇨ to=방향 대상으로서 간 곳[곳으로 /대자 -- 로] /방향 목적으로서 대자 -- 타러

cf]방향대상 조정: Dance to the music. 대자 그 음악에 맞추어서

more ☞ **기본영뇌** vol 1 p334

후자=순수하게 방향만 의미: 쪽방향과 그 대상으로서 쪽으로/방자(方者) -- 쪽으로

⇨ 그래서, (반드시) 헬러콥터를 타러 간 것이 아닐 수도 있다. tip)toward/towards=**둘다 전치사**

vs back/forward/backward=**형용사/부사** forwards/backwards=**부사**

plus

동동사와 동개념 끼리, 상동사와 정개념 끼리, 동동사와 정개념 끼리 의율이 된다.

하지만 상동사와 동개념은 의율이 될 수 없다.

Come down the escalator. **동동사 + 동개념**

They laid the injured woman on the grass. **상동사 + 정개념**

lay=놓아(동) 두는 것(상)=동후상태-- **최종적인 의미는 상태** (on=상소로서 위에/상소 대상으로서 상자[상체] -- 에)

vs onto=상방향 (상작동) 대상으로서 상대자 -- 위로

I met with Alice for half an hour. **동동사 + 정개념** : Thousands flocked onto the streets of Mumbai.

The rescuer laid the body on a blanket for about two hours. **상동사 + 정개념**

The rescuer laid the body onto a blanket for about two hours. **: not ok**

into=내방향과 그 대상 내방향 입작동과 그 대상

onto=상방향과 그 대상 상방향 상작동과 그 대상

∵ **상동사+동개념**=no 의율 (말이 안통한다)

놓아 두었다고 해놓고 다시 동작이 나올 수 없기 때문이다. 그래서 onto=incorrect

put(놓다/놓아두다) /sit(앉다/앉아 있다) =**동동사/상동사** vs place(**위치에 두는 것**) /lay(**두는 것**) =**상동사**

in=내지정/내지정 대상 vs into=내방향 대상[이동] vs on=상지정/상지정 대상

The carpet is laid in the bedroom. [*not* into] Lay the carpet on the balustrade stairs. [*not* onto]

Alice and I sat in the armchair for half an hour. [*not* into] ∵ into/onto=**동뇌**

more) Working well into old age. 일을 잘하고 있어요, 내대자 늙은 나이가 되었는데도 말이다.

※into=내방향 대상으로서 내대자 -- 가 되어도

☞.. 이해는 최종적으로 단어의 최종적인 뜻인 감주로 이해한다.

4) 전치사 영뇌와 일반부사 영뇌, 관습적 영뇌, 전부영뇌

① 전치사 영뇌와 일반부사 영뇌 관계 :

부사를 전치사로 설명해 나갈 수 없다. 부사의 설명을 받을 뿐이다. 일반부사는 동족끼리가 아니면 기본어가 될 수가 없기 때문이다. 단, 관계부사/전치사부사는 가능하다. 이들 단어의 뜻이 기/설 관계가 되기 때문이다. 이런 관계를 알면, 본인이 단어[말]를 정확하게 표현할 수 있다.

A.. The business tycoon failed /chiefly for /lack of funds.=기→ 설→ 설′ : BEis − Os

부사의 설명을 받아 동사를 설명해 나가는 뇌로 작동시킨다.

시동=그 실업계 거물은 실패했다, 주로 그 이유는 부족, 즉 자금부족 때문이었다 / 주로 해유가 -- 때문이었다.

⇒ chiefly /for=설-->기 : 부사가 앞에서 설명해 주는 뇌=**설주뇌**

B.. The criminals are /still at /large.=기→ 설→ 설′ : BEis − Os

still의 설명을 받아 동사를 설명해 나가는 뇌로 작동시킨다.

시동=그 범죄자들은 있다, 여전히 상태에 있는 데, 즉 도망상태에 있다. [=on (the) run /on (the) loose]

at=(어떤 구역에 있는 것으로서) 어떤 상태[상황]에 있는 것/어떤 활동중에 있는 것

[a: area a: 어떤 것 t: state/condition or a + at: (continuous) activity]

: a country at war /children at play /same-sex marriage at Supreme Court

/Cardinals at work picking Pope[=work which is picking]

/He was held up at gunpoint. ※ picking=**관계현분사 영뇌**

large=도망상태[탈주상태]에 있는 것으로서 도망상태[탈주상태] [a: at r: runaway]

vs This group is not /representative /of the population //at large.=기→ 설→ 설′ ⇨ 전설

시동=이 그룹은 아닙니다, 대표하는 것인데 즉 그 주민을 말이다, 상황을 큰 범위에서 생각해 볼때 그렇습니다. ※ 생각해 볼때 그렇습니다=**문맥** associate

large=쭉 크게 뻗은 것으로서 큰 것/광대한 것 [l: 쭉 크게 늘어진 모양 r: reach 뻗어 있는 것]

at large=규모/상황을 크게 보는 것으로서 전체적으로/일반적으로 ➾ **여기서 large=명사**

at=규모가 차지하고 있는 것으로서 상태/상황

caution] 전부도 (전치사 뜻 그대로 보유하기 때문에) 전치사처럼 (일반) 부사의 설명을 받거나 기본어가 될 수 있다.

ⅢⅢ.. Breaking news / just in. =B-->E Down /in /low .=B-->E(B′)-->E′ (low=adv.)

-- just 설명을 받아 설명해 나감 **시동**=내려오면서 안으로 들어 왔는데 낮게 들어 왔다.

ⅢⅢ.. Obama : 'Possibility' of a bomb on downed plane. : infml E=단수단독 표현

a bomb /on /downed plane=B-->E(B′)-->E′

: 명사를 전부로 설명해 나가면서 다시 동사로 설명해 나가는 것으로서 기본어′(B′)

시동=가능성이 있는데 어떤 폭탄 하나가 장착[부착]되어 추락시켰을, 비행기를 추락시켰을 가능성이 있다. on=상면 접촉으로서 장착/부착

주의]패턴이 infml E이면 infml E로 이해해야 빨리 이해할 수 있다. 특히 단수단독 표현과 be동사 전제 표현에 유의하라.

전치사 목적어=문장동격 ☞ p305

↗딸과 아들이 동시에 있기 때문이다. ↗**대자/대동[to]할때 방향대상이 보이면 된다 : S영뇌**

tip)(직상으로) 딸과 아들이 다 되는 경우 : • Attack response to Saudi killing Yemenis.

⇒ 공격대응인데 대자[대동] 사우디 사람이 죽인 것, 즉 예멘사람들을 죽인 것에 대한 공격대응[대응공격]

• With last year's primary still roiling the Democratic party more than a year later, ──.

⇒ 동자[동동] 지난해의 예비선거회가 여전히 지금까지도 흐리고 있다고 민주당을 일년 이상이 지난 후에도 흐리고 있다고 하면서,

☞ more) 기본영뇌 vol 1 > p317 ⇐ **딸이 둘인 경우 twins로 시동 :** from before 시후자(始後者) -- 전부터

until after 도전자(到前者) -- 후까지 from under 기하자(基下者) -- 으로부터 from around 기환자(基環者) -- 로부터

except[save/but] for 외해자(外該者) -- 를 제외하고 -- etc. ↳기자+하자 along with 측동자 -- 와 함께 /쭉 함께, 즉 -- 와 함께

② **관습적 영뇌 :**

A.. **News in brief : 관습적 E** ➾ 전치사를 관습적 형용사로 설명해 나가는 뇌

시동=뉴스인데 하고 있는 뉴스, 즉 요약하고 있는 뉴스 /뉴스인데 해놓은 것, 즉 요약해 놓은 뉴스

-- 상황에 따라 의미를 결정하면 된다. 상황이 의미를 안내하기 때문이다.

: of late, in short, for wrong, for lost (즉 잃어버린/실종된 것으로), in vain, for dead, for sure --etc.

초기에는 일부 사람들이 이렇게 썼을 때는 infml E**가 되었지만**, 많은 사람들이 늘 사용하면 관습적으로 굳어진다. 이것이 바로 언어의 발전이자 언어의 새로운 맛이다.

B.. **His mother believed scientists for wrong.** C.. **I don't know for sure[certain]/in general.**

시동=즉 틀렸다고/즉 확실히/해서 일반적으로 해서 cf] late/short/wrong/general=large처럼 명사도 되니 명사 뇌 가능

③ **전부영뇌 :** 일종의 부사이지만 명[대]/동/전부를 설가하거나 설주하거나 기본어가 되는 뇌

A.. 「Turn it on.」 처럼 대명사일 경우 전치사 부사는 대명사와 영뇌의군을 형성시키는 것이 관습적으로 굳어져 있다

: **관습적 E** ⇒ 「Turn on it.」하면 Written StE에서는 틀린 표현으로 간주한다. 즉 좋은 글이 아닌 것으로 판단한다.

하지만 infml E로 그렇게 표현할 수도 있다. 시동=틀어서 그것을 on시켜라.

: Put it on. : 관습적 E vs Put on it. : infml E

하지만 명사일 경우 동사 또는 명사와 영뇌의군을 형성시켜 두뇌를 작동시켜도 좋다.

Turn on /the radio. 시동=틀어서 on시켜라. --- 말이다.(=B-->E)

or Turn /the radio on. 시동=틀어서 the radio를 on시켜라 ⇒ turn=타동사이니 문맥상 명사이동 가능

: with a hat on 하고서 모자를 쓰고서 (with=동존상태로서 하고서)

초기의 기술은 틀어서 작동시켰다. 그 후 눌러서 작동시키기도 한다. 트는 것으로서 작동의 미로 굳어져 있기 때문에 눌러서 작동시키는 것도 turn으로 사용한다 : **관습적/발전** English

: Turn the oven to 65 degrees. cf]He turned doctor. : **관습적** E vs He turned a doctor. : Formal E

Plus] • **Just in /good news. : 부사의 설명을 받은 기본어** • **In /good news. : 기본어**

• Libya: Is it /all <u>about</u> oil? : **명사 설주** -- 모두 거의 기름뿐인가? • This just <u>in.</u> : **대명사 설가**

on=위에 누르는 것으로서 작동/시작 [o: 위 n: 누르는 것] /위에 두는 것으로서 쓰는 것 /작동으로서 수행[실시]

: Cut /down /on=B-->E(B′)-->E : **또다른 전부의 설가**=cut down 해나가는 것을 수행하라는 것, 즉 줄여 나가는 것을 수행하라는 것

Super Bowl 2016 : folks, it's the <u>game on</u> with the Broncos and the Panthers!

vs off=위에서 떨어지게 하는 것으로 끄는 것 [o: 위 f: fall away] in=들어가는 것으로서 시작

↗Evangelicals weigh good, evil and Moore.

B.. **New Yorkers <u>weigh in on</u> Republican candidates.**[=weigh] **(The) Sinkhole swallows up cars!**

➾ weigh in on=무게를 (내에) 들어가서 얹어서[올려놓고] 달아보는 것으로서 깊이[신중히] 생각하기 시작하는 것[생각해보는 것]

시동=무게를 들어가 얹어서 달기 시작했다 : **완전번역**[bnw-BAM] (in/up/on=**전부**) ↳**기본영뇌** vol 1 p337

또는 깊이[신중히] 생각하기 시작했다 : **이면번역**[im-BAM] /삼켰는 데 바로[완전히] 삼켰다! : 발생현재

on=상소에 두고 다는 것으로서 올라가서[얹어서] 달아보는 것 up= swallow하는 쪽으로 똑바로 하는 것으로서 완전히

: Strap in. 시동=끈을 단단히 묶어라. → in=조이면 힘이 안쪽으로 향하는 것으로서 단단히 하는 것

Touching <u>down in</u> low. 시동=착륙하려고 내려오면서 들어 갔는 데 낮게 들어 갔다. → down/in=전부

All aboard! [=on board] → aboard=전부 vs 225 were aboard missing Malaysia Airlines jet. → aboard=전치사

C.. **Moon Landing: 40 years on** ➾ 명사를 전치사 부사로 설명해 나가는 뇌

시동=40년간 계속하고 있다. on=계속 누르고 있는 것으로서 계속작동 [o: 위 n: 표면 위를 계속 누르는 것]

전부 on=직상개념+동개념-- 계속하는 것이 moon landing이기 때문에 직상이 된다. moon landing 위가 아니다.
vs John kept a gun on him. **간상개념+정개념** on=위에 두고 있는 것으로 차고 있는 것: 계속해서 차고 있었다.
자기 몸에 말이다 : 대명사 associate

전치사 영뇌와 전부영뇌

IIIII.. The yak is a long-haired animal with long horns about the size of a small ox.[=which are about]
전치사 영뇌 -- 전치사가 명사를 설명해 나가는 설가뇌
시동=그리고 가지고 있는데 긴 뿔, 대략 크기가 작은 황소 크기정도 되는 뿔를 말이다.
about=대략 옆까지 갈 정도로서 대략[거의] -- 쯤 되는 ※ of=동격으로서 '가'
[a: 부정관사 크기로서 대략크기 b: by] (approximating ; near)

vs **전부 영뇌**
Libya: Is it all about oil? He is about my size [age]. [=almost my size/age]
: 부사가 명사를 설명해 주는 설주뇌 ※about=근처(값)으로서 거의 vs almost all=거의 모두
시동=인가, 그 나라는 모두 거의 oil뿐인가? /거의 내 크기/나이와 같다.
add] They walked about the street. 이리 저리[=here and there]
He had a gun hidden about his person. 숨기고서, 주변에 자기 몸 주변에 숨기고서 [=surrounding]
전치사 영뇌 : 전치사가 동사를 설명해 나가면서 다시 뒷말[명사]로 설명해 나가는 뇌
※his person=그 사람 --> 그 사람 몸 -- **명사** associate

Plus-1 전치사 영뇌는 일반적으로 앞뒤말 또는 뒷말을 쓰나 드물게, 뒷말을 써지 않거나 앞뒤말을 써지 않는 경우도 있다. 전치사는 개략적인 말이기 때문에 보통 앞뒤말 또는 뒷말을 쓴다.

1.. Bush on the war. 시동=부시는 올리고 있는 데 전쟁에 관해서 올리고 있다 → 이때 올린다는 뜻은 관해서 말한다는 의미
2.. At 5. On/In looking for it.
시동=시간[때]가 5시이다. [a : 어떤 t: time] //하고 있는 데 찾고 있다. 즉 그것을 말이다.
3.. Rarely : a.. To begin with, the meal is terrible! 시동=대동 말을 시작하는데 즉 관련해서 말을 시작할 것 같으면
뒷말=the restaurant **전제**
b.. 'Did you get a ticket?' 'I tried to, but I didn't.'
(디드유-↗/디듀-↗/디쥬-↗=중간 tail F — 문미 tail 주파수가 아니다. 게러=slide F : t단타와 강주, 즉 단타 강주)
시동=(나는 하려고 했는데) 그렇게 (하려고 했는데 하지만) : Talk about. 시동=얘기하자, 관련해서 말이다.
c.. throttle=to stop the breath of by pressure on the throat
시동=즉 누군가의 /어떤 동물의 **of 뒷말**=someone /some animal **전제** -- **단어** associate
: The thief throttled the dog to keep it from barking.
d.. All to play for in Germany. 시동=전원이 경기한다. (title을) 차지하려고 내소, 독일 내소에서 말이다.
Go on for. 시동=가보자, 계속해서 (어떤 곳을) 향해서 말이다. *어떤 곳=**단어** associate
4.. Very rarely : "About" -- 컴퓨터 화면에 이렇게 표현 시동=관련 내용 -- **영어는 토씨가 아니기 때문에 표현 가능**

Plus-2 **방향중심=of** — 사방방향은 어떤 중심점, 즉 of 중심으로해서 결정되는 것이니 from을 쓰면 안된다.
IIIII .. The helicopter went down on marshland, about 130 miles northeast of London. Due north of here.
시동=대략 130 마일 떨어진 곳인데 북동쪽, 즉 런던을 중심으로하서[런던으로부터] 북동쪽으로 말이다.
/곧장 북쪽인데 즉 여기를 중심으로 해서 말이다. *due=directly/exactly

big tip) OO과 그 대상의 차이 :

예컨데, 내소와 내자의 차이는 in the classroom 했을때,
전자는 IS 영뇌 작동시 내소만 먼저 작동하거나 보이고, 후자는 내소와 그 대상까지 먼저 작동하거나 보인다. 쉽게 말해서 전자는 in했을 때 내소만 먼저 보이고, 후자는 내소도 보이고 classroom도 보인다는 것이다. 그래서 후자가 직상으로 먼저 결정되니까 classroom, shop, college, — 등으로 뒷말이 쉽게 나온다. 이것이 바로 (기/설) 영뇌다.

Plus-3 What do you say 뒤 to=일반 전치사

: What do you say to jogging in the park?

say=의견개진 / 실제물음   to=방향관련 동사대상으로서 대동/즉 -- 관련해서
시동=무엇이라고 너는 말하겠니? **(=완전번역**   **뜻하는 의미**=어떻게 너는 생각하니?=**이면번역[준번역])**
/뭐라고 너 말하고 있니[말하는 거야]? 대동 조깅하는 것과 관련해서 -- ?

MEMO : **like=의견개진 /실제감정표출** /ok[want]
-- 좋은 가 /좋아하다 /좋다고 하다, 즉 좋다로서 승인[허락], 원함

1.. How do you like this food?   Do you like this dress?
시동=(어떤 가 ---) 좋은 가? /(그런 가---) 좋은 가?
---- 의견개진으로 좋은 것인지 물어 보는 것(to ask whether you find it pleasant)

2.. I like fruit. Do you like me? 시동= -- 좋아해요/좋아하느냐? (to be fond of) : 감정표출

3.. Would you like a cigarette? I like them both to come.
I would like coffee. I would like to buy 'an L'.
시동=(하겠는가 --) 좋다고 하겠는 가[ok하겠는가 /원하겠는가]? 담배 한 까치 피우는 것을[것에] 말이다. / (나는) 좋다 [ok한다/원한다. --- .]
/나는 하겠다. ok하는 것[원하는 것]인데 커피로 말이다.
/-- 하겠어요, ok하겠어요, 받아서 챙기는 것인데 L자 하나를 말이다.
⇒ **like=좋다고 하는 것으로서 ok/want하는 것**

AFN wheel of fortune 퀴즈프로에서 I would like to buy an 'L'. 이라고, 말한다.
이 때 buy는 돈을 주고 사는 게 아니다. 받아 챙긴다는 뜻이다.
그래서, 받아 챙기는 것에 ok하 겠다는 것이다. 결국 L자를 고르겠다는 말이다.
buy BAM=받아서 (짐을) 싣는 것으로서 사는 것/받아 챙기는 것
[b=받는 것 y=지게모양으로서 싣는 도구 --BNW]

옛날에는 시장에 물건을 사면 지게에 실어서 지고 온다. 여기서 y자를 만들면 언어가 되는 것이다. 요즈음은 shopping 카트 모양이 되어 버렸다. 여러분들도 세종대왕이 될 수 있다.
cf]receive=건네[통해서] 오는 것으로서 받는 것 [r: across or through c: come v: 받는 것]

tip) into=내방향 입작동 대상이 동사인 것으로서 내대동 : President Trump will call on all countries to further pressure North Korea <u>into</u> giving up its nuclear weapons. -- 은 앞으로 요구할 것이다. 상자 모든 국가에게 대동 좀더 압박하도록 (요구 할 것이다) 북한이 내대동 주고 완전히 손들도록[포기하도록] 자기네들 핵무기를 말이다.

Plus-4 관계전형 영뇌와 전부 영뇌

전자=일종의 관계형용사 영뇌로서 명사/대명사를 설명해 나가는 연결설명어
후자=일종의 일반부사 영뇌로서 명[대]/동/(또다른) 전부를 설가하거나 설주하는 비연결설명어

: He is the stupidest man <u>out</u>. [=who/that is out]   **※out=전치사/부사/형용사**
↳ **관계전형** : out=adj. 나와 있는 (사람 중에서) cf]일반전형 : He is out.

vs • Breaking news[This] just <u>in</u>. Put <u>on</u> your hat. Touching <u>down in</u> low • Libya: Is it all <u>about</u> oil?
전부 : ① 명[대]/동/전부 설가뇌 (on=머리 위에 놓는 것으로서 쓰는 것 in=들어 왔다)   ② 명사 설주뇌 ↵

Plus-5 사람 수로 구별하지 말라. 그냥 BAM으로 판단하라.

between=서로의 옆틈으로서 사이[각각의 사이로서 공동으로]와 그 대상/사이 사이에 하는 것으로서 부대상황[간동]

[b: by e: each other t: 틈 비투위-ㄴ=root F : 두음을 거의 같게 고음으로 내는 게 좋다.]

-- 사이가 두 사람 사이일 수도 있고, 세 사람 각각의 사이 일수도 있고, 네 사람 각각의 사이 일수도 있다 : 사이를 만들어 주는 대상

1.. The ball went straight between the goalkeeper's legs.

2.. No consensual sex between different ranks. 여러 사람들의 계급사이이다.

시동=어떠한 합의 섹스도 허용되지 않는다,

사이[간자] 서로 다른 계급 사이에는 말이다 /간자 서로 다른 계급 간에는 ---- .

3.. They caught twelve fish between them. 시동=공동으로[간자], 그들 공동으로 (two or more)

4.. They own the property between them. 시동=공동으로[간자], 그들 공동으로 (two or more)

5.. Shared between 3 people. *shared=(주동) 전제 infml E ↳반드시 두 사람만 뜻하는 것은 아니다.

6.. Between collecting, cooking, writing and running the farm, she was very busy.

시동=하면서[간동], 즉 수집하는 것을 하기도 하고, 요리하는 것을 하기도 하고, 글을 쓰는 것을 하기도 하고,

경영하는 것을 하기도, 즉 농장을 경영하는 것을 하기도 하면서 --. *run=돌리는 것으로서 운영[경영]하는 것

속자[among]할때 속을 이루는 대상이 보이면 된다 : S영뇌

cf] Two citizens of Japan are kneeling between a man called Jihadi John. : ISIS 참수협박 Video 장면

시동=두 시민 즉 일본의 두 시민은 있는데 무릎을 꿇고 있고, 사이에는 한 남자, 불리는 -- 라고 불리는 남자가 있어요.

/ -- 있고, 간자(間者) 한 남자가 있는데 이름은 -- 이에요 ⇒ 간자(間者)=사이에 있는 대상/사이를 만들어 주는 대상

vs **among**=어떤 것이 속을 이루는 것과 그 대상으로서 속자(屬者)

[a: 어떤 것 m: middle로서 속 or o: 속 모습]

1.. The president is standing among his bodyguards. 시동=속자, -- 속에

2.. This mountain is among the highest in the world.

시동=속자 -- 에 속한다 뜻하는 의미=중의 하나, 즉 가장 높은 산들 중의 하나

Interests among US, Canada, and Latin America.

시동=여러가지 관심사항들, 속자 미국, 캐나다, 그리고 라틴아메리카 속에 있는 관심사항들

뜻하는 의미=-- , 사이[간자], 미국, 캐나다, 그리고 라틴아메리카 사이의 관심[이해관계] 사항들[=between]

He divided the money among the three children. 시동=속자, -- 속에서 뜻하는 의미=between

Among all the magazines on the shelves, only one was of my interest. (of=동격관련)

중자[amid]할때 어떤 것이 있는 가운데의 대상이 보이면 된다 : S영뇌

vs **amid[amidst]**=어떤 것이 하는 가운데 일어나는 것으로서 있는 가운데[속에서]와 그 대상으로서 중자(中者)

[a: 어떤 것 m: middle로서 하고 있는 것 어미ㄷ=cramp F 어미ㄷ스(트)=cramp F]

: Two shots were fired, and amid the confusion, the killers got away.

↳중자 -- 이 있는 가운데[속에서]

vs **round[BrE] /around[AmE]**=둥근 모양으로서 주위[주변]인 것과 그 대상 : They are all round/around him.

↳주위에[주변에]/환자(環者) -- 주위에[주변에]

addition

beside=prep. 옆에 있는 것으로서 옆에/그 대상으로서 측자(側者) [be: 있는 것 side: 옆]

vs besides=prep. or adv. 옆에 부가하는 것으로서 외에도/게다가/또한 [be+side + s: side 하나 더 첨가로서 부가]

We camped beside[near] a lake. ↳그 대상으로서 외자(外者) /외대상이 동사인 것으로서 외동(外動)

I do all the cooking and <u>besides that</u> I help Tom. <u>Besides doing</u> the cooking I help Susan.

I do all the cooking and help Tom <u>besides</u>. [=in addition to that /as well as that]

※ near=근지역[근시간]과 그 대상으로서 가까이/근자(近者)

Plus-6 전치사 associate : Wang said the one-child policy was ineffective and nunecessary, since China's fertility rates were already slowing by the 1980s. North Korea must close by Jan.

by=쯤부터[이래로/까지]//근자[=from[since] by /until by] 부터/이래/까지=여기서는 문맥 associate since=존유[존인]//존자

8. 종속접속사 영뇌(SC NB)

해야할 일-- 원래 언어는 생활 속에서 뜻이 얻어진 것이다. 원어민들처럼 **종속접속사 말**을 배우려면 여러분들의 두뇌를 생활 속에서의 뜻으로 종속접속사 영뇌를 습관화시켜라. 특히 BEis, IS **영뇌로 습관화시키되**, (생활 속에서의 뜻이 용해된) free **감주**로 습관화시킨다.

.. **생활 속에서의 뜻=외국인과 생활하면서 느껴지는 뜻이자 실제로 적용된 뜻(≠사전의 원형적인 뜻)**

> **종속접속사 영뇌란 :**
> **IS 두뇌로 명(대), 동, 형, *문, (드물게) 종에 종맥으로 (주로 비제한적으로) 연결시켜 개략적으로 설명해 나가면서, 다시 뒷말로 구체적으로 설명해 나가는 뇌**
>
> in short, **연결설명어** in concrete, **콤머불관 연결설명어**
> **또는 전설로 설명해 주거나 기본어로 먼저 말하는 뇌**

---

vs 한뇌=동사 뒤에 붙여서 앞에서 설명해 주는 뇌
vs 영뇌=자기 주어 앞에 놓아 설명해 나가거나
설명해 주는 뇌 : 근본적 버그단어

▭ **종속접속사 BNW**=복품종맥 or 종맥실체로서
종맥 연결의미 → 전치사처럼 일반단어이지 토씨[조사]가 아니다.
— 주로 주절(또는 명/대, 동, 형)을 종속시키거나
주절에 종속되어 구체적으로 말해 나가는 것
위치=비등맥이기 때문에 *문미, 문두, 문중 가능
tip)영어에서 종속이라는 말은 종속시키거나
종속된다는 의미 ※종맥실체=시자, 하자, 인자,— 등
→ **먼저 인식돼야 영어승차감이 나온다.**

▭ **종속접속사 — 복합품사**
=부사접속사 /명사접속사 /대명접속사

— 표현의 자유, 이해의 자유를 누리려거든
복합품사 의미와 기능을 알아야 한다.
그러면 품사와 뜻으로 바로 이해할 수 있다.
(구문법 : 부사절, 명사절, 즉 기능으로만 이해)

— 종속접속사는 복합품사이기 때문에 선행사와
주기능, 보조기능이 가능함. 접속기능만 하면 선행사와
주기능을 하지 못함.
(구문법 : 주기능=명사절 보조기능=부사절)
tip)절/구는 영뇌의군으로 바로 이해하라.

▭ **종속접속사 영뇌**
=동격을 제외하고 연결대상, 즉 명(대)동형문종과
언제나 비제한적 연결영뇌 (단, 동격=제한적 연결영뇌)

▭ **종속절 구성**=종속접속사 + 서술문장/관계문장
즉, 부사접속사 + 서술문장
명사/대명 접속사 + 서술문장/관계문장

▭ **종속접속사의 (비제한적) 연결[접속]의미**
= 언제나 하면/시자 — 하게 되면/할 때/경우에
/그것은[즉] — 이다고/인 것이다고 — 등등
↳원어민이 알고있는 의미대로 알고 있어야
순서대로 이해할 수 있다.

▭ **한국 사람들의 가장 큰 취약점 :**
영어 읽는 법을 모르고 있음 ⇒ 감각적 주파수
+ free 영뇌, 특히 free 감주에 약하다.
한뇌로 이해, 즉 있는 그 위치에서 바로 의미를 못 느낌

+ 말[소리]자체/글자자체가 뜻이자 A상황인데 자꾸
해석하거나 이미지를 연상해서 이해하려고 함
특히 해음/해자 영뇌에 약함
+ 복합품사라는 것을 잘 모름, 즉 품사만 알면 되는 데
부사절/명사절로 기능적으로 처리하고 있음

+ 단어의 BNW를 못 느낌, 특히 BAM을 잘 몰라, 단어의
여러가지 뜻을 대등하게 독립적으로 외우고 있음
+ 문자값으로만 이해하거나 기억하지 청구(聽口) 소리
값으로 더 뇌화 되어 있지 않음
+ 문법적 예문으로만 취급하고, 말로 활용하는 것에 약함
말공부 문법공부가 따로 있는 게 아님
+ 특히 종속접속사를 감각적 주파수로 말하는 것에 약함.

+ 설가뇌가 형성되어 있지 않음
특히 **영어는 감각적 주파수로 문맥이 보여야 함**
+ 단문보다 story뇌에 약함
+ 영어주파수, 즉 vocal 감주에 약함
+ 감각적 주파수로 이해하는데 약함
+ 생활 속에서의 뜻[소리]에 약함

→ 원어민=소리값 지배 속에서 모든 게 이루어지고, 비영어권 사람=글자값 지배 속에서 모든 게 이루어진다.

우리도 원어민처럼 **1) 종속접속사 영뇌(SC NB)** 바꾸어야 영어를 정복할 수 있다.

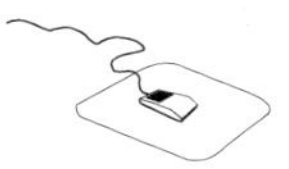

IS 두뇌로 명(대), 동, 형, *문, (드물게) 종에 종맥으로 (주로 비제한적으로) 연결시켜 개략적으로 설명해 나가면서, 다시 뒷말로 구체적으로 설명해 나가는 뇌

in short, 연결설명어 in concrete, 콤머불관 연결설명어

또는 전설로 설명해 주거나 기본어로 먼저 말하는 뇌

종속접속사의 기본어[앞말]=명(대), 동, 형, 문, (드물게) 종 단, 부사로부터는 전치사처럼 설명을 받는다.
종속접속사 뒷말=문장, 즉 관계대명사/관계부사처럼 문장을 거느릴 수 있는 단어

① 명사에 연결시켜 설명해 나가는 뇌

IIIII.. Chaos /as /humanitarian aid arrived. (〈 Chaos as /humanitarian aid arrived.)

영뇌=기-->설-->설′ : BEis-Os or I + I + I : I-Os or S + S + S : S-Os

How to Read[Speak]= Chaosas humanitarian aidarrived.
: BEis/IS, 즉 설가뇌와 자동설가뇌로 되어있는 것을 감각적 주파수로 이해한다.
즉 한 단어처럼 뒷말과 말하면 저절로 이해가 발생한다.
시동= vocal 감각적 주파수로 F3+E2 강하게 말하기 종사 연결대상=Chaos
HUmaniTArian=휴-매너태(어)리언=retro-root F + slide F AidaRRived=에이드어라이브드
/에이더라이브드=double slide F 전자=비합성감주 후자=합성감주

→ 명사를 종맥으로 설명해 나가는 뇌 : BEis-Os -- 대혼란은 물자 도착 시기에 생긴 것으로 명사를 종속시킴

.. **我必 Free 감주 간직하기**=Chaos as aid arrived.

시동=대혼란이었다. 다음과 같은 것이 있었을 때, 즉 인간 구호물자가 도착했을 때 말이다.
/-- 동시자 인간 구호물자가 도착했을 때 말이다 : **비제한적 연결영뇌**
↘동시자[as]할때 동시상황을 일으키는 실체가 보이면 된다 : S영뇌

.. **5W1H Short Talk Drill** → **Teacher : What was it arrived there?**
Student : Humanitarian aid. or It was humanitarian aid. Teacher : Then, how was it when humanitarian aid came? Student : Chaos. or It was chaos.

말= As=애즈/어즈=slide/small slide F a=**강한 감정음가/약한 감정음가**
as=동급으로서 동시상황, 동시상황과 그것을 일으키는 실체로서 다음과 같은 것이 있을 때
/동시자[a: apposition 나란히 놓는 것 s: same] *apposition=p:parallel+position

: **a.. The end /when /the ads are over.=기-->설-->설′** : BEis-Os
How to Read[Speak] : Theend whenthe adsare over.
시동=그것이 끝나는 데 언제냐 하면[시자] 광고방송이 끝날 때이다 : **비제한적 연결영뇌**
: If our crops can't adapt, big trouble. **시동**=만약에 우리의 농작물이 할 수 없다면 -- 큰 문제다.
↳앞으로 이동가능

b.. John, /when the ads was over, /didn't come.=기-->설/설 : BEis-Os
--연설뇌가 아니라, 독설뇌로 두뇌를 작동시켜야 한다. 죤이 오지 않했지, 끝난 때가 오지 않은 것이 아니기 때문이다. 그러면 동사 수일치도 된다. **시동**=죤은, 때에도[시자] 그 광고가 했을 때에도, 즉 끝났을 때에도, 하지 않했어요, 오기를 말이다. /언제냐하면 그 광고가 끝났을 때에도 : **비제한적 연결영뇌** ※was=발생으로서 '했다는 것' /과거 동질로서 '가'
: **New videos released by police are giving us a look at the moments right after Tiger Woods was arrested for DUI including images of the golf legend.** -- 연결대상이 주절이 아니라 명사인 경우(DUI=called also DWI)
시동=그 순간 순간들의 모습, 즉 바로 후의 -- 가 체포된 후의 순간 모습들을 -- .

연결설명어 영뇌

② 대명사에 연결시켜 설명해 나가는 뇌

IIIII .. This, /if the buyer pays cash, /costs $90. [=pays in cash]

영뇌=기-->설/설 : BEis-Os or I + I + I : I-Os or S + S + S : S-Os

How to Read[Speak]=This, ifthebuyer payscash, costs$90. : 먼저 감각적 주파수로 이해한다.
그러면 저절로 선인영뇌각인/선강후약 영뇌각인이 유지된다=if>thebuyer pays>cash
시동= vocal 감각적 주파수로 (선인영뇌 각인이 될 때까지) F3+E2 강하게 말하기
종사 연결대상=This

(코-스/코스=retro-root/slide F : ts 폐쇄 나인디[티]다-ㄹ러스[다을러스/다ㄹ러스]=slide/retro-root[basket/slide] F : t단타/비단타)

→ IS 영뇌로 대명사를 종맥으로 설명해 나가면서 다시 s동사로 설명해 나가는 뇌 : BEis-Os
연설 뇌가 아니라, 독설 뇌로 작동시켜야 한다. 그러면 costs할 때 기본어로 가게되고, 동사 수일치도 된다.

.. 我必 Free 감주 간직하기=This, $90 if buyer pays cash.

시동=이것은, 만약에[약자/혹자] 구매자가 지불을 현금으로 한다면 (그) 값은/치러야 할 돈은 90불이다.
/ (만약에) 이런 게 있으면 -- 지불을 현금으로 하는 게 있으면 : 비제한적 연결영뇌 | Free 감주 간직하기
↘약자[if]할때 만약에 상황을 일으키는 실체가 보이면 된다 : S영뇌

말=If=이프=slide 주파수
if=이면 또는 조건으로서 만약에[혹시] -- 하면[하는 경우] //만약을 일으키는 실체로서 若者[或者] -- 하면
//이런 것을 조건으로 하는 것으로서 (만약에) 이런 게 있으면
[i: 이면(으로서 만약) /이런 것 f>p: provided 주어지는 것으로서 조건]

③ 동사에 연결시켜 설명해 나가는 뇌

IIIII .. Rage /as Mubarak stays on.

영뇌=기→ 설 : BEis-Os or I + I : I-Os or S + S : S-Os

How to Read[Speak]=Rageas Mubarakstayson.
: 먼저 감각적 주파수로 이해한다. 그러면 저절로 의음/의자가 된다.
시동= vocal 감각적 주파수로 (의음/의자가 될 때까지) F3+E2 강하게 말하기
종사 연결대상=Rage ↘그러면 영어말투가 형성되고 영어말투에 익숙해진다.
(sTAys=스테이스(infml 소리) /스테이즈(단수동사 s의 유성음 매치)=둘다 cramp F)
말은 배힘을 이용해 목으로 만들면서 성대가 울리면 된다.

→ IS영뇌로 동사를 종맥으로 설명해 나가는 뇌 : BEis-Os -- Rage=(주어) 전제 infml E [=People rage]

시동=격노하고 있어요, 동유자[다음과 같은 이유 때문에,즉] Mubarak가 머물기를 계속하고 있기때문에 말이다.
: 비제한적 연결영뇌 ↘동유자[as]할때 동유상황을 일으키는 실체가 보이면 된다 : S영뇌

as=동급으로서 동이유, 동이유와 그것을 일으키는 실체로서 다음과 같은 이유 때문에[이유가 있어서]
/동유자 [a: apposition 나란히 놓는 것 /reason s: same]

④ 형용사에 연결시켜 설명해 나가는 뇌

IIIII .. Always happy /when /I play golf.

영뇌=기-->설-->설′ : BEis-Os or I + I + I : I-Os or S + S + S : S-Os

How to Read[Speak]=Alwayshappy whenI playgolf. : 먼저 감각적 주파수로 이해한다.
(오-ㄹ웨이즈/오ㄹ웨이즈=basket F[or retro-root F] /slide F 플레이고어프[고-프]=ER F + 내성음 slide F[retro-root F])
종사 연결대상=Always happy
↳ 현장 소리는 l음을 잘 안내나 내면 고얼프=내성음 slide F
↳ 소리는 소리본체를 보고 내야 정확하게 낼 수 있다.
| Free 감주+我必 Free 감주 간직하기

☞.. 영어본래의미, 즉 Ekbe 시동 또는 감주로 이해되어야 영어승차감이 나온다.

→ IS값으로 부사의 설명을 받은 형용사를 종맥으로 설명해 나가는 뇌 : BEis-Os

시동=언제나 행복한데, 언제냐 하면[시자] 내가 경기를 할 때인데 golf를 말이다 / -- 행복하다.

: 비제한적 연결영뇌 Always happy=(주동) 전제 infml E [=I am always happy]

↘시자[when]할때 시기상황을 일으키는 실체가 보이면 된다 : S영뇌

말=W(H)En=post 점형주파수

when=시기종맥으로서 언제냐 하면 -- 하게 되면[할 때]

/시기종맥을 일으키는 실체로서 時者 -- 할 때

[w: 묻는 관계 en: 언제로서 시기]

⑤ 문장에 연결시켜 설명해 나가는 뇌 ↗ ☞.. **major 감주=** -- got malaria ---- traveling --- Africa.

A.. I got /malaria //while /I was traveling in Africa. [=I traveling : infml E]

영뇌=기-->설 ⇨ 전설-->설′ : BEis-Os

or I + I + I + I : I-Os or S + S + S + S : S-Os

How to Read[Speak]= Igot malariawhile Iwas traveling n Africa.

: (BEis/IS로 이해되는 것을) 감각적 주다수로 이해한다

시동= vocal 감각적 주파수로 (자동 설가가 될 때까지) F3+E2 강하게 말하기

종사 연결대상=앞문장 I Free 감주 간직하기

(가ㅌ/가ㄹ : 받침 t단타 멀레리아/멀레리어=ER F : a=에 : 알파벳음가 ei중 e지배음가 a=어 : 약한 감정음가 아 : 철자음가)

→ IS값으로 앞문장 전체를 종맥으로 설명해 나가는 뇌 : BEis-Os

-- 병이 걸린 것은 여행중에 그렇게 되었다고 주절을 종속시키고 있다. **이것이 바로 종맥이다.**

☞.. 我必 Free 감주 간직하기= I got malaria traveling in Africa.

시동=나는 걸렸어요, 말라리아에 말이다. 동안[간시]/간자 내가 하고 있는 동안, 여행을 하고 있는 동안 내소에서 아프리카 내소에서 여행을 하고 있는 동안 그렇게 되었어요. ※하고 있는(was)=**현재형 과거상황**

전설 뇌로 작동시키지 않고, 연설 뇌로 작동시켜도 좋다 : 명사를 설명해 나가는 뇌

I got /malaria /while /I was traveling in Africa. **영뇌**=기-->설 -->설′-->설″ : BEis-Os

시동= --- , 말라리아를 동안[간시] /간자 내가 하고 있는 동안, 여행을 하고 있는 동안 내소에서 아프리카 내소에서 말이다 // --- , 간시/간자 내가 하고 있었을 때 즉 여행을 하고 있었을 때 ---- .

↘간자[while]할때 사이상황을 일으키는 실체가 보이면 된다 : S영뇌

소리=W(H)Ile=slide 주파수

while=행위 사이시간과 그것을 일으키는 실체로서 동안[간시(間時)]/간자 -- 하고 있는 동안[하고 있을 때]

[w〉∨: 사이시간 (모습) /between h: 행위/behavior]

↗that할때 지정내용을 일으키는 실체가 보이면 된다 : S영뇌

B.. Bush /said //that /we must /disarm /Iraq.

영뇌=기→ 설 ⇨ 전설→ 설′→ 설″→ 설‴ : BEis-Os

or I + I + I + I + I + I : I-Os or S + S + S + S + S + S : S-Os

How to Read[Speak]=Bushsaidthat wemust disarmIraq. : 먼저 감각적 주파수로 이해한다.

시동= vocal 감각적 주파수로 (자동 설가가 될 때까지) F3+E2 강하게 말하기

종사 연결대상=앞표현 전체 I Free 감주+我必 Free 감주 간직하기

(세대ㅌ/세더ㅌ=double post 점형/slide F : d 폐쇄와 a의 e지배음가와 a의 약한 감정음가

세드대ㅌ=double slide F: a=ei 알파벳음가중 e지배음가 디스[디즈]아-암=small slide F + line 점형 F)

→ IS 영뇌로 출처를 먼저 말하고, 지정 접속관계 종맥으로 연결시켜 설명해 나가는 뇌 : BEis-Os

이 때 종맥=주절에 종속되어 구체적으로 말해 나가는것, 즉 말했는데 말한 구체적 내용을 that으로 설명해 나가는 뇌

주의]that 의미를 빼먹으면 영뇌가 아니다 : Ekbe=완전한 직독직해

시동=Bush는 말했어요, (그것) 즉 우리가 해야 한다고, 무장해제 → 여전히 한글구조로 이해
시켜야 한다고 이락을 말이다. / --- 해야한다는 것인데, 무장해제를 이락에게 말이다.

: 비제한적 연결영뇌 ∵ 동사설가

종속문장 영뇌, 즉 종문뇌로 작동시키면 that을 써지 않아도 된다.

Bush /said //we must /disarm /Iraq.

영뇌=기→ 설 ⇨ 전설→ 설′→ 설″ : BEis-Os

또는 전설뇌를 작동시키지 않고 연설뇌로 작동시켜도 좋다 : 동사설가뇌

Bush said /that /we must disarm Iraq.=기→ 설 → 설′ : BEis-Os

말=THAt=대ㅌ/대트=post점형/slide 주파수

that=지정 접속관계로서 그것은 즉 /즉 (그것은) [th: the 지정 t: connect/tie]

⑥ 종속접속사에 연결시켜 설명해 나가는 뇌

A.. They don't /come //because /when /the ad is over.

영뇌=기→ 설 ⇨ 전설→ 설′→ 설″ : BEis-Os or I + I + I + I + I : I-Os

or S + S + S + S + S : S-Os

How to Read[Speak]=Theydon't come becausewhenthe adis over.

: 먼저 감각적 주파수로 이해한다.

시동= vocal 감각적 주파수로 (자동 설가가 될 때까지) F3+E2 강하게 말하기

종사 연결대상=because (**애**디즈=slide F 주의] 디/더는 철자 기준이고, a/an은 소리 기준이다.)

→ IS 영뇌로 원인이유 종맥을 다시 시기 종맥으로 설명해 나가는 뇌 : BEis-Os

시동=그들은 하지 않아요, 즉 오지 않아요, 왜냐하면[원유자] 때가 되었기 때문에, 즉 그 광고가 끝날 때가 되었기 때문이다 : 비제한적 연결영뇌 ↘원유자[because]할때 원인을 밝히는 실체가 보이면 된다 : S영뇌

* is='가' 原由者=원인을 밝히는 이유의 실체

B.. He /talks //as if[though] /he <u>had</u> /loved her.

영뇌=기→ 설 ⇨ 전설→ 설′→ 설″ : BEis-Os

How to Read[Speak]=Hetalks asif[though] hehad lovedher.

: 먼저 감각적 주파수로 이해한다.

시동=vocal 감각적 주파수로 (자동 설가가 될 때까지) F3+E2 강하게 말하기 종사 연결대상=as

시동= --마치 혹시[그래도/그렇지만/양자] -- (과거에) 가졌던 것처럼 사랑한 사실을 가졌던 것처럼 -- .

: 비제한적 연결영뇌 뜻하는 의미=마치 했던 것처럼 사랑 했던 것처럼

as=동급비교로서 마치 if/though=만약으로서 혹시 /반대양보로서 그래도

had=과거 속에서의 의미과성립 | Free 감주+我必 Free 감주 간직하기

tip) 讓者=양보종맥 실체로서 양자

⑦ 전설로 설명해 주는 뇌

IIIII.. The way /you did it, //we don't /like you.

영뇌=전설→ 설′ ⇨ 기→ 설 : BEis-Os or I + I + I + I : I-Os

or S + S + S + S : S-Os

How to Read[Speak]=Thewayyou didit, wedon't likeyou. : 먼저 감주로 이해한다.

종사 연결대상=뒷문장 전체 (더웨이유– =cramp F + line 점형 F)

→ IS 영뇌로 종속접속사를 문장으로 설명해 나가면서, 다시 뒷문장 전체를 존맥으로 설명해 주는 뇌 : BEis-Os

시동=그런 식으로 네가 했기 때문에, 즉 그것을 했기 때문에, 우리는 하지 않는다. 좋아 하는 것인데 너를 말이다 : **「명부접속사+서술문장」으로서 비제한적 연결영뇌** | Free 감주+我必 Free 감주 간직하기

/그런 식 --- 했던 식으로, 그것을 했던 식으로 우리는 하지 않아요, ---.

: **「명사접속사+관계문장」으로서 비제한적 연결영뇌**

the way= 문장을 거느리면서 자기문장과의 관계에서는 명사부사 또는 관계문장의 선행사가 되면서, 자기문장으로 최종적으로 주절를 종속시키면서 접속시키기 때문에 종속접속사이다.

말=theWAy=cramp F

way=방법 관계로 연결설명하는 것으로서 그런 식으로 -- 하기 때문에 /그런 식-- 하는 식으로 [w: v+v 방법 관계]

⑧ 기본어로 먼저 말하는 뇌

/즉[that]할때 지정내용을 일으키는 실체가 보이면 된다 : S영뇌

A.. That /she should /betray /me!

영뇌=기→ 설→ 설′ → 설″ : BEis-Os or I + I + I + I : I-Os or S + S + S + S : S-Os

How to Read[Speak]=Thatshe should betrayme! or — shouldbetrayme!

: 먼저 감각적 주파수로 이해한다.

시동= vocal 감각적 주파수로 (자동 설가가 될 때까지) F3+E2 강하게 말하기

(슈드/셔드=slide/small slide F : 유=u지배음가와 알파벳 음가 여=o지배음가와 약한 감정음가

비츄**레**이미/비쳐**레**이미=dot 점형 F + cramp F + dot 점형 F)

→ IS로 종속접속사로 먼저 개략적으로 말해 놓고 다시 구체적으로 뒷말로 설명해 나가는 뇌

: 개략주의 기/설 영뇌 -- 일종의 후동격 | Free 감주+我必 Free 감주 간직하기

시동=즉, 그 여자에게[그 여자로 하여금] 일어 나다니 배반하는 것인데 나를 말이다!

should=사발생으로서 정생각 [h/l: happen+let d: did+dec.de]

plus] That she should betray is wrong! : **종속접속사 또는 일반대명사 영뇌** ☞ p342

— 전자도 주기능 가능함 ∵ 복합품사

B.. Bill : When does the program come on?

Tom : When /the ads are /over! **=기→ 설→ 설′** : BEis-Os

How to Read[Speak]=Whenthe adsare over!

: 먼저 감각적 주파수로 이해한다.

시동= vocal 감각적 주파수로 (자동 설가가 될 때까지) F3+E2 강하게 말하기

(웬(h)디/웬(h)더/웨(h)너=slide F : 모음 앞 the의 더=모음에 상관없이 빠르게 감주로 리듬을 주면 어화(청취시 유의) : infml 소리

웨(h)너=th 폐쇄와 infml 소리로서 어화와 합성감주 애ㄷ저=slide F)

시동=언제냐 하면[시자] 광고들이 끝날 때이지. /이런 게 있을 떠, 즉 -- 끝날 때 말이다.

when=때 묻는 관계로서 언제냐 하면 -- 할 때 /때 접속연결과 그 실체로서 이런 게 있을 때, 즉[시자 -- 할 때]

[w: 묻는관계/접속연결 en: 언제로서 time] | Free 감주+我必 Free 감주 간직하기 * are=동질/동질연결로서 는/이/가

C.. Because /they can't /hear me //when /I'm yelling /at them!!!

영뇌=기→ 설→ 설′ ⇨ 전설→ 설′ → 설″ : BEis-Os | Free 감주+我必 Free 감주 간직하기

How to Read[Speak]=Because theycan't hearme whenI'm yellingat them!!!

: 먼저 감각적 주파수로 이해한다.

when **연결대상[기본어]=앞말전체** -- 앞말전체를 when으로 종속시키고 있다. (웨나임=slide F)

시동=왜냐하면[이유는/원유자] 그들이 할 수 없기 때문인데, 즉 들을 수 없기 때문인데 내 말을 말이야.
때에도[시자] 내가 고함을 고래고래 질러 대고 있을 때에도 바로 그들에게 질러 대고 있을 때에도 말이다.
즉 내가 고래 고래 고함을 질러 댔는 데도 그들은 내 말을 들을 수 없기 때문에 무언가 그렇게 됐다는 말이다.

▭ when=시기/때 양보 vs though=반대양보 if=조건(인정) 양보 as=동급양보/is동질양보

live 실전	종속접속사 영뇌 (1) —— 백짓장도 맞들면 낫다! **Many hands make light work!**

L- 1 .. The army's four-and-a-half-year investigation, never before made public, was initiated by a soldier outraged at the killings. The probe substantiated 20 war crimes by 18 soldiers and reached the Pentagon and White House before it was closed in 1975, The Blade said. ↗그러면 감주 패턴이 눈에 보인다.

-- 어느 부분을 보더라도 감각적 주파수로 이해되어야 한다. 이게 free 감주다. 영뇌 상급자는 free 감주로 감을 잡는다.

made=(비제한적) 관계과분사 영뇌
연결대상=The army's --- investigation
[= , which was never before made public,]

initiate=처음으로 action 시키는 것으로서 착수하는 것 /개시하는 것 [in: 들어가는 것으로서 처음 /n: new한 것으로서 처음 a: action]
outraged=(제한적) 관계과분사 영뇌 -- 특히 자동과분사

substantiate=실질적으로 밑받침이 되는 것으로서 실증/입증하는 것[subs: under + support substantia 〉 substantial : actual/real]

was=과동질 연결로서 '이것은 되었다'
before=종속접속사 영뇌 : 문장 설가
연결대상=and reached -- House
said= 보도했다 : 주체 helper → su- helper

시동=군의 4년 반 동안의 조사, 결코 전에 된 적이 없는 데, 공개된 적이 없는데, 이것은 되었어요, 착수되었어요, 착수한 자[행자]는 어느 한 군인이었는데 이 군인은 화가 하늘까지 치밀었던 군인, 즉[직자] 그 학살 사건에 대해서 화가 (하늘까지) 치밀었던 군인이었다. 그 정밀조사는 실질적 뒷받침이 되었는 데 20건의 전범 사건, 행자 18명이 저지른 20건의 전범 사건의 실질적인 뒷받침이 되었으며, 그리고 전해졌다. 미국방성과 백악관에, 전에[후자] 그것이 종결되기 전에, 내자 1975년에 종결되기 전에 전해졌다고 The Blade사는 보도했어요. was= 과동질 연결로서 '이' | Free 감주+我必 Free 감주 간직하기

↗ **뼈대**=전설 연결설명어(when/if)+기본어(he)+s동사(gets) before= 후자종맥과 그 실체로서 전에/후자

L- 2 .. When I ask him, if he loves me, he gets angry.

-- (생활 속에서의 뜻이 용해된) 감각적 주파수로 이해한다. 그러면 저절로 의음/의자가 된다.

시동=언제냐 하면[시자] 내가 물어 볼 때에, 즉 그에게 물어 볼 때에는, 만약[약자] 그가 사랑한다해도, 나를 사랑한다해도, 그는 해요, 화를 내요. ▭ when=시기종맥과 그 실체 if=조건양보 종맥과 그 실체 | Free 감주+我必 Free 감주 간직하기

L- 3 .. Most people think that Gore should concede, a Washington Post-ABC News poll finds/found.

-- Newspaper Headline ↗현장영어 뿐만이 아니라 각종 시험영어도 같다.

-- 먼저 감각적 주파수로 이해한다. 잘 안되면 부분부분 감주로 이해하고, 전체로 이해한다.

→ 영뇌로 자꾸 이해하다 보면 어느 날 여러 가지 표현에 대해 원어민들처럼 영뇌로 마음의 눈에 보이게 된다. 전달 표현 영뇌, 의문문 영뇌, 명령문 영뇌, 서술문의 영뇌, that 영뇌, who 영뇌, 관계문장 영뇌, 종속문장 영뇌, --- 등, 여러 가지 영뇌가 (마음의) 눈에 보이게 된다.

머리 속에 영어로 이런 것들을 한번 그려 보아라. 그 느낌이 무엇인지 알게 될 것이다. 영뇌느낌을 보유하라. | Free 감주+我必 Free 감주 간직하기
❖ that 영뇌=종속접속사 영뇌 : 즉 (그것은)
should=사발생 정생각 : 하여금 일어나야 한다

시동= '대부분의 국민들은 생각하고 있어요, 즉 고어로 하여금 일어나야 한다고, 양보하는 것이 말이다' 라고 와싱톤 포스트와 ABC 뉴스의 여론 조사는 이런 것을 찾아[밝혀] 냈어요. ❖ 이런 것=finds(발생현재)/found associate

.. **문장 뼈대**=속문장 기본어(Most people) + 속문장 s동사(think) + 속문장 연결설명어(that) + 전설 기본어(a Washington Post-ABC News poll) + 전설/문장전체 s동사(finds/found)

☞.. 이해는 (언어에 대한 basics를 알았디면) 최종적으로 단어의 최종적인 뜻인 감주로 이해한다.

2) 주요 종속접속사 영뇌와 BAM

① when 영뇌[when NB] — 시기종맥과 그것을 일으키는 실체

시기 묻는관계 //시기 연결관계 //(그냥) 시기관계 종맥과 (그냥) 시기관계 실체로서
언제냐 하면[시자]— 하게 되면 : **부사접속사+서술문장** ＊시자=명사부사/명사
/언제냐 하면 — 할 때[경우] //이런 게 있을 때[이런 것을 할 때] 즉 — 할 때 : **대명접속사+관계문장**
//때에[시자] — 할 때 : **명사접속사+관계문장** ＊이런 게/이런 것=referring forward
↘ 시기종맥 실체, 즉 시기종맥을 일으키는 실체로서 時者
[w: 묻는관계/접속연결 en: 언제로서 시기] 말=W(H)En=post 점형주파수 언제냐=부사/대명사

A.. Fire /the rocket //when /I give /the signal. [=, giving my signal/to give my signal.]
영뇌=기→ 설 ⇨ **전설→ 설′→ 설″** : BEis–Os or I + I + I + I + I : I–Os
or S + S + S + S + S : S–Os | Free 감주+我必 Free 감주 간직하기

How to Read[Speak]
=Firethe rocket whenI givethe signal.
: 먼저 감주로 이해한다. **종사 연결대상=앞문장**

when=시기 묻는관계 /시기 연결관계 /시기 관계 종맥 -- vocal 감각적 주파수로
(자동 설가가 될때까지) F3+E2 말하기

시동=발사하라. 그 rocket을 발사하라.
/언제냐 하면[시자] 내가 보내게 되면 신호를 말이다 : **부사접속사+서술문장**
/언제냐 하면[이런 것을 할 때, 즉] 내가 보낼 때[경우]인데 신호를 말이다 : **대명접속사+관계문장**
/때에[시자] 즉 내가 보낼 때에 신호를 말이다 : **명사접속사+관계문장** → 시자[when]할때 시기상황을 일으키는 실체가 보이면 된다 : S영뇌

좀더 구체적으로 말하면, 복합품사의 앞 표현은 자기문장과의 관계 또는 s동사와의 관계를 나타내고, 뒷 표현은 최종적인 자기역할을 나타낸다. 여기서는 s동사와 관계하는 것은 없다. 즉 자기문장과의 관계에서 부사기능을 하면서 접속 기능을 하면 **부사접속사**가 되고, 관계문장의 선행사가 되면서 접속기능을 하면 **대명/명사 접속사**가 된다
비록 관계문장일 경우에는 **제한적 연결영뇌**가 되나
종속접속사는 일반적으로 동격을 제외하고 명(대), 동, 형, 문과의 관계에서는 **비제한적 연결영뇌**다.

cf] a.. I don' t care whens[when] and wheres[where].
-- **명사일 경우**=시기와 장소 **대명사와 부사일 경우**=언제 또는 어디

b.. When Jesus comes back, I bet it' ll be on a Monday.
언제냐하면 -- 다시 온다면[올 경우] : 언제냐 =**부사 또는 대명사** 언제냐하면=**종속접속사** (↗**부사[대명] 접속사로서**)

문두 전설뇌로 작동시키면

A–E.. When /I give /the signal, //fire /the rocket.
영뇌=전설→ 설′→ 설″ ⇨ **기→ 설** : BEis–Os
시동=언제냐 하면[시자] 내가 보내게 되면[보낼 때] 신호를 보내게 되면[보낼 때], 그때 -- . /(언제냐 하면) 이런 것을 할 때 즉,-- . /때에[시자] 내가 보낼 때 신호를 보낼 때, 발사하라, 그 로켓을 말이다. ❖ **when 영뇌=관계부사 /종속접속사 /일반부사[즉 의문부사] /명사 /일반대명사 영뇌**
➾ **뜻으로 간단히 처리 : 언제냐 하면/언제/때 //시자**

☞.. **고난도 감주** — 원어민들은 접속사라고 해서 반드시 끊어 말하지 않는다. 그래서 듣기가 어렵다.
⇒ Firethe rocketwhen Igivethe signal.
Butaboutthe basics, theylearned.
↘버스더바웃더

연결설명어 영뇌

동설뇌로 작동시키면

어떻게 시자 -- 할때[어떻게 할 때 즉 --]

A-E.. Fire, /when I give the signal, /the rocket.=기→ 설/설 or 기→ 설→ 설′[=--, how when --.]

↳부사의 종사 설주뇌

시동=발사하라, 때에[시자] 내가 줄때 신호를 줄 때, the rocket를 말이다.

/ ---, 언제냐 하면 [이런 것을 할 때, 즉] 내가 줄 때 신호를 줄 때, ---. ↗각종 시험영어 Writing시 유의

/ 언제냐 하면[시자] 내가 주게 되면, 신호를 주게되면, (문중/문두=콤머필요 문미=optional : 종사와 구두점=StE)

B.. Sarah didn't /flinch once, // [/] when the doctor was cleaning the wound.

영뇌=기→ 설 ⇨ 전설 or 기→ 설→ 설′ : BEis-Os or I + I + I : I-Os or S + S + S : S-Os

How to Read[Speak]=Sarahdidn't flinchonce, whenthe doctorwas cleaningthe wound. (디든(트)=slide F : t폐쇄와 비폐쇄)
: 먼저 감주로 이해한다. 종사 연결대상=앞문장/flinch once
시동=Sarah는 하지 않았어요, 움찔하기를 한번도 말이다.
언제냐 하면 [이런 것을 했을 때, 즉] the doctor가 하고 있었을 때, 소독을 하고 있었을 때에 그랬는데,
그 상처에말이다 : 대명접속사+관계문장
/-- 때에[시자] -- 때에 그랬는 데
: 명사접속사+관계문장 ※그랬는데=문맥 associate
| Free 감주+我必 Free 감주 간직하기

문두 전설뇌로 작동시키면

B-E.. When /the doctor was cleaning the wound, //Sarah didn't /flinch once.=전설→ 설′ ⇨ 기→ 설

시동=때에[시자], the doctor가 하고 있었을 때 소독을 그 상처에 하고 있었을 때. 그때, Sarah는 ---.

↳ 문맥 associate

명설뇌로 작동시키면

B-E.. Sarah , /when /the doctor was cleaning the wound, /didn't /flinch once.

영뇌=기→ 설→ 설′/설→ 설′ : BEis-Os 명사를 보충 설명해 나가면서 s동사로 설명해 나가는 뇌

시동=Sarah는 시자[언제냐 하면] -- 하고 있었을 때, 소독을 그 wound에 하고 있었을 때 하지 않았어요 : 뒷말 한쪽시기

Cf] 앞뒷말 양쪽시기 : • The plane was turning off the runway onto a taxiway when it slid in slippery conditions.

시동=그 비행기는 있다가 돌고 있다가 탈선해서, 활주로를 탈선해서 올라 가버렸다. 유도로에 말이다. 이때가 어떤 상황이었던가 하면 그 비행기는 쫙 미끄려져 계속해서 미끄려지고 있는 상태였다. /언제냐 하면 -- 계속해서 미끄러지고 있을 때 말이다.

⇒ in=속/중에 있는 것으로서 계속성 s=복수 s로서 여러번/반복 발생 when=등맥으로서 양쪽 시기 /종맥으로서 한쪽시기

• Adam fucked the apple and when Eve ate it she got pregnant. -- Humour

시동=언제냐 하면 그때 먹었는데 그것을 먹었고 이때 그 여자는 -- : 놀아난 시기와 먹은 시기로서 양쪽시기 fuck=놀아나는 것

② if 영뇌[if NB] — 조건/확인 종맥과 그것을 일으키는 실체 cf] if+주어+하생각 ⇨ 가상종맥과 그것을 일으키는 실체

• 조건관계 종맥과 그 실체로서 만약에[약자] — 하면/이렇게 하면, 즉 — 하면 : 부사접속사(+서술문장)
//만약[약자] — 하는 경우[이렇게 할 경우, 즉 — 할 경우] : 명사[대명] 접속사(+관계문장)
[i: 이면/이런 것이면으로서 만약의 조건 or f⟩p: provided 조건] ※ '이렇게' =지시부사/대명사
⇨ 약자=조건종맥 실체, 즉 조건종맥을 일으키는 실체로서 약자(若者) ※ '약자' =명사부사/명사

• 확인관계 종맥과 그 실체로서 만약 한다면[인자] —— 하는 것인지 : 명사접속사(+관계문장)
//인지/인자 [그런 것인지 즉] — 하는 것인지 : 명사[대명] 접속사(+관계문장)
//만약/인자 한다면 —— 하는 지 : 명사접속사(+서술문장)
//인지/인자 [그런 것인지 즉] — 하는 지 : 명사[대명] 접속사(+서술문장)
[i: 인지로서 확인] ⇨ 인자=확인종맥 실체, 즉 확인종맥을 일으키는 실체로서 인자(認者) (認=확인할 인)
¦ 말=If=이프=slide 주파수 ※ '만약' =부사/명사 '인지' =(확인서술) 명사/동사
¦ tip)if=조건/가정/real condition : 조건종맥/가정종맥/real 종맥 ☞ vol 2 p51

A.. The 16 inch colour television costs /$525, // [/] if the buyer pays cash.

영뇌=기→ 설 ⇨ 전설 or 기→ 설→ 설′ : BEis-Os

or I + I + I : I-Os or S + S + S : S-Os

How to Read[Speak]

=The16inch colourtelevision costs$525,

ifthebuyer payscash.

: 먼저 감주로 이해한다. (페이즈 vs says=세즈 : e지배음가)

종사 연결대상=앞문장 /$525

→ 앞문장 또는 명사에 연결시켜 설명해 나가는 뇌 : BEis-Os

시동=The -- TV는 값이 525불 나가요, 약자[만약에/이렇게하면 즉], 구매자가 지불을 cash로 **하게되면** 그렇다.

: 부사접속사+서술문장

cf] Do it, if possible. if=adv.

→ 만약에/이렇게 하면(**부사접속사**) -- 하면(**서술문장**)

→ 그렇다=문맥 associate

//약자/만약 [이렇게 할 경우, 즉] -- 로 **할 경우**에는 말이다 : **명사[대명] 접속사+관계문장**

-- 명사/대명사로서 관계문장의 선행사가 되고 최종적으로 자기문장을 주절에 접속시키는 접속사

| Free 감주+我必 Free 감주 간직하기

종속접속사/종속절 기능

↘약자[if]할때 만약에 상황을 일으키는 실체가 보이면 된다 : S영뇌

구문법에서는 접속사가 이끄는 절, 즉 종속절이 주절과 관계에서 보조기능을 하면 **부사절**이라 하고, 주기능을 하면 **명사절**이라 한다. 종속접속사를 단일품사로서 주기능, 보조기능을 하면서 접속기능까지 하는 것으로 보고 있다. 하지만, 복합품사로 느껴야 주기능과 보조기능, 접속기능을 쉽게 느낄 수 있다.

tip)구문법 : 관계대명사/관계부사=형용사절/부사절 **신문법** : 제한적 연결영뇌/비제한적 연결영뇌

동설뇌로 작동시키면

A-E.. The 16 inch colour television /costs, /if the buyer pays cash, /$525.

영뇌=기→ 설→ 설′→ 설″ or 기→ 설→ 설′/설′ : BEis-Os

▶ 명(대), 동, 형, 문 가운데 동사 설가

시동=The -- TV의 costs는 만약/약자 구매자가 지불을 현금으로 할 경우 525불이다.

↳**밑줄전체**=관계문장 의미가 들어간 **명사접속사**

명설뇌로 작동시키면

A-E.. The 16 inch colour television, /if the buyer pays cash, /costs $525.

영뇌=기→ 설/설 : BEis-Os

s동사를 나중에 말할 때는 연설뇌보다 독설뇌로 작동시켜야 한다. costs는 TV값이지 만약의 상황이 값이 되는 것은 아니다. 그래서, 명사에 보설로 먼저 보충하고, 다시 s동사로 설명해 나가는 뇌로 작동시키면 된다. 그러면 **동사 수일치**도 된다.

↗**관계문장**

시동= -- television은 만약/약자 [이렇게 할 경우 즉], 구매자가 지불을 현금으로 할 경우 그 값은 -- 이다.

↳**밑줄전체**=관계문장 의미가 들어간 **명사[대명] 접속사**

문두 전설뇌로 작동시키면

A-E.. If the buyer pays cash, //the 16 inch colour television costs /$525.

영뇌=전설 ⇨ 기→ 설 : BEis-Os

시동=만약/약자 [이렇게 할 경우 즉], the buyer가 pays를 cash로 할 경우 -- - .

A-E-1.. If the buyer pays cash, /the 16 inch colour television /costs $525.

영뇌=설→ 기→ 설 : BEis-Os

⇨ 설명을 받고, 설명을 해나가는 뇌로도 작동시켜도 좋다.

cf] Take your raincoat in case it rains. ⇨ 전치사로 접속사 대신에 주절[문장]에 연결시키는 뇌

연결설명어 영뇌

㉨.. 시동으로 (영어) 글자/말 자체에서 뜻이 보이거나 상황이 (머리 속에서) 보이면 된다 : IS 영뇌

case=관계문장의 선행사 it rains=(주기능 비소유) 관계문장=제한적 연결영뇌 it=weather
in=들어가는 것으로서 대비해서 /입작동, 즉 대비 대상으로서 내자 -- 대비해서
시동= -- . 대비해서[내자] 경우를 대비해서, 즉 날씨가 비가 오는 경우를 대비해서 말이다.

B.. A foreigner asked /me //(/) if I could speak English.
영뇌=기→ 설 ⇨ 전설 or 기→ 설/설 or 기→ 설 → 설′ : BEis-Os

if를 **전설뇌**로 작동시켜도 좋고, **독설뇌**로 작동시켜도 좋고, 아니면 **연설뇌**로 작동시켜도 좋다. 아무래도 s동사가 앞에 있기 때문에 연설뇌가 훨씬 더 쉽다.
전설=앞전체에 대한 설명어 독설=독립적인 관계의 설명어 연설=연속적인 관계의 설명어

How to Read[Speak]
=Aforeigner askedme ifI couldspeak English.
: 먼저 감주로 이해한다.
종사 연결대상=전설 -- 앞문장
독설 --A foreigner asked 연설 -- me

시동=한 외국인이 물어 왔다, 나에게 인자
[인지 즉/만약에 한다면/그런 것인지 즉] 내가 **가능한 것인지** 말하는 것인데 영어로 말이다.
| Free 감주+我必 Free 감주 간직하기
↘인자[if]할때 확인상황을 일으키는 실체가 보이면 된다 : S영뇌

① 인자[인지 즉/만약 한다면] /그런 것인지 즉=**명사/대명 접속사** 가능한 것인지=**관계문장**
›› if=명사/대명사로서 관계문장의 선행사가 되면서, s동사의 목적어도 되고,
최종적으로 (ultimately) 자기문장을 주절에 접속시키는 접속사
만약 접속기능을 빼면 **명사/대명사 뇌**로 작동한다. 즉 명사/대명사로서 s동사의 목적어가 되고, 관계문장의 선행사가 되면서, 관계문장으로 설명해 나가는 뇌로도 작동시킬 수 있다.
tip)관계문장은 제한적 연결영뇌이나 최종적으로 접속시키는 것은 비제한적 연결영뇌이다.

② 인자[인지 즉/만약 한다면] /그런지, 즉=**명사/대명 접속사** 가능한 지/할 수 있는 지=**서술문장**
›› if=명사/대명사로서 s동사의 목적어 역할을 하면서 최종적으로 자기문장을 주절에 접속시키는 접속사
tip)관계문장이 아니니, s동사와의 관계에서 명사/대명사라는 것을 찾아야 한다.
*s동사의 목적어=직목 tip) free **영뇌**=A foreigner asked me if.

plus] A foreigner asked /me / if I could speak English.
=기→ 설/설 : 독설 목적어
=구문법에서는 이럴 경우 종속절을 명사절이라 한다 ›› 종속절=부사절/명사절
⇨ 그냥 "명사/대명 접속사+서술문장/관계문장,,으로서 바로 이해하면 된다.
구문법처럼 단순히 기능두뇌로 이해하지 않고 영뇌, 즉 기/설 두뇌로 이해하면 전설뇌 또는 연설뇌로도 두뇌를 작동시킬 수 있다. ※명사절=주어절/목적절/보어절/동격절

기/설 두뇌는 뜻 두뇌이다.
or 기→ 설 ⇨ 전설 목적어 or 기→ 설 → 설′ : 연설 목적어

cf] I don't like ifs. Do it, if necessary. if=noun/adv.
우리말 '만약/만일' 도 명사 또는 부사이다.

C.. I can't /decide // [/] if I want to study abroad or stay in Korea.

영뇌=가→ 설 ⇨ 전설 or 가→ 설 → 설′ : BEis-Os

종사 연결대상=앞문장 /decide ↗인자[if]할때 확인상황을 일으키는 실체가 보이면 된다 : S영뇌

시동=나는 할 수 없어요, 즉 결정할 수 없어요. 인자[인지 즉 /그런지 즉] 내가 원하는 지, 대동 공부를 해외에서 하기를 원하는 지 아니면 거주를 내국에서 하기를 원하는 지 말이다 / --- . 결정하는 것인데, 인자[인지 즉 /그런지 즉] 내가 원하는 지-- 원하는 지를 결정하는 것을 말이다 : **명사[대명] 접속사+서술문장**

➾ **if=s동사와의 관계에서는** 명사/대명사로서 목적어 역할을 하면서 최종적으로 자기문장을 주절 또는 동사에 접속시키는 접속사 -- 종속접속사는 이렇게 복합품사이기 때문에 주기능이 가능한 것이다.

만약 관계문장일 경우 : 원하는 것인지

if=명사/대명사로서 s동사의 목적어/관계문장의 선행사+최종적으로 접속기능 ※주기능=주어/목적어/보어

D.. I'm /not sure / [//] if this is the right road or not.

영뇌=가→ 설 → 설′ or 가→ 설 ⇨ 전설 : BEis-Os | Free 감주+我必 Free 감주 간직하기

종사 연결대상= not sure /앞문장 ---- 연설목적어 또는 전설목적어

시동=나는 확신이 안가요. 인자 [즉 인지 /그런 것인지 즉], 이것이 인지 옳은 길인지 아닌지 말이다.

: **명사[대명] 접속사+서술문장** *앞 '인지' =**확인 서술명사** 그런 것=**대명사** 뒷 '인지' =**확인 서술동사**

명사/대명사로서 형용사의 목적어 역할을 하고 최종적으로 자기문장을 형용사 또는 주절에 접속시키는 접속사 **형용사가 목적어를 가질 경우**=절이 아니면 of전치사를 취함 : Be careful of him.

E.. The bottom line /is /if /they have intercontinental ballistic missile technology.

영뇌=가→ 설 → 설′→ 설″ : BEis-Os

종사 연결대상=is | Free 감주+我必 Free 감주 간직하기

시동=그야말로 정말로 중요한 것은 인자[인지/그런 것인지 즉], 그들에게 가지고 있는 지 대륙간 탄도미사일 기술을 가지고 있는지 하는 것이다 : **명사[대명] 접속사+서술문장** *is=은 하는 것=**문맥** associate

명사/대명사로서 동사의 (연설) 보어 역할을 하고 최종적으로 자기문장을 주절에 접속시키는 접속사 그래서, 종속접속사=주기능(보어) + 접속기능

bottom line=마지막 줄에 손익을 표시하는 것으로서 이익 또는 손실(profits or losses) /가장 중요한 것(the most important part) /최소한 금액(the least amount of money)

tip) '인자/인지' 명사에 접속의미[접속기능]가 부여되면 명사접속사가 된다.

전설뇌로 작동시키면

E-E.. The bottom line /is //if /they have intercontinental ballistic missile technology.

영뇌=가→ 설 ⇨ 전설→ 설′ : BEis-Os

종사 연결대상=앞문장, 즉 앞문장을 염두에 두고 설명해 나가는 뇌로 작동시키면 된다.

only 종속접속사 영뇌 I'd /offer /to help, //only /I'm really busy just now.

영뇌=가→ 설→ 설′ ⇨ 전설→ 설′ : BEis-Os

시동=단지-- 정말로 바쁘다면 : **부사접속사+서술문장**

✠ only=conjunction to help=도와 달라고

연결설명어 영뇌

③ that 영뇌[that NB] -- 지정종맥과 그것을 일으키는 실체

지정 결과관계 종맥으로서 그 결과로 : **부사접속사** [th: the 지정관계 t: to 결과]
/지정 목적관계 종맥으로서 그렇게 되도록 (하기 위해서) : **부사접속사** [th: the a: aim 목적]
→ so=결과/목적[성립] [그리하여[그래서]/그렇게 하도록] ∴ so=that=so that : result /purpose[realization]
/지정 정도관계 종맥으로서 그럴 정도로 : **부사접속사** [th: the t>d: degree 정도]
/지정 이유관계 종맥으로서 그렇게 되서 (즉) : **부사접속사** [th: the a: reason]

//지정 접속관계 종맥으로서 그것은 즉 : **대명접속사** [th: the t: connect/tie]
/지정 동격관계 종맥으로서 즉 (그것은) : **대명접속사** [th: the a: apposition]
¦ 말=THAt=대ㅌ/대ㅌ[더ㅌ]=post점형/slide/dot점형 주파수 (a=애: 강한 감정음가 어: 약한 감정음가)
¦ cf] that 영뇌=관계대명사/일반대명사 /관계부사/일반부사(즉, 지시부사) /종속접속사 영뇌

A.. My headache is /so bad //[/] that I cannot think straight.
영뇌=기→ 설 ⇨ 전설 or **기→ 설→ 설′** : BEis-Os
or I + I + I : I-Os or S + S + S : S-Os | Free 감주+我必 Free 감주 간직하기

How to Read[Speak]=Myheadache issobad thatIcannot thinkstraight. (대라이=slide F : t단타) : 먼저 감주로 이해한다. 종사 연결대상=앞문장 /so bad ⇒ 주절 또는 형용사에 연결시켜 설명해 나가는 뇌 : BEis-Os	시동=내 두통이 정말로 심해서 그 결과로 나는 할 수 없어요, 생각을 똑바로 말이다. : **부사접속사+서술문장** -- 지시부사로서 referring back하고, 최종적으로 자기 문장을 주절 또는 형용사에 접속시키는 접속사

비한글 BNW 시동=해석한글로 시동걸지 않고 **그냥 지정결과**로 이해가 스쳐가게 한다.
↘that할때 결과상황을 일으키는 실체가 보이면 된다 : S영뇌

종속문장 영뇌, 즉 종문뇌로 작동시키면
A-E.. My headache is /so bad //[/] I cannot think straight.
영뇌=기→ 설 ⇨ 전설 or **기→ 설→ 설′** : BEis-Os

먼저 요지를 밝히고, 종속문장으로 연결시켜[주절 또는 형용사에 종속되어] 설명해 나가는 뇌
시동=내 두통이 정말로 심해서 나는 할 수 없어요, --- .

종속문장 영뇌
=일종의 문장 연결설명어로서 종속접속사 that 대신에 쓰이는 **비제한적 연결영뇌**

↗that할때 목적상황을 일으키는 실체가 보이면 된다 : S영뇌

B.. I packed /him /a little food //that /he wouldn't get hungry.
영뇌=기→ 설→ 설′ ⇨ 전설→ 설′ : BEis-Os (**기→ 설→ 설′ : 연설 간목직목**)
or **기→ 설/설 ⇨ 전설→ 설′** : BEis-Os (**기→ 설/설 : 독설 간목직목**)

How to Read[Speak]= Ipacked hima littlefood thathe wouldn'tget hungry.
: 먼저 감주로 이해한다. **종사 연결대상=앞문장** | Free 감주+我必 Free 감주 간직하기
시동=나는 싸 주었어요, 그에게 약간의 음식을 싸 주었어요. 그렇게 되도록 , 즉 그가 하지 않도록, 배가 고프지 않도록 말이다 [하지 않도록, 즉 되는 것인데 배고픔이 말이다]. /-- 그 결과로 -- 하지 않을 것같다. 배고픔이 말이다 [되는 것인데 배고픔이 말이다] : **부사접속사+서술문장** *여기서 that=목적[성립]/결과
*목적[성립]= referring forward referent= 뒷문장 **결과**=referring back referent=앞문장
↳목적[성립]일 때는 오히려 주절이 that절에 종속되지만 결과일 때는 주절에 종속되어 구체적으로 나타남 : **종맥관계**

종속문장 영뇌, 즉 종문뇌로 작동시키면

B-E.. **I packed him a little food so he wouldn't get hungry.**

so만 쓰고 종문뇌를 바로 작동시켜도 좋다 ⟹ that=so that=so : **목적/결과** (so=adv.)

--- so that=그렇게 되도록, 즉 /그래서 그 결과로

C.. **He didn't /jump so high //[/] that he could win a prize.**

영뇌=기→ 설 ⇨ 전설 or 기→ 설→ 설′ : BEis-Os ↗that할때 정도를 일으키는 실체가 보이면 된다 : S영뇌

시동=그는 하지 하지 않았어요, 점프를 정말로 높이하지 않았다. 그럴정도로, 즉 그가 할 수 있을 정도로, 타는 것인데 상을 탈수 있을 정도로 말이다 : **부사접속사+서술문장** =He didn't jump high enough to win a prize.

D.. **I'm /glad //that you're here. I am /sorry //that you lost your dog.** (☞ very -- that=vol 2 p375)

영뇌=기→ 설 ⇨ 전설 시동=나는 애석하게 생각한다[내 생각엔 안되었구먼]. 그렇게 되서 즉 네가 잃어버렸어 -- .

↘that할때 이유를 일으키는 실체가 보이면 된다 : S영뇌

E.. **Bush /said //that we must disarm Iraq.**

영뇌=기→ 설 ⇨ 전설 : BEis-Os

How to Read[Speak]

=Bushsaidthat wemust disarmIraq.

: 먼저 감주로 이해한다.

종사 연결대상=앞문장

⇒ 출처를 먼저 말하고[주절에 종속되어], 지정 접속관계로 연결시켜 구체적으로 설명해 나가는 뇌 : BEis-Os

시동=Bush는 말했어요. (그것) 즉 우리가 **해야 한다고**, 구장해제 시켜야 한다고 이락을 말이다.

: **대명접속사+서술문장**

/Bush는 말했어요, 그것은 우리가 **해야한다는 것** 인데 무장해제를 이락에게 말이다.

: **대명접속사+관계문장**

| Free 감주+我必 Free 감주 간직하기

↘that할때 지정내용을 일으키는 실체가 보이면 된다 : S영뇌

: **대명접속사+서술문장/관계문장**

서술문장일 경우=대명사로서 s동사의 목적어 역할을 하면서 최종적으로(in the end) 자기 문장을 주절에 접속시키는 접속사, 그래서 **종속접속사**=주기능(목적어) + 접속기능

관계문장일 경우=대명사로서 s동사의 목적어 역할을 하면서, 관계문장의 선행사가 되고, 최종적으로 자기 문장을 주절에 접속시키는 접속사

그래서 **종속접속사**=주기능(목적어) + 선행사 + 접속기능

하지만, 관계문장일 때 일반대명사 영뇌로 작동시켜드 좋다. 즉 접속기능을 작동시키지 않고, 연설 뇌로 작동시키면 된다 : **Bush said /that /we must disarm Iraq. =기→ 설 → 설′**

s동사를 대명사로 설명해 나가고, 이 대명사를 선행사로 하여 관계문장으로 설명해 나가는 뇌로 작동시킨다.

↳Trump will do that he wants. ⇒ 그것, 즉 그가 원하는 것

cf] He will do what/whatever he wants.

만약 이 대명사에 접속기능을 부여하면 대명접속사가 된다.

: Bush /said /that we must disarm Iraq.

영뇌=기→ 설 → 설′ : BEis-Os (S+V+O)

-- 명(대)동형문 가운데 동사 설가

↗여기서 접속기능을 빼면 관계문장의 대명사가 된다.

: 보어+접속사 역할로서 대명접속사 : The truth[fact] is that she has been ill in bed.

cf]의대접속사도 일종의 대명접속사 : Whatever you have, it's mine.

종문 전설뇌로 작동시키면

E-E.. Bush /said //we must disarm Iraq.=기→ 설 ⇨ 전설 : BEis-Os

시동=부시는 말했어요, 우리가 해야 한다고, 무장해제를 시켜야 한다고 이락을 말이다.

종문 연설뇌로 작동시키면

E-E.. Bush said /we must /disarm Iraq.=기→ 설 → 설′ : BEis-Os

↗that절=후동격 ↗that할때 동격내용을 일으키는 실체가 보이면 된다 : S영뇌

↙**제한적 연결영뇌 ⇨ 주로 동격일 때** 일종의 관계문장↖

F.. Concerns /that /he might fail /grow. [=Concerns /he might fail /grow. : 문장동격]

영뇌=기→ 설 → 설′/설 : BEis-Os or I + I + I + I : I-Os or S + S + S + S : S-Os

How to Read[Speak]=Concernsthat hemight failgrow. : 먼저 감주로 이해한다.

종사 연결대상=Concerns ↘**고난도 감주**

that 동격종맥=명사에 연결시켜, 즉 종속되어 뒷말로 구체적으로 설명해 나가는 것

이때는 명사를 종속시키는 종맥이 아니다. | Free 감주+我必 Free 감주 간직하기

/설=걱정이 자꾸 생기는 것이지 실패가 자꾸 생기는 것이 아니다.

그래서, s동사는 독설뇌로 작동시켜야 한다. **따라서, /설 로 표시된다.**

more]The president <u>saying</u> the US would soon leave Syria signaled US inaction, the senator says.

: 동명사와 (문장) 동격 signaled=s동사

시동=이런 저런 걱정, 즉 그가 할 것 같은, 실패 할 것은 같은 걱정이 자꾸 생기고 있어요.

/-- 이것은, 즉 그가 할 것 같은 것, 실패 할 것 같은 것인데 ---- . : **제한적 연결영뇌**

tip)동격 접속사일 때는 연결대상과 관계는 제한적 연결영뇌이다.

그외 종속접속사와 명(대)동형문과의 관계는 비제한적 연결영뇌이다.

↗ ☞ more p179

↗which 동격접속사=infml E that 동격접속사=StE

: **대명접속사+관계문장**[=which he : 어떤 것이냐 하면 — 대명접속사+관계문장]

동격으로서 주기능 -- 대명사로서 지정 동격역할을 하면서 관계문장의 선행사가 되고,

자기문장을 명사에 **제한적으로** 접속시키는 접속사

그래서, **종속접속사=동격지정[주기능]+선행사+접속기능**

tip) that **관계대명사/관계부사**처럼 종속접속사 that도 콤머없이 두가지 영뇌가능

⇒ 동격 : 제한적 연결영뇌

비동격 : 비제한적 연결영뇌

분설뇌로 작동시키면

F-E.. Concerns /grow /that he might fail.

영뇌=기→ 설 /설 : BEis-Os 종사 연결대상=Concerns

요지를 먼저 말하고, 동격 지정을 분리해서 설명해 나가는 뇌로 작동시킨다.

시동=이런 저런 걱정이 자꾸 생겨요, 즉 그것은 그가 할 것같은 것인데 실패를 말이다.

분설 동격인 경우 : 연결대상=<u>Truth</u>

IIIII .. <u>Truth</u> be said to anyone <u>that</u> he is a moocher.

be=**의미원성립으로서 바람** -- 진실이 되면 좋겠어요, 즉 알려지면 좋겠어요. ---- .

vs **관계대명사의 분설**

: John /is odd /that behaves like that.=기→ 설/설 : BEis-Os

시동=John은 참 이상하다. 즉 이 사람은 행동을 처럼, 그처럼 <u>하는 사람이니까</u> /<u>하니까 말이다.</u>

(**전자**=제한적 연결영뇌 **후자**=비제한적 연결영뇌)

cf] That /he might fail /grows. =기→ 설/설

시동=즉, 그가 할 것 같은 것, 실패할 것 같은 것이 자꾸 생기고 있어요.

- 일반대명사일 경우 : 관계문장으로서 일종의 대명사와 문장동격 — 일종의 후동격
  : 대명사를 관계문장으로 설명해 나가면서 다시 s동사로 설명해 나가는 뇌, 즉 대명사=주어
- 종속접속사일 경우 : 일종의 종속접속사와 문장동격
  : 대명접속사를 관계문장으로 설명해 나가면서 다시 s동사로 설명해 나가는 뇌, 즉 종속절=주어

vs His word my hope secures. 그이의 말씀(이 있었는데) 즉 나의 희망은 안전하는 말씀(이 있었다)

EgyptAir retracts claim debris from the missing jet was found. : 명사와 문장동격 (His=God' s)

사람과 동격 뇌인 경우 ..• The suspects that they will be captured. : infml E -- s동사없이 표현

• Someone that he might fail came here. 시동=그 용의자들, 즉 그들은 -- 할 용의자들(이다).

-- 모두 관계대명사도 아니고 관계부사도 아니다. 종속접속사로서 동격이다.

G.. It' s /odd /that I haven' t heard of him.

영뇌=기→ 설/설 : BEis-Os (단, 뒷설의 기본어에는 is제외) | Free 감주+我必 Free 감주 간직하기

How to Read[Speak] =It' s oddthat Ihaven' t heardof him. : 먼저 감주로 이해한다.

종사 연결대상=It -- 선 it으로서 referring forward tip) it=emphasis it이 아니다.

that=이것도 일종의 분리 지정 동격관계 종맥 -- 명(대), 동, 형, 문 가운데 대명사 설가

시동=그것은 참 이상하다. 즉 내가 갖지 못했다는 것인데 들은 사실을, 그 사람과 관련해서 말이다

: **대명접속사+관계문장** ' s=동질[동질연결]로서 은

일반대명사 영뇌로 작동시키면

G-E.. That /I haven' t heard of him /is odd. [=I haven' t heard of him is odd. : Old Use 고어표현]

영뇌=기→ 설/설 : BEis-Os

시동=즉 내가 갖지 못했다는 것은 들은 사실을, 관련해서 그 사람과 관련해서 갖지 못했다는 것은 참 이상하다 : **대명사(+관계문장)**	이 대명사에 **접속기능을 부여하면** 대명접속사로서 종속접속사가 된다. -- 대명사로서 관계문장의 선행사 + 자기문장을 앞어서 s동사에 접속시키는 접속사

④ whether 영뇌[whether NB] — 부정선택/부정확인 종맥과 그것을 일으키는 실체

부정 선택적 양보관계 종맥과 그 실체로서 어느 것/어떤 것으로[하자] — 하든 : **부사접속사**
[w: 부정 wh: which th: though/although]

/부정 선택적 확인관계 종맥과 그 실체로서
어느 것인지 [하자 — 한 것인지] : **대명/명사 접속사** [w: 부정 wh: which e/e: eyes]

/부정 지정 확인관계 종맥과 그 실체로서
어떤 것인지 [하자 — 한 것인지] : **대명/명사 접속사** [w: 부정 e/e: eyes th: the]

⇨ 何者=부정선택과 부정확인 종맥실체로서 하자

말=WHEther=slide F 하자=명사부사/명사 어느 것/어떤 것=지정부사/대명사

※ 종속접속사=주기능[즉 명사절/대명사절]과 보조기능[즉 부사절], 도두 가능

A.. The search will /continue, // [/] whether you agree or not.

영뇌=기→ 설 ⇨ 전설 or 기→ 설→ 설′ : BEis-Os

or I + I + I : I-Os or S + S + S : S-Os

How to Read[Speak]

=Thesearchwill continue, whetheryou agreeornot. : 먼저 감주로 이해한다.

컨티뉴/컨테뉴=cramp F : 후자= ε 감정음가

종사 연결대상=앞문장 /원동사

⇒ IS값으로 먼저 결론을 말하고, 부정 선택적 양보 관계로 연결시켜 설명해 나가는 뇌 : BEis-Os

시동=그 수색[검색]은 할[될] 것인데 계속할[될] 것이다. 하자[어떤 것으로 하든, 즉] 네가 동의를 하든 안하든 말이다. / -- 할 것이다. 계속하는 것인데 -- .

: 부사접속사+서술문장

-- 자기문장과의 관계에서는 부사역할을 하면서 자기문장을 앞문장 또는 원동사에 접속시키는 접속사

: 명(대), 동, 형, 문 가운데 문장 또는 동사 설가

cf] whether for good or for evil (whether=adv.)

-- 어떤 것이든 즉 선이든 아니면 즉 악이든

| Free 감주+我必 Free 감주 간직하기

↘하자[whether]할때 부정선택 상황을 일으키는 실체가 보이면 된다 : S영뇌

B.. I /wonder /whether she is married or not.

영뇌=기→ 설→ 설′ (S+V+O) : BEis-Os | Free 감주+我必 Free 감주 간직하기

How to Read[Speak]

=Iwonderwhether sheismarried ornot.

: 먼저 감주로 이해한다. 종사 연결대상=동사

⇒ 이렇게 연설로 이해할 경우

명(대)동형문 가운데 동사 설가 : BEis-Os

시동=나는 잘 모르겠다. 하자[어느 것인지] 그녀가 결혼을 한 것인지 안한 것인지 말이다.

: 명사/대명 접속사+관계문장

-- 명대로서 s동사의 목적어 역활을 하면서 관계문장의 선행사가 되고, 자기문장을 동사에 접속시키는 접속사

그래서, 종속접속사=주기능/선행사+접속기능

↘하자[whether]할때 부정확인 상황을 일으키는 실체가 보이면 된다 : S영뇌

: This is where she was born. : 대명[명사] 접속사/대명사[명사] + 관계문장

특히 이때 대명[대명사]/명사=선부 대명사/명사 -- where=주기능으로서 보어

그래서 where=접속사/명사/대명사 시동=어디냐 하면 -- 한 곳 / 곳 -- 한 곳 [=the place where]

/나는 잘 모르겠다. 하자[어느 것인지, 즉] 그녀가 결혼을 했는지 안했는지 말이다

: 명사/대명 접속사+서술문장

-- 명대로서 s동사의 목적어가 되면서 자기문장을 동사에 접속시키는 접속사

그래서, 종속접속사=주기능+접속기능 : He said that she is rich.

that 대명접속사=지시 대명사+접속사

vs whether 대명접속사=부정 대명사+접속사

연설뇌 대신 전설뇌로 작동시키면 tip)연설이든 전설이든 접속사 대신 whether도 명대로 관계문장의 선행사 가능

I /wonder //whether she is married or not.=기→ 설 ⇨ 전설 : BEis-Os

cf] We did not know whether. 어떤 것인지/어느 것인지(부정대명사)

Vote on whether[how] to accept the new constitution. 어떤 것인지[어떻게]

Whether we believe in God or karma, ethics is the foundation of every religion. 어떤 것이든/하자

Decision on whether[how] the trial will be televised.
어떤 것인지 (즉 -- 앞으로 방영될 것인지) /하자 --
vs how=방식으로서 어떤 방식으로 할지[어떻게 할지] /정도로서 어느 정도로 할지

C.. Mr. Rice /asked /whether /he was hungry.
영뇌=기→ 설→ 설′→ 설″ : BEis-Os | Free 감주+我必 Free 감주 간직하기

How to Read[Speak]
=MrRice askedwhether hewashungry.
: 먼저 감주로 이해한다. **종사 연결대상=동사**

⇒ 종속 접속사 동사 설가
시동=하자[어떤 것인지, 즉] 그가 (그때) 인 것인지, 즉 배가 고팠던 것인지 말이다.
: **명사/대명 접속사+관계문장**

-- 접속기능을 빼어 두뇌를 작동시키면 **명사/일반대명사 영뇌**가 된다. 즉 관계문장 영뇌로 작동시키면 된다.
*그때=**단어 또는 문맥** associate

/Mr. Rice는 물어 봤어요, 하자[어떤 것인지, 즉] 그가 (그때) 인지, 즉 배가 고팠는지/고픈지 말이다.
: **명사/대명 접속사+서술문장**
*인지/고픈지=**현재형 과거상황**

cf] It remains to be seen whether personal grievance or some type of ideology was behind the attack. : **명사/대명 접속사+관계문장**

시동=그것은 계속해서 대동 보이는 것같다. 즉 하자 [어떤 것이,즉] 개인적인 불만인지 아니면 어떤 종류의 이데올로기인지 모르겠으나 (아무튼) 어떤 것이 있었던 것으로 배후에 그 공격 배후에 있었던 것으로 말이다.

↘하자[whether]할때 부정확인 상황을 일으키는 실체가 보이면 된다 : S영뇌

연설뇌 대신 전설뇌로 작동시키면
C-E.. Mr. Rice /asked //whether he was hungry.=기→ 설 ⇨ 전설 : BEis-Os

⑤ as 영뇌[as NB] — 동급/동질 종맥과 그것을 일으키는 실체

a. 동급으로서 동시상황, 동시상황 종맥과 그것을 일으키는 실체로서 동시자 — 하자마자 /바로 다음과 같은 것이 있을 때 /하자마자 /이런 것이 있자마자 : **부사접속사** ***동시강조**=just as 때마침 동시자 — 할 때
//동시자 — 하면서 /이런 것을 하면서 : **부사접속사** * 여기서 동시자=명사부사 밑줄=부사구
[a: apposition 나란히 놓는 것, 즉 병렬/병치 s: same]

말=As=애[어]ㅈ=slide F a=강한[약한] 감정음가 *as=관계대명사/종속접속사/일반부사/전치사

A.. As /I walked into the room, //the phone started /ringing.
영뇌=전설→ 설′ ⇨ 기→ 설 : BEis-Os
or I + I + I + I : I-Os or S + S + S + S : S-Os
How to Read[Speak] =AsI walkedintothe room, thephonestarted ringing.
: 먼저 감주로 이해한다. **종사 연결대상=주절**

↗동시자[as]할때 동시상황을 일으키는 실체가 보이면 된다 : S영뇌
시동=하자마자/이런 것을 하자마자, /동시자, 내가 걸어 들어가 방에 있자마자, --- . : **부사접속사(+서술문장)**
-- 자기문장과의 관계에서는 부사역할을 하면서 최종적으로 자기문장을 주절에 접속시키는 접속사
그래서 종속접속사=보조기능(보조어) + 접속기능 ※ 들어가/있자마자=**현재형 과거상황**
tip]**대명/명사 접속사가 되려**면 대명/명사로서 s동사 또는 자기문장과의 관계에서 주기능을 하든지 아니면 관계문장의 선행사가 되든지 돼야 한다. 그렇지 않으면 **부사접속사**이다.

연결설명어 영뇌

B.. The thief was /seen /as /he was climbing over the wall.

영뇌=기→ 설→ 설′→ 설″ : BEis-Os

종사 연결대상=일반과분사 | Free 감주+我必 Free 감주 간직하기

⇒ IS값으로 명(대)동형문 가운데 동사를 설명해 나가는 뇌 : BEis-Os

시동= -- 되었는 데 발각되었다. 동시자 그가 하면서, 즉 올라가면서 타고서 벽을 타고서 말이다.

/(이런 것을) 하면서 즉 그가 올라가면서 타고서 벽을 타고서 말이다.

*was=과거발생으로서 하면서/과거 동질연결로서 '가'

전설뇌로 작동시키면

B-E.. The thief was /seen //as /he was climbing over the wall.

영뇌=기→ 설 ⇨ 전설→ 설′ : BEis-Os

종사 연결대상=앞문장, 즉 앞문장을 염두에 두고 설명해 나가는 뇌로 작동시키면 된다.

시동=되었는데 발각되었어요. 동시자[하면서/이런 것을 하면서] 그가 올라가면서 타고서 벽을 타고서 -- .

vs a.. When /I got home, //I had /a bath.

영뇌=전설→ 설′ ⇨ 기→ 설 : BEis-Os | Free 감주+我必 Free 감주 간직하기

when=시기 묻는관계[연결관계] 종맥으로서 언제냐하면 [이런 것을 할 때 즉] -- 할 때 -- (그때) /그냥 시기관계 종맥과 그것을 일으키는 실체로서 때에[시자] -- 할때 vs as=동급시기 관계 종맥

종사 연결대상=주절

시동=언제냐하면 [이런 것을 했을 때, 즉] 내가 도착했을 때, 집에 말이다. 그때 ---- .

/때에[시자] 내가 도착했을 때, ---, 그때 --- .

--도착과 목욕은 동시에 일어 날 수 없다. 도착하고나서 그 시기에 목욕을 한 것이다.

b.. While /I read /the paper, //she cleaned up /the kitchen.

영뇌=전설→ 설′→ 설″ ⇨ 기→ 설 : BEis-Os | Free 감주+我必 Free 감주 간직하기

말=W(h)Aile=와일=slide F -- i=알파벳 음가 while=행위 사이시간으로서 사이 동시[同時] 상황, 사이 동시상황 종맥과 그것을 일으키는 실체로서 사이/간자 -- 하는 사이 /이런 것을 하는 사이, [w〉V: 사이시간 /틈새 (모습) h: 행위/behavior] cf] in=내 범위크기 시간 vs while=행위 사이시간

: **명사/대명 접속사+관계문장** 그래서 **종속접속사=선행사+접속기능**

종사 연결대상=주절

시동=사이/이런 것을 하는 사이, 내가 읽는 사이, 즉 신문을 읽는 사이, 그 여자는 청소를 깨끗이 했어요, -- . //간자 -- 읽는 사이 신문을 말이다, 그러는 사이 -- . ※ 그러는 사이=**문맥** associate

b. 동급으로서 동이유, 동이유 종맥과 그것을 일으키는 실체로서 동유자 /다음과 같은 이유가[것이] 있기 때문에
: **부사접속사** [a: apposition 나란히 놓는 것 s: same] — 동이유=as 뒷말과 동이유, 즉 referring forward 이유

A.. As /we were /asleep, //we didn' t /hear /the doorbell.

영뇌=전설→ 설′ → 설″ ⇨ 기→ 설→ 설′ : BEis-Os

or I + I + I + I + I + I+ I : I-Os or S + S + S + S + S + S : S-Os

How to Read[Speak]

=Aswewerea sleep, wedidn' t hearthe doorbell. ↘분리 감주

: 먼저 감주로 이해한다.

종사 연결대상=뒷문장

| Free 감주+我必 Free 감주 간직하기

시동=다음과 같은 이유가 있었기 때문에, 즉 /동유자 우리가 있었기 때문에 잠들어 있었기 때문에 우리는 하지 못했어요, 듣는 것인데 그 doorbell 소리를 말이다.

: **부사접속사(+서술문장)** (동유자=同由者)

-- **자기문장 관계=부사 역할 문장 전체 관계=접속사 역할**

그래서 **종속접속사=보조어+접속기능**

↘동유자[as]할때 동유상황을 일으키는 실체가 보이면 된다 : S영뇌

vs a.. We didn' t /hear /the doorbell, //because /we were /asleep.

영뇌=기→ 설→ 설′ ⇨ 전설→ 설′→ 설″ : BEis-Os

말=beCAUse=비코-즈=trapezoid 주파수

: au=a의 감정음가 오와 우가 합쳐져서 '오-' 로 된 것이다.

because=원인을 밝히는 종맥, 즉 원유종맥과 그것을 일으키는 실체로서 왜냐하면/원유자**[부사의미]**

-- 때문에**[접속의미]** : **부사접속사** [b: 밝히는 것 cause: 원인] 여기서 '원유자' =명사부사

종사 연결대상=앞문장 ↗원유자[because]할때 원인을 밝히는 실체가 보이면 된다 : S영뇌

시동= -- 왜냐하면[원유자] 우리는 있었기 때문인데 잠들어 가지고 말이다: **부사접속사 (+서술문장)**

c. 동급/is동질로서 동양보, 동양보 종맥과 그것을 일으키는 실체로서 등양자
: **부사접속사** [a: apposition 나란히 놓는 것 s: is]

A.. Man as /he is, //he is /as timid /as a hare. Tired as /he was, //he offered /to carry /her.

영뇌=전설→ 설′ ⇨ 기→ 설→ 설′ : BEis-Os

or I + I + I + I + I : I-Os or S + S + S + S + S : S-Os

How to Read[Speak]

=Manas heis, heis astimid asa hare.

Tiredas hewas, heofferedto carryher

or heoffered tocarryher. : 먼저 감주로 이해한다.

종사 연결대상=뒷문장

시동=남자 같다할지라도/남자이다할지라도 그 사람은 같이야, 그는 같은 정도로 겁장이이다. 즉 산토끼처럼 말이다/피로했다할지라도 그 사람이 말이야

--- //남자인데 동양자 그 사람이다 할지라도

/남자인데 동양자 그와 같은 사람이다 할지라도

↘동양자[as]할때 동양보 상황을 일으키는 실체가 보이면 된다 : S영뇌

as=is 동질로서 글 속에 쓰일 때는 is대신에 쓰는 것으르 이해하면 된다. 마치 현동사, 과동사, will을 써지 않고, 문장 속에서는 원동사로 쓰는 원리와 같다.

man as=as가 양보일 때 보어는 **도치영뇌**, 특히 명사는 관사없이 **도치영뇌**로 작동시킨다.

: **관습적 E, 즉 관습적 영뇌** : He turned doctor.

vs He will /my shield and portion /be.=기→ 설→ 설′ : 'Amazing Grace' 가사 일부

옛날 어순이지 도치관습이 아니다[=He will be my shield and portion.]

시동=그는 앞으로 나의 방패와 일부분이 될 것이다 : **미래 속에서의 본동사의미**

vs a.. **Though /it was pouring, //the girls went /to school.**

영뇌=전설→ 설′ ⇨ 기→ 설 : BEis-Os | Free 감주+我必 Free 감주 간직하기

though=반대양보 종맥과 그것을 일으키는 실체로서 비록[양자] -- 이다 할지라도 /이런 게 있다고 할지라도 즉 [h: however 하지만 o: 양보] ※although=강조 반대양보: 설사[설령]/정말로 양자 -- 이다할지라도

종사 연결대상=주절 ↗양자[though]할때 양보상황을 일으키는 실체가 보이면 된다 : S영뇌

시동=비록[양자] 날씨가 하고 있음에도 불구하고, 퍼붓고 있음에도 불구하고, 그 여석[여자]애들은 갔어요, 즉 학교로 말이다. /이런 게 있다고 할지라도, 즉 날씨가 하고 있다고 할지라도, 즉 퍼붓고 있다고 할지라도, ----.

: **부사접속사+서술문장** 그래서 **종속접속사**=보조어+접속기능 *양자=명사부사/명사

vs b.. **He says /he hasn't /got any money //when /in fact he's got /thousands of dollars in /his account.**

영뇌=기→ 설→ 설′ ⇨ 전설→ 설′→ 설″ → 설‴ : BEis-Os | Free 감주+我必 Free 감주 간직하기

when=시기양보 종맥과 그것을 일으키는 실체로서 언제냐 하면[이런 게 있을 때에도, 즉] /시자 -- 하는 때에도 : **대명/명사 접속사** //언제냐 하면 /시자-- 함에도 불구하고: **부사접속사**

[h: however/though en: 언제로서 시기] ※ 시자=명사부사/명사 언제냐 =대명사/부사

종사 연결대상=앞표현 전체

시동=그 사람 말에 의하면 그는 없다고 해요, 가진 것이 한푼도 없다고 해요, 시자 [언제냐하면/이런 게 있었을 때에도,즉] 내자 사실은 그가 가지고 있었을 때에도, 수천달러를 넣어 두고서 자기 구좌에 말이다.

: **명사/대명 접속사+관계문장** *in=내범위 또는 그 대상으로서 내자 : 내자 사실은/내에서 즉 사실 범위내에서 말할 것같으면

vs c.. **If /she is /poor, ///at least //she' s /honest.**

영뇌=대전설→설′→ 설″ ⇨ 소전설 ⇨ 기→ 설 : BEis-Os | Free 감주+我必 Free 감주 간직하기

if=조건 인정양보 종맥과 그것을 일으키는 실체로서 만약 [약자] -- 이라고 하더라도/인 것이더라도

: **부사접속사/명사접속사**

[i: 인정 f〉p: provided 조건] ※ **'만약' =부사/명사 '약자' =명사부사/명사**

종사 연결대상=뒷표현 전체

시동=만약[약자] 그 여자가 가난 한 사람이라고 하더라도, 아무튼 어떻게 생각하더라도[직자 적어도] 그 여자는 정직하다 : **명사접속사+관계문장** 그래서 **종속접속사**=선행사+접속기능

/만약[약자] 그 여자가 가난하다고 치더라도 ---, ---. : **부사접속사+서술문장**

그래서 **종속접속사**=보조어+접속기능 ※ is / ' s=동질/동질연결로서 '가' / '는'

※at=구역으로서 규모, 규모로서 생각규모/생각범위 [a: area 구역]

at least=생각의 범위를 아무리 적게하더도 [생각을 아무리 적게하더라도]

--〉 아무튼 어떻게 생각하더라도 //직자 적어도

even if=강조 조건인정 양보=확실히 만약 -- 하더라도/정말로 약자 -- 하더라도

d. 동급으로서 동이동, 동이동 종맥과 그것을 일으키는 실체로서
동동(同動)/동동자 — 함에따라 //함에따라 : **부사접속사**

A.. **As /time passed, //things seemed /to get /worse.**

영뇌=전설→ 설′ ⇨ 기→ 설→ 설′ : BEis−Os

or I + I + I + I + I : I−Os or S + S + S + S + S : S−Os

How to Read[Speak]
=Astime passed, thingsseemedto getworse or thingsseemed togetworse.
: 먼저 감주로 이해한다.
패스트=무성음 매치 씨ㅇ씨-임드어=복수s/t폐쇄와 유성음 매치
종사 연결대상=뒷문장

시동=동궁[함에 따라] /동동자 시간이 흘러 감에 따라, 상황이 보이는 것 같았다. 즉 되는 것인데 더 악화 되는 것으로 말이다
: **부사접속사(+서술문장)**
그래서 **종속접속사**=보조어+접속기능
| Free 감주+我必 Free 감주 간직하기

↘동동자[as]할때 동이동 상황을 일으키는 실체가 보이면 된다 : S영뇌

e. 동급으로서 동행위, 동행위 종맥과 그 실체로서 동행(同行)/동행자 — 하는 대로
//대로 — 하는 대로 //똑같이 — 하는 대로 : **부사접속사**

A.. **Do /exactly //just as /I said.**

영뇌=기→ 설 ⇨ 전설→ 설′ : BEis−Os

or I + I + I + I : I−Os or S + S + S + S : S−Os

How to Read[Speak]
=Doexactly justas Isaid.
: 먼저 감주로 이해한다.
이그재ㅋ틀리=little slide F + slide F
종사 연결대상=앞문장
| Free 감주+我必 Free 감주 간직하기

시동=하라, 똑같이 하되 그냥 동행[동행자/똑같이] 내가 말한 대로 말이다 : **부사접속사(+서술문장)**

비한글 BNW 시동
=해석한글로 시동 걸지 않고, as할 때 그냥 '동행위'를 느낌

↘동행자[as]할때 동행상황을 일으키는 실체가 보이면 된다 : S영뇌

vs a.. **Wall street /declines | as | oil /falls.** ↗as할때 동시등맥 상황이 보이면 된다 : S영뇌

영뇌=기→ 설 ⇨ 등전설 ⇨ 기→ 설 | Free 감주+我必 Free 감주 간직하기

as=동급으로서 동시등맥, 동시등맥으로서 동시에/아울러/뿐만이 아니라
vs Russia as Olympic Host. (as=prep. is 동질로서 동질역할 : 즉 -- 로서 역할하는 나라) ☞ vol 2 p341/347

시동=월스트리트 주가도 뒷걸음 쳤고, 아울러 기름값도 떨어졌다.

vs and=추가로서 추가등맥[계속/논리적/양보적/전환 추가등맥] [a: addition] ⇨ **vol 2 p394**
등위접속사 영뇌=순서대로 같은 비중으로 설명해 나가는 뇌, 요컨데 등맥설명어
그래서 as=접속사일 경우 종속접속사/등위접속사, 즉 종맥/등맥
cf] infml **종속접속사** : I hate acting like I don't care when it's really tearing me up inside.

연결설명어 영뇌

⑥ since 영뇌[since NB] — 계속/존유 종맥과 그것을 일으키는 실체

a. 계속종맥과 그것을 일으키는 실체로서 이런 것 이래로, 즉 : **대명접속사**/계자 — 이래로 (쭉/줄곧/내내) : **명사접속사**
이래로 쭉[줄곧/내내] : **명사접속사** [s : series c : continue] SInce=slide F ＊이래=명사 ＊계자=繼者

A.. We' ve /been friends //(ever) since we met at school.

영뇌=기→ 설 ⇨ 전설 : BEis–Os or I + I + I : I–Os or S + S + S : S–Os

How to Read[Speak]=We' vebeen friends eversince wemetat school. or sincewe metat
: 먼저 감주로 이해한다. (위-[위이브]비-ㄴ)
종사 연결대상=앞문장
시동=우리는 가지고 있지요, 된 것, 서로 친구가

된 것을 (그야말로) 이래로 쭉/계자 [이런 것 이래로 즉],우리가 만난 이래로 쭉 구처 학교에서 말이다.
: **명사[대명] 접속사 (+관계문장)**
※ school=(지정사 없는) **관습적 E, 즉 단수 단독표현의 관습적 E** : in court /in prison /in town

↘계자[since]할때 계속상황을 일으키는 실체가 보이면 된다 : S영뇌

b. 존재이유, 즉 존유종맥과 그것을 일으키는 실체로서 이런 게 있기 때문에, 즉] //존유자 — 있기[있는 것] 때문에
: **부사/명사/대명 접속사** [i: is c: cause] cf]for=해당이유 등맥과 그 실체=해유/해유자 ※원유(原由)
vs because=원인을 밝히는 이유, 즉 원인이유 종맥과 그것을 일으키는 실체로서 왜냐하면/원유자 — 때문에
그래서 why의 response로서 because를 쓴다. [b: 밝히는 것 + cause beCAUse=비코-즈=trapezoid F]

B.. Since /you can' t answer the question, ///perhaps //we' d better /ask someone else.

영뇌=대전설→ 설' ⇨ 소전설 ⇨ 기→ 설 : BEis–Os

How to Read[Speak]=
Sinceyou can' tanswerthe question,
perhaps we' d betterask someoneelse.
: 먼저 감주로 이해한다. **종사 연결대상=주절**
| Free 감주+我必 Free 감주 간직하기
시동=존유[이런 게 있기 때문에, 즉]/존유자 여러분들

이 할 수 없기[없는 것이 있기] 때문에, 대답하는 것인데 그 질문에 대해서 말이다. 그래서 아마도 우리는 하는 게 더 좋을 것같다. 물어보는 것인데 어떤 사람, 그밖에 어떤사람에게 말이다 : **부사/명사/대명 접속사(+서술/관계 문장)**
※그래서=**문맥** associate 존유=存由
tip) 존유/존유자 =명사부사/명사 이런게=지시부사/대명사

↘존유자[since]할때 존유상황을 일으키는 실체가 보이면 된다 : S영뇌

live 실전 | 종속문장 영뇌 (2) —— 천생연분! **Match made in heaven!**

IIIII .. **OnPolitics**

Bush Meets Democrats

He tells senators he wants to work together but warns he's no pushover.

he wants -- together. /he' s -- pushover.
=(비제한적) 종속문장 영뇌 ---> 종속접속사 that 작동가능
on /politics=B --> E : 상자 정치에 관한 것/상관된 정치에 상관[上關]된 것
on=상관대상과 상관으로서 상자 -- 관한/상관한 -- 상관한

-- 영뇌 상급자는 먼저 (생활 속에서의 뜻이 용해된) 감각적 주파수로 이해한다. 특히 free 감주로 감을 잡는다.
pushover=**완전번역**=밀면 밀리는 대로 밀리는[밀려가는] 사람 **준번역[이면번역]**=만만한 사람
| Free 감주+我必 Free 감주 간직하기 ↳두 번역=IS영뇌가 각각 다르다.

시동=그는 말했는 데, 상원 의원들에게 자기는 원한다고, 대동 일을 함께 하기를 말이다. 하지만 또한 경고도 했지요. 자기는 밀면 그냥 밀리는 사람이 절대로 아니라고 말이다. ※ tells/warns=**발생현재** 또한=**문맥** associate 's=는

.. 문장 뼈대=기본어(He) + s동사(tells/warns) + 연결설명어(he wants/he' s)

☜.. 이해는 최종적으로 단어의 최종적인 뜻인 감주로 이해한다.

3) 기타 종속접속사 영뇌와 BAM

A.. Whatever /you have, //it is /mine.

영뇌=전설→ 설′ ⇨ 기→ 설 : BEis-Os

말=WHAtEver=cramp F

How to Read[Speak]=Whatever youhave, itis mine. 종사 연결대상=뒷문장

시동=그 무엇이든지 네가 가진다해도 : **의대접속사+서술문장** ∴ **종속접속사=목적어+접속기능**

/그 무엇이든지 네가 가진 것은 그것도

: **의대접속사+관계문장** ∴ **종속접속사=목적어/선행사+접속기능** | Free 감주+我必 Free 감주 간직하기

의대접속사=

의문대명사로서 자기문장에서는 주기능 또는 주기능+선행사 역할을 하면서 자기문장을 주절에 접속시키는 접속사 -- **일종의 대명접속사**

whatever=부정사물 양보강조 종맥으로서 (그) 무엇이든지[**의대의미**] -- 한다해도[**비제한적 접속의미**] /무엇이든지[**의대의미**] -- 하는 것[**관계문장의 제한적 접속의미**, 하지만 연결대상과의 관계에서는 **비제한적 접속의미**, 즉 관계문장일 경우 **종속절 내=제한적 연결영뇌 명[대]/동/형/문 관계**=동격을 제외하고 모두 **비제한적 연결영뇌**] [what+ever -- w: 不定 t: thing ever: 양보강조]

tip] 'Whatever you have is mine.' **의 두 가지 분석**

① **의문대명사 (+관계문장)로 볼 경우**=목적어/선행사+주어

② **의대접속사 (+관계문장)로 볼 경우**=목적어/선행사/주어+접속기능-- 앞에서 s동사 또는 뒷문장(is mine)에 접속시키는 것

vs a.. Mr Rice asked /Mike /where he lived.=기→ 설 → 설′ : BEis-Os

시동= -- Mike에게 곳인데[처자], 그가 사는 곳[살았던 곳]을 말이다 : **명사(+관계문장)** [=the place where]

/ -- 어디인지 그가 사는 곳[살았던 곳]이 어디인지 말이다 : **대명사(+관계문장)**

⇒ **명사/대명사=s동사의 목적어 + 관계문장의 선행사**

tip)이들 단어에 접속기능을 부여하여 명(대)동형문 가운데 명사, 즉 Mike 설가로 작동시키면 명사/대명 접속사가 된다. 구문법대로 목적절로만 관찰하면 명사/대명사/의문부사만 될 뿐이다.

or -- Mike에게 어디에 그가 사는 지[살았는 지] 말이다 **의문부사(+서술문장) -- 목적절로 관찰**

※ 사는 곳/사는 지=**현재형 과거상황** -- asked와 같은 동시점 과거

살았던 곳/살았는 지=**시차 infml E로서 선과거[대과거]** --> WrE : had lived

-- 그냥 모두 단순한 과거 사실로 말할 수 있으나 엄밀히 말하면 시차가 존재한다.

독설뇌로 작동시키면

a-e-1 .. Mr Rice asked /Mike /where he lived.

영뇌=기→ 설/설 : BEis-Os ⇒ S+V+IO+DO=간목, 직목은 연설뇌 또는 독설뇌 가능

전설뇌로 작동시키면

a-e-2 .. Mr Rice asked /Mike //where he lived. **영뇌=기→ 설 ⇨ 전설**

: **대명/명사 접속사(+관계문장)**=목적어/선행사 + 접속기능 -- 앞표현 전체에 접속시키는 뇌

연결설명어 영뇌

B.. Once /he arrives, //you can /start.

영뇌=전설→ 설′ ⇨ 기→ 설 : BEis-Os

말= ONce=slide F O는 WOn=와ㄴ으로 소리나는 감정음가이다. | Free 감주+我必 Free 감주 간직하기

How to Read[Speak]=Oncehe arrives, youcan start.. 종사 연결대상=뒷문장

시동=일단 그가 도착하면 너는 가능하다. 출발하는 게 말이다.

: **부사접속사+서술문장** ∴ **종속접속사=보조어+접속기능**

자기문장과의 관계에서는 부사로서 작용하고, 최종적으로 자기문장을 주절에 접속시키는 접속사

once=일단 종맥으로서 일단 --하게 되면 [o: 일단 + 움직이는 것 or on: once o: 움직이는 것]

: **True love isn't easy, but it must be fought for. Because once you find it, it can never be replaced.** : 접속사를 또다른 접속사로 설명해 나가는 **이중접속사**

C.. The way /you did it, //we don't /like you.

영뇌=전설→ 설′ ⇨ 기→ 설 : BEis-Os

말=theWAy=cramp F How to Read[Speak] =Theway youdidit, wedon't likeyou.

종사 연결대상=뒷문장 | Free 감주+我必 Free 감주 간직하기

시동=그런 식으로 네가 했기 때문에 그것을 말이다. 그래서, 우리는 하지 않는다.

좋아 하는 것인데 너를 말이다 : **명부접속사+서술문장** ∴ **종속접속사=보조어+접속기능**

/그런 식 --- 했던 식, 즉 그것을 했던 식으로

: **명사접속사+관계문장** ∴ **종속접속사=선행사+접속기능** tip)그런=the 의미 식=명사

the way=지정 방법관계 종맥으로서 그런 식으로 -- 때문에 /그런 식-- 하는 식

[the: 외부적 지정 w: v+v 방법]

D.. Where /you stood, // I was /last night.

영뇌=전설→ 설′ ⇨ 기→ 설 : BEis-Os

말=W(H)Ere=slide F How to Read[Speak] =Whereyou stood, Iwas lastnight.

종사 연결대상=뒷문장, 즉 주절 | Free 감주+我必 Free 감주 간직하기

시동=곳에[처자] 네가 서 있었던 곳에 나도 있었어요, 지난밤에 - - -- .

: **명사접속사 (+관계문장)** ∴ **종속접속사=선행사+접속기능**

/ 어디냐 하면 -- 했던 곳 : **대명접속사 (+관계문장)** ∴ **종속접속사=선행사+접속기능**

명사/대명사로서 관계문장의 선행사 역할을 하면서 최종적으로 자기문장을 주절에 접속시키는 접속사

이때 명사/대명사는 주기능 비소유 관계문장이면 관계문장의 선행사만 된다.

where=장소 관계/장소묻는 관계 종맥으로서 곳(인데)--하는 곳 /어디냐 하면--하는 곳에

[w: 관계모습/묻는 모습 r〉l: location]

tip) 이제 영어공부 방법을 바꾸자 :

영어는 단어의 뜻대로[뜻관계로] 이해하되 최종적으로 최종적인 단어의 뜻인 감주로 이해한다. 그래서 듣거나 말하는 것도 감주로 하면 된다. tense 식, 전환식, 패턴식, 공식식, 기능식 접근은 비현실적인 학문적 접근이자 순수 문법적 접근으로 원어민들이 이해하는 방식이 아니다. 그런데 한국인들, 특히 영어선생들은 이런 것이 바탕이 돼야 영어가 되는 것으로 알고 있고, 이런 것을 기초로 해서 영어를 쌓아 나가고 있다. 우리 한글은 그렇게 하지 않으면서 유독 영어만이 그렇게 한다는 게 흥미롭다. 아무리 단어를 알아도 학문적 접근으로 영어를 정복할 수 없다. 감주, BAM[associate], TF 영뇌를 알아야 영어정복이 가능하다.

전치사 전설뇌와 관계부사 영뇌로 작동시키면

D-E-1 .. At /the place /where you stood, // I was /last night.

영뇌=전설→ 설′→ 설″ ⇨ 기→ 설 : BEis-Os

여기서 where= 관계부사 referent=the place 전설 연결대상=뒷문장, 즉 주절

시동=곳에서, 그 곳, 즉[어디냐 하면] 네가 서 있었던 곳에서, ---- .

전치사 전설뇌와 관계문장 영뇌로 작동시키면

D-E-2 .. At /the place /you stood, // I was /last night.

영뇌=전설→ 설′→ 설″ ⇨ 기→ 설 : BEis-Os

E.. Where /you like, //you can /sit.

영뇌=전설→ 설′ ⇨ 기→ 설 : BEis-Os

말=W(H)Ere=slide F

How to Read[Speak]=Whereyou like youcan sit.

종사 연결대상=뒷문장, 즉 주절

where=장소관계/장소묻는 관계 종맥

↗독품과 관계문장의 중요성을 알라.

tip)부사 접속사의미로 시동을 걸면 오역 :

Let's talk about where you live. Can your describe and explain your neighborhood.

관련해서 어디에 네가 사는지에 관련해서

↘주소로 묻는 걸로 오해

⇒관련해서 곳인데 네가 사는 곳과 관련해서

: 명사 접속사/대명 접속사

/관련해서 어디냐 하면 네가 사는 곳과 관련해서

※describe/explain 분명히/쉽게 설명하는 것

시동=곳[장소/처지], 네가 좋아하는 곳[장소]에 너는 가능해요, 앉는 것이 말이다.

: 명사접속사+관계문장 ∴ 종속접속사=선행사/목적어+접속기능

/어디냐하면 네가 좋아하는 곳에 ---- . | Free 감주+我必 Free 감주 간직하기

: 대명접속사+관계문장 ∴ 종속접속사=선행사/목적어+접속기능

명사/대명사로서 like의 목적어가 되면서 동시에 관계문장의 선행사도 되고, 최종적으로 자기문장을 주절에 접속시키는 접속사

전치사 전설뇌와 관계대명사 영뇌로 작동시키면

E-E.. At /the place /which you like, //you can /sit.

영뇌=전설→ 설′→ 설″ ⇨ 기→ 설 : BEis-Os

시동=곳에, 그 곳[어떤 곳이냐 하면], 즉 네가 좋아하는 곳에

전치사 전설뇌와 관계문장 영뇌로 작동시키면

E-E.. At /the place /you like, //you can /sit.

영뇌=전설→ 설′→ 설″ ⇨ 기→ 설 : BEis-Os

시동=곳에, 그 곳, 즉 네가 좋아하는 곳에 ---- .

F.. Wherever /you like, ///here //you can /camp.

영뇌=대전설→ 설′ ⇨ 소전설 ⇒ 기→ 설 : BEis-Os

말=WHErEver=웨어에버=double slide F

How to Read[Speak]=Wherever youlikehere youcan camp.

종사 연결대상=뒷문장, 즉 주절 | Free 감주+我必 Free 감주 간직하기

시동=어떤 곳이든 여러분들이 좋아하는 곳이면 이곳에서는 여러분들에게는 가능해요, camp하는 것이 말이다

/곳마다 -- 곳마다 ---- .

: 대명/명사 접속사+관계문장 ∴ 종속접속사=선행사/목적어+접속기능

연결설명어 영뇌

wherever=부정장소 지정강조/그냥 장소강조 종맥으로서
어떤 곳이든[어느 곳이든/어디 든지] -- 하는 곳에 /곳마다 -- 곳마다
[w: 不定 r>l: location ever: 지정강조/그냥강조]

G.. Wherever /you go, //she follows /you.

영뇌=전설→ 설′ ⇨ 가→ 설 : BEis-Os

How to Read[Speak]
=Wherever yougo, shefollows you.
종사 연결대상=뒷문장 | Free 감주+我必 Free 감주 간직하기

시동=어디든지 네가 가도,---- .
: **부사접속사, 즉 의부접속사+서술문장 ∴ 종속접속사=보조어+접속기능** (의부=의문부사)
/어디든지 당신이 가는 곳마다, --- . /곳마다 당신이 가는 곳마다 , ---- .
: **대명/명사 접속사+관계문장 ∴ 종속접속사=선행사+접속기능**

wherever=부정장소 양보/지정강조 종맥으로서 어디든지 -- 해도/어디 든지 -- 하는 곳마다
/그냥 장소 강조 종맥로서 곳마다 -- 하는 곳마다
[w: 不定 r>l: location ever: 양보/지정 강조 /그냥강조]

cf] Wherever you go. [or You go wherever.] wherever=adv. 시동=어디든지 너는 간다.

강조명부와 부사접속사 뇌로 작동시키면

G-E.. No matter where /you go, //she follows /you.

영뇌=전설→ 설′ ⇨ 가→ 설 : BEis-Os

where=**의부접속사, 즉 부사 접속사이지 의문부사가 아니다.** 자기 문장과의 관계에서는 부사역할을 하면서 최종적으로는 자기문장을 주절에 접속시키는 접속사이기 때문이다. ∴ **종속접속사=보조어+접속기능**
시동=아무런 차이가 없어요, 어디를 네가 가도 그 여자가 따라 다니는 것에는 너를 따라 다니는 것에는 말이다.
cf] No matter if I am in Seoul. 시동=아무런 차이[문제]가 없어요/아무런 영향을 받지 않아요, -- .

H.. You can't /camp //anywhere you like /// these days.

영뇌=가→ 설 ⇒ 소전설 ⇨ 대전설 : BEis-Os

말=AnyWHEre=애니웨어=double slide F
How to Read[Speak]=Youcan' tcamp anywhereyoulike thesedays.
종사 연결대상=앞문장 anywhere=부정장소 양보강조 종맥 | Free 감주+我必 Free 감주 간직하기

시동= -- 어떠한 곳에서도/어떠한 곳을 네가 좋아해도 요즘은 말이다.
: **대명접속사+서술문장 ∴ 종속접속사=목적어+접속기능**
/ -- 어떠한 곳에서도 네가 좋아하는 곳이 있어도/어떤 곳이든 네가 좋아하는 곳이 되도 ---- .
: **대명접속사+관계문장 ∴ 종속접속사=선행사/목적어+접속기능**

대명사로서 서술문장일 때는 목적어로 작동하고, 관계문장일 때는 선행사와 목적어로 작동하면서, 최종적으로 자기문장을 주절에 접속시키는 접속사[=at anyplace which/that you like]
anywhere=부정장소 양보강조 종맥으로서 어떠한 곳에서도
[any: 부정 양보강조 where: 장소/곳]

연설뇌로 작동시키면

H-E.. You can't /camp /anywhere you like // these days.

영뇌=기→ 설→ 설′⇨ 전설 : BEis-Os

시동=여러분들은 할 수 없어요, 캠프하는 것인데, 어떠한 곳에서도 여러분들이 좋아하는 곳이 있어도, 요즘은 말이다.

I.. Sit /anywhere /you like.

영뇌=기→ 설→ 설′ : BEis-Os

말=AnyWHEre=애니웨어=double slide F | Free 감주+我必 Free 감주 간직하기

How to Read[Speak] =Sitanywhere youlike. 종사 연결대상=동사

시동=앉아라, 어떠한 곳이든(지) 네가 좋아하는 곳이면(곳으로) 말이다.

: **대명접속사+관계문장 ∴ 종속접속사=선행사/목적어+접속기능**

anywhere=부정장소 지정강조 종맥으로서 어떠한 곳이든 -- 하는 곳이면
[any: 부정 지정강조 where: 장소/곳]
⇨ anywhere=**부정장소 양보강조/지정강조 종맥**

J.. His cats /follow /him //everywhere he goes.

영뇌=기→ 설→ 설′ ⇨ 전설 : BEis-Os

말=EveryWHEre=애버리웨어=double slide F | Free 감주+我必 Free 감주 간직하기

How to Read[Speak]=Hiscats followhim everywhere hegoes.

종사 연결대상=앞문장 everywhere=**부정장소 매 강조 종맥**

시동= -- 따라 다녀요, 그를 곳마다 그가 가는 곳마다 말이다.

: **명사접속사+관계문장 ∴ 종속접속사=선행사+접속기능**

원어민들이 콤머를 찍지 않는 이유를 알라. 종속접속사는 콤머불관 연결설명어이기 때문이다.

cf] Everywhere Jenny goes, she's mistaken.

연설뇌로 작동시키면 종속접속사의 대명사 설가

J-E.. His cats follow /him /everywhere /he goes.

영뇌=기→ 설→ 설′→ 설″ : BEis-Os

everywhere=**접속기능+선행사** he goes=**관계문장**

시동= -- 따라 다녀요, 그를 곳마다 그가 가는 곳마다 말이다.

everywhere=장소 매 강조 종맥으로서 곳마다 [every: 마다마다 where: 장소/곳]

K.. No matter ///what you may have, //it is /mine.

영뇌=대전설 ⇨ 소전설 ⇒ 기→ 설 : BEis-Os

말=WHAt=post점형/slide 주파수

How to Read[Speak]

=Nomatter whatyou mayhave, itis mine.

종사 연결대상=뒷문장, 즉 주절 | Free 감주+我必 Free 감주 간직하기

시동=아무런 문제[차이]가 없어요/아무런 영향을 받지 않아요, 무엇을 네가 해도, 가진다 해도 그것은 내 것라는 데는 말이다 : **의대접속사+서술문장 ∴ 종속접속사=목적어+접속기능**

의문대명사로서 자기문장에서는 목적어 역할을 하면서 동시에 자기문장을 주절에 접속시키는 접속사. 최종적인 품사는 접속사이다. **의대접속사도 일종의 대명접속사이다.**

만약 구문법대로 의문대명사라면 자기문장을 주절에 접속시킬 수 없다. 의문대명사는 비연결설명어로 자신만 말할 뿐이지 접속능력이 없기 때문이다 : **구문법의 오류**

no matter=명사부사 -- 뒷부분 전체를 설명해주는 뇌

: to make no difference/should not affect something may=허가로서 양보

what=사물을 모르는 것, 즉 부지의문 종맥으로서 무엇 [w: 부지[의문] 모습 t: thing(s)]

tip) "I may be delayed for a few minutes." "No matter." 전혀 문제가 없어요

L.. She follows /me //wherever I go.

영뇌=기→ 설 ⇒ 전설 : BEis-Os

How to Read[Speak]

=Shefollows me wherever Igo.

종사 연결대상=앞문장 | Free 감주+我必 Free 감주 간직하기

wherever=부정장소 양보강조/지정강조 또는 그냥 장소강조 종맥

시동= -- 어디든지 내가 가도 : **부사접속사(+서술문장) ∴ 종속접속사=보조어+접속기능**

/ -- 어디든지 -- 가는 곳마다 : **대명접속사(+관계문장) ∴ 종속접속사=선행사+접속기능**

/ -- 곳마다 내가 가는 곳마다 : **명사접속사(+관계문장) ∴ 종속접속사=선행사+접속기능**

연설뇌로 작동시키면 종속접속사의 대명사 설가

L-E.. She follows /me /wherever I go.

영뇌=기→ 설→ 설′ : BEis-Os

tip)명사/대명사로서 연설이 되려면 s동사의 주기능이 되어야 한다.

그래서 여기서는 종속접속사로만 연설이 된다.

관계문장의 선행사가 된다고 해서 명사/대명사의 연설로 판단하면 안된다.

시동= -- 곳마다 내가 가는 곳마다 / -- 어디든지 -- 가는 곳마다

M.. She follows /me //no matter where I go.

영뇌=기→ 설 ⇨ 전설 : BEis-Os

How to Read[Speak]=Shefollowsme nomatter whereI go.

종사 연결대상=앞문장 where=부지장소 종맥 | Free 감주+我必 Free 감주 간직하기

시동= -- 따라 다니는 데 나를 따라 다니는 데는 아무런 문제가 없다고 한다/아무런 영향을 받지 않는다고 한다.

어디를 내가 가도 말이다 : **의부접속사+서술문장** ∴ **종속접속사=보조어+접속기능**

-- 자기문장과의 관계에서는 의문부사 역할을 하면서 최종적으로는 주절에 접속시키는 접속사

vs m.. I don' t know / [//] where /she is.

영뇌=기→ 설→ 설′ or 기→ 설 ⇨ 전설→ 설′ : BEis-Os

How to Read[Speak] =Idon' tknow where sheis. | Free 감주+我必 Free 감주 간직하기

시동=나는 모른다. 곳[처자 處者], 그 여자가 있는 곳을 말이다.[=the place which]

: **명사+관계문장 또는 (선대) 명사접속사+관계문장**

/나는 모른다. 어디냐 하면 그 여자가 있는 곳을 말이다.

: **대명사+관계문장 또는 대명접속사+관계문장** [=the place which]

tip) 명사/대명사로만 연설이 되려면 s동사의 주기능도 되어야 한다. 주기능이 안될 때 관계문장을 접속시킬 필요가 있다. 그래서 종속접속사가 필요한 것이다.

: He was born where she liked. : **명사[대명] 접속사**

cf] I don' t know what you like. [=the thing which=that which]

시동=무엇을 네가 좋아하는 지말이다 : **의문대명사+서술문장**

/무엇이냐 하면 네가 좋아하는 것을 말이다 : **대명사/대명접속사+관계문장**

/ -- 어디에 그 여자가 있는 지 말이다 : **의문부사+서술문장**

cf]**종속절=종속접속사+서술문장=비제한적 연결영뇌** -- 서술문장 자체는 서술적 영뇌이나, 종속절과 명(대)동형문과의 관계에서는 연결설명어로서 **비제한적 연결영뇌**가 된다.

≠의문사+서술문장=서술적 영뇌 -- 의문사, 즉 의문대명사/의문부사는 비연결설명어이기 때문에 전체적으로 **서술적 영뇌**가 된다.

종속절=종속접속사+관계문장=비제한적 연결영뇌 -- 관계문장 자체는 제한적 연결영뇌이나, 종속절과 명(대)동형문과의 관계에서는 연결설명어로서 **비제한적 연결영뇌**가 된다. (단 동격제외)

명사/대명사(+관계문장)일 경우=명사/대명사로서 관계문장의 선행사가 되면서 s동사의 목적어, 자기문장 동사의 보어로서 양쪽 기능을 한다. 하지만 **의문부사일 경우** 자기문장만 관계하면서 본동사의 목적절이 된다. 즉, 의문부사의 설명을 받아 'where she is' 가 목적절 역할을 하는 것이다.

명사/대명 접속사(+관계문장)일 경우=명사/대명사로서 s동사의 목적어가 되면서 관계문장의 선행사와 보어가 되고, 최종적으로 **자기문장, 즉 자기 관계문장**을 앞문장에 접속시켜 설명해 나가는 접속사

∴ **종속접속사=목적어/선행사/보어+접속기능**

tip)명사/대명사는 선행사만 가능하나 종속접속사는 선행사 뿐만이 아니라 접속사도 가능하다. ∵ 복합품사

4) 종속접속사 영뇌와 등위접속사 영뇌

▭ **종속접속사**=종맥으로 주절을 종속시키거나 주절에 종속되는 **연결 설명어** (후자=that/if/whether)
vs **등위접속사**=순서대로 등맥, 즉 같은 비중으로 설명해 나가는 **등맥 설명어**
그래서 전자는 위치가 자유롭지만, 후자는 위치가 자유롭지 못하다.
등맥과 종맥을 알아야 단어의 뜻을 정확하게 파악할 수 있고, 표현, 특히 말도 자유롭게 구사할 수 있다.

before /after /though /while /as
=종속접속사 /등위접속사 — 접속사일 경우 종맥과 등맥 두 가지 뜻으로 두뇌가 작동

A. before 영뇌

=먼저 움직이는 것으로서 먼저하는 것[전에 하는 것/미리하는 것] /후종맥 실체로서 후자 -- 전에 : **종맥**
//먼저 움직이는 것으로서 먼저하고 나중에 하는 것 : **등맥**
[f: forward 미리/전 o: 움직이는 것 or b: a다음 글자, 즉 뒤에 일어나는 것으로서 후자]
↘A before B=A : 전상 B : 후상

1.. You /go /before /he comes.
영뇌=기→ 설 → 설′→ 설″ : BEis-Os
s동사를 종속접속사로 종속[구속]시키는 뇌로 작동
시동=가되 먼저 가고 그가 오기전에 말이다.

↗후자[before]할때 나중상황을 일으키는 실체가 보이면 된다 : S영뇌
or You /go //before /he comes.
영뇌=기→ 설 ⇨ 전설→ 설′ : BEis-Os
주절을 종맥으로 종속[구속]시키는 뇌로 작동
시동=네가 가라, 전에[후자] 그가 오기전에 말이다.

↗before할때 시기전후 등맥상황이 보이면 된다 : S영뇌
vs .. His birth mother /died | before | he /married.
영뇌=기→ 설 ⇨ 등전설 ⇨ 기→ 설 : BEis-Os
그냥 비중이 같게 순서대로 일어나는 일로 두뇌가 작동
시동=그의 본 엄마가 죽었는데 먼저 죽었고,
나중에 그가 결혼했어요.

vs .. His birth mother /died //before /he married.
영뇌=기→ 설 ⇨ 전설→ 설′ : BEis-Os
주절을 종속시키는 뇌로 작동, 즉 주절은 전에 일어난 일이라고 종속[구속] 시키는 뇌로 작동시킨다. 시동=자기 본 엄마는 죽었어요, 전에[후자] 자기가 결혼하기 전에 말이다.
※birth mother=natural mother=real mother

tip) 종속접속사는 명대로 설명해 나가기 때문에 개략적인 실체로 시동이 가능하다. ☞ vol 2 p236
↳종맥실체로 시동 → 종맥을 일으키거나 종맥이 되게 하는 실체로 시동

- when=시자 -- 할때
- whether=하자 -- 인지[이든]
- after=전자 -- 한 후
- before=후자 -- 전에
- if=약자[혹자] -- 하게 되면 /인자 -- 인지
- until/till=도자 -- 할/될 때까지
- because=원유자(原由者) -- 때문에
- though=양자 -- 이다할지라도
- since=계자 -- 이래로 (쭉)/존유자 -- 때문에
- while=간자 -- 하는 사이[동안]
- as=동시자/동유자/동동자/동행자 -- 하자마자[하면서]/때문에/함에따라
- where=처자(處者) -- 하는 곳에

◈종맥과 종맥실체=bnw-BAM=단어 본래의미

⇨ Before he married, his birth mother died.
or His birth mother, before he married, died.
종속 접속사 영뇌일 경우 자기가 종속시키고자 하는 곳에 놓으면 된다.
즉 명(대), 동, 형, 문에 연결시켜 설명해 나가거나 설명해 주는 뇌로 작동시키면 된다.

2.. Two years before /the war broke out, //he was /born.

영뇌=전설→ 설′ ⇨ 기→ 설 : BEis–Os

two years 명사부사의 설명을 받아 접속시키는 뇌

before=앞뒤말에 영향이 미치는 종맥뇌 : 전인데 -- 하기 전

시동=2년전인데 (후자) 전쟁이 발생하기 2년 전에 ------ .

cf] He had married two years before. (before=adv. 그르부터 -- 전 ago=adv. 현재로부터 -- 전)

B. after 영뇌

=뒤에 일어나는 것으로서 후[뒤]에 하는 것 /선종맥 실체로서 전자 -- 한 후에 : **종맥**

//뒤에 일어나는 것으로서 나중에[뒤에] 하고, -- 가 먼저[그전에] 하는 것 : **등맥**

[f: following **뒤따라 가는 것으로서 뒤에 일어나는 것** or a: **먼저 글자, 즉 먼저 일어나는 것으로서 전자**]

↘A after B=A : 후상 B : 전상

1.. You /go /after /he comes.

영뇌=기→ 설 → 설′→ 설″ : BEis–Os ⇨ s동사를 종속접속사로 증속[구속]시키는 뇌로 작동

시동=가되 뒤에 가고 그가 온 후에 말이다.

or You /go //after /he comes.

영뇌=기→ 설 ⇨ 전설→ 설′ : BEis–Os ⇨ 주절을 종맥으로 종속[구속]시키는 뇌로 작동

시동=네가 가되, 후에[전자] 그가 온 후에 말이다.

↘전자[after]할때 먼저상황을 일으키는 실체가 보이면 된다 : S영뇌

vs .. His birth mother /died | after | he /married.

영뇌=기→ 설 ⇨ 등전설 ⇨ 기→ 설 : BEis–Os

그냥 비중이 같게 순서대로 시기전후 일로 작동시키는 뇌

시동=그의 본 엄마는 죽었는데 나중에/뒤에 죽었고, 그 전에 그는 결혼했어요.

↘after할때 시기후전 등맥상황이 보이면 된다 : S영뇌

vs .. His birth mother /died //after /he married.

영뇌=기→ 설 ⇨ 전설→ 설′ : BEis–Os

주절을 종속시키는 뇌, 즉 주절은 후에 일어난 일이라고 종속[구속]시키는 뇌로 작동시킨다.

시동=자기 본엄마는 죽었어요, 후에[전자] 자기가 결혼한 후에 말이다.

or His birth mother /died /after /he married.

영뇌=기→ 설 → 설′→ 설″ : BEis–Os ⇨ 동사를 종속시키는 뇌로 작동

시동=자기 본엄마는 죽었는 데 뒤에 죽었고, 하고나서 자기가 결혼하고 나서 말이다.

⇨ After he married, his birth mother died.

or His birth mother, after he married, died.

종맥은 자기가 종속시키고자 하는 곳에 놓으면 된다**(뒷문장 종속 /명사 종속)**

: Her teenage daughter was suspended after she had smoked pot.

※pot(also grass) **마리화나, 대마초**=slang for marijuana (also marihuana)

pothead=**대마초** smoker

C. though[also, although] 영뇌 ↗양자[though]할때 양보상황을 일으키는 실체가 보이면 된다 : S영뇌

1.. Though[Although] /it rained a lot, //they enjoyed /their holidays.

영뇌=전설→ 설′ ⇨ 기→ 설 : BEis-Os

시동=비록/정말로 비록[양자/정말로 양자] 날씨가 비가 많이 왔다할지라도

though/although=반대양보 종맥과 그 실체[강조 〃]로서 비록[양자] /정말로 비록[양자] -- 이다 할지라도

[h: however 하지만 o: 양보 al: all 강조 그래서 even though=although even although는 없다]

vs .. His English has /improved greatly, | though | he should /continue /to attend /classes.

영뇌=기→ 설 ⇨ 등전설 ⇨ 기→ 설→ 설′ → 설″ ↘though할때 지정반대 등맥상황이 보이면 된다 : S영뇌

시동=그의 영어는 가지고 있어요, 향상된 것, 크게 향상 된 것을 말이다. 그렇지만 그로 하여금 발생시키는 게 좋을 것같다. 계속해서 참석하는 것인데 수업에 말이다. should=사발생 정생각

though=지정반대 양보등맥으로서 그렇지만/그래도 [th: the+h: however]

although(강조 등맥)=정말로[설사/설령] 그렇지만/그러하지만 [al: all th: the+h: however]

D. while 영뇌

1.. I got /malaria //while /I was traveling in Africa.

영뇌=기→ 설 ⇨ 전설→ 설′ : BEis-Os

while=사이행위 종맥과 그 실체로서 (그러던) 사이/간자 -- 하는 사이

//(이렇게) 하는 동안/간자 -- 하는 동안 ↘간자[while]할때 사이상황을 일으키는 실체가 보이면 된다 : S영뇌

[w>∨: 사이모습 /between h: 행위/behavior]

tip)사이 대상을 의미하는 between '간자'와 다르다.

vs .. He loves /his daughter, | while | his wife hates /her.

영뇌=기→ 설 ⇨ 등전설 ⇨ 기→ 설 ↘while할때 화제전환 등맥상황이 보이면 된다 : S영뇌

while=사이시간으로서 잠시, 잠시 화제를 돌리는 등맥으로서 한편/다른 한편/그런데(=whereas)

[w>∨: 사이시간 (모습) /between] cf] It would take a while. : 명사부사

vs 한편 -- 이지만=종속접속사 ☞ 기본영뇌 vol 1 p392

E. as 영뇌 ↗동시자[as]할때 동시상황을 일으키는 실체가 보이면 된다 : S영뇌

1.. She /slipped //as /she was getting off the bus.

영뇌=기→ 설 ⇨ 전설→ 설′ : BEis-Os ↗하면서/동시자 그녀가 하면서 즉 움직여 내려오면서

as=동급으로서 동시상황, 동시상황 종맥과 그 실체로서 하면서/동시자 -- 하면서

vs .. Japan's economy /stagnates | as | production /slows.

영뇌=기→ 설 ⇨ 등전설 ⇨ 기→ 설 : BEis-Os

as=동급으로서 동시상황, 동시상황 등맥으로서 -- 동시에/아울러/뿐만이 아니라

↘as할때 동시상황 등맥상황이 보이면 된다 : S영뇌

F. but 영뇌

1.. He would /have won easily, //but /he fell and broke his leg.

영뇌=기→ 설 ⇨ 전설→ 설′ ↘반부자[but]할때 반대부정 상황을 일으키는 실체가 보이면 된다 : S영뇌

but=반대부정 종맥과 그 실체로서 -- 그러나/반부자(反不者) 그가 하지 않았더라면, (넘어져 부러뜨리지 않았더라면) : 종맥뇌 [b: 반대 ut: not] fell/broke=과거 속에서의 의미과성립

vs .. He would /have won easily, |but | he fell and broke /his leg.

영뇌=기→ 설 ⇨ 등전설 ⇨ 기→ 설 : BEis-Os

but=반대[차이] 등맥으로서 -- 그러나[하지만] (넘어져서 부르뜨렸지 뭐람) [b: 반대 t>d: different] : 등맥뇌

↘but할때 반대[차이] 등맥상황이 보이면 된다 : S영뇌

종맥뇌일 경우 문두 전설뇌, 문중 대설뇌 작동도 가능하다.
1-E.. But he fell and broke his leg, he would have won easily.
or He, but he fell and broke his leg, would have won easily. : **대명사 설가**

↗반양자[but]할때 반대양보 상황을 일으키는 실체가 보이면 된다 : S영뇌
2.. But he were dead, yet shall he live. (New Testament) [=although]
반대양보 종맥과 그 실체로서 주절전체를 설명해 주는 뇌로 작동시킴 [b: 반대 t: though]
시동=하지만/반양자(反讓者) 그가 되었다고 할지라도, 즉 죽었다고 할지라도 하지만 아직도 틀림없이 발생할 것이다. 그에게 살아 있다는 게 말이다. -- 영원히 죽지 않는다는 뜻

but의 종맥뇌=고어에서 많이 발견 **were=과거 속에서의 의미과성립**
be동사의 의미과성립=인칭에 관계없이 were 사용 → formal E or StE

↗반부해자[but for]할때 반대부정과 해당 대상이 보이면 된다 : S영뇌
cf]But for my father' s pension, we would starve.
시동=하지만/반부자(反不者), 즉[반부해자(反不該者)] 나의 아버지의 연금이 없다면/없었다면, 우리는 할 것같다. 즉 굶어 죽을 것 같다/했을 것이다[했을텐데], 즉 굶어 죽었을 것이다[텐데] -- would=**정생각/과생각/의미과성립**
여기서 만약 과생각과 의미과성립을 완료형으로 표현 → 더 구체적이고 분명한 메시지↲

plus-1

IIIII .. I will go, **provided/providing (that)** you go too.
→ 관계과분사/관계현분사 (+종속접속사/종속문장)
시동=나도 할 것이다. 가는 것인데, 주어진다면/준다면 (즉) 네에게 가는 것이 역시 말이다.
⇒ 전치사와 종속접속사 영뇌로 작동시키면 : on condition that (상에 조건상에 있다면 즉)

plus-2 일반부사는 기본어가 될 수 없다.

일반적으로 동족끼리가 아니면 일반부사(단, 전치사부사/관계부사 제외)는 기본어가 될 수 없다. 오로지 설명해 주거나 설명해 나가는 뇌로 작동한다.

IIIII .. Even if /you take /a taxi, //you'll /still miss /your train.
영뇌=전설→ 설′ → 설″ ⇨ 기→ 설→ 설′ : BEis-Os
even은 if를 설명해 주는 말이고, if는 even의 설명을 받아, 뒷말 전체를 설명해 주는 뇌로 작동한다.
시동=확실히/설령/정말로 만약에[약자] 네가 잡는다 할지라도 택시를 말이다, 그래도 너는 할 것이다. 여전히 놓칠 것인데 너의 열차를 말이다.

plus-3 의형 종속접속사 IIIII .. Whichever method /you choose, //you' re /right.

영뇌=전설→ 설′ ⇨ 기→ 설 : BEis-Os 시동=어느 방법을 네가 선택해도 너는 맞다.
뒷말과의 관계에서는 의문형용사 역할을 하면서
최종적으로는 자기문장을 주절에 접속시키는 접속사로서 일종의 복합품사이다.

plus-4 whether와 if의 차이

전자 BNW=**부정 선택/부정 확인** : 어떻게 해도/어느 것인지/어떤 것인지 후자 BNW=**그냥 서술 확인** : 인지/있는지
① 「whether or not」**구문은 쓸 수 있지만** 「if or not」**구문은 쓰지 않는다.**
∵ 전자는 이언등맥과 의율이 되지만 후자는 의율이 안되기 때문이다.
즉 or의 이언등맥, 즉 다시말해도[달리 말하면]의 뜻도 서술의미이기 때문에 서로 충돌이 일어나기 때문이다.

a.. I don't care whether or not your car breaks down. (○) : not=부사로서 뒷문장 설주 전설

시동=어떻게 해도 다시말해 안되어도 당신 차가 고장이 나서 다운되는 게 안되어도 말이다.

b.. I don't care if or not your car breaks down. (×)

vs a.. I couldn' t remember if you took sugar in your coffee or not. 시동=있었는지,네가 탄 일이 있었는지

b.. Do you know if/whether she' s coming? 시동= 인지/어떤 것인지 -- 즉 올 것인지

② whether는 주어가 될 수 있지만 if는 주어로 못 쓴다. ∵ 서술 확인

a.. Whether it rains or not doesn't concern me. (○) b.. If it rains or not doesn't concern me. (×)

③ whether는 to부정사 설가뇌, 전치사 또는 preparatory 'it' 설가뇌로 사용 ['not' if ∵ 서술 확인]

a.. The question is whether to go or stay. : 대명사 설가

b.. It depends on whether he' s ready or not. : 대명접속사/대명사=전치사 목적어+접속기능/관계문장

c.. It' s your decision whether you go or stay. : 대명접속사=일종의 분리동격으로 설명해 나가는 뇌

↗ 문맥에 따라 if, though, -- 등등 대용

plus-5 **도치 의미원성립/의미과성립/정생각 -- 종사대용 의미**

A.. **Find she a four-leaf clover, she' ll have good luck.** find=찾는 것이 이루어 지면/찾는 다면

: 도치 의미원성립 -- 하생각이 도치되면 접속상상 의미가 된다.

B.. **Were the government to cut Value Added Tax, prices would fall.**

were=지금 이루어 졌으면/지금 되었으면

: 도치 의미과성립 -- 하생각이 도치되면 접속상상 의미가 된다.

C.. **Could I conquer Englis, I can fly to you.** could=지금 할 수만 있었다면 : 도치 의미과성립

D.. **"Should you be interested in our offer, contact us."** should=정생각으로 공손한 뜻 -- 하신다면

: 도치 정생각 -- 정생각이 도치되면 접속생각 의미가 된다.

plus-6 대명사/명사 속에 선대의미가 들어 있으면 **선대대명사, 선대명사**라 하고, 여기에 다시 접속의미[접속기능]가 들어가면 **선대 대명접속사 또는 선대 명사접속사**라 한다. 대명사/명사이기 때문에 선행사도 가능하다.

A.. This is **what** you like. [=the thing which/what that]

시동=이것은 무엇이냐 하면 네가 좋아하는 것이다 : (선대) 대명사 (+관계문장)

또는 (선대) 대명접속사(+관계문장) 이럴 경우 **종속접속사**=보어/선행사/목적어+접속기능

B.. This is **where** you like. [=the place which/where that]

시동=이곳은 어디냐 하면 네가 좋아하는 곳이다 : (선대) 대명사 (+관계문장)

/이곳은 장소인데 네가 좋아하는 장소이다 : (선대) 명사 (+관계문장)

또는 (선대) 대명/명사 접속사(+관계문장) 이럴 경우 **종속접속사**=보어/선행사/목적어+접속기능

C.. This is **when** you like. [=the time which/when that]

시동=이번이 언제냐 하면 네가 좋아하는 때이다: (선대) 대명사 (+관계문장)

/이번이 때인데 네가 좋아하는 때이다 : (선대) 명사 (+관계문장)

또는 (선대) 대명/명사 접속사(+관계문장) 이럴 경우 **종속접속사**=보어/선행사/목적어+접속기능

tip)as=대명접속사/부사접속사

: China is watching as Taiwan votes on Saturday.

시동=중국은 있는데 주시하고 있다. 동자[다음과 같은 것, 즉] 타이완이 투표하는 것을 상자 토요일에 투표하는 것을 말이다. /동자[다음과 같은 것을 하기때문에, 즉] 타이완이 투표를 하기 때문에 상일 토요일에 말이다.

구문법의 모순] 윗 표현은 모두 같은 표현이다.

양쪽 주기능, 즉 is의 보어와 like의 목적어로서 같은 표현이고, 관계문장의 선행사로서 같은 표현이다. 그리고 모두 다 **뜻하는 의미**로 선대로 달리 표현할 수 있다. 그래서, what이 관계대명사라면 where/when도 넣었어야 했다. **이게 바로 구문법의 자기 모순이다.** 이때 Longman에서도 what은 관계대명사가 아니라고 분명히 말하고 있다. 따라서, what은 그냥 대명사/대명접속사이고, where/when도 그냥 대명사[명사] /대명[명사] 접속사이다. 이들 단어 속에 뜻하는 의미로 선대의미가 들어 있을 뿐이다.

plus-7 **7대 기본품사와 기능 -- 명동형부접대전** ☞ 영뇌영어 vol 2 p99

품사기능=주기능 /보조기능 /접속기능 /서술기능   **기타**: 수식기능

① **주기능**=주어/목적어/보어 : 명사[대명사] /동명사[to부정사] /형용사 /종속 접속사[명사절] /전치사

② **보조기능**=보조어 : 부사 /종속 접속사[부사절] /전치사

③ **접속기능**=접속어: 접속사 ④ **서술기능**=서술어: 동사 ⑤ **수식기능**=수식어: 형용사/전치사(형용사구)

⇒ **접속사**=종속접속사/등위접속사 -- 종속접속사=복합품사이기 때문에 주기능과 보조기능 가능

전자=주기능/보조기능/선행사+접속기능 -- 종속접속사는 선행사되고 접속사도 된다.

Roundup

IIIII **종속접속사 -- 복합품사로서 동격을 제외하고 명(대)동형문과의 관계에서는 비제한적 연결영뇌**

= **부사접속사**[명부접속사/의부접속사 포함] /**명사접속사**[선대/선부 명사접속사 포함]

/**대명접속사**[의대접속사 //선대/선부 대명접속사 포함]

▭ **앞부분 명칭**=자기문장과의 관계 또는 s동사와의 관계에서 작용하는 품사 ↗ 이때 **속품사**=명사/대명사는 관계문장 선행사 또는 주기능

▭ **뒷부분 명칭**=명[대], 동, 형, 문, 종에 자기문장을 최종적으로 접속시키는 품사

그래서, 최종적인 역할만 보면 모두 접속사이다. **사전에서는 최종적인 역할만 기록하고 있다.**

⇒ **자기문장=서술문장/관계문장**

따라서, 종속절은 다음과 같이 표현되고, 전달 결과는 같다할지라도 뜻 표현이 달라진다.

종속절 구성= | **부사접속사 + 서술문장** ⇒ 부사 성격을 가지고 있는 접속사

| **명사접속사 + 서술문장/관계문장** ⇒ 명사 성격을 가지고 있는 접속사

| **대명접속사 + 서술문장/관계문장** ⇒ 대명사 성격을 가지고 있는 접속사

※ 그냥 명사/대명사와 달리 종속접속사는 복합품사이기 때문에 선행사도 되고 접속사도 된다.

또한 복합품사이기 때문에 주기능과 보조기능도 가능하다. **cf]종사문장=서술문장/관계문장**

☞ and more,

↙**제한적 연결영뇌** ↙**비제한적 연결영뇌**

문장 연결설명어=관계문장[RS NB] vs 종속문장[SS NB]

전자=노콤머 관계대명사/관계부사와 같고, 주기능 소유 관계문장과 주기능 비소유 관계문장

후자=종속접속사 that과 같음

: He said he was a teacher. He is so rich he can buy the car.

vs **서술문장**=비연결설명어로서 **서술적 영뇌** -- 보통 단문문장과 같은 것 (사는 것인데 자동차를 말이다. ↗할 수 있다.)

: He said. He was a teacher. He is so rich. He can buy the car.

종속접속사+서술문장/관계문장=비제한적 연결영뇌 -- 동격제외, 명[대]동형문과의 관계에서 비제한적 연결영뇌

vs 의문사+서술문장=서술적 영뇌

▭ 시동 '하는 것' = ① 연결설명어로서 '하는 것', 즉 제한적/비제한적 연결영뇌로서 '하는 것'

② 비연결설명어로서 '하는 것', 즉 서술적 영뇌로서 '하는 것'

tip)문장을 거느릴 수 있는 연결설명어=관계대명사/관계부사/종속접속사 vs 관계문장/종속문장=문장자체가 연결설명어

↳즉, 속문장

6 Routine English

6 Routine English

틀에 박힌 영뇌의군[낱개영뇌]으로 틀에 박힌 생활영어이다. 뜻은 BAM으로 완전번역/대체번역으로 이해해야 BNW를 느낄 수 있다.

tip)완전번역/대체번역=bnw-BAM 준번역=im-BAM
↳ 각각 번역=IS영뇌가 각각 다르다.

생활 영어에서는 infml E 또는 negative한 뜻으로 말하는 경우도 더러 있다. negative한 말에는 disapproving (좋지 않게 생각하는 말/경멸적인 말) offensive (가학적인 말) derogatory (깎아 내리는 말/비어) slang (속어), names (욕) -- 등이 있다.

그외 technical[specialized] (전문용어), old-fashioned/old use (이미 한물 간 말/고어), literary(문학어)도 있다.

1. 담임 교사

On the first day of school, the homeroom teacher circulated a small box and said, "There's a picture of the kind of child I like in there, so take a good look."

❖ home room also, homeroom
=*AmE* a classroom where students have to go at the beginning of every school day

2. 말려 들어가는 것

"Don't be taken in by products claiming to help you lose weight in a week."

❖ taken in=말려 들어가는 것으로 완전히 속는 것
(be completely deceived by someone who lies to you)

완전번역=말려 들어가는 것 **준번역**=완전히 속는 것

3. 죽 마셔라는 것

"Drain it." 술이나 음료를 쭉 들이켜 마셔라는 말

4. 초읽기에 들어 갔다는 것

Gadhafi's days are numbered.

numbered
=숫자로 세어지는 것으로서 초읽기에 들어가는 것

❖ 'somebody's/something's days are numbered'
=used to say that someone or something cannot live or continue for much longer:
I knew my days were numbered at that firm.

5. 다 까먹었다는 것 /다 까먹다는 것

Dow erases early gains.
다우가 초기에 올란 것을 다 반납했다는 표현이다.
▭ erases=**발생현재/설명현재**

6. 그냥 심술이 나서

He does just out of spite.
그는 그러는 데 그냥 나서 즉 심술이 나서 그래요

7. 화염병

The protesters quickly formed a kind of assembly line to defend against an onslaught of rocks and firebombs from an army of Mubarak loyalists.

▭ assembly line
=조립라인처럼 손을 잡고 쭉 줄을 서 있는 모양

▭ onslaught
=어떤 곳에 쭉 퍼붓는 공격으로서 맹공격/맹습/집중공격
[on(어떤 곳) + s: strike + l: 쭉 퍼붓는 모습]

8. 웃음거리 /조소의 대상

"His silly behaviour made me the laughingstock of the office."

9. 사병

'He doesn't see enlisted men.'
하지 않는데 즉 만나주지 않는 데 사병은 말이다.

▭ officers and enlisted men
❖ enlist=*intransitive or transitive usually passive*
to join the army, navy etc 군대 가는 것
: He enlisted as a private.
At the outbreak of war, he was enlisted in the army.

기타 사병을 일컫는 말=soldiers : The soldier saluted.

buck private =신병, 훈련병 private=이등병
private first class[PFC]=일등병 corporal=상등병
sergeant=병장/하사관(하사,중사,상사)

staff sergeant=하사
sergeant first class=중사 first sergeant=선임부사관
master sergeant=상사 sergeant major=특무상사, 원사

10. 소대 차렷!
"Platoon, attention!"

squad 분대 company 중대
battalion 대대 (squadron 공군대대)
regiment=연대 brigade=여단
corps /army corps=군단

Fall in! 집합! Fall out! 해산!
Parade, rest! 열중 쉬어! At ease 쉬어!
Post 앞으로! Count off 번호! Stand, fast! 정위치!
Recover! 원 위치!

Right face! 우향 우! Left face! 좌향 좌!
About face! 뒤로 돌아!
Eyes right! 우로 봐! Eyes left! 좌로 봐!
One step backward, march! 뒤로 일보 가!
이때 march는 모두 움직이는 것을 뜻한다.

Dress right, dress! 우로 나란히!
Close interval, dress right, dress!
좁은 간격, 우로 나란히!
Normal interval, dress right, dress!
정식 간격 우로 나란히!

Forward, march! 앞으로 가!
Right flank, march! 우향 앞으로 가!
Left flank, march! 좌향 앞으로 가!
To the rear, march! 뒤로 돌아 가!
Column right[left], march! 줄줄이 우[좌]로 가!
Close interval, march! 간격 좁혀 가!

11. 돌아 가 줄을 서라는 것
"Get back in line."
하라, 돌아가서 서는 데 줄을 말이야.

▭ in=들어가는 것으로서 서는 것
vs Step forward. 걸어서 앞으로 나와라는 말

12. 한판 붙었다는 것
"Fight's on!!" ▭ on=작동으로서 붙은 것

13. 투표에서 졌다는 것
"You are out-voted."
투표로 out된 것으로 졌다는 것
vs You outvoted.
투표로 out시킨 것으로서 이겼다는 것

14. 야단 법석
"Why it is bobbery!!"
why=놀라움을 나타내는 감탄사 -- 야아~

▭ bobbery=소란 스러운 것으로서 야단법석
▭ hubub /hustle=시끌벅적한 것으로서 야단법석
▭ hustle-bustle=시끌벅적하고 분주한 것으로서 야단법석
▭ fuss=공연한 소동/안달하는 것으로서 야단법석

15. 모범생
"She's a model[exemplary] student."

16. 카드를 긁어라고 하는 것
"Swipe this."

※ swipe (MOVE) 쏵미는 것으로서 카드를 긁는 것
[s : 쏵 〉 쏵 p : push]
(*verb* [T] to move a card containing information stored on a magnetic strip through a device that reads this information)

또 다른 뜻 :
※ swipe (HIT) 휘둘러 공격하는 것으로서 휘둘러 치는 것
[s: strike w: **휘두르는 모습**]
(*verb* to hit something, especially with a sideways movement) sideways=adv. adj.
: Turn sideways 옆으로 돌아 서라는 것

: She opened the window and swiped at the flies with a rolled-up newspaper to make them go out.
flies=파리떼 rolled-up newspaper= 돌돌 말은 신문 뭉치

17. 막일꾼/막노동자

"He's a Chinese coolie."

❖ coolie (also cooly)
noun [C] OFFENSIVE OLD-FASHIONED
an unskilled and cheaply employed worker in Asia

suffix ie가 사람인 단어:
goalie =문지기 ☺ infml E 입장에서 생각하면 골키퍼보다 문지기가 더 어울린다.

❖ goalkeeper UK
noun [C] (INFORMAL goalie, US goaltender)
the player who stands in the team's goal to try to stop the other team from scoring

18. 막 시간이 끝났다는 것

"We are about out of time."
우리는 막 끝났다, 즉 시간이 말이다.

19. 화투/카드를 섞어라 하는 것

"Shuffle them."

||||| **화투나 카드를 칠때 표현들 :**

deck=화투나 카드를 중앙에 쌓아 놓은 것
Cut the deck. 떠라, 그 데크에서 말이다.
also, cut the cards.
cut=쌓아 놓은 (stacked up) 화투나 카드를 선이 말에게 뜨도록 시키는 것
deal=각자에게 나누어 주는 것 : Deal (out) the cards.
hold one's hand=각자 자기 손에 쥐고 있는 것

||||| **카드 레이스하면서 하는 말 :**

Go 'five'. =betting 시작을 five [dollars/cents]로 하는 것
See 'five'. =상대방이 betting한 대로 five로 하는 것
Raise 'five'. =five로 받고 betting을 five 더 올리는 것
확인하고 올릴 때 -- See 'five' and raise 'three'.
five로 받고 three 더 올리겠다는 것

throw away=카드를 버리는 것
I'm out=나는 죽었다는 표현
draw one=한 장을 deck에서 가져 오는 것

20. 판돈

"For a dollar stake, you can win up to $1,000,000."

❖ stake noun [countable]
money that you risk as the result of a horse race, card game etc

Place your bet.
place=위치에 두는 것으로서 거는 것

21. 소고기 육포(잘라서 말린 고기)

"That's beef jerky."

❖ jerky noun [U] US
meat that has been cut into long thin strips and dried in the sun

22. 점심후 자는 낮잠

"The stores all close after lunch when everyone takes a siesta."

❖ siesta noun [C]
a rest or sleep taken after lunch, especially in hot countries

23. 기본만 제공하는 상품이나 서비스

"A no-frills airline." " No frills travel."

❖ no-frills adjective [before noun]
describes a product or a service that is basic and has no luxuries or unnecessary details :
It's a no-frills shop supplying only basic goods at affordable prices.

24. 구질 구질한 사람/꾀 죄죄한 사람

"He is such a geek."
옷도 너절하게 입고, 꾀죄죄한 모습을 보일 때
'저렇게 구질구질한 놈이야' 하는 기분으로 말하면 된다.

❖ geek noun [C] INFORMAL
a person, especially a man, who is boring and not fashionable

❖ geeky adjective *INFORMAL* boring and not fashionable : a geeky-looking guy in glasses

25. 천벌

"Afghanistan faces another scourge.
HIV and AIDS are starting to ravage a country already smashed by conflict."

▭ scourge=옛날에 벌로서 때리는 채찍/회초리(whip)
//회초리에 맞아야 할 정도로서 벌/징벌/천벌
vs comeuppance=당연히 받아야 할 벌로서 천벌

26. (어지럽게) 빠르게 빙빙 도는 것

Wall Street gyrated and then steadied itself Wednesday.

❖ gyrate verb [I] gyration noun [C or U]

① to turn around and around on a fixed point, usually quickly

② to dance, especially in a sexual way:
A line of male dancers gyrated to the music while the audience screamed their appreciation.

27. 작은 씨앗, 큰 씨앗

"Apples contain pips. Peaches contain stones."

❖ pip (SEED) UK noun [C] (US seed)
one of the small seeds of an edible fruit such as an apple or an orange

❖ stone (SEED) (plural stones) noun [C] (US ALSO pit)
a large hard seed inside some types of fruit

28. 필수식품/주산물

"Don't forget staples like sugar and salt when you go to the shops."

"Bananas and sugar are the staples of Jamaica."

❖ staple ① a food that is used and needed in the house all the time ② a main product

29. 무릎 근처를 잡고 앉으면서 꾸벅하고 인사하는 것

"She bobbed a curtsy to the Queen."
"She curtseyed to the Queen."

❖ ① curtsy, curtsey verb [I] noun [C]
When a girl or woman curtsies, she bends quickly at the knees, with one foot in front of the other, while holding her skirt, especially to show respect to a king or queen, etc
curtsy, curtsey noun [C]

❖ ② bob (MOVE) verb -bb-

a. [I] to move up and down quickly and gently especially on the surface of water:
In the harbour, the boats bobbed gently up and down on the water

b. [I usually + adverb or preposition; T]
to move quickly in a particular direction:
I dropped the bottle into the sea and watched it bob up to the surface a moment later.

30. 죽기 살기로

"I clung onto the branch for dear life."
"She grasped the side of the boat and hung on for dear life." 즉 죽기 살기로

❖ for dear life
written if you run, fight, hold on, etc., for dear life, you do it as fast or as well as you can because you are afraid or with the greatest possible effort, esp. in order to avoid harm
dear=소중한 것: His family is very dear to him.

31. 중간 접점

"The debate is becoming polarized and there seems to be no middle ground."

32. 잠시 즐기는 드라이브

"Let's go for a spin in the country."

❖ spin=*informal* a short trip in a car for pleasure

33. 체벌

Corporal punishment was abolished in Britain in 1986.

❖ corporal punishment [uncountable]

punishment that involves hitting someone, especially in schools and prisons 체벌, 체형, 태형
corporal=*fml.* of the body; physical
vs capital punishment 사형, 극형

34. 내친 김에 더 해보자

"Over shoes, over books."
걸친 김에 신발을 걸친 김에 걸치자, 책도 말이다.

35. 고치면 쓸만한 부동산/집

"Who doesn't love a nice fixer-upper?"

❖ ① A "fixer-upper" is a house that can be expanded or improved, but is currently habitable.

❖ ② A "fixer-upper" is a real-estate property that will require maintenance work to redecorate, reconstruct or redesign. They are popular with buyers who wish to raise the property's potential value to get a return on investment, or as a starter home for buyers on a budget.

36. 처음으로 장만한 집

"This is my starter home."

❖ starter home [countable]

a small house or apartment bought by people who are buying their first home

37. 힘을 실어 주라는 것

"This time, power him."
힘을 주는 것으로서 기운을 주는 것/고무시키는 것

❖ power verb

to act with great strength or in a forceful way : Halfway through, she powered into the lead and went on to win the race.

halfway through=중간지점 통과시

38. 일회용 면도기

"This is a triple blade disposal razor."

▭ an electric razor 전기 면도기
▭ a disposal bag 일회용 백

39. 똑바로 하라는 것

"Get it right."
하라, 그것을 똑바로 말이다.

add] "Is the Fed getting it right?"
"Is the bank of Korea getting it right?"

40. 뭐 그리 급하냐

"What's the rush?"

41. 체면을 벗어 던지는 것

"Lawmakers face off in the Parliament."
rival lawmakers 끼리 scuffle이 발생하면 이렇게 된다.

42. 누가 아니래?

"Everyone's invited except me. "
"Who cares?"

▭ who cares?
=누가 관심을 가져 주겠니/상관해 주겠니로서 동의

43. 막상 막하/일어 날 가능성이 반반인 것

"Korea and Japan was nip and tuck."
[=neck and neck]

❖ nip and tuck *American English informal*

a) equally likely to happen or not happen:
We made it to the airport, but it was nip and tuck.

b) if two competitors are nip and tuck in a race or competition, they are doing equally well
[= neck and neck] :
The fourth quarter was nip and tuck, but the Bulls won 92-90.

44. 그날 그날 최선으로 살아 간다는 것

"I live just for today."

나는 살아 가는데 그냥 위해서 오늘을 위해서 말이다.

45. 한번 쾅하는 것

"A flock of birds, a thud, and then enginge failure."

새들이 모여들어서 한번 쾅하고 그런 다음 엔진 고장이 일어났다는 Hudson River 불시착 (ditched)을 조사한 결과이다.

46. 갈라 섰다는 것

He parted ways with her.

갈라 섰는데 길을 갈라 섰다는 것으로서 헤어졌다는 것

47. 걸을 때마다 아프다는 것

"Every step hurts."

48. 다 떼고 남은 돈으로 우수리

"It's odd money."

49. 우수리없이 딱

"Give me even two thousands won."

[or ---won even.]

딱 2천원만 달라할 때 이렇게 표현하면 된다.

□ an even day 꼭 하루

□ an even ten/a ten even 딱 10개

50. 미안하지만, 계산이 잘 못되었다는[계산착오라는] 것

"Friendly, boss to master English without the Genglish."

friendly=기분나쁘지 않게 하려는 것으로서 미안하지만

vs sorry=잘못한 것에 대해 굽히는 것으로서 미안한 것 /애석한 것으로서 (참) 안된 것

[s>z: 잘못한 것 rr: 굽히는 모습

or so>os: 애석한 것]

vs afraid=더 팍 굽히는 것으로서 정말로 미안한 것

[fr: 팍 굽히는것/팍 엎어지는 것

: fall + r 엎어지는 모습]

I' m afraid I can' t come this evening.

□ boss=산술을 바보 같이 한 것으로서 계산이 잘 못된 것

[b: 바보 ss: 산술 or os: 오산]

51. 기대가 크다는 것

"Anticipation is thick."

vs "Anticipation!" 기대된다

52. 상복

They're clad in sables.

53. 남향, 동향 할때 향

A house with a southern exposure.

A south-facing garden.

54. 쓴 맛을 보다 /쓴 잔을 마시다

"Tigers savor defeat."

□ savor 대체번역

= 원어민들은 짜거나 매운 맛을 보았다 하고,

우리는 쓴 맛/쓴 잔을 마셨다한다. 그래서 savor이다.

55. 길이로, 옆으로

Cut the banana in half lengthways.

Cut the cucumber sideways.

길이대로 자르는 것이 길이로이고, 그냥 잘게 썰어 나가는 것이 옆으로 자르는 것이다.

56. 상회하는 것 /최고 시세인 것

"Apple IPad tops estimates."

"Apple stock tops $700."

꼭대기에 있는 것으로서 상회하는 것 /최고 시세인 것

57. 잠시 휙 둘러보는 것

"Mr Ban is on a 4-nation swing."

있는 데 하고 있는 데 4 개국을 휙 둘러보고 있다.

□ swing=짧게 휙 둘러보는 tour

□ on=작동으로서 하고 있는 것

cf) "He swung on his bag."

휙 둘러 멨다 on=위에 두는 것으로서 메는 것

58. 한결 같은 사람

"Jerry was one of a kind."

"Jerry is one and the same."

"We were amazed to discover that you were one and the same person."

59. 이쑤시개로 음식물 찌꺼기를 빼 내는 것

"Pick your teeth."

(❖ to remove bits of food from between your teeth with your finger or a small pointed object)

cf] 코를 확 푸는 것

"Pick your nose."

(❖ to remove mucus from your nose with your fingers): Don't pick your nose!

nasal mucus 콧물

60. 만세, 만세, 일어나 박수갈채하는 것

North Korea launches verbal salvo.

❖ salvo plural salvos or salvoes

[countable usually singular] *formal*

일제투하/(예포)일제발포 /일제히 일어나는 박수갈채/갑자기 모두 크게 웃는 것

(when several guns are fired during a battle or as part of a ceremony /sudden laughter, applause -- etc., from many people at the same time)

□ when=때로서 상황 : 상황이 -- 인 경우를 말한다

□ verbal promise 말뿐인 약속

□ verbal pedantry 말로만 학자인체 하는 것

61. 돈도 없고, 집도 없고, 희망도 없는 것

Nobody loves you when you're down and out.

❖ down-and-out *adj.*

having no luck, no money and no opportunities

: a down-and-out loser

❖ down-and-out noun n [C] UK

a person who has no money and no home

62. 못 했다 vs 안 했다

I failed to attend the wedding ceremony.

vs I didn't attend the wedding ceremony.

63. 18번 /가장 잘하는 것

"What is your groove?" (slang)

64. 봐라, (내가 뭐라하던가 /이게 어찌된 영문인지)

"I was in Vienna sitting quietly in a cafe when, lo and behold, my cousin walked in."

"We had just been talking about John when, lo and behold, he walked into the room."

❖ lo and behold=놀라운 상황을 보면서 하는 말 -- 감탄사

spoken used before mentioning something surprising that happened

❖ lo=*old use* used to tell someone to look at something that is surprising 감탄사로서 보라/봐라

□ when=언제냐 하면 그때

65. 자존심을 세우려고 (꼭 이렇게 해야하나)?

"Why do I bother to keep myself up?"

왜 해야지, 즉 내가 괴로워 해야 하지, 지키려고 내 자신의 up을 지키려고 말이야?

□ up=위에 두는 것으로서 자존심

66. 쪼들리는 삶/사정

"Mainland farmers feel squeeze as drought grips."

❖ squeeze noun

a situation in which wages, prices, borrowing money -- etc., are strictly controlled or reduced

: All manufacturers are feeling the squeeze.

그외 빡빡한 공간[only just enough room]

[쥐어짤 정도로 비좁은 공간]

: It will be a squeeze with 6 people in the car.

67. 울보

"She is a crybaby."

❖ crybaby plural crybabies [countable]

someone, especially a child, who cries too often without good reason – used to show disapproval :
Don't be such a crybaby!

68. 빠져 나갈 구멍

"China exploiting trade loopholes."

❖ exploiting=(be동사) 전제 infml E
❖ loophole [countable]

a small mistake in a law that makes it possible to avoid doing something that the law is supposed to make you do
: legal/tax loophole a loophole in the law

69. 손바닥 뒤집듯이

"In the turn of a hand, he changed his mind."
하듯이, 뒤집듯이 즉 손(바닥)을 뒤집듯이

□ in=들어가는 것으로서 하는 것, 하는 것으로서 하듯이
□ in the turn(ing) of a hand **뜻하는 의미**
=쉽게, 즉시, 홀연히, 갑자기 ---등등

70. 콩밥을 먹었다.

"He did porridge."
먹었는데 콩밥을 먹었다.
뜻하는 의미=옥살이 했다

❖ porridge [uncountable]
① oats that are cooked with milk or water and served hot for breakfast [= oatmeal, American English]

② British English informal
a period of time spent in prison
: do porridge (=spend time in prison)

71. 원정출산 아기

"These days, anchor babies are popular in this country."

IIIII .. The derogatory term "anchor baby" is used to describe a child born in countries allowing birthright citizenship — for Korean mothers, usually the United States or Canada — to non-citizens, regardless of the parents' immigration status. For wealthier Koreans, it is often used as a method to allow their sons to avoid mandatory military service here, as well as to gain access to what are perceived as better educational opportunities in their country of birth.

72. 끝내 준다는 것

"You've got a knockout wife."
ko 시키는 것으로서 끝내 준다는 것

❖ knockout [countable]
① when a boxer hits his opponent so hard that he falls down and cannot get up again:
The fight ended in a knockout.

② *informal* someone or something that is very attractive or successful:
Her dress was a knockout. 끝내 주는 물건

73. 질질 끄는 것

Stop shilly-shallying and make a decision now!

❖ shilly-shally *verb informal disapproving*
to spend too much time doing something or making a decision because you do not know what is the right thing to do
disapproving **입장**에서 생각해야 질질 끄는 뜻이 나온다.

74. 정신 차리는 것

"My boss yelled at me, and I can't stay awake."
할 수 없는 데 차리는 것, 정신 차리는 것을 말이다.
/할 수 없는 데 가다듬을 수, 정신을 가다듬을 수 없다.
□ stay=머물러 있게 하는 것으로서 차리는 것/가다 듬는 것

75. (아파서) 무언가 이상한 느낌이 있다는 것

"I have a turn."
뜻하는 의미=약간 아픈 것
(❖ *BrE old-fashioned* to feel slightly ill)

76. 감싸주는 것/덮어 두는 것

"Don't cover for him."

77. 개똥도 모른다.

"He does not know jack shit about cars."

뜻하는 의미=전혀 모른다

□ jack shit

=잭과 같은 모양으로서 개똥 ⇨ 뜻하는 의미=전혀

❖ jack (shit) *American English spoken not polite,*

a rude expression meaning anything at all :

"It is supposed to some kind of aphrodisiac but it hasn't done jack for me."

비아그라 같은 최음제를 먹으면 잘 될 줄 알았는데 개똥도 일어나지 않았다는것

□ energy booster=강정제 □ some kind of=좀 어느 정도

78. 개나 황소가 교미할 때 뒤로 올라 타는 것

"He is not a biter, but he is a humper."

어떤 여자를 빤히 바라다 보는 개(watchful dog)에게 주인이 하는 말이다. 물지는 않아도 올라 타는 놈이다는 말이다.

❖ hump=*taboo slang* to have sex with

/*BrE infml* to carry something heavy with difficulty : We humped the cupboard upstairs.

사전의 뜻은 뜻하는 의미로 뜻풀이지 단어 본래의미[원래의미]는 아니다. 따라서 BAM 영뇌로 단어 본래의미[원래의미]를 찾아 내야 고유한 뉘앙스를 느낄 수 있다. hump는 낙타의 육봉, 곱사의 혹으로서 등에 있는 lump를 의미한다.

완전한 뜻=허리를 꾸부리고 옮기는 것

뜻하는 의미=힘들게 옮기는 것

79. 장본인

"She's the author of the company's recent success."

❖ author noun

the writer of a book, article, play, -- etc.

/*formal* a person who begins or creates something

처음으로 시작한 [만든] 자로서 입안자[장본인]

80. 취중에 진담이라는 것

"In vino veritas."

❖ in vino veritas

there is truth in wine or truth is in wine

Function: foreign term 외래어 Etymology: Latin

81. 시계 호주머니

"It's a watch fob."

❖ fob a small pocket just below the waistline in trousers for a watch, keys, change, --etc.

fob watch 시계 주머니에 넣는 시계

82. 간지 오래되었다는 것

"He's long gone, sheriff. You'll never catch him."

83. 옷, 차, -- 기타 등등을 물려 받은 것

"This car is a hand-me-down."

❖ hand-me-down noun [countable]

BrE reach-me-down

esp. a piece of clothing which has been used by someone and then given to another person:

She refused to wear hand-me-downs.

❖ hand-me-down adj.

: hand-me-down clothes

vs ready-made clothes 기성복

vs tailor[custom]-made suit 맞춤 양복

custom=(집합체로서) 고객, 단골손님, 거래처

vs tailor-made (for) =*adj* exactly suited for a special need, a particular person, etc.

: This job's tailor-made for John.

완전한 뜻[본래 뜻]=맞춤 직업

뜻하는 의미[사전 뜻]=딱 맞는 것

84. 잉꼬 부부, 잉꼬 연인

"They're lovebirds."

❖ lovebirds [plural]

① two people who show by their behaviour that they love each other very much – used humorously

② a small brightly coloured parrot

85. 깐깐한 /까다로운 사람

"He is a stickler for the rule."

❖ stickler *n [C] informal*

a person who thinks that a particular type of behaviour is very important, and always follows it or tries to make other people follow it

: He's a stickler for detail/accuracy/efficiency.

86. 막대한 크기로서 무려

"They raised money[capital] to the tune of one trillion dollars."

그들은 모았는데/모금했는데/증자했는데 돈[자본]을 까지 무려 1조 달러까지 말이다.

❖ to the tune of

informal used to emphasize how large an amount or number is:

Canada is funding the programme to the tune of $30 million.

87. 세상의 이목을 끄는 것

"Thousands rally with a high-profile purpose."

❖ high-profile [only before noun]

attracting a lot of public attention, usually deliberately [≠ low profile] :

a high-profile public figure

88. 다녀 가라는 것

"Go home tomorrow."

□ go=가봐라는 것으로서 다녀 가라는 것

□ come=와봐라는 것으로서 다녀가라는 것

: Come home tomorrow.

89. 새치기 하는 것

"Look, don't queue-jump."

also, jump the queue

: It is possible to jump the queue.

❖ queue-jump [intransitive] [BrE] to barge in front of other people in a queue

90. 다른 사람의 의견[소견]

"We need a valve replacement. Is it expensive?"

"Very" "I'd like a second opinion."

cf] second hand=초침

second-hand=adj. adv. 중그의/중고로 : ~ dealer 고물상

91. 만회하는 것

"He was desperate to try and recoup his losses."

❖ recoup [transitive]

to get back an amount of money you have lost or spent [= recover] :

The movie will have to be a huge hit to recoup its cost.

92. 중요한 것은 성의다할 때 성의

"It's not the money. It's the thought that counts."

□ thought=생각해주는 것으로서 성의

□ sincerity=성실히 대하는 것으로서 성의

□ true heart=진심을 보이는 것으로서 성의

93. 알아 차리는 것 /탐지하는 것

"My sharp-eyed mother had already spotted him."

❖ sharp-eyed

=able to see very well and notice small details

예리한 눈을 가진 것

❖ spot

=to notice someone or something, especially when they are difficult to see or recognize :

I spotted a police car behind us.

94. 한물 간 것/고물

"Cash is a clunker."

주식이나 부동산 시장이 좋을 때 cash로 가지고 있으면 손해을 본다.

❖ clunker [countable] *American English informal*

① an old car or other machine that does not work well

② something that is completely unsuccessful because people think it is stupid or wrong

95. 누구라고 일일이 이름을 대는 것

"One last thing --- I don't want to name names. I expect everyone to charge into battle. Not skip. "

마지막 말로 일일이 이름을 대지 않겠으니 한꺼 번에 모두 덤벼들라는 말이다.

❖ name names

to tell someone in authority the names of people involved in a secret or illegal activity

❖ charge (MOVE FORWARD) verb

① [I or T] to move forward quickly and violently, especially towards something which has caused difficulty or annoyance :

The bull lowered its horns and charged.

The violence began when the police charged (at) a crowd of demonstrators.

② [I + adverb or preposition] *INFORMAL*

to hurry from one place to another:

I've been charging about/around all day and I'm exhausted. He came charging up the stairs to tell me the good news.

❖ charge noun [C]

an attack in which people or animals suddenly run forwards:

a charge of buffalo/elephants

a police charge

96. 쫑긋 세우라는 것

"Quick! Pop your ears so your head doesn't explode!"

머리가 박살나지 않으려거든 귀 담아 들어라는 표현이다.

유사표현 : Prick up your ears.

vs The birthday balloons pop!

팡하고 갑자기 터지는 상황

97. 콧방귀를 뀌는 것

"Myanmar snubs UN chief's request."

▭ snub=냉대 /무시로서 콧방귀를 끼는 것

▭ snort=조소/비웃음으로서 콧방귀를 끼는 것

98. 이리 저리 부려 먹는 것

"He loves to boss us around."

❖ boss [transitive]

to tell people to do things, give them orders etc, especially when you have no authority to do it

❖ boss somebody about(BrE) /around

: Five-year-old girls love to boss people around.

99. 말만으로는 충분하지 않다는 것

"Words aren't enough."

100. 커피를 타라는 것

"Make coffee."

101. 해주었다는 것

The dentist gave me the filling.

102. 어서 오세요

"Welcome in."

▭ welcome=환영으로서 어서

▭ in=들어오는 것으로서 오세요

103. 엇갈린 보도

Conflicting reports on Mubarak's death.

104. (특히 떠돌이) 술꾼 /알콜중독자

There were the usual bunch of winos outside the station.

❈ wino noun [C] (plural winos) *informal*

a person, especially a homeless person, who drinks too much wine or other alcoholic drink

❈ sot [countable]

old-fashioned someone who is drunk all the time [= drunkard/drunk] 술고래 /술주정뱅이 /모주꾼

105. 얻어 먹는 것

"They're waiting to be fed in a temporary shelter."

106. 어떤 사람을 보고 별것 아니다/아무것도 아니다는 것

"Who is this?" "Nobody."

❈ nobody noun

a person of no influence or consequence

107. 부르면 언제 든지 달려 오겠다는[가겠다는] 것 **=이면 뜻**

"I'm at your beck and call."

나는 있는 데 위치에, 손짓하고 부르면 올 수[갈 수] 있는 위치에 있다=**완전한 뜻**

❈ at sb's beck and call

always willing and able to do whatever someone asks: Go and get it yourself! I'm not at your beck and call, you know.

완전번역=네가 손짓하면 갈 수 있는 위치
준[이면] 번역=가까운 거리
beck=a gesture of beckoning or summons.

108. 그 사람 내 봉이다는 것

"He's my dupe." [also sitting duck]

❈ dupe=잘 속는 사람으로서 봉인 것

a person who is easily deceived or fooled; gull.

❈ sitting duck=상대하기 쉬운 것으로서 봉인 것

someone or something that is very easy for an enemy to shoot or attack :
With their bullets all gone, the soldiers were sitting ducks for the enemy.

109. 아무것도 아닌데 너무 크게 취급하고 있다는 것

"She is making a huge deal out of nothing."

▭ no big deal=크게 취급할 사항이 아닌 것
▭ out of nothing=아닌데 즉 아무것도 아닌 데
▭ out=아웃으로서 아닌 것

110. 우등으로 졸업했다는 것

"He graduated with honors from Brown University."

graduate with honors = graduate cum laude
He graduated with first-class honors in Physics.
--- 1등 (우등)

honors student 우등생
He does not get a degree but he gets a diploma.
학위를 받은 것이 아니라 수료증을 받았다는 것
수료했지 학위를 받은 것은 아니다고 표현할 때 이렇게 표현

111. 타고서 식품 또는 치킨을 나르는 일

"I have done food drives and chicken drives."

add]돌아 다니면서 타고서 식품 나르는 일을 했다는 표현
"I toured food drives."

112. 묻지마 투자

" The culture of 'anything goes' must end now."

113. 이팔 청춘

"She is sweet sixteen[or seventeen]."

add]한국식--- sweet seventeen
서양식--- sweet sixteen

114. 마음이 찢어졌다는 것

"My heart gets wrenched."
내 마음이 졌는 데[되었는데] 찢어 졌다.

: It's a heart wrenching tale.
마음을 찢어지게 하는 이야기
이때 뜻하는 의미는 ③번이다.

❖ wrench (PULL) verb

① *[T + adverb or preposition]*

to pull and twist something suddenly or violently away from a fixed position :

His hands were tied but he managed to wrench himself free.

② *[T]* to twist part of your body badly, such as your arm or leg, and injure it :

He wrenched his right shoulder during a game of hockey.

③ *[T usually passive]*

to suddenly take someone from people whom they love, causing them great unhappiness :

At the age of eight, she was wrenched from her foster parents and sent to live with another family.

115. 세상 맛을 다 봤다는 것

"I get world-weary."

❖ world-weary adjective

Someone who is world-weary is not enthusiastic about anything, often because they have had too much experience of a particular way of life:

Fifteen years in the teaching profession had left him world-weary and cynical.

❖ world-weariness noun [U]

116. 말들이 많다는 것

"After you ate left-over pizza, word gets around."

❖ word gets about/around/round

말이 주변에 있는 것으로서 말들이 많은 것 /말이 주변을 도는 것으로서 빨리 퍼지는 것

(When word gets about/around/round, news spreads fast within a group of people):

"I hear you were having drinks with a tall, dark, handsome man last night."

"Wow, word gets round fast, doesn't it?"

She doesn't want word getting around the office that she's pregnant.

vs put the word about/around/out/round

말을 주변으로/밖으로 알리는 것으로서 퍼뜨리는 것

(to tell people a new piece of news)

So, the new manager has been appointed - should we put the word around?

vs word has it

말이 가지는 것으로서 말에 의하면

(used to refer to something which is generally thought to be true although not official or known to be a fact):

Word has it (that) they may separate.

117. 해서 남주나

"It wouldn't hurt (you) to study."

그렇게 해도 하지 않아요 다치지 않아요, 공부를 해도 말이다. 즉 무엇을 해도 다치는 일이 없으니 해서 남주지 않는다는 뜻

❖ it wouldn't hurt you to do sth *INFORMAL*

something that you say which means you think someone should do something because they rarely do it:

It wouldn't hurt you to do the ironing for once.

해도 다치는 일이 없으니 해봐라는 뜻이다.

모든 단어는 자기 본래의미[원래의미]가 적용된 상황에 따라 뜻하는 의미가 결정되는 것이다. 그래서 BAM **영뇌**를 모르면 영어를 정복할 수 없다.

118. 집에서 미리 하는 공부

"College prep is idiotic."

대학 생활을 하면서 집에서 공부하는 것은 정말로 바보같은 짓이다는 표현이다.

❖ prep (SCHOOL WORK) *noun [U] UK*

집에서 미리 하는 공부로서 예습, 숙제 --따위를 의미함

(school work that students, especially students at private school and public school, do at home or not during lesson time) :

Have you got much prep tonight?

119. 손이 크다는 것

"She has an open hand."

인색하지 않고 bountiful[bounteous]한 사람을 두고 하는 표현이다.

120. 어쩐지 이상하다 했다는 것

"Remember when the kids listened to us without criticizing our every move?"

"Vaguely."

애들이 군소리하지 않고 듣는 걸 보니 무언가 일을 저질렀는 것 같다. 그래서 할아버지가 vaguely라고 표현한 것이다.

121. 철면피스럽게 하거나 뻔뻔스럽게 하는 것

"Strikes brazen in scale."

공격들이 너무나 뻔뻔 스럽게 이루어 졌어요, 있게 규모있게 말입니다.

❖ brazen verb

❖ brazen adjective

obvious, without any attempt to be hidden :

There were instances of brazen cheating in the exams.

He told me a brazen lie.

❖ brazenly adverb

brazen-faced adjective =openly shameless; impudent.

122. (어떤 냄새에 의해) 올라 올것 같다는 것

"I'm going to heave."

❖ heave (VOMIT) verb [I]

to feel as if you are going to vomit:

The smell of the fish made me/my stomach heave.

123. 반가운듯이 말하는[반가운듯이 기뻐하는] 것

"Care to speak with a delightful Mr. Kim."

조심하라, 말할 때, 즉 반가운 듯이 말하는 김씨에게 말할 때는 말이다.

He is very delightful.

아주 반가운 듯이 말이나 행동하는 사람을 두고 이렇게 표현하면 된다.

124. 아이보다 배꼽이 더 크다는 것

"Your eyes're bigger than your belly."

이럴 때 원어민들은 눈과 태 크기로 말한다.

❖ ① sb's eyes are bigger than their belly/stomach *HUMOROUS*

something that you say when someone has taken more food than they can eat

❖ ② beer belly noun

[C usually singular] (ALSO beer gut) *INFORMAL*

the fat stomach that a man develops when he has drunk a lot of beer for many years

❖ ③ belly laugh noun [C]

a loud, uncontrolled laugh:

I've never heard Robin laugh like that – it was a real belly laugh.

▭ small intestine 소장 ▭ large intestine 대장

125. 한 사람 몫 /1회 분

"You're not helping."

당신이 먹는 것은 아닌데 한 사람 몫이 아니야.

▭ you=대명사 associate/대명사 MW(metonymic word 환유표현)

: 당신-->당신이 먹는 것으로 환유

❖ helping noun

① the act of a person or thing that helps.

② a portion of food served to a person at one time:

That's his third helping of ice cream.

126. 현장 중계

"We will be on TV."

"I will get the remote."

❖ remote noun

① Radio and Television. a broadcast, usually live, from a location outside a studio.

② remote control device

127. 외할머니

"Maternal grandmother who shaped Obama dies."

▭ paternal grandmother 시할머니
= one's husband's grandmother
▭ maternal family 외가쪽 사람
▭ paternal family 시가쪽 사람

128. (따르는) 본보기 인물

"Kids need adult male role models."
성인 남성 본보기 인물

◈ role model noun

someone whose character, life, behaviour, etc is taken as a good example to follow :
Sports stars are role models for thousands of youngsters.

129. 봐주었다는 것

"Consider yourself lucky."
봐주었어, 당신은 운이 좋은 사람이라고 생각해!

McCain Running Mate Sarah Palin은 옷에 $150,000를 썼다고 남편에게 말하면서 하는 말이다.

▭ Consider=(주어) **전제** infml E
▭ consider=고려해주는 것으로서 봐주는 것

130. (가만히/그냥) 놔두지 않겠다는 것

"Don't let her intimidate you. You're tough."
하지 않겠다, 놔두지 않겠다 그 여자가 겁주는 것을 네에게 말이다. 너 고달프지/어렵지.

나쁜 hockey coach에게 시달리는 딸에게 엄마가 하는 말이다. Don't let=(주어) **전제** infml E -- **명령문이 아님**

131. 너희 둘은 알아서 해결하라는 것

"You two figure something out."
생각하여 뭔가 (문제점을) 찾아내 해결하라 : You **명령**

애들이 "What about dinner?" (어떡하라고 저녁은 말이야?)하고 말을 할때 엄마가 아빠와 함께 나가면서 자식들에게 돈을 주면서 한 말

◈ figure something out *INFORMAL*

마음 속에 무언가를 그려내는 것으로서
생각하여 해결하는 것 /생각하여 찾아내는 것 /이해하는 것
(to finally understand something or someone, or find the solution to a problem after a lot of thought) :

I can't figure out why he did it.
I find him really odd – I can't figure him out at all.
Can you figure out the answer to question 5 ?

132. 뭐가 (모두) 그리 시끄럽냐 (주변이 말이야)?

What's (all) the kerfuffle (about)?

◈ kerfuffle noun

UK INFORMAL also carfuffle, kurfuffle
noise, excitement and argument
싸우면서 소동/야단(난 것) :
Her glasses were broken in the kerfuffle.

133. 맡은 일만 하는것으로서 돈내기

"Reporting for duty. Please take these clippings to the curb."
깎은 잔디 봉지를 주면서 하는 말
'돈내기' 는 일종의 local dialect이다.

일제 시대 때 한국 사람들은 돈내기 일을 많이 했는 데 한국 사람들은 돈내기라면 죽자 사자 한다(toil and moil).

▭ Reporting for duty
알려 주겠다, 즉 돈내기 일을[돈내기를] 말이다.
▭ Reporting=(주동) **전제** infml E

▭ **clippings** [clipping 깎아/오려 낸 것 s: several]
=(잔디, 종이, 신문 따위를) 쭉 깎아낸[오려낸] 것들/뭉치들

▭ curb =제어하기 위해 솟아 나온 것으로서
(도로) 연석: Installing extruded concrete curb.
/연석같은 받침대
/제어하기 위한 고삐, 재갈
[cu: come out r: risen b: bar]

▭ parking curb=주차 뒷받침
▭ curb ramp=받침대가 설치된 경사로

134. 감정이 앞섰다는 것

"To the rescue, but feeling outgunned."

Paulson 미 재무 장관을 두고 한 말이다. 그는 최근에 미국 금융위기를 건져내기 위해 온갖 정책을 쏟아 부었다.

❖ outgun

화력이 더 우세하는 것으로 압도하는 것

① to exceed in firepower

② to outdo or overwhelm, as by superior forces:

a.. Local manufacturers have been outgunned by the overseas competition.

b.. Despite being heavily outgunned, the rebel forces seem to have held on to the south side of the city.

c.. Arsenal were outgunned by Norwich in Saturday's game.

135. 대충 무엇인든지

"You can put just about anything in a salad."

136. 괜찮은 것 같다는 것

"It's a guy thing!"

어떤 좋은 상황을 보고 괜찮은 데라는 느낌의 표현

그래서 좋은 외제 스포츠 카를 보고 이렇게 말할 수 있다.

"Must be a guy thing."

▭ guy thing=녀석과 같은 것으로서 괜찮은 것

137. 짜고 친다는 것

"It's a set-up."

▭ set-up=속이기 위해 설치해 놓은 것으로서 짜고 치는 것

▭ set-up

= 속임수를 쓰기위해 또는 죄인으로 몰기 위해 미리 설치하거나 놓아 두는 것으로서 미리 정해 놓고 하는 행위

❖ set sb up (DECEIVE)

phrasal verb [often passive] INFORMAL

to trick someone in order to make them do something, or in order to make them seem guilty of something that they have not done:

They claimed that they weren't selling drugs, but that they'd been set up by the police.

❖ set-up

noun [C usually singular] INFORMAL

When drugs were found in her luggage, she claimed it was a set-up.

138. 세상은 내 세상이다는 것

"The world is my oyster!"

❖ the world is sb's oyster

If the world is someone's oyster, they can do what they want to or go where they want to :

You're young and healthy and you have no commitments – the world is your oyster.

139. 그게 너 생각이냐?

"Is that what you think?"

140. 어떤 일에서 손 떼라할 때 손 떼라는 것

"Obama calls McCain 'out of touch'."

141. 꿈깨라는 것

"Get real! He's never going to give you the money."

❖ Get real. *INFORMAL*

used for telling someone that they should try to understand the true facts of a situation and not hope for what is impossible

142. 별 볼일 없는 사람도 쓸모 있다는 것

"Your posse are nobodies."

"Nobodies are somebodies, too!"

당신이 끌어 모은 사람들은 다 쓸모가 없다고 하니 그래도 쓸모있는 경우가 있다고 쏘아 붙이고 있다.

❖ ① nobody pronoun, noun, plural -bodies.

pronoun: no person; not anyone ; no one :

Nobody answered, so I hung up.

noun: a person of no importance, influence, or power

❖ ② somebody pronoun, noun, plural -bodies.
pronoun: some person
noun: a person of some note or importance

❖ ③ posse noun
끌어 모은 대원들[친구들/측근들]
a. A group of people summoned by a sheriff to aid in law enforcement
b. *Slang* A group of friends or associates

143. 뼈대 있는 집안
"No wonder, he has a [good] family tree."

❖ family tree, also called genealogical tree noun
a genealogical chart showing the ancestry, descent, and relationship of all members of a family or other genealogical group

lineal descent 직계 비속[혈통]
direct descendant 직계 자손[후손] /직계비속
lineal ascendant 직계 조상 /직계 존속

ancestry 집합체로서 조상, 선조
ancestor 보통체로서 조상, 선조
posterity 집합체로서 후세, 후대

collateral family 분가 collateral 방계의
genealogical chart 족보 챠트/가계 챠트 /계보 챠트
clan 씨족 : Michael Jackson clan
kinsfolk/kinfolk 문중/일가 relative 친척

144. 저래봬도/이래봬도
He's not much to look at, but he has a kind heart.
The house isn't much to look at but it's spacious and attractive inside.

❖ not much to look at but *infml*
쳐다볼 게 많지 않지만으로서 저래봬도/이래봬도
(not attractive in appearance; it doesn't appear to be very good)

145. 콧방귀를 뀌는 것
Many motorcyclists flout the law by not wearing helmets.

flout=핵[휙] 외면하는 것으로서 콧방귀를 뀌는 것
[fl: fly + out]

❖ turn your nose up
=틀어서 코를 틀어서 올리는 것으로서 콧방귀를 뀌는 것
(to not accept something because you do not think it is good enough for you)
They turned their noses up at the only hotel that was available.

sniff=코를 킁킁 거리는 것으로서 콧방귀를 뀌는 것
I sniffed at his proposal to show my disapproval.

sniffle=코를 훌쩍거리며 콧방귀를 뀌는 것
cf] fart 방귀

사전의 뜻 사전의 뜻은 대개 본래의미[원래의미]가 (어떤 상황에) 적용된 뜻하는 의미이기 때문에 뜻풀이도 사전마다 각각이다.

❖ flout verb [T]
사전 1 : treat with contempt or scorn :
The foolish boy flouted his mother's advice.

사전 2 : to treat without respect; go against :
No one can flout the rules and get/gets away with it.
그래서 (누구든지) 처벌을 받지 않는다, 그렇게 하면 말이다.

사전 3 : to intentionally disobey a rule, law, or custom : The orchestra decided to flout convention/tradition, and wear their everyday clothes for the concert.

convention 관습/인습/관례 tradition 전통
get away=하는 데 벗어나는 것으로서
도망가는 것/처벌을 받지 않는 것
: Some of those children get away with murder!

146. 울며 겨자 먹기

"You know that ---in Korean, **울며겨자 먹기?** For that, in English, 'eating mustard in tears'. What is the English saying? For that, in English, 'Face the music.'"

❖ face the music

맞이 할 수 밖에 그 죽음의 음악을 말이야.
결국 어쩔 수 없다는 것이다. 사형수가 처형될 때 과거에는 음악을 들려 주었다는 것에서 유래함
(to accept criticism or punishment for something you have done)

147. 두 말하면 잔소리

"In a word, good."

❖ in a word 하면, 한 마디로 말하면

said when you are going to give your opinion about something briefly and directly : In a word, she's lying.

148. (그럼) 그렇지, 진작 그랬어야 하는 데

"Say, you should'a done that."

say=흘러 나오는 말로서 인정 : 그렇지
You said it
=너도 말을 그렇게 했구먼으로서 인정: 정말 그래
You're telling me
=너도 말을 나에게 하고 있구먼로서 인정
: 정말 그래

like=좋은 가로서 인정하는 말
: You like this dress?
yes=응답으로서 인정하는 말

149. 배꼽을 잡고 웃다.

"They fell about to see me."

❖ fall about (laughing) *UK INFORMAL*

=우스워서 떨어져 이리저리 뒹구는 것으로서 배꼽을 잡고 웃는 것**[대체 뜻-- 대체번역]**
(to laugh uncontrollably)

150. '아쉽지만 작별해야 할 것같다' 할때 아쉽지만

"For now, at least, goodbye."

▭ at /least=기-->설
상황이 부족해도 즉, 상황이 부족해도 그래야 겠다는 아쉬움

151. 시찰 하는 것

"Chairman, Mao inspects the countryside."

▭ inspect=안으로 살펴 보는 것으로서 시찰[검열/사열]하는 것 vs censorship=잘라 내기 위해 살펴 보는 것으로서 검열

152. 수업을 빼먹고 땡땡이를 치는 것

"I played hooky today."
나는 놀았다, 땡땡이를 치면서 오늘 말이다.

❖ hooky noun *MAINLY US INFORMAL* 학교를 빼먹기
❖ play hooky
to stay away from school without permission

153. 급매물

"Pending Sales"
❖ pending=*adj* soon to happen; impending

154. 기가 차서 말문이 막히는 것

"He was dumbfounded by the allegations."

❖ dumbfounded adj.
(ALSO dumbstruck; dumfounded)
so shocked that you cannot speak

155. 잔돈을 덜 받았다는 것

"Last night I was shortchanged."

❖ short-change verb [T]
① to give someone back less money than they are owed when they are buying something from you:

I think I was short-changed in the pub last night, because I've only got 5 pounds ; 5 in my purse when I should have 10 pounds.

② to treat someone unfairly, by giving them less than they deserve 부당하게 대우하는 것 :

이중 제한적 연결영뇌

Children who leave school unable to read and write properly are being tragically short-changed.
who=관계대명사 영뇌 unable=관계형용사 영뇌

156. 꼬이[꼬이게 하]는 것

"The bear market snarls the plan for privatization."

□ snarl=얽히는 것으로서 꼬이는 것
/얽히게 하는 것으로서 꼬이게 하는 것
⇐ snarl=섞인 것으로서 얽하는 것
/섞는 것으로서 얽히게 하는 것
/악을 쓰는 것으로서 으르렁 거리는 것
(to growl and bare the teeth)

❖ snarl=noun (실/머리카락 따위가) 얽혀 있는 것
: Her hair is full of snarls.
traffic snarl 교통이 얽혀 있는 현상

157. 고개를 떨구고 있는 것

"He is hanging his head in shame ."

158. 초반에 딴 것 다 까먹었다는것

"All pared, early keeps."
모두 까 먹었어요, 초반에 딴 것 말이다.
: Pare your fingernails.

159. 비뚫어진 (사회적) 통념

"My aim is to debunk the medical myths."

하루에 물을 8잔 먹으면 좋다는 것은 화장지 제조회사가 상술로 지어 낸 말이니 이런 것이 일종의 myth이다.

❖ myth noun

① [C or U] an ancient story or set of stories, especially explaining in a literary way the early history of a group of people or about natural events and facts :
ancient myths
The children enjoyed the stories about the gods and goddesses of Greek and Roman myth.
Most societies have their own creation myths.

② [C + that] DISAPPROVING
a commonly believed but false idea :
Statistics disprove the myth that women are worse drivers than men.

② 번 뜻을 BAM으로 해결하면
myth=어떤 것에 대한 (입증되지 않는) 자기만의 뜻으로서 잘못된 사회통념
[my: my own opinion th: a thing/something]
사전의 뜻풀이보다 BAM 영뇌로 해결하면 훨씬 더 쉽다.

□ debunk=잘못된 것을 밝혀 내는 것
□ reveal=그냥 밝혀 내는 것

160. 입가심하라할 때 입가심

"Eat as a savory[appetizer/dessert]."

□ savory=싱겁게 먹은 후 다시 짜게 먹는 것으로서 입가심
□ appetizer=식욕을 돋구기 위해 먹는 것으로서 입가심
□ dessert=후식으로서 입가심

❖ savory noun

a dish of stimulating flavor served usually at the end of dinner but sometimes as an appetizer

161. 정말로 고소하다!

"What a gloat!"
□ gloat=싱글벙글 하는 것 /고소하게 생각하는 것
전자=positive한 뜻 후자=negative한 뜻

❖ gloat verb [I] gloat noun [C]

to feel or express great pleasure or satisfaction because of your own success or good luck, or someone else's failure or bad luck :

She's continually gloating over/about her new job.
"This is our fourth victory in a row, " he gloated.
vs Serves you right! 되었는 데 네에게는 잘 되었다.
즉 당신에게는 잘 된 일으로서 고소한 것/꼴 좋은 것

❖ serve sb right *INFORMAL*

If you say that something bad serves someone right, you mean that they deserve it :

"He hit me!" "It serves you right. You shouldn't have been rude to him."

"It serves you right to receive the punishment."

162. 기자들에게 사진 찍을 기회를 주는 것

"It's a photo-op."

❖ photo opportunity noun [C]

infml E photo-op 사진촬영 기회

163. 책벌레

"He is a bookworm."

❖ bookworm noun [C] *INFORMAL*

a person who reads a lot

책벌레의 다른 표현 :

He has his nose in a book.

그는 하는 사람인데 자기 코를 박고 있는 사람이다. 책에 말이다. 이런 뜻으로 책벌레라는 뜻

❖ have your nose in a book

to be continually reading :

She's always got her nose in a book.

164. 바람기가 있는 여자

"That is a loose woman."

▭ loose=느슨한 것으로 바람기가 있는 것

❖ loose (IMMORAL)

adjective OLD-FASHIONED DISAPPROVING

lacking in morals; sexually free

바람기가 있다는 또다른 표현 :

She is loose in the rump. 시동=느슨한 데 내역, 엉덩이 내역이 느슨한 것으로서 바람기가 있는 것

❖ rump noun [C]

① the back end of an animal

② *HUMOROUS* a person's bottom

rump도 BAM으로 해결하면 간단하다.

rump=뒤가 올란 부분으로서 엉덩이 부분

[r: rear ump: hump]

165. 아침 점호

'It's the morning roll call time.'

❖ roll call noun

If someone does a roll call, they read aloud the names of all the people on the list to make certain that they are present

166. 퍼뜨리는 사람

"He is the retailer of rumour. "

❖ retail

a. To sell in small quantities directly to consumers

b. To tell or repeat (gossip or stories, for example) to others

167. 까불며 장난치며 노는 것

"Come out and frolic."

❖ frolic verb [I] frolicking, frolicked, frolicked

to behave in a happy and playful way:

A group of suntanned children were frolicking on the beach.

❖ frolic noun [C or U] *OLD-FASHIONED*

happy and playful behaviour :

It was all fun and frolics until it began to pour down with rain.

168. 마땅히 받아야 할 벌을 받다.

"Complacent Germany gets its comeuppance."

늘 자기 우월성을 믿고 우쭐대는 독일이 드디어 마땅히 받아야 할 벌을 받고 말았다는 말이다. 독일팀이 크로티아에게 패한 것을 이렇게 신문은 전하고 있다.

❖ come-uppance

noun [S] INFORMAL HUMOROUS

a person's bad luck that is considered to be a fair

and deserved punishment for something bad that they have done :
She'll get her come-uppance, don't worry.

168. 맞대결
"A face-off between police and rioters."
"A face-off between Obama and Romney."

❖ face-off
=얼굴을 서로 맞대고 조금 떨어져 벌이는 것으로서 맞대결

169. 양심적 병역 거부자
"He seems to be a conscientious objector."

❖ conscientious objector
=도덕적 /종교점 관점 (moral or religious grounds)에서 양심적 병역 거부자
pacifist=평화 주의자로서 양심적 병역 거부자/반전론자

170. 큰 대자로 누워 있다는 것
"She lies in a sprawl."
그 여자는 누워 있어요, 해서 큰 대자로 해서 말이다.

❖ sprawl noun [U] *DISAPPROVING*
❖ sprawled adjective [after verb]
: He was sprawled (out) on the floor.

❖ sprawl (BODY)
❖ verb [I] *DISAPPROVING*
to spread the arms and legs out carelessly and untidily while sitting or lying down :
I knocked into her in the corridor and sent her sprawling (= knocked her over).
전체적으로 복도에서 한 방 먹여 큰 대자로 보냈다는 말이다.

171. 터줏대감
"He is our school fixture."

❖ fixture
=One that is invariably present in and long associated with a place

172.
'(나는) 그래 그렇다/그런 놈이다'는 식으로 못 마땅한 감정

"You are not so cute. Yes, you are."
"Why, thank you."
그래, 그렇다. 고맙네로서 '그래 그렇다/그런 놈이다'.

: Why, I am like.
그래요, 나는 그런 사람이에요.

❖ why (SURPRISE) 이유 감정말으로서 그래, 뭐, 물론
exclamation *MAINLY US O OLD-FASHIONED*
(used to express surprise or annoyance)
Why, if it isn't old Georgie Frazer!
Why, I've never seen anything like it!
여기서는 뭐, 물론으로서 놀라움을 나타내는 말

173. 점찍어 놓았다는 것
"The girl is spoken for!"
저 여자는 점찍어 놓은 것이에요, 누군가를 위해서 말이다. 누군가=for associate

❖ spoken=말해 놓은 것으로서 점찍어 둔 것[놓은 것]
❖ spoken for=adj. infml
(of a thing or person) being kept aside for someone

174. 적어도 이 정도는 되어야 한다는 것
"Probably six months at least."

||||| at /least=기-->설
규모가 적어도 이 정도는 되어야 할 것 같다

175. 사실로 떠도는 이야기
"The story of Obama as ambitious author is a telling tale."

❖ telling adjective
showing the truth about a situation or showing what someone really thinks
▭ tale=전해지는 것으로서 이야기
vs story=일어난 일로서 이야기

176. 그야말로

"She is the most beautiful woman."

the=내부적 지정강조로서 그야말로

177. 단짝

"Bill and Bob are boon companions."

※ boon companion noun

[C usually singular] LITERARY a very close friend

vs chum=*infml old-fashioned* a good friend 단짝

He's an old school chum of mine.

vs crony=*disapproving or disapproval*

one of a group of people who spend a lot of time with each other 한패

: the senator's political cronies

178. 연간 수치인데 현재 날짜까지 해당하는 것

"Year to Date"

보통 주식 그래프에 많이 표현된다.

179. 근성과 배짱

"He has grit and guts."

※ grit=*infml* determination and courage

/very small pieces of stone or sand 돌가루 /모래가루

: put grit in the machine 찬물을 끼얹는 것

Scatter grit on a frozen road to make it less slippery.

※ grit=*verb* bite your teeth together, especially when you are in pain, angry, and under pressure

이를 악무는 것/이를 악물고 참는 것

: Grit your teeth.

180. 너 어쩔래?

"I will not go there, you how? "

181. 손을 떼었다는 것

"I've washed my hands of the whole affair."

182. 사탕 발린 칭찬 /입에 발린 칭찬

"That's just left-handed compliment."

※ left-handed compliment US noun [C]

(UK back-handed compliment)

a remark that seems to say something pleasant about a person but could also be an insult

183. 따면 안 준다는 것

"It is for keeps."

그것은 인데 해당조건이 따면 안주는 것이다.

□ keeps=간직하는 것으로서 안주는 것

□ early keeps=초기에 간직하게 된 것으로서 초기에 딴 것

184. 손에 장을 지지겠다는 것

"She comes here? I will eat my hat."

손에 장을 지지겠다는 것는 **대체번역**이다. 영어 감정을 살릴려면 이렇게 번역해야 한다. **준번역**은 영어 감정을 충분히 살릴 수 없다.

※ I'll eat my hat *OLD-FASHIONED*

used to say that you are sure something will not happen :

If she actually marries him I'll eat my hat.

185. 구슬치기

"They are playing marbles."

※ marble (GLASS BALL) noun [C]

a small ball usually made of coloured or transparent glass which is used in children's games

※ marbles noun [U]

a children's game in which small round glass balls are rolled along the floor

□ tipcat=자치기 (놀이) tipcat stick=자치기 방망이

cat=양끝이 뾰족한 나무조각, 즉 자치기 나무조각

186. 입에 거품을 물면서 말하는 것/미친듯이 지껄이는 것

"I know why anyone RAVES about the G English."

cf] rave=(짐수레, 썰매 따위에) 측면에 둘러친 틀

187. 무수히 많이

"I've told you all a zillion times about the B/E."

❖ zillion noun [C] *INFORMAL*

an extremely large, but unspecified number, or not a stated number :

I've told you a zillion times/zillions of times not to do that.

zillionaire 억조장자

188. 3개월 무이자

"3 month interest free."

189. 대신 맡겠다는 것

"Hi, I'm supposed to keep you occupied, while she finishes cleaning up."

'생각하고 있다. 지키는 것인데 너를 차지해서 지키는 것을 말이다. 즉 너를 맡겠다는 말이다.' 손님이 왔을 때 누구 대신에 자기가 맡겠다고할 때 이렇게 표현한다.

▭ occupied=과분사를 능동으로 해석한 것

▭ supposed=생각하고 있는 것으로서 하겠다는 것

: 자동 행위 또는 자동 형용사

We are supposed to open next month.

cf] What is that supposed to mean?

무엇이지 그것이 생각되는 뜻이 말이다?

즉 무슨 뜻으로 그것이 생각되지? --**피동의미**

190. 덤불[관목] 화재

"Resumes service after brush fire."

resumes=(주어) 전제 infml E

▭ forest fire=숲불로서 산불

▭ wildfire=빨리 무섭게 퍼지는 불으로서 들불, 산불

❖ brush fire

A fire involving growth that is heavier than grass but less than full tree size

▭ growth=성장하여 우거진 것으로서 우거진 초목

▭ a week's growth on the chin 일주일간 자란 턱수염

191. 의료과실

"A US surgeon wanted in Austrailia is charged with three counts of causing grievous bodily harm, two counts of medical negligence, and seven counts of fraud, accoriding to court documents."

▭ gross negligence 중과실

▭ light negligence 경과실

▭ homicide by negligence 과실 치사

192. 2 가지 죄목, 3 가지 죄목할 때 죄목

"Guilty on 3 counts."

❖ count (CRIME) noun [C] LEGAL

a particular crime which a person is accused of

: The prisoner was found guilty on two counts of murder.

193. 개표율

Precincts : 45%

cf] a shopping precinct 쇼핑 지구

a pedestrian precinct 보행자 구역

194. 끼워 파는[묶어 파는] 상품/판매

MEDIA MARKETS : They're Playing Our Song as a Tie-In.

❖ tie-in adjective or noun

묶어 포함시키는 것으로서

끼워 파는[묶어 파는] 상품/판매 // 연관/관계

▭ a tie-in sale or advertisement 끼워 파는 판매/광고

▭ a book and movie tie-in 책과 영화 동시 발행[발표]

▭ an item in a tie-in sale or advertisement

품목인데 끼워파는 품목/끼워 파는 광고 물건

▭ tie-in sale 끼워 팔기

▭ There is a tie-in between smoking and cancer.

195. 뒷북치지 말라는 것

a. "Stop fussing about belatedly." or "Don't fuss about belatedly."

b. "Stop pothering after the event." or Don't pother after the event."

▭ fuss=공연히 소동을 피우는 것/법석을 떠는 것
▭ pother=*verb* 공연히 걸고 넘어지는 것

❖ pother noun

① a. confused or fidgety flurry of activity : COMMOTION (동요)

b. agitated talk or controversy usually over a trivial matter 공연히 걸고 넘어지는 것

② a choking cloud of dust or smoke
숨막힐 정도로 끼인 구름같은 자욱한 먼지/연기

③ mental turmoil 정신적 혼란

196. 이번에는 그냥 봐 주겠다는 것

"I'll let you off this time, but don't do it again."
나는 하겠어요, 너를 그냥 놓아 주겠어요, --- .
⇨ 나는 하겠어요, 너를 그냥 봐주겠어요, ----.
⇨ 나는 하겠다, 벌을 너에게 주지 않는 것인데 이번에는 말이다.

❖ let sb off=허락하는 데 어떤 사람에게 놓아 주는 것을 허락하는 것으로서 벌을 주지 않는 것
(to not punish someone who has committed a crime or done something wrong, or to not punish them severely)

197. 기립박수

After he received his third standing ovation in the bottom of the second inning, Barry Bonds showed -- .

Netanyahu's Ovation :

a.. Prime Minister Benjamin Netanyahu gets a standing ovation from Congress for, in effect, vetoing a peace process for ---- .

b.. She was given a standing ovation (= the crowd stood up while they clapped, to show respect) at the end of her speech.

❖ ovation 열렬한 환영 / 박수갈채

when a crowd of people express great enjoyment and/or approval of something with loud and long clapping

198. 나도 이제 한물 갔다는 것

"I'm a goner!" --현재에 그렇다는 의미
or "I was a goner!" --이미 그런 사람이 되었다는 것

❖ goner informal

if someone is a goner, they are soon going to die, to fall, be caught -- etc. .

199. 너에게만 하는 말인데

"Between you and me, she has spirits."

❖ between you and me (US ALSO between us)

an expression used to tell someone that what you are about to say should be kept secret :
Don't tell this to anyone else - it's just between you and me.

▭ spirits=신기
▭ between you and me
=between you and I and the barn

200. 우스리를 떼고 달라는 것

"Get that, rounded down."

▭ round down
=마감처리하여 줄이는 것으로서 우수리를 떼는 것

201. 일반 숫자[개수]로 반올림 /사사오입(四捨五入)하는 것

"It came to $3.97, rounded up to $4. "

▭ round=반처리로서 사사오입하는 것
/마감처리로서 마무리 하는 것(off /up /out)
(to bring to completion or perfection - often used with off, up or out)

a.. 11.3572 rounded to the three decimals becomes 11.357.
11.3572를 반처리를 하면, 즉 소수 세 자리로 반처리하면 되는

데 11.357으로 된다. ▭ rounded=관계 과분사 영뇌

b.. 11.3575 rounded to the three decimals becomes 11.358. 11.3575를 반처리를 하면, 즉 소수 세 자리로 반처리하면 되는 데 11.358으로 된다.

c.. a round dozen 반처리 한 다스
in round numbers/figures 반처리 개수(槪數)로

d.. For example, if you round seven thousand four hundred and eighty-four to the nearest thousand, you get 7,000.
만약에 네가 반처리를 하면 7,484를 즉 가장 가까운 천으로 반처리하면 너는 얻게 된다. 7,000를 말이다.

e.. Well, if they do that, stores will have to round all prices to the nearest five cents.
음, 그들이 하면 그렇게 하면 상점에서는 앞으로 해야 할 것이다. 반처리하는 것인데 모든 값을, 즉 가장 가까운 값 5센트로 말이다.

f.. You should round the number on the hundreds place to estimate closest thousands place.
여러분들로 하여금 일어나야 해요, 반처리하는 것인데 그 숫자, 즉 백자리에 나와 있는 그 숫자를 반처리하는 것이 말이다. 추측하기 위해서 가장 가까운 천자리 수를 추측하기 위해서는 그렇게 해야 한다.

즉 천의 자리의 어림수를 구하려면 백의 자리에서 반처리하여 사사오입하면 된다는 말이다.

▭ round의 또 다른 뜻:
돌아가는 것 (to go round)
/둥근 모양을 만드는 것(to make round)
: She rounded the corner at top speed.
He rounded his lips as if about to whistle.

▭ round up=빙빙 돌면서 (흩어진 것을) 모으는 것
/반올림으로 일반숫자[개수]로 만드는 것
/반올림으로서 사사오입하는 것
/마감처리하여 마무리 하는 것
여기서 반올림은 반처리하여 올리는 것으로서 반올림이다.

a.. The shepherd's dog rounded up some stray sheep.
b.. $9.65 rounded up is $10.
$9.65를 개수로 반올림하면 된다. $10가 말이다.
(to increase an exact figure to the next highest whole number 늘이는 것인데 정확한 숫자를 다음 최고의 (일반) 숫자로 늘이는 것, 즉 **개수 반올림**)

c.. 11.3576 rounded up to the three decimals becomes 11.358.
11.3578를 반올림하면, 즉 소수 세 자리로 반올림하면

d.. If the number after the decimal point is five, round up the number. 만약 숫자, 소수점 이하 숫자가 5인 경우, 반올림 하세요. 그 숫자를 말이다.

e.. If the total is an uneven number, round up to the next higher even number.
만일 합이 짝수가 아니면, 반올림 하세요, 즉 다음 더 높은 짝수로 반올림하세요.

f.. Denmark rounded up the top five.
덴마크는 마무리 지어졌는 데 top 5로 말이다.

▭ round down=반내림으로 일반숫자[개수]로 만드는 것
/반내림으로서 사사오입하는 것
/마감처리하여 줄이는 것으로서 우수리를 떼는 것
여기서 반내림은 반처리하여 내리는 것으로서 반내림이다.

a.. If your income is $12,386.46, it will be rounded down to $12,386 for tax purposes.
그것은 될 것이다. 반내림 되는 것인데 즉 개수 $12,386로 말이다(to reduce an exact figure to the nearest whole number 줄이는 것인데 정확한 숫자를 가장 가까운 일반숫자, 즉 개수로 줄이는 것: **개수 반내림**)

b.. $12,386.43 rounded down to the one decimal becomes $12,386.4.
Should I round down these numbers?
일어나게 해야 하나요? 나로 하여금 반내림 시키는 것인데 이들 숫자들에게 말이다?

c.. "Get that, rounded down."

□ round off=반처리하여 제거시켜 개수로 만드는 것
/반처리하여 제거시켜 사사오입하는 것
/마감처리로서 없애는 것

a.. **45.758 rounded off becomes 46.**
45.758를 반처리하여 제거시켜 개수로 만들면 되는 데 46이 된다(to change an exact figure into the nearest whole number)

b.. **Round all the numbers off to the nearest whole number.** 반처리하여, 모든 숫자들을 반처리하여 제거시켜라. 즉 가장 가까운 개수로 말이다.

c.. **Don't write down every digit. Just round it off to the nearest thousands.**
하지말라, 즉 적어 내려 가지 말라. 모든 자리 수를 말이다. 그냥 반처리 하여 그것을 반처리하여 제거 시켜라. 즉 가장 가까운 천단위로 말이다. 즉, 모든 자리 수를 다 적지 말고 그냥 천 단위로 반올림하라는 말이다.

d.. **If 45.758 is rounded off to the second decimal place, it becomes 45.76.**
만약에 45.758를 반처리하여 제거시키면, 즉 소수 둘째 자리로 반처리하여 제거시키면 그것은 되는 데 45.76이 된다.
---**반처리 제거로서 사사오입**
rounded=피동을 능동으로 바꾸어 해석한 것

e.. **We rounded off the meal with some brandy.**
마감하여 끝냈다

※whole numbers
=all the positive integers and 0 = 0과 양의 정수
즉 소수점과 음수를 제외한 일반 숫자, 즉 개수(概數)

real numbers=실수
cut[cast] away the rest
잘라[던져] 버리는 데 나머지는 모두 잘라[던져] 버리는 것

3 5 9 . 7 ← tenths digit or tenths place
digit=자리수 place=자리

ones digit or units digit (9)
tens digit (5)
hundreds digit (3)

202. 속속들이
"I know her through and through."

203. 긁어 먹었다는 것
"He scratched my car."

204. 나쁜 사람이 와서 잡아간다고 하는 것
"The bogeyman will come and get you."
애가 자꾸 울고 있을 때 그치게 하는 말로 이런 표현을 쓴다.
❖ bogeyman=also, bogey, bogy man, and boogeyman
an imaginary evil spirit
상상의 나쁜 혼령[사람]

205. 애~인데
"That a boy."
자식을 두둔하는 표현으로 여자이면 "That a girl."

206. 부모노릇을 잘 하고 있다는 것
"He is good parenting."
add] Parenting is so hard.

207. 오금을 저리게 하는 것
"Confusion hamstrings authorities in China."

208. 한 방
"I would say there is no doubt they have a shot."

209. 친아버지
"Is this your biological father?"

210. 어떤 이런 것[일]
"I don't know how any of this happened."
나는 모르겠어, 어떻게해서 어떤 이런 것이 일어났는지 말이다. 기적으로 자기 아빠가 살았 났을 때 한 말

211. 연인/애인
"He's sending some flowers to his beloved."

❖ my/her/your beloved noun
someone that you love and with whom you have a romantic relationship

vs lover noun [C] 애인/정부/애호가　loverlike adj.

a. person who loves 애인

b. the person with whom you are having a sexual relationship, but are not married to 정부

c. person having a strong liking 애호가

They were friends before they became lovers.
She had a string of lovers before her marriage finally broke up.　a lover of books.

212. 바람기가 있다는 것

"She is wanton."

□ wanton =자꾸 원하는 것으로서 바람기가 있는 것
□ inconstant=한 사람으로서 만족하지 못하는 것으로서 바람기가 있는 것
□ fickle=느낌이나 생각을 자꾸 바꾸는 것으로서 바람기가 있는 것
□ profligate=몸을 낭비하는 것, 즉 아무에게나 주는 것으로서 바람기가 있는 것
□ licentious=통제가 안되는 것으로서 바람기가 있는 것

213. 맞이하러 나가는 것

"Who is going to greet at the airport?"

❖ greet verb

눈을 마주치고 접하는 것으로서 인사하는 것/맞이하는 것/영접하는 것 [g: 접하는 것　ee: eye to eye]
(to welcome someone with particular words or a particular action)
He greeted me at the door.
The teacher greeted each child with a friendly 'Hello!'
The unions have greeted the decision with delight /anger.

214. 수박겉핥기식

"He did as[with] a smatter."

215. 죽음의 문턱에 있다는 것

"They're at death's door."

그들은 있는 데 곳에 죽음의 문턱이라는 곳에 말이다.

❖ be at death's door *INFORMAL*

to be very ill 사전의 이러한 뜻은 뜻하는 의미이다.

216. 이겨라! 이겨라!

Sis boom bah! Sis boom bah!

열렬한 응원이외의 뜻=보는 스포츠, 특히 미식축구

217. (대립) 각을 세우고 있다는 것

"Park Keun Hae, she is ratcheting up a feeling of confrontation."

❖ ratchet sth up/down phrasal verb

to increase/decrease something by a series of small steps or amounts over a period of time

218. 드디어 올게 왔다는 것

"The returns are in!"

유가 $100를 보고 이렇게 표현한 것임
□ the=내부적 지정 강조로서 드디어
□ returns=다시 일어나는 것으로서 올게
□ in=들어온 것으로서 왔다는 것

❖ return (HAPPEN AGAIN) verb [I]

to happen again　return noun [S]

219. 충성!

"Semper Fi! Carry on!"

충성[셈퍼 파이]! 임무수행!

❖ semper fidelis

always faithful; motto of the United States Marine Corps

220. 막 물어 보려는 참이었다는 것

"I was just gonna ask."

나는 이었다, 막 하려는 참, 즉 물어 보려는 참이었어.

221. 가슴이 찢어 질듯한 작별인사

"That was a heart-wrenching good-bye."

222. 술래잡기

"Let's play tag."

❈ tag (GAME) noun [U] 술래잡기 tagger 술래
a game played by two or more children in which one child chases the others and tries to touch one of them

❈ hide-and-seek noun [U]
also US hide-and-go-seek 숨바꼭질
a children's game in which a group of children hide in secret places and then one child has to go to look for them

223. 당신 팔자 소관이다는 것
"You are on your own luck[good luck]."
당신은 있는 데, 상에 당신 자신의 운[행운] 상에 있다.
일도 시작하기 전에 걱정하는 사람에게 이렇게 말하면 된다.
add] **팔자가 늘어졌다는 것**
"You are on easy street."

▭ on easy street=쉽게 거리를 다닐 수 있는 것으로서 돈에 궁하지 않는 것/팔자가 늘어진 것

▭ easy money=쉽게 돈을 버는 것, 즉 돈벌기가 쉬운 것
money that you do not have to work hard to get : We can buy them for $10 and sell them $25 -easy money.

▭ easy=쉽게 몸을 주는 것
sex infml, someone, especially a woman, who is easy has a lot of sexual partners : She is easy.

224. 뭐라고 물어 봐라고 할 때 '뭐라고 하는 것'
"Ask thingy over there, he'll know."

❈ thingy noun INFORMAL 뭐더라/거시기
sometimes used if you can't remember someone's or something's name
❈ over =걸쳐 있는 장소로서 쪽에

225. 그 놈의 새끼
"I want the bastard arrested."

▭ the bitch =그 년 /그 개년
▭ son of a bitch=새끼, 즉 개새끼
(plural sons of bitches) noun [C usually singular]
(ALSO sonofabitch, ABBREVIATION S.O.B.)
MAINLY US OFFENSIVE an unpleasant man
: What low-down son of a bitch took my clothes?
I'm going to beat that sonofabitch if it kills me!

❈ low-down=adj. morally bad 비열한; dishonest and unkind : He is just a low-down, good-for-nothing liar.

226. 공동 출자하자는 것
"Let's pool our money and buy a Christmas present for Mom and Dad."

227. 바로 미리 떼는 것
"Borrow me $90." "That'll be $15 up front."
그러면 될 것 같아요,
15불은 바로 미리 떼는 것으로 말이다.

❈ up front 바로 미리 떼는 것 /바로 미리 지불하는 것
If you give someone an amount of money up front, you pay them in advance :
He wants all the money up front or he won't do the job.

228. 문서로 가지고 있다할 때 '문서로'
"I have it in writing."

▭ in writing 문서로/글로
▭ in written form:
All bookings must be confirmed in writing.

229. 누가 말하는냐에 따라 달라진다는 것
"It depends who talks to me."

230. 점심을 집에서 먹던 식으로 해달라는 것
"Please lunch on the house."
바탕으로서 해서, 집의 것으로 바탕으로 해서
⇒ 식으로, 집에서 먹던 식으로
: I lunch in[out].

231. 나도 이런 짓은 한다는 것
"I do this."
잘 한다고 자랑할 때 이렇게 쏘아 부치면 된다.

232. 점심먹고 남은 잔돈이라는 것
"Your change from lunch."
너의 잔돈인데 이것은 치르고 나온 것, 즉 점심값을 치르고 나온 것이다.

233. 마녀사냥
"He was the victim of a congressional witch hunt against Communists."

234. 인격형성[성품형성]
"I reckon military service is helpful for character-building."

235. 누구와 함께 왔느냐?
"Who is with you?"
누구이지 함께 너와 함께 온 사람이 말이야?

236. 신기루
"The mideast peace, oasis or mirage."

※ mirage noun [C]
① an image, produced by very hot air, of something which seems to be far away but does not really exist
신기루, 망상, 환상

② *LITERARY*
a hope or desire that has no chance of being achieved:
Electoral victory is just a distant mirage.

237. 특별 검사/특검
"Legislators passed a bill for the independent probe."

▭ independent probe[investigation] 특별 검사/특검
▭ independent counsel[special prosecutor] 특별 검사
▭ state prosecutor 국가 공인 검사로서 일반검사
▭ parliamentary probe 의회조사로서 국정조사

※ counsel
=① advice given to someone 조언/고문
② a type of lawyer who represents you in court [or a court of law] (법정에서 여러분들을 대표하는) 법률가로서 주로 변호사 또는 검사

▭ legal counsel 법률 조언 /법률 변호사
▭ defense counsel (피고측) 변호사
▭ exclusive defense counsel (피고측) 전담 변호사
▭ prosecuting attorney 검찰관 [약자: PA]

그래서, 변호사를 attorney, lawyer, counsel로 표현한다.
: Do not confuse counsel with council.
add]
▭ house of correction 교도소
▭ jail = 죄를 지어 형을 받은 자가 들어가는 작은 닭장[coop]으로서 형무소 [j: 죄 i: in(into)]
▭ prison
=죄를 지어 자유를 통제하는 building으로서 감옥소
▭ prison cell 감방 ▭ pen 구치소(penitentiary)
cf] pig pen 돼지 우리

238. 학구적인 성향이 있다는 것
"I am not academically inclined."

※ incline verb
① to bend forward기우는 것: His head inclined forward.
② to lean or slope 경사로 되어 있는 것
: The road inclines at an angle of about 12 degrees.

239. 지금이라도
"Even now it's not late."

240. 은혜를 갚아라는 것
"Return the favor."

▭ **은혜를 베푸는 표현:** grant (somebody) a favor
▭ **청[부탁]을 들어 주는 표현:** do (somebody) a favor

241. 희생양[속죄양]
"The captain was made a scapegoat for the team's failure."

※ scapegoat noun [C] a person who is blamed for something that someone else has done
▭ 희생양 "He would be a sacrificial lamb."
"We knew the department would be a sacrificial lamb when the time came to cut staff."

242. 틈틈이

"Jo smokes the odd cigarette."

조는 피워요, 그렇게 틈틈이 담배를 말이다.

※ odd (NOT OFTEN) adjective [before noun]

not happening often

틈이 일어나는 것/틈틈이 발생하는 것

: She does the odd teaching job but nothing permanent. During the summar, he would do odd jobs for his neighbors to earn extra money.

243. 임시[외곽] 화장실

"Don't put me on latrine duty."

하지말라, 즉 시키지 말라, 나에게 일을 화장실 당번/근무로 말이다.

□ put=놓는 것으로서 시키는 것 on=작동으로서 일

※ latrine noun [C]

a toilet, especially a simple one such as a hole in the ground, used in a military area or when camping /a toilet that is outdoors in a camp or military area

244. 완전히 뻥이라고 할 때 '뻥'/ '뻥이야' 하는 것

"That's sheer bunk."

※ bunk (NONSENSE) noun [U] (ALSO bunkum)

Old-Fashioned Informal

complete nonsense or something that is not true

완전히 터무니 없거나 사실이 아닌 것

: His story is pure bunk[bunkum].

All that talk about ghosts is just a lot of bunk.

245. 또 그 사람이구먼!

"That's him again!"

add]Do it again!

하는 구먼! 그것을 또다시 말이야--> 또 시작이구먼!

do=(주어) **전제** infml E

246. 안되는 것에는 안된다고 분명히 말하라는 것

"Say no to no."

247. 그 사람 무슨 바람이 불었나?

"Ah, what's gotten into him?"

아아, 무엇이 생겼지, 그 사람에게 말이야?

생전에 안 하든 짓을 하면 이렇게 표현하면 된다.

□ gotten into=움직여 취하여 들어간 것으로서 생긴 것

248. 밀치고 떠밀고[제치고] 하는 것

Photographers jostled and shoved to get a better view of the royal couple.

※ jostle verb [I or T]

to knock or push roughly against someone in order to move past them or get more space when you are in a crowd of people:

As we came into the arena, we were jostled by fans pushing their way towards the stage.

※ jostling noun [U] jostling adjective

a crowd of jostling reporters

□ push미는 것 vs jostle 밀치는 것

vs shove 떼미는 것/밀어 내는 것

Reporters pushed and shoved as they tried to get close to the princess. 밀고 떼밀고 했다

249. 독서로서 다 방면으로 박식한 것

"He is well-read, but he lacks experience."

※ well-read adjective

describes someone who has obtained a lot of information on different subjects by reading

vs learned=오랫동안 공부한 것으로서 박식한 것

250. 아 -멋지다 할 때 '멋지다는 것'

The last catch was beaut.

※ beaut [singular]

American English, Australian English *spoken*

used to say that something is either very good, attractive, or impressive

251. 어떤 말이 통했다고 할때 통했다는 것

'Tell him he's good-looking. It worked for mom when she gets pushed over. '

▭ It worked for mom
=그런 말이[그것이] 통했어요, 즉 엄마에게는 말이다.

▭ pushed over
=(경찰에 의해 차를) 밀쳐서 저쪽으로 세우는 것으로서 걸려 들은 것

▭ gets=**일반적 현재**--일반적으로 걸려 드는 것

252. 밀면 밀리는 대로 밀리는[밀려가는] 사람

He tells senators he wants to work together but warns he's no pushover.

-- 하지만 경고했는데, 자기는 밀면 밀리는 대로 밀리는 사람이 아니라고 했다[말이다]=**완전한 뜻**

▭ pushover의 **뜻하는 의미=**만만한 사람

※ pushover noun [C usually singular] Informal
something that is easy to do or to win, or someone who is easily persuaded or influenced or defeated

253. 씹어 댔다는 것

They chewed out their boss drinking in the beer bar.

▭ chewed out
= **이면번역[준번역]** : 잘못이 있다고 불평을 했다

254. 납골당

"Look right at the charnel."

※ charnel (house) noun [C] OLD USE
a building where the bodies of dead people are kept
▭ mortuary/morgue 영안실 ▭ funeral parlor 장례실

255. 포커, 고스톱에서 패가 안 좋아 들어 간다고 하는 것

"Fold."
접는 것으로서 들어 가는 것

256. 나는 난시다.

"I have astigmatism."

▭ astigmatism=이리 튀고 저리 튀는 것으로서 난시인 것
add] I am short sighted. 근시
I am long sighted. 원시

257. 병적으로 마구 먹는 것

"They're bulimic."

▭ bulimic=보기만 하면 먹는 것으로서 다식증/폭식증인 것
※ bulimic noun [C], adjective
※ bulimia noun [U]
a mental illness in which someone eats uncontrollably and in large amounts, then vomits to remove the food from their body
〈병리〉 다식증(多食症), 식욕 이상 항진 (hyperphagia).
〈정신의학〉 신경성 식욕 항진(증), 신경성 과식증
vs anorexia (nervosa) 식욕 부진증

258. 얼굴이 완전히 똥색이다는 것

"You look poopy."

※ poopy adj. also spelled [poopie]
depressed; ineffectual
: I'm feeling poopy and just want to watch TV.

▭ Etymology :
euphemism for shitty, from poop 'excrement'
cf] dog poop My dog did a poop on the lawn.

▭ poopie also spelled [poopy]
Part of Speech: noun
Definition: excrement
Example: The baby did poopy in the diaper.
Usage: slang

259. 좀 남았다는 것

Vice presidential debate minutes away.

260. 아무 것도 모른 다고[책임이 없다고] 말하는 것

"He disavows role in the Iraq plan."

❖ disavow verb [T] FORMAL

to say that you know nothing about something, or that you have no responsibility for or connection with something:

They were quick to disavow the rumour.

She tried to disavow her past.

❖ disavowal noun [C]

261. 만보기

"What's that?"

" A pedometer, dad! It tells me how far I've gone and how many steps I've taken. "

❖ pedometer noun [C]

a device which measures how far someone has walked by counting the number of times the feet are raised and put down again

262. 사방치기[돌차기] 놀이

"Sara plays hopscotch on the board she drew."

❖ hopscotch noun [U]

a game played by children, who throw a stone onto a set of joined squares drawn on the ground and jump on one leg and then on two legs into each square in turn to get the stone

▭ leapfrog 등짚고 뛰어 넘는 놀이

263. 일[책임]도피자, 농땡이

"You are an irresponsible goof-off. And he is a do-little."

❖ goof-off chiefly, US, infml

a person who avoids work or responsibility

▭ do-little 농땡이 n. Informal a lazy person

▭ dawdler 빈둥이 sluggard 게으름 뱅이 idler 놈팽이

264. 적소(능력)와 재능

"My parents were great. They found out my niche and talent."

❖ niche (POSITION) noun [C]

① a hollow place in a wall, often made to hold statue, vase, etc. 벽감

② a job or position which is very suitable for someone, especially one that they like:

Lloyd has carved/made a niche for himself as a professional tennis player.

적소/적소 일자리를 이루었다는 것

③ *technical* an area or position which is exactly suitable for a small group of the same type:

an ecological niche 생태적 적소지

④ an opportunity to sell a product or service to a particular group of people that have similar needs , interests, etc.:

niche market 틈새시장

265. 일간, 월간

U.S. stocks bounce from 3% slide; up on day, down on month.

▭ also, up during the day

▭ on=상에 있는 것으로서 간(으로)

cf] up all day 올랐는 데 온 종일 상승해 있었다는 것

266. 전화, 라디오, TV 잡음같은 전기[전파] 잡음

"My phone has lots of static."

❖ static (ELECTRICITY) noun [U]

① noise on a radio or television caused by electricity in the air:

There's so much static on this radio I can't hear what they're saying.

② (ALSO static electricity) an electrical charge which collects on the surface of objects made from some types of material when they are rubbed 정전기

(ELECTRICITY)

=사전에 이렇게 표현되어 있으면 해당 단어의 **position**이다.

단어의 position으로 단어의 줄기를 잡아라.

Cambridge **사전**에서는 주로 이렇게 많이 표현하고 있다.

267. 전화받으면서 "전대요/바로 저에요" 라고 하는 것

"Can I speak [to] with Mr. Kim?"

"Speaking (= This is Mr. Kim)"

▭ "Speaking "

지금 목소리를 내고 있는 사람으로서 전대요.

▭ speak=목소리로서 말하는 것

vs say= 인용[대상]으로서 말하는 것

▭ "Kim residence" 김씨네 집이에요

268. 통통하게 살찐 것(땅딸막한 것)

"I'm not fat. I'm just roly poly."

❖ roly-poly adjective INFORMAL HUMOROUS

(of a person) short and round:

He was a roly-poly little man.

269. 외곽지역

Beyond Moscow, Dachas Make Way for Suburbia

Price Boom in City Fuels Middle-Class Exodus

❖ ① Dacha (Russian) is a Russian word for a house in the countryside. It is usually occupied part of the year by its owner or rented out to urban residents as a summer retreat. Dachas are very common in Russia, and are also widespread in some former republics of the Soviet Union.

▭ Dacha 러시아식의 시골 별장

▭ dachnik 별장족

▭ make way=내고 있는 데 길을 내고 있는 것

▭ housing price boom 주택 가격 상승

❖ ② suburbia noun [U] MAINLY DISAPPROVING

a. the outer parts of a town, where there are houses, but no large shops, places of work or places of entertainment 외곽지대 :

They live in a two-bedroomed house in the heart of suburbia.

b. the way of life of people who live in the outer parts of a town : He has written a book about middle-class suburbia.

❖ suburb noun [C] 교외

an area on the edge of a large town or city where people who work in the town or city often live :

Box Hill is a suburb of Melbourne.

We drove from middle-class suburbs to a very poor inner-city area.

❖ the suburbs plural noun

The company decided to relocate to the suburbs because the rent was much cheaper.

❖ suburban adjective

suburban schools/housing/life

They live in suburban Washington.

❖ suburbanite noun [C] US

a person who lives in the suburbs of a large town or city

270. 땅 바닥에 무릎을 꿇고 앉아라는 것

"Get on the ground."

on=위에 밀착시키는 것으로서 무릎을 꿇고 앉는 것

271. 손발 또는 입술 따위가 트거나 갈라지는 것

"--with fingers chapped from planting red peppers and ginseng."

그리고, 또한 손가락이 갈라지고 트고했는데, 이렇게 된 것은 심고 심고[심는 것을] 했기 때문이다, 고추와 인삼을 말이다.

▭ from=출처로서 출인[cause/reasson]

: 이렇게 된 것은 --때문이다

▭ with=동존으로서 추가 : 그리고, 또한 --이다.

❖ chapped adjective (자동형용사)

describes skin which is sore, rough and cracked, especially caused by cold weather:

chapped lips

She'd been working outside all winter and her hands were red and chapped.

❖ chap verb [I or T] -pp-

The cold wind had chapped her lips.

272. 음주 측정기
"Please blow into the Breathalyzer."

❈ Breathalyzer(AmE) Breathalyser(BrE)
also drunkometer
used for a device that is used to determine the alcohol content of a breath sample

273. 술도수를 묻는 것과 술도수를 계산하는 법
"How strong is this drink?"
or "How strong is this?"
or "What is the proof of this drink?"

||||| .. 도수를 나타내는 법 :

▭ proof는
영국에서는 alcohol과 같으나
미국에서는 alcohol에 2배를 해야 한다.

▭ 70% proof vodka
= 70% (pure) alcohol (of) vodka
---British English

▭ 70 proof vodka
= 35% (pure) alcohol (of) vodka
---American English

▭ proof/alcohol=도수
: 40 or 40% proof=40도 30% alcohol=30도
The whiskey is 80 proof/80% proof.

▭ alcoholic strength=술 강도로서 술 도수

274. 일단 하게되면
"Once you arrive, call me."

▭ once=한번으로서의 일단
vs just=그냥으로서의 일단
: Just do it=일단 해봐라, 그것을 말이다.
/그냥 하라, ---.

275. 너, 말 잘하는 구나!
"You sweet talk!" ▭ sweet=형용부사

276. 말이야 쉽지.
"Talk is cheap."

277. 주량이 얼마인지 물어보는 것
"How much is your tolerance (when you drink)?"

▭ tolerance=나 성으로서 주량
drinking[alcohol] tolerance 주량
: My (alcohol) tolerance is low.

▭ a social drinker=교제정도로 마시는 사람
▭ a light drinker=술을 좀하는 사람
▭ a heavy drinker=술고래

278. 돈이면 다 된다는 것
"Money Talks!"

▭ **완전번역**=돈이 다 말해준다[얘기해 준다]
▭ **대체번역**=돈이면 다 된다.

❈ Money talks SAYING
said about people or organizations that are rich, and can therefore get or do what they want

279. 전초전 /예행연습 /시운전
3 London bombers made dry run
By Sarah Lyall

❈ dry run noun
① a practice exercise : REHEARSAL, TRIAL
② a practice firing without ammunition

❈ dummy run noun [C] (ALSO dry run) INFORMAL
a practice of a particular activity or performance :
The local elections can be seen as a dummy run for the national election next year.

❈ dummy (NOT REAL) noun [C]
something that is not real and is used for practice or to deceive :
The device is not a real bomb but a dummy.

280. 돌대가리

"You are a bubblehead."

▭ 기타 다른 표현들 :

brickhead /musclehead /rockhead 돌대가리

Calvin, you baloney brain! 돌대가리/멍청한 놈

❖ baloney=*infml* foolish words or ideas; nonsense

281. 사재기

Linda stocked up this year.

❖ stock up phrasal verb

to buy a large quantity of something :

During the emergency, people stocked up on essential items like candles, medicines and tins of food.

▭ on=작동으로서 수행

282. 능력[실적]이냐 연공서열이냐?

Should promotion be based on merit or seniority?

or ---- achievement or seniority?

▭ merit=장점/공로, 공과, 공적

283. 젠체하는 것/으쓱 대는 것/건방진 것

He's a cocky guy.

❖ cocky informal

too confident about yourself and your abilities, especially in a way that annoys other people:

He's a cocky little man and I don't like him.

284. 헌신 짝처럼 버렸다는 것

"He dumped me."

❖ refuse dump noun [C]

a place where a town's rubbish is put 쓰레기 폐기장

❖ refuse=waste material that has been thrown away; rubbish; garbage; trash

: household/domestic refuse

285. 뒤죽 박죽인 것

"The room is all topsy-turvy."

❖ topsy-turvy adjective, adverb INFORMAL

in a state of complete disorder or confusion; upside down (거꾸로)

: The government's topsy-turvy priorities mean that spending on education remains low.

286. 대박이 났다는 것

"It became a blockbuster."

❖ blockbuster noun [C] INFORMAL

a book or film that is very successful, especially because of its exciting contents:

a blockbuster movie/novel

287. 줄을 서라는 것

"That's it. Fall in!"

❖ fall in (SOLDIERS) phrasal verb

If soldiers fall in, they move into a line, one beside the other

: "Company, fall in!" shouted the sergeant-major. He started to march away, and the others fell in behind him.

❖ fall out (SOLDIERS) phrasal verb

If soldiers fall out, they move out of a line

떨어져 줄을 빠져 나오는 것 /대열에서 이탈하는 것 /해산하는 것 :

"Fall out, men!" shouted the sergeant-major.

288. 모든 것을 다 걸었다는 것

"I'm all in." or "I'm all in play."

카드칠 때 이렇게 표현하면 된다.

289. 수도 본관 /급수 본관

"The water main breaks!"

❖ water main noun [C usually plural]

the main underground pipe in a system of pipes supplying water to an area

290. 이리 저리 마구 뒤지는 것

"She rummaged in/through all the drawers, looking for a pen."

그 여자는 이리 저리 마구 뒤졌는데 속을[샅샅이] 모든 서랍을 말이다.

□ rummage sale=샅샅이 뒤져 내 몽땅 팔아버리는 세일

❖ rummage verb [I + adverb or preposition]

to search for something by moving things around carelessly and looking into, under and behind them

❖ rummage noun [S]

I had a rummage around/about (the house), but I couldn't find my certificate anywhere.

291. 특색있는 유머스러한 행동이나 행위

"Dalai Lama is doing some shtick."

그가 미국에 가서 연설을 할때 걸치고 있는 법복이 자꾸 내려 오니까 몇번이고 잡아서 올리고 올리고 했다. 그런 모습을 보면서 David Letterman이 talk show에서 한 말이다.

보통 연예인들이 상습적으로, 관심을 끌거나 그냥 하는 자기만의 특징있는 몸짓이나 행위를 보이는 데 그런 것이 바로 shtick이다.

❖ shtick noun [C usually singular] MAINLY US (ALSO schtick) 개인의 전형적인 익살 스타일

292. 선생 또는 학생용 휴게실[대기실]

"Wait in the common room."

❖ common room [countable] British English

a room in a school or college that a group of teachers or students use when they are not teaching or studying

293. 자칭 천재라는 것

"He thinks that he is a would-be genius [phenom/prodigy]."

□ would-be

=추측으로 인 것/가망이 있는 것으로서 자칭

□ genius=원래 태어 날때부터 재능을 가진 사람으로서 천재, 즉 타고난 천재 [g: grown]

□ phenom=육체적인 것으로서 천재, 즉 운동천재 [p: physical]

□ prodigy=톡 튀는 애로서의 천재, 즉 신동 [pro: 앞으로 나온 것으로서 톡 튀는 것]

294. 공처가

"He is henpecked."

or "He is a henpecked husband."

□ 암탉이 쪼으면 당하는 것으로서 공처가인 것

vs 애처가=a devoted husband

295. 신원보증인

"She gave her college tutor as her referee[reference] to the interviewer."

□ gave=준 것으로서 제시한 것

❖ referee UK noun [C]

① (SUPPORTER) (ALSO reference) a person who knows you and who is willing to describe and, usually, praise you, to support you when you are trying to get a job, etc 신원보증인

② someone who makes sure that the rules of a sport such as football, basketball, or boxing, are followed 심판

296. TV, Radio에서 전화로 상담하거나 주고 받는 것

"Castro phone-in is live broadcast."

❖ phone-in UK noun [C] (US call-in)

a television or radio programme in which members of the public telephone to express their opinions or ask questions

297. 빠짐없이 일어나는 빈도

"Tim visits his mother every day without fail."

❖ without fail ① If you do something without fail, you always do it 빠짐없이

: I go to the gym every Monday and Wednesday, without fail.

② used to tell someone that they must do something
틀림없이: Be there at nine o'clock, without fail.

298. 맨 처음 /맨 나중

"He said he'd phone back first thing tomorrow."
"She likes a hot bath last thing at night."

▭ first thing= 첫번째 것으로서 맨처음 : **명사부사**
▭ last thing=마지막 것으로서 맨 나중 : **명사부사**

299. 판매 전화/판매 방문

"Never make another cold call."

❖ cold call noun

A telephone call or visit made to someone who is not known or not expecting contact, often in order to sell something

300. 간이 매점

Some orchards have set up refreshment stands in their barns where you can taste local products, such as apple cider and homemade baked goods.

❖ refreshment=food and drink as light meal
간단한 음식과 음료, 다과
: We worked all day without refreshment.
Refreshments will be served after the meeting.

❖ stand=an outdoor counter where things are sold
매점/노점

301. 21단 (기어)

"This is a 21-speed bicycle."

▭ speed=단계 속도를 나타내는 것으로 단/기어[a gear]
: a bicycle with ten speeds

302. 180도 얼굴을 확 바꾸다는 것

IIIII .. The U.S. Federal Reserve's decision on Aug. 7 to keep interest rates unchanged set off a chain of high-level discussions with Wall Street executives , money managers and cabinet officials that culminated in a public about-face 10 days later by Ben Bernanke, the Fed chairman, according to records of his schedule.

원래는 금리를 동결 시키는 것이었으나 최고위급과 논의가 있은 후 180도 급선회했다는 뉴스이다.

= ----that culminated in a public about-face ---.

그것(그 discussions)은 최고조에 이르렀을 때 되고 말았다 [마침내 되고 말았다]. 공개적으로 180도 얼굴을 확 바꾸는 것이 말이다.

⇒ result in= '결과적으로 --으로 되다' 와 같은 표현

▭ about-face=180도 급선회하는 것
❖ about-turn UK noun [C] (US about-face)

① a complete change of direction :
I'd only gone a little way down the street when I remembered I hadn't locked the door, so I made/did a quick about-turn and ran back to the house.

② a complete change of opinion or behaviour :
This is the Government's second about-turn on the issue.

303. 늦었지만 축하한다는 것

"Happy belated birthday!"

❖ belated adjective coming later than expected :
a belated apology Belated birthday greetings!
❖ belatedly adverb

304. 집에 쳐 박혀 있는 사람

"He is a stay-at-home."
or "He is a stay-at-home man."

❖ stay-at-home noun [C] INFORMAL DISAPPROVING
someone who does not like to go to parties or events outside the home and is considered boring

❖ stay-at-home adjective [only before noun]
staying at home, rather than working somewhere else, usually in order to take care of children

305. 즉흥적으로 하는 것

"I never use a script; I just ad lib the whole program."

❖ ad-lib past tense and past participle ad-libbed, present participle ad-libbing
intransitive and transitive
to say things that you have not prepared or planned when you are performing or giving a speech
: She ad-libbed her way through the entire speech.

❖ ad lib adjective [before noun], adverb
said without any preparation or thought in advance: ad-lib comments I'd forgotten the notes for my speech so I had to do it ad lib.

306. 가짜로 화내는 것

"He is fake angry about that."

□ fake=속이기 위한 것으로서 가짜인 것: **형용부사**
□ counterfeit=부정직한 것/불법적인 것으로서의 가짜인 것

307. 알통

"He had an eagle tattoo on one of his biceps."

❖ bicep
=the large muscle on the front of your upper arm
cf] goose bumps/goose flesh=소름, 닭살

308. 바람 좀 쐬러 나갔다는 것

"He got out to get some fresh air."

309. 탕약을 달이고 있다는 것

"She is decocting herb tonic."

□ decoct=디게 오래 끓이는 것으로서 달이는 것[졸이는 것]
□ herb medicine doctor 한의사 medical doctor 양의사
doctor 의사/박사

310. 2 + 4 + 6 + 8 + ---

"It adds up by two."
그 식은 더해서 증가시키는 데 그 차이를 2로 한다.

311. 숟가락으로 장단 맞추는 것

"How you play the spoons!!"
어떻게 잘 네가 장단을 맞추는 구먼, 스푼으로 말이다. 노래를 부를때 숟가락으로 판을 치거나 숟가락으로 장단을 맞출 때 이런 표현을 하면 된다.

□ how=감탄부사
□ play chopsticks/accompany with chopsticks
=반주를 젓가락으로 하는 것
□ play Chopsticks=연주를 하는 데 소곡으로 하는 것

❖ Chopsticks
=a simple tune that people often play on the piano, especially when they are learning to play the piano or are bored

□ beat a rhythm
때려서 리듬을 만드는 것으로서 장단을 맞추는 것
□ chopstick typing
젓가락처럼 검지와 중지로 타이핑하는 것

312. 좀 오래간만이다.

"It's been a while."

□ It's been a while=한 동안으로서 좀 오래간만인 것
□ It's been a long time=오랫동안으로 오래간만인 것
□ long time no see
=오랫 동안 못 본 것으로서 오래간만인 것

313. 돈을 받아야 겠다는 것

"I should charge for this." 기타를 연주하면서 공짜는 없다는 것으로 이렇게 말하면 된다.

□ charge
=에너지를 불어 넣어 준 댓가에/어떤 것에 붙이는 것으로서 받는 것
□ 물건 값인 경우: get[receive] money
□ 봉급인 경우 : get[receive] a salary

314. 출석부르는 것

"I will take attendance."

□ perfect attendance 완전 개근 absent 결석하는 것
tardy 지각하는 것

315. 주유소에서 자기가 주유하는 것
"Full-serve or self-serve?"

▭ 자기가 주유할 때 self-serve,
주유소에서 주유해줄 때는 full-serve이다.
그래서 self-serve를 하려면 self-serve lane으로 차를 몰고 가서 기름을 넣으면 된다.

▭ "car wash
self-serve $75"
▭ getting gas
가서 채워 넣고 있는데 gas로 말이다.
즉 가서 gas를 채워 넣고 있는 것으로서 주유하고 있는 것

316. 막 퍼부었다는 것/막 쏟아 냈다는 것
"She poured out all her troubles to him.
vs "She poured out her heart."
쏟아내는 데 마음 속속 들이 다 쏟아 내는 것

❖ pour out
① negative 입장에서의 뜻 ——퍼붓는 것
if you pour out your thoughts, feelings etc, you tell someone all about them, especially because you feel very unhappy

② positive 입장에서의 뜻—— 쏟아 붓는 것
pour out your heart/soul (=tell someone all your feelings, including your most secret ones)

317. 아침에 일찍 일어나는 사람
"I am not a morning person."

▭ a morning person=an early riser
▭ a night owl=밤에 늦게 자는 사람

318. 오늘은 그 여자 답지 않았다는 것
"She wasn't herself today."

319. 반장
"This will be a class president."

▭ chairman of the student council 학생회장

320. 유대관계가 좋다는 것
Apparently they're a very close-knit family.
유대관계가 좋거나 서로 긴밀한 그룹에 사용하면 된다.

❖ close-knit adjective
describes a group of people in which everyone helps and supports each other:
a close-knit community

321. 저 여자 말뿐이다
"She is just talk."

❖ all talk (and no action) (ALSO just talk)
used to mean that someone talks about doing something, but never does it:
She's all talk when it comes to doing something about the problem.

322. 고층에 산다할 때 고층
"She lives in a high rise overlooking the river."

❖ high rise noun [C]
a tall modern building with a lot of floors
❖ high-rise adjective
a high-rise office building

323. 말대꾸
"Stop the back talk!"
or "Don't give me any back talk!"

❖ back talk [uncountable] American English informal
a rude reply to someone who is telling you what to do
[= backchat British English]

324. 자기에 맞게 속도를 맞추라는 것
"Pace yourself."

▭ pace=보조로서 속도 speed=속력으로서 속도
❖ pace yourself verb
to be careful not to do something too quickly so that you do not get too tired to finish it

❈ pacy, pacey (pacier, paciest) adjective UK
서로서로 보조를 잘 맞추는 것으로서 빠르고 활기 넘치는 것
A pacy novel/story/film etc. contains a lot of action or events which happen quickly.

325. (주로 device or machine로서) 괴상한 물건
"Whatever's that strange contraption you've got in the garage?"

❈ contraption noun [C]
a device or machine that looks awkward or old-fashioned, especially one that you do not know how to use /a piece of equipment or machinery that is unusual or strange

326. 정신차려라
"Gather your senses."
or "Come to your senses."

▭ the natural powers(타고난 능력) of five senses
: touch, taste, smell, sight and hearing
촉각, 미각, 후각, 시각, 청각
▭ sixth sense 육감/직감
: The sixth sense told me that.
육감이 말해 준 것으로서 육감으로 알았다는 것이다.

327. 장기를 두면서 장군! 하고 부르는 소리
"Checkmate!" or "Mate!"

▭ mate=장군과 맞서는 (짝으로 이루는 것) 것으로서 장군
❈ checkmate noun [U] or interj.
외통수를 치는 것 또는 장군
A move that constitutes an inescapable and indefensible attack on a chess opponent's king /The position or condition of a king so attacked

▭ constitute=만들어 내는 것/구성하는 것/형성시키는 것
: Twelve months constitue a year.
=A year is made up of twelve months.
=A year consists of twelve months.

328. 진짜처럼 가장(假裝)하는 것
Everyone knew who was going to get the job from the start - the interviews were just a charade.

원래는 제스처 게임이었으나 사회발전에 따라 가장하는 뜻으로 확장 되었다.
❈ charades [uncountable]
a game in which one person uses actions and no words to show the meaning of a word or phrase, and other people have to guess what it is

❈ charade [countable]
a situation in which people behave as though something is true or serious, when it is not really true :
Unless more money is given to schools, all this talk of improving education is just a charade.

329. 동물 발자국
"I found paw prints in the kitchen."

❈ paw noun
① [C] the foot of an animal which has claws or nails, such as a cat, dog or bear

② [C usually plural]
INFORMAL HUMOROUS a human hand :
Take your filthy paws off my nice clean washing!

❈ hoof noun [C] plural hooves or hoofs
the hard part on the bottom of the feet of animals such as horses, sheep and deer 발굽

❈ nail (BODY PART) noun [C]
a thin hard area that covers the upper side of the end of each finger and each toe
손톱(finger nails), 발톱(toe nails) 다 됨 :
Stop biting your nails!

▭ nail clippers 손톱깎이 a nail file 손톱 다듬는 줄
❈ claw noun [C]
one of the sharp curved nails at the end of each of the toes of some animals and birds 갈고리 모양의 발톱 :

Our cat likes to sharpen her claws on the legs of the dining table.

❖ talon noun [C]

a sharp nail on the foot of a bird which it uses when hunting animals 맹금들의 발톱

330. 돈을 벌려고 속이는 사람

Traveling in Asia this summer? Correspondents for the International Herald Tribune and The Washington Post surveyed major tourist destinations and came up with a collection of tips on how best to foil a con artist.

❖ con artist [countable (ALSO con man)] informal

someone who tricks or deceives people in order to get money from them

❖ come=무언가 오는 것으로서 놓는 것 up=위로 나타나보이도록 하는 것으로서 내놓는 것 comp up with=놓되 내놓는 것, 가지고서/동자[동체] -- 을 (가지고서) 말이다

: 뜻하는 의미=제공하는 것

❖ foil [transitive often passive] to prevent something bad that someone is planning to do

사전의 이런 뜻은 뜻풀이로서 뜻하는 의미이지 본래의미[원래의미]는 아니다.

본래 뜻=(하지 못하도록) 접게하는 것 : A massive arms-smuggling plan has been foiled by the CIA.

계획을 접었다는 말이다.

caution

사전의 definition, 즉 뜻풀이는 대개 뜻하는 의미이지 단어 본래의미[원래의미]는 아니다. 즉 본래의미[원래의미]가 어떤 상황에 적용된 그 적용된 의미를 풀이하는 것이 사전의 뜻이다. 그래서, 사전의 definition과 예문을 통하여 단어 본래의미[원래의미]를 찾아내야 한다. 이것이 바로 BAM **영뇌**이다.

331. 외관이 손상된 것

"Most of the monuments had been broken or defaced"

❖ deface [transitive]

to spoil the surface or appearance of something, especially by writing on it or breaking it

332. 낙서

The subway walls are covered in graffiti."

갈겨 놓은 것으로서 낙서

❖ graffiti noun [U], plural noun

words or drawings, especially humorous, rude or political, on walls, doors, etc. in public places

333. 최고급인 것

"Top-end Offices For Rent [or Top-end Offices To Let]
Average annual rental prices per square foot in 2006.
West End, London : $212 Central Tokyo : $146
Outer Central Tokyo: $134 "

❖ top-end adjective chiefly BrE US high-end

of the highest price and quality; TOPFLIGHT :
top-end equipment
top -end restaurants/homes

❖ topflight adjective

of the highest quality; excellent 최우수인 것 /최고인 것:
a topflight staff/performance

334. '10,000원 깎았어' 할 때 깎는 것

"Off 10,000." or "10,000 off."

❖ knock sth off (sth) 이리저리 흥정하여 깎는 것

(REDUCE) phrasal verb INFORMAL

to take a particular amount away from a price

: The manager knocked $5 off because it was damaged.

❖ knockoff noun

이리 저리 만져 만든 값을 떨어뜨린 copy 물

a cheaper or inferior copy of something

: That purse is a knockoff.

▭ **(막) 내려 깎는 표현 :**

beat/knock down, haggle much, drive a hard bargain

335. 물건을 흥정하는 것

"Can you come down a little?"

"Sorry, you can't haggle right here. We go strictly by

the price tag"

❖ haggle verb [I or T]

to attempt to decide on a price or conditions which are acceptable to the person selling the goods and the person buying them, usually by arguing :
It's traditional that you haggle over/about the price of things in the market.
usually by arguing 보통 하면서, 실랑이를 벌이면서

❖ dicker verb [I] US

to argue with someone, especially about the price of goods 싸우듯이 흥정하는 것 /(가격에 대해) 실랑이를 벌이는 것 : She dickered with the driver over the fare.

336. (주로 공공 장소에 있는) 매점

When Elma Abadzic bought a packet of cigarettes recently at a Sarajevo kiosk, she put down two tattered 100 Bosnian dinar notes.

▭ two tattered 100 Bosnian dinar notes
다 헐어진 보즈니아 돈 두 장의 100 디나 지폐

❖ kiosk noun [C]

① a small store in the building or on the street where things such as sweets, drinks or newspapers are sold through an open window:
a station kiosk
She sells souvenirs at a kiosk in the mall.

② (ALSO telephone kiosk) UK FORMAL
a telephone box

③ a small structure that provides information and services on a computer screen 정보대
: You can pick up your plane tickets at one of the airport's kiosks.

337. 2마루 복층집 /1마루 복층집

14th ALESIA , beaufitul living room, 2 bedrooms, 2 bathrooms, duplex apartment. Monthly rental: $1,400.

SUPERB DUPLEX
165 SQM + TERRACE/GARDEN RENEWED – LIVING ROOM – KITCHEN WITH DINING ROOM – 2 BEDROOMS – 2 BATHS – LAUNDRY – BIG ROOM IN UNDERGROUND + CELLAR + GARAGE 2 CARS

165 SQM /sq.m. /square meters
a duplex penthouse cellar 지하실
garage 2 cars=(전치사) **전제** infml E
=garage with 2 cars

338. 아 -- 저런/어머나!

"Oh, golly. Oh, Lord."

❖ golly exclamation/interjection
OLD-FASHIONED INFORMAL
used to show/express mild surprise[= gosh]

: Golly, I never thought that I'd see you here!
Grandad might be 70 but he said he'd finish the marathon and, by golly, he did.

▭ by golly, he did=어허, 저런, 정말로 그가 해냈어
--- 전치사가 붙으면 명사가 된다.

339. 가슴[유방] X 레이 사진

"Look closely at the mammogram."

❖ mammogram noun [C] (ALSO mammograph)
an X-ray photograph of the breasts

❖ mammography noun [U]
가슴[유방] X레이 사진을 이용하는 것/-사진으로 검진하는 것
the use of X-ray photographs of the breasts to help discover possible cancers
/examination of a woman's breasts using X-rays to check for signs of cancer

340. 소름끼치는 것

"Saddam Hussein's grisly photos of execution"

❖ grisly adjective Inflected Form(s): grislier; -est (also, more grisly, most grisly)
causing horror and fear; very shocking
: a grisly[gruesome] murder
The jurors saw grisly photos of the crime scene.

341. 사춘기 직전에 있는 어린이

In Florida, alligator-wrestling grannies, preteen bus drivers and pugilistic Easter Bunny make for another odd year.

❖ preteen noun [countable], adjective
a boy or girl who is 11 or 12 years old
: a preteen girl/boy   preteen clothing

❖ granny, grannie noun [C] UK INFORMAL, adjective
FOR grandmother
: granny glasses/shoes

❖ Easter Bunny [singular]
an imaginary rabbit that children believe brings chocolate eggs at Easter
부활절 산타에 해당하는 것, 즉 선물을 주는 부활절 토끼
▭ preteenager 사춘기 직전 어린이

342. 술 마시고[술 마시면서] 돌아 다니지 말라는 것

"Don't booze around, right? Make a beeline for home."

❖ booze noun [U] INFORMAL alcohol
The party's at Kate's on Friday night - bring some booze.

❖ booze verb [I] INFORMAL to drink alcohol
부어 마시는 것 : Have you been out boozing again?

❖ beeline noun 직선코스 / 최단코스 /곧장 바로 가는 것
❖ make a beeline for
=to go directly and quickly towards :
At parties he always makes a beeline for the prettiest woman in the room.

343. 왕따를 (취급) 받고 있는 것

"One in four children is bullied at school."

❖ bully verb [T] 왕따 시키는 것
to hurt or frighten someone who is smaller or less powerful than you, often forcing them to do something they do not want to do

❖ bullying noun [U]
Bullying is a problem in many schools.

❖ bully noun [C]
someone who hurts or frightens someone who is smaller or less powerful than them, often forcing them to do something they do not want to do :
You're just a big bully!
Teachers usually know who the bullies are in a class.

❖ bully boy noun [C] INFORMAL
a rough and threatening man, or someone who behaves in a threatening or violent way
(깡패와 같은 사람으로서) 어깨

344. 침실 옆에 붙어 있는 욕실 /욕실이 딸린 침실[큰방]

"That's an en-suite."

❖ en suite, en-suite, ensuite noun [C]
describes a bathroom which is directly connected to a bedroom or a bedroom which is connected to a bathroom

❖ en suite, en-suite, ensuite adjective, adverb
I want a hotel room with an en suite bathroom.
All four bedrooms in their new house are en suite.

345. 책임을 전가시키는 것

"Don't pass the buck to me."

❖ buck (RESPONSIBILITY) noun Mainly Disapproving
pass the buck
=to blame someone or make them responsible for a problem that you should deal with :

She's always trying to pass the buck and I'm sick of it!

❖ buck-passing noun [U]
MAINLY DISAPPROVING 책임 전가

❖ buck noun a male animal (such as a male deer)
He's an outdoorsman who enjoys buck hunting.

346. Ok infml E
"Okey-dokey."

❖ okey-doke exclamation (ALSO okey-dokey)
INFORMAL FOR okay (AGREED)

347. (십년 공부) 도로 아미 타불
"10 years' study down the drain."
or "10 years' study goes[is] down the drain."

❖ down the drain INFORMAL
(AUSTRALIAN ENGLISH ALSO down the gurgler)
If work or money is or goes down the drain, it is spoiled or wasted :
If the factory closes, that will be a million pounds' worth of investment down the drain.

348. 돈방석에 앉아 있다는 것
"Now, you must be rolling in dough."

□ dough=infml E money
돈방석에 앉아 있는 또다른 표현 : wallow in dough
돈을 갈퀴로 끌어 들이는것 :
rake in the dough or rake it in

❖ make a killing INFORMAL
to earn a lot of money in a short time and with little effort 벼락 부자가 되는 것/횡재하는 것 :
They made a killing with the sale of their London house. ❖ killing=*infml* a large amount of money

cf]FaceBook rolls out new reactions.
(돌돌) 말았던 것을 푸는 것으로서 새로운 것을 발표하는 것
: 새로운 반응 아이콘들 vs roll out of bed

349. 공장 굴뚝
'That's a smokestack industry.'

□ chimney 일반적으로 말하는 굴뚝
: house chimneys /factory chimneys

❖ smokestack noun [C] BrE chimney stack
a tall vertical chimney on a factory, ship, etc., for carrying smoke away (공장 또는 배의) 큰 굴뚝

350. 맹목적으로 사랑하는 것
"I never dote."

❖ dote
① to be lavish or excessive in one's attention, fondness, or affection 맹목적으로/지나치게 사랑하는 것 :
She doted on her only/new grandchild.
doting parents
② to exhibit mental decline 노망하는 것

351. 네 발 짐승, 두 발 짐승
Horses, lions and dogs are quadrupeds, but humans are bipeds.

❖ quadruped noun [C] SPECIALIZED
any animal that has four legs: a four-footed animal

352. 식모 유모
In California many illegal immigrants work as maids, nannies and gardeners.
□ servant=하인/종
□ maid-servant=식모 하인/종 kitchen maid 식모

353. 위생병
"Corpsman accused in killings."

□ CORpsman=retro-root 주파수
--- s음은 내거나 안내어도 좋다.
□ corpsman/accused=(지정사/be동사) **전제** infml E
❖ corpsman
an enlisted man trained to give first aid and minor medical treatment

❖ enlisted adjective [before noun] US

An enlisted man/woman is a member of the armed forces who is not an officer.

▭ enlist=사병으로 군에 가는 것

▭ discharge=제대시키는 것

354. 내 봉급/수입이 다양하다는 것

"My salary/income varies."

355. 빵구 떼우는 것 또는 재생 타이어

Your tyres need retreading.

Are those new tyres or retreads?

❖ retread verb [T] (UK ALSO remould)

to put a new rubber surface on the outer part of a worn tyre

❖ retread noun [C] (UK ALSO remould)

재생 타이어/재생/재탕 《속어》 재취업자

《美 속어》 재소집병

▭ 빵구 puncture, blowout, flat tire

356. 고양이와 개는 천적이라할 때의 천적

"Cats and dogs have always been natural enemies."

357. 구멍 뚫린 벽돌

"Someone was hit with a cinder block."

❖ cinder block [countable] American English

a large grey brick used to build houses and other buildings, made from cement and cinders

[= breeze-block British English]

358. '그래 니 잘났다/그래 잘 난 사람아'

"Mr. know-it-all, what's the capital of Namibia?"

❖ know-all UK

noun [C] (US know-it-all) INFORMAL DISAPPROVING

a person who thinks that they know much more than other people

❖ know-it-all [countable]

informal especially American English

someone who behaves as if they know everything – used to show disapproval

359. 손짓, 발짓을 하면서 말을 하는 것

'He is speaking English gesticulating.'

❖ gesticulate verb [I] FORMAL

to make movements with your hands or arms, to express something or to emphasize what you are saying

❖ gesticulation noun [C or U] FORMAL

360. 집에서 공부하고 /배우고 있다는 것

"I'm home-schooled."

❖ homeschool verb

intransitive verb

: to be taught at home instead of in a school

집에서 배우는 것

transitive verb

: to teach (one's children /school subjects) at home

집에서 가르치는 것

▭ homeschooler

집에서 배우는 아이/집에서 가르치는 부모

361. 박치기를 했다는 것

'Zidane head-butted in the chest of Marco Materazzi.'

Zidane의 어이없는 행동으로 France는 패배했고, Zidane은 grace를 잃어 버렸다(Shame on Zidane).

❖ head-butt verb [T]

to hit someone violently on the head or in the face using the front of your head

head-butt noun [C]

362. 너의 놀림감/노리개가 아니다고 할 때의 놀림감/노리개

"Israel will not be terrorists' plaything."

❖ plaything noun [C]

① an object used for pleasure or amusement, such as a child's toy 장난감 :

I keep all the children's playthings in that big cupboard.
"Limousines and yachts are the playthings of the rich, " he said dismissively.

② someone who is considered or treated without respect and forced to do things for someone else's pleasure or benefit 놀림감/노리개 :
These men's magazines just treat women as playthings.

363. 배째라는 것
" Get my vote."
가져가라, 내 투표도 말이다.

민주주의 국가에서는 투표권이 빼앗기면 모든 것을 잃은 것으로 간주된다. 그래서, 도저히 못하겠다는 뜻으로 이렇게 표현하면 된다.

364. 짧막한 재치있는 농담/익살
Romney, Obama trade one-liners.

▭ one-liner=한 줄 정도로 만들어진 것으로서 짧막한 농담
(a very short joke or humorous remark)
▭ trade=주거니 받거니 서로 교환하는 것

365. 기계나 장비 -- 등이 망가지거나 고장난 것
"Daddy, my cell phone is on the fritz."

❖ be on the fritz American, informal
if a piece of equipment or machinery is on the fritz, it does not work as it should ; a state of disorder or disrepair -- used in the phrase on the fritz
It will be a long, hot summer - our air conditioning is on the fritz.

366. 뭐-- 이러 이러 한 것이 있어.
" ----- blah, blah, blah. "

❖ blah (slang) noun or exclamation
① blah blah blah phrase :
An expression used instead of repeating words which have already been said, often because they are not worth repeating anyway.

② blah blah (blah) INFORMAL
a phrase used to represent boring speech:
Oh blah blah blah - I've heard it all before!

367. (어느 정도인지를 말해 주는 것으로서) 하늘만큼이다
"The sky's the limit with the Native Brain English."

▭ 하늘이 경계이다로서 하늘 만큼, 하늘 만큼으로서 무제한/무한대 ❖ the sky's the limit
there is no limit and anything is possible :
a.. The sky's the limit to what you can win in our competition.
b.. Francis believes the sky's the limit for the young goalkeeper.
c.. You can achieve anything if you really want to. The sky's the limit .

Vol.1 Index

a

as 영뇌 — 167
associate — 145/209

b

ΣBis—〉Eis i.e., BEis-Os or I-Os, S-Os — 14
BAM영뇌와 BNW 종류— 63
basket 주파수 — 119
BEis-Os — 9/13/14
be부정사와 뜻하는 의미 — 290
BNW와 BAM 실전 — 91
but 영뇌 — 171

c

check mark주파수 — 117
comma제한적연결영뇌—137
cramp 주파수 — 115

d, e, f

dot 점형주파수 — 120
ΣE↑ 영뇌 — 14
E-BAM과 BNW — 72
ER 주파수 — 118
F 영뇌와 주파수 종류 — 111
for/of + to부정사 주어 — 291

h, i, l

how 영뇌 — 213
ΣI 영뇌 — 14
I-Os — 9/14
line 점형 주파수 — 122

n, p, r

NO영뇌 — 136
point 주파수 — 120
post 점형주파수 — 121
retro-root 주파수 — 124
retro-slide 주파수 — 114
root 주파수 — 124
routine English — 363

s

ΣS 영뇌 — 14
slide 주파수 — 111
S-Os — 9/13/14
spiral 점형 주파수 — 123
S값=상황=실제상황 =실제모습/실물 — 53
S영뇌 머리 회전력 — 24

t

tail 주파수 — 125
than 영뇌 — 173
that와 it 차이 — 18
that 영뇌 — 152/215
that 제약 — 164
to부정사 BNW — 267
to부정사 영뇌 — 267/268
to부정사의 분명한 과거상황 — 285
to부정사 영뇌와 동명사 영뇌 — 279
to부정사 영뇌와 원동사 영뇌 — 277
to부정사 입장 표명자— 284

w

what 영뇌 — 197
whatever 영뇌 — 203/205
when 영뇌 — 210
where 영뇌 — 208
why 영뇌 — 212
which 영뇌 — 142
whichever 영뇌— 204/206
who 영뇌 — 132
whoever 영뇌 — 203/205
whom 영뇌 — 138
whose 영뇌 — 140

ㄱ

간목, 직목과 연설뇌, 독설뇌 — 60
각인[암기] 강도— 42/43
강조뉘앙스 연결 — 159/215
감정음가/알파벳음가/철자음가 — 112
감정주의 기/설 영뇌 — 34
강조 또는 보통 뉘앙스 연결 — 160

개략주의 기/설 영뇌 — 19/23/32/54
결혼관련 표현 — 50
결혼절차 — 50

과분사 BNW — 233
관계과분사 영뇌 — 233/234
관계과분사 영뇌와 관계대명사, 종속접속사 영뇌 — 240
관계과분사 영뇌와 일반과분사 영뇌 — 241
관계대명사 BNW — 131
관계대명사 영뇌 — 131

관계대명사와 일반 대명사 영뇌의 차이 — 189
관계대명사 영뇌와 관계부사 영뇌의 차이 — 193
관계문장, 서술문장 — 220
관계문장 영뇌 — 175
관계부사 BNW — 207
관계부사 영뇌 — 207
관계부사 영뇌와 관계대명사 영뇌 — 228
관계부사 영뇌와 지시부사 영뇌 — 231
관계사 round-up — 151
관계현분사 영뇌와 일반현분사 영뇌 — 254

관계현분사의 입장표명자 — 249
관계형용사 영뇌 — 243 /244 /255 /256
관계형용사 영뇌와 일반형용사 영뇌 — 265
관계형용사의 관습적 English — 264

구문법의 오류 — 239 /199 /250 /361
구역일치 — 314
근거리[근접] 우선주의 기/설 영뇌 — 28
기본어 중심주의 기/설 영뇌 — 35

기본 BEis 영뇌 — 16
기타 종속접속사 영뇌와 BAM — 350

ㄴ

낱개 영뇌 — 9
내성형 cramp 주파수— 116
노콤머 연결설명어 — 267

ㄷ

단일품사, 복합품사 — 219
독설뇌/연설뇌 — 15/16
두뇌 성능 높이기 — 49

ㅁ

머리 지배값 — 52
문장을 거느릴수 있는 단어 — 192
물음주의 기/설 영뇌 — 54
미국의 재심 제도 — 46

ㅂ

법인/주식회사 — 12
변형주파수 — 128
뼈대가 되는 비연결 설명어 — 45/46
뼈대가 되는 연결 설명어 — 45/46
보통뉘앙스 연결 — 153/215

복합품사 round-up — 362
본래의미/뜻하는 의미 — 48
부사적 연결[접속]의미 -- 185/209
부정 전치사 to의 세 가지 인식 방법 — 52

ㅅ

상음/상자, 즉 s세포영뇌--51
사전에서 BNW와 BAM을 찾아내는 법 — 78
상황을 쉽게 느끼는 법 — 11
생각[마음]주의 기/설 영뇌 — 23

선부명사/선부대명사 — 217
설명어 종류 — 14
설명해 나가는 두뇌 작동 — 144
서술적 영뇌와 제한적 연결영뇌의 차이 — 53

선행사, 관계부사와 관계문장 관계 — 217
소리본체와 영뇌소리를 내는 법 — 111
술도수 영뇌 — 33
시동 — 10/47

ㅇ

원시(原時) — 289
연결설명어 영뇌 — 130
영어대원리 — 25
영뇌 소리의 특징 — 111
영뇌세포 만들기 — 9
영뇌의군 머리회전 — 18

영뇌의군 영뇌 — 9
영문의 종류 — 220
영어전체 입장 — 191
의미원성립/의미과성립/정생각 접속사 — 361
이중제한적 연결영뇌 — 137

ㅈ

장문영뇌 패턴 — 45
전치사 BNW — 293
전치사와 관습적 영뇌— 322
전치사와 전부 영뇌 — 323

전치사 영뇌 — 293/294
제한적 연결영뇌와 비제한적 연결영뇌의 차이 -- 187/230

제한적 연결영뇌와 서술적 영뇌 — 183
종속접속사 BNW — 327
종속접속사 영뇌 — 327/328

조합주파수 — 127
주요 전치사 영뇌와 BAM — 303
주요 종속접속사 영뇌와 BAM — 334
쭉 진행과 동일치 진행— 48
지위 영뇌 — 61

직상/간상 개념과 정/동 개념 — 319

ㅋ

콤머 불관 연결설경어— 267
콤머 유무 연결설경어— 267

ㅎ

해음/해자를 쉽거 느끼는 법 — 11
해음/해자 형성과정 — 44
현분사 BNW — 243
형용사 BNW — 255

Note

게리오웬의 영뇌 영어 Vol. 1

지은이 Garryowen J. Rhee 표지 류지웅
발행처 NB English (앤비 잉글리쉬) 인쇄 BookTory

초판 발행 2013년 1월 26일
개정1판 발행 2013년 11월 27일 개정2판 발행 2018년 6월 11일
개정3판 발행 2019년 10월 11일 개정4판 발행 2023년 4월 25일

등 록 1999. 1. 28 No 4-120
전 화 031-285-3908
팩 스 031-285-3909
도메인 www.nbenglish.co.kr or www.genglish.com

정가 35,000원
종이책 ISBN 978-89-98825-44-7
전자책 ISBN 978-89-98825-48-5

Native Brain Books

..게리오웬의 영뇌서적 출간 순서

영뇌종합서
리딩, 청취, 영작,
특히 신문법과
구문법 병기

영뇌
리딩
기본서

영뇌
리스닝 스피킹
기본서

단어영뇌
기본서

영뇌영어-종합완결편-
BEis영뇌 + IS영뇌
+ BAM영뇌 + F영뇌
+ Twenty Four 영뇌
+ *영뇌실전/영뇌리딩
(+수학리딩/영뇌요약)
+ 영뇌청취(+한글통역)
+ 영뇌말하기(+영어통역)
+ *영뇌쓰기

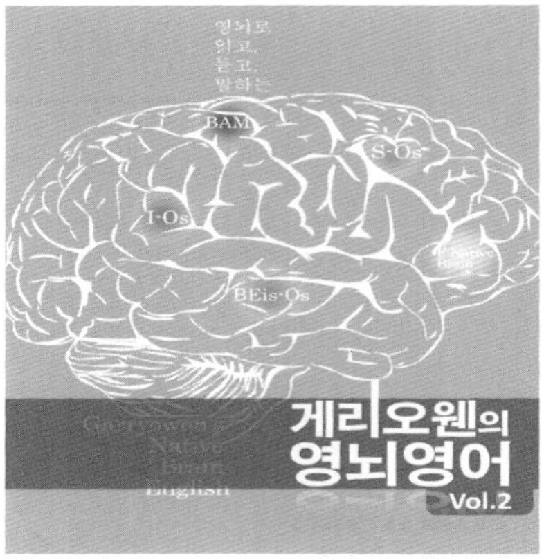

기본영뇌-기초편-
BEis영뇌 + IS영뇌
+ BAM영뇌 + F영뇌
+ Twenty Four 영뇌
+ *Free 영뇌
+ 영뇌청취/영뇌말하기